LEXIQUE, COMPLET

DES

RACINES GRECQUES

ET DE LEURS PRINCIPAUX DÉRIVÉS

*Tout exemplaire non revêtu de la griffe de l'auteur sera
réputé contrefait.*

2393-77 — Corbeil. — Imprimerie de Caété.

LEXIQUE COMPLET

DES

RACINES GRECQUES

ET DE LEURS PRINCIPAUX DÉRIVÉS

ACCOMPAGNÉ

D'UN COMMENTAIRE PHILOLOGIQUE

pour servir à l'étude comparative des langues classiques

PAR CH. MOREAU,

LICENCIÉ ÈS LETTRES ET ÈS SCIENCES
DIRECTEUR DES ÉTUDES A L'INSTITUTION DE NOTRE-DAME DE SAINTE-CROIX DU MANS.

« Hujus disciplinæ tædia temperavimus, de-
monstratâ utilitate, rerumque ac verborum,
quoad ferebat ætas, cognitione conjunctâ. »

BOSSUET, *Lettre à Innocent XI, sur
l'éducation du Dauphin.*

QUATRIÈME ÉDITION

L'introduction de cet ouvrage dans les écoles publiques
est autorisée par décision de Son Exc. le Ministre de l'Instruction publique et des cultes, en date du 27 juillet 1861.

—————

PARIS

VICTOR SARLIT, LIBRAIRE-ÉDITEUR

19, RUE DE TOURNON.

1877

A MES ÉLÈVES.

C'est pour vous, mes jeunes amis, que j'ai rédigé ce *Lexique des Racines grecques*, et je suis tout heureux de pouvoir enfin vous l'offrir. Je désirais vous donner un témoignage plus particulier de l'intérêt que je prends à vos travaux, et c'est pourquoi j'ai porté de préférence mon attention et mes recherches sur cette partie de l'enseignement classique qui me semble condamnée injustement à passer pour la moins attrayante et la plus stérile.

Gardez-vous bien de ces préventions qui nuiraient à vos progrès. Croyez au contraire, et c'est la vérité, que l'étude des racines grecques est extrèmement facile. Ce qui le prouve, c'est que les plus jeunes d'entre vous, et ceux même qui n'ont jamais ouvert aucun livre grec, savent déjà des racines grecques par centaines, et, qui plus est, parlent grec très-couramment... Ah ! vous en doutez !... Voulez-vous savoir quand, où et comment vous avez acquis cette science merveilleuse ? je vous répondrai : Tous les jours, à chaque instant, partout. Vous apprenez le grec en traduisant l'*Epitome* et en étudiant l'histoire sainte ou la géographie. Vous avez appris du grec en lisant les *OEufs de Pâques* et en jouant aux charades. Vous avez appris du grec longtemps auparavant, sur les genoux de votre bonne mère et jusque dans votre berceau. Feuilletez ce livre : vous allez retrouver, en toutes lettres, les deux premiers mots que votre langue a balbutiés d'abord, ces deux noms d'une douceur et d'une poésie incomparables, PÈRE, MÈRE, *pater*, *mater*, avec les charmants synonymes que la nature a créés tout exprès pour les lèvres délicates du petit enfant. Écrivez en *caractères* grecs ces deux mots et cinq cents autres qui vous sont aussi familiers, puis mettez-y la terminaison hellénique, et vous aurez autant de racines grecques. On l'a dit avec raison, les mots ne font que changer d'habit, et un homme qui change d'habit ne cesse pas d'être le même homme. Vous aurez cent occasions par jour de vérifier cette observation, en comparant le latin et le français avec le grec, parce que, d'une part, la langue grecque et la langue latine sont sœurs, et que, d'autre part, *ces deux langues ont fourni à la nôtre la plupart des mots qui* composent son dictionnaire.

Quand donc vous entendrez dire que le grec est une langue morte, comprenez bien ce que cela signifie. Sans doute personne ne parle plus comme parlaient Homère et saint Jean Chrysostome; mais tous ces mots grecs que le poëte a gravés sur ses tablettes, ou qui ont retenti par toute l'Église d'Orient, demeurent. Ils sont immortels comme l'Iliade et les Homélies du grand archevêque. Vous les retrouverez dans tous vos travaux classiques et dans toutes vos lectures, sous un habit français ou romain, qu'importe? ce sont toujours les mêmes mots. Vous les entendrez répéter partout et par toutes les bouches, car on s'exprime en grec au marché, tout aussi bien qu'à l'Académie. Prenez un calendrier : vous y remarquerez que beaucoup de saints portent un nom grec dont l'étymologie est toujours expressive et gracieuse, et très-probablement votre patron est compris dans le nombre. Si vous visitez un musée ou un jardin botanique, vous trouverez la plupart des étiquettes rédigées en termes grecs. Il y a infiniment de grec dans le vocabulaire de toutes les professions, et les Manuels de l'Encyclopédie Roret en sont remplis. Il y en a surtout dans les formulaires de médecine et sur les fioles des pharmaciens. Ce qui vous montre, en passant, qu'une teinture de grec ne doit pas être aussi inutile que le voudraient bien certains étourdis de quatrième, qui, pour ne plus entendre parler de cette langue *insipide*, ont le projet de passer aux Sciences où ils se croient évidemment appelés, parce qu'ils ont le grec en horreur; comme si ce bel exploit devait les dispenser pour toujours de savoir combien un *Hexa-pode* a de pattes, et pourquoi ce mot-là commence par un *Η !*

Mais, me direz-vous, tous les mots français ne viennent peut-être pas du grec, et comment apprendrons-nous ceux qui n'ont aucun rapport avec notre langue? Vous les apprendrez par des exercices écrits de déclinaison, de conjugaison et d'analyse; vous les apprendrez en les rapprochant d'autres mots de même signification ou de même origine, je dirai mieux, de même famille. Car les mots aussi forment entre eux des familles naturelles, suivant la remarque du *plus savant des Romains*, Varron, et ces familles ont pour chefs les mots primitifs, les racines. Quand donc vous rencontrerez dans vos auteurs un mot dérivé ou composé, n'oubliez pas de le confronter avec le primitif d'où il provient. Cette comparaison vous aidera, tout à la fois, à mieux comprendre la signification du dérivé et à retenir la racine. Pourquoi apprenez-vous sans peine et en si peu de temps les noms de tous vos condisciples? Comment, au souvenir de leur nom, vous rappelez-vous les traits de leur physionomie, le ton de leur voix, toute leur personne? Parce que vous les fréquentez assidûment, et surtout parce que vous portez, dans vos relations avec eux, ce merveilleux talent d'observation que la nature donne à tous les enfants, et qui vous fait si rarement défaut. Faites de même pour les mots grecs, revoyez-les souvent, et observez-les bien. Observez-les tout particulièrement dans leurs rapports avec les choses qu'ils signifient. Quand vous ouvrez le dictionnaire, ayez toujours présents à la pensée ces deux principes : le premier, que tout mot a sa raison et qu'aucun n'est arbitraire; le second, que les mots les plus anciens sont ordinairement les plus significatifs et les plus intéressants à étudier.

Ceux d'entre vous qui ont lu les *Commentaires* de César ont dû remarquer l'empressement avec lequel les Gaulois accueillaient tous les voyageurs qui passaient dans leur pays, et l'insistance qu'ils mettaient à les retenir au milieu d'eux pour leur faire raconter tout ce qu'ils avaient vu et appris sur leur chemin. Eh bien! les mots sont des voyageurs qui cheminent depuis six mille ans par le monde et qui sont arrivés enfin jusqu'à vous. Ils vous apportent des nouvelles des siècles passés et des institutions primitives. Écoutez-les attentivement, interrogez-les avec intérêt et ne les laissez pas s'éloigner avant d'avoir entendu la fin de leurs récits. Ils ont tant de choses instructives à vous apprendre!

Si je ne savais pas les écoliers aussi habiles à trouver, pour tout ce qu'ils veulent nommer, le mot le plus juste et le plus pittoresque, je me garderais bien de vous proposer une méthode basée sur les rapports naturels des mots entre eux et avec les objets qu'ils signifient. Si l'on pouvait poser en principe que votre excellente mémoire suffit pour entendre une langue, et que vous n'avez rien à voir dans les harmonies, pourtant si admirables, de la parole humaine, il serait beaucoup plus simple pour vos maîtres de vous faire réciter dix par dix et en ordre alphabétique, c'est-à-dire pêle-mêle, tous les mots du dictionnaire grec, et il serait beaucoup plus simple pour vous, si la méthode vous semblait manquer d'intérêt, de laisser là le grec et tout ce qui s'ensuit, y compris l'orthographe.

Mais, j'aime à le croire, il n'en sera point ainsi pour vous, mes bons amis. Les plus jeunes eux-mêmes vont se mettre résolument à l'ouvrage, et, dans une année, si vous êtes persévérants, vous aurez franchi toutes ces petites difficultés qui se dressent çà et là devant les commençants pour stimuler leur ardeur et exciter leur élan. Je voudrais pouvoir aplanir les moindres obstacles sous vos pas, et après avoir fait ma part dans ce travail, bien volontiers je ferais encore la vôtre. Mais en vain. Sans vous, sans votre coopération généreuse et constante, l'œuvre de votre instruction est impossible, et tout le dévouement de vos maîtres serait infructueux. Pour vous, comme pour tous ceux qui vous ont précédés sur les bancs du collége, il est écrit : *Qui addit scientiam, addit et laborem.*

Il n'est point ici-bas de moisson sans culture,

a dit quelqu'un, celui-là même qui a écrit ailleurs : « Dieu a posé le travail pour sentinelle de la vertu (*). » Mais l'auteur des Géorgiques a dit aussi : *Labor omnia vincit.* Et puis l'étude a tant de charmes, elle procure des jouissances si pures et de si précieux avantages, qu'on ne les achète jamais trop cher.

(*) Voltaire.

Ch. MOREAU.

INTRODUCTION.

I.

On distingue dans la langue grecque, comme dans les autres langues de la même famille, trois sortes de mots, savoir : des mots primitifs, des mots dérivés et des mots composés.

Les mots primitifs sont ceux d'où les autres sont dérivés ou dont ils sont composés. On les a comparés aux racines des plantes, qui donnent naissance à la tige et aux rameaux, et par analogie on leur a donné le nom de *racines*. Ex. : χαλός, *beau;* γράφω, *écrire*.

On appelle dérivés des mots qui tirent leur origine d'un autre mot. Cette dénomination n'a aucun rapport avec celle de *racines*, mais elle fait allusion aux eaux d'un canal qui *dérivent* d'un fleuve ou d'une rivière voisine. Ex. : χάλλος, *beauté; γραφεύς, écrivain*.

Les composés sont des mots formés par la réunion de deux ou plusieurs autres dont ils empruntent la signification. Ex. : χαλλιγραφία, *calligraphie* ou *belle écriture*.

La connaissance des racines conduit à celle des dérivés et des composés.

II.

Toutes les racines grecques n'ont pas la même importance ni la même utilité pour les commençants. Il en est un grand nombre qui ne se rencontrent point dans les auteurs classiques élémentaires, d'autres qui ne se trouvent que dans Sophocle ou Aristophane. Quand l'élève en aura besoin, il les cherchera dans le *Lexique*. En attendant, qu'il porte toute son attention sur les racines nécessaires pour l'explication d'Ésope, de saint Luc et de la Cyropédie, sur les racines qui ont fourni les dérivés les plus nombreux et les plus usuels, sur les racines qui ont passé dans notre langue et qu'il faut connaître pour bien entendre le français et l'écrire correctement.

b

On trouvera ces racines plus importantes rangées en une série particulière qui comprend les substantifs, les adjectifs et les verbes employés le plus ordinairement par les prosateurs. Dans une autre série parallèle à la première, j'ai rassemblé tous les mots moins usités, les termes poétiques avec les particules que l'élève a déjà vues dans la grammaire. Il est bien entendu que cette classification de mots n'a rien d'absolu : le point essentiel était qu'aucune racine ne fût oubliée.

III.

Toutes les fois que le mot grec a un correspondant latin de même famille, je cite le mot latin à côté de la racine grecque. Pareillement, quand le mot français descend du grec, soit directement, soit par l'intermédiaire du latin, j'écris ce mot français en caractères différents. Mais, malgré cette précaution typographique, on aurait quelquefois de la peine à reconnaître dans un mot français la racine grecque ou latine d'où il provient, si on ne tenait pas compte de certaines altérations que les mots subissent en vieillissant et surtout en passant d'une langue dans une autre. Tantôt ce sont des lettres qu'on a transposées, tantôt c'est l'addition ou la suppression de quelques lettres; d'autres fois ce sera la substitution d'une ou de plusieurs lettres à d'autres. Voici quelques principes généraux sur chacune de ces modifications.

1° *Transposition de lettres*. C'est le genre d'altération le moins fréquent, quoique les exemples ne manquent pas. J'en ai signalé plusieurs dans le *Lexique*, aux mots νεῦρον, d'où vient *nervus*, μορφή, d'où *forma*; παῦρος, d'où *parvus*; πρό, d'où le français *pour*. Les Grecs appelaient ce déplacement de lettres μετάθεσις, MÉTA-THÈSE; RR. μετά, *trans*, τίθημι, *ponere*.

2° *Suppression de lettres*. Elle a lieu, soit au commencement des mots, comme dans εἴϐω pour λείϐω, et dans *boutique*, de ἀποθήκη, *apotheca*; soit au milieu des mots, comme dans *idolâtrie* pour *idololâtrie*, εἰδωλολατρεία; dans *colimaçon*, de *cochlea limax*, limaçon à coquille; dans *momentum*, moment, pour *movimentum*, le temps de faire un *mouvement*, et dans *denrée* pour *denierée* ou *denerée*, chose acquise par *denier* ou argent; soit à la fin des mots, comme dans δῶ pour δῶμα, et dans *ver* de *vermis*. La suppression de lettres au commencement des mots s'appelle en grec ἀφαίρεσις, APHÉRÈSE; RR. ἀπό, αἱρέω, *enlever de*. Au milieu des mots, on la nomme tantôt SYNCOPE, συγκοπή, de σύν et κόπτω. *couper dans*; tantôt CONTRAC-

TION, συναίρεσις, de σύν et αἱρέω, *prendre ensemble, réunir deux syllabes,* comme dans βασιλεῖ pour βασιλέ-ι. A la fin des mots, le retranchement de lettres s'appelle ἀποκοπή, APOCOPE ; RR. ἀπό, κόπτω, *détacher en coupant.*

3º *Addition de lettres.* Elle a lieu, soit au commencement des mots, comme dans *éponge,* de σπόγγος, et dans *autruche,* de *struthio,* en vieux français *astruche;* soit dans le corps des mots, comme dans *nurus,* bru, de νυός, et dans *geindre,* de *gemere,* gémir ; soit à la fin des mots, comme dans πᾶσιν ἀνθρώποις, *à tous les hommes,* par euphonie pour πᾶσι ἀνθρώποις. L'addition de lettres au commencement des mots s'appelle PROTHÈSE, πρόθεσις, de πρό et τίθημι, *mettre devant;* au milieu des mots, ÉPENTHÈSE, ἐπένθεσις ; RR. ἐπί, ἐν, τίθημι, *ajouter dedans;* à la fin des mots, PARAGOGE, παραγωγή; RR. παρά, ἄγω, *prolonger.*

4° *Substitution de lettres.* Elle a lieu beaucoup plus souvent entre voyelles qu'entre consonnes, parce qu'il y a moins de différence entre les sons des voyelles qu'entre les articulations des consonnes. Ainsi, pour ne parler que de la voyelle *a,* on la trouve changée en *ai* dans *main,* de *manus;* en *e* dans *sel,* de *sal;* en *i* dans *machina,* de μηχανή ; en *o* dans *fiole,* de φιάλη, *phiala;* en *oi* dans *armoire,* de *armarium;* en *u* dans *sucre,* de σάκχαρον, *saccharum;* enfin, en *ou* dans *moustache,* de μάσταξ, dorien μύσταξ. Il faut surtout remarquer dans les changements des voyelles ceux qui modifient la racine des verbes, comme dans λείπω, *laisser,* qui fait à l'aoriste second ἔλιπον, et au parfait second λέλοιπα. On retrouve cet *o* au parfait second de tous les verbes qui ont un ε pour voyelle radicale.

Les consonnes de même organe se permutent très-ordinairement entre elles, et très-rarement avec d'autres, par cette raison que les labiales, par exemple, ne diffèrent entre elles que par une articulation plus ou moins forte, tandis que les gutturales et les dentales se prononcent tout autrement. J'appelle ici l'attention des commençants sur le tableau des muettes, qui demande, pour être bien compris, un petit exercice vocal très-simple. Quand ils auront remarqué une fois que certaines consonnes s'articulent au moyen des lèvres, que d'autres ont besoin du concours des dents, et que d'autres se prononcent du gosier, ils conviendront sans peine que *triumphus,* triomphe, est le même mot que θρίαμβος ; que *gras* vient de *crassus,* et que *suffero,* souffrir, est pour *subfero*

Le cas de substitution le plus remarquable, dans le passage du grec au latin ou au français, est le changement du digamma F en

V ou en F qui n'est autre que ce digamma lui-même, signe particulier d'aspiration en usage chez les Éoliens, et ainsi nommé à
cause de sa forme qui ressemble à un *double gamma* Ϝ. Ainsi s'expliquent l'addition apparente du *v* initial dans *Vespera*, Vêpres,
de ἑσπέρα, *soir*, éolien Ϝεσπέρα ; dans *Vesta*, de ἑστία, éolien Ϝε-
στία, et celle du F initial dans *Frango*, Fracasser, de ῥήγνυμι, éolien
Ϝρήγνυμι.

Les diverses causes d'altérations que nous venons de signaler
peuvent agir à la fois ou successivement sur un même mot, et il
en résulte une métamorphose complète de la racine première, qui
devient alors très-difficile à reconnaître. Par exemple, on ne se
douterait pas, à première vue, que *rossignol* vient de *luscinia*, et
évêque de ἐπίσκοπος ; que *gens* et *natio* se rattachent à la même racine γίγνομαι ; que nos mots *chaire* et *siége* dérivent l'un et l'autre
du verbe ἕζομαι ; que le grec ὕπατος, le latin *summus* et le français
souverain viennent de la même préposition ὑπέρ ; enfin que *jour*
et *dies* sont le même mot. Cependant rien n'est plus facile à démontrer que ces étymologies.

IV.

A la suite des significations françaises de chaque racine grecque,
j'ai indiqué ses principaux dérivés. Les dérivés sont des mots qui
ne diffèrent de leurs primitifs immédiats que par de légères circonstances, et principalement par des terminaisons ou désinences
qui ajoutent des idées accessoires à la signification de ces primitifs.
Pour habituer l'élève à distinguer dans cette espèce de mots deux
parties essentielles, la racine et la désinence, j'ai représenté les dérivés par leurs terminaisons seulement, toutes les fois que ces terminaisons se rattachent d'elles-mêmes et sans aucune difficulté à
la racine commune.

Il y a certaines désinences qui se rencontrent plus souvent dans
la dérivation des mots grecs et dont il faut remarquer la signification. Les unes servent à former des substantifs, et les autres, des
adjectifs.

1° *Formation des substantifs dérivés.*

της, gén. τητος, et σύνη, gén. σύνης, s'ajoutent aux racines des adjectifs et expriment la qualité. Ex. : ἀγαθότης, ἀγαθωσύνη, *bonté*, de
ἀγαθός, *bon*.

ών, gén. ῶνος, et εών, gén. εῶνος, désignent des lieux où certaines personnes, certaines plantes ou des objets quelconques se trouvent en grand nombre. Ex. : ἱππών, *écurie*, de ἵππος, *cheval;* ἰτεών, *saussaie*, en latin *salicetum*, de ἰτέα, *saule*.

εῖον ajouté à la racine forme le plus souvent un nom d'instrument. Ex. : γραφεῖον, *stylet*, de γράφω, *écrire*. Quelquefois un nom de lieu, et rarement un nom de salaire. Ex. : ἰατρεῖον, *maison de santé* et *honoraires du médecin*, de ἰατρός, *médecin*.

ιον a souvent le même sens abstrait que ία ou εία, comme dans ἁμάρτιον, synonyme de ἁμαρτία, *faute*. D'autres fois ιον désigne le lieu, comme dans πρεσβυτέριον, **PRESBYTÈRE**, de πρεσβύτερος, *prêtre*.

εύς, gén. έως, forme des noms d'agents. Ex. : γραφεύς, *écrivain*, de γράφω, *écrire ;* κεραμεύς, *potier*, de κέραμος, *argile*. Quelquefois des noms d'instruments. Ex. : ἀμολγεύς, *vase à traire*, de ἀμέλγω, *traire*. Il faut encore noter ici le changement si fréquent de la voyelle radicale ε en ο.

ή ajouté à la racine du verbe indique l'effet de l'action. Ex. γραφή, *écriture*.

ίς, gén. ίδος, marque l'instrument ou le produit de l'action exprimée par le verbe. Ex. : γραφίς, *stylet* et *dessin*.

ος ajouté au radical du verbe forme un très-grand nombre de substantifs qui indiquent le produit de l'action. Ex. : λόγος, *discours*, de λέγω, *dire ;* τρόπος, *tour*, de τρέπω, *tourner*. Le temps du verbe auquel ces dérivés et tous ceux de même forme se rapportent le plus directement est le parfait 2, usité ou non : λέλογα, τέτροπα.

μα, gén. ματος, indique pareillement l'effet de l'action exprimée par le verbe. Ex. : ποίημα, *ouvrage*, **POÈME**, de ποιέω, *faire*.

σις, ξις, ψις indiquent l'action du verbe. Ex. : ἄροσις, *labourage*, de ἀρόω, *labourer;* τάξις, *arrangement*, de τάσσω, *ranger;* τρίψις, *broiement*, de τρίβω, *broyer*.

της, τήρ, τωρ forment des noms d'agents. Ex. : δότης, δοτήρ, δότωρ, *donateur*, de δίδωμι, *donner*.

Remarque. Étant donné un dérivé en μα, en σις, ξις, ψις ou en της, τήρ, τωρ, il est très-facile de remonter au verbe d'où il provient, si l'on rapproche ces trois espèces de dérivés des trois personnes singulières du parfait passif, dont la forme est respectivement la même, abstraction faite du redoublement. En effet, les substantifs ποίημα, *poème ;* ποίησις, *poésie*, et ποιητής, *poète*, ressemblent beaucoup à πεποίημαι, πεποίησαι, πεποίηται; de même πρᾶγμα *chose faite ;* πρᾶξις, *action*, et πράκτης, *acteur*, à πέπραγμαι, πέπραξαι, πέπρακται; δόμα, *don;* δόσις, *donation*, et δοτήρ, *donateur*, à δέδομαι, δέδοσαι, δέδοται.

Aux noms d'agents en τηρ se rattachent, 1° des noms d'instrument ou de lieu terminés en τήριον ou τρον. Ex. : ἄροτρον, *charrue*, de ἀρόω, *labourer;* κοιμητήριον, *dortoir*, de κοιμάω, *endormir;* 2° des adjectifs en τήριος, qui ont en général un sens actif. Ex. : σωτήριος, *salutaire*, de σωτήρ, *sauveur;* R. σώζω, *sauver*, ou σόος, *sain*.

Certaines désinences sont particulières aux diminutifs, savoir :

ἀδιον pour les noms en ας. Ex. : λαμπάδιον, petite lampe, de λαμπάς.

αιον pour les noms en η ; γύναιον, petite femme, de γυνή.

αξ, gén. ακος, pour les noms en ος. Ex. : λίθαξ, petite pierre, de λίθος.

άριον. Ex. : παιδάριον, petit enfant, de παῖς, παιδός.

διον, ίδιον. Ex. : οἰκίδιον, petite maison, de οἶκος.

ιδεύς pour les noms d'animaux. Ex. : ἀετιδεύς, aiglon, de ἀετός, aigle.

ιον. Ex. : θύριον, petite porte, de θύρα.

ις, gén. ιδος. Ex. : νησίς, îlot, de νῆσος, île.

ισχος, fém. ίσχη. Ex. : ἀστερίσχος, petite étoile, de ἀστήρ, astre ; κορίσχη, petite fille, de κόρη, jeune fille.

ύδριον. Ex. : νησύδριον, petite île, de νῆσος.

ύλλιον. Ex. : μειρακύλλιον, petit jeune homme, de μεῖραξ.

υλλίς. Ex. : ἀκανθυλλίς, petit chardonneret, de ἀκανθίς, chardonneret.

Les Grecs formaient aussi des diminutifs de diminutifs. Ex. : νησίδιον, petit îlot, de νησίς, petite île.

2° *Formation des adjectifs dérivés.*

ιαῖος exprime la grandeur et le prix. Ex. : ποδιαῖος, *long d'un pied*, de πούς, *pied;* ταλαντιαῖος, *valant un talent*, de τάλαντον, *talent*.

αλέος signifie *plein de*. Ex. : κερδαλέος, *plein de ruse*, de κέρδος, *ruse*.

ειος marque l'origine, la provenance. Ex. : θήρειος, *d'animal*, de θήρ, *bête*.

εος indique la matière ou l'étoffe. Ex. : χρύσεος, *d'or*, de χρυσός, *or*.

ερός et ηρός signifient *plein de, porté à*. Ex. : δολερός, *trompeur*, de δόλος, *fraude;* λυπηρός, *affligeant*, de λύπη, *affliction*.

ήεις marque la plénitude. Ex. : δενδρήεις, *plein d'arbres*, de δένδρον, *arbre*.

ηλός signifie *porté à*. Ex. : ἀπατηλός, *trompeur*, de ἀπατάω, *tromper*.

ικός signifie *relatif à, propre à*. Ex. : ἀνδρικός, *relatif à un homme*, de ἀνήρ, *homme;* γραφικός, *habile écrivain*, de γράφω, *écrire*.

ιμος exprime l'utilité, l'usage, l'emploi ou la propriété. Ex. : μάχιμος, *propre au combat*, de μάχομαι, *combattre;* πένθιμος, *affligeant*, de πένθος, *douleur*.

ινος et εινός signifient la matière dont une chose est faite, ou son état, sa situation. Ex. : ξύλινος, *de bois*, de ξύλον, *bois;* σκοτεινός, *ténébreux*, de σκότος, *ténèbres*.

ιος exprime une propriété, une spécialité, un penchant : ἑσπέριος, *du soir*, de ἑσπέρα, *soir;* πάτριος, *paternel*, de πατήρ, *père*.

όεις, ώεις signifient *plein de, semblable à :* ἀμπελόεις, *plein de vignes*, de ἄμπελος, *vigne;* πετρώεις, *pierreux*, de πέτρα, *pierre*.

ώδης marque aussi l'abondance ou la ressemblance : ἰχθυώδης. *poissonneux*, de ἰχθύς, *poisson;* σφηκοειδής, *en forme de guépe*, de σφήξ, *guépe*.

Pour se familiariser avec ces dérivés de physionomie et de signification si diverses, l'élève devra analyser soigneusement tous ceux qui se présenteront dans l'explication des auteurs, en remontant toujours à la racine. Car Platon a dit dans le *Cratyle :* « Quiconque se prétend habile dans l'intelligence des dérivés doit pouvoir donner l'explication des mots primitifs, ou s'attendre à ne dire sur les autres que des sottises. »

V.

Les *Annotations* qui suivent chaque famille de mots portent tout d'abord sur les irrégularités de la déclinaison et de la conjugaison, en sorte que ce livre peut servir de Manuel complet pour les verbes irréguliers (1).

Toutes les fois que le présent du verbe ne renferme pas la syllabe radicale pure, je mets cette syllabe en relief, pour faire mieux comprendre la formation des temps et celle de tous les dérivés qui participent à la signification du verbe. Cette syllabe radicale présente certains caractères et certaines propriétés très-remarquables, dont la connaissance répand un grand jour sur l'étude du grec.

1° La racine primitive de tout verbe est un monosyllabe com-

_____

(1) De temps en temps, j'ai rapproché de la racine grecque le mot anglais ou allemand de même origine, pour accoutumer les élèves à voir dans les langues vivantes qu'ils étudient autant de rameaux sortis d'une souche commune.

posé de trois ou quatre lettres. Ex. : Λεγ de λέγω, *dire;* Τρεπ, de τρέπω, *tourner;* Ζυγ, de ζεύγνυμι, *joindre;* Τεν, de τείνω, *tendre.* Mais le plus souvent il s'est glissé entre la syllabe radicale et la désinence du mot une ou plusieurs lettres qui le renforcent. C'est tantôt αν, comme dans αὐξάνω, *augmenter,* pour αὔξω ; tantôt νε, comme dans ἱκνέομαι, *venir,* radical Ἱκ ; tantôt ν ou ν, comme dans πίνω, *boire,* radical Πι ; ζευγνύω ou ζεύγνυμι, *joindre,* radical Ζευγ ; tantôt ισχ ou σχ, comme dans ἀρέσκω, *plaire,* radical Αρε ; στερίσκω, *priver,* radical Στερ ; tantôt enfin le verbe est précédé d'un redoublement, comme dans γίγνομαι pour γιγένομαι, radical Γεν, *je deviens, je suis.*

2º La voyelle de la syllabe radicale est brève de sa nature. Ex. : Φαγ, de φάγω, *manger;* Τρεπ, de τρέπω, *tourner.* Mais le plus souvent la voyelle primitive s'est allongée par l'addition d'une autre voyelle ou d'une consonne, comme dans τείνω, *tendre,* radical Τεν ; dans βάλλω, *jeter,* radical Βαλ ; dans τύπτω, *frapper,* radical Τυπ. Toutefois il faut noter que la syllabe radicale ne subit d'altérations si considérables qu'au présent et à l'imparfait de l'indicatif, et qu'elle se retrouve ordinairement à l'aoriste second sous sa forme pure. Ex. : λανθάνω, *se cacher,* aor. 2 ἔλαθον, syllabe radicale Λαθ ; μανθάνω, *apprendre,* aor. 2 ἔμαθον, syllabe radicale Μαθ. Quelquefois aussi la syllabe primitive se présente pure de tout alliage étranger dans le verbe latin correspondant, qui a conservé, mieux que le mot grec, la simplicité de leur commune origine. On en voit un exemple dans le verbe *lateo,* le même que λανθάνω, et dans le verbe *libo,* verser, le même que λείβω, syllabe radicale Λιβ.

3º La syllabe primitive ne se trouve nulle part à l'état isolé ; car elle n'est par elle-même ni un verbe, ni un adjectif, ni un substantif : sa signification est vague et abstraite. Ainsi Τεμ, racine première de τέμνω, exprime d'une manière générale l'action de *couper,* et pour qu'elle devienne le verbe *couper,* ou le substantif *coupure,* ou l'adjectif *coupant,* il faut y ajouter une désinence de verbe, de nom ou d'adjectif. Cependant, comme le verbe est le mot principal dans le langage, comme d'ailleurs c'est dans le verbe qu'on retrouve plus facilement la voyelle radicale, on rapporte ordinairement à cette partie du discours, considérée elle-même comme racine, tous les autres mots de la même famille. Voilà pourquoi, par exemple, de στήλη, *colonne,* le dictionnaire renvoie à ἵστημι, *dresser,* quoiqu'il fût plus exact de donner la syllabe Στα pour racine commune à ces deux mots.

4º La syllabe radicale n'a primitivement qu'une seule signification d'où toutes les autres sont déduites par analogie. Ainsi Τεμ, primitif de τέμνω, a pour sens premier *couper*, d'où viennent les significations secondaires de *ravager*, parce que l'ennemi dévaste un pays en *coupant* les arbres, etc.; de *sacrifier*, parce qu'on égorgeait des victimes; de *contracter*, parce que les contrats des anciens étaient cimentés par des sacrifices; d'*ouvrir un* chemin, de traverser un pays en *coupant,* en *abattant* tout ce qui se rencontre, etc., etc.

5° La syllabe radicale n'a point naturellement telle ou telle signification primitive. S'il fallait admettre que la syllabe Τεμ, par exemple, signifie d'elle-même l'action de couper, il s'ensuivrait qu'elle aurait le même sens dans toutes les langues, et, en raisonnant de même sur les autres syllabes radicales, on serait amené à conclure que toutes les langues se ressemblent au moins par le dictionnaire. Ainsi, quand on parle des rapports que les mots ont avec nos pensées et avec les objets de nos pensées, cela ne doit s'entendre que des significations secondaires des mots, et nullement du sens primitif, qu'il faut accepter sans qu'on puisse en donner la raison, excepté dans certains cas où la syllabe radicale a été formée par onomatopée, c'est-à-dire à l'imitation d'un bruit naturel, comme on le voit dans l'articulation gutturale *Kr* qui, incontestablement, imite le *cri* et exprime le *craquement.* Mais de ce que nous sommes dans l'impossibilité d'expliquer la signification première des mots, il ne faut pas conclure que cette signification est arbitraire. Non, tout mot a sa raison; mais la raison des racines primitives du langage est, le plus souvent, un mystère profond, qui remonte aux entretiens ineffables du premier homme avec Dieu et avec la nature.

6° Enfin, il faut bien remarquer que la signification première de toute syllabe radicale est matérielle et physique. Ce n'est que par métaphore que les mots ont désigné des êtres spirituels. On en voit un exemple dans le mot *âme, anima,* qui, primitivement, signifie *souffle,* et a la même racine que ἄνεμος, *vent.* Il faut en dire autant des noms de tous les êtres qui ne tombent pas sous nos sens. Ces noms sont empruntés aux objets sensibles qui ont le plus de rapport avec les êtres immatériels qu'on veut désigner. Par exemple, quand nous voulons nommer l'ange, nous faisons comme le peintre qui veut le représenter. Cet esprit céleste n'ayant pas de forme extérieure qui permette de le montrer aux yeux, l'artiste emprunte à l'oiseau ses ailes légères, au jeune homme ses traits les plus doux et ses formes les plus pures, et de ces éléments divers il compose l'image d'un messager aérien. Nous appelons ce messager un *ange*, et le nom est emprunté, comme l'image elle-même, puisqu'il signifie *envoyé*.

Je me suis appliqué à faire ressortir la signification physique de la syllabe radicale, et je rappelle en vingt endroits que la plupart des mots primitifs expriment une action des sens ordinairement très-simple, ou un objet extérieur relatif à la vie des champs, qui a été le premier état de l'homme. Je montre ensuite, autant que le comporte un livre classique, par quelle suite de rapports un même mot a pu recevoir plusieurs significations souvent très-diverses. A l'appui de mes observations j'ai dû invoquer le témoignage des auteurs anciens. J'ai consulté, de préférence, les écrivains classiques et particulièrement les poëtes, parce que, dit M. Villemain avec Fénelon , « ce sont les poëtes surtout qui vous rendent cette première et vive impression des objets matériels, cette aimable simplicité du monde naissant. » Je n'ai pas oublié les poëtes bibliques, dont la langue est plus pittoresque et plus imagée que toutes les autres, justement parce que là , plus que dans aucun autre idiome, la signification première de chaque racine est matérielle , chaque mot est un écho de la nature et un reflet de la vie sensible, en sorte que, pour exprimer tout ce qui n'est pas du domaine des sensations, les Hébreux employaient la métaphore. Les premiers parlants avaient, comme le remarque le philologue Fréd. Schlegel, un sens spécial de la nature, et l'application du physique à l'intellectuel est le trait distinctif des âges primitifs de l'humanité.

VI.

Si l'utilité des études étymologiques n'était prouvée surabondamment à toutes les pages de ce livre, ce serait ici le lieu de faire remarquer aux élèves que la notion exacte du sens premier des mots et des analogies qui rattachent les sens secondaires à la signification primitive, est une condition essentielle, non-seulement pour arriver à une orthographe irréprochable, et pour faire un bon thème et une bonne version, mais encore pour se former un style naturel et pur, où la parole soit toujours dans une harmonie parfaite avec la pensée ; mais encore pour bien entendre les définitions philosophiques et ne pas s'égarer dans l'analyse des phénomènes de l'âme ou dans la recherche des conséquences morales qui en découlent.

Mais avant de définir les termes et les choses de la métaphysique, il faut que l'élève s'exerce longtemps à définir les termes et les choses qui sont à la portée de son âge, dans les différentes classes qu'il parcourt. C'est pour lui faciliter cet exercice de réflexion que j'ai analysé, dans les *Annotations*, tant de mots relatifs aux sciences, aux arts ou même aux plus simples usages de la vie. En parcourant la table générale qui termine le volume, on remarquera que j'ai écarté les termes purement techniques, et que j'ai choisi à dessein les mots vulgaires, ceux que l'élève a déjà répétés cent fois peut-être sans les comprendre, ou qu'il doit rencontrer plus tard dans ses ouvrages classiques : plus tard, car ce n'est ni en sixième ni en quatrième que les écoliers doivent se préoccuper de la *catachrèse*, de l'*hygromètre* ou de la *phrénologie*. Qu'ils laissent donc toutes ces belles choses à leurs aînés, et qu'ils s'en tiennent à ce qui peut les intéresser et les instruire. Un des secrets de la méthode naturelle, son grand secret, est de savoir attendre. La nature, toute puissante qu'elle est et parce qu'elle est toute-puissante, nous en donne l'exemple dans toutes ses œuvres. Imitons, pour la formation de l'esprit et du cœur des enfants, cette lenteur si calme et si patiente que nous admirons dans la production d'une fleur et dans les accroissements du corps humain. Pour que l'instruction soit solide, il faut qu'une notion nouvelle repose sur une notion acquise, et que tous les éléments dont l'ensemble constitue la science s'assimilent et s'harmonisent dans l'intelligence suivant leurs attractions naturelles. C'est pour l'élève le travail du temps et de la réflexion ; c'est aussi pour le maître le résultat d'une habile direction et de cette sage méthode que je trouve résumée dans une ligne de Van Lennep : « *Similia inter se componendo, et a notis ad ignota progrediendo.* »

Le Mans, 19 mars 1858.

ADDITIONS.

—

Page 35, n° 22. D'où *patriarche*, πατριάρχης, le premier auteur d'une famille, d'une tribu. RR. πατριά, ἀρχη.

Page 136, n° 4. On disait, en vieux français, *chère, chière,* pour tête, visage. Plus tard, chère a signifié *accueil,* réception faite à quelqu'un, comme nous disons : *faire bon visage.* De là les expressions *faire bonne chère, aimer la bonne chère,* pour signifier *être bien traité, aimer à être bien traité.*

Page 141, n° 25. D'où CÉRAUNUS, surnom d'un Ptolémée, roi de Macédoine, et de Séleucus III, roi de Syrie, princes *violents comme la foudre.*

Page 233, n° 18. D'où OXYDE, combinaison de l'*oxygène* avec un autre corps, le plus souvent avec un métal.

Page 233, n° 15. MÉTONYMIE, μετωνυμία, figure de mots qui consiste à changer le nom d'un objet ou celui d'un autre objet voisin ; par exemple, *cent voiles* pour *cent vaisseaux.* RR. μετά, ὄνομα.

Page 245, n° 22. D'où PATHOLOGIE, partie de la médecine qui traite de la nature et des symptômes des maladies. RR. πάθος, λέγω.

Page 250. A la suite : *pentagone,* polygone à cinq angles (69).

Page 250, n° 12. D'où PENTAMÈTRE, vers de *cinq pieds.* RR. πέντε, μέτρον.

Page 261, n° 12. D'où APOPLEXIE, ἀποπληξία, maladie du cerveau qui *frappe* subitement. RR. ἀπό, πλήσσω.

LISTE

des auteurs et des ouvrages cités en abrégé dans ce Lexique.

Act. Les *Actes des apôtres* écrits par saint Luc.

Anach. *Anacharsis*, titre d'un ouvrage sur la Grèce au temps de Périclès, publié en 1788 par l'abbé Barthélemy.

Aug. SAINT AUGUSTIN, le premier des Pères latins, né en 354 à Tagaste, en Numidie.

Aus. AUSONE, poëte latin du quatrième siècle, né à Bordeaux.

Boil. BOILEAU, né à Crosne, en 1636, trois ans avant Racine.

Bos. BOSSUET, né à Dijon en 1627, précepteur du Dauphin.

Cés. JULES CÉSAR, né à Rome l'an 101 av. J. C.

Cic. CICÉRON, né à Arpinum, l'an 106 av. J. C., la même année que Pompée.

Cl. CLAUDIEN, poëte latin, né à Alexandrie, dans le cinquième siècle.

Col. COLUMELLE, agronome, né à Gadès, en Espagne, dans le premier siècle.

C. Nep. CORNÉLIUS NÉPOS, contemporain et ami de Cicéron.

Crat. *Cratyle*, titre d'un dialogue de Platon sur l'origine des mots.

Deut. Le livre du *Deutéronome* écrit par Moïse.

En. *L'Énéide* de Virgile.

Esdr. Les livres d'*Esdras*.

Ex. Le livre de l'*Exode* écrit par Moïse.

Fén. FÉNELON, né en 1651, précepteur du duc de Bourgogne.

Fest. POMPEIUS FESTUS, grammairien latin du quatrième siècle.

Fr. de S. SAINT FRANÇOIS DE SALES, évêque de Genève, né en 1567, près d'Annecy.

Gen. Le livre de la *Genèse* écrit par Moïse.

Hor. HORACE, né à Venouse, l'an 63 av. J. C.

Il. *L'Iliade* d'Homère.

Is. ISAÏE, le plus éloquent des prophètes.

Isid. SAINT ISIDORE, évêque de Séville au septième siècle, auteur d'un ouvrage sur les etymologies.

Jér. SAINT JÉRÔME, né vers 331, en Pannonie.

Just. JUSTIN, historien latin du deuxième siècle.

Juv. JUVÉNAL, poëte satirique latin, élève de Quintilien.

Lact. LACTANCE, écrivain chrétien du troisième siècle, disciple d'Arnobe.

La Br.	LA BRUYÈRE, né en 1646 près de Dourdan.
La Font.	LA FONTAINE, l'inimitable fabuliste, né à Château-Thierry 1621, un an avant Molière.
M. Cap.	MARTIANUS CAPELLA, écrivain latin du cinquième siècle.
Matth.	SAINT MATTHIEU, évangéliste.
Min. F.	MINUTIUS FÉLIX, orateur chrétien du troisième siècle.
Mach.	Le livre des *Machabées*.
Macr.	MACROBE, philosophe et grammairien du cinquième siècle.
Mol.	MOLIÈRE, le premier des comiques, né à Paris, en 1622.
Mont.	MONTAIGNE, philosophe sceptique, né en 1533, dans le Périgord.
Od.	L'*Odyssée* d'Homère.
Ov.	OVIDE, né à Sulmone, en 43 av. J. C.
Pasc.	PASCAL, né à Clermont-Ferrand, en 1623, un an après Molière.
Pl.	PLINE le Naturaliste, asphyxié par la fumée du Vésuve en 79.
Plat.	PLATON, né l'an 429 av. J. C. dans l'île d'Égine, fondateur de l'Académie.
Plut.	PLUTARQUE, biographe grec, né à Chéronée, en Béotie, vers l'an 50.
Pol.	POLLUX, grammairien grec du deuxième siècle.
P. Mel.	POMPONIUS MÉLA, géographe romain du premier siècle.
Prisc.	PRISCIEN, grammairien latin du sixième siècle.
Prov.	·Le livre des *Proverbes*, attribué à Salomon.
Ps.	Le livre des *Psaumes*, dont la moitié seulement porte le nom de David.
Q. Curce.	QUINTE-CURCE, historien latin, né à une époque incertaine.
Quint.	QUINTILIEN, rhéteur latin, né en 42 à Calagurris, en Espagne.
Sag.	Le livre de la *Sagesse*.
Sall.	SALLUSTE, né à Amiterne, l'an 86 av. J. C.
Sén.	SÉNÈQUE, philosophe latin, né à Cordoue, l'an 3 av. J. C.
Serv.	Servius, grammairien latin du cinquième siècle, commentateur de Virgile.
Soph.	SOPHOCLE, né à Colone, près d'Athènes, vers l'an 495 av. J. C.
Suét.	SUÉTONE, biographe latin, né vers l'an 70 av. J. C.
Tert.	TERTULLIEN, de Carthage, docteur de l'Église au deuxième siècle.
T.-Live.	TITE-LIVE, historien latin né à Padoue, l'an 59 av. J. C.
Var.	VARRON, *le plus savant des Romains*, né à Rome l'an 116 av. J. C., auteur d'un ouvrage sur la langue latine.
Virg.	VIRGILE, né près de Mantoue en 70 av. J. C.
V. Flacc.	VERRIUS FLACCUS, grammairien célèbre du siècle d'Auguste.
Voss.	VOSSIUS, savant professeur allemand du dix-septième siècle.

LEXIQUE COMPLET

DES

RACINES GRECQUES

ET DE LEURS PRINCIPAUX DÉRIVÉS

EXPLICATION

DES SIGNES ET DES PRINCIPALES ABRÉVIATIONS.

----

*	indique un mot poétique.		inus.	inusité.
a.	aoriste.		ital.	italien.
a. p.	aoriste passif.		litt.	littéralement.
acc.	accusatif.		m. à m.	mot-à-mot.
adj.	adjectif.		m. rac. q.	même racine que.
adv.	adverbe.		masc.	masculin.
all.	allemand.		méd.	médecine.
anal.	analogie.		métaph.	métaphoriquement
anc.	anciennement.		n.	neutre.
angl.	anglais.		n. pr.	nom propre.
att.	attique.		nom.	nominatif.
augm.	augmentatif.		p.	pour, passif.
b. lat.	bas latin.		part.	participe.
bot.	botanique.		partic.	particule.
c.	comme.		pers.	personne.
c. à. d	c'est-à-dire.		pf.	parfait.
cf.	*confer*, comparez.		pl.	plante.
comp.	comparatif.		plur.	pluriel.
contr.	contracté.		plqpf.	plus-que-parfait.
corr.	corruption.		poét.	poétique.
dat.	datif.		poiss.	poisson.
dial.	dialecte.		pop.	populaire.
dim.	diminutif.		pr.	proprement, au sens propre.
dor.	dorien.		prés.	présent.
éol.	éolien, éolienne.		prim.	primitivement.
équiv.	équivalent.		princ.	principalement.
esp.	espagnol.		priv.	privatif.
ex.	exemple.		qqf.	quelquefois.
ext.	extension.		rac.	racine.
f.	futur.		RR.	racines.
fam.	familièrement.		rar.	rarement.
fém.	féminin.		régul.	régulièrement.
fig.	figurément.		s. ent.	sous-entendu.
fréq.	fréquentatif.		subst.	substantif.
g.	genre.		sup.	superlatif.
gén.	génitif.		syll. rad.	syllabe radicale.
héb.	hébreu.		sync.	syncope.
id.	*idem*, de même sens.		syn.	synonyme.
imp.	imparfait.		v.	voyez.
impers.	impersonnellement		v.	verbe.
ind.	indéclinable.		v. fr.	vieux français.
ins.	insecte.		voc.	vocatif.
insép.	inséparable.		vulg.	vulgairement.
interj.	interjection.			

Les chiffres entre parenthèse indiquent la page où se trouve l'éclaircissement ou la confirmation d'une étymologie.

1

1. A, τὸ[a], ALPHA[b], vaut un[c], prive[d], unit[e], augmente[f], est explétif[g].

2. Ἀάζω[a], exhale, respire, envoie son haleine. Ἀασμός, *action d'exhaler, exhalaison, respiration.*

3. Ἅαμαι[a], se rassasie, est rassasié[b]. Ἄδην, *assez, beaucoup;* ἀσάομαι, *est dégoûté;* ἄση, *satiété, dégoût, chagrin, ennui.*

4. Ἄάσκω[a], nuit, trompe. Ἀάσχομαι, *se trompe, fait une faute;* Ἄατος, *nuisible, redoutable, in... et, inviolable.*

5. Ἄβαξ, ακος, ὁ, **abacus,** tablette, comptoir, buffet, ABAQUE[a]. -άκιον, *planchette, échiquier, compartiment, carreau.*

6. Ἄβολλα, ἡ, **abolla,** manteau de voyage, surtout.

7. Ἄβραμίς, ίδος, ἡ, muge *ou* bouri, *poisson du Nil.* -ίδιον, *dim.*

8. Ἄβρότη[a], ἡ, la nuit, la nuit solitaire, la nuit divine. -τάζω, *s'égare pendant la nuit;* -τήμων, *qui s'égare.*

9. Ἄβρότονον, τὸ, **abrotonum,** AURONE, *pl.* -τονος, *id.;* -τόνινος, *d'aurone;* -τονίτης, *préparé avec de l'aurone.*

10. Ἄβυρτάκη, ἡ, macédoine de fruits et de légumes.

ANNOTATIONS.

1. *a.* Les noms de toutes les lettres grecques sont neutres. — *b.* En hébreu *aleph,* mot qui signifie *bœuf,* parce que, dans l'écriture primitive, la forme de cette lettre rappelait celle d'une tête de bœuf. De même en grec, *alpha* signifie équerre de maçon, à cause de sa forme. C'est du même alphabet hébraïque ou phénicien, que la plupart des lettres grecques ont tiré leurs noms et leurs formes. Ces lettres apportées, suivant les traditions, de Phénicie en Grèce par Cadmus, furent communiquées par les Grecs aux habitants de l'Italie, et on les voit encore à Rome, dans l'inscription de la colonne rostrale, où elles conservent leurs traits primitifs beaucoup mieux que dans l'écriture des beaux siècles d'Athènes et d'Alexandrie. C'est donc bien à tort qu'on a dit et répété que l'alphabet latin était emprunté du grec. Il fallait dire que les écritures latine et grecque étaient des modifications locales d'une ancienne écriture commune aux deux contrées et dérivées de l'alphabet phénicien. C'est de l'alphabet grec et de l'alphabet latin combinés que sont dérivées les écritures des peuples modernes de l'Occident. — *c.* Toutes les lettres de l'alphabet grec ont, de même qu'en hébreu et en latin, une valeur numérique en rapport avec le rang qu'elles occupent. Avant de connaître les chiffres arabes, les Occidentaux n'employaient que des lettres pour le calcul, et nos chiffres romains en

sont un souvenir. Il faut retenir une fois pour toutes qu'en plaçant un accent au-dessous et à gauche d'une lettre, les Grecs multipliaient sa valeur par 1,000. Ainsi α′ valant 1, ͵α vaut 1,000. A cause de sa position en tête de l'alphabet, A signifie au figuré *commencement, principe.* C'est le sens que lui donne saint Jean dans ce passage de l'Apocalypse, ch. 1 : Ἐγώ εἰμι τὸ Α καὶ τὸ Ω, *Ego sum principium et finis.* — *d.* Ἀ privatif est par euphonie pour ἀν ou ἄνευ, sans; (20) ex. : ἄξιος, digne; ἀνάξιος, indigne. Voyez Νη. Devant les consonnes on a supprimé le ν; ex. : δῆλος, clair, ἄδηλος, obscur. — *e.* A copulatif est pour ἅμα, ensemble; ex. : γάλα, lait, ἀγάλακτες, frères de lait, *collactanei.* — *f.* A augmentatif est pour ἄγαν, beaucoup; ex. : ξύλον, bois, ἄξυλος, plein de bois. — *g.* V. Σπαίρω.

2. *a.* F. ἀάσω, impf. ἄαζον; même rac. que ἄημι.

3. *a.* Fut. ἄσομαι, impf. ἀἄμην, a. 1. ἀσάμην. — *b.* Même rac. que ἄημι; *pr.* souffler en mangeant. V. Κάπτω.

4. *a.* F. ἀάσω, a. 1 ἄασα, ἄσα, a. moy. ἀασάμην, a. p. ἀάσθην.

5. *a.* Espèce de comptoir ou buffet. L'*abaque* de Pythagore était notre table de multiplication.

8. *a.* C'est le féminin de l'adjectif ἄβροτος, pour ἄμβροτος, composé de ἀ privatif et βροτός (44); *pr. la nuit immortelle.* Un grammairien interprète ainsi

11. Ἀβρός, ά, όν, mou, délicat, sensuel, beau, fier. –α, *servante*[a]; –οτης, *mollesse;* –ύνω, *pare;* –ύνομαι, *est fier;* –υντής, *fat.*

12. Ἀγαθός[a], ή[b], όν, bon, vertueux, brave[c], habile. –θόν, *bien,* –θότης, –θωσύνη, *bonté;* –θύνω, *rend bon;* –θύνομαι, *est bon.*

13. Ἀγάλλω[a], orne, honore. Ἄγαλμα, *ornement, statue*[b], *portrait, image, offrande;* –λλιάομαι, *tressaille de joie.*

14. Ἄγαμαι[a], admire, loue. Ἄγη, *admiration, respect, envie*[b], ἀγαυός[c], *admirable;* ἀγαστός, *id., fier;* [*]ἀγαυρός[d], *fier.*

15. Ἀγανακτέω[a], s'indigne, se plaint. –κτησις, *dépit, agacement;* –κτητικός, *impatient;* –κτητός, *qui doit indigner.*

16. Ἀγαπάω[a], aime, embrasse, se contente de, se résigne à. [*]–πάζω, *embrasse;* –πη[b], –πησις, *tendresse;* –πητικός, *tendre.*

17. Ἀγγέλλω[a], annoncer. –γελος, *messager, nouvelle,* angelus, ANGE[b]; –γελία[c], –γελμα, *annonce;* –γελτήρ, *messager;* –γέλτρια, *fém.*

18. Ἄγγος, εος, τό, vase, vaisseau, veine, cavité quelconque. –γεῖον[a], *id.;* –γείδιον, *dim.;* –γειώδης, *semblable à un vase.*

ANNOTATIONS.

ce mot : ἀβρότη ἐν ᾗ βροτὸς οὐ φαίνεται, *in quâ mortalis non prodit,* la nuit où n'apparait aucun homme.

11. *a.* Cette signification rappelle l'hémistiche de Plaute : *Ubi tu es, delicata?* adressé par un personnage de comédie à sa suivante.

12. *a.* Comparatifs : ἀμείνων, ἀρείων, βελτίων, κρείσσων, λώων; superlatifs correspondants : ἄριστος, βέλτιστος, κράτιστος, λῶστος. — *b.* D'où AGATHE, n. pr. — *c. Bonus* a de même en latin le sens de *brave* et vous trouverez dans Salluste : *boni atque ignavi,* courageux et lâches. V. Ἀρετή, Κακός, Δειλός. Le français *brave,* signifie *bon* ou *courageux,* selon qu'il précède ou suit le substantif *homme.* — Toutes les significations de ἀγαθός se rapportent à celle de *admirable,* renfermée dans la R. ἄγαμαι.

13. *a.* F. ἀγαλῶ, a. 1 ἤγηλα, pf. ἤγαλκα, pf. p. ἤγαλμαι. — *b.* Ornement des palais et des temples.

14. *a.* F. ἀγάσομαι, impf. ἠγάμην, a. 1 ἠγασάμην, ἠγάσθην. — *b.* L'envie suit de près l'admiration, et ces deux sentiments entrent dans l'âme par les yeux. *Admirer* vient de *mirari,* regarder fixement, mirer, et *envier,* de *invidere,* regarder dans, *videre,* V. Ἀάω. — *c.* Du féminin ἀγαυή, on a fait AGAVE, nom d'une plante originaire du Mexique, et *admirable* par sa tige élancée, ses fleurs en panaches et sa croissance

très-rapide. — *d.* Ἀγαυρός vient mieux de γαῦρος, avec α augmentatif.

15. *a.* Mot composé de deux autres : ἄγαν, beaucoup, et ἄχος, douleur, qui a pris ici la forme αχτ. Le sens premier de ἀγανακτέω est *souffrir.*

16. *a.* De ἀγαπητός, aimé, aimable, on a fait les noms propres AGAPET et AGAPIT. — *b. Plur.* ἀγάπαι, AGAPES, repas de *charité* que les premiers chrétiens prenaient ensemble, le soir, en mémoire de la Cène, et comme préparation aux saints mystères qui étaient célébrés la nuit. Les pauvres étaient admis à ces repas et recevaient des diacres tous les services de *charité.* V. Κονέω.

17. *a.* F. ἀγγελῶ, a. ἤγγειλα, pf. ἤγγελκα; f. p. ἀγγελθήσομαι. — *b.* Les esprits célestes étant invisibles, nous ne pouvons les désigner que par les offices qu'ils remplissent dans le monde, comme *messagers* de Dieu : « *Angelus officii nomen est, non naturæ; spiritus autem sunt; cùm mittuntur fiunt angeli.* » S. Aug. « *Qui minima nuntiant,* angeli, *qui verò summa annuntiant,* archangeli *vocantur.* » S. GRÉG. V. Ἄρχω. — *c.* D'où εὐαγγέλιον, ÉVANGILE, c. à d *bonne nouvelle,* la bonne nouvelle du salut. RR. εὖ, ἀγγελία.

18. *a.* Les botanistes appellent ANGIOSPERMES, les plantes dont la semence σπέρμα, est renfermée dans une capsule Ex. : la *digitale.* RR. ἄγγος, σπείρω.

1. Ἀγαθίς, ίδος, ἡ, peloton de fil. —θίξομαι, *dévider.*

2. Ἀγάλλοχον, τὸ, bois d'aloès. — **3.** Ἄγαν, trop, beaucoup, fort.

4. Ἀγαρικόν, τὸ, AGARIC[a], amadou d'AGARIE[b].

5. Ἀγασυλλίς, ίδος, ἡ, AGASYLLIS, *arbrisseau.*

6. Ἄγγαρος[a], ὁ, courrier. —ρα, *relais;* —ρεία, *service des courriers.*

corvée; —ρεύω, angario, *met en réquisition, force.*

7. Ἄγγων, ωνος, ὁ, ANGON, javeline des Francs, francisque.

8. Ἀγέρωχος, η, ον, fier, lascif, fougueux. —χία, *fierté.*

9. Ἀγλαός, ή[a], όν, clair, brillant. —αΐα, *éclat, beauté, gloire, joie[b].*

—αΐζω, *fait briller, orne;* —άϊσμα, *embellissement, ornement.*

10. Ἀγλίς, ἴθος, ἡ, gousse d'ail. Ἀγλίη, *taie sur l'œil.*

11. Ἄγνος, ὁ, ἡ[a], gattilier *ou* AGNUS-CASTUS[b], *arbrisseau.*

12. Ἄγνυς, υθος, ἡ, pierre qui tendait le fil de la trame[a].

13. Ἀγοστός, ὁ, paume de la main, coude, encoignure.

14. Ἀγυιά[a], ἡ, rue, chemin, canal, direction. —ιεύς[b], —ιαῖος, *dieu des rues, autel;* —ιάτης, —ιήτης, *présidant aux rues, voisin.*

ANNOTATIONS.

4. *a.* Genre de champignons, qui, coupés par tranches, puis battus au marteau et imprégnés de salpêtre, constituent l'amadou. — *b.* Contrée de la Sarmatie où ce champignon abondait.

6. *a.* Mot de racine persane. Suivant Xénophon, *Cyr.*, liv. 8, Cyrus institua des courriers pour le transport des dépêches dans tout son empire, au moyen de relais toujours prêts. Xerxès, dans son expédition contre la Grèce, avait des courriers sur toute la ligne de la mer Égée à Suse. Darius Codoman avait été courrier d'Artaxerxe Ochus, avant de lui succéder au trône. Les Grecs empruntèrent des Perses le nom et l'institution des postes, qui furent établies sous Auguste dans tout l'empire romain.

9. *a.* D'où AGLAÉ, nom d'une des trois Grâces et d'une sainte dame romaine au quatrième siècle. Ce nom, qui signifie *belle*, rappelle ceux de *Callixte*, Κάλλιστος (133), *Pulcher, Formose, Lebeau*, etc. V. Θάλλω, Μορφή. — *b.* Remarquez l'association toute naturelle des idées de bonheur et de joie, avec celles de lumière et d'éclat. Les idées contraires se trouvent pareillement réunies dans l'adjectif μέλας, noir. V. Φῶς.

11. *a.* Les noms de plantes sont généralement féminins en grec comme en latin. — *b.* De ἀγνός, pur. Les anciens attribuaient à cet arbuste des propriétés *anaphrodisiaques.* V. Ἀφρός.

12. *a.* Chez les anciens, les tisserands travaillaient debout, sur une chaîne tendue perpendiculairement avec des poids, et pour serrer le tissu, ils frappaient sur la trame avec une forte règle de bois horizontale. V. Ἵστημι.

14. *a.* De ἄγω. Pr. le chemin qui *mène* le voyageur à son but. « *Quam arcta via est quæ* ducit *ad vitam!* » MATTHIEU, ch. VII. *Via, voie*, est pour *veha* ou *vehia*, de *veho*, porter, *pr.* le chemin par où une voiture, *vehiculum*, peut passer. Ceci nous rappelle que Pascal définit les rivières « *des chemins qui marchent et qui* portent *où l'on veut aller;* » pourvu toutefois, ajoute un commentateur, qu'on veuille aller où ils portent. — *b.* Surnom d'Apollon honoré comme dieu des rues.

15. *a.* F. ἀγερῶ, a. ἤγειρα, pf. ἤγερχα ou ἀγήγερχα; a. pass. ἠγέρθην, pf. p. ἤγερμαι ou ἀγήγερμαι. — *b.* D'où πανήγυρις, PANÉGYRIQUE, éloge devant *toute l'assemblée.* RR. Πᾶν, ἄγυρις. Les

15. Ἀγείρω [a], assemble, quête. Ἄγερσις, *réunion;* ἄγυρ.ς [b], *assemblée;* –υρμός, *réunion, quête;* –ύρτης, *mendiant, charlatan.*

16. Ἀγέλη [a], ἡ, troupeau, troupe. –λάζω, *attroupe;* –λαῖος, *qui vit en troupeau, commun* [b], *vil;* –ληδόν, *en troupe.*

17. Ἄγκιστρον [a], τὸ, hameçon [b], harpon, crochet, ancistrum, scalpel. –ρόω, *garnit d'un hameçon, courbe;* –ρεύω, *pêche à l'hameçon.*

18. Ἀγκύλος [a], η, ον, recourbé, tortueux, fin. –λόω [b], *recourbe;* –λη, coude, jarret, courroie pour le javelot, javelot [c]. lacet.

19. Ἄγκυρα [a], ἡ, anchora, ANCRE [b], soutien. –ρόω, *met à l'ancre, affermit;* –ρωτός, *ancré;* –ρίζω, *donne un croc-en-jambes.*

20. Ἀγκών [a], ῶνος, ὁ, ancon, coude, bras [b], pli. –κος [c], *vallon;* –κάς, *dans les bras;* –κάλη, *bras;* –λίζομαι [d], *embrasse;* –λίς, *brassée.*

21. Ἀγνός [a], ή, όν, pur [b], innocent, sacré. –νεία, *pureté, expiation;* νεύω, *est pur, purifie;* –νίζω, *purifie, sacrifie;* –νισμός, *expiation.*

22. Ἄγνυμι [a], brise. Ἀγή, *fracture, fraction, flot* [b], *rivage, brisant;* ἄγμα, *fragment, fracture;* ἀγμός, *rupture, au plur. précipices.*

ANNOTATIONS.

Hébreux disaient de même *laudare in vortis,* louer en pleine assemblée, parce que les assemblées se tenaient aux portes de la ville. R. ἄγω.

16. *a.* De ἄγω. Pr. troupeau qu'on mène. Cf. *agmen,* troupe en marche, pour *agimen,* de *ago,* conduire, d'où vient aussi *examen, essaim,* p. *exagimen* ou *exagmen.* — *b.* Cf. *vulgaire,* de *vulgus,* foule, et les opposés *egregius,* choisi dans le troupeau et mis à part pour le sacrifice; RR. *e, grex; eximius,* tiré de la foule, de *eximo,* mettre à part, *ex, emo,* tirer de; *extraordinaire,* qui est hors ligne, *extra ordinem.*

17. *a.* Notez la syllabe radicale Αγχ, avec sa signification invariable de courbure et de resserrement. — *b.* Angl. *angle;* all. *angel.*

18. *a.* D'où *angulus,* ANGLE. — *b.* D'où ἀγχύλωσις ANKYLOSE, soudure des articulations qui en empêche le mouvement. — *c.* De plus ἀγκύλιον, ANCILE, bouclier sacré tombé du ciel, et à la conservation duquel le salut de Rome était attaché. Son nom indique sa forme. « Ce n'est, dit Plutarque, ni un rond parfait, ni comme pour les boucliers ordinaires un contour régulier; c'est une ligne sinueuse, brisée, qui donne au bouclier une coupe échancrée. »

19. *a.* Syll. rad. Αγχ; pr. le bec crochu de l'ancre. — *b.* Angl. *anchor,* all. *anker.*

20. *a.* D'où ANCÔNE, ville d'Italie, située sur l'Adriatique, au fond d'une rade en croissant. » *In ipso flectentis se oræ cubito sita.* » PLIN. — *b.* Pr. le pli du bras; syll. rad. Αγχ. D'où ANCUS, nom du quatrième roi de Rome. » *Ancus* ἀπὸ τοῦ ἀγκῶνος, *id est,* à cubito *quem incurvum habuisse dicitur.* » SERV. — *c.* M. à m. le creux de la vallée, « *Concavus vallis sinus.* » PL. V. Αὐλός et Κοῖλος.— *d.* Cf. *amplecti, amplexari,* embrasser, *pr.* plier ses bras autour du cou. V. Πλέκω.

21. *a.* De ἄγος. — *b.* D'où *agnus,* agneau, « *Eo quod sit pura hostia et immolationi apta.* » FEST. La forme poétique ἀγνής a donné AGNÈS, nom d'une vierge romaine, martyre en 305. « *Nomen virginis titulus est pudoris,* » dit Saint Ambroise son panégyriste.

22. *a.* On ἀγνύω, f. ἄξω, impf. ἔαγνυν ou ἔαγνυον, ou ἦγνυν, a. ἔαξα pf. pass. ἔαγμαι et ἔαγα, a. 2 pass. ἐάγην. — *b.* Pr. le flot qui se *brise* contre les *brisants.* V. ῥήγνυμι.

1. *Ἄγχι*, près, près de. —χιμος, *voisin*; —χιστεία, *proche parenté*; —χιστεύς, *proche voisin, parent*; —χιστεύω, *est parent*.

2. Ἀδάρκη, ἡ, ADARCE, *conferve laineuse.* —χης, —χιον, *id.*

3. Ἄδοιξ, ιχος, ἡ, mesure grecque contenant quatre chénices [a].

4. *Ἀδέω* [a], est dégoûté, fatigué. Ἀδήμων, *affligé, inquiet*; —μονία, —μοσύνη, *tourment, inquiétude*; —μονέω, *s'afflige.*

5. Ἀδήν [a], ένος, ὁ, ἡ, glande. —ενώδης, *glanduleux.*

6. Ἅδης [a], ου, ὁ, Pluton, enfer [b], tombeau, mort. — 7. Ἀδμως, ωος, ὁ, sole.

8. *Ἀδινός* [a], ή, όν, serré, abondant, vif, grand, fort, profond.

9. Ἄδων, ωνος, ὁ, ADONIS, *poiss.* — 10. Ἀδράχνη, ἡ, ADRACHNÉ, *pl.*

11. Ἀεί, toujours, au fur et à mesure, successivement. Ἀείδιος, ἀΐδιος, *perpétuel, éternel*; ἀϊδίως, *éternellement.*

12. *Ἄζω* [a], asso, sèche, brûle. Ἀζαίνω, *id.*; ἄζα, *suie, lie*; ἀζαλέος [b], *brûlé, sec.* — 13. Ἄζω [a], gémit. — 14. *Ἄζομαι* [a], craint.

15. *Ἄημι* [a], souffle, trouble [b], dort [c]. Ἄημα, ἄησις, ἀήτης, *souffle, vent*; ἀητέομαι, *vole*; ἀητός, *soufflé, exposé au vent.*

ANNOTATIONS.

1. *a.* Comp. ἄσσον, sup. ἄγχιστα. De ἄγχω, serrer, comme *près* vient de *presser*, et *juxta*, auprès, joignant, de *jungo* joindre. De ἄγχι dérive ANCHIALE, Ἀγχιάλη, ville de Cilicie, voisine de Tarse et près de la mer Méditerranée : d'où son nom. RR. ἄγχι, ἅλς. Elle fut bâtie, dit-on, en un jour, par Sardanapale qui fit graver sur son tombeau ces mots : « J'ai élevé Tarse et Anchiale en un jour, et maintenant je suis mort. » Les historiens prêtent à ce monarque une autre épitaphe d'une philosophie moins relevée.

3. *a.* La chénice valait un 48e du médimne, c-à-d., en mesures métriques, 1 litre, 79 mill.

4. *a.* Pf. ἄδηκα ou ἄδδηκα, a. ἄδησα ou ἄδδησα.

5. *a.* L'inflammation d'une glande s'appelle, chez les médecins, ADÉNITE. Soit dit en passant, car nous croyons qu'il est au moins inutile d'accumuler dans un livre de ce genre les mots savants, les termes purement techniques. Les élèves qui se destinent plus spécialement à l'étude des sciences, en trouveront tout juste assez pour se bien convaincre que la connaissance du grec leur est absolument nécessaire, indispensable. V. Ἀμυγδάλη.

6. *a.* Contr. pour ἀΐδης, invisible. RR.

à ἰδεῖν. « Umbrarum Dominus. » Ov. « Dis ater. » VIRG. « Le noir Pluton à la sombre demeure. » FÉN. — *b. En enfer* se rend par εἰς Ἄδου ou ἐν Ἄδου, chez Pluton, s. ent. οἶκον ou οἴκῳ, *litt.* dans la maison de Pluton. Nous avons en français une ellipse d'un autre genre dans l'emploi du mot *chez*, qui vient du latin *casa*, maison, et signifie *pr.* : dans la maison de.

8. *a.* M. rac. q. ἄδην et ἀδρός.

12. *a.* M. rac. q ἄημι ou *halo*, souffler. Cf. *flagrare*, brûler de *flare*, souffler. V. Πίμπρημι. — *b.* D'où AZALÉA, plante voisine du rhododendron, qui préfère la *sécheresse* à l'humidité. V. Δένδρον.

13. *a.* Sans futur. R. ἄ; *pr.* pousser des ah! V. Οἰμώζω, Ἔλεγος.

14. *a.* M. rac. q. ἄγαμαι, vénérer. La substitution du ζ au γ a lieu aussi dans μείζων comparatif de μέγας.

15. *a.* Impf. ἄην, inf. ἄηναι, part. ἀείς; moy. ἄημαι, impf. ἀήμην, part. ἀήμενος. Cette racine, qui est pour ἄω inusité, se retrouve dans une multitude de mots grecs avec la signification fondamentale de *souffler.* — *b. Pr.* agite par son souffle. — *c. Litt.* ronfle, souffle en dormant. V. Αὔω, Ἀωτέω.

16. *a.* De ἀγείρω, assembler; *pr.* lieu où l'on s'assemble. V. Ὅμιλος. — *b.* D'où FANTASMAGORIE, art de faire apparaître

16. Ἀγορά[a], ἡ, place, assemblée[b], discours[c], marché. —ρεύω, haranguer. —ράζω, trafique, discute; —ραῖος, du marché, vil.

17. Ἄγος[a], εος, τὸ, vénération, chose sacrée, souillure[b]. Ἅγιος, saint; ἁγιάζω, sanctifie; ἁγίζω, consacre; ἁγιστεύω, est pur.

18. Ἄγρα[a], ἡ, chasse, pêche, gibier. —εύω, chasser, pêcher; —ευμα, proie; —ευσις, chasse; —εύς, —ευτής, chasseur, pêcheur.

19. Ἀγρός, ὁ, ager[a], champ, rusticité[b]. —ιος, rustique, sauvage; *—οιώτης, villageois; —ότερος, champêtre; —ότης, villageois.

20. Ἄγχω[a], ango[b], serre, étrangle, tourmente. —ονάω, pend; —όνη, strangulation, lacet; ἀγκτῆρες, nœud de la gorge.

21 Ἄγω[a], ago, conduit, juge. Ἀγωγή[b], conduite; —ωγός[c], guide, conduit; —ώγιον, charge; —ωγεύς, bride, guide, accusateur.

22. Ἀγών[a], ῶνος, ὁ, combat, jeux, foule. —νία[b], lutte, anxiété; —νιάω, s'agite; —νίζομαι, combat; —νιστής[c], lutteur.

23. Ἀδελφός[a], ὁ, frère[b]. —φή, sœur; —φιδοῦς, neveu; —φιδῆ, nièce; —φίζω, traite en frère; —φός, ή, όν, fraternel, semblable.

ANNOTATIONS.

des *fantômes* dans une *assemblée*, au moyen d'illusions d'optique. RR. φαίνω, ἀγορά. — c. D'où ἀλληγορία, ALLÉGORIE, fiction qui présente un objet à l'esprit, de manière à éveiller la pensée d'un autre. RR. ἄλλος, ἀγορά. Les fables, les paraboles sont des allégories. C'est dans le Nouveau Testament que l'allégorie revêt les formes les plus pures et les couleurs les plus douces. *Tolle, lege.*

17. *a.* De ἄγαμαι, admirer, vénérer. — *b.* Ἄγος, signifiera chose admirable, *chose sainte*, si on la considère par rapport à la divinité, et *chose maudite* si on y voit un objet d'expiation pour des crimes commis. Cf. *sacer* qui signifie à la fois *sacré* et *exécrable.* V. Ἀρά.

18. *a.* D'où PODAGRE, ποδάγρα, goutte qui attaque les pieds. RR. ποῦς, ἄγρα. Celui qui en souffre s'appelle aussi *podagre.*

19. *a.* Angl. *acre,* all. *acker.* D'où PERAGRARE, parcourir, et PEREGRINARI, voyager, *pr.* courir les champs. RR. *per, ager. Peregrinus,* ital. *pelegrino,* fr. *pèlerin.* V. Ἀείριον. — *b.* Opposée à urbanité. V. Ἄστυ.

20. *a.* F. ἄγξω, a. ἦγξα, pf. ἦγχα. Syll. rad. Ἀγχ. — *b.* D'où ANXIUS, plein d'ANXIÉTÉ; ANGOISSE, serrement de cœur; ANGINE, inflammation qui resserre la gorge; ANCHE, bec d'instrument à vent qui resserre le passage de l'air; ANGU-

STUS, resserré.

21. *a.* A. 2 ἤγαγον, pf. ἦχα ou ἀγήοχα; a. 2 moy. ἠγαγόμην. — *b.* D'où συναγωγή, SYNAGOGUE, assemblée des fidèles sous l'ancienne loi. RR. σύν, ἄγω. — *c.* D'où δημαγωγός, DÉMAGOGUE, chef, *pr.* meneur d'une faction populaire. RR. δῆμος, ἄγω. Tels furent Cléon à Athènes, les Gracques à Rome et Robespierre à Paris.

22. *a.* De ἄγω, conduire, rassembler; *pr.* l'assemblée réunie pour voir ou célébrer des jeux. (*Il.* 24, 1.) — *b.* D'où AGONIE, dernière lutte contre la mort.— *c.* D'où ANTAGONISTE, ἀνταγωνιστής. RR. ἀντί, ἀγών.

23. *a.* Composé de α pour ἅμα, et δελφύς, sein; *pr.* porté dans le même sein. Cf. *uterinus,* frère *utérin,* de *uterus,* sein; *germanus,* frère *germain,* né des mêmes parents, *pr.* du même germe. — *b.* D'où φιλάδελφος, PHILADELPHE, ami de son frère; surnom donné par antiphrase à Ptolémée II, roi d'Égypte, qui avait fait périr deux de ses frères. En botanique, on nomme MONADELPHES les plantes dont toutes les étamines sont soudées ensemble; ex. : le *pois.* RR. μόνος, ἀδελφός. DIADELPHES, POLYADELPHES, celles dont les étamines forment deux ou plusieurs paquets; ex. : la *mauve,* le *géranium.* RR. δίς, πολύς, ἀδελφός.

1. Ἀθήρ, έρος, ὁ, barbe d'épi, épi, pointe[a]. Ἀθέριξ, épi; –ρίνη, poisson plein d'arétes[b]; ἀθάρα, bouillie de gruau.

2. Ἀθρέω, regarde, examine. Ἀθρήματα, présent que l'époux fait à l'épouse le premier jour qu'il la voit.

3. Ἀθύρω, joue, s'amuse, se fait un jeu de, fait en jouant. Ἄθυρμα, jeu, jouet, ornement, statue; –μάτιον, hochet.

4. Αἴ[a]! ΑΙΕ! Αἰάζω, se lamente; αἴαγμα, gémissement, plainte; αἰακτός, déploré, déplorable; *αἰανής, ʾαἰανός, déplorable.

5. Αἴγειρος, ἡ, peuplier noir[a]. –ρών, plant de peupliers noirs.

6. Αἴγιθος, ὁ, ægithus, linotte. –θαλής, –θαλλος, –θαλος, mésange.

7. *Αἴγλη[a], ἡ, splendeur, renommée, flambeau. –γλάζω, éclaire, enflamme; –γλήεις, brillant; –γλήτης, qui envoie la lumière.

8. Αἰγυπιός, ὁ, vautour. — 9. Αἰγωλιός, ὁ, effraie, chat-huant.

10. *Αἰζηός, ὁ, jeune homme, homme dans la force de l'âge.

11. Αἰθήρ, έρος, ὁ, æther, ÉTHER, air[a], ciel. Αἰθέριος, ÉTHÉRÉ; αἴθρα, αἰθρία, air pur; αἰθριάζω, expose à l'air; –ιος, pur, frais, glacial.

ANNOTATIONS.

1. a. Cf. en latin *spica*, épi, d'où *spiculum*, dard, *spina*, épine. — b. Comme nous appelons *épinoche*, de *spinosus*, épineux, un petit poisson qui a des rayons épineux sur le dos. Notez d'ailleurs que *aréte* vient du latin *arista*, barbe d'épi.

4. a. Vous remarquerez dans toutes les langues que les interjections sont monosyllabiques. Ce sont les premiers sons qu'émet l'enfant par instinct, sans les avoir appris de personne. « *Interjectionum pleræque communes sunt naturaliter omnium gentium voces.* » PRISC. Les interjections ne se traduisent pas d'une langue dans une autre, comme les autres parties du discours, parce qu'elles n'expriment aucun objet déterminé, mais seulement les affections de l'âme. « *Sunt quædam verba cæterarum linguarum quæ in usum alterius linguæ per interpretationem transire non possunt; et hoc maxime interjectionibus accidit, quæ verba motum animi significant potius quam rem aliquam; velut cum dolentes dicimus Heu! vel cum delectamur, Vah! dicimus, vel cum miramur, dicimus O rem magnam! Tunc enim O nihil significat, nisi mirantis affectum.* » S. AUG.

Priscien attribue aux Romains l'idée de faire de l'interjection une espèce de mots à part, et, en effet, les grammairiens grecs la réunissaient avec l'adverbe, sans doute parce que beaucoup de mots employés comme interjections ne sont étymologiquement que des adverbes. Ex.: εὖγε! bien! bravo! D'autres, comme ἄγε! φέρε! allons! sont des verbes à l'impératif. Il n'y a dans chaque langue qu'un très-petit nombre de particules interjectives proprement dites.

5. a. Le peuplier était, chez les anciens, consacré à Hercule. C'était l'emblème du courage. « *Arborum genera numinibus dicata... Jovi æsculus, Apollini laurus, Minervæ olea, Veneri myrtus, Herculi populus.* » PL.

7. a. D'où ÉGLÉ, nom d'une nymphe, « *Ægle, Naiadum pulcherrima.* » VIRG.

11. a. Αἰθήρ est l'air subtil des régions supérieures. M. rac. q. αἴθω, parce que l'éther est le milieu d'où nous vient la chaleur avec la lumière, tandis que ἀήρ est l'air que nous respirons. « *Æther immensus aerem complectitur.* » CIC. Les anciens, qui adoraient toutes les choses où il paraissait quelque activité et quelque puissance, divinisaient l'éther et l'air

12. Ἁδρός[a], ά, όν, serré, gros, mûri, fort. —έω, —όω, —ύνω, *grossit, mûrit ;* —ησις, —υνσις, *maturation ;* —ότης, *maturité, force.*

13. Ἄδω[a], chante, loue, célèbre. Ἄσμα, *chant ;* ἀσμάτιον, *dim. ;* ᾠδή[b], *chant,* ODE[c]; ᾠδός, *chanteur ;* ᾠδικός, *de chant ;* ᾠδεῖον, ODÉON[d].

14. Ἄελλα[a], ή, coup de vent, tempête, tourbillon, orage. —λαῖος, *—λήεις, qui tourbillonne, orageux, rapide comme la tempête.*

15. Ἀετός[a], ὁ, aigle, présage[b], pignon. *Αἰετός, id. ;* —τειος, *d'aigle ;* —τιδεύς, *aiglon ;* —τιαῖος, *du fronton ;* —τωμα, *fronton.*

16. Ἀηδών[a], όνος, ή, rossignol, chantre, musicien, chant mélodieux. *—ονίς, id. ;* —ονιδεύς, *dim. ;* —όνειος, —όνιος, *de rossignol.*

17. Ἀήρ[a], ἀέρος, ὁ, **aer**[b], AIR, exhalaison, brouillard. Ἀέρινος, —ριος, AÉRIEN, *azuré ;* —ρίζω, *est transparent comme l'air.*

18. Ἄθλος[a], ὁ, combat[b], peine. —λέω, *combattre ;* —λητής, ATHLÈTE ; —λιον, *combat, prix ;* —λιος, *pénible, malheureux ;* —λον, *prix.*

19. Ἀθρόος, α, ον, pressé, nombreux, fort, universel. —ροΐζω, *rassemble ;* —ροισμός, —ροισμα, *rassemblement ;* —ροότης, *masse.*

ANNOTATIONS.

sous les noms de Jupiter et de Junon. « *Physici ætherem Jovem, id est ignem volunt intelligi, Junonem vero aerem ; et quia tenuitate hæc elementa paria sunt, dixerunt ea esse germana ; et quoniam Juno, id est aer, igni subjectus est, jure superposito elemento mariti nomen traditum.* » SERV. V. Ζεύς, Οὐρανός. L'éther extrait de l'alcool par les chimistes doit par analogie son nom à sa grande subtilité.

12. *a.* M. rac. q. ἄδην et ἀδινός.

13. *a.* Anc. ἀείδω, f. ᾄσομαι, a. ᾖσα, pf. ᾖκα, pf. p. ᾖσμαι, a. p. ᾔσθην; m. rac. q. ἄημι souffler. — *b.* Contr. p. ἀοιδή. — *c.* Pièce de poésie destinée à être chantée, poëme lyrique. « *Verba socianda chordis.* » HOR. V. Ἔπω. Les plus belles odes se trouvent dans la Bible et particulièrement dans le livre des psaumes. D'où PARODIE, παρῳδία, *pr.* air fait à l'imitation d'un autre ; RR. παρά, ᾠδή ; par ext. imitation comique d'un ouvrage. Ex. *La Batrachomyomachie* (45), le *Chapelain décoiffé* de Boileau, l'*Énéide travestie* par Scarron. — *d.* Édifice où l'on répétait les pièces de musique qu'on devait chanter sur le théâtre. L'*Odéon* de Paris, appelé aussi *second théâtre français* fut d'abord destiné à représenter des

pièces mêlées de chant et des opéras, d'où lui vient son nom.

14. *a.* De ἄημι, souffler; *pr.* « *Stridens aquilone procella.* » VIRG.

15. *a.* M. rac. q. ἄημι et ἀήρ ; *pr.* l'oiseau aérien par excellence. — *b.* V. Οἰωνός.

16. *a.* De ἀείδω, chanter; *pr.* le chanteur. Cf. le synonyme poétique *Philomèle,* φιλομήλα, c-à-d. ami des chants; RR. φίλος, μέλος ; le latin *luscinia*, chanteur du crépuscule; RR. *luscus, cano.* Du dim. *lusciniola* on a fait, *luscignol,* puis *loussignol,* et maintenant *rossignol.* L'angl. *nightingale,* et l'all. *nachtigall,* rossignol, signifient également *chantre de la nuit.* RR. *nacht,* nuit, *gallen,* retentir.

17. *a.* De ἄημι, souffler. — *b.* D'où AÉROSTAT, ballon rempli d'un fluide plus léger que le gaz atmosphérique, et qui pour cette raison s'élève en l'air et s'y tient. RR. *aer, stare.* AÉRONAUTE, *litt.* navigateur aérien, celui qui voyage en aérostat : RR. *aer, nauta.* V. Ναῦς.

18. *a.* Contr. de ἄεθλος. — *b.* D'où πένταθλον, PENTATHLE, suite d'exercices ou de jeux publics au nombre de cinq, savoir : la lutte, la course, le saut, le disque, et le javelot ou le pugilat. RR. πέντε, ἄθλος.

1. *Αἴθω *a*, brûle. —θος, **æstus** *b*, *ardeur;* —θουσα *c*, *portique,*
—ίων *d*, *noir;* —θαλος, *noirci par le feu;* —θύσσω, *allumer.*

2. Αἰκάλλω, flatte, caresse, délecte, réjouit, sourit. Αἰκάλη, *flat-*
terie, tromperie; αἰκαλος, *flatteur.*

3. Αἰκία, ἡ, mauvais traitement, outrage, coup, blessure. —κίζω,
outrage, blesse, mutile; —κιστικός, *outrageant.*

4. Αἶκλον, τὸ, repas du soir, souper, *chez les Lacédémoniens.*

5. Αἱμός *a*, ὁ, buisson, broussailles. —μασιά, *haie d'épines, mur sec.*

6. Αἱμύλος, η, ον, séduisant, flatteur, enjoué, spirituel, disert.
*—λιος *a*, *id.* —λία, *gentillesse, enjouement, air caressant.*

7. *Αἰνός, ή, όν, terrible, funeste, violent, étrange, énorme. —ότης,
nature ou *caractère étrange* ou *terrible.*

8. *Αἰόλος *a*, η, ον, mobile, bigarré, habile, fin *b*, ÉOLE *c*. Αἰόλλω,
αἰολάω, —λέω, *balance en l'air, trouble, bigarre.*

9. Αἰονάω, mouille, humecte, arrose, bassine. —νέω, *id.;* —νημα, *ce*
qui mouille; —νησις, *action de mouiller.*

ANNOTATIONS.

1. *a.* Impf. ἦθον, sans autres temps. Angl. *to heat,* all. *heizen.* — *b.* C'est de *æstus* que vient *æstas, été.* « Æstus calor est, unde et æstas dicitur. » Serv. Cf. θέρος, chaleur, qui signifie aussi été, août, moisson. — *c.* Fém. du participe prés. αἴθων, s. ent. στοά, portique ; *pr.* le portique brûlant, parce qu'on s'y chauffait au soleil. De αἴθουσα vient encore ÆTHUSE, plante ombellifère, ainsi nommée à cause de l'âcreté brûlante de ses sucs. — *d.* D'où ÆTHON, un des chevaux du Soleil, ainsi nommé à cause de sa brûlante ardeur. Les anciens se représentaient le soleil comme emporté dans sa course rapide par quatre coursiers fougueux, qui sont nommés dans ce passage d'Ovide : « Interea volucres Pyrois (271), Eous (103) et Æthon, Solis equi quartusque Phlegon (339) hinnitibus auras flammiferis implent. » — Ov. De là vint chez les Perses et les Massagètes l'usage de sacrifier des chevaux au soleil. Les ÉTHIOPIENS, Αἰθίοπες, tirent aussi leur nom, qui est synonyme de nègre, *niger,* de leur visage noir, pr. *brûlé.* RR. αἴθω, ὄψ. « Æthiopes maculant terram, » dit le poëte Manilius.

5. *a.* M. rac. q. αἷμα, sang, parce que le buisson met en sang la main qui s'y frotte.

6. *a.* D'où Æmilius, Émile, « petit nom d'amitié que Numa donnait à son fils, pour désigner la douceur et le grâce de son langage. » Plut.

8. *a.* D'où αἴλουρος, ælurus, le chat à la queue mouchetée. RR. αἰόλος, οὐρά. — *b.* En latin, *versutus,* prompt à se retourner. « Versutos appello quorum celeriter mens versatur. » Cic. Αἰόλος est aussi synonyme de ποικίλος. — *c.* Le dieu des vents, peuple mobile. « Cui varii flatus omnisque per æquora ponti nubila parent. » Stace. Ce roi tenait sa cour dans les îles situées sur la côte occidentale de l'Italie et de la Sicile, qu'on appela de son nom îles Éoliennes, « Æoliam nimborum patriam. » Virg. Ces îles, nommées aussi Vulcaniennes par les anciens, à cause de leurs nombreux volcans, portent aujourd'hui le nom de Lipari.

10. *a.* M. rac. q. ἀΐσσω, bondir, et αἶγες, les vagues bondissantes. V. Ἀκτή. — *b.* Αἰγιάλεια, c-à-d. *maritime;* nom de plusieurs villes situées sur le bord de la mer. C'était aussi le nom ancien de l'Achaïe, parce qu'elle s'étend sur la côte. De Αἰγιαλός dérive aussi Eyalet.

12. *a.* D'où HÉMORRHAGIE, αἱμορραγία, perte de sang produite par la rupture des vaisseaux sanguins. RR. αἷμα,

10. Αἰγιαλός*a*, ὸ, bord de la mer, *où fut bâtie la ville d'*ÉGIALÉE *b*.
—λειος, —λεύς, —λίτης, *qui se trouve sur le bord de la mer.*

11. Αἰδώς, όος, ἡ, honte, respect, honneur. —δοῖος, *honteux, vénérable;* —δέομαι, *est confus, vénère;* —δήμων, *confus, modeste.*

12. Αἷμα*a*, ατος, τὸ, sang. *—μαλέος, *—μων*b*, *sanglant;* —μάς, *flux de sang;* —μάσσω, —ματίζω, —τόω, *ensanglanté;* —τία*c*, *brouet noir.*

13. Ἀῖνος, ὸ, parole, louange. —έω, *parle;* —εσις, *louange;* —νίζομαι, *loue;* —ίσσομαι, *parle en mots couverts;* —ιγμα, —μός, ÉNIGME*a*.

14. Αἴξ*a*, αἰγός*b*, ὸ, ἡ, bouc, chèvre*c*. —γῆ, *sa peau;* —γών, *son étable;* —γίς, *bouclier* ou *cuirasse de peau de chèvre,* ÉGIDE *d*.

15. Αἱρέω*a*, hæreo*b*, prend, choisit. —ρεσις, *prise, choix, parti, secte,* HÉRÉSIE*c*; —ρετός, *pris;* —ρετίζω, *choisit;* —ρετιστής, *sectateur.*

16. Αἴρω *a*, élève, enlève, fait périr, part. Ἄρσις, *élévation;* ἄρμα, *chose enlevée, charge, tribut;* ἄρδην, *en haut, tout à fait.*

17. Αἰσθάνομαι*a*, sent, entend, connaît. —θησις, *sensation;* —θημα, *chose sentie, sensation;* —θητικός*b*, *sensible, sensé;* —θητός, *senti.*

ANNOTATIONS.

ῥήγνυμι. HÉMORRHOÏDES, αἱμοῤῥοϊδες, *pr.* flux de sang. RR. αἷμα, ῥέω. — *b.* D'où *Hæmon,* HÉMON, et AIMON, n. pr. d'homme. — *c. Pr.* le brouet des Spartiates préparé avec du sang.

13. *a. Pr.* parole obscure. « *Hæc allegoria, quæ est obscura, ænigma dicitur.* » QUINT. **Ex.** : le problème de Samson, *Juges,* ch. XIII; la question du Sphinx à Œdipe; toutes les réponses des oracles, et, entre un million d'autres plus récentes, celle-ci : *Je suis un mot léger formé de cinq voyelles; un S est le seul lien qui les unit entre elles.*

14. *a.* R. ἀΐσσω, bondir; *pr.* « *Lasciva capella,* la chèvre bondissante. » VIRG. D'où ÆGOS-POTAMOS, c.-à-d. le fleuve de la Chèvre, rivière et ville de la Chersonèse (349) de Thrace, près desquelles le Spartiate Lysandre vainquit la flotte athénienne, en 404. Rh. αἴξ, ποταμός. — *b.* Le plur. αἶγες signifie aussi les vagues de la mer, qui bondissent comme des chevreaux. — *c.* Du mot *chèvre* ou *cabri*, en latin *capra*, nous avons fait *cabriole,* saut léger; *cabriolet,* voiture suspendue qui *cabriole* sur ses ressorts; *caprice,* mouvement subit de l'âme, analogue au saut de la chèvre; *chevroter,* aller par sauts et par bonds, chanter en tremblotant; enfin, le verbe *cabrer;* tous

mots qui se rapportent à l'idée du verbe grec ἀΐσσω. — *d.* Bouclier de Jupiter, ainsi nommé parce qu'il était couvert de la peau de la chèvre Amalthée. Jupiter le donna à Pallas qui y attacha la tête de Méduse tuée par Persée.

15. *a.* F. αἱρήσω, pf. ᾕρηκα, f. moy. αἱρήσομαι, f. pass. αἱρεθήσομαι, a. pass. ᾑρέθην, pf. p. ᾕρημαι; l'a 2 εἷλον, εἱλόμην est emprunté à ἑλεῖν (91). — *b.* D'où HÆSITO, HÉSITE, est arrêté. — *c.* Erreur volontaire et opiniâtre contre un dogme de foi, ainsi nommée parce que l'hérétique *choisit,* entre les vérités catholiques, celles qui sont à sa convenance. Le premier auteur d'une hérésie s'appelle *hérésiarque.* RR. αἱρεσις, ἄρχω.

16. *a.* Impf. ᾖρον, f. ἀρῶ, a. ᾖρα, pf. ᾖρχα; pass. ἀρθήσομαι, ἤρθην, ᾖρμαι; moy. f. ἀροῦμαι, a. 1 ἠράμην, a. 2 ἠρόμην, pf. ᾖρμαι. Αἴρω prend souvent en poésie les formes suivantes : ἀείρω, f. ἀερῶ, impf. ᾔειρον ou ἄειρον; a. 1 ἤειρα ou ἄειρα; a. 2 ἤερον ou ἄερον; pf. ᾔερχα, pass. ᾔερμαι; a. p. ᾔέρθην ou ἀέρθην. D'où *ara,* autel élevé; syn. de *altare.*

17. *a.* F. αἰσθήσομαι, a. 2 ᾐσθόμην, pf. ᾔσθημαι. R. ἀΐω. — *b.* La science du beau dans la nature ou les arts s'appelle ESTHÉTIQUE, ἡ αἰσθητική, s.-ent τέχνη.

1. *Αἰπύς[a], εῖα, ύ, grand, haut, profond, dur, pénible. —πήεις. —πός, id.; —πος, hauteur, élévation, sommet, difficulté, peine.

2. Αἶρα[a], ἡ, marteau de forgeron, ivraie.

3. *Αἶσα, ἡ, Parque, Providence, sort, condition, partage. —σιμος, fatal; —σιμόω, emploie; —σιος, heureux; —σιόω, rend propice.

4. Αἴσακος, ὁ, branche de myrte ou de laurier, dans les festins[a].

5. Αἰσάλων, ωνος, ὁ, émérillon, petit oiseau de proie.

6. Ἀίσσω, s'élance. Ἄϊξες, bonds; ἀϊχή, élan; ἀΐγδην, en s'élançant.

7. *Αἴσυλος[a], ον, injuste, criminel, coupable, impie. *Ἀήσυλος, id.

8. *Αἰσυμνός, ὁ, chef, magistrat, prince. —νάω, règne, est chef, —νήτης, chef électif; —νητεία, autorité élective.

9. *Αἴτας, α, ὁ, amant. — 10. Αἰτναῖος, α, ον, de l'ETNA, très-grand.

11. *Αἶφνης, subitement, soudain. —νίδιος, subit; —νηδόν, soudain.

12. *Αἶψα, promptement, aussitôt, soudain. Αἰψηρός, prompt, rapide.

13. *Ἀΐω[a], entend, écoute, sent, comprend, connaît[b], s'aperçoit.

14. Ἀκαδημία, ἡ, ACADÉMIE, jardin d'ACADÉMUS[a], à Athènes.

ANNOTATIONS.

1. a. D'où ΑΕΠΥΟΡΝΙΣ, oiseau de taille gigantesque dont on a découvert, il y a peu d'années, le squelette avec les œufs d'une capacité de sept à huit litres. RR. αἰπύς, ὄρνις.

2. a. Du verbe αἴρω, élever, qui rappelle les beaux vers où Virgile peint les Cyclopes. Géorg. IV, v. 174.

4. a. C'était la coutume chez les Grecs, comme chez tous les peuples anciens, de chanter après le repas en s'accompagnant de la lyre. Pour inviter chaque convive à se faire entendre, on lui présentait une branche de myrte ou de laurier, αἴσακος, qui, de main en main, faisait le tour de la table. Le chant de table le plus ordinaire était l'hymne d'Harmodius et d'Aristogiton. V. ATHÉNÉE, liv. XV, ch. 15. Par la suite, les hymnes patriotiques firent place à des chants licencieux. « Les chrétiens chantaient, pendant les repas, des cantiques spirituels et des airs graves, au lieu des chansons profanes et des bouffonneries dont les païens accompagnaient leurs festins. » FLEURY.

7. a. Et αἴσυλος, η, ον.

13. a. Impf. ἤϊον ou ἄϊον.—b. Remarquez la signification première des verbes sentir et entendre, employés dans toutes les langues pour signifier connaître, et retenez bien cette observation de Rivarol : « Il ne se fait dans l'esprit aucune opération secrète, aucun mouvement, tant intellectuel qu'on le suppose, qui n'emprunte, pour s'exprimer, l'image d'une chose matérielle. » Par exemple : cogitare, penser, c'est agiter dans son esprit, co-agitare; comprendre, c'est saisir le tout avec la main, cum-prehendo; callere, savoir à fond, être habile, c'est avoir des durillons, des callosités à force de travail; oublier, oblivisci, c'est effacer, biffer, oblinire, supin oblitum; examiner, c'est peser, car examen est p. exagimen, et signifie pr. ce qui sert à dégager la vérité, de ex, agere, exigere, et, par extension, aiguille d'une balance, qui indique si la pesée est bonne. Putare, penser, signifia d'abord éplucher, nettoyer, comme enucleare, pr. ôter le noyau, de ὁ, nux, puis développer, expliquer. Ce verbe prit ensuite le sens d'émonder, tailler, de emundare, nettoyer, rendre propre, mundus; d'où amputare, amputer, pr. couper tout autour, am, putare. Par extension, putare a signifié apurer un compte, le rendre pur de toute erreur, d'où computare, supputare, compter, supputer; enfin juger après avoir compté, croire, penser. V. Εἴδω, Δείκνυμι, Βάλλω, Ἀμβλύς. Πλέκω.

15. Αἶσχος, εος, τὸ, laideur, honte, affront. —χρός, *laid,* **honteux**; —χύνη, *honte;* —χύνω[a], **enlaidit, déshonore**; —χύνομαι[b], **rougit**.

16. Αἰτέω, demande, prie, recherche. —τημα, *chose demandée;* —τησις, *demande;* —τητής, **solliciteur**; —τίζω, *demande.*

17. Αἰτία[a], ἡ, cause, accusation, faute. — τος, ία, ιον, *auteur, coupable;* — ιάομαι, *rend responsable, accuse;* —ίαμα, *grief.*

18. Αἰχμή[a], ἡ, pointe, javelot, pique, guerre, armée. —μάζω, *lance;* *—μητήρ, *—μητής, *guerrier;* *—μήεις, —μητήριος, *belliqueux.*

19. Αἰών, ῶνος, ὁ, **ævum**[a], temps, **AGE**, vie, siècle, **ÉTERNITÉ**. —ώνιος, *éternel;* —ωνίζω, *éternise, est éternel.*

20. Αἰωρέω[a], élève en l'air, suspend, balance, enlève. - ρα, *tout ce qui sert à suspendre en l'air;* —ρημα, —ρησις, *suspension.*

21. Ἄκανθα[a], ἡ, épine, chardon, **ACANTHE**[b], piquant, arête[c]. —θεών, *broussailles;* —θίς, *épineux,* subst. *chardonneret*[d]; —θων, *hérisson.*

22. Ἀκέομαι[a], guérit[b], répare, *prim.* recoud[c]. Ἄκεσμα, *remède;* ἄκεσις, *ἀκεσμός, *guérison;* *ἀκέσιμος, *guérissable.*

ANNOTATIONS.

14. *a.* Le jardin de cet *Académus* était situé dans le faubourg d'Athènes appelé Céramique (141). Platon y ouvrit une école de philosophie qui de là fut appelée *Académie.* V. Στοά, Λύκος.

15. *a.* F. αἰσχυνῶ, a. ἤσχυνα, pf. ἤσχυγκα et ἤσχυγκα; pass. et moy. αἰσχύνομαι, f. αἰσχυνοῦμαι ou αἰσχυνθήσομαι, a. ἠσχύνθην, pf. ἤσχυμμαι et ἤσχυμαι. — *b.* Du participe féminin αἰσχυνομένη les anciens botanistes ont fait **ÆSCHYNOMÈNE**, nom d'une espèce de sensitive, qui signifie *se contractant par pudeur,* « quoniam, dit Pline, *appropinquante manu folia contrahit.*

17. *a.* D'où **ÉTIOLOGIE**, αἰτιολογία, partie de la médecine qui traite des causes des maladies. RR. αἰτία, λέγω.

18. *a.* De ἀκή, pointe. D'où αἰχμάλωτος, prisonnier de guerre; de αἰχμή, et ἁλωτός, pris (19).

19. *a.* De l'éol. αἰϝών. D'où *ævitas,* par contr. *ætas,* « hinc *æviternus,* quod factum est *æternus.* » *Varr.* La forme primitive *ævitas* s'est conservée dans *longævus,* très-âgé, et *longævitas, longévité,* grand âge. Le mot *âge* lui-même est une dérivation du latin *ævum,* qui a fait successivement *aive, aige, aage* et *âge.*

20. *a.* De αἴρω, élever, d'où μετέωρος,

élevé en l'air, et au neutre μετέωρον, **MÉTÉORE**, phénomène du ciel ou de l'atmosphère. RR. μετά, αἰωρέω. La partie de la physique qui traite de la pluie et du beau temps, et des *météores* en général, se nomme *météorologie.* RR. μετέωρον, λέγω.

21. *a.* De ἀκή, pointe, et ἄνθος, fleur. —*b.* Arbre épineux et toujours vert. Ses belles feuilles font l'ornement des chapiteaux corinthiens. — *c.* Tous les poissons à nageoires piquantes forment un ordre à part sous le nom d'**ACANTHOPTÉRYGIENS**. RR. ἄκανθα, πτερόν. V. Χόνδρος.—*d.* Le mot grec ἀκανθίς, le français *chardonneret,* comme le latin *carduelis,* signifient identiquement l'oiseau qui aime la graine de *chardon, carduus.* Vous retrouverez la même étymologie dans le nom allemand *Distelfink,* qui veut dire *pinson du chardon.* V. Κόκκος.

22. *a.* Impf. ἠκούμην, f. ἀκέσομαι, ἠκεσάμην, pf. ἤκεσμαι; pass. ἀκεσθήσομαι, ἠκέσθην, ἤκεσμαι. — *b.* D'où **PANACÉE**, πανάκεια, remède à tous maux, lequel est encore à trouver. RR. πᾶν, ἀκέομαι.—*c.* De ἀκή, pointe d'aiguille. Ἀκέσθαι signifie pr. *vestes laceras acu sarcire,* recoudre un habit déchiré, et, par analogie, rapprocher les bords d'une plaie, guérir. V. Ἰάομαι.

1. Ἀκακαλίς, ίδος, ἡ, ACAKALIS, *arbrisseau d'Égypte.*

2. Ἀκαλήφη[a], ἡ, ortie, ACALÈPHE *ou* ortie de mer.

3. Ἄκατος[a], ὁ, ἡ, **acatus**, brigantin, barque à voiles, grand vase[b]. —τιον, *esquif, grande voile, coupe;* —τιος, *le grand mât.*

4. Ἀκῆ, *en silence.* Ἀκήν, *id.;* ἀκέων, *silencieux.*

5. Ἀκινάκης[a], ὁ, **acinaces**, cimeterre, sabre persan.

6. Ἄκινος, ὁ, **acinus**, grain de raisin, espèce de thym.

7. Ἀκκώ, οῦς, ἡ, *femme grimacière*, épouvantail des enfants. Ἀκκίζομαι, *fait des façons, se fait prier;* —κισμός, *grimaces.*

8. Ἄκορος, ἡ, ACORUS *ou* iris des marais. —ρον, *sa racine.*

9. Ἀκοστή, ἡ, orge. —τήσας, *nourri d'orge, bien nourri, gras.*

10. Ἀκρίς, ίδος, ἡ, sauterelle[a]. —ίδιον, *dim.,* criquet.

11. Ἀκτῆ, ἡ, sureau. — 12. Ἄκυλος[a], ἡ, gland comestible, faîne[b].

13. Ἀλαβάρχης, ου, ὁ, ALABARQUE[a], prince du peuple; —χος, *id.*

14. Ἀλάβαστρος, ὁ, vase d'ALBATRE, albâtre. —στρον, *id.;* —στριον, *dim.*

15. Ἀλάβης, ητος, ὁ, *nom d'un poisson du Nil.* Ἀλλάβης, *id.*

ANNOTATIONS.

2. *a.* De ἀκή, pointe. Le français *ortie, urtica,* de *uro,* brûler, exprime l'effet de la piqûre.

3. *a.* « Ναῦς est le vaisseau en général ; sans épithète, c'est le vaisseau de guerre. Ἄκατος est un vaisseau *léger,* une barque; κέλης est une chaloupe pour la course ; πλοῖον, le bâtiment de transport (261); σκάφος, une embarcation de toute espèce (289); σχεδία, un radeau construit à la hâte (312); ὁλκάς, un vaisseau marchand qu'on mène à la remorque (91); λέμβος est un petit bâtiment dépendant d'un grand, un canot qu'on envoie à la découverte. » V. PILLON, *Synonymes grecs.* — *b.* Notre mot *vaisseau* signifie de même navire et vase. V. Γαυλός.

5. *a.* C'était un petit sabre très-court et recourbé, que Darius fit allonger pour mieux résister aux longues armes des Grecs. V. Σάρισσα.

10. *a.* Type d'une famille d'insectes nommés pour cette raison *acridiens,* et qui comprend environ une vingtaine d'espèces remarquables par leurs cuisses renflées et disposées pour le saut. Le criquet, ἀκρίδιον, est l'espèce la plus redoutable pour les campagnes. La sauterelle est l'insecte que les Hébreux ont le mieux observé, parce que c'était celui qu'ils craignaient le plus. Ils lui ont donné neuf noms différents qui en marquent les diverses espèces ou propriétés. L'un signifie *multitude,* d'où vient l'expression biblique : « *Multiplicari super locustas.* » Un autre signifie *tondeuse,* parce que les essaims de sauterelles ne laissaient rien dans les campagnes où ils s'abattaient. Un autre exprime l'idée de *nuée* qui *voile le ciel,* tant étaient compactes et étendues ces formidables légions d'insectes, poussées par le souffle de Dieu contre son peuple infidèle. De même la langue arabe a, dit-on, plusieurs centaines de noms pour le lion et le serpent, plus de 60 pour le miel, près de 1000 pour l'épée. Le Lapon a 30 mots pour désigner le renne, et le Saxon 15 pour signifier la mer.

12. *a.* De ἀκή, parce que la cupule qui contient ce gland est hérissée de pointes. — *b.* V. Φηγός.

13. *a.* Magistrat des juifs en Égypte. C'était un maître des comptes, un receveur général de la douane, etc.

16. *a.* Ce mot est inusité, mais sa racine Ax est une des plus fécondes. Elle a produit *acus,* dim. *acicula, aiguille; aculeus, acumen, aiguillon; acutus, aigu; acies,* pointe, d'où **acier,** *acéré; acidus, acide, acetum, vinaigre; acer, aigre, âcre; acerbus, acerbe; acacia; acariâtre;*

16. Ἀκή[a]. ἡ. pointe. Ἄκαινα, épine, AIGUILLON, acna[b], perche, ἀκίς, pointe; ἀκίζω, AIGUISE; ἄκορνα, chardon-bénit.

17. Ἀκμή[a], ἡ, pointe, force, jeunesse, moment décisif. —μαῖος, fort, jeune, venu à temps[b]; —μάζω, est fort; *—μηνός, mûr.

18. Ἀκόλουθος[a], ον, conséquent, conforme, subst., suivant, ACOLYTHE[b]. —θέω, suit; —θημα, —θησις, —θία, suite, conséquence.

19. Ἀκόνη[a], ἡ, pierre à AIGUISER, stimulant. —ιτον, ACONIT[b]; —νάω, aiguise, excite; —νημα, aiguisement, excitation.

20. Ἀκούω[a], entend, écoute, comprend[b], est disciple[c], a tel renom[d]. Ἄκουσις, audition; *ἀκουάζομαι, entend; ἀκοή, ouïe, bruit.

21. Ἀκριβής[a], ές, exact, diligent, économe. —βάζω, recherche; —βεια, grand soin, exactitude; —βόω, règle exactement, achève.

22. Ἀκροάομαι[a], écoute, est disciple. —ασις, audition; —αμα, ce qu'on écoute; —αματικός, qui s'adresse à l'ouïe; —ατής, auditeur.

23. Ἄκρος[a], α, ον, extrême, supérieur. —α, extrémité, sommet; —αῖος, extrême; *—ις, haut d'une montagne; —ότης, pointe.

ANNOTATIONS.

acrimonia, acrimonie; etc., etc.— b. Mesure de 10 pieds, par analogie de forme avec la baguette qui servait d'aiguillon au bouvier, mais sans idée de pointe.

17. a. De ἀκή. — b. Litt. à point, car punctum, point, vient de pungo, piquer, pointer.

18. a. Composé de a copulatif et κέλευθος, chemin; pr. qui fait route avec, lat. comes. de cum, ire, aller ensemble. Cette étymologie est une des meilleures que Platon ait données. V. Ἐτεός. — b. Nom donné aux clercs qui ont reçu le plus élevé des quatre ordres mineurs. La fonction des acolytes est de suivre et de servir à l'autel les ministres sacrés.

19. a. De ἀκή, pointe, à cause de l'usage de cette pierre « Acutum quæ valet reddere ferrum, exsors ipsa secandi. » Hor. — b. Plante vénéneuse voisine de l'ellébore, et ainsi nommée suivant Pline : « quia nascitur in nudis cautibus quas aconas nominant. »

20. a. F. ἀκούσομαι, a. ἤκουσα, pf. ἀκήκοα et ἤκουκα, plqpf. ἠκηκόειν, f. pass. ἀκουσθήσομαι, a. p. ἠκούσθην, pf. p. ἤκουσμαι. La science des sons s'appelle ACOUSTIQUE, ἡ ἀκουστική, s. ent. τέχνη. — b. V. Ἀΐω. — c. Les disciples de Pythagore faisaient un noviciat de cinq ans, pendant lequel ils écoutaient les mai-

tres, sans jamais parler eux-mêmes : on les appelait pour cette raison, ἀκουστικοί, auditeurs, écoutants. Cf. Catéchumène (111). — d. En latin, bene ou male audire, pr. entendre parler de soi en bien ou en mal.

21. a. M. rac. q. ἄκρος et ἀκμαῖος; pr. qui vient à point, ponctuel. V. Ἀκμή.

22. a. F. ἀκροάσομαι.

23. a. De ἀκή, pointe. D'où ACROSTICHE, ἀκροστιχίς, pr. commencement de vers : c'est un poème où les premières lettres de chaque vers forment, par leur réunion, un mot ou un sens complet. La Bible nous en fournit des exemples dans le psaume 118 et les lamentations de Jérémie, où les premières lettres des versets suivent l'ordre alphabétique. RR. ἄκρος, στείχω. V. Ἰχθύς. ACROPOLE, ἀκρόπολις, ville haute. RR. ἄκρος, πόλις. C'était le nom de la citadelle d'Athènes bâtie sur un rocher. La forteresse de Corinthe se nommait Acrocorinthe, c'est-à-dire la partie haute de la ville de Corinthe. RR. ἄκρος, Κόρινθος. TRINACRIS, s. ent. insula, nom ancien de la Sicile, pr. l'île aux trois pointes. RR. τρεῖς, ἄκρος. « Terra tribus scopulis vastum procurrit in æquor; Trinacris a positu nomen accepta suum. » Ov.

1. Ἀλαλή, ή, ALALA ! cri de guerre¹ *ou* de joie, combat. -λαγή, —λαγμα, ⁎—λητός, *id.* ; —λάζω⁶, *crie alala, jubile.*

2. Ἀλαός, όν, qui ne voit point, aveugle, sombre, ténébreux, mort. Ἀλαόω, *rend aveugle* ; ἀλαωτύς, *privation de la vue.*

3. ⁎Ἀλδαίνω ᵃ, alo ᵇ, fait croître, fortifie, croît. --δήεις, *qui croît* ; —δήσκω, *croît* ; —δύνω, *fait croître* ; ἄλσις, *croissance.*

4. Ἀλέγω ᵃ, s'occupe de. —γίζω, —γύνω, *id., prépare.*

5. Ἄλεισον, τὸ, vase ciselé. — **6.** Ἀλεκτρυών ᵃ, όνος, ὁ, coq ᵇ.

7. Ἄλη, ή, erreur, inquiétude. Ἀλάομαι, *erre* ; ἀλημοσύνη, *égarement* ; ἀλήμων, ἀλήτης, *vagabond* ; ἄλησις, *course errante.*

8. Ἀλής, ἐς, rassemblé, pressé, abondant, copieux. Ἅλις, *assez, abondamment, en foule, en masse* ; ἄλες, *en masse.*

9. ⁎Ἄλθω ᵃ, guérit, se guérit. —θεύς, *médecin* ; —θεξις, —θος, *guérison* ; —θήεις, *médicinal* ; —θαίνω, —θίσκω, —θίσσω, —θήσκω, *guérit.*

10. ⁎Ἀλίγκιος, ον, semblable à. — **11.** Ἄλιος, α, ον, vain, inutile.

12. Ἀλιξ, ικος, ή, alica, bouillie d'épeautre, HALEC, saumure.

ANNOTATIONS.

1. *a.* Ce cri des combattants, en allant à la charge ou à l'assaut, a été en usage chez tous les peuples dès la plus haute antiquité. Chez les Hébreux, c'était : *Le glaive du Seigneur ! Le glaive de Gédéon !* etc. Chez nous : *Montjoie Saint-Denis ! Dieu le veut ! Vive le roi ! Vive l'empereur !* etc., suivant les circonstances. V. Βοή. De *alala* est venu HALALI, cri des chasseurs quand le cerf est aux abois. — *b.* F. ἀλαλάξω.

3. *a.* F. ἀλδανῶ ou ἀλδήσω, a. ἤλδησα. On trouve aussi la forme poétique ἄλδω, sans futur. Syll. rad. ΑΛ ou ΟΛ, la même qu'on retrouve dans ἄλθω, guérir. — *b.* D'où ALIMENTUM, ce qui fait grandir, *aliment* ; almus p. *alimus*, nourricier, bienfaisant, bon. ALTUS, *haut* v. fr. *halt*, participe de *alo*, employé par les auteurs latins, avant qu'on adoptât *altius* pour le distinguer de l'adjectif. Le sens premier de l'un et de l'autre est *nourri, grandi*. ALTILIS, destiné à l'engraissement, engraissé. *Alo* a pour synonyme *olo*, d'où viennent les composés *adoleo*, faire croître ; *adultus*, grandi, *adulte*. *Adoleo* signifie encore offrir un sacrifice, brûler en l'honneur des dieux, et c'est toujours l'idée première d'agrandir, d'honorer ; cf. *mactare*, dérivé de *magnus*. ADOLESCO, croître, forme neutre de *adoleo* ; *adolescentia*, l'âge où l'on grandit. ABOLEO, abolir, RR. ab, *olo*, ou *alo*, pr. arrêter dans sa croissance. INDOLES p. *induoles* ou *inoles*, naturel, disposition innée, qui croît avec nous. V. 'Εν. SOBOLES p. *suboles*, postérité, pr. rejeton qui vient auprès du tronc, de *subolesco*, naître en dessous, à la suite. PROLES p. *pro-oles*, ce qui croît en dehors, rejeton, de *pro* ou *porro*, et *olesco*, pr. pousser des branches en avant, à la cime. V. Ὄζος. COALESCO, croît ensemble, fait corps. V. Κάρφω, Μέγας.

4. *a.* Point d'autres temps que l'imparfait.

6. *a.* Composé de ἀ priv. et λέκτρον, lit, pr. qui fait sortir du lit, réveille-matin. « *Qui tepidum vigili provocat ore diem.* » Ov. — *b.* Qqf. poule.

9. *a.* F. ἄλσω ou ἀλθήσω. On emploie mieux la forme ἀλθαίνω, f. ἀλθανῶ ou ἀλθήσω, a. ἤλθησα. Syll. rad. Αλ, la même que dans ἀλδαίνω, faire grandir. D'où Ἀμάλθεια, AMALTHÉE, nom donné à la chèvre qui nourrit Jupiter. La syllabe

13. Ἀκτή[a], ἡ, **acta**, rivage. —ταῖος, *littoral;* —τάζω, —ταίνω, *est agité,* **bondit comme les flots, enlève, agite ;** —ταινόω, *agite.*

14. Ἀκτίς[a], ἰνος, ἡ, rayon, éclat. Ἀκτίν, *id.;* —ινηδὸν, *en forme de* **rayons;** —ινωτός, *entouré de rayons.*

15. Ἄκων[a], οντος, ὁ, javelot. —οντίζω, *lance;* —τισμα, *coup de javelot;* —τιστής, *archer;* *—τιστύς, *combat de javelots, mélée.*

16. Ἀλαζών, όν, hâbleur, charlatan. —ονεύομαι, *fait le fanfaron,* —ονεία, *forfanterie;* —όνευμα, *fanfaronnade;* —ονικός, *de hâbleur.*

17. Ἄλγος[a], εος, τὸ, souffrance. —γηδών, *id.;* —γέω[b], *souffre;* —γημα, *douleur, peine;* —γεινός, *douloureux;* —γύνω, *fait souffrir.*

18. Ἀλέα, ἡ, chaleur du soleil, **HALE**. Ἀλεεινός, *chaud;* *ἀλεής, *qui se* **chauffe au soleil;** ἀλεάζω, ἀλεαίνω, *chauffe au soleil.*

19. Ἀλείφω[a], enduit, oint. —φαρ, *graisse;* ἀλοιφή, *onction, huile,* ἄλειμμα, *enduit;* ἀλείπτης[b], *frotteur;* ἄλειπτον, *parfum.*

20. Ἀλέξω[a], repousse, défend. Ἄλξεις, *remparts;* ἀλέξημα, *défense,* ἀλεξητήρ, ἀλεκτήρ, ἀλκτήρ, *qui repousse;* ἀλεξητήριον, *défense.*

ANNOTATIONS.

αμ est augmentative. De ἄλθω dérive encore **ALTHÉE**, ἀλθαία, nom scientifique de la guimauve, plante médicinale que ses propriétés émollientes et adoucissantes rendent très-utile. Cf. *salvia*, sauge, autre plante médicinale, de *salvare*, rendre la santé.

13. *a.* De ἄγνυμι, briser, *pr.* côte déchirée par les flots qui viennent s'y briser eux-mêmes. V. Ἄγνυμι, Ῥήγνυμι. Ῥάχις. D'où **ACTIUM**, « *Actia littora*, » VIRG.; promontoire et ville d'Acarnanie, où Antoine et Cléopâtre eurent leurs flottes détruites par Octave, en 31 av. J. C. ATTIQUE anciennement nommée *Acte*, c.-à-d. pays littoral. « Attica *ita quondam appellata quia maxima ejus pars in littore posita est;* litus *autem* ἀκτή *græce dicitur.* » PL.

14. *a.* De ἄγνυμι, briser; cf. *éclat*, qui signifie à la fois *fragment* et *vive clarté.*

15. *a.* Encore un dérivé de la racine ἀκή.

17. *a.* C'est de ἄλγος que dérive ἀργαλέος où le premier λ a été changé en ρ, qui est plus euphonique devant le second λ. Cf. λήθαργος p. λήθαλγος, léthargique. V. Λανθάνω. Ἄλγος prend souvent en composition la forme αλγια, algie, qu'on

trouve dans un grand nombre de termes de pathologie : *névralgie, céphalalgie, gastralgie, cardialgie,* c-à-d. *maladie des* nerfs, de la tête, de l'estomac, du cœur.— *b.* D'où le latin **ALGEO**, souffrir du froid.

19. *a.* F. ἀλείψω, a. ἤλειψα, pf. ἀλήλιφα, pf. p. ἀλήλιμμαι. Syll. rad. Λίπ, la même que dans λίπος, graisse, huile; l'α est augmentatif. — *b.* En latin *aliptes* et *alipta.*

20. *a.* F. ἀλεξήσω, a. ἤλεξησα, pf. p ἠλέξημαι, inf. a. 2 ἀλαλκεῖν, part. ἀλαλκών. Syll. rad. Αλκ, la même que dans ἀλκή, force. D'où **ALEXIS**, nom d'un saint du cinquième siècle, célèbre par les nombreuses guérisons dues à son intercession. **ALEXANDRE**, fils de Philippe et petit-fils d'Amyntas. RR. ἀλέξω, ἀνήρ, qui repousse les ennemis, « *ab eo quod defensor esset hominum,* » dit Varron. **ALEXANDRIE**, nom donné par Alexandre à un grand nombre de villes fondées ou restaurées par lui. En termes de poésie, l'adjectif **ALEXANDRIN** a été appliqué au vers français de douze syllabes, depuis le douzième siècle où *Alexandre* de Paris l'employa dans son roman comique sur *Alexandre le Grand.* V. Ἵππος, Ἀμύνω.

1. Ἀλινδέω *a*, roule, vautre, fait vautrer un cheval. '–δω, *id.*;
—δήθρα, *lieu pour se rouler, manége, lavoir, bourbier.*

2. Ἀλισγέω, souille, rend profane, impur. –γημα, *souillure.*

3. Ἄλισμα, ατος, τὸ, ALISMA *ou* plantain aquatique.

4. 'Ἀλιταίνω *a*, s'égare, se trompe. —τεύω, *id.*; —τημα, *faute, erreur;*
—τήμων, —τηρός, —τήριος, —τρός, *coupable;* ἀλείτης, *id.*

5. Ἀλκή *a*, ἡ, force, courage, secours, combat. –αἶος, *fort,* ALCÉE *b*;
—ήεις, —ιμος, *fort;* —ηστής, *défenseur;* ἀλκή, *élan.*

6. Ἀλλᾶς *a*, ᾶντος, ὁ, andouille, SAUCISSE *b*, SAUCISSON, boyau farci.

7. 'Ἄλλιξ, ιχος, ἡ, alicula, surtout, chlamyde, habit léger.

8. Ἀλόη, ἡ, ALOÈS, *pl.* Ἀλοΐτις, *gentiane amère.*

9. Ἄλυσις, εως, ἡ, chaîne. —σιον, —σίδιον, *chaînette.*

10. 'Ἀλφάνω *a*, trouve. —φή, —φησις, *invention;* —φηστής, *inventeur.*

11. Ἀλφός *a*, ὁ, dartre farineuse. — 12. Ἅμα *a*, en même temps.

13. 'Ἀμαλός *a*, ἡ, όν, mou, délicat, faible, indulgent, facile. —λόω,
—λύνω, —λδύνω, *affaiblit, corrompt, gâte, efface.*

ANNOTATIONS.

1. *a.* Le même que ἀλίω, rare au présent; f. ἀλίσω, etc.; il prend σ au passif. Le verbe français *vautrer* répond exactement à ἀλινδέω, puisqu'il vient de *volutare*, fréq. de *volvere*, rouler.

4. *a.* F. ἀλιτήσω, a. 2 ἤλιτον ou ἠλιτόμην ou ἀλιτόμην; m. rac. q. ἀλάομαι, errer, *pr.* quitter la voie droite. Cf. nos verbes se *fourvoyer,* de *foras,* dehors et *via,* chemin; *prévariquer, praevaricari,* de *prae* et *varico,* aller à droite et à gauche; *s'égarer,* de *ex* et *varare,* courber, obliquer. V. Ἠλεός.

5. *a.* D'où ἀλκέα, ALCÉE ou *mauve alcée,* c-à-d. mauve curative. — *b.* Célèbre poëte de Lesbos, qui inventa le mètre *alcaïque. Alcée* est aussi le nom du père d'Hercule qui, pour cette raison s'appela *Alcide.* Les noms d'*Alcibiade,* d'*Alceste,* d'*Alcinoüs* ont la même racine et expriment tous l'idée de force et de courage. Ces noms avaient une grande signification, au moins à l'origine, chez la nation grecque qui mettait au premier rang des qualités physiques et morales, la vigueur du corps et le courage guerrier. D'ailleurs ces noms ont leurs équivalents dans toutes les langues. En latin et en français, ce sont *Marcus, Marcellus, Marcel, Martialis, Martial, Marcien, Valens, Valentinus, Valentin, Valerius,* Valérien; en hébreu, *gaber,* homme fort, d'où *Gabriel,* force de Dieu.

6. *a.* De ἅλς, sel. — *b.* V. Ἅλς.

10. *a.* Ou ἀλφαίνω, f. ἀλφήσω, a. ἤλφον.

11. *a.* La racine inusitée ἀλφός, ή, όν, blanc, est devenue en latin *albus, a, um,* d'où nous avons tiré *aube,* blanche aurore et robe blanche; *aubade,* opposé à *sérénade,* musique du *soir; albumine* ou blanc d'œuf; *aubépine,* ou épine blanche, *alba spina; aubier,* couche superficielle et ordin. blanche du bois; *album,* livret blanc; *Albion* (29); *Albin, Aubin, Albert,* etc. et enfin *ablette,* p. *albette,* petit poisson blanc.

12. *a.* En composition, ἅμα s'abrège souvent en α devant les consonnes, V. A. De ἅμα et δρῦς, chêne, on a fait le mot Ἀμαδρυάς, HAMADRYADE, pour désigner les nymphes des forêts qui naissaient et mouraient *avec les chênes.* V. Δρῦς.

13. *a.* Forme poétique de ἀπαλός.

14. *a.* F. ἀλέσω, a. ἤλεσα, pf. ἀλήλεκα; pass. ἀλεσθήσομαι, ἠλέσθην, ἀλήλεσμαι.

15. *a.* De ἀ priv. et λανθάνω, être caché; *pr.* « *Nuda veritas.* » HOR. Cf. *sinceritas,* de *sincerus, pr.* qui est sans fard, *sine cera,* opposé à *fucatus,* fardé. *Vrai* se dit en hébreu, *pur, poli, dérouillé.*

14. Ἀλέω[a], moud. Ἄλεσις, –ετος, *mouture;* –ευρον, *farine;* –εστής, –έτης, *qui moud;* –ετρεύω,· *moud;* –ετών, *moulin.*

15. Ἀληθής, ές, vrai, véridique, sincère. –θινός, *id.;* –θεια[a], *vérité;* –θεύω, –θίζω, *dit vrai;* –θευσις, *véracité;* –θευτικός, *véridique.*

16. Ἀλίσκομαι[a], est pris, condamné, épris. Ἅλωσις, *prise, conclusion,* ἁλώσιμος, *prenable;* ἁλωτός, *pris, prenable.*

17. Ἀλλάσσω[a], change. –λαγή[b], –λαγμός[c], –λαξις, *changement,* –λάξ, *en échange;* –λαγμα, *échange;* –λακτικός, *d'échange.*

18. Ἅλλομαι[a], salio, salto[b], SAUTE, s'élance. Ἅλμα, ἅλσις, *saut;* ἁλτηρία[c], *exercice du saut;* ἁλτικός, *du saut, agile.*

19. Ἄλλος, η, ο, alius[a], alter[b], AUTRE. –λοῖος, *différent, autre,* –λοιόω, *change;* –λότριος, *étranger;* –λήλων[c], *l'un l'autre[d].*

20. Ἅλς[a], ἁλός, ὁ, ἡ, sal[b], SEL, mer, *plur.* ἅλες, *esprit.* Ἁλίζω, SALER, ἅλμη, SAUMURE; ἁλμυρός, *salé;* ἅλιος, *marin;* ἁλιεύω, *pêcher.*

21. Ἄλσος[a], εος, τὸ, bois sacré, bocage, bois *quelconque,* lieu sacré. –σώδης, *touffu, boisé, aimant les bois;* –σωμα, *lieu boisé.*

ANNOTATIONS.

16. *a.* F. ἁλώσομαι, a. 2 ἥλων, et mieux ἑάλων, part. ἁλούς, pf. ἥλωκα et ἑάλωκα, plqpf. ἡλώκειν ou ἑαλώκειν.

17. *a.* Ou ἀλλάττω, f. ξω, a. ἥλλαξα, pf. ἥλλαχα; f. p. ἀλλαχθήσομαι ou ἀλλαγήσομαι, a. p. ἠλλάχθην ou ἠλλάγην, pf. ἤλλαγμαι. — *b.* D'où HYPALLAGE, ὑπαλλαγή, figure de style d'après laquelle les rapports des objets paraissent changés, parce qu'on semble attribuer à certains mots ce qui appartient à d'autres, comme quand on dit : *enfoncer son chapeau dans sa tête,* pour *enfoncer sa tête dans son chapeau.* — *c.* D'où SYNALLAGMATIQUE, συναλλαγματικός, qui se dit d'un contrat dans lequel les parties s'engagent réciproquement en *échangeant* des obligations. RR. σύν, ἀλλάσσω.

18 *a.* F. ἁλοῦμαι, a. ἡλάμην et ἡλόμην. — *b.* D'où INSULTER, *pr.* fouler aux pieds, bondir sur le corps d'un ennemi. « *Insultare jacenti.* » Ov. *Exsultare,* TRESSAILLIR. — *c.* D'où HALTÈRES, ἁλτῆρες, masses pesantes formant balancier, qui servaient aux acrobates grecs, pour tenir leur équilibre ou prendre leur élan. On s'en sert dans les exercices gymnastiques.

19. *a.* D'où ALIÉNÉ syn. de *fou,* pr. dont l'esprit est *ailleurs.* — *b.* D'où ALTÉRER, changer l'état d'une chose. Dés-ALTÉRER, faire cesser la dessiccation qui altère les organes. ALTERCATION, dispute de l'un contre l'autre. — *c.* Cet adjectif est sans nominatif, parce qu'il exprime la réciprocité et ne s'emploie que comme régime. D'où PARALLÈLE, παράλληλος, qui se dit de deux lignes ou de deux surfaces également distantes l'une de l'autre dans toute leur étendue, RR. παρά, ἀλλήλων. *Parallèle* pris substantivement signifie *comparaison* de deux personnes ou de deux choses. — *d.* De plus ἀλλά, *mais.*

20. *a.* Masc. dans le sens de sel, fém. dans celui de mer. — *b.* Angl. *salt.* all. *salz.* Cf. *septem* de ἑπτά, *serpo* de ἕρπω. D'où *salarium,* SALAIRE, prim. solde donnée aux soldats pour acheter le *sel;* puis, par ext. traitement, rétribution. *Salsus,* piquant; *insu`sus* p. *insalsus,* niais, pr. *insipide,* qui ne dit que des *fadaises.* SALIVE, liquide de la bouche que les anciens croyaient salé. SAUCE, *salsa,* assaisonnement salé. SAUCISSE, ital. *Salsiccia,* mets salé. SALINE, mine de sel. SALINS, CHÂTEAU-SALINS, LONS-LE-SAUNIER, villes de France bâties dans un pays de salines.

21. *a.* D'où ALSINE, jolie petite plante vulgairement appelée *mouron des oiseaux* ou *morgeline:* « *Nascitur in* lucis, *undè et* alsina *dicta est.* »

1. Ἀμάμαξυς, υος, ἡ, vigne soutenue par deux échalas.

2. Ἀμανίτης, ου, ὁ, AMANITE *ou* champignon d'AMANUS[a].

3. Ἀμάρα, ἡ, rigole, conduit, source, ruisseau. —ρίς, *id.;* —ρεύω, *coule par une rigole;* —ρευμα, *eau d'égout* ou *de rigole.*

4. Ἀμάρακος, ὁ, marjolaine, *pl.* — 5. *Ἀμαρύσσω, luit.

6. Ἄμβη, ἡ, bord relevé, rebord. —βιξ[a], *vase à rebord, coupe;* βων, **umbo,** *bord, éminence, chaire, tribune,* AMBON[b].

7. *Ἀμέρδω[a], prive de. — 8. Ἄμης, ητος, ὁ, gâteau au lait.

9. Ἀμήν[a], AMEN. — 10. Ἀμία, ἡ, sorte de thon, *poisson.*

11. Ἀμίς, ίδος, ἡ, pot de nuit. — 12. Ἄμμι, εως, τὸ, AMMI, *pl.*

13. Ἄμμος[a], ἡ, sable. —μιον, *vermillon;* —μων[b], AMMON; —μωνιακός, *du pays d'Ammon;* —μωνιακόν, *sel ammoniac[c].*

14. Ἀμνός[a], ὁ, agneau. —νάς, —νή, —νίς, *agnelette.*

15. Ἄμνιον, ὁ, **membrane du fœtus,** vase pour les sacrifices.

16. *Ἀμορβός, ὁ, ténèbres, compagnon, pasteur. —βαῖος, —βής, *ténébreux;* —βάς, *compagne;* —βεύς, *suivant, pasteur;* —βεύω, *suit.*

ANNOTATIONS.

2. *a.* Montagne qui séparait la Cilicie de la Syrie septentrionale. V. Ἀγαρικόν.

6. *a.* D'où *alambic,* appareil distillatoire en usage dans les arts chimiques. Ce mot est formé de ἄμβιξ, auquel l'article arabe *al* s'est accolé de manière à ne faire qu'un, comme dans *alcoran, algèbre, almanach, alchimie, alcali, alcool,* et beaucoup d'autres termes de science, surtout de chimie, empruntés aux Arabes qui ont cultivé cette science avant tous les peuples de l'Europe. V. Τέλλω. — *b.* Tribune élevée sur le devant du chœur d'une église, pour faire au peuple la lecture de l'épître et de l'évangile. Cette tribune se nommait aussi *jubé,* parce que le diacre, avant de lire l'évangile, demande la bénédiction du prêtre, en disant : Jube, *domne, benedicere.* Pendant que le diacre montait les degrés de l'ambon, *gradus,* le chœur chantait une antienne appelée, pour cette raison, *graduel.* Dans les églises qui n'avaient qu'un seul ambon, l'épître se lisait sur un degré moins élevé. Quelquefois il y avait un troisième ambon pour la lecture des prophéties et de l'Ancien Testament.

7. *a.* F. ἀμέρσω a. ἤμερσα ou ἔμερσα, a. p. ἠμέρθην ou ἀμέρθην.

Ἀμέρδω est pour ἀμείρω, qui est formé de α *priv.* et μείρομαι, partager, et signifie *pr.* ne pas donner à quelqu'un sa part.

9. *a.* D'un verbe hébreu qui signifie *fiat, ita sit,* γένοιτο. « Nous concluons chaque prière par le mot *Amen,* Ainsi soit-il. C'est comme le sceau de tout ce que nous avons demandé à Dieu. » S. CYRILLE. Dans le Nouveau Testament, *Amen* veut dire *en vérité.*

13. *a.* Le même mot que ψάμμος (355), avec retranchement du ψ. — *b.* Surnom de Jupiter en Afrique, pr. *le dieu des sables.* — *c.* On le nomme en chimie *chlorhydrate d'ammoniaque.* C'est un corps solide, blanchâtre, fibreux, anciennement tiré d'Égypte, où on l'extrayait de la fiente du chameau, remplacée en France par toutes sortes de débris animaux. Le sel ammoniac sert dans les arts pour l'étamage et la soudure, et, dans les laboratoires de chimie, pour la préparation du gaz ammoniac qu'on nomme vulg. *alcali volatil.*

14. *a.* Les cas obliques de ἀμνός sont pris de Ἀρην, ἀρνός, agneau, ordinairem.

17. *a.* Sans futur. D'où ἀλύσκω, f. ἀλύξω ou ἀλύξομαι, a. ἤλυξα; m. rac. q. ἀλάομαι (16), *extravagari,* battre la campagne.

17. Ἀλύω[a], erre, est agité, incertain, désœuvré, *poét.* se réjouit.
—ύς, *désœuvrement;* —υσμός, *agitation;* —υκτος, *importun.*

18. Ἄλφιτον[a], τὸ, farine, pâte, bouillie; *plur.* vivres, biens. —τεύω,
fait de la farine; —τεῖον, *moulin;* —τεύς, *farinier.*

19. Ἀλώπηξ[a], πεκος, ἡ, **vulpes,** renard, homme rusé. —πεκίας, *fourbe;*
—πεκίζω, *trompe;* —πεκιάω[b], *perd son poil, ses cheveux.*

20. Ἅλως, ω[a], ἡ, aire, disque, **HALO**[b], tache du soleil. —ωή, —ωά,
aire; —ωεύς, *batteur en grange;* —ωϊος, *de l'aire.* —οάω, *bat.*

21. Ἅμαξα[a], ἡ, chariot, charrue, nord[b]. —ξιαῖος, *de chariot, grand*[c],
—ξεύω, *conduit un chariot;* —ξία, —ξιτός, *grande route*[d].

22. Ἁμαρτάνω[a], s'écarte de, manque, faillit[b]. —τία, —τημα, *—*τωλή,
*—*τωλία, —τάς, *—*τιον, *faute; *—τωλός, *coupable;* —τηρός, *erroné.*

23. Ἀμαυρός[a], ά, όν, obscur, pâle, usé, aveugle, languissant. —ρόω,
obscurcit; —ρωσις, *obscurcissement,* **AMAUROSE**[b].

24. Ἀμάω[a], moissonne, récolte, coupe, amasse. Ἄμη, ἀμητήριον,
faucille; ἀμητός[b], *moisson;* ἄμαλλα, *ἀμάλη, gerbe.*

ANNOTATIONS.

18. *a.* On dit aussi poét. ἄλφι, indéclinable.

19. *a.* De l'éolien Ϝαλώπηξ; d'où, en vieux français, *vorpilz, voulpil* ou *goupil*, qui fut le nom de cet animal jusqu'au douzième siècle, où on lui donna celui de *renard* ou *regnard*, qu'il a conservé (148). De *goupil* vient *goupillon*, aspersoir en forme de queue de renard. — *b.* D'où **ALOPÉCIE**, ἀλωπεκία, perte du poil chez le renard à la suite d'une gale; chez l'homme, chute temporaire des cheveux, de la barbe et des sourcils. De même, *scrofules* ou *écrouelles* vient de *scrofa*, truie, parce que cette affection a de l'analogie avec une maladie de la truie. V. Ἐλέφας.

20. *a.* Autre gén. ἄλωος. — *b.* Cercle rouge et brillant qu'on voit quelquefois autour du soleil ou de la lune.

21. *a.* Mot composé de ἅμα, ensemble, et ἄξων, essieu; il signifie *pr.* assemblage d'essieux. C'était un char à quatre roues. Les Grecs appelaient Ἁμαξόβιοι les Sarmates du Nord, qui menaient sur leurs chars la vie nomade. « *Quorum plaustra vagas rite domos trahunt.* » Hor. RR. ἅμαξα, βίος.—*b.* Le Nord est marqué dans le ciel par le *Chariot de David.* V. Ἄρκτος. — *c. Pr.* qui ferait la charge d'un chariot. V. Κα-

πάνη. — *d. Pr.* chemin assez large pour une voiture, comme nous appelons porte *cochère* la grande porte par où passe le coche.

22. *a.* A. 2 ἥμαρτον, f. ἁμαρτήσω ou mieux ἁμαρτήσομαι, pf. ἡμάρτηκα, part. pf. pass. ἡμαρτημένος; l'aor. 2 poét. ἥμβροτον rattache ce verbe à ἀβροτάζω. V. Ἀβροτή.— *b. Pr.* s'écarte du droit chemin, *dévie,* manque son but. V. Ἀλιταίνω, Πλήν.

23. *a.* Le même que μαῦρος, avec l'α augmentatif; *pr.* très-sombre. D'où *Maurus,* **MAURE,** nom d'un peuple d'Afrique, dont le visage est si noir que, suivant le proverbe, à vouloir le laver on perd sa lessive. **MAURITANIE,** le pays des Maures. **MAURICE, MORUS, MOORE, MOREL, MORIN,** noms propres, qui tous signifient *noir.* **MORICAUD,** qui a le teint très-noir. *Morum,* μῶρα (210), à cause de sa couleur, comme *rubus,* framboise vient de *ruber,* rouge, et *orange,* de *aurum,* à cause de sa couleur d'or. V. Ῥούσιος — *b.* Diminution ou perte de la vue sans altération appréciable dans l'organisation de l'œil.

24. *a.* F. -ήσω. R. ἅμα, ensemble. — *b.* Il signifie aussi *temps de la moisson.* V. Ἀμέλγω.

1. Ἀμοργίς, ίδος, ἡ, tissu fin fabriqué à l'île d'Amorgos[a].

2. Ἄμπρον, τὸ, longe, trait, joug. —ρεύω, *tire avec la longe, traîne.*

3. Ἄμπυξ, υχος, ὁ, ἡ, bandeau, couronne, roue, têtière, frein. *—υχτήρ, bandeau, bride;* *—υχάζω, —υχίζω, coiffer.*

4. Ἀμυγδάλη, ἡ, AMANDE, AMYGDALE [a]. —λίς, —λιον, —λον, *amande;* —λός, AMANDIER [b]; —λίτης, *fait d'amandes.*

5. Ἀμύχλαι, αἱ, chaussure qu'on faisait à AMYCLES[a]. —χλαίδες, *id.*

6. Ἀμύμων[a], ον, irréprochable, beau, grand, fort, précieux, illustre.

7. Ἀμφί, *gén. dat.* près de, au sujet de; *acc.* autour[a], vers, dans, sur, entre. *—φίς, des deux côtés[b];* —φιάζω, *revêt;* —φω, ambo, tous deux.

8. Ἄμωμον, τὸ, AMOME[a], parfum d'amome, parfum précieux.

9. *Ἀμῶς[a],* de quelque manière. — 10. Ἄμωτα, τὰ, châtaignes.

11. Ἄν, AN, si, au cas que, *et adverbe de sens conditionnel.*

12. Ἀνά, *acc.* en montant[a], de nouveau[b], à travers, dans, sur, pendant. Ἄνω, *en haut, autrefois;* ἄνωθεν, *ἄνωθα, d'en haut, de loin.*

13. *Ἀναίνομαι[a],* dit non, ne consent pas, repousse, regrette.

ANNOTATIONS.

1. *a.* Une des Cyclades.

4. *a.* Nom donné, à cause de leur forme, à deux glandes muqueuses placées près de la racine de la langue, et sécrétant une liqueur qui facilite la déglutition et la digestion des aliments. On a de même fait *glande* de gland. V. Βάλανος. — *b.* On disait autrefois *amandelier.* En hébreu, le nom de l'amandier signifie *arbor omnium prima e somno hiberno evigilans.*

5. *a.* Ville de Laconie.

6. *a.* Composé de ἀ privatif et de μῶμος, reproche.

7. *a.* D'où ἀμφιθέατρον, AMPHITHÉÂTRE, lieu garni de gradins. Chez les anciens, c'était un édifice de forme *ronde* ou ovale, formé de plusieurs rangs de gradins, et dont le centre était réservé pour les luttes et les combats. RR. ἀμφί, θεάομαι. — *b.* D'où AMPHIBIE, qui vit dans deux éléments : « *Græci, ea quæ in aqua et terra possunt vivere, vocant ἀμφίβια.* » VARR. RR. ἀμφί, βίος. AMPHIBOLOGIE pour *amphibologie,* double sens, discours *ambigu,* ἀμφίβολος, frappé de deux côtés. RR. ἀμφί, βάλλω, λόγος. AMPHORE, ἀμφορεύς pour ἀμφιφορεύς, vase qu'on porte à deux mains. RR. ἀμφίς, φέρω. Les Éoliens et les Doriens di-

saient ἀμφί pour ἀμφί, que les Latins ont traduit par *amb, am* et *an.* Ex.: *ambigo* p. *amb-ago,* est ambigu, pr. va, tourne autour; *amicio* p. *amb-cio,* jeter son manteau, *amictus,* autour de soi, comme fait encore le prêtre en prenant l'*amict* pour dire la messe.

8. *a.* Plante odoriférante de l'Inde.

9. *a.* R. ἀμός, pronom de forme ionienne pour τίς. On dit aussi ἀμωσγέπως. RR. ἀμῶς, γέ, πῶς.

12. *a.* Par opposition à κατά qui exprime le mouvement de haut en bas. D'où ANACHRONISME, ἀναχρονισμός, « sorte d'erreur qui fait confondre les temps. » BOSS. Elle consiste surtout à faire *remonter* trop loin la date d'un fait. RR. ἀνά, χρόνος. — *b.* D'où ANABAPTISTE ou *rebaptisant,* de ἀνά, βαπτίζω; nom d'une secte de protestants qui prétendaient qu'on doit réitérer le baptême donné avant l'âge de raison, parce que, d'après Luther, pour recevoir l'effet des sacrements, il faut pouvoir faire un acte de foi. ANALOGIE, ἀναλογία, correspondance entre plusieurs choses. RR. ἀνά, qui marque retour, et λέγω.

13. *a.* A. ἠνηνάμην. RR. ἀ, αἶνος.

14. *a.* Le latin *hebes,* hébété, et le français *obtus,* de *obtusus,* part. d'ob-

14. Ἀμβλύς, εῖα, ύ, émoussé, faible, hébété[a]. —λύνω, émousse; —λύτης, affaiblissement; —ίσκω, avorte; —ωσις, avortement.

15. Ἀμείβω[a], change[b], passe. Ἀμειψις, changement, réponse; ἀμοιβή, changement; —βαῖος, mutuel[c]; —βός, id., subst. remplaçant.

16. Ἀμέλγω[a], **mulgeo**[b], trait, suce, hume, aspire, escroque. Ἀμολγεύς, vase à traire; ᾿ἀμολγός[c], temps où l'on trait, nuit.

17. Ἀμέργω[a], extrait en pressant. Ἀμοργμός, pressurage; —γη, **amurca**, marc d'olives; —γεύς, pressureur d'olives; —γός, qui pressure.

18. Ἄμιλλα, ή, rivalité, combat. —λλάομαι, combattre; —λλημα, lutte; —λλητής, rival; —λλητήριον, lieu du combat.

19. Ἄμπελος, ή, vigne, machine de guerre[a]. —λίς, dim.; —λών, *—λεών, vignoble; —λικός, —λινος, —λίτης, de vigne.

20. Ἀμυδρός, ά, όν, obscur, peu sensible, faible, incertain, sourd. *—δρήεις, id.; —δρότης, obscurité; —δρόω, obscurcit.

21. Ἀμύνω[a], **munio**[b], repousse, détourne, secourt, défend. *—νάθω, id; —να, défense; —ντήρ, —ντης, défenseur, vengeur, d'où AMYNTAS[c].

ANNOTATIONS.

tundo, ont aussi pour signification première émoussé, opposé à ὀξύς, acutus, fin, pénétrant. L'esprit humain approfondissant une vérité est comparé à une pointe acérée qui creuse un corps dur.

15. a. Le moyen a souvent le sens de répondre. — b. Seus premier déplacer. Cf. le latin mutare, changer, qui est pour movitare, fréq. de movere, remuer, déplacer. — c. Un poëme où des interlocuteurs alternent en se répondant, se nomme poëme amébée, c.-à-d. dialogué.

16. a. F. ἀμέλξω, a. ἤμελξα; syll. rad. Μελγ, dont l'α initial fortifie la signification; angl. to milk, all. melken; Ion. ἀθέλγω. — b. D'où mulceo, caresser en passant doucement la main. — c. Cf. ἀμητός, temps de la moisson; τρυγητός, temps des vendanges; l'all. heumonat, juillet, pr. le mois de la fenaison; l'hébr. nisan, avril, pr. mois des fleurs; et dans notre calendrier républicain, fructidor, messidor, vendémiaire, etc. La division de l'année la plus naturelle est en effet celle qui en rapporte les différentes époques aux travaux successifs de la campagne. Les patriarches qui n'avaient, non plus que Paul et Virginie, ni horloges, ni almanacs, ni livres de chronologie « réglaient les périodes de leur vie sur celles

de la nature. Ils connaissaient les heures du jour par l'ombre des arbres, les saisons par les temps où ils donnent leurs fleurs ou leurs fruits, et les années par le nombre de leurs récoltes. » A chaque page de la Bible on retrouve ces mots tempore vindemiæ, messis triticeæ, hordeaceæ, putationis, etc. Nous avons conservé en français un souvenir de ce calendrier primitif dans le mot saison, du latin satio, semaille, pr. temps de l'année où se font les différentes semailles; d'où s'est formé le verbe assaisonner, qui signifia primit. préparer la terre à recevoir les semences de chaque saison.

17. a. Ἀμέργω appartient à la même racine que ἀμέλγω. Le λ et le ρ se permutent fréquemment.

19. a. Lat. vinea; c'était un toit de défense ou mantelet construit en forme de berceau de vigne. « Vineæ oppugnationum dedere rationem. » PL.

21. a. F. ἀμυνῶ, a. ἤμυνα, f. p. ἀμυνθήσομαι, a. p. ἠμύνθην. — b. D'où mœne, plur. mœnia, murailles de défense. — c. Nom porté par plusieurs rois de Macédoine. Amyntas III fut le père de Philippe II et l'aïeul d'Alexandre.

1. Ἄναξ[a], αχτος, ὁ, roi, prince, maître. Ἄνασσα, *reine;* —σσω, *régner;* ἀνάκτωρ, *roi;* *—κτόριος, *royal;* *—ρία, *empire;* —ρον, *palais.*

2. Ἄναυρος, ὁ, ANAUBUS, *fleuve de Thessalie,* fleuve, torrent.

3. Ἀνδάνω[a], plaît. — 4. Ἀνθηρον, τὸ, terrasse, quai, canal.

5. Ἄνευ[a], in, sans, excepté, contre, sans la permission de, hors de. Ἄνευθε, *à l'écart, au loin, sans, malgré, hors de, excepté.*

6. Ἄνηθον, τὸ, ANETH, fenouil odorant[a]. —θινος, *d'aneth.*

7. Ἀνθρήνη, ἡ, abeille sauvage, guêpe, bourdon, ANTHRÈNE[a]. —νιον, *rayon de miel, guêpier, ruche;* —νιώδης, *celluleux.*

8. Ἄνισον, τὸ, ANIS, *pl.*, graine d'anis. —σατον, *décoction d'anis;* —σίτης, d'anis, ANISETTE[a]. — 3. Ἀνταχαῖος, ὁ, esturgeon.

9. Ἀντί[a], *gén.* contre[b], **ante**[c], DEVANT, au lieu de, pour[d], en comparaison de[e]. *—τα, id.;* —τίος[f], *opposé;* *—τάω, *—τιάζω, *rencontre.*

10. Ἀντικυρικόν, τὸ, ellébore qu'on tirait d'ANTICYRE[a].

11. Ἄντλος, ὁ, sentine, inondation, tas de gerbes. —λία[a], *sentine,* —λέω, **exantlo,** *vide;* —λεία, *travail de vider l'eau.*

ANNOTATIONS.

1. *a.* D'où ASTYANAX. V. Ἄστυ.

3. *a.* F. ἀδήσω, imp. ἤνδανον ou ἑάνδανον ou ἐήνδανον, a. ἕαδον, pf. ἕαδα.

5. *a.* Cf. le latin *in,* l'angl. et l'all. *un,* l'hébr. *ain,* et le sanscrit *ana,* d'où vient évidemment le préfixe négatif ἀν, ou ἀ devant les consonnes.

6. *a.* « *Beneolens anethum.* » VIRG.

7. *a.* Insecte coléoptère (154) tout différent de l'abeille, qui dévaste les musées et contrefait le mort quand on le touche.

8. *a.* On le fabrique en distillant de l'alcool avec de l'anis.

9. *a.* Le sens premier de ἀντί est *vis-à-vis, devant,* et tous les autres en sont dérivés. — *b.* D'où ANTIDOTE, contrepoison, ἀντίδοτον, litt. *donné contre.* RR. ἀντί, δίδωμι. ANTIPATHIE, ἀντιπάθεια, opposition de sentiments. RR. ἀντί, πάσχω. Ἀντίποδες ANTIPODES, peuples qui habitent deux points du globe diamétralement opposés, et qui par conséquent ont aussi les *pieds opposés.* RR. ἀντί, πούς. ANTITHÈSE, ἀντίθεσις, « opposition de deux vérités qui se donnent du jour l'une à l'autre. » LA BR. RR. ἀντί, τίθημι. Ex. : L'homme *propose* et Dieu *dispose.* ANTÉCHRIST, ἀντίχριστος, imposteur qui viendra à la fin des temps pour établir son règne *contre Jésus-Christ.* RR. ἀντί, Χριστός. « ANTIENNE, ἀντίφωνον, *antiphona,* chant alternatif exécuté par deux chœurs placés l'un *devant* l'autre. RR. ἀντί, φωνή. — *c.* D'où *anticiper,* prendre d'avance. RR. *ante, capio. Antidater,* mettre une date antérieure à la véritable. *Anticus, antique,* d'où *ancien; antecessores* ancêtres, opposé à *posteri,* les descendants, qui viennent après, *post.* Notre mot *aîné,* anc. *ainsné, aint né,* puis *aisné,* s'est formé de *ante natus,* opposé à *puîné* v. fr. *puisné, post natus. Avant* se disait en latin barbare *ab ante. Devant* est un composé des trois mots *de ab ante.* V. Πρίν. — *d.* Pr. en se portant *devant* quelqu'un pour le défendre de son corps. C'est aussi le sens premier de *pour,* en latin *pro,* avant, devant. — *e.* En latin *prœ,* devant. Pour comparer deux choses on les met l'une *devant* l'autre. — *f.* D'où ἐναντίος et le neutre ἐναντίον, en face de. RR. ἐν, ἀντίος.

10. *a.* Ile de la mer Égée sur le golfe Maliaque, célèbre par son ellébore qu'on employait pour guérir la folie. D'où l'expression proverbiale : *naviget Anticyram,* pour dire de quelqu'un qu'il avait la tête malade.

11. *a.* D'où le latin *antlia,* pompe.

12. Ἀμύσσω[a], égratigne, pique. —υγμα, —υξις, —υχή, *déchirure;* —ύξ, —υχί, —υχηδόν, *en déchirant;* —υχιαῖος *superficiel.*

13. Ἀμφισβητέω[a], conteste, doute. —τημα, *question, doute;* —τησις, *contestation;* —τήσιμος, —τητος, *controversé, douteux.*

14. Ἀνάγκη, ἡ, nécessité, loi, destin, malheur, supplice, liaison. —κάζω, *forcer;* —καῖος[a], *nécessaire, parent[b], ami de cœur.*

15. Ἄνεμος[a], ὁ, vent, souffle[b]. —μία, *flatuosité;* —μιαῖος, —μιος, *de vent;* [*]—μόεις, *venteux;* —μόω, *expose au vent[c];* —μόομαι, *flotte.*

16. Ἀνεψιός, ὁ, cousin germain, cousin. —ψιά, *cousine germaine;* —ψιαδοῦς, *cousin issu de germain;* —ψιότης, *cousinage.*

17. Ἀνήρ[a], ἀνδρός, ὁ, homme, époux, guerrier. Ἀνδρεία, —ρία, *courage;* —ρεῖος[b], *viril;* —ριάς, *statue;* —ρισμα, *trait de valeur.*

18. Ἄνθος[a], εος, τὸ, fleur, jeunesse, beauté. —θεμον[b], *fleur;* —θέω, *fleurit;* —θηρός[c], —θιμος, *fleuri;* —θερεών[d], *menton.*

19. Ἄνθραξ[a], ακος, ὁ, charbon, escarboucle. —ακεύω, *fait du charbon;* —ακίς, *brasier;* —ακίας, —άκιος, *noir comme du charbon.*

ANNOTATIONS.

12. *a.* F. ἀμύξω.

13. *a* Ce verbe est composé de ἀμφίς, des deux côtés, et βαίνω, marcher.

14. *a.* C'était une coutume chez les anciens de faire venir sur la fin du repas des coupes beaucoup plus grandes que les premières. On les remplissait de vin et il fallait tout boire sans en laisser une goutte, dût-on en périr. C'est pourquoi on appelait cette sorte de coupe *anancæum,* ἀναγκαῖον, la coupe de nécessité. V. Μύω. — *b.* Le latin *necessarius* signifie de même *parent, ami, toute personne unie par un lien étroit.*

15. *a.* Se rapporte, comme ἀήρ et ἀτμός, à la racine ἄημι, souffler. — *b.* De ἄνεμος ou de sa racine les Latins ont tiré *anima* et *animus*, AME, v. fr. *anéme*, d'où *animalis, animal, animare, animer,* etc. Comme l'âme ne tombe point sous les sens, il a fallu emprunter son nom d'un objet physique ayant avec l'âme quelque rapport facile à saisir. Or le mot adopté dans toutes les langues pour nommer cette substance spirituelle est celui-là même qui exprime le souffle, la *respiration,* parce que la vie qui résulte de l'union de l'âme et du corps, se manifeste surtout par la respiration. Cf. πνεῦμα, esprit, de πνέω, souffler; ψυχή, âme, de ψύχω,

souffler; θυμός, cœur, âme, de θύω, *prim.* souffler; enfin *spiritus,* esprit, de *spirare,* respirer. De là ces expressions : *animam efflare, exspirare, expirer,* etc. *pr.* rendre l'âme avec le dernier souffle. L'étymologie du mot *anima* remonte à la création de l'âme de l'homme, souffle de Dieu. (*Gen.* ch. 2.) — *c.* D'où ANÉMONE, ἀνεμώνη, jolie plante renonculacée. « *Flos nunquam se aperit nisi vento aspirante, unde et nomen accepit.* » PL.

17. *a.* Voc. ἄνερ, gén. ἀνδρός, etc. Le rad. est ἄνερ, et le génitif régulier serait ἀνέρος; mais l'ε est tombé, comme dans πατρός de πατήρ, μητρός de μήτηρ, et le δ a pris sa place pour adoucir l'articulation du ν devant le ρ. — *b.* D'où *Andreas,* ANDRÉ; MONANDRIE, DIANDRIE, etc. V. Γυνή.

18. *a.* D'où ANTHOLOGIE, ἀνθολογία, collection de fleurs de la littérature. RR. ἄνθος, λέγω. — *b.* D'où χρυσάνθεμον, CHRYSANTHÈME, pr. *fleur d'or.* RR. χρυσός, ἄνθος. — *c.* D'où ANTHÈRE, petit sac membraneux, placé au sommet de l'étamine et qui renferme la poussière fécondante ou pollen. V. Ἵστημι. — *d. Flos* a de même dans les poëtes latins le sens de *première barbe.*

19. *a.* D'où *anthracite,* sorte de charbon de terre très-difficile à allumer.

1. Ἄντυξ,υγος,ἡ,cercle,jante d'une roue,roue,char,rondeur,bouclier.

2. Ἀνώγω[a], exhorte, engage, conseille, commande, recommande.
*–γή, *conseil, exhortation, commandement, recommandation.*

3. Ἀολλής,ές, ramassé en grand nombre, nombreux, serré, pressé.
–λήδην, en foule; *–λίζω, ramasse en foule, presse.*

4. Ἄορ[a], ορος, τὸ, épée, arme pointue, toute arme qu'on suspend.
Ἀορτήρ, *ceinturon, baudrier, bandoulière.*

5. Ἀορτή, ἡ, AORTE, la grande artère[a], *plur.* les bronches.

6. Ἀοσσέω, secourt. *–σητήρ, qui vole au secours, défenseur.*

7. Ἀπάδις[a], αί, pensées, projets, espérances. Ἀπάδιες, *id.*

8. Ἀπαρίνη, ἡ, gratteron, *pl.* — 9. Ἄπελος, εος, τὸ, ulcère.

10. Ἀπελλαί, αί, cloisons dans la place publique, assemblée. —Ἀπελ
λάζω, *harangue le peuple, tient une assemblée.*

11. Ἀπήνη, ἡ, chariot[a], voiture, attelage, couple.

12. Ἀπηνής, ές, inhumain, cruel. —νεια, *inhumanité, dureté.*

13. Ἀπίκια,τὰ,mets d'APICIUS[a],friandises inventées par ce gourmand.

ANNOTATIONS.

2. *a.* Le présent est presque toujours remplacé par le parfait ἄνωγα; f. ἀνώξω, impf. ἠνώγειν ou ἀνώγειν, qqf. ἤνωγον ou ἠνώγεον, a. ἤνωξα.

4. *a.* De ἀείρω, suspendre; *pr.* l'épée suspendue au baudrier.

5. *a.* Cette artère s'élève au-dessus du ventricule gauche du cœur, et porte dans tous les organes le sang régénéré par la respiration.

7. *a.* Forme éolienne p. ἀπάδιες.

11. *a.* Chariot à quatre roues pour les fardeaux, attelé de chevaux ou de mulets. Cf. ἅμαξα, voiture de transport, le plus ordinairement traînée par des bœufs; ἄντυξ la rampe ou le rebord du char homérique; ἅρμα char de combat toujours traîné par des chevaux; δίφρος le siége du char pour deux personnes; ὄχος char de combat; ῥέδη, chariot. V. Pillon, *Synonymes grecs.*

13. *a.* Il y a eu à Rome trois personnages de ce nom, fameux par leur gloutonnerie. Le plus gourmand des trois fut le second, qui vivait sous Auguste et Tibère, celui dont Martial a dit : « *Nil est, Apici, te gulosius factum.* » Après avoir englouti 20 millions de notre monnaie, il se tua pour ne pas se voir réduit à 2 millions et demi. Il avait recueilli ses observations et ses expériences dans un traité spécial, *de gulæ irritamentis*, qui nous reste et qui fait aussi peu d'honneur à l'écrivain qu'à la société romaine de son temps. Apicius a aussi attaché son nom à plusieurs pâtisseries de son invention ainsi qu'à une école de cuisiniers. « *Nonne Philosophi de auctoribus suis nuncupantur Platonici, Epicurei, Pythagorici, coci etiam ab* Apicio? TERT. La pomme d'*Api* doit également son nom au Romain *Appius*, qui, suivant Pline, l'avait obtenue par la greffe. C'est, dit-on, à un seigneur romain de la maison des *Frangipani* qu'on doit la crème nommée *frangipane* dont on garnit les tartes. Les *pralines* ou *praslines* tirent leur nom d'un sommelier du maréchal *du Plessis-Praslin*, qui les imagina.

14. *a.* Ἄνθρωπος a pour correspondant latin *homo*, l'homme en général; ἀνήρ signifie *le mari, vir*, opposé à *mulier*. D'où ANTHROPOPHAGE, ἀνθρωποφάγος, mangeur de chair humaine. RR. ἄνθρωπος, φαγεῖν PHILANTHROPE, φιλάνθρωπος, *c.-à-d.* qui aime les hommes. RR. φίλος,

14. Ἄνθρωπος[a], ὁ, ἡ, homme, femme. —πικός, —πινος, humain: —πεύομαι, —πίζω, vit en homme; —πόομαι, devient homme.

15. Ἀνία[a], ἡ, tristesse, chagrin, affliction, douleur, ennui. Ἀνιάζω,
ἀνιάω, afflige, chagrine; ἀνιαρός, affligeant.

16. Ἄντρον, τὸ, antrum, ANTRE, grotte, caverne, souterrain. —ραῖος,
—ρώδης, caverneux; —ρίτης, habitant des cavernes.

17. Ἀνύω[a], achève, détruit, atteint. —υσις, achèvement; —ύσιμος,
—υστικός, —υτικός, efficace; —υστός, possible.

18. Ἀξίνη[a], ἡ, ascia, HACHE[b], cognée, doloire, hache d'armes.
—νάριον, —νίδιον, petite hache, HACHETTE[c], hachereau.

19. Ἄξιος, α, ον, digne, précieux, juste. —ία, valeur, dignité; —ιόω,
juge digne, évalue; —ίωμα, estimation, dignité, AXIÔME[a].

20. Ἄξων, ονος, ὁ, axis[a], ESSIEU[b], AXE, gond. —όνιος, de l'axe; —ονες[c],
à Athènes, tables des lois, tournant sur pivot.

21. Ἀπαλός[a], ἡ, όν, tendre, mou, délicat, faible, aimable, doux.
—λότης, tendreté, mollesse; —λύνω, attendrit, adoucit.

ANNOTATIONS.

ἄνθρωπος. Il n'y a point de philanthro-
pie véritable en dehors des principes
formulés dans l'acte de charité, par lequel
on fait profession d'aimer son prochain
comme soi-même pour l'amour de Dieu.
V. Μῖσος.

15. a. D'où PAUSANIAS, Παυσανίας, qui
apaise les douleurs, nom porté par plusieurs personnages, entre lesquels se distingue le général lacédémonien qui
vainquit les Perses à Platée, en 479 av.
J. C. RR. παύω, ἀνία. Le nom de LY-
SANIAS, Λυσανίας, exprime la même idée,
RR. λύω, dissiper, ἀνία.

17. a. Ou ἀνύτω, f. ἀνύσω, a. ἤνυσα,
pf. ἤνυκα, f. p. ἀνυσθήσομαι, a. p. ἠνύ-
σθην ou ἠνύθην, pf. p. ἤνυσμαι.

18. a. De ἄγνυμι, briser, fendre,
comme le latin securis, de secare, couper.
— b. Angl. axe, all. axt. Notre français
hache devrait s'écrire sans h, aussi bien
que haut et huile, puisque les mots
grecs correspondants ἀλδαίνω, ἔλαιον
ne portent qu'un esprit doux à la
voyelle initiale; ou bien, par analogie, il
fallait écrire haxe, de ἄξων et hantre, de
ἄντρον. — c. Surnom fameux dans l'histoire de Beauvais, comme celui de Martel
dans les histoires de Tours et de Poitiers.

Il rappelle la hache ou hachette dont
Jeanne se servit pour repousser les soldats de Charles le Téméraire.

19. a. « Proposition claire et intelli-
gible par elle-même, et dont on se sert
pour démontrer la vérité des autres. »
Boss. Par exemple, en mathématiques:
Deux quantités égales à une troisième
sont égales entre elles; et en matière d'é-
ducation, ce principe formulé par Bossuet dans le Traité de la connaissance de
Dieu et de soi-même : « Il n'est pas bon
de s'accoutumer à dire des mots qu'on
n'entende pas. »

20. a. Angl. axle, all. achsel. En anatomie, on appelle axis la seconde vertèbre du cou, qui sert en quelque sorte
de pivot à la première vertèbre et à
la tête. — b. Anc. aisseul et aissieu, du
diminutif axiculus, comme avicellus dim.
de avis, fait oisel, oiseau ; auricula, dim.
de auris, oreille ; aciculus, dim. de acus,
aiguille ; navicula, navicella, dim. de
navis, nacelle. De axis, essieu, et ungere,
oindre, les Latins ont fait axungia ,
axonge, graisse pour les essieux. — c.
V. Κύρβεις.

21. . De ἅπτω, toucher; pr. doux au
toucher.

1. Ἄπιον, τὸ, poire, **apium**, ache ou°persil. —ιος, *poirier, poire.*

2. Ἀπό[a], *gén.* **ab**, de, hors de, loin de, à partir de, du côté de.

3. Ἀπφά, *ind.* papa. —φύς, *papa;* —φάριον, —φίδιον, —ίον, *dim.*

4. Ἄρα, donc, savoir, c'est-à-dire. — 5. Ἆρα, est-ce que?

6. Ἄραβος, ὁ, bruit de deux corps qui se choquent, craquement, fracas. —βέω, *fait du bruit en tombant,* ou *en se heurtant, choque.*

7. Ἀραιός, ά, όν, rare, peu dense[a], mince, faible. —ιά, *ventre;* —ιόω, *raréfie;* —ίωσις, *relâchement;* —ίωμα, *vide.*

8. Ἄρακος, ὁ, gesse, pois chiche. —κιον, *dim.;* —κίς, *id., tasse.*

9. Ἀραχτόν, τὸ, sorte de teinture noire pour le cuir.

10. Ἀραρίσκω[a], ajuste. Ἀρθμός, *liaison;* °—θμιος, *uni;* ἄρμενα, *voiles;* °ἁρμή, *jointure;* ἁρμός, *assemblage, clou,* **armus,** *épaule[b].*

11. Ἄρβηλος, ὁ, tranchet. — 12. Ἀρβύλη, ἡ, gros soulier.

13. Ἄρδις, εως, ἡ, pointe de javelot, dard, ardillon, trait, flèche.

14. Ἄρδω[a], arrose, abreuve. °Ἀρδμός, *action d'abreuver;* —δεύω, *arrose;* —δεία, —δευσις, *irrigation;* —°δαλος, *sale.*

ANNOTATIONS.

2. *a.* D'où APOGÉE, la plus grande distance du soleil à la terre. RR. ἀπό, γῆ. La terre est alors à son *aphélie*, c. à d. à sa plus grande distance du soleil, RR. ἀπό, ἥλιος. *Apogée* et *aphélie* sont opposées à *périgée* et *périhélie.* V. Περί, Ἥλιος. APOLOGUE, ἀπόλογος, allégorie, ou *discours détourné*, dont la conclusion est morale et instructive. RR. ἀπό, λέγω. APOLOGIE, ἀπολογία, discours par lequel on repousse une accusation. RR. ἀπό, λέγω. APOSTASIE, ἀποστασία, abandon de la foi chrétienne. RR. ἀπό, ἵστημι. APOSTROPHE, ἀποστροφή, figure de langage par laquelle on se *détourne* de celui à qui on parle pour s'adresser à d'autres personnes ou à d'autres objets. RR. ἀπό, στρέφω. En termes de grammaire, l'*apostrophe* est la marque d'une voyelle qu'on a *détournée* ou rejetée de la fin d'un mot. APOCYNÉES, famille de plantes qui a pour type l'*apocyn*, ἀπόκυνον, dont le nom signifie que *les chiens doivent s'en éloigner*, à cause de son suc vénéneux. RR. ἀπό, κύων.

7. *a.* D'où ARÉOMÈTRE, instrument de physique qui sert à mesurer la densité des liquides, vulg. *pèse-liqueurs, pèse-sirops, pèse-esprits*, etc. RR. ἀραιός, μέτρον.

10. *a.* A. ἦρσα ou ἄρσα; 2. 2 ἤραρον ou ἄραρον; pf. ἄρηρα ou ἄραρα, je suis ajusté; plqpf. ἠρήρειν ou ἀρήρειν ou ἀράρειν; pf. p. ἀρήρεμαι. Syll. rad. Αρ. — *b.* Pr. la jointure du bras et de l'épaule. Cf. *artus*, de ἄρθρον. Il faut aussi rattacher à la racine Αρ, *ajuster, arma*, armes, instruments, le mot *ars*, *art*, pr. *combinaison*, agencement des parties d'un ensemble.

14. *a.* F. ἄρσω, impf. ἦρδον, a. ἦρσα.

17. *a.* RR. ἁ priv., et πολύς. Cf. διπλοῦς, ἑξαπλοῦς, d'où HEXAPLES, ἑξαπλᾶ, s.-ent. τὰ βιβλία, litt. les *Sextuples*, c.-à-d. la Bible à six parties; grand ouvrage d'Origène d'Alexandrie, dans lequel cet illustre docteur avait disposé en six colonnes parallèles les quatre versions grecques de la Bible, alors existantes, et la version hébraïque écrite en hébreu et en caractères grecs. RR. ἕξ, πολύς ou πλέχω.

18. *a.* F. ἄψω. — *b.* Pr. ADAPTER, d'où *aptus*, bien adapté, convenable, *apte. Aptus* est pr. le partic. pass. de l'ancien verbe *apio* ou *apo*, lier, d'où *apisci* et *adipisci*, atteindre — *c.* En latin *amentum.* — *d.* Litt. *arceau de voûte*, dont les cintres, en se croisant, imitent les mailles d'un filet. D'où ABSIDE, l'extrémité d'une église, d'une nef, d'un

15. Ἀπατάω, tromper. —*τεύω, *id.;* —τη, —τημα, —τησις, *tromperie;*
—τεών, *imposteur;* *—τήλιος, —τηλός, —τήμων, *trompeur.*

16. Ἀπειλή, ἡ, menace. —λέω, *menace, se vante de, promet de;*
—λητής, *faiseur de menaces ;* —λητήριος —λητικός, *menaçant.*

17. Ἁπλοῦς [a], όῆ, οῦν, simple, clair, franc. Ἁπλότης, *simplicité;*
ἁπλόω, *simplifie, déploie;* ἁπλοΐζομαι, *est sans détour.*

18. Ἅπτω[a], **apto**[b], attache, allume ; —ομαι, *touche.* Ἅμμα[c], *lien;*
ἁφή, ἅψις, *tact;* ἁψίς, *nœud, mailles, voûte*[d]; ἅφθαι, APHTHES[e].

19. Ἀρά, ἡ, prière, imprécation[a]. Ἀραῖος, ἀρατός, *ἀρητός, *souhaité.*
maudit; ἀράομαι, *souhaite, prie, maudit;* *ἀρητήρ, *prêtre.*

20. Ἀράσσω, fait vibrer, frappe, heurte, bat, blesse, accable. —Ἄρα-
γμα, —αγμός, *choc, bruit, fracas ;* —άγδην, *en retentissant.*

21. Ἀράχνη[a], ἡ, **aranea**, ARAIGNÉE[b], ARACHNÉ[c]. —νης, —νός, *id.;* —νιον,
dim., fil d'araignée; —νιόω, *est plein de toiles d'araignées.*

22. Ἀργός, ἡ, όν, blanc[a], brillant, agile, oisif[b]. —γαίνω, *est blanc,*
blanchit; —γέστης, *vent du nord-ouest;* ἀργιλλος, ARGILE[c].

transept, la seule partie qui fût *voûtée* dans les basiliques. — *e.* Petites ulcérations blanchâtres et *brûlantes* qui se développent dans la bouche.

19. *a.* Il faut remarquer dans tous ces mots relatifs au culte de la Divinité deux significations bien différentes, et cependant unies d'une manière inséparable. Ainsi ἀρά, *preces*, signifie *prières* et *imprécations;* ἀνάθεμα (321) signifie *offrande* et *malédiction;* ἄγος a le sens de *chose sainte* et de *crime ;* et en latin, *mactare* veut dire *honorer* les dieux et *tuer ; sacer* veut dire à la fois *sacré* et *exécrable,* etc. Ces idées, en apparence contradictoires, sont faciles à concilier, si l'on réfléchit que dans tous les temps, par suite du péché originel, les hommes se sont proposé dans le sacrifice une double fin : d'une part, l'action de grâces pour la Divinité bienfaisante, et c'est ce qui explique le sens noble et pur de tous les termes liturgiques des anciens; d'autre part, l'expiation des crimes commis contre les dieux, et voilà l'origine des significations impures et détestables attachées à ces mêmes termes. Mais comme le second sens est adouci par le premier, les écrivains emploient souvent tous ces mots par euphémisme, de préférence à d'autres qui n'éveilleraient que des idées désagréables.

21. *a.* De la racine phénicienne *arag*, qui signifie *tisser.* Un enfant qui voudrait parler de l'araignée sans en savoir le nom, l'appellerait infailliblement la *fileuse* ou la *tisseuse,* et c'est en effet le nom qu'elle porte dans toutes les langues. Cf. l'angl. *spider,* du verbe *to spin,* filer; l'all. *spinne,* de *spinnen,* filer. — *b.* Vous trouverez *aragne* dans La Fontaine. — *c.* Jeune fille de Lydie, changée par Minerve en araignée.

22. *a.* D'où ἀργινόεις, plur. ἀργινό-εσσαι, ARGINUSES, nom d'un groupe d'îles situées sur la côte de l'Asie Mineure, et près desquelles l'Athénien Conon battit la flotte lacédémonienne, en 406 av. J. C. Ce nom leur fut donné à cause de leurs roches blanches. C'est aussi à cause de ses blanches falaises que les anciens ont appelé l'Angleterre *Albion.* V. Ἀλφός, Λευκός. — *b.* Dans ce dernier sens, ἀργός est un mot tout différent du premier; il est composé de ἀ priv. et ἔργον, et signifie *désœuvré, sans occupation.* — *c.* Ainsi nommée à cause de la blancheur de la terre à potier.

1. Ἀρήγω[a], repousse, défend, porte secours, est utile. Ἀρηγών, *appui, défenseur, auxiliaire;* ἀρηγοσύνη, ἀρηξις, *secours.*

2. Ἄρης[a], εος, εως, ὁ, Mars, guerre, arme, courage, blessure, carnage. Ἀρεικός, *martial;* ἄρειος[b], *consacré à Mars, belliqueux.*

3. Ἀρι, *particule inséparable et augmentative.*

4. Ἀρία, ἡ, chêne qui porte le liége, *sorte d'*alisier.

5. Ἀρίς, ἰδος, ἡ, poignée de tarière *ou* de trépan, vanne, jarret.

6. Ἄρις, ἡ, ARISARUM, sorte de gouet *ou* de bistorte, *pl.*

7. Ἀρκάλη, ἡ, tringle d'un métier. — 8. Ἄρκειον, τὸ, bardane, *pl.*

9. Ἄρκευθος, ὁ, genévrier, genièvre. -θίς, *baie de genièvre;* -θι-της, *préparé avec du genièvre.*

10. Ἄρκυς[a], υος, ἡ, filet, réseau de tête. — 11. *Ἄρνυμαι[a], reçoit.

12. Ἄρον, τὸ, ARUM *ou* gouet, *vulg.* pied de veau, *pl.*

13. *Ἄρπεζα, ἡ, haie, mur sec. — 14. Ἀρπίς, ἰδος, ἡ, sorte de soulier.

15. Ἀρραβών[a], ῶνος, ὁ, **arrhabo**[b], ARRHES[c], gage, nantissement —ωνίζω, *assure en donnant des arrhes, donne des arrhes.*

ANNOTATIONS.

1. *a.* F. ἀρήξω.

2. *a.* Dat. Ἄρει, acc. Ἄρη ou Ἄρην, voc. Ἄρες. D'où ARÉOPAGE, tribunal d'Athènes ainsi nommé, soit parce qu'il s'assemblait sur la colline de Mars, Ἄρεος πάγος, soit parce que la première cause qui y fut jugée fut celle de Mars, qui avait tué Alirrhothius, fils de Neptune, soit pour d'autres raisons qui n'ont pas un fondement plus solide. Quoi qu'il en soit de l'étymologie du mot, on le retrouve chez tous les auteurs. Tacite appelle ce tribunal, *Areum judicium,* Juvénal, *curia Martis,* et Ovide, *scopulus Martis.* Saint Paul alla prêcher devant l'aréopage l'an 51. « *Cum audissent resurrectionem mortuorum, quidam quidem irridebant, quidam vero viri ddhærentes ei crediderunt, in quibus et Dionysius* Areopagita. (Act. ch. 17). Denis l'Aréopagite devint ensuite évêque d'Athènes et fut martyrisé sous Domitien. —*b.* D'où ARIUS, fameux hérésiarque d'Alexandrie, qui niait la divinité du Christ. D'où aussi ἄριστος, *très-bon.* V. Ἀρετή.

10. *a.* M. rac. q. ἀρκέω, enfermer, enserrer.

11. *a.* Sans futur; m. rac. q. αἴρω.

15. *a.* Rac. hébr. — *b.* Dans les mots où deux ρ se suivent, le second, marqué de l'esprit rude, se représente en latin et en français par *rh.* — *c.* On voit ici le résultat des procédés qui furent mis en œuvre dans la formation des mots français. Tout l'art de la parole chez les Francs, nos aïeux, consista dans l'abréviation et la contraction. Leur voix et leur oreille ne s'accommodant point de la lenteur harmonieuse des belles langues, « ils coupèrent la queue aux mots », comme l'a dit un critique, « et de plus ils les éventrèrent. » Ainsi de *brachium* ils firent *bras,* de *aurum, or,* de *caput, cap,* de *credere, croire,* de *prehensus, pris,* etc. D'où est résultée une prononciation sèche, brusque, sourde et nasale, inconnue aux anciens et aux méridionaux. Quand la suppression de la désinence laissait à la fin du mot deux ou plusieurs consonnes trop dures, on ajoutait un *e* muet. Ex. *arbitrum,* arbitre, *arrhabo,* arrhes. Par suite de cette disparition des finales si variées de la langue romaine, nous n'avons pas autant de liberté que les écrivains latins pour répéter le même mot dans une phrase, parce que le retour du même son fatiguerait l'oreille. Voilà aussi pourquoi la rime, qui eût été puérile chez les Latins à cause des nombreuses consonnances de la déclinaison et de la conjugaison, est devenue chez nous un exercice

16. Ἄργυρος, ὁ, ARGENT[a]. —ριον, *monnaie d'argent;* —ρεῖον, *mine d'argent;* —ρεος, *d'argent;* —ρόω, *argente;* —ρίζομαι, *fait de l'argent.*

17. Ἀρέσκω[a], plaît; —κομαι, rend favorable. —κεια, *envie de plaire;* —κος, —κευτικὸς, *flatteur;* ἀρεστός, *qui plaît;* —στόν, *arrêt.*

18. Ἀρετή[a], ἡ, vertu, force[b], courage, mérite[c], bonté, bonheur. —τάω, *prospère, réussit, se signale;* —τόω, *rend vertueux.*

19. Ἄρθρον, τὸ, artus[a], ARTICULATION, membre, section, ARTICLE. —θρῖτις, *goutte*[b]; —ριτικός, *goutteux;* —ρόω, *emboîte.*

20. Ἀριθμός[a], ὁ, nombre, compte, mesure. —μέω, *compter;* —μημα, —μησις, *numération, compte;* —μητική, ARITHMÉTIQUE.

21. Ἀριστερός, ά, όν, gauche, maladroit, sinistre[a]. —ρά, *main gauche;* —ρεύω, *est à gauche, est gaucher;* —ρόφι, *à gauche.*

22. Ἄριστον, τὸ, dîner *ou plus anciennement* déjeûner[a]. —τάω, *dîne;* —τητής, *dîneur;* τίζω, *donne à dîner.*

23. Ἀρκέω, arceo, écarte, secourt, suffit, dure; *moy.* se contente. —κεσις, *secours;* —κετός, *suffisant;* —κιος, *secourable.*

ANNOTATIONS.

sérieux et une partie de la versification.

16. *a.* Pr. *métal blanc.* R. ἀργός. Nous disons encore *payer en argent blanc,* et nous avons gardé jusqu'à ces derniers temps la pièce de *six blancs,* petite monnaie de billon frappée sous Henri II, et valant deux sous et demi. Les Romains nommaient de même leur denier d'or *flavus.* s.-ent. *nummus,* pr. *monnaie jaune,* comme nous disions autrefois *jaunet* pour pièce d'or. Le métal appelé *platine* doit aussi son nom à sa couleur blanc d'argent; car *platine,* en esp. *platina,* est un diminutif de *plata,* argent.

17. *a.* F. ἀρέσω, a. ἤρεσα, pf. ἤρεκα, etc, prend σ au passif.

18. *a.* D'où φιλάρετος, PHILARÈTE, ami de la vertu, φίλος, ἀρετή, nom d'un saint du huitième siècle, parent des empereurs d'Orient. — *b.* « Le mot *vertu,* dans son origine, ne signifiait que la force et la vigueur du corps. On s'en sert aujourd'hui pour exprimer les qualités de l'esprit et plus souvent celles du cœur. » (*Anach.*) Dans Homère, ἀρετὴ ne s'entend que de la force et de la valeur. « Le courage militaire et les qualités du soldat étaient, en ce temps-là, les vertus que Rome honorait entre toutes, et ce qui le

prouve, c'est que la vertu n a point d'autre nom chez les Romains que le nom même de vaillance. » PLUT. « *A viris virtus nomen mutuata est.*» CIC. V. Ἴς, Ἴρι. — *c.* Cf. l'ital. *virtuoso,* vertueux, habile, dont nous avons fait *virtuose,* habile musicien. — Ἀρετή a pour racine Ἄρης, *Mars.*

19. *a.* De la syll. rad. Ἀρ, ajuster; *pr.* la jointure des membres, l'emboîtement des os. Le ρ est tombé, comme dans *lectus* de λέκτρον. — *b.* Ou ARTHRITE, en termes de médecine.

20. *a.* R. ἀραρίσκω, ajuster, combiner.

21. *a.* V. Λαιός.

22. *a.* Il y a quelque difficulté à préciser la signification des noms de repas chez les Grecs, parce que ces noms ont varié plusieurs fois. Selon Athénée, dans les temps héroïques, ἄριστον était le repas du matin, δεῖπνον, celui de midi, qui de son temps avait pris le nom de ἄριστον, et δόρπον était celui du soir. V. Δόρπον.

23. *a.* M. rac. q. εἴργω, écarter, empêcher d'approcher, renfermer. D'où *arca,* coffre, *arche; arcanus,* secret, *pr.* renfermé dans un coffre; *arx,* forteresse; *arsenal,* citadelle navale où sont renfermés les instruments de guerre, de *ars* et *navalis.* F. ἀρκέσω.

1. *Ἀῤῥηνής, ές, hargneux, acariâtre, querelleur. —νέω, est hargneux.

2. Ἀῤῥιχος, ὁ, ἡ, panier d'osier, corbeille. —χάομαι, se hisse.

3. Ἀρτάβη, ἡ, mesure persane équivalant au médimne[a].

4. Ἄρτεμις, ιδος, ἡ, ARTÉMISE, Diane. —μισία, ARMOISE[a], pl.

5. Ἀρωνία, ἡ, sorte de néflier. — **6.** Ἀσάμινθος, ἡ, baignoire.

7. Ἄσαρον, τὸ, **asarum,** pl. —ρίτης, préparé à l'asarum.

8. Ἀσβόλη, ἡ, suie, fumée. —λάω, —λόω, noircit de fumée.

9. Ἄσιλλα, ἡ, bâton pour porter deux seaux ou deux paniers.

10. Ἀσίραχος, ὁ, espèce de sauterelle sans ailes.

11. Ἄσις, εως, ἡ, limon. — **12.** Ἀσκάλαβος, ὁ, lézard moucheté.

13. Ἀσκάλαφος, ὁ, hibou. — **14.** Ἀσκαλώνια[a], τὰ, figues d'ASCALON[b].

15. Ἀσκάντης, ου, ὁ, grabat, bière. — **16.** Ἀσκέρα, ἡ, pantoufle.

17. Ἀσκηθής, ές, intact. — **18.** Ἀσκληπιάς, άδος, ἡ, ASCLÉPIADE[a].

19. Ἄσπαλος, ὁ, petit poisson qu'on pêche à la ligne.— λιεία, pêche
à la ligne; —λιεύομαι, pêcher; —λιεύς, —λιευτής, pêcheur.

20. Ἀσπάραγος, ὁ, **asparagus,** ASPERGE[a], jeune pousse.

ANNOTATIONS.

3. *a.* Pr. *Plante de Diane*, genre de Composées auquel appartient l'absinthe.

14. *a.* S. ent. σῦκα, *figues*, comme de *ascalonia*, s. ent. *cæpa*, oignon, on a fait *échalotte*, pr. oignon d'Ascalon. V. Κυδωνέα. — *b.* Ancienne ville très-forte de la Phénicie méridionale, près de la mer, détruite par Saladin, à la fin du douzième siècle.

18. *a.* Plante d'Asie, cultivée dans les jardins sous les noms de *plante à soie, coton sauvage*. Les anciens attribuaient faussement à certaines espèces d'asclépiade la propriété d'amortir les poisons. R. Ἀσκληπιός, *Esculape*, dieu de la médecine, à qui cette plante était consacrée.

20. *a.* Angl. asparagus, all. *spargel.*

21. *a.* D'où ἀρκτόμυς, ARCTOMYS, pr. *rat-ours*, nom donné à la marmotte à cause de ses formes lourdes et trapues. RR. ἄρκτος, μῦς. — *b.* Le pôle nord s'appelle pôle *arctique*, parce que la plus brillante étoile de la petite Ourse est aussi la plus voisine du pôle, ce qui lui a fait donner le nom d'étoile polaire. Le pôle austral se nomme, par opposition, *antarctique*, ἀνταρκτικός. RR. ἀντί, ἄρκτος. Les Latins appelaient le nord *septentrio*, à cause des sept étoiles qui composent la petite Ourse, et qu'ils comparaient à *sept bœufs* traînant un chariot. RR. *septem, triones*, bœufs de labour. V. Βορέας. De ἄρκτος et οὐρά, queue, on a fait le nom de ἀρκτοῦρος, ARCTURUS, donné à l'étoile la plus brillante de la constellation du Bouvier, à cause de sa situation près de la queue de la grande Ourse.

22. *a.* De Ἀρ ou ἀραρίσκω, ajuster, assembler. V. Ἅμαξα.

23. *a.* Att. ἁρμόττω, f. ἁρμόσω; de ἄρω ou ἀραρίσκω, ajuster. — *b. Subst.* HARMODIUS, nom d'un jeune Athénien, ami d'Aristogiton, qui l'aida à délivrer sa patrie de la tyrannie d'Hipparque et d'Hippias, fils de Pisistrate, en 510. Par respect pour la mémoire de ces deux citoyens, il fut interdit aux esclaves de porter leurs noms. V. Γείτων. — *c.* En termes de musique, *harmonie* signifie production *simultanée* de plusieurs sons dont la combinaison plaît à l'oreille, par opposition à *mélodie*, qui exprime l'effet produit sur l'oreille par une *suite* agréable de sons.

25. *a.* F. ἀρόσω, a. ἤροσα, pf. ἀρήροκα, a. pass. ἠρόθην, pf. p. ἀρήρομαι. — *b.* D'où *arable, aratoire; armentum,*

21. Ἄρκτος[a], ὁ, ἡ, ours, ourse, le nord. –κτύλος, *dim.*; –κτικός, –κτῷος, *du nord*, ARCTIQUE[b]; –κτῆ, *peau d'ours*; –κτειος, *d'ours, du nord.*

22. Ἅρμα[a], ατος, τὸ, char, équipage. –μάτιον, *dim.*; –μάτειος, –ματιαῖος, *–ματόεις, *de char*; *–ματεύω, *va en char, conduit un char.*

23. Ἁρμόζω[a], adapte, règle. –μογή, –μοσία, –μοσις, –μοσμα, *ajustement*; –μόδιος[b], *ajusté*; –μονία, *accord*, HARMONIE[c].

24. Ἀρνέομαι, nie, refuse, se refuse à. –νησις, *négation, refus*; –νήσιμος, *niable*; –νητικός, *négatif*; –νητικῶς, *négativement.*

25. Ἀρόω[a], **aro**[b], laboure. –οσις, –οτος, *labour*; –ότης, *laboureur*; –οτρον, **aratrum**[c]; ἄρουρα[d], **arvum**[e], *champ*; ἄρομα, *id.*, *labour.*

26. Ἁρπάζω[a], **rapio**[b], RAVIT[c]. –παγεύς, –παξ[d], *ravisseur*; –πάγη, HARPON; –παγή, RAPT; –παλέος, RAPACE[e]; –πη, *croc, faux.*

27. Ἀρην[a], ἀρνός, ὁ, agneau. Ἀρνειος, *d'agneau*; –νακίς, –νέα, *sa peau*; –νειός, *bélier*; –νεύω, *bondit, plonge*; –νών, *étable des agneaux.*

28. Ἄρσην[a], εν, mâle, fort, courageux. –σενότης, *virilité*; –σενικός[b], *masculin, viril*; –σενόω, *rend viril*; ἄῤῥεν, *genre masculin.*

ANNOTATIONS.

p. *arimentum*, gros bétail, pr. *bête de labour.* — *c.* Notre mot *charrue* est bien insignifiant à côté de *aratrum.* V. Κάῤῥον. — *d.* L'ἄρουρα était une mesure agraire équivalant à 2 ares, 37 mètres carrés, le quart du πλέθρον. — *e. Pr.* champ cultivé. D'où *arvales* ou *ambarvales*, de ἀμφί, *arva*, collège de douze prêtres qui, pour obtenir de riches moissons, faisaient, chaque année, des processions accompagnées de sacrifices en l'honneur de Cérès, déesse des céréales. « *Fratres* arvales *qui sacra publica faciunt, ut fruges ferant* arva. » VARR.

26. *a.* F. ἁρπάσω ou ἁρπάξω, a. ἥρπασα ou ἥρπαξα, pf. ἥρπακα, pf. p. ἥρπασμαι ou ἥρπαγμαι, a. 1 p. ἡρπάσθην, a. 2 ἡρπάγην, f. ἁρπαγήσομαι. Syll. rad. Αρπ ou, en transposant le ρ, Ραπ, d'où *rapio.* — *b.* D'où *rapidus*, RAPIDE, *pr.* qui entraîne, qui emporte. *Usurpo*, USURPER, p. *usuripo*, *usuripio*, de *usus* et *rapere*, prendre pour son usage. — *c.* D'où RAVAGER, *pr.* détruire pour *rapiner.* — *d.* D'où ARTARPAX, PSICHARPAX et MÉRIDARPAX, trois héros fameux dans la Batrachomyomachie. V. Βάτραχος, Ἄρτος, Ψίω, Μείρομαι, et, dans La Fontaine, le *Combat des rats et des belettes.* HARPAGON, nom d'avare dans Plaute et Molière, lat. *harpago*, homme rapace, *pr.* grappin. HARPIE, ἅρπυια, oiseau fabuleux qui *ravissait* tout. Virgile en fait un portrait très-peu gracieux, *Énéide*, liv. III, v. 212. « On connaît ces monstres, dit Dante, à leurs ailes étendues, à leur col et à leur visage d'hommes, à leurs pieds armés de serres et à leur ventre énorme couvert de plumes. » — *e.* On donne, en zoologie, le nom de *rapaces* à un groupe d'oiseaux carnassiers qui ne vivent que de *rapines.*

27. *a.* Nomin. inus. et remplacé par ἀμνός; gén. ἀρνός, dat. ἀρνί, acc. ἄρνα; pl. ἄρνες, ἀρνῶν, ἄρνας; duel, ἄρνε, ἀρνοῖν. Le dat. pl. est ἀρνάσι, ion. ἄρνεσσι.

28. *a.* Attiq. ἄῤῥην. D'où ARSÈNE, nom d'un saint anachorète qui avait été précepteur des enfants de Théodose. — *b.* Du ἀῤῥενικός. Du neutre ἀρσενικόν on a fait ARSENIC, nom d'un métal inoffensif de sa nature, mais qui, en combinaison avec l'oxygène, devient un poison des plus violents, sous le nom d'acide *arsénieux*, vulg. *mort aux rats.*

1. Ἀσπρός, ἡ, sorte de chêne. — 2. Ἀσσάριον[a], τὸ, AS, monnaie.

3. Ἀστακός, ὁ, écrevisse de mer. — 4. Ἀστάνδης, ου, ὁ, courrier.

5. Ἀστράγαλος[a], ὁ, vertèbre, talon, osselet, ASTRAGALE[b].

6. Ἄσφαλτος, ἡ, bitume, ASPHALTE[a]. —τάω, enduire de bitume.

7. Ἀσφόδελος, ὁ, ASPHODÈLE[a]. — 8. *Ἀσχάλλω[a], est fâché.

9. Ἀσχέδωρος, ὁ, sanglier. — 10. Ἄσχιον, τὸ, truffe.

11. Ἀτάλλω[a], saute de joie, grandit, nourrit, chérit. Ἀτάλματα,
    jeux d'enfance; ἀταλός, jeune, tendre, délicat.

12. *Ἀτάσθαλος, ον, insensé, méchant, impie, détestable. —λία,
    folie, malice;—λλω, agit comme un insensé.

13. Ἀτέμβω[a], afflige, endommage, trompe. —βομαι, blâme.

14. *Ἄτερ, gén., à l'écart de, sans, hormis, à l'insu de.

15. Ἄτη, ἡ, mal, fatalité, malheur, faute, erreur, ATÉ[a]. Ἀτάομαι,
    est blessé, affligé; ἀτηρής, nuisible; —ρός, id., infortuné.

16. Ἀτμήν, ένος, ὁ, esclave, serviteur, sujet. —ενίς, fém. —ενεύω, est
    esclave; —ενία, esclavage, misère; —ένιος, pénible, servile.

ANNOTATIONS.

2. a. Du latin assarius, dérivé lui-même de as, mot très-ancien qui, dans la langue des Tarentins, était le même que αἶς ou αἴς, un. Aussi le mot as signifiait-il, primitivement, une unité quelconque, monnaie, poids, longueur ou capacité, etc., ayant pour fraction ou sous-multiple l'once qui en était le douzième. Maintenant encore, aux jeux de cartes et de trictrac, as signifie unité. Pour dire héritier du tout à titre universel, les Latins disaient hæres ex asse. Comme mesure de poids, l'as ou livre romaine pesait environ trois cent vingt-sept grammes. L'as monnaie ne fut d'abord, comme toutes les monnaies primitives, qu'une simple masse de cuivre pesant une livre et sans aucune effigie. « Servius rex, dit Pline, pecudum effigie primus æs signavit, unde et pecunia appellatur. » Cet as valait huit centimes; deux as et demi faisaient un sesterce, et dix as un denier. Les Romains n'eurent point d'autre monnaie jusqu'en 247. Mais pour la rendre plus commode, on la réduisit d'abord au sixième de son poids, c. à d. à deux onces, puis à un douzième, puis enfin à un vingt-quatrième ou une demi-once. La valeur première baissa proportionnellement; l'ef-figie changea aussi. On y mit un char à deux ou quatre chevaux, biga ou quadriga, ce qui fit appeler les as bigati, quadrigati. V. Λίτρα.

5. a. De ἄστρις, petite étoile, à cause d'une certaine ressemblance entre l'osselet et l'étoile (37). Les osselets et les dés étaient les jeux favoris des Grecs et des Romains. Auguste, Claude, Néron, Caton le censeur lui-même en faisaient leur passe-temps. — b. Os du talon, ornement d'architecture, plante légumineuse.

6. a. Bitume solide, mou et luisant que l'on recueille à la surface de certains lacs, et particulièrement de la mer Morte en Syrie, qu'on a appelée pour cette raison lac ASPHALTITE et qui occupe, d'après la Bible, la place de cinq villes détruites par la colère de Dieu. « Descendente igne in Pentapolim. » (Sag., ch. 10.) Ces cinq villes étaient Sodome, Gomorrhe, Adam, Séboïm et Bala ou Ségor. V. Πέντε.

7. a. Angl. daffodil, plante liliacée qui était sacrée pour les anciens.

8. a. F. ἀσχαλῶ.

11. a. Ou ἀτιτάλλω, f. ἀτιταλῶ.

13. a. Sans futur ni autres temps.

15. a. De ἀάσκω, nuire; divinité mal-

17. Ἀρτάω [a], pend, suspend ; –τάομαι, est en suspens, dépend de. –τάνη, corde pour se pendre; –τέμων, voile d'ARTIMON [b].

18. Ἄρτι, tout récemment, maintenant. –τιος, pair, entier, parfait. prêt, convenable; –τέομαι, prépare; –ταμος, boucher, cuisinier.

19. Ἄρτος, ὁ, pain, nourriture, rappelle ARTARPAX [a]. –ίσκος, dim.

20. Ἀρτύω [a], ajuste, assaisonne. –τυσις, assaisonnement; –τυμα, id., sauce, ragoût; –τυτήρ, –τύνας, –τυνος, magistrat.

21. Ἀρύω [a], puise. Ἀρυστήρ, Ἄρυστις, vase pour puiser.

22. Ἄρχω [a], commande; –ομαι, commence. –χός, chef [b]; –χων, id.; ARCHONTE [c]; –χή, commandement, commencement [d]; χαιος [e], vieux.

23. Ἄρωμα, ατος, τὸ, AROMATE, AROME, parfum, plur. épices. –ματίζω, aromatiser; –ματικός, aromatique; –τίτης, aromatisé.

24. Ἀσελγής, ές, déréglé, fier, fougueux, violent. –γεια, conduite déréglée, insolence; –γαίνω, –γέω, est libertin, insolent.

25. Ἄσθμα [a], ατος, τὸ, souffle, respiration pénible, ASTHME. –μαίνω, halète, râle; –ματίας, ASTHMATIQUE, poussif; –ματικός, id.

ANNOTATIONS.

faisante, la même que la Discorde chez les Latins.
17. a. F. ἀρτήσω; m. rac. q. αἴρω, élever.—b. Petite voile, voile du mât de perroquet, la voile la plus rapprochée de l'arrière du vaisseau.
19. a. Nom d'un général des rats dans le combat fameux qu'ils soutinrent contre les belettes. LA FONT. liv. IV. Le mot signifie voleur de pain. RR. ἄρτος, ἁρπάζω. V. Ψίω.
20. a. Le sens premier est ajuster, de Αρ ou ἀραρίσκω, mais le sens d'assaisonner est plus fréquent en prose.
21. a. Ou ἀρύτω, f. ἀρύσω : il prend ς au passif.
22. a. F. ἄρξω, a. ἦρξα, pf. ἦργμαι, s. p. ἤρχθην. L'actif a aussi le sens de commencer. — b. Pr. la tête de l'armée, celui qui ouvre, qui commence la marche. C'est l'idée simple de ἄρχω, qui s'est dédoublée en celles de commencer ou venir le premier, et de commander en marchant le premier. D'où EXARQUE, ἔξαρχος, gouverneur de l'Italie, dans le Bas-Empire. RR. ἐκ, ἄρχω. ARCHEVÊQUE (289), ARCHITECTE (319) et autres mots auxquels la racine αρχ donne un sens superlatif. — c. Principal magistrat d'Athènes, éta-

bli en 1095 av. J. C., après que la royauté eût été abolie par respect pour la mémoire de Codrus. Le mot latin qui rend le mieux l'idée de ἄρχων est prætor, préteur, pour præ-itor, litt. qui va devant. « Prætor dictus qui præiret exercitui. » VARR. Nous avons pour équivalent en français capitaine, la tête de l'armée. — d. Principium et principatus qui sortent de la même racine pris, πρίν, avant. A ἀρχή est opposé ἀναρχία, ANARCHIE. « Il n'y a point, dit Bossuet, de pire état que l'anarchie, c. à d. l'état où il n'y a point de gouvernement ni d'autorité. » RR. ἄν, ἀρχή. Le gouvernement d'un seul s'appelle monarchie, μοναρχία. RR. μόνος, ἄρχω. — e. D'où ARCHÉOLOGIE ἀρχαιολογία, science des antiquités. RR. ἄρχω, λέγω. ARCHIVES, ἀρχαῖα, anciens titres propres à servir de documents historiques. ARCHAÏSMES, ἀρχαϊσμός, expression vieillie; vous en trouverez de fréquents exemples dans Salluste, et, dès le premier mot, omnis mis pour omneis ancienne forme de omnes.
25. a. De ἄημι, souffler. « Asthma es cum vehementior sit spirandi difficultas et spirare æger sine sono et anhelitu non possit. » CELSE.

1. Ἄτρακτος, ὁ, ἡ, fuseau, flèche, quenouille, pointe du mât. —τιον, *dim;* —κτυλίς, *sorte de chardon dont on faisait des fuseaux.*

2. Ἀτρεκής, ές, vrai, exact. —κές[a], —κῶς, *—κέως, exactement, vraiment;* *—κέω, est exact;* —κεια, *exactitude, vérité.*

3. Ἄττα[a], papa. — 4. Ἀτταγᾶς[a], ᾶ, ὁ, francolin, esclave.

5. Ἀττάκης, ου, ὁ, **attacus**[a], espèce de sauterelle.

6. Ἀττάραγος, ὁ, bulle sur la croûte du pain qui cuit, un rien.

7. Ἀττέλαβος, ὁ, escarbot. — 8. Ἄττηγος, ὁ, bouc, *en Phrygie.*

9. Ἀτύζω[a], épouvante, égare. —ζηλός, *terrible.*

10. Αὖ, en sens inverse, de nouveau[a], de-son côté, à son tour, or. Αὖθις, *en arrière, de nouveau, plus tard;* *αὖτε, de nouveau.*

11. *Αὐδή, ἡ, voix, parole, chant. —δάω, —δάζομαι, parle. —δήεις, qui parle, qui a la voix harmonieuse, bavard.*

12. Αὐθέντης[a], ου, ὁ, agissant par soi, auteur, maître. —τέω, *domine;* —τημα, *acte d'autorité;* —τία, *autorité;* —τικός, AUTHENTIQUE[b].

13. Αὖρον[a], τὸ, **aurum**, OR[b]. — 14. *Αὔσιος, ία, ιον, vain, inutile.*

ANNOTATIONS.

2. *a.* L'adverbe ἀτρεκές n'est autre que le neutre de l'adjectif, et cette transformation d'un adjectif en adverbe doit paraître toute naturelle, puisque l'adverbe est proprement un adjectif de verbe, comme le mot l'indique, ad, *verbum.* Pareillement en latin, *facilè, facilement,* est le neutre de *facilis; falsò, certò, tutò,* sont les ablatifs de *falsus, certus, tutus.* De même en français, les adjectifs *fort, vîte, soudain, bon,* etc. servent en même temps d'adverbes. Mais le plus souvent l'adjectif ne devient adverbe qu'en prenant une terminaison particulière qui est ως en grec, *è* ou *ter* en latin, *ly* en anglais, *ment* en français. Ainsi, de ἀτρεκής, exact, on a eu ἀτρεκῶς, *exactè, exactly, exactement.* Il faut remarquer surtout notre terminaison *ment,* substituée aux désinences latines *è, ter,* et qui n'est autre chose que l'ablatif du substantif latin *mens, mentis,* dont l'*e* final est tombé. Ce mot *mens* signifie, dans l'usage qu'on en fait ici, *manière, disposition, esprit,* de sorte que l'adverbe *exactement* équivaut à *exactâ mente,* d'une manière exacte. Cette étymologie explique pourquoi l'adjectif uni à l'ablatif féminin *mente* pour composer un adverbe, a toujours pris lui-même le genre féminin, comme on le voit dans

exacte-ment, chère-ment, résolù-ment, p. résolue-ment. La forme primitive de ces adverbes se voit mieux encore dans l'italien et l'espagnol : *exactamente, caramente, resolutamente,* etc.

3. *a.* Nom enfantin que les jeunes gens donnaient aux vieillards en signe de respect.

4. *a.* Ou ἀτταγήν, oiseau du genre perdrix, dont l'espèce à collier s'appelle *francolin,* à cause de sa propagation en *France.* Comme on marquait sur le dos les esclaves mis en vente, Aristophane leur a donné, par analogie, le nom du francolin dont le dos est rougeâtre. Les gourmets de Rome prisaient fort la chair de l'*attagen.*

5. *a.* Le mot grec et le mot latin correspondant ne sont pas toujours de la même déclinaison. Cf. *brachium* et βραχίων, *petra* et πέτρος.

9. *a.* F. ἀτύξω, part. a. pass. ἀτυχθείς.

10. *a.* Pr. *en arrière.* V. Ἄψ.

12. *a.* R. αὐτός. — *b.* Se dit soit d'un acte ou d'un contrat revêtu de toutes les formes requises, soit d'un livre qui est réellement de l'auteur à qui on l'attribue, par opposition à *apocryphe* (165).

13. *a.* Ce mot, autrefois grec, ne se trouve plus dans les auteurs classiques.

15. Ἀσκέω, exerce, s'exerce à, honore, décore. −κησις, *exercice,
étude, profession, vie* ASCÉTIQUE[a]; −τικός, *propre à exercer.*

16. Ἀσκός, ὁ, outre, peau, sac, corps humain[a], sac à vin, enflure.
−κίτης, *hydropisie* ASCITE[b]; −κώλια, ASCOLIES[c].

17. Ἄσμενος[a], η, ον, joyeux, content, gai. −νέω, *souhaite, désire;*
−νίζω, *accueille avec plaisir;* −νισμός, *joie;* −νιστός, *agréable.*

18. Ἀσπάζομαι[a], embrasse, salue, chérit. −πασμός, *embrassement,
salut;* −πάσιος, −παστός, *aimable, cher; d'où* ASPASIE[b].

19. Ἀσπίς[a], ίδος, ἡ, bouclier, abri, rang, *aspis,* ASPIC. *−ιστής, *combattant;* −ιδεῖα, *lieu du vaisseau où l'on pendait les boucliers.*

20. Ἀστήρ[a], έρος, ὁ, **astrum,** ASTRE, étoile. −τρον[b], *constellation;*
−τερίσκος, *dim.* ASTÉRISQUE[c]; −τέριος, *−τερόεις, étoilé.*

21. Ἄστυ[a], εος, τὸ, ville capitale, Athènes[b]. −τυρον, *dim.;* −τεῖος, *poli[c];*
−τειότης, *urbanité[d];* −τεισμός, *grâce;* −τικός, −τυκός, *de la ville.*

22. Ἀτμός[a], ὁ, exhalaison, vapeur. −μίς, *id.;* −μιδόω, *vaporise;*
−μιάω, −μίζω, *exhale une vapeur;* −μισμός, *exhalaison.*

ANNOTATIONS.

V. Λεθορίς, Γραικός. — *b.* D'où ORFÈVRE,
de *auri, faber,* pr. ouvrier en or.

15. *a.* C. à d. vie consacrée à la méditation et aux pieux exercices. On appelle
ascète, ἀσκητής, celui qui s'y est voué.

16. *a.* Le substantif latin *follis,* outre,
signifie aussi *corps humain.* V. Δέμας.—
b. Maladie dans laquelle l'abdomen est
gonflé comme une *outre.* — *c.* Fêtes de
Bacchus, dans lesquelles on dansait, *inter
pocula,* à cloche-pied, sur une *outre* gonflée et huilée.

17. *a.* De ἥδομαι, se réjouir.

18. *a.* F. ἀσπάσομαι. — *b.* Ἀσπασία,
courtisane célèbre de Milet, qui enseigna
l'éloquence à Athènes et épousa Périclès.

19. *a.* Le corps d'élite de l'armée macédonienne portait des *boucliers d'argent.*
« Argyraspides *a genere armorum appella-
bantur.* » T. LIV. RR. ἄργυρος, ἀσπίς.

20. *a.* Dat. pl. ἀστράσι. Dans les auteurs postérieurs à Aristote, ἀστήρ signifie plutôt étoile, et ἄστρον, constellation,
groupe d'étoiles. — *b.* D'où ASTRONOMIE,
ἀστρονομία, science des *lois* que suivent
les astres dans leurs mouvements. RR.
ἄστρον, νέμω. ASTROLOGIE, ἀστρολογία,
prétendue science de l'avenir tirée de
l'inspection des astres. RR. ἄστρον, λέγω.

DÉSASTRE, malheur, *pr.* privation d'un
astre favorable. ASTUR ou AUTOUR, genre
de faucons ainsi nommé à cause des
étoiles que forment, en se croisant, les
raies de son plumage. — *c.* Signe en forme d'étoile, employé dans les anciens manuscrits pour indiquer une omission ou
un déplacement dans le texte. Maintenant
il sert à marquer un renvoi et, dans la
psalmodie, le milieu des versets.

21. *a.* Gén. ἄστεος ou ἄστεως. D'où
Ἀστυάναξ, ASTYANAX, *prince de la ville,*
nom donné par les Troyens au fils d'Hector et d'Andromaque, parce que son père
« défendait seul la *ville* et ses vastes remparts. » (Il. VI). RR. ἄστυ, ἄναξ. — *b.*
Comme *urbs* signifie *Rome:* « *Urbem quam
dicunt Romam.* » VIRG. — *c.* En latin *ur-
banus,* pr. *élevé à la ville,* opposé à *campagnard,* à *rustre, rustique,* de *rus;* à *sauvage,* v. fr. *salvage,* de *sylvaticus,* habitant des forêts, *sylva.*— *d.* Cf. *civilité,* de
civitas, courtoisie, de *cour,* pr. bonnes manières contractées à la ville ou à la cour.

22. *a.* All. *athem.* R. ἄημι, souffler.
D'où ATMOSPHÈRE, nom donné à la couche
d'air, haute de quinze à vingt lieues, qui
environne la *sphère* terrestre. RR ἀτμός,
σφαῖρα.

1. Αὐτός [a], ή, ό, moi-même, toi-même, lui-même, seul, lui [b], il.
—τίκα, aussitôt; —τίτης, pur, seul; —τως, ainsi, de soi-même.

2. *Αὔω [a], dessèche, allume. Αὐαίνω, sèche; αὔανσις, dessèchement, αὐχμός, id. crasse; αὐστηρός, AUSTÈRE [b]; —ρία, —ρότης, austérité.

3. *Αὔω [a], crie, appelle, dort [b]. Αὐτέω [c], crie, résonne; ἀϋτή, clameur.

4. Ἄφαρ, aussitôt, beaucoup. — 5. Ἀφάρκη, ή, philyrea, arbre.

6. Ἀφαυρός, ά, όν, faible. —ρότης, faiblesse; —ρόω, affaiblit.

7. Ἄφενος, εος, τὸ, revenu annuel [a], richesse, gain. Ἄφενος, id., ἀφνειός, —νεός, —νήμων, riche; —νείομαι, s'enrichit.

8. Ἀφία, ή, sorte de plante, peut-être la tussilage.

9. Ἄφλαστον, τὸ, APLUSTRE, partie élevée de la poupe.

10. Ἀφύη, ή, APHIE ou loche, poisson, aphia, anchois, sardine.

11. *Ἀφύσσω [a], puise, amasse. —υσμός, action de puiser.

12. Ἀφύω, est blanc, est blanchâtre, blanchit, pâlit. —νώδης, pâle.

13. *Ἀχαίνη, ή, grand cerf, biche, sorte de pain ou de grand gâteau.

14. Ἀχάνη, ή, grande corbeille, mesure [a] chez les Perses.

ANNOTATIONS.

1. a. Αὐτός, en latin ipse, était, dans les écoles de Pythagore et d'Aristote, un mot consacré pour signifier le maître. Quand on voulait mettre fin à une discussion, on citait une pensée du chef de l'école, en ajoutant : Αὐτὸς ἔφα, Ipse dixit. Ce jugement était sans appel. «Ipse autem erat Pythagoras. Tantum opinio præjudicata poterat, ut etiam sine ratione valeret auctoritas.» CIC. Αὐτὸς entre dans AUTOGRAPHE, αὐτόγραφος, écrit de la main même de l'auteur. RR. αὐτός, γράφω. AUTOCLAVE ou marmite de Papin, du nom de l'inventeur, vase qui se ferme de lui-même quand on y fait chauffer de l'eau, parce que la vapeur, en se dégageant, presse contre l'ouverture un couvercle qui est à l'intérieur. RR. αὐτός, κλείω. AUTONOMIE, αὐτονομία, dans les villes grecques, droit de se régir par ses propres lois. RR. αὐτός, νέμω. AUTOPSIE, αὐτοψία, examen que l'on fait par ses propres yeux, de l'intérieur d'un cadavre, pour reconnaître les causes de la mort. RR. αὐτός, ὤψ. — b. Souvent l'article, pris comme pronom démonstratif, s'unit à αὐτός, employé lui-même comme pronom personnel, et il résulte de cette fusion un nouveau démonstratif, οὗτος, pour ὁ αὐτός, ὅδε-αὐτός, ce-lui. D'où TAUTOLOGIE (181).

2. a. Impf. αὖον, f. αὔσω; m. rac. q. ἄημι, souffler. D'où aveo, désirer ardemment, brûler, griller; HAVIR, vieux verbe français qui signifiait dessécher la viande; HAVE, synon. de maigre, desséché; Auster, vent chaud des régions australes ou du midi. Les marins de la Méditerranée nomment encore le vent du sud austro. — b. Comme chiche vient de siccus, sec.

3. a. Impf. αὖον. — b. Pr. ronfle, souffle en dormant. V. Ἄημι qui a la même racine. — c. F. αὔσω, a. ἦυσα.

7. a. De ἀπό, ἔνος, année, p. ἐνιαυτός, en latin annona, pr. récolte d'une année.

11. a. Impf. ἤφυσσον ou ἦφυον, f. ἀφύξω, a. ἤφυσα, pf. ἤφυχα; pass. ἠφύσθην, ἤφυσμαι.

14. a. Elle contenait 45 médimnes valant chacun 51 litres, 79 centil.

16. a. M. rac. q. αὐλός, parceque le sillon est creux et allongé.

17. a. De ἄημι, souffler, pr. lieu exposé au grand air.— b. En latin caulæ. «Caulæ est græcum nomen, e detracto.» SERV. — c. Il séparait la cour des appartements intérieurs. V. Χόρτος.

18. a. De ἄημι, souffler. Les premières flûtes ne furent que des tuyaux de paille ou de roseau, remplacés ensuite par l'os de la jambe de certains animaux, en latin

15. Αὐγή, ἡ, lumière, éclat, aube, vie, *plur.* les yeux. *—γήεις, *brillant;* —γάζω, *éclaire;* —γασμα, —γασμός, *action de briller.*

16. Αὖλαξ, ακος, ἡ, **aulax**, sillon[a], sentier, ornière. —ακίζω, *sillonne,* laboure; —ακισμός, *action de sillonner;* *—κόσις, *sillonne.*

17. Αὐλή, ἡ, **aula** [a], cour, salle, étable, parc [b]. —ιον, *bergerie:* —ίζομαι, *parquer;* —ήτης, *métayer;* —αῖον, **aulœum**[c], *rideau.*

18. Αὐλός [a], ὁ, flûte, tuyau[b], vallon[c]. —έω, *joue de la flûte,* —ημα, *air de flûte;* —ητής, *joueur de flûte,* AULÈTE[d]; —ών, *ravin, canal.*

19. Αὐξάνω [a], augeo, **auxilior** [b], AUGMENTE, fortifie, croît. —ξημα, —ξησις, *croissance;* —ξιμος, *qui croît ou fait croître.*

20. Αὔρα[a], ἡ, **aura**, vent léger, souffle. —ριος, *matinal, de l'*AURORE, —ριον[b], *demain, le lendemain;* —ρίζω, *remet au lendemain.*

21. Αὐχή, ἡ, jactance, sujet de jactance. —χημα, *id.;* *—χαλέος, *—χήεις, *fier;* —χέω, *se vante;* —χησις, *jactance;* —χητής, *vantard.*

22. Αὐχήν, ένος, ὁ, cou, détroit, défilé, timon du gouvernail. —γένιος, *du cou;* —χενίζω, *se rengorge*[a], *rompt le cou.*

ANNOTATIONS.

tibia, dont nous avons fait notre mot *tige,* qui convient surtout aux plantes fistuleuses. — *b.* De αὐλός vient HYDRAULIQUE, ἡ ὑδραυλική, s. ent. τέχνη, science qui enseigne à diriger les eaux par des conduits, et à les employer comme moteurs. RR. ὕδωρ, αὐλός. — *c.* V. Ἀγκών et Κοῖλος, qui expriment également le *creux* de la vallée. — *d.* Surnom de Ptolémée XII, roi d'Égypte, père de la fameuse Cléopâtre pour laquelle Antoine se perdit.

19. *a.* Et αὔξω, f. αὐξήσω, impf. ηὔξανον et ηὔξον, a. ηὔξησα, pf. ηὔξηκα; pass. αὐξηθήσομαι, ηὐξήθην, ηὔξημαι. Syll. rad. Αυγ. — *b.* Pr. *augmenter* une armée, etc. D'où *auctor,* AUTEUR, pr. *qui augmente,* fortifie, produit. *Auctoritas,* augmentation de pouvoir. OCTROI, bas. lat. *auctorium,* pr. *autorisation* donnée à une ville de percevoir un droit d'entrée pour subvenir à ses besoins. AUTOMNE, *auctumnus,* « *Quòd tunc maximè* augeantur *hominum opes, coactis agrorum fructibus.* » FEST. AUGUSTE, *Augustus,* pr. *agrandi,* comme nous disons à un évêque : *Votre Grandeur;* à un prince du sang : *Votre Altesse;* à un souverain : *Votre Majesté, majestas* de *major,* d'où vient aussi *maire.* D'AUGUSTE on a fait par corruption AOÛT, ap-

pelé *sextilis,* c. à d. le sixième mois, jusqu'au temps de l'empereur *Auguste,* qui lui donna son nom en souvenir des victoires remportées par lui pendant ce mois, l'an 8 av. J. C.

20. *a.* R. ἄημι, souffler, pr. la *brise* du matin. — *b.* Litt. au premier souffle de l'*aurore.* Αὔριον est le neutre de l'adjectif αὔριος, matinal. Cf. *demain,* pr. du matin, *de mane,* et en all. *morgen,* qui signifie à la fois *matin* et *demain.*

22. *a.* La tête haute et le cou tendu marquent l'orgueil et l'insolence. C'est de là que viennent, dans toutes les langues, les expressions de *hautain, altier,* etc. Quand Clovis se présenta à S. Remi pour être baptisé, celui-ci lui dit : *Colla mitis depone, Sicamber,* etc. Être orgueilleux, fier, se dit, en chinois, *marcher le nez haut.* Les poëtes bibliques sont pleins de ces images. Ils en ont une autre plus énergique encore, prise du taureau dont la force est dans le cou et la gloire dans les cornes. « *Nolite extollere in altum* cornu vestrum » signifie : « ne vous élevez pas insolemment contre le ciel. » Ps. 74. Nous disons de même *se pavaner,* c. à d. avoir une allure de *paon, pavo.* V. Τράχηλος.

1. Ἄχαρνος, ου, ὁ, sorte de poisson. — 2. Ἀχάτης, ου, ὁ, AGATE[a].

3. Ἄχθομαι[a], est chargé, accablé, affligé, tourmenté, souffre[b] —θεινός, —θηρός, pénible; —θος, charge, peine; —θηδών, chagrin.

4. Ἄχος[a], εος, τὸ, peine, douleur. Ἀχνύς, id.; ἀχεύω, ἄχνυμαι[b], s'afflige; ἀχέων, triste, affligé; ἀχέρων, ACHÉRON[c], enfer.

5. Ἀχράς, άδος, ἡ, poirier ou poire sauvage, poire, poirier.

6. Ἄχρι[a], jusque, jusqu'à, bien avant, profondément, tout à fait.

7. Ἄψ[a], en arrière, à rebours, une seconde fois[b], encore.

8. Ἄψινθος[a], ὁ, ABSINTHE[b]. —θιον, id.; —θίτης (οἶνος), vin d'absinthe.

9. Ἀωτέω[a], cueille la fleur, fait un somme, dort[b].

10. Ἄωτον, τὸ, la fleur d'une chose, le meilleur, flocon[a], fronde.

11. B, τὸ, BÊTA[a], la plus douce des labiales, vaut deux[b].

12. Βᾶ! ah! hé! holà! BAH! βαβαί! oh! βαβχιάξ! hélas!

13. Βαβύκα, ἡ, pont.—14. *Βάδος, ὁ, mesure hébraïque de 50 setiers[a].

15. *Βάζω, parle, dit, BAVARDE. Βαβάζω[a], bégaie, BABILLE, saute, danse; *βάγμα, *βάξις, parole; *βάβαξ, βαβάκτης, babillard.

ANNOTATIONS.

2. a. Sorte de pierre de même nature que le cristal de roche et la pierre à fusil, mais moins dure et dont la cassure ressemble à celle de la cire. Elle a pris son nom du fleuve Achates en Sicile, sur les bords duquel on la trouvait.

3. a. F. ἀχθέσομαι ou ἀχθεσθήσομαι, a. ἠχθέσθην. — b. Remarquez ici la souffrance comparée à un fardeau accablant. La même image se retrouve dans toutes les langues. V. Βαρύς, Τάλας.

4. a. M. rac. q. ἄχθομαι. — b. F. ἀκαχήσομαι, a. ἠκαχόμην ou ἀκαχόμην, pf. ἀκήχεμαι ou ἀκάχημαι; à l'actif, f. ἀκαχήσω, a. ἠκάχησα ou ἀκάχησα. — c. Nom d'une rivière d'Épire dont les poëtes ont fait un fleuve des enfers, le fleuve de la Douleur.

6. a. Et ἄχρ devant une voyelle.

7. a. De ἀπό; pr. en s'éloignant du point où l'on était arrivé. — b. Notre préfixe re qui exprime la réitération, a aussi pour sens premier en arrière, en revenant sur ses pas.

8. a. En hébreu, le nom de l'absinthe signifie exécrable. On fait communément dériver le mot grec de ἀ priv. et ψίνθος, plaisir. — b. Il a été fort inutile de changer en b le π du ψ, puisque c'est toujours la forte p qu'on entend devant la forte s, aussi bien que devant le t dans obtineo. Mais pour la même raison

d'euphonie on a bien fait de substituer le p au b dans scripsi, scriptum, de scribere.

9. a. F. ἀωτήσω, forme allongée de ἄημι ou ἄω. — b. Pr. souffle en dormant, ronfle. V. Αὔω.

10. a. Pr. Toute chose légère que le souffle emporte. Ἄωτον vient de ἄημι, comme, floccus, flocon, dérive de flo, souffler.

11. a. De l'hébreu beth qui signifie maison, tente, et qui, par la forme du caractère, représentait grossièrement une maisonnette. Les peuples primitifs, et particulièrement les Hébreux, avaient ainsi donné à chaque lettre de l'alphabet la forme et le nom de quelque objet commun pris dans la nature ou dans les premiers arts. V. A. De béta joint à alpha on a fait ALPHABET, de même qu'avec les noms des premières lettres françaises on a composé le mot ABÉCÉDAIRE, ou plus abrégé ABC. — b. Et par conséquent β vaut 2,000. V. A.

14. a. Le setier équivalait à environ 5 litres, 4 décil.

15. a. Mot primitif formé, d'après Henri Estienne, comme papa, maman, dodo, par un procédé de redoublement familier aux enfants. Βάζω serait donc une contraction de βαβάζω.

16. a. Pr. non pierreux; RR. ἀ, ςελλά.

16. Ἀφελής, ές, simple, franc, modeste, frugal, uni[a], entier. —λεια, *simplicité d'âme, de mœurs, de langage, naïveté.*

17. Ἀφρός[a], ὁ, écume, nom d'un poisson de mer. *—ιόεις, écumant;* *—έω, *—ιάω, —ίζω, écumer; —ισμός, écume; —όω, couvre d'écume.*

18. Ἀχλύς, ύος, ἡ, obscurité, brouillard, vertige, sombre chagrin [a]. *—ύω, est sombre; —υόω, assombrit; *—υόεις, ténébreux.*

19. Ἄχνη, ἡ, duvet, poil, écume, vapeur, poussière, paillette [a]. —ώδης, *semblable à une paillette, mince, chétif.*

20. Ἄχυρον, τὸ, **acus**, paille, litière, balle du blé. —ρος, —ρμιά, —ρών, *tas de paille;* —ρινος, *fait de paille;* —ρόω, *garnit de paille.*

21. Βαθύς[a], εῖα, ύ, profond, épais, ample, vaste, haut. —θος, *profondeur;* —θύνω, *creuse, épaissit.*

22. Βαίνω [a], **venio**, VA, VIENT, marche. Βαδίζω [b], **vado**, *id.;* βάσις, *marche,* BASE[c]; βάθρον, *degré, siége, base;* βῆμα, *marche* [d].

23. Βάκτρον[a], τὸ, **baculus**[b], BATON[c], BÉQUILLE[d]. —τηρία, —τήριον, *id.;* —τηρεύω, —τρεύω, *s'appuie sur un bâton;* —τρευμα, *appui.*

ANNOTATIONS.

17. *a*. D'où Ἀφροδίτη, APHRODITE ou Vénus, c. à d. *née de l'écume*, parce qu'on croyait cette divinité sortie de l'écume des flots, près de Chypre ou de Cythère. Le nom d'*Anadyomène*, Ἀναδυομένη, que les poëtes donnent aussi à Vénus, exprime la même idée; RR. ἀνά, δύνω, s'élever de. De Ἀφροδίτη s'est formé l'adjectif ἐπαφρόδιτος, ÉPAPHRODITE, c. à d. beau, aimable, pr. *favori de Vénus*, dont Sylla se fit un surnom, et que l'Église honore en *saint Épaphrodite*, disciple et collaborateur de saint Paul, puis évêque de Philippes en Macédoine.

18. *a*. V. Ἀγλαός, Μέλας.

19. *a*. Le sens premier de ἄχνη est *enveloppe du blé*, balle légère du grain, qui s'envole quand on le bat. On retrouve ici, comme dans le mot suivant, ἄχυρον, la racine ἀκή, qui signifie la *barbe pointue* de l'épi. V. Ἀθήρ, Γλῶξ.

21. *a*. Comp. βαθίων, βαθύτερος et βάσσων, sup. βάθιστος et βαθύτατος. D'où BATHYS, nom anciennement donné à un fleuve d'Asie qui arrosait le nord-ouest de l'Arménie et se jetait dans le Pont-Euxin. Ce nom faisait allusion à sa profondeur; nous avons de même la *Creuse*, en France.

22. *a*. F. βήσομαι, a. 2 ἔβην, pf. βέ-βηκα; dans le sens actif : f. βήσω, a.

ἔβησα. On voit bien la différente signification des deux aoristes dans l'*Iliade*, ch. I, v. 310-311. — *b*. La souche de toute cette famille est la syll. Βα, d'où **vado**, je *vais*, par le changement très-ordinaire du *b* en *v* (49). D'où ACROBATE, ἀκρόβατος, ou danseur de corde, pr. *qui marche sur la pointe des pieds*. RR. ἄκρος, βαίνω. — *c*. Pr. ce sur quoi le pied appuie en marchant. — *d*. Dans le double sens d'*allure* et de *degré, gradin*, par ext. estrade, tribune où l'on arrive par des degrés. V. Βωμός.

23. *a*. R. βαίνω, pr. *appui pour marcher*. V. Σκήπτομαι, Πούς. Σκίπων, *scipio*, est le bâton d'ornement ou d'honneur, la canne; σκῆπτρον, *sceptrum*, est le bâton de commandement. — *b*. De **baculus** ou **bacillus** les Italiens ont fait *bacchio* et le diminutif *bacchetta*, d'où en français *baguette*. De **baculus** vient aussi le bas lat. *baculare, bâcler*, c. à d. fermer une porte par derrière avec une barre; d'où *débâcler*, ouvrir ce qui était bâclé. — *c*. D'où BATONNIER, nom donné au chef de l'ordre des avocats, parce que, dans les cérémonies de la confrérie qu'ils formaient autrefois, sous le titre de Saint-Nicolas, leur chef portait le *bâton* du saint. BASTONNADE, coups de bâton administrés par ordonnance.— *d*. Du diminutif *bacillus*.

1. Ὑαιός, ά, όν, petit, modique, faible, court, seul, peu nombreux.

2. Βαίουλος, ὁ, *de* **bajulus**, précepteur[a], pédagogue.

3. Βαΐς, βαΐδος, ἡ, feuille *ou* rameau de palmier. Βαΐον, *id.*

4. Βαΐτη, ἡ, vêtement de cuir, casaque de cuir, tente de cuir[a].

5. Βαίτων, ωνος, ὁ, homme du peuple. — 6. Βαιών, όνος, ὁ, un poisson.

7. Βάκανον, τὸ, graine de chou *ou* de rave. — 8. Βακέω, s'enivre.

9. Βάκηλος, ὁ, eunuque, efféminé, **baceolus**, sot, grand niais.

10. Βακίζω, prophétise comme BACIS, devin de Béotie.

11. Βάκχαρις[a], ιδος[b], ἡ, BACCARIS *ou* asaret à feuilles rondes.

12. Βάκλον, τὸ, *de* **baculus**, BATON pour frapper, tambour.

13. Βάκχος, ὁ, BACCHUS[a], homme inspiré, couronne des BACCHANTES,
vin[b]. —χεῖος, BACHIQUE ; —χεύω , *fait des orgies.*

14. Βακχούρια, τὰ, prémices. — 15. Βάκχυλος, ὁ, pain cuit sous la cendre.

16. Βαλάντιον, τὸ, bourse, gibecière. —τίδιον, *petite bourse.*

17. Βαλαύστιον, τὸ, BALAUSTE, fleur du grenadier sauvage.

18. Βαλβίς, ιδος, ἡ, barrière, début, carrière[a], terme, seuil, base, bord.

ANNOTATIONS.

2. *a. Litt.* père nourricier, celui qui porte l'enfant dans ses bras, du verbe *bajulare*, porter à bras.

4. *a.* Dans la Bible, *pelles*, peaux, est employé comme synonyme de *tabernacula*, tentes.

11. *a.* Ou βάκχαρις, ιδος. — *b.* Ou εως.

13. *a.* Cette divinité, qui fut toujours en grand honneur, portait différents noms exprimant ses attributs. On l'appelait tantôt *Lyæus*, Λυαῖος, *qui délie*, parce que le vin dissipe les chagrins et délie la langue. R. λύω. Par la même raison, les Latins l'appelaient *Liber*. Tantôt on le nommait Βρόμιος, *Bromius, le frémissant*, à cause du tumulte et des frémissements auxquels s'abandonnaient les bacchantes dans la célébration de ses mystères. R. βρέμω. Tantôt c'était Ληναῖος, *Lenæus, le dieu du pressoir,* λῆνος; Εὔιος, *Evius,* du cri Εὔ! οἴ! *Evohe!* que poussaient les bacchantes. Les fêtes de Bacchus étaient appelées BACCHANALES ou *Dionysiaques,* de Διόνυσος, autre nom du dieu. — *b.* « *Quod erat a Deo donatum nomine ipsius id nuncupabant; ut cum fruges Cererem appellamus, vinum autem liberum.* » VARR. Le mot *céréales* nous en est resté. V. Θάργηλος. — *c.* D'où en latin *bacchari*, être furieux comme les bacchantes, et *debacchari*, pousser la fureur jusqu'aux derniers transports. Ce dernier verbe est passé dans le français *débaucher*, d'où le substantif *débauche*, qui signifie primitivement *excès de table*, puis libertinage et dérèglement de mœurs, suites ordinaires de l'ivresse. « *Ardescit vino vitium,* » dit le poëte Manilius. Et, à la vérité, c'était moins le dieu du vin que le dieu de la luxure qu'on adorait dans Bacchus. « L'idolâtrie, dit Bossuet, prenait sa naissance du profond attachement que nous avons à nous-mêmes. Sous le nom des fausses divinités, c'était en effet leurs propres pensées, leurs plaisirs et leurs fantaisies que les Gentils adoraient. Bacchus, le plus enjoué de tous les dieux, avait des autels, parce qu'on s'abandonnait et qu'on sacrifiait, pour ainsi dire, à la joie des sens, plus douce et plus enivrante que le vin. »

18. *a.* A l'entrée de la carrière où devaient courir les chars, s'élevaient deux petites statues de Mercure, qui tenaient une corde servant de barrière aux chevaux. Quelquefois, au lieu de cette corde, on traçait une ligne blanche avec de la craie; c'était la βαλβίς. Ce même mot signifie quelquefois *but, terme,* soit qu'on marquât une autre ligne blanche à l'extrémité du cirque, soit que la même ligne servît, après le tour achevé, de terme à la course.

19. *a.* D'où BAGNÈRES, BAGNOLES où

19. Βαλανεῖον, τὸ, **balneum**, BAIN[a], salle des bains. —νεύς, *garçon de bains;* —νεύω, *sert quelqu'un dans le bain, sert, crie.*

20. Βάλανος[a], ἡ, **glans**, GLAND, chêne, verrou. —νίζω, *récolte le gland,* —νίτης, *semblable à un gland;* —νόω, *ferme au verrou.*

21. Βάλλω[a], jette, frappe, pousse. Βαλλίστρα, BALISTE[b]; βλῆμα, *jet, coup;* βλῆτρον, *clou;* βολή, —λος, *jet, dard;* βολίς, *sonde.*

22. Βάναυσος, ὁ, ἡ, ouvrier, artisan, forgeron ; *adj.* mécanique, vil. —σία, *art du forgeron, art mécanique, vil métier, grossièreté.*

23. Βάπτω[a], plonge, puise, teint. —τίζω[b], *plonge, puise,* BAPTISE; βάμμα, *teinture;* βαφή, *immersion;* —φεύς, *teinturier.*

24. Βάραθρον, τὸ, **barathrum**, fondrière, abîme, BARATHRE[a]. —θρος, *coquin, scélérat[b];* —θρόω, *plonge dans un abime.*

25. Βαρύς[a], εῖα, ύ, pesant, grave, pénible[b], lent, fort, terrible. —ρος, *poids, fardeau, force;* *—ρύθω, *est chargé;* —ρύνω, *charge.*

26. Βάσανος, ἡ, pierre de touche[a], épreuve, torture, tourment. —νίζω, *éprouve, torture;* —νισμός, *épreuve;* —νιστής, *vérificateur.*

ANNOTATIONS.

l'on va prendre des *bains.* BAGNE, qui signifie *prison,* du nom de l'édifice de Constantinople où on enfermait les esclaves du sultan après le travail, et auquel étaient annexés des *bains,* en ital. *bagni.*

20. *a.* Les Doriens disaient γάλανος, d'où vient *gland.* De *gland* on a fait *glande,* comme ἀμυγδάλη, amande, a donné *amygdale.*

21. *a.* F. βαλῶ, a. 2 ἔβαλον, pf. βέβληκα; pass. βληθήσομαι, ἐβλήθην ou ἐβάλην, βέβλημαι. D'où BALLE, BALLON, qu'on lance. V. Ὀϊστός. EMBLÈME, figure symbolique, *pr. chose insérée,* ornement rapporté, ἔμβλημα, de ἐμβάλλω, p. ἐνβάλλω, faire entrer dans. PROBLÈME, πρόβλημα, *question proposée.* RR. πρό, βάλλω. HYPERBOLE (330), SYMBOLE (310). De παραβάλλω, jeter devant, montrer, vient παραβολή, *parabole,* et par contr. *parole,* d'où le verbe *parler,* anc. *paroler, pr.* montrer sa pensée. V. Φωνή, Δείκνυμι, Εἶδον.—*b.* Machine de guerre qui servait, chez les anciens, à lancer toute sorte de projectiles. De *arcus* et *balista* on a fait *arcubalista,* d'où ARBALÈTE. Les iles BALÉARES tiraient leur nom, suivant Diodore de Sicile, de l'habileté de leurs frondeurs, selon d'autres, de l'adresse de leurs archers.

23. *a.* F. p. βαφθήσομαι ou βαφήσομαι, a. p. ἐβάφθην ou ἐβάφην. Syll. rad.

Βαφ. — *b.* D'où βάπτισμα, BAPTÈME, « *lavacrum regenerationis.* » BAPTISTE, βαπτιστής, *pr. baptiseur,* surnom du précurseur de J. C. Ces étymologies rappellent qu'on baptisait primitivement par immersion, eu *plongeant* dans l'eau tout le corps du néophyte.

24. *a.* A Athènes, gouffre où l'on précipitait les criminels. — *b. Pr.* homme digne du barathre, comme nous disons *pendard, gibier de potence.*

25. *a.* D'où BARYTON, βαρύτονος, *voix grave* entre le ténor et la basse-taille. RR. βαρύς, τείνω. BARYTE, substance terreuse très-lourde. BAROMÈTRE, instrument qui indique les variations du *poids* de l'air. RR. βαρύς, μέτρον. Les vents du sud-ouest font baisser le baromètre, et nous annoncent la pluie, parce qu'ils sont plus chauds, par conséquent plus légers, et que d'ailleurs ils apportent les vapeurs de la mer. Par des raisons contraires, les vents du nord et du nord-est font monter le mercure de nos baromètres. — *b.* Vous retrouvez encore ici l'idée de souffrance exprimée sous l'image d'un fardeau accablant. Cf. en latin *gravis,* pesant, pénible, et *molestus, pr. qui est à charge,* de *moles,* masse, fardeau. V. Τάλας.

26. *a.* V. Λυδός.

1. *Βαλήν, ῆνος, ὁ, roi.—2. *Βαλιός, ά, όν, moucheté. -ιά, *ophthalmie*.

3. Βάλλις, ιθος, ὁ, plante fabuleuse qui ressuscitait les morts.

4. Βαλλωτή, ή, BALLOTTE *ou* marrube noir, *plante labiée.*

5. Βάλσαμον, τὸ, **balsamum**, BAUMIER, BAUME[a]. Βάλσαμος, id;
   --μών, *lieu planté d'arbrisseaux à baume;* --μίνη, BALSAMINE[b].

6. Βάλτη, ή, marécage. Βαλτώδης, *marécageux.*

7. Βαμβαίνω[a], bégaie, balbutie, claque des dents, tremble de froid.

8. Βανά, βανηκός, ή, femme. — 9. Βάραξ, ακος, ὁ, sorte de gâteau.

10. Βάρβαρος, ον, BARBARE[a], étranger, féroce, grossier, ignorant.
    --ρίζω[b], baragouine, *parle, agit en barbare;* --ρόω, *rend barbare.*

11. Βάρβιτος, ὁ, ή, **barbitus**, luth, lyre. -ον, id.; --ίζω, *joue du luth.*

12. Βαρῖνος, ὁ, nom d'un poisson de rivière.

13. Βᾶρις, ιδος[a], ή, barque égyptienne, vaisseau, grand édifice, tour.

14. Βασσάρα, ή, renard, peau de renard, habit des bacchantes.
    *-ρεύς, *Bacchus;* *-ρέω, *féter Bacchus;* --ριον, *petit renard.*

15. Βασυνίας, ου, ὁ, pain *ou* gâteau de farine mêlée avec du miel.

ANNOTATIONS.

5. *a.* Substance résineuse et odoriférante qui découle de l'écorce d'un arbre appelé *baumier* ou *balsamier.*—*b.* Plante des jardins qui doit son nom à son emploi comme vulnéraire à la manière du *baume.*

7. *a.* Sans futur; *pr.* dit et répète *Baba!* qui est le cri de l'enfant au berceau. Il faut remarquer dans ces mots enfantins non-seulement le redoublement de la même syllabe, mais encore la prédominance des consonnes douces et surtout des labiales. Les gutturales, qui demandent plus d'effort, et les dentales, qui supposent la dentition au moins commencée, ne viennent que plus tard. Βαμβαίνω est pour βαβαίνω; le μ a été inséré devant le second β comme dans λαμβάνω. C'est de βαμβαίνω que les Italiens ont tiré *bambino*, et nous, *bambin*, pour signifier petit enfant, *infans*, νήπιος, qui *balbutie* encore; d'où les Italiens ont fait *bamboccio*, gros enfant, petit homme manqué, poupée, et nous, *bamboche*, synonyme de marionnette, de personne petite et mal faite et de gaieté folle.

10. *a.* C'était le nom que les Grecs et les Romains donnaient à tous les peuples qui ne parlaient pas leur langue, et réciproquement. Le nom de *Barbarie* donné à la côte d'Afrique n'a pas eu d'autre origine. Dans Salluste, *lingua barbara* signifie *langue étrangère.* « Barbarus *his ego sum, quia non intelligor illis,* » disait Ovide exilé parmi les peuplades du Pont-Euxin. Et en effet, « dès qu'on ne s'entend plus l'un l'autre, on est étranger l'un à l'autre. Si je n'entends point, dit saint Paul, la force d'une parole, je suis étranger et *barbare* à celui à qui je parle, et il me l'est aussi. Et saint Augustin remarque que cette diversité de langage fait qu'un homme se plaît plus avec son chien qu'avec un homme son semblable.» Boss. Il ne faut donc pas s'étonner que le nom de *barbare* ait été, pour les Grecs et les Romains, synonyme d'homme grossier, ignorant et inhumain. — *b.* D'où βαρβαρισμός, BARBARISME, faute de langage ordinaire aux étrangers, et qui consiste à user de mots forgés, altérés ou détournés de leur vrai sens. « Barbarismus *est cum verbum aliquod vitiose effertur.* » Cic. Il ne faut pas confondre le barbarisme avec le solécisme; ce sont deux monstres d'espèces différentes. V. Σόλοικος.

16. *a.* D'où *Basilius*, BASILE, condisciple de saint Grégoire de Nazianze et de

16. Βασιλεύς, εως, ὁ, roi, prince. —λειος[a], —λικός[b], *royal;* —λεια, —λίς, —λισσα, *reine;* —λεία, *royauté;* —λειον, *palais;* —λεύω, *règne.*

17. Βασκαίνω[a], **fascino**[b], FASCINE[c], envie, blâme, dénigre. —κανία, *fascination, envie;* —κανος, *sorcier, envieux, médisant.*

18. Βαστάζω[a], porte, soulève, enlève, pèse, fait cesser. —ταγή, —ταγμα, *action de porter;* —τακτής, *qui porte;* —τακτός, *porté.*

19. Βάτραχος[a], ὁ, grenouille, *type des* BATRACIENS[b], homme de rien[c]. —χιον, —χίς, *dim., renoncule*[d], ou *grenouillette.*

20. Βέβαιος, ον, ferme, stable, constant, sûr. —ιον, —ιότης, *fermeté sûreté;* —ιόω, *consolide, ratifie;* —ιωσις, *action de consolider.*

21. Βέλος[a], εος, τὸ, trait, coup, douleur. [a]—λεμνον[b], *trait;* —λόνη *pointe, aiguille;* —λονίς, *dim.;* —λίτης, *roseau pour les flèches.*

22. Βελτίων[a], ον, meilleur, plus vertueux, plus brave. —τιστος, *très-bon;* —τιόω, *améliore;* —τίωσις, *amélioration, réforme.*

23. Βία[a], ἡ, **vis**[b], force, VIOLENCE, injure. Βιάζομαι, *violente;* βίαιος, *violent;* βιαιότης, *violence;* βιασμός, *violence;* βιαστικός, *coactif.*

ANNOTATIONS.

Julien l'Apostat à l'école d'Athènes, mort évêque de Césarée, sa ville natale, en 379. *Basile* se dit en russe *Wasili.* — *b.* D'où BASILIC, animal fabuleux auquel on attribuait toutes sortes de qualités nuisibles, et dont la tête portait une couronne, d'où son nom qui signifie *tête couronnée.* V. "Ωκιμον. Du féminin βασιλική, on a fait BASILIQUE, pr. *maison royale,* s.-ent. οἰκία, comme avec *regia,* palais, on sous-entend *domus.* Les basiliques romaines étaient des salles de bourse ou des palais de justice, que les premiers chrétiens convertirent en églises, et sur le plan desquelles, à quelques différences près, ils construisirent leurs premiers temples.

17. *a.* F. βασκανῶ. — *b.* Remarquez la substitution de *f* à *b,* que vous retrouvez dans *suif,* de *sebum; siffler,* de *sibilare; fremo,* de βρέμω. — *c.* Pr. ensorcelle par ses regards. V. Μεγαίρω, Λάω.

18. *a.* F. βαστάσω, a. ἐβάστασα, pf. βεβάσταχα, f. p. βασταχθήσομαι, a. ἐβαστάχθην, pf. βεβάσταγμαι.

19. *a.* D'où BATRACHOMYOMACHIE, βατραχομυομαχία, titre d'une parodie de l'Iliade en trois cents vers alexandrins, dans laquelle l'auteur inconnu raconte

un *combat* de *grenouilles* et de *rats.* RR.[a] βάτραχος, μῦς, μάχομαι. V. Ἀρπάζω.— *b.* Ordre de la classe des reptiles, comprenant la grenouille, le crapaud et les autres amphibies qui leur ressemblent.— *c.* Comme on dit en terme de mépris : une *poule mouillée,* une *huître.* — *d.* Pl. de marais; lat. *ranunculus,* dim. de *rana.*

21. *a.* De βάλλω, lancer. V. Ὀϊστός. — *b.* D'où BÉLEMNITE, nom donné à certaines coquilles fossiles qui affectent la forme d'un fer de lance.

22. *a.* Βελτίων est employé avec plusieurs autres comme comparatif de ἀγαθός. R. βέλος, trait. V. Ἀρετή.

23. *a.* M. rac. q. ἴς, éol. Fίς, dont l'aspiration et le digamma ont été remplacés par ϐ dans βία, et par *v* dans le latin *vis,* d'où *violare,* violer. — *b.* Plur. *vires,* d'où vient le mot *vir,* homme, mari, pr. le *fort,* opposé à *femina.* Dans les langues orientales le mot *homme* a la même étymologie. De *vir* vient *virtus, vertu,* qui signifie primit. *force du corps,* vigueur, valeur, vaillance, tous mots synonymes, et par analogie *force d'âme,* en quoi consiste proprement la vertu, opposée au vice qui énerve et dissout. V. Ἀρετή, Θρύπτω.

1. Βατάνη, ἡ, plat, assiette. — 2. Βατιακή, ἡ, sorte de coupe.

3. Βάτος, ἡ, ἑ, ronce, buisson, raie bouclée. —τον, *fruit de la ronce*.

4. Βάτος, ὁ, BATH, mesure [a] juive égalant trois amphores.

5. Βάτταλος [a], ὁ, homme efféminé. —λίζομαι, *est efféminé*.

6. Βάττος, ὁ, BATTUS [a], *nom d'un roi de Cyrène qui était bègue.* Βατταρίζω, *bredouille, bégaie, bavarde, dit des sottises.*

7. Ἀβαυδάω, dort, endort par ses chants, *comme font les nourrices.* Βαυβαλίζω, βαυκαλάω, βαυκαλίζω, *endort en chantant.*

8. Βαύζω [a], baubor, ABOIE [b], appelle à grands cris.

9. Βαῦκος, ὁ, sorte de vase. —κάλιον, *vase à col étroit*, BOCAL.

10. Βαυκός, ἡ, όν, délicat, maniéré. —κίζομαι, *fait le délicat.*

11. Βαῦνος, ὁ, forge, fourneau, cheminée, foyer. Βαύνη, *id.*

12. Βδάλλω [a], suce, tète, trait. Βδάλσις, *action de sucer, de traire*, βδέλλα, *sangsue* [b]; βδέλλιον, BDELLIUM, *sorte de résine.*

13. Βδέω [a], pue. Βδέσμα, βδόλος, *puanteur;* βδύλλω, *hait;* βδελύσσω, *dégoûte;* —λύσσομαι, *déteste;* —λυρός, *dégoûtant;* —ρία, *saleté.*

ANNOTATIONS.

4. *a.* On appelait aussi cette mesure *ephi* ou *epha.* Elle contenait dix gomors, environ trente-deux litres.

5. *a.* L'origine des noms propres mérite quelque attention. « Que fut d'abord le nom de l'homme? Ce fut, dit Ch. Nodier, le nom de la qualité physique ou morale, de la faculté, de l'aptitude, de l'emploi qui le distinguaient parmi les autres. C'est ainsi que se fait encore le sobriquet, qui est une tradition du même usage. » V. Ἀλκή, Σκαῦρος, Τίτυρος, Χείρων, Χλόη. Souvent aussi le nom propre rappelle le lieu de naissance ou d'habitation, ou bien encore le pays où l'on s'est illustré. Telle est l'origine des noms de *Condé, Tarquin, Tibère, Le Pérugin, Germanicus, Jules Romain, Britannicus, Stobée, Lorrain, Lombard, Lallemand, Arcadius, Vasco, Helvétius, Damascène, Népomucène, Palestrina, Coriolan,* etc. D'autres fois, le nom propre d'homme ou de peuple est devenu à son tour une qualification honorable ou injurieuse, rappelant la qualité distinctive, bonne ou mauvaise, de celui qui l'a porté le premier. Ainsi on dit un *Caton,* pour un homme sage, austère, ou au moins voulant passer pour tel; un *Hercule,* pour un homme d'une grande force physique. Au contraire, le surnom de *Batalus* était fort dérivé, car Batalus fut, selon quelques-uns, un joueur de flûte efféminé, et, selon d'autres, un poëte dont les ouvrages respiraient la mollesse et la débauche. Comme Démosthène était, dans son enfance, maigre et valétudinaire, ses camarades l'appelaient par plaisanterie *Batalus.* » PLUT. De même chez nous, on dit un *Néron,* pour un homme cruel; un *Judas,* p. un traître; un grand *Nicodème,* p. un grand niais; un *Claude,* pour un sot, par allusion à l'imbécille empereur de ce nom; un *lambin,* pr. un homme lourd et lent dans son allure et son style, comme était, au seizième siècle, le célèbre professeur de ce nom, à qui nous sommes redevables de plusieurs commentaires très-savants et du verbe *lambiner.* V. Λεσβιάς, Καππαδοκίζω.

6. *a.* D'où βαττολογία, BATTOLOGIE, répétition inutile et fatigante du même mot dans la conversation. RR. βάττος, λέγω.

8. *a.* F. βαύξω. — *b. Aboyer* vient de *ad-baubari.*

12. *a.* F. βδαλῶ, a. ἔβδηλα. — *b.* De *sanguisuga,* pr. *suceuse de sang.*

13. *a.* F. βδέσω ou βδέσομαι, a. ἔβδεσα.

14. *a.* M. rac. q. βύβλος. D'où BIBLIOTHÈQUE, βιβλιοθήκη, dépôt de livres. RR. βίβλος, τίθημι. — *b.* La Bible est la collection des saintes Écritures en soixante-douze livres, dont quarante-cinq

14. Βίβλος, ή, écorce du papyrus, papier, écrit, livre. —λίον[a], *livre;* plur. βιβλία, la BIBLE[b]; —άριον, *dim.;* —ίς, *corde de papyrus.*

15. Βιβρώσκω[a], **voro,** mange, DÉVORE. Βρῶμα, *nourriture;* βρῶσις, *action de manger, mets;* —σείω, *a faim;* βρῶμος, βρόμος, *avoine.*

16. Βίος[a], ὁ, **vita,** VIE, VIVRES[b], biens[c], état. Βίωσις, βιοτή, βίοτος, *vie, état de vie;* βιοτεύω, VIT; βιώσιμος, VITAL, *qui peut vivre.*

17. Βλάξ[a], ακός, ὁ, ή, mou, lâche, sot[b]. —ακεύω, *vit dans la mollesse;* —ακεία, *mollesse, lâcheté;* —ακικός, *voluptueux, lâche.*

18. Βλάπτω[a], nuit, blesse. —τήριος, —τικός, *nuisible;* βλάβη, *tort;* βλαβερός, βλαπτικός, *nuisible;* βλάμμα, βλάψις, *lésion, dommage.*

19. Βλαστάνω[a], fait pousser, engendre, produit, germe, croît, naît. Βλάστη, —τός, —τον, —τημα, *bourgeon;* —τησις, *germination.*

20. Βλέπω[a], regarde, voit, vit[b], a l'air de, tend vers, désire[c]. Βλέπος, βλέμμα, *regard;* βλέψις, *vue;* βλέφαρον, *paupière.*

21. Βληχάομαι[a], bêle, vagit. *—χάς, brebis[b]; —χή, —χημα, *—χηθμός, *bêlement;* —χώδης, *sot[c];* —χώ, —χώνιον, —χων, *pouliot sauvage.*

ANNOTATIONS.

pour l'Ancien Testament et vingt-sept pour le Nouveau. Le mot *Bible* est collectif et comprend tous les livres saints, τὰ Βιβλία.

15. *a.* F. βρώσομαι, a. 2 ἔβρων, pf. βέβρωκα; pass. βρωθήσομαι, ἐβρώθην, βέβρωμαι. Le véritable radical de ce verbe est Βορ, en latin *vor*, qui s'est conservé dans βορά, nourriture. Or, de βορ à βιβρώσκω il y a loin : la voyelle radicale ο a été changée en ω, puis transportée après le ρ, puis séparée de la terminaison par les deux consonnes σκ; enfin on a ajouté la syllabe initiale βι, comme γι dans γιγνώσκω.

16. *a.* D'où **BIOGRAPHIE,** ouvrage dans lequel on écrit une vie ou des vies particulières. RR. βίος, γράφω. Cornélius Népos et Plutarque sont des *biographes :* « Οὔτε γὰρ ἱστορίας γράφομεν, ἀλλὰ βίους, » dit ce dernier. — *b.* Pr. *viandes,* du bas latin *vivenda* ou *vivanda*, de *vivere,* vivre. Ce mot signifia d'abord toute espèce de nourriture, et le verbe *viander* se dit encore pour pâturer, en parlant du cerf. *Vivo* est le même que βιόω, éol. βίϝοω. — *c.* D'où POLYBE, Πολύβιος, historien grec mort l'an 121 avant J. C.; *pr.* homme riche en biens. RR. πολύς, βίος.

17. *a.* Βλάξ est mis pour μλαξ, syn-

cope de μάλαξ ou μαλακός, mou. V. Μαλάσσω. — *b.* Cf. *imbecillus,* faible de corps et d'esprit.

18. *a.* F. pass. βλαφθήσομαι ou βλαβήσομαι, a. 1 pass. ἐβλάφθην, a. 2 ἐβλάβην. D'où **BLATTE,** « *lucifuga blatta,* » insecte coureur très-nuisible, dans les maisons, par sa voracité. **BLASPHÈME,** βλάσφημία, *pr.* diffamation, puis parole injurieuse à Dieu, à la religion ou aux saints. RR. βλάπτω, φήμη, nuire à la réputation. Notre verbe *blâmer,* anc. *blasmer,* en dérive par contraction.

19. *a.* F. βλαστήσω, a. ἐβλάστησα, a. 2 ἔβλαστον, pf. βεβλάστηκα ou ἐβλάστηκα.

20. *a.* F. βλέψω et βλέψομαι, a. ἔβλεψα. — *b.* C.-à-d. jouit de la lumière. V. Δέρχομαι. — *c.* Le latin *spectare* a aussi cette signification qui ressort particulièrement dans le composé *exspectare,* attendre, *pr.* regarder souvent d'un lieu élevé pour voir venir. RR. *spectare, ex,* qui peignent bien l'attitude du désir, surtout dans ce passage de Job : « *Si oculos viduæ* exspectare *feci*, si j'ai fait languir les yeux de la veuve quand elle attendait du secours. » Ch. 31. V. Τείνω.

21. *a.* All. *blöken,* angl. *to bleat.* — *b.* Cf. en latin *balans,* brebis, pour *pecus balans,* l'animal *bêlant,* d'où vient *bélier.*

1. Βεϐράς[a], άδος, ή, anchois. — 2. Βέϐυ, τὸ, eau, air. — 3. Βέκκος[a], τὸ, pain.

4. Ἀεμϐέω, fait pirouetter. –ϐηκίζω, *id.*; –ϐηκιάω, –ϐικιάω, *pirouet-*
ter; –ϐηξ, *toupie, tourbillon, tournant d'eau,* BEMBEX[a].

5. Βέρϐερι, *ind.,* τὸ, un coquillage. — 6. Βερϐέριος, α, ον, grossier.

7. *Βερέσχεθος, ὁ, sot. — 8. *Βεῦδος, εος, τὸ, peau servant de lit, robe.

9. Ἀηλός[a], ὁ, seuil[b], porte, maison, ciel. — 10. Βήρυλλος, ὁ, BÉRIL[a].

11. Βῆσσα, ή, vallon, halliers, sorte de vase *ou* de bouteille. * –σήεις,
rempli de vallées; *–σος, *vallon;* –σιον, *petite carafe.*

12. Βήσσω[a], tousse. Βῆγμα, *crachat;* βήξ, *toux;* βηχίον, *petite toux;*
–χία, –χίας, *voix enrouée;* –χιον, BÉCHIUM[b] *ou tussilage.*

13. Βιάτωρ, ορος, ὁ, petite coupe *ou* mesure pour les liquides.

14. Βίϐλινος, ὁ, BIBLINE[a], vin des vignobles de BIBLINE.

15. Βίδεοι, οἱ, gardiens des lois, à Sparte. — 16. Βίκος, ὁ, vesce.

17. Βῖκος, ὁ, vase à anse, urne pour contenir le vin. –κίον, –κίδιον,
petite amphore, petit vase.

18. Βινέω, s'accouple. — 19. Βιός, ὁ, arc, le bois, le corps de l'arc.

ANNOTATIONS.

1. *a.* Le même que μεμϐράς.

3. *a.* C'est Dieu qui a appris à l'homme à parler. « Je pense, dit Platon, que c'est quelque puissance supérieure à l'humanité qui a établi les premiers noms. » « J'embrasse, dit M. de Humboldt, l'opinion de ceux qui rapportent l'origine des langues à une révélation immédiate de la divinité. Ils reconnaissent au moins l'étincelle divine qui luit à travers tous les idiomes, même les plus imparfaits. » Mais l'institution divine de la parole humaine n'est pas seulement une opinion, c'est un fait historique consigné dans la Genèse, ch. II. « L'Écriture nous indique en même temps les belles connaissances données à l'homme, puisqu'il n'aurait pu nommer les animaux sans en connaître la nature et les différences, pour ensuite leur donner des noms convenables selon les racines primitives de la langue que Dieu lui avait apprise. » Boss., *Élév. sur les mystères.* Quelle fut cette langue première? On l'ignore, parce qu'elle a péri dans la confusion de Babel et a été remplacée par d'autres langues dont le monument le plus ancien est la Bible hébraïque. Les Grecs, qui se disaient le peuple primitif, soutenaient que les dieux parlaient le grec ou un langage fort approchant du grec. Les Égyptiens en disaient autant de leur idiome. Le roi d'Égypte Psammétique, voulant éclaircir la question, fit enfermer deux petits enfants et chargea un berger de leur conduire tous les jours deux chèvres pour les nourrir de leur lait, mais avec défense d'articuler devant eux aucune parole. Or, il arriva au bout de deux ans que ces enfants firent entendre d'eux-mêmes le mot *becos,* en étendant les mains comme pour demander du pain. Comme ce mot *becos* signifie *pain* en langue phrygienne, le roi en conclut que le phrygien était la langue première. En supposant vraie cette histoire contée par Hérodote, il était plus simple de voir dans le cri des enfants l'imitation du bêlement des chèvres.

4. *a.* Genre d'insectes voisin des guêpes, dont l'abdomen a la forme d'une *toupie.*

9. *a.* De βαίνω; c'est ce que nous appelons une *marche.* D'où βέϐηλος, *profane,* c.-à-d. lieu ouvert à tout *venant,* opposé à *adytum,* lieu impénétrable. V. Δύνω.

10. *a.* Variété d'émeraude, plante.

12. *a.* F. βήξω, syll. radic. Βηχ. —

20. Βλοσυρός [a], ά, όν, terrible, affreux, imposant, éclatant. —ρότης, air terrible; —ρῶς, d'une manière terrible.

21. Βλύζω [a], jaillit, coule, fait jaillir, fait couler, répand, humecte. Βλυσμός, écoulement, jaillissement ; βλυστήρ, qui jaillit.

22. Βοάω [a], boo, reboo, crie, BEUGLE [b], retentit, célèbre, appelle. Βοή, cri, combat [c]; βόημα, clameur; βόησις, cri, appel.

23. Βοηθέω, secourt, défend, sauve. —θός, auxiliaire, défenseur; *—θόος, id., belliqueux; —θεια, —θημα, secours.

24. Βόθρος, ὁ, fosse, gouffre, puits, lavoir, auge. —ριον, dim.; —ρεύω, creuse; —ρίζω, —ρόω, jette dans une fosse ; βόθυνος, fosse.

25. Βόμβος [a], ὁ, bombus, bourdonnement. —βέω, —βαίνω, bourdonne; —βύλη, abeille, fiole [b]; —βυξ, BOMBYX [c], ver à soie, soie.

26. Βορά [a], ἡ, nourriture, pâture, proie. —ράζω, nourrit; —ρός, vorax [b], dévorant, gourmand, qui excite l'appétit.

27. Βόρβορος, ὁ, boue, fange, BOURBE, BOURBIER. *—ρεος, bourbeux, fangeux; —ρίζω, ressemble à de la boue; —ρόω, couvre de boue.

ANNOTATIONS.

b. « Tussim sedat bechion, quæ et tussilago dicitur. » Pl. De βηχικός, relatif à la toux, on a fait sécurique, nom générique de tous les remèdes contre la toux.

14. a. De même les Latins disaient du falerne, du cécube, du chio, pour dire du vin de Falerne, de Cécube, deux vignobles du Latium, du vin de Chio, dans la mer Égée; comme nous disons du chablis, du médoc, du mâcon, du malvoisie, etc. La liqueur appelée curaçao tire aussi son nom de l'île de Curaçao dans les Antilles, où croît la petite espèce d'oranges employée dans sa fabrication.

20. a. Ou βλοσυρός, όν.

21. a. F. βλύσω. Βλύω a le même sens et la même racine que les verbes φλύω, φλέω, fluo, fleo, pluo, qui tous expriment des idées semblables.

22. a. F. βοήσομαι, rar. βοήσω, a. ἐβόησα, etc. — b. C'est le sens premier de βοάω, qui a la même racine que βοῦς, bos, le bœuf, appelé par les poëtes latins mugiens, le mugissant. V. Βληχάομαι, Μηχάομαι. — c. Le cri de guerre au moment d'engager la mêlée a retenti dans tous les camps, depuis la prise de Jéricho jusqu'à celle de Sébastopol. « Non fru-

stra antiquitus institutum est ut signa undique concinerent, clamorem universi tollerent, quibus rebus et hostes terreri et suos incitari existimaverunt. » Cæs. Βοὴν ἀγαθός indique dans Homère un bon capitaine, habile à donner ses ordres, et un vaillant héros dont la voix n'est point altérée par la crainte, ni le cœur ébranlé par les cris de l'ennemi. V. Ἀλαλά.

25. a. Le son du mot grec imite le bourdonnement d'un insecte; notre mot bombe a la même origine. — b. Ainsi nommée à cause du glouglou qu'elle fait entendre en se vidant. V. Λήκυθος. — c. Ce mot rappelle le bourdonnement du papillon. Chez nous, au contraire, le verbe bourdonner est emprunté à l'insecte appelé bourdon. V. Καχκαβίς.

26. a. M. rac. q. βιβρώσκω, manger. — b. Le b est de même changé en v dans chanvre et chenevis, de κάνναβις; morve, maladie de l'homme et du cheval, de morbus; entraves, de in et trabs, poutre, bâton qui embarrasse la marche. De trabs dérive encore le mot travail, machine formée de pièces de bois attachées ensemble, et entre lesquelles on retient les chevaux vicieux pour les ferrer.

1. Βίῤῥη, ἡ, pincettes, faucille.—2. Βίῤῥος, ὁ, de **birrhus**[a], casaque.

3. Βίσων, ωνος, ὁ, **bison**, bœuf sauvage, *pr.* bœuf de Bistonie[a].

4. Βλαισός, ή, όν, tortu, cagneux, boiteux, **blæsus**[a], bègue. —σότης, *état de l'homme boiteux;* —σόω, *courbe en dehors.*

5. Βλαύτη, ἡ, sandale, pantoufle. —τιον, *petite sandale.*

6. Βλέννα, ἡ, morve, pituite, mucosité. —νος, *baveuse*[a], *poiss.* —νός, *morveux*[b], *idiot, imbécile, paresseux, lâche.*

7. Βληχρός[a], ά, όν, faible, mou, languissant, hébété. —ρον, *fougère.*

8. Βλίσσω[a], suce, presse le miel ou le lait. Βλιμάζω, *palpe.*

9. Βλίτον, τὸ, **blette** *ou* arroche, *pl.* —τά; *vieille femme.*

10. Βλόψ! pouf! patatras! *p. exprim. le bruit d'un corps qui tombe.*

11. Βλωμός, ὁ, morceau de pain, bouchée. —μαῖος, *d'une seule bouchée.*

12. *Βλώσκω[a], va, vient, arrive, pousse, croît, rampe. Βλωθρός, *haut, grand;* βλῶσις, *marche, arrivée, présence, siége, germination.*

13. Βοιωτός, ή, όν, **Béotien**[a], grossier, stupide, lourd. —τιον, *stupidité béotienne;* —τικός, *de Béotien, digne d'un Béotien.*

ANNOTATIONS.

2. *a. Birrhus* est lui-même venu du grec πυῤῥός, *roux*, roussi par le feu, πῦρ, et signifie *pr.* manteau de couleur rousse. C'est aussi de πυῤῥός, *burrus*, que sont tirés les mots **bure**, étoffe grossière de laine rousse propre aux gens de la campagne et aux religieux mendiants; **bureau**, qui s'employait autrefois pour *bure* et qui signifie maintenant *table à écrire*, parce que ces tables étaient autrefois couvertes d'une étoffe de *bure* ou de *bureau*.

3. *a.* Province de Thrace.

4. *a.* D'où **blésité**, vice de parole ordinaire aux enfants, et qui consiste à prononcer une consonne douce au lieu d'une forte, par ex.: *zerbe, zeval*, au lieu de *gerbe, cheval; flète, flapper,* pour *frère, frapper.* De βλαισός vient **Blaise**, n. pr.

6. *a.* Genre de poissons épineux, ainsi nommé à cause du *mucus* qu'il produit en telle abondance, qu'on a peine à le retenir dans la main d'où il glisse comme une anguille. — *b. Morveux* pris subst. se dit avec mépris de celui qui n'a aucune expérience des choses dont il se mêle, *littér.* qui ne sait pas encore se moucher lui-même. La Bible exprime une idée analogue, mais sous une image plus noble, quand elle fait dire à Dieu que Ninive renferme 120,000 enfants « ne sachant pas encore distinguer la main gauche de la main droite. » V. Παῖς, Κόρυζα.

7. *a.* M. rac. que βλάξ.

8. *a.* Att. βλίττω, f. βλίσω. On a vu dans ce verbe une transformation de μελίσσω, ayant pour racine μέλι, et devenu μλίσσω par syncope, puis βλίσσω par la substitution du β au μ.

12. *a.* F. μολοῦμαι, a. 2 ἔμολον, pf. μέμβλωκα (208). Toutes ces formes dérivent d'un même radical, Μολ, devenu par transposition μλο ou μλω, puis, par insertion du β euphonique, μβλω, qu'on retrouve au parfait μέμβλωκα; ensuite le μ disparaissant, le β est resté seul au présent βλώσκω. V. Βροτός.

13. *a.* La qualification de *Béotien* n'était pas plus recherchée autrefois que ne l'est aujourd'hui celle d'*Iroquois* ou d'*Ostrogoth.* V. Λεσβιάς. Hippocrate, Platon et Aristote attribuaient à l'épaisseur de l'air la stupidité proverbiale des Béotiens, qui tenait à un défaut de culture bien plus qu'à ces influences naturelles. Car il ne faut pas oublier que la Béotie a produit le poète Hésiode, presque contemporain d'Homère; Pindare, le prince des poëtes lyriques, né à Thèbes en 521 av. J. C.; Corinne de Tanagre, sa contemporaine, surnommée la muse lyrique; Épaminondas de Thèbes, le héros de Leuctres en 371; enfin Plutarque de Chéronée, qui écrivait ses biographies dans le deuxième siècle.

14. Βόσκω[a], fait paître. * Βόσις, *pâture;* βοσκάς, *de basse-cour, volaille;* —κημα, *nourriture, bétail;* —τάνη, *herbe, plante.*

15. Βόστρυχος [a], ὁ, boucle de cheveux, tresse, fleuron, ornement. —χίζω, —χόω, *frise, orne;* —χηδόν, *en forme de boucles.*

16. Βότρυς, υος, ὁ, **botrus**, grappe. —ύδιον, *dim.;* —υών, *grosse grappe;* *—υόεις, *couvert de grappes;* —υόομαι, *porte des grappes.*

17. Βούλομαι[a], **volo**[b], VOULOIR. —λή[c], *conseil, sénat;* —λεύω, *conseille;* —λευτής, *conseiller;* —λευμα, *avis, décret.*

18. Βουνός, ὁ, colline, tertre, autel, mamelle. —νίζω, *entasse;* —νιάς, **BUNIAS** ou *sorte de gros navet;* *—νιον, **BUNION**, *pl.*

19. Βοῦς[a], βοός, ὁ, ἡ, **bos**, BŒUF, vache. Βούδιον, *dim.* βοεικός, *de bœuf;* *βοεύς, *petite courroie;* βοών, *vacherie;* *βουκαῖος, βοώτης[b], BOUVIER.

20. Βραβεύς, έως, ὁ, arbitre d'un combat, juge. —βεύω, *juger, gouverner;* —βεία, *arbitrage;* —βεῖον, **bravium**, *prix de la* BRAVOURE[a].

21. Βραδύς[a], εῖα, ύ, **bardus**[b], lent, nonchalant, lourd d'esprit. —δύνω, *retarde, ralentit;* —δυτής, *lenteur;* —δέως, *lentement.*

ANNOTATIONS.

14. *a.* F. βοσκήσω, a. ἐβόσκησα, pf. βεβόσκηκα. D'où le bas latin *boscium*, l'ital. *bosco*, et le français BOIS, *pr. lieu de pâture.* Cf. *nemus*, bois, de νέμω, faire paître. A la même racine appartiennent BOSQUET, ital. *boschetto*, petit bois; BOUQUET, anc. *boquet;* BOCAGE; BÛCHE, où l'accent remplace *s;* EMBÛCHE et EMBUSCADE, bas lat. *imboscata*, piége dressé dans un bois ou autre lieu couvert, pour surprendre l'ennemi; DÉBUSQUER, *pr.* faire sortir du bois. — *b.* D'où BOTANIQUE, ἡ βοτανική, s.-ent. τέχνη, la science des végétaux.

15. *a.* Plur. βόστρυχοι, et poét. βόστρυχα. Les substantifs qui, comme celui-ci, ont un genre différent au singulier et au pluriel, sont dits *hétérogènes.* V. Ἕτερος.

17. *a.* F. βουλήσομαι, a. ἐβουλήθην ou ἠβουλήθην, pf. βεβούλημαι, pf. 2 βέβουλα. Remarquez la 2e personne de l'indicatif en ει, qu'on retrouve à plusieurs verbes, et qui était autrefois la terminaison générale, avant qu'on eût adopté l'η. — *b.* All. *wollen*, angl. *to will.* — *c.* D'où ARISTOBULE, ἀριστόβουλος, nom propre qui signifie *excellent conseiller.* RR. ἄριστος, βούλομαι. THRASYBULE, Θρασύβουλος, *pr. homme d'un hardi conseil.* RR. θρασύς, βούλομαι.

19. *a.* Gén. βοός, dat. βοΐ, acc. βοῦν; pl. βόες, βοῶν, βουσί, βοῦς. Les Doriens disaient βῶς, et les Éoliens βοϜς, d'où *bos, bovis.* Rapprochez βοῦς de βοάω, *beugler,* et de βόσκω, faire paître, prim. βόω. De βοῦς sont formés : BOSPHORE, βόσπορος, bras de mer, détroit, *litt.* ce qu'un bœuf peut passer à la nage. « *Bôsphorus à* bubus *meabili* transitu. » PL. RR. βοῦς, πείρω. BOUSTROPHÉDON, βουστροφηδόν, c.-à-d. *en tournant comme les bœufs,* nom donné par les Grecs à leur ancienne écriture, qui allait alternativement de droite à gauche et de gauche à droite, sans solution de continuité. Il suffisait pour cela que la main, arrivée au bout de la ligne, fît un demi-tour, comme fait la charrue à la fin du sillon. RR. βοῦς, στρέφω. BUFFLE, de *bubalus,* βούβαλος, ital. *buffalo,* all. *büffel,* espèce de bœuf à demi-sauvage. BOUSIER, insecte qui vit dans la *bouse.* V. Κόπρος. — *b.* D'où BÉOTIE, Βοιωτία, *pr. pays de bœufs* et de *bouviers.* V. Πολέω, Ἑκατόν.

20. *a.* D'où BRAVO, cri de victoire, applaudissement au vainqueur.

21. *a.* Comp. βραδίων, βραδύτερος et βράσσων; sup. βράδιστος ou poét. βάρδιστος; et βραδύτατος. D'où BRADYPE, βραδύπους, genre de mammifères *tardigrades,* appelés aussi *paresseux,* à cause de l'extrême lenteur de leur marche. RR. βραδύς, πούς. — *b.* « Bardus *stultus à tarditate* ingenii appellatur. » FEST. V. ΜΕΤΆ.

1. Βολβός, ὁ, **bulbus**, oignon, BULBE, toute racine BULBEUSE. —βά‐
ριον, —βιον, —βίσκος, *petit oignon;* —βίνη, *ciboule*[a].

2. Βόνασος, ὁ, **bonasus**, taureau sauvage[a], uroch.

3. Βόρασσος, ὁ, fruit du palmier enveloppé de sa spathe[a].

4. Βορβορύζω[a], bruire, faire entendre un grouillement. —υγή,
—υγμός, BORBORYGME, *grouillement des intestins.*

5. Βορέας[a],α,ὁ,**Boreas**,BORÉE[b],aquilon[c],nord.—ρειος[d],—ρεινός,BORÉAL.

6. Βοῦα, ἡ, troupe de jeunes gens, *en dialecte lacédémonien.*

7. Βουβών, ῶνος, ὁ, aine, tumeur à l'aine, BUBON quelconque.
—νιάω, *a des tumeurs, des bubons;* —νόομαι, *se tuméfie.*

8. Βράβυλα, τὰ, prunelles, petites prunes. —λος, *prunelier.*

9. Βραγχίς, ίδος, ἡ, petit ver qui ronge la racine des arbres.

10. Βράγχος, ὁ, enrouement, ladrerie des porcs. *—χαλέος, —χός, en‐
roué;* —χια, BRANCHIES[a], *ouïes;* —χιάω, *est enroué.*

11. Βράζω[a], bout violemment, est agité, rejette en bouillonnant.
Βράσσω, *agite, bouillonne;* βράσμα, —σμός, *ébullition.*

ANNOTATIONS.

1. *a*. CIBOULE, ital. *cipolla*, vient de *cæpulla*, semis d'oignons, dim. de *cæpa*, oignon.

2. *a*. Appelé encore μόναπος, en patois péonien. Cet animal habitait particulière‐ ment la Péonie.

3. *a*. La fructification du palmier et du bananier se présente sous la forme d'une grappe qu'on appelle *régime.*

4. *a*. Sans futur. La syllabe radicale βορ a été répétée pour mieux imiter le bruit signifié par le verbe. Il en est de même dans μορμύρω, *murmurer.* V. Γαρ‐ γαίρω, grouiller.

5. *a*. Att. Βορρᾶς. — *b*. On nomme *boréales* les régions d'où vient le vent du nord, *Borée*, comme on nomme *australes* les contrées du sud où souffle l'*Auster.* V. Αἴψ. — *c*. Ou *vent du nord.* Il est ainsi appelé de *aquila*, l'aigle, qui est le nom d'une constellation située dans l'hé‐ misphère boréal. V. Ἄρκτος. — *d*. D'où HYPERBORÉENS, ὑπερβόρειος, c.‐à‐d., re‐ culés au‐delà du nord, nom donné par les anciens aux peuples situés tout à fait au nord, de l'autre côté de la Scythie. RR. ὑπέρ, Βορέας.

10. *a*. Organes respiratoires des ani‐ maux qui vivent dans l'eau. Chez les poissons, ces organes sont en forme de peignes, comme on peut le voir en ou‐ vrant les ouïes d'une carpe. Dans l'écre‐ visse, l'huître, le têtard et une multi‐ tude d'autres animaux, la disposition des branchies est toute différente. Il y a un groupe de crustacés dont les pieds ren‐ ferment les branchies, et qu'on appelle pour cette raison BRANCHIOPODES. RR. βράγχος, ποῦς.

11. *a*. Ou βράσσω ou βράττω; f. βράσω, a. ἔβρασα; pass. βρασθήσομαι, ἐβράσθην, βέβρασμαι. Cf. l'all. *braten*, rô‐ tir, et en fr. *braise, brasier, embraser*, enfin *braser*, qui signifie *souder* des métaux.

12. *a*. De βραχίων, compar. de βρα‐ χύς; c'est *pr.* la partie la plus courte du membre préhenseur, celle qui s'étend du coude au poignet. *Bras* se disait en vieux français *brachs.* D'où BRANCARD, litière à bras. BRANCHE, *branca, pr. bras d'un ar‐ bre.* Brachium a souvent dans les poëtes le sens de *branche.* — *b*. D'où BRASSE, mesure de la longueur des deux bras étendus; BRASSER, remuer à force de bras; BRASSERIE, lieu où l'on fait de la bière en brassant le liquide.

12. Βραχίων[a], ονος, ὁ, **brachium**, BRAS[b]. —όνιον, —ονιστήρ, BRACELET.

13. Βραχύς[a], εῖα, ύ, **brevis**[b], court, mince, incapable de. —χία, bas-fonds; —χύνω, raccourcit; —χύτης, brièveté.

14. Βρέμω[a], **fremu**[b], FRÉMIT, gronde. Βρίμη, βρόμος, frémissement, *βρόμιος, frémissant; *βρομιώτης, bachique[c]; βρωμάομαι, brait.

15. Βρένθος, ου, ὁ, espèce d'oiseau aquatique, orgueil, luxe. —θύομαι, se rengorge, fait le dédaigneux, se courrouce.

16. Βρέφος, εος, τὸ, enfant nouveau-né, petit des animaux. —φικός; relatif aux enfants; —φιον, —φύλλιον, tout petit enfant.

17. Βρέχω[a], mouille, pleut, enivre. Βροχή, action d'humecter, pluie; βρέγμα, partie antérieure de la tête, cerveau.

18. Βρίθω[a], est pesant, plein, penche, l'emporte, attaque, charge. —θος, *—θοσύνη, pesanteur, charge; *—θύς, lourd, solide.

19. Βρόγχος,ὁ, gorge,gosier,gorgée,trachée-artère.—χία,BRONCHES[a].

20. Βροντή[a], ἡ, tonnerre. —ταῖος, —τιαῖος, du tonnerre, tonnant, —τάω, tonne; —τεῖον, machine pour imiter le tonnerre[b].

ANNOTATIONS.

13. a. Compar. βραχίων et βραχύτερος, superl. βράχιστος et βραχύτατος D'où TRIBRAQUE, τρίβραχυς, pied de vers composé de trois syllabes brèves. Ex. scĕlĕră, hŏmĭnĕ. RR. τρεῖς, βραχύς. AMPHIBRAQUE, ἀμφίβραχυς, autre pied de vers composé de trois syllabes, dont une longue entre deux brèves. Ex. : mŏnērĕ, cărīnă. RR. ἀμφί, βραχύς. — b. La gutturale aspirée χ s'est changée en l'articulation labiale forte v, qui remplace très fréquemment le digamma. La gutturale reparaît dans le français abréger, de abbreviare. Nous trouvons d'autres exemples de cette permutation dans malva, mauve, de μαλάχη; gué, de vadum; gui, de viscum; gâter, de vastare; virer, de gyrare; léger, de levis; sergent, de serviens; concierge, de conservus, pr. compagnon de service; auge, de alveus; Guillaume, de l'angl. William, all. Wilhelm; gage, de vadium; déluge, de diluvium; neige, de nivem; bigarrer, de bis, variare, varier, nuancer deux fois; gaine, de vagina, esp. vaina, dont le dimin. vainilla a fait vanille, fruit d'Amérique qui a une gousse allongée en

forme de gaine. V. Κωδιός. Du superl. brevissima, brevima, breuma, Varron a dérivé bruma, brume, temps sombre : « Dicta bruma, quod brevissima tunc dies est. »

14. a. Impf. ἔβρεμον; point d'autres temps. — b. Le changement de b en f se retrouve dans suif, de sebum; fascino, de βασκαίνω; siffler, de sibilare, etc. — c. V. Βάχχος.

17. a. Trois. pers. βρέχει, il pleut; f. βρέξω, a. 1 ἔβρεξα, a. 2 ἔβραχον, pf. 1 βέβρεχα, pf. 2 βέβροχα; pass. βρεχθήσομαι ou βραχήσομαι, ἐβρέχθην ou ἐβράχην, βέβρεγμαι.

18. a. F. βρίσω, a. ἔβρισα, pf. βέβριθα.

19. a. Nom des deux conduits qui font suite à la trachée-artère, et par lesquels l'air pénètre dans les poumons.

20. a. Un des quatre chevaux du Soleil s'appelait BRONTÉ. BRONTÈS était le nom d'un des Cyclopes qui forgeaient les foudres de Jupiter dans l'atelier de Vulcain. — b. C'était un grand vase d'airain dans lequel on agitait des pierres et des morceaux de fer.

1. Βράθυ, *ind.* τὸ, sabine[a], espèce de genévrier.

2. Βράκαι[a], αἱ, **braccæ**[b], BRAIES *ou* caleçons *à la mode gauloise.*

3. Βράκανα, τὰ, espèce de légume sauvage inconnu.

4. Βράχεινα[a], craque, fait du bruit comme une chose qui se casse.

5. *Βρεκεκέξ! coassement des grenouilles [a] dans Aristophane.

6. Βρεταννική, ἡ, sorte d'aunée[a] de la Grande-BRETAGNE[b].

7. *Βρέτας, εος, τὸ, image en bois, statue, idole, homme obtus.

8. Βρι, *particule inséparable exprimant* force, poids.

9. *Βριάω [a], rend robuste et puissant, multiplie, est robuste. —αρός, *robuste, fort, solide;* —αρεύς, *le géant* BRIARÉE[b].

10. Βρίγχος, ὁ, sorte de poisson. —11. Βρίζα[a], ἡ, BRIZE, *sorte de seigle.*

12. Βρίζω [a], dort, est engourdi. —ζώ, *déesse présidant aux songes.*

13. *Βροτός [a], όν, mortel. —τειος, —τήσιος, *qui concerne les mortels.*

14. *Βρότος, ὁ, sang qui coule d'une plaie, sang mêlé de poussière.

15. Βρόχος, ὁ, lacet, licou, filet, corde à se pendre, piége. —χεῖον, *lacet;* —χίς, *petit lacet, maille;* —χίζω, *lie, garotte.*

ANNOTATIONS.

1. *a.* Ainsi nommée du pays des *Sabins*, où cet arbrisseau était très-commun.

2. *a.* Mot d'origine celtique. — *b.* Espèce de pantalons ou de hauts de chausses larges et serrés par le bas. La partie de la Gaule où les braies étaient portées était appelée par les Romains *Gallia braccata.* C'était proprement la Gaule narbonnaise, qu'on distinguait par cette épithète du reste de la Gaule transalpine, dite *Gaule chevelue*, *Gallia comata*, et de la Gaule cisalpine, appelée *Gallia togata*, parce que les Romains avaient permis à ses habitants de porter la *toge.* De *braie* est venu *brayette*, vulg. *braguette*, et le verbe *débrailler.* Cf. l'angl. *breeches*, culottes.

4. *a.* Ce verbe n'a que l'aor. 2 ἔβραχον.

5. *a.* Voyez dans J.-B. Rousseau la fable intitulée : *le Rossignol et la Grenouille.*

6. *a.* Plante de la famille des Composées, qui tire son nom de l'*aune*, à l'ombre duquel elle croît ordinairement. — *b.* L'Angleterre s'appela *Britannia* jusqu'au cinquième siècle, époque à laquelle les *Bretons*, ses premiers habitants, furent chassés par les Anglo-Saxons, qui lui donnèrent le nom d'*England*, terre des Angles ou *Angleterre.*

9. *a.* R. βρι. — *b.* Ce singulier personnage avait cent têtes et cent bras, dit-on.

11. *a.* R. βρίζω. Cette plante tire son nom des propriétés narcotiques que les anciens lui attribuaient.

12. *a.* F. βρίζω et βρίσω.

13. *a.* A première vue, les adjectifs mortel et βροτός ne se ressemblent guère, et cependant il faut y voir un seul et même mot. En effet, βροτος est pour μροτος ou μορτος, syncope de μοροτος, qui vient de μόρος, destin, *mort.* Mais comme dans μροτος l'articulation du μ devant le ρ eût été trop dure, on l'a adoucie par l'insertion du ϐ, et on a eu la forme μϐροτος, dans laquelle le μ est tombé comme inutile devant le ϐ qui se faisait entendre seul. C'est ainsi que μοροτος est devenu βροτός. Nous avons de même en français un grand nombre de mots où le *b* est venu s'intercaler entre *m* et *l* ou *r.* Ex. : *chambre*, de *camera*; *humble*, de *humilis*; *trembler*, de *tremulare*; *nombre*, de *numerus*, etc. De μϐροτος et à priv. on a fait ἄμϐροτος, immortel, qui se présente le plus souvent sous la forme ἄϐροτος ou ἀμϐρόσιος, d'où le féminin ἀμϐροσία, devenu le substantif AMBROISIE, nourriture des dieux, qui les rend immortels. V. Ἰχώρ. Du masculin ἀμϐρόσιος on a fait le nom propre AMBROISE, porté par un illustre archevêque de **Milan**, docteur de l'Église,

16. Βρόχθος, ὁ, gosier, gorge, gorgée. —θίζω, avale avidement, dévore, s'humecte le gosier; *—θώδης, altéré.

17. Βρύκω[a], mange, dévore. *Βρύγδην, en croquant; *βρύγμα, morsure; *βρύξ, abîme[b]; *βρύχιος, submergé; βροῦχος, BRUCHUS[c].

18. Βρύχω[a], frémit, mugit, rugit, grince des dents, a le frisson. —γάομαι, rugit; —χετός, frisson, fièvre; βρυγμός, grincement.

19. Βρύω[a], jaillit, pullule, fait pousser, pousse. Βρύσις, éruption. Βρυάζω, jaillit, germe; βρύον, mousse, BRY[b]; βρυωνία, BRYONE[c].

20. Βρῶμος, ὁ, puanteur. —μέω, pue comme le BROME[a]; —μώδης, puant.

21. Βύας[a], ου, ὁ, bubo[b], hibou, grand-duc, BUSE. Βυέω, crie, hurle.

22. Βύβλος[a], ἡ, BYBLUS ou papyrus, son écorce, papier, livre. —λινος, fait d'écorce de papyrus; —λιον, papier.

23. Βυθός[a], οῦ, ὁ, fond, profondeur.*—θάω, va au fond; —θιος, submergé; —θίζω, submerge, enfonce; *βυσσός[b], fond; *βύσσωμα, profondeur.

24. Βύρσα, ἡ, cuir[a], BYRSA[b], citadelle de Carthage. —σίς, petit morceau de cuir; —σινος, de cuir; —σεύω, tanne; —σεύς, corroyeur.

ANNOTATIONS.

dont la parole, douce comme l'ambroisie, convertit saint Augustin. « Il est rapporté en sa vie qu'étant encore petit enfant dans le berceau, un essaim d'abeilles vint se poser et faire du miel sur ses lèvres, comme un présage de sa future douceur et mansuétude. » S. Franç. de Sales.

17. a. F. βρύξω, a. ἔβρυξα, pf. βέβρυχα. — b. Pr. gouffre qui engloutit tout. — c. Insecte coléoptère très-vorace, d'où lui vient son nom. C'était un des fléaux de Dieu contre son peuple infidèle. Le bruchus passait après la sauterelle pour manger ce qu'elle laissait. (Joël, ch. 1.)

18. a. F. βρύξω, a. ἔβρυξα, pf. βέβρυχα, dans le sens du présent. Primitivement βρύκω et βρύχω signifiaient de même grincer des dents, par ext. manger si avidement que les dents en grincent. L'usage a conservé à βρύκω seul le sens de manger.

19. a. D'où EMBRYON, ἔμβρυον, germe d'un corps organisé, dans son premier développement. RR. ἐν, βρύω. BRUYÈRE, vr. plante abondante. — b. C'est la plus belle des dix-huit cents espèces de mousses. — c. Plante grimpante, dite aussi couleuvrée ou vigne vierge. Sa racine, grosse et charnue, s'appelle vulg. navet du diable, à cause de son suc âcre et vénéneux.

20. a. Corps simple, liquide, rouge foncé et surtout puant.

21. a. De βῦ, cri du chat-huant. — b. De la forme éolienne βύFας. V. Καχκαβίς.

22. a. M. rac. q. βίβλος, livre. V. Γράφω.

23. a. D'où ABYDOS, de ἄβυδος pour ἄβυθος, sans fond, ville de la Troade, à l'embouchure du Simoïs, ainsi nommée à cause de la profondeur de la mer en cet endroit. — b. D'où ἄβυσσος, sans fond, et subst. abyssus, abisme, ABIME, angl. abyss.

24. a. D'où vient BOURSE, angl. purse, all. börse, parce que les bourses sont ordinairement faites de cuir. — b. Nom ancien de Carthage, que la citadelle a conservé après que la ville eût pris celui de Καρχηδών, d'où, par corruption, Carthago, qui, en syro-chaldéen, veut dire ville nouvelle. On a été chercher bien loin l'étymologie de Byrsa. « Elissa (Didon) delata in Africæ sinum, empto loco qui corio bovis tegi posset, corium in tenuissimas partes secari jubet, atque ita majus loci spatium quam petierat, occupat; unde postea ei loco Byrsa nomen fuit. » Justin. Mais byrsa est tout simplement le mot phénicien bosra, changé en bysra ou byrsa, lequel signifie précisément citadelle.

1. Βρῦ! cri des enfants pour demander à boire. Βρύλλω, *crie, boit.*

2. Ἀρυαλίκτης, ου, ὁ, guerrier. —3. *Βρύξ, υχός, ἡ, profondeur, abîme.

4. Βρύσσος, ὁ, hérisson de mer. *On dit aussi* βρίσσος.

5. Βρύτον, τὸ, boisson faite avec de l'orge, sorte de bière.

6. Βυκάνη, ἡ, de **buccina**[a], trompette. —νάω, —νίζω, *en sonne;*
—νημα, —νισμός, *son de trompette;* *—νιστής, le trompette.*

7. Βύνη, ἡ, orge cuite et brûlée pour fabriquer la bière.

8. Βύσιος, ὁ, mars *ou* avril *à Delphes.* — 9. Βύτις, ιδος, ἡ, bouteille.

      10. Γ[a], GAMMA[b], *gutturale douce, vaut* trois.

      11. Γαγάτης, ου, ὁ, **gagates**, JAIS[a] des bords du GAGE[b].

12. Ἀάγγαμον, τὸ, sorte de filet pour pêcher les huîtres. —μη, *id.*

13. Γάγγλιον, τὸ, GANGLION, tumeur. —14. Γάδος[a], ὁ, gade *ou* merlan.

15. Γάγγραινα[a], ἡ, **gangræna**, GANGRÈNE. —νόομαι, *est gangrené;*
—νικός, *gangréneux;* —νωσις, *dégénération en gangrène.*

16. Γάζα[a], ἡ, **gaza**, trésor royal, richesse, argent, somme.

17. Γαισός[a], ὁ, **gæsum**, lance gauloise à hampe de fer, dard.

ANNOTATIONS.

6. *a. Buccina* dérive lui-même de *bucca*, bouche. Les Romains se servaient de cette trompette pour annoncer les quatre veilles de la nuit. Elle était de forme circulaire et repliée sur elle-même, tandis que la *tuba* était droite, et la *corne* simplement cambrée. D'où le nom de **buccin** donné à un genre de coquilles en forme de cornet. « *Buccinum minor concha, ad similitudinem ejus buccini quo sonus editur, unde et causa nominis.* » PL.

10. *a.* Correspondant au *ghimel* des Phéniciens, qui signifie *chameau*, et qui représente le cou et la tête de cet animal. Le G manqua longtemps dans l'alphabet romain, où il était remplacé par le *c*, qui, pour cette raison, vient après le *b*, c.-à-d. à la place du γ ou *g* dans tous les alphabets d'origine latine. Le C servait alors pour les deux articulations *que* et *gue*, comme chez nous la même lettre *s* a le son doux dans *vision* et le son dur dans *Sion*. On lit encore sur les anciens monuments de Rome *macistratus* p. *magistratus*, *pucnando* p. *pugnando*, *erco* p. *ergo*. De même en français, nous voyons souvent le *c* et le *g* échanger leur articulation, comme dans *second, long hiver, sang épais*, qui se prononcent *segond, lonc hiver, sanc épais*, comme en latin on a dit *negotium* de *nec otium*. Γ se

permute tout naturellement avec les deux autres gutturales κ et χ. Ex. : πλέκω, πέπλεγμαι, πέπλεχα; λέγω, λεκτός, εἴλεχα. — *b.* Avant que les notes de musique eussent reçu les noms qu'elles portent, on les distinguait au moyen des sept lettres latines A, B, C, D, E, F, G, au-dessous desquelles, pour compléter l'octave, on ajouta un *gamma grec*, Γ, qui devint ainsi la note la plus grave du système ancien. De là le nom de GAMMA donné à toute l'échelle musicale.

11. *a.* Matière d'un noir luisant analogue au charbon de terre. — *b.* Fleuve de Lycie.

14. *a.* A ce même genre de poissons appartiennent la morue et la lotte.

15. *a.* M. rac. q. γράω.

16. *a.* Rac. persane. « *Pecuniam regiam Persæ Gazam vocant.* » Q. CURCE. D'où γαζοφυλάκιον, trésor royal et trésor du temple. « *Quid est gazophylacium? Arca Dei ubi colligebantur ea quæ ad indigentiam servorum Dei mittebantur.* » S. AUG. RR. γάζα, φυλάσσω. La ville de GAZA, en Phénicie, dut son nom, selon les géographes anciens, aux *trésors* que Cambyse y laissa en dépôt lorsqu'il porta la guerre en Égypte.

17. *a.* Mot celtique.

18. *a.* Genre de mollusques qui s'attache aux rochers, au moyen de filaments

18. Βύσσος, ἡ, BYSSUS, lin très-fin, coton du pinna-marina[a]. —σινος, *fait de byssus, fait du lin le plus fin.*

19. Βύω[a],BOUCHE, obstrue, bourre, remplit. ʽΒύζω, *est serré, fréquent;* βύσμα, βύστρα, BOUCHON ; βυστικός, *propre à boucher;* βύζην, *en tas.*

20 Βῶλος, ἡ, motte, champ, BOL. ʽ—λαξ, —λάριον, —λιον, *dim.;* —λινος, *fait de mottes, fait de briques ;* —λίτης, *champignon,* BOLET[a].

21. Βωμός[a], ὁ, autel, piédestal. —μίς, —μίσκος, *petit autel;* —μιος, *de l'autel;* —μαξ, *bouffon[b];* —μακεύομαι, *est bouffon.*

22. Γάλα[a], ακτος[b], τὸ, lac[c],LAIT[d].—ακτιάω, *en est plein;* γλαγάω[e], *id.;* γαλακτίζω, *est blanc comme lait[f].*

23. Γαλερός, ά, όν, riant, serein, tranquille. —ρῶς, *d'un air serein.*

24. Γαλῆ[a], ἡ, belette, chat, squale. —λεύς, —λιδεύς, *petite belette;* —λεός, *requin moucheté ;* —λεώτης, *lézard moucheté.*

25. Γαλήνη, ἡ, calme[a]. —ναῖος, —νός[b], *doux, serein ;* —νιάω, *est calme.*

26. Γαμβρός[a], ὁ, gendre, beau-père, beau-frère, allié. —ροτιδεύς, *dim.;* —ρεύω, *s'allie;* —ριος, *de gendre, etc.;* —ριον, *habit de noces.*

ANNOTATIONS.

soyeux très-fins et très-souples, employés sous le nom de *byssus*, à faire des tissus précieux.

19. *a.* Prend ς au passif. De βύω, dans le sens de gonfler, vient *bucca* ou *buca*, BOUCHE.

20. *a.* Champignon à chapeau conique et poreux en dessous.

21. *a.* De βαίνω. Le sens premier est *marche*, *gradin*, *estrade*, qui conduit à celui d'*autel*, *altare*. R. *altus*, pr. lieu élevé. Cf. *gradus*, *degré*, de *gradi*, marcher. — *b.* Pr. parasite qui se cache derrière l'autel pour enlever les offrandes.

22. *a.* D'où POLYGALE, πολύγαλον, plante type de la famille des *Polygalées*, dont le nom signifie *très-laiteuses*, à cause du lait qu'elles renferment. RR. πολύ, γάλα. GAILLET OU GALIUM, γάλιον, vulgair. *caille-lait*, plante à laquelle on attribuait à tort la propriété de cailler le lait.—*b.* D'où GALACTOMÈTRE ou pèse-lait, instrument destiné à mesurer la densité du lait, laquelle diminue quand la laitière y ajoute de l'eau. RR. γάλα, μέτρον. — *c.* D'où *lactuca*, LAITUE, *pr.* plante *laiteuse.* — *d.* D'où LAITERON, autre plante à suc *laiteux.* — *e.* De γλάγος, poét. p. γάλα, où l'on voit mieux le radical du génitif γάλακτος et du latin *lac.* —*f.* De plus γαλαξίας, blanc comme le lait. Les Grecs nommaient γαλαξίας

κύκλος ce que nous appelons *voie lactée*, c.-à-d. cette bande blanchâtre, irrégulière, formée dans le ciel par une multitude innombrable d'étoiles.

24. *a.* D'où *galea*, casque en cuir, *galea ferina*, le casque en peau de bête, tandis que *cassis* était le casque en métal. Les Grecs appelaient de même κυνέη le casque en peau de chien; λυκέη celui en peau de loup, etc. D'où *galeare*, coiffer d'un casque: *galerum* ou *galerus*, dim. de *galea*, coiffure en peau et en forme de casque, correspondant à notre mot *casquette*, qui est un diminutif de *casque; galeritus*, coiffé d'un *galerus.* GALERIUS, berger de Dacie, adopté par Dioclétien et associé à l'empire avec Constance-Chlore, en 305; son nom signifie *pr.* coiffé du *galerus.* V. Καρακάλλιον. GALÉOPITHÈQUE, genre de mammifères qui tient du chat, γαλῆ, et du singe, πίθηκος; on l'appelle aussi *chat-volant.*

25. *a.* De plus GALÈNE, sulfure de plomb lamelleux, dont les facettes sont *unies* et brillantes. — *b.* D'où *Galenus*, GALIEN, nom du plus célèbre médecin de l'antiquité après Hippocrate. Il était de Pergame, où il mourut l'an 193 de J. C.

26. *a.* Pour γαμερός, de γαμέω, litt. *uni par mariage;* le ϐ est euphonique. V. Βροτός.

1. Γαϊτανά, τὰ, toile *ou* rubans qu'on fabriquait à CAIÈTE[a].

2. Γαίω[a], se réjouit, est fier.—3. Γαλλαρίας, ου, ὁ, nom de poisson.

4. Γάλλος, ὁ, prêtre de Cybèle, eunuque, **Gallus**, GAULOIS.

5. Γάλως, ω, ἡ, glos, belle-sœur, sœur du mari. *—λωος, —λωων, id.

6. *Γάνος[a], εος, τὸ, éclat, blancheur, plaisir, joie, boisson agréable. —νάω, *brille;* —νόω, *fait briller;* —νυμι, *charmer;* —υρός, *gai.*

7. Γαργαίρω[a], brille, grouille, vibre, est plein. —γαρεών, *luette, gorge, gosier;* —ρίζω, GARGARISE; —ρα, *foule, les monts* GARGARES[b].

8. Γαργαλίζω, chatouille, délecte, flatte. —λισμός, *chatouillement;* —λής, *chatouilleux;* —λος, *chatouillement, délectation.*

9. Γάρον, τὸ, GARUM[a], saumure, salaison. —ρος, *id.;* —ριον, *dim.;* —ρῖνος, —ρίσκος, GARUS, *poisson dont on faisait le garum.*

10. Γαυλός, ὁ, **gaulus**, terrine à traire le lait, vase[a].

11. Γαῦλος[a], ὁ, vaisseau marchand. —λικός, *d'un vaisseau marchand.*

12. Γαυσάπης, ου, ὁ, *de* **gausapa**[a], grosse étoffe.—13. Γαυσός, ή, όν, tortu.

14. Γέ[a], **ce**[b], certes, du moins, même. Γοῦν[c], *du moins;* Γάρ[d], car.

ANNOTATIONS.

1. *a,* Aujourd'hui **Gaëte**, ville du Latium, près de Minturnes, deux noms qui rappellent deux grandes infortunes. V. Ταραντινίδιον.

2. *a.* Sans futur. D'où Γάιος, CAIUS, anc. *Gaius,* nom propre porté par beaucoup de Romains, et qui rappelait à l'enfant la joie que sa **naissance** avait causée dans la famille.

6. *a.* D'où *ganea,* taverne, lieu de débauche. *Ganeo,* débauché. GANYMÈDE, Γανυμήδης, nom d'un prince troyen enlevé par Jupiter pour lui servir d'échanson. RR. γάνος, joie, boisson réjouissante, et μήδομαι, prendre soin.

7. *a.* Remarquez le redoublement de la syllabe radicale Γαρ, dans l'intention de mieux imiter le bruit, le grouillement. Le même procédé a été suivi dans la formation des verbes μορμύρω, *murmurare,* murmurer; *susurro, chuchoter;* μιμίζω, hennir; *tintinnire, tinter;* τιτίζω, piailler; πιπίζω, *pipiare,* id.; βορβορύζω, grouiller; βαβάζω, *babiller,* etc. — *b.* Un des sommets du mont Ida, en Phrygie.

9. *a.* Espèce de saumure ou marinade que les anciens faisaient en recueillant les liquides qui s'écoulaient des poissons salés et à demi putréfiés. Ces liquides fortement aromatisés composaient un assaisonnement de luxe très-recherché comme stimulant de l'appétit. Le garum le plus estimé était celui qu'on tirait du maquereau. Le peuple se contentait de la saumure de thon.

10 et 11. *a.* On trouve pareillement les deux significations de *vase* et de *navire* réunies dans ἄκατος et dans un grand nombre d'autres mots. Ceci s'explique par la ressemblance de forme.

12. *a.* On en faisait des couvertures de meubles et des vêtements.

14. *a.* Cette particule ajoutée à l'article ὁ, ἡ, τό, lui donne une signification démonstrative : ὅγε, ἥγε, τόγε, *celui-ci, celle-ci.* Il en est de même de la particule δε, et, en latin, de *pse* dans *ipse, ipsa, ipsum,* lui-même, elle-même en personne, pr. lui, elle qui est *ici, là,* que voici. La racine pronominale de *ipse* est *is,* qu'on trouve unie à la particule *te* dans *iste,* et à *ce* dans *hic* p. *isce* ou *hisce.* Tous ces petits mots n'ont par eux-mêmes aucun sens, mais ils deviennent très-significatifs à raison du geste indicateur qui les accompagne naturellement dans le langage parlé, et qui leur donne cette valeur démonstrative qu'ils conservent dans le langage écrit. V. Ἐκεῖ. — *b.* C'est de cette particule démonstrative combinée avec les pronoms latins que se sont formés nos pronoms français *ce, ceci, celui, celle, ceux,* et les adverbes *ci, ici.* V. Ἦν. — *c.* Composé de γέ et οὖν. — *d.* Pr. γέ ἄρα.

15. Γαμέω[a], prend pour femme; —μέομαι, prend pour mari. —μος[b], noces; —μήλιος[c], —μικός, nuptial; —μίζω, marie sa fille.

16. Γαστήρ, στρός[a], δ, ventre, goinfre[b]. —τρίον, dim.; —τρις, —τρων, ventru, GASTRONOME[c]; —τρα, ventre d'un vase; —τρίζω, régale.

17. Γαῦρος, α, ον, superbe, fier, brave, vain. —ραξ, fanfaron; —ρότης, arrogance; —ριάω, est arrogant; —ρόω, rend fier.

18. Γείτων[a], ονος, δ, ἡ, voisin, ressemblant. —τονία, —τνία, —τόνησις, voisinage; —ταινα, voisine; —τονέω, —τνιάζω, est voisin.

19. Γελάω[a], rit. —λασμα, —λως, rire; —λαστής, rieur; —λάσιμος, —λαστός, —λοῖος, risible, ridicule; —λοιάζω, fait rire.

20. Γέμω[a], est plein, est chargé. Γεμίζω, remplit, charge; γέμισμα, *γέμος, γόμος, charge, cargaison; γομόω, charger.

21. Γένυς, υος, ἡ, **gena**[a], menton, mâchoire, tranchant, scie, hache. Γένειον, menton, barbe; γενειάω, est barbu; γενειάς, barbe.

22. Γέρανος[a], ἡ, **grus**, GRUE, danse de Thésée[b]. —νίας, qui a un bec de grue; —νιον, grue[c], GÉRANIUM ou bec de grue[d]; νίς, bandage.

ANNOTATIONS.

15. a. F. γαμήσω, anc. γαμέσω, att. γαμῶ, a. ἔγημα ou ἐγάμησα, pf. γεγάμηκα. — b. D'où BIGAMIE, crime qui consiste à être marié avec deux personnes à la fois. RR. bis, γαμέω. POLYGAMIE, πολυγαμία, mariage d'un homme avec plusieurs femmes ou d'une femme avec plusieurs hommes. RR. πολύς, γαμέω. PHANÉROGAME, qui se dit des plantes pourvues d'organes sexuels apparents, c.-à-d., dont on voit distinctement les étamines et le pistil. Ex. : le chou, le haricot. RR. φαίνω, γαμέω. Par opposition on nomme CRYPTOGAMES les plantes dont les étamines et les pistils ne sont pas apparents. Ex. : les mousses, les champignons. RR. κρύπτω, γαμέω. — c. D'où γαμηλιών, GAMÉLION, mois des noces à Athènes, correspondant à peu près à notre mois de janvier.

16. a. Ion. γαστέρος, dat. γαστρί, acc. γαστέρα, voc. γάστερ; pl. γαστέρες, γαστέρων, γαστράσι, ou ion. γαστῆρσι, acc. γαστέρας. — b. Se dit familièrement de ceux qui mettent tout leur plaisir à manger, « quorum Deus venter est, » comme dit saint Paul. V. Φάραγξ. — c. La GASTRONOMIE, γαστρονομία, est l'art de faire bonne chère, qui a souvent pour résultat la GASTRITE, c.-à-d. l'inflammation de la membrane muqueuse de l'estomac. RR. γαστήρ, νέμω.

18. a. D'où POTAMOGÉTON ou POTAMOT, ποταμογείτων, pr. voisin des rivières, plante aquatique. RR. ποταμός, γείτων. ARISTOGITON, c.-à-d. excellent voisin, l'ami d'Harmodius. RR. ἄριστος, γείτων. V. Ἁρμόζω.

19. a. F. γελάσομαι, rar. γελάσω, a. ἐγέλασα, pf. γεγέλακα; prend σ au passif. D'où GÉLASE, pr. d'humeur riante, Γελάσιος, pape mort en 496.

20. a. Imp. ἔγεμον; le reste inusité.

21. a. D'où l'italien ganascia et le français GANACHE, qui désigne la mâchoire inférieure du cheval.

22. a. Il y a dans la syllabe γρα, racine de γέρανος, une imitation de la voix croassante de l'oiseau. Cf. l'angl. crane et l'all. krahn. V. Κακκαβίς. — b. Cette danse était formée de pas cadencés qui s'entrelaçaient dans tous les sens, à l'imitation des détours du labyrinthe d'où Thésée avait eu le bonheur de sortir. — c. Machine ainsi nommée à cause de la longueur de son levier, qui lui donnait certaine analogie d'aspect avec le cou de la grue. V. Σκορπίος. — d. Plante type de la famille des Géraniées, qui tire son nom de ses fruits allongés et rétrécis en pointe comme le bec de la grue.

1. Γεγωνέω[a], parle haut, crie, dit, raconte, chante, célèbre. —νησις, cri, vocifération; —νός, qui a la voix claire, clair.

2. Γέεννα[a], ἡ, **gehenna**, GÉHENNE, lieu de supplice, enfer.

3. Γεῖσον, τὸ, larmier, corniche, créneau, bord, frange. Γεῖσσον, id.; —σόω, garnir d'une corniche; —σωμα, entablement.

4. Γειώρας, ου, ὁ, étranger domicilié dans la terre-sainte.

5. Γέλγος, εος, τὸ, vile marchandise, chiffon. —γις, gousse d'ail, noyau; —γιθόομαι, se forme en gousse ou en noyau.

6. Γέντα, τὰ, entrailles. — 7. Γεντιανή, ἡ, **gentiana**, GENTIANE[a].

8. Γέργιθες[a], οἱ, prolétaires, pauvres. — 9. Γεργῖνος, ὁ, parasite.

10. Γέρρον[a], τὸ, **gerræ**, bouclier d'osier, claie, cloison, échoppe, auvent.

11. Γῆρυς, υος, ἡ, voix, chant, son, bruit, mélodie. —υμα, son, voix, accent; —ύω, **garrio**, parle, chante, dit, célèbre, rend un son.

12. Γίγαρτον, τὸ, pépin de raisin, plur. marc de raisin.

13. Γιγγίδιον, τὸ, visage, pl. —14. Γιγγλισμός, ὁ, chatouillement, rire.

15. Γίγγλυμος, ὁ, gond, charnière, articulation. —μόομαι, s'emboîte.

ANNOTATIONS.

1. a. F. ἥσω, a. ησα, pf. 2 γέγωνα, d'où le part. γεγωνώς, dans le sens du présent.

2. a. De l'hébreu *gehennon*, qui signifie *vallée d'Hennon*. C'était dans cette vallée, voisine de Jérusalem, que beaucoup de Juifs avaient autrefois sacrifié leurs enfants à Baal, en les jetant dans le feu. C'était là aussi qu'on exécutait les criminels, et cette double circonstance a fait donner à l'enfer le nom de *gehenna*, synon. de *ignis inexstinguibilis*, S. MARC, ch. 9. De *gehenna* pris dans le sens de tourment, on a fait *géhenne* et par contr. GÊNE.

7. a. Le Grec Dioscoride, célèbre botaniste et habile médecin du premier siècle, que Dante appelle « le profond observateur de la qualité des substances, » fait venir le nom de cette plante du nom du roi d'Illyrie *Gentius*, qui le premier la fit connaître. C'est ainsi que le tabac a été d'abord nommé *nicotiana*, de *Nicot*, ambassadeur français en Portugal, qui envoya cette plante en France vers 1650. Les noms de *fuchsia*, de *dahlia*, de *camélia*, ont une origine pareille, et, à vrai dire, de tous les termes d'histoire naturelle, ce sont les plus mal faits, parce que ce sont les moins significatifs. Le nom doit rappeler l'idée de l'objet en exprimant sa propriété, sa qualité la plus sensible. « Pour être bon instituteur de noms, dit Platon, il faut tenir ses regards attachés sur l'idée du nom. Celui qui a composé les noms les a formés d'après la manière dont il concevait les objets eux-mêmes. » D'après Aristote, « le langage ne remplit pas sa fonction, s'il ne montre pas les choses qu'il signifie. » Or, les noms de *Dahlia* et de *Camélia* ne montrent rien. Ils rappellent, à la vérité, le jésuite *Camelli* et le botaniste suédois *Dahl* à ceux qui les connaissent; mais que nous apprennent-ils des propriétés de ces deux jolies fleurs? Absolument rien. Les mots *bluet*, *laitue* et *primevère*, tout simples qu'ils sont, valent donc beaucoup mieux, parce que leur signification n'est douteuse pour personne. V. Ἰκέσιον.

8. a. Pr. les habitants de *Gergis*, ville de la Troade.

10. a. Pr. baguettes entrelacées; c'était le bouclier des Perses, fait d'osier et de forme carrée.

16. a. Ou γέρατος ou γέρως, dat. γέρατι, γέραϊ, γέραι; plur. γέρατα, γέρα, γεράων, γερῶν. Le sens premier est *privilège*, honneur accordé aux vieillards. V. Γέρων.

17. a. Γέρων est proprement adjectif

16. Γέρας, αος *a*, τὸ, prix, récompense, privilége, honneur, distinction.
—ραίρω, *récompense, honore;*—ράσμιος, *honoré;* *—ραρός, *respectable.*

17. Γέρων, οντος *a*, ὁ, vieillard ; *plur.* les anciens *b*. —ραιός, *vieux;* —ρου-
σία, *sénat;* —ροντεύω, *est sénateur ;* —τία, *vieillesse;* —τιάω, *vieillit.*

18. Γεύω *a*, fait GOÛTER ; —ομαι, **gusto**, GOÛTE, DÉGUSTE, sent. Γεῦμα,
goût; γεῦσις, *action de goûter;* γευστός, *goûté;* γευστικός, **gustatif.**

19. Γέφυρα, ἡ, pont, digue, champ de bataille. —ρόω, *jette un pont;*
—ρίζω, *assaillir par des plaisanteries grossières a;*—ριστής, *railleur.*

20. Γῆ *a*, ἡ, terre *b*, pays, champ. Γήδιον, *dim.;* *γήϊνος, *γήϊος, *de terre;*
γεηρός, *terreux;* *γηΐτης, *γήτης, *agriculteur;* γεόομαι, *devient terre.*

21. Γηθέω *a*, **gaudeo**, se réjouit, *anc.* se GAUDIT. *—θος, *—θοσύνη
joie; *—θόσυνος, *joyeux;* γεγηθότως, *joyeusement.*

22. Γῆρας, αος *a*, τὸ, vieillesse, vieille peau des serpents. —ραιός,
—ραλέος, *—ράλιος, *vieux;*—ράσκω, *—ράω, *vieillit;*—ραμα, *vieillesse.*

23. Γίγας, αντος *a*, ὁ, **gigas**, GÉANT. —άντειος, —ανταῖος, —αντώδης, GI-
GANTESQUE ; —αντιάω, *ressemble aux géants, fait le géant.*

ANNOTATIONS.

et signifie *vieux*, mais il est plus usité comme substantif. Les Éoliens disaient au datif plur. γερόντοις pour γέρουσι, comme on trouve dans Cicéron *emblematis* de la 2ᵉ déclinaison pour *emblematibus* de la 3ᵉ. De γέρων on a fait GÉRONTE, nom d'un personnage de comédie; ÉRIGÉRON, ἠριγέρων, genre de plantes *composées* qui se flétrit de très-bonne heure, et a déjà *vieilli* avant la fin du printemps. RR. ἔαρ, γέρων. — *b.* Les *sénateurs*, les notables, les citoyens les plus recommandables par leur âge et leur expérience, dont Lycurgue composa, sous le nom de *sénat*, une assemblée de vingt-huit membres. De même à Rome : « *Consilium reipublicæ penes senes erat, qui ex auctoritate patres, ob ætatem senatus vocabantur.* » FLORUS. V. Πρέσβυς.

18. *a.* Le moyen prend ς.

19. *a.* Comme faisaient les gens oisifs placés sur le pont pendant les mystères d'Éleusis. V. Στήνια.

20. *a.* Contracté de γέα ou γαῖα, poét. αῖα. — *b.* D'où GÉOGRAPHIE, γεωγραφία, description de la terre. RR. γῆ, γράφω. GÉOMÉTRIE, science qui a pour objet la mesure de l'étendue, et spécialement *la mesure des terrains.* RR. γῆ, μέτρον. GÉODÉSIE, γεωδαισία, *pr. partage des*

terres, partie de la géométrie qui enseigne à mesurer et à *diviser* les terres. Dans un sens plus général, le mot *géodésie* comprend toutes les opérations trigonométriques et astronomiques nécessaires pour dresser la carte d'un pays, déterminer la forme de la terre, etc. RR. γῆ, δαίω. GÉOLOGIE, science des terrains. RR. γῆ, λέγω. GÉORGIQUES, γεωργικά, poëme en quatre livres sur les travaux des champs, de γεωργικός, agricole. RR. γῆ, ἔργον. D'où vient aussi GEORGES, γεωργός, *pr. laboureur,* nom d'un saint martyr dans le quatrième siècle. *Georges* a pour équivalent latin *Agricola*, nom du beau-père de Tacite.

21. *a.* Pf. γέγηθα, dans le sens du présent. Pour γηθέω les Doriens disent γεγαθέω.

22. *a.* De γέρων.

23. *a.* Mot formé de γῆ et γίγνομαι, en latin *terrigena*, enfant de la terre : « *Terra feros partus, immania monstra, gigantas Edidit, ausuros in Jovis ire domum,* » dit Ovide, en défigurant les traditions bibliques. D'ailleurs les poëtes ont souvent confondu les Géants avec les Titans qui les précédèrent et se révoltèrent contre Saturne.

1. Γίγγρας, ου, ὁ, **gingrina,** petite flûte à son aigre et criard. —ραίνω, *en jouer, crier comme les oies;* —ρασμός, *air de* γίγγρας.

2. Γίννος, ὁ, fruit avorté de la mule, de la jument, mulet.

3. *Γλάζω, crie, chante, bat des ailes, crie en battant des ailes.

4. Γλάνος, η, ον, paresseux, lâche, *subst.* hyène[a]. —νις, GLANIS où silure[b], *espèce de poisson qui prend l'appât sans se piquer.*

5. Γλαρίς, ίδος, ἡ, marteau pointu d'un côté et tranchant de l'autre.

6. Γλαύξ, γλαυκός, ἡ, chouette, monnaie[a], danse. —7. *Γλαύσσω[a], brille[b].

8. Γλήμη [a], ἡ, **gramia**[b], chassie. —μίον, *dim.;* γλάμη, *id.;* —μυξος, —μυρός, —μώδης, —μων, *chassieux;* —μάω, —μυξιάω, *est chassieux.*

9. Γλήνη, ἡ, prunelle de l'œil, rayon de miel, petite fille[a]. *—νος, prunelle, œil, objet brillant[b], étoile, lumière, bijou.

10. Γλήχων, ωνος, ἡ, **glechon,** pouliot[a], *pl.* —11. Γλία, ἡ, **glus,** GLU, colle.

12. Γλῖνος, ἡ, érable. —13. Γλίχομαι[a], souhaite, s'amuse, s'engraisse.

14. Γλοιός[a], ὁ, crasse, saleté. —ιός, —ιά, —ιόν, *gluant, crasseux, méchant.* —ιόω, *rend visqueux;* —ώδης, *gluant, sale;* —ιης, *ombrageux, rétif.*

ANNOTATIONS.

4. *a.* Remarquez la double fonction d'adjectif et de substantif remplie par le même mot γλάνος. Vous trouverez cent autres exemples de ce fait, ou plutôt, si vous y regardez bien, vous verrez que tous les noms substantifs tiennent l'adjectif par leur signification première, qui est essentiellement qualificative. La raison en est que nous ne pouvons connaître et distinguer les objets de la création que par les propriétés ou qualités qui frappent nos sens; d'où il suit que pour les nommer, c.-à-d. les faire reconnaître par le langage, il faut employer des mots qui expriment la qualité, c.-à-d. des adjectifs. Ainsi serpens, serpent, signifie *le rampant;* bélier, *le bêlant, balans;* linceul vient de *linteum,* fait de lin; meuble, de *mobilis* p. *movibilis,* qu'on peut déplacer, etc. — *b.* Le plus grand des poissons d'eau douce, appelé pour cette raison *baleine des rivières.*

6. *a.* Les plus anciennes monnaies grecques représentaient un bœuf; plus tard on y voit l'empreinte d'un dauphin à Delphes, d'un bouclier en Macédoine, du soleil à Rhodes, de Bacchus en Béotie, d'une chouette dans l'Attique et dans beaucoup de villes d'Asie et d'Italie en l'honneur de Minerve, Ἀθήνη, à qui on avait consacré la chouette comme symbole de sagesse et de prudence.

7. *a.* Sans futur. C'est le même verbe que λεύσσω, avec addition du γ initial. De même en latin, *g* s'ajoute ou se supprime; ex.: *gnatus* ou *natus, nobilis, ignobilis, nomen, cognomen.* En français, *g* est ajouté dans *grenouille,* de *ranula,* dim. de *rana.* Vous trouverez quelque chose d'analogue en anglais, où le *k* initial ne se prononce pas devant *n.* — *b.* Se dit particulièrement de la clarté des yeux, d'où vient la signification de *voir.*

8. *a.* M. rac. q. γλία, *pr.* matière gluante. V. Λήμη. — *b.* L et R sont deux consonnes linguales qui se permutent fréquemment. V. Τίτλος.

9. *a.* V. Κόρη. — *b.* Le latin *lumen* a pareillement le sens d'œil et de *beauté;* c'est d'après la même analogie que nous avons dérivé *œillet* d'œil, pour exprimer que l'éclat de cette charmante fleur est harmonieux comme celui de l'œil.

10. *a.* Ou *pulegium,* espèce de menthe qui, dit-on, chasse les *puces, pulices,* d'où lui vient son nom.

13. *a.* N'a que le présent et l'imparf.

14. *a.* De γλία.

15. *a.* Ou γίνομαι, poét. γείνομαι; f. γενήσομαι, a. 1 ἐγενήθην, a. 2 ἐγενόμην, pf. γεγένημαι, pf. 2 γέγονα, souvent avec le sens du présent. Syll. rad. Γεν. Γίγνομαι est une forme redoublée et syncopée p. γιγένομαι, de même qu'en latin *gigno* est p. *gigeno,* de *geno,* γεν-

15. Γίγνομαι[a], gignor, NAÎT, devient, est. Γεννάω, ENGENDRE; γενεά[b], γένος, genus[c], gens[d], *naissance, race*, GENRE; γενναῖος[e], *noble*.

Id. Γόνος, ὁ, GÉNÉRATION, race.—νή, –νεία, *id.;* –νεύω, –νέω, *engendre*.

17. Γιγνώσκω[a], nosco[b], CONNAÎT, pense, juge. Γνῶσις, *connaissance;* γνώμη, *opinion, esprit;* –μα, *avis;* –μων, *prudent, juge*[c].

Id. Γνωρίζω, narro[d], fait connaître. –ριμος[e], *qui connaît, connu*.

18. Γλαυκός[a], ή, όν, glaucus, azuré, vert-clair *ou* GLAUQUE, brillant. *–κιάω, devient bleu;* –κίζω, *se colore en bleu;* –κόω, *rend bleu*.

19. Γλάφω, creuse, taille, cisèle, polit. –φυ, *antre;* –φυρός, *ciselé, creux, élégant, affecté;* –φυρότης, *élégance*.

20. Γλίσχρος[a], α, ον, visqueux, mince, sordide[b], gueux, subtil. *–χρων, gueux;* –χραίνω, *rend visqueux;* –χρότης, *viscosité*.

21. Γλυκύς[a], εῖα, ύ, doux, agréable. –κύ, *vin de raisins secs;* –κύτης, *douceur;* κερός,*–κόεις, doux;* –καίνω, *édulcore;* –κων, *cher ami*.

22. Γλύφω[a], grave, SCULPTE, polit. Γλύμμα, γλυφή[b], *gravure;* γλύπτης, γλυφεύς, *graveur;* –φανον, –φεῖον, *burin;*[*]–φανος, γλυπτός, *sculpté*.

ANNOTATIONS.

νάω, *engendrer*, d'où le parf. *genui* et le part. *genitus*. De la même racine proviennent *nascor* p. *gnascor* ou *genascor*. D'où *natus* p. *gnatus*, fils; *cognatus*, parent; *agnatus*, *prognatus*, descendant; *nativus*, natif, d'où *naif*, c.-à-d. *naturel*, *ingénu; natio* pour *gnatio*, NATION; *natura* p. *gnatura; prægnans*, enceinte, p. *prægenans; benignus*, bon, *bénin*, p. *benigenus*, bien né, d'un bon naturel, *boni generis; malignus*, mauvais, *malin; gener*, GENDRE; GÉNITIF, cas qui indique la *génération* et par suite la possession; GENÈSE, γένεσις, le premier livre du Pentateuque (319), qui contient la naissance du monde: *genius*, GÉNIE, dieu qui donne la vie ou protège la *naissance; ingenium*, le *naturel*, le GÉNIE, disposition *innée;* d'où aussi *engin* et *engeance; ingenuus*, INDIGÈNE, libre de naissance, INGÉNU; *ingens*, d'une forte nature, de *in* augmentatif et *geno*. — *b.* D'où GÉNÉALOGIE, γενεαλογία, liste des ancêtres. RR. γίγνομαι, λέγω. — *c.* D'où *generalis*, GÉNÉRAL, qui appartient à tout le *genre*. — *d.* D'où *gentilis*, GENTIL, de naissance noble. — *e.* En latin *generosus*, GÉNÉREUX, *pr.* de bonne naissance.

17. *a.* Ou γινώσκω, f. γνώσομαι, a. 2 ἔγνων, pf. ἔγνωκα, souvent dans le sens du présent; pass. γνωσθήσομαι, ἐγνώσθην, ἔγνωσμαι; angl. *to know*, all. *ken-*

nen. Syll. rad. Γνο ou Νο, la même que dans νοέω, voir, mais allongée par le redoublement γι et par l'insertion de σκ avant la terminaison. Cette syllabe primitive νο est aussi la même que *nu* dans *connu*. DIAGNOSTIC (74). PRONOSTIC, προγνωστικόν, indice de ce qui doit arriver. RR. πρό, γιγνώσκω. — *b.* D'où *nota*, NOTE, marque pour reconnaître; *nobilis*, NOBLE, *pr. connu, notable*. — *c.* De plus GNOMON, c.-à-d. indicateur, instrument qui sert à mesurer la hauteur du soleil et à marquer l'heure au moyen de l'ombre projetée par une aiguille verticale. — *d.* «Narro *cum alterum facio* gnarum.» VARR. D'où *ignarus* p. *ingnarus*, *ignorant*, *ignare*. — *e.* D'où *norma* p. *gnorima*, règle, exemple; *enormis*, ÉNORME, irrégulier, démesuré, qui sort de la règle, *e*, *norma*.

18. *a.* M. rac. q. γλαύσσω, briller.

20. *a.* De γλία, glu. — *b.* Ladre, crasseux, «qui porte un manteau usé, sale et tout couvert de taches.» LA BR.

21. *a.* Comp. γλυκύτερος, γλυκίων, rar. γλύσσων, sup. γλυκύτατος; γλύκιστος. D'où GLUCINE, GLUCOSE, substances chimiques de saveur douce.

22. *a.* M. rac. q. γλάφω, à la voyelle près. — *b.* D'où TRIGLYPHE, τρίγλυφον, ornement d'architecture dorique présentant *trois* cannelures. RR. τρεῖς, γλυφή.

1. Γλουτός, ὁ, fesse, *plur.* le derrière, *a fait* ÉPIGLOUTE[a]. ‑τια, *deux petits corps durs à l'entrée du cerveau.*

2. Γλώξ, γλωχός, ἡ, barbe d'épi. ‑χίς, *pointe, bout, flèche, dard, cap, angle;* ‑χινόω, *termine en pointe;* ‑χινωτός, *armé de pointes.*

3. Γνάμπτω[a], courbe, fléchit. ‑πτός, *courbé, souple;* ‑μψις, *courbure.*

4. Γνόφος[a], ὁ, ténèbres, tourbillon obscur, orage. ‑φόω, *obscurcit;* ‑φερός, *ténébreux;* ‑φίας, *tourbillon.* —5. Γνύθος, εος, τὸ, *creux.*

6. *Γοάω[a], gémit, déplore. Γόη, γόος, *gémissement, deuil;* γοεδνος, γοερός, γοήμων, *gémissant, triste, lamentable.*

7. Γόγγρος, ὁ, **conger**, CONGRE[a], excroissance qui vient sur les arbres. ‑ώνη, *tumeur scrofuleuse, tumeur au cou, goître.*

8. Γογγύλος, η, ον, rond. ‑λεύω, *arrondit;* ‑λευμα, *ouvrage rond;* ‑λη, ‑λίς, *radis;* ‑λίδιον, *petit radis;* ‑λος, *poing, main fermée.*

9. Γόνδης, ου, ὁ, cochon salé.—10. Γόργυρα, ἡ, aqueduc, égoût, cachot.

11. Γράβιον, τὸ, torche résineuse.—12. Γραικός[a], ἡ, όν, *græcus*[b], GREC.

13. Γράσος, ὁ, suint de la laine, odeur de bouc, odeur d'aisselles.

ANNOTATIONS.

a. Région supérieure des fesses. RR. ἐπί, γλουτός.

3. *a.* F. γνάμψω, a. ἔγναμψα, f. p. γναμφθήσομαι, a. p. ἐγνάμφθην, pf. p. usité seulement à la 3e pers. ἔγναμπται. Γνάμπτω paraît être sorti de la même racine que κάμπτω.

4. *a.* De νέφος, avec le γ additionnel. C'est le même mot que δνόφος. L'addition du γ initial est ordinaire, surtout chez les Attiques, devant λ et ν, et tient lieu d'aspiration. On dit de même γαῖα pour αἶα, terre, γδοῦπος pour δοῦπος, bruit, γλήμη p. λήμη, chassie. V. Κνέφας.

6. F. γοήσω ou γοήσομαι, a. 2 ἔγοον.

7. *a.* Ou anguille de mer, poisson très-vorace du même genre que la murène. « *Immitis conger.* » Ov. Le changement du γ en c n'a rien que de naturel, puisque ces deux consonnes appartiennent au même organe, et ne diffèrent que par une articulation plus forte ou plus douce. En effet le son du *g* est plus profond, et est précédé, comme celui du *b* et du *d*, d'une espèce de frémissement sonore dans l'arrière-bouche. Le son du *c* est plus fort et l'air ne sort qu'après que la langue s'est appuyée fortement contre le palais, et avec une sorte d'explosion qui se produit aussi dans l'articulation du π et du τ. Pour bien saisir cette différence entre consonne forte et consonne douce, il faut l'expérimenter une fois. On comprendra mieux ainsi comment la voix peut passer de l'une à l'autre et faire de γόγγρος, *congre*, de *sugere*, sucer, de μίσγω, *misceo*, de εἴργω, *arceo*, etc. V. Κωβιός. Pour tout ce qui tient à l'articulation des consonnes, voir COLOMBAT : *Du bégaiement et de tous les vices de la parole.*

12. *a.* Ancien nom des Grecs avant qu'ils eussent pris celui d'*Hellènes.* Chose singulière! le nom même de Grecs, Γραικός, a disparu de la langue grecque, et ce sont les Latins qui l'ont conservé, ainsi que plusieurs autres mots anciennement grecs, et qu'on ne trouve plus dans les auteurs. V. Ἕλλην. — *b.* On disait aussi *Graii* p. *Græci*; mais le nom d'*Alpes Graiæ, Grées,* dérive du mot celtique *Kraig,* rocher. De *Græcus* vient aussi GRÉGEOIS, qui s'est dit d'un feu artificiel inventé au sixième siècle par des moines byzantins, et qui servit longtemps aux Grecs du Bas-Empire pour brûler les flottes ennemies. Le féminin *græca* a fait GRIÈCHE, qui se dit d'une espèce de *pie* venue originairement de Grèce. *Pie-grièche* signifie aussi, métaphoriquement, femme criarde et *querelleuse* comme la pie, à qui La Fontaine a donné le surnom si juste de *caquet-bon-bec.*

14. *a.* Att. γλῶττα. Γλῶσσα a pour

14. Γλῶσσα *a*, ἡ, langue *b*, langage, GLOSE *c*. —σσημα, *terme obscur;*
—σικός, *lingual;* γλωττίς, *languette,* GLOTTE *d*; —τισμα, *baiser lascif.*

15. Γνάθος, ἡ, mâchoire, joue, bouche, dent, gueule, tranchant. —θόω,
souffelette; —θων, *gourmand, parasite,* GNATHON *a* dans Térence.

16. Γνάπτω *a*, gratte, peigne, carde. Γναφεύς, *foulon;* —φεύω, *est foulon;*
—φεῖον, *son atelier;* —φος, *chardon à foulon;* —φάλιον, GNAPHALIUM *b*.

17. Γογγύζω, murmure, roucoule, gronde. —υσίς, —υσμός, *murmure;*
—υστής, *qui murmure;* —υστικός, *porté aux murmures.*

18. Γόης *a*, ητος, ὁ, sorcier, magicien, imposteur. —ῆτις, *fém.;* —ητεία,
magie; —ητεύω, *fait de la magie;* —ήτευμα, *sortilége.*

19. Γόμφος, ὁ, **gomphus,** cheville, clou, coin, jointure. —φόω, *cloue;*
—φωμα, *assemblage;* —φωτήριον, *cheville;* —φιος, *dent molaire.*

20. Γόνυ, νατος *a*, τὸ, **genu,** GENOU *b*, coude, angle, coin, nœud. —νάτιον,
dim.; —νατίζω, *fait mettre à genoux;* —νόομαι, *forme des nœuds.*

21. Γοργός, ή, όν, vif, rapide, ardent, terrible. —γόομαι, *piaffe;* —γότης, *vivacité;* —γό, GORGONE *a*; —γειος, *de gorgone.*

ANNOTATIONS.

racine γλώξ, pointe, et signifie pr. le *dard* de la langue, « *Gladius linguæ.* » S. Aug. ; la langue qui blesse comme un trait, a dit David : « *Sagitta vulnerans lingua.* » *Ps.* 54. D'où POLYGLOTTE, πολύγλωσσος, livre en plusieurs langues. RR. πολύς, γλῶσσα. *Polyglotte* se dit aussi d'un homme qui sait plusieurs langues. — *b.* La langue est le principal instrument du *langage* qui en tire son nom. L'hébreu, plus expressif et plus figuré que nos langues classiques, au lieu du mot *langue,* emploie, dans le sens de langage, le mot *lèvre* : « *Erat autem terra* labii *unius et sermonum eorumdem* », dit la Genèse. « Par toute la terre, les hommes remuaient les lèvres de la même manière et articulaient les mêmes sons. » En effet, c'est par les lèvres que la parole se produit au dehors, et le seul mouvement des lèvres suffit quelquefois à des sourds-muets pour la comprendre. — *c.* Explication, commentaire. D'où GLOSSAIRE, dictionnaire du vieux langage. — *d.* Fente du larynx pour le passage de l'air, recouverte pendant la déglutition par une languette nommée *épiglotte.* RR. ἐπί, γλωττίς. « *Ne si quid in eam cibi forte incidisset, spiritus inde impediretur, tegitur quasi quodam operculo.* » Cic.

15. *a.* Les poëtes comiques ne man-

quaient guère de mettre dans leurs pièces un parasite qui y jouait un rôle bouffon et méprisable. Celui qui figure dans l'*Eunuque* de Térence, s'appelle *Gnathon,* qui était à Rome le nom donné à tous les parasites. V. Σῖτος.

16. *a.* Anc. χνάπτω; R. χνάω. F. γνάψω, a. ἔγναψα, a. p. ἐγνάφθην ou ἐγνάφην. — *b.* Ou *cotonnière,* genre d'herbes cotonneuses dont le duvet sert à bourrer les matelas.

18. *a.* De γοάω, crier, à cause des cris et des hurlements employés dans les sortiléges.

20. *a.* Ou poét. γόυνός, dat. γόνατι, γουνί, acc. γόνυ ; pl. γόνατα, γούνατα ou γοῦνα, γονάτων ou γούνων, γόνασι ou γούνασι. Ce mot a sa racine dans le verbe oriental *kna* ou *gna,* qui signifie *plier.* Cf. l'angl. *knee,* l'all. *knie, genou;* χνήμη, *jambe.* V. Ἀγχύλος. — *b.* D'où GÉNICULÉ ou GENOUILLÉ, qui se dit, en botanique, des tiges articulées ou noueuses, lesquelles fléchissent sur elles-mêmes et forment à chaque nœud un angle plus ou moins ouvert. Le blé et plusieurs autres plantes graminées présentent ce caractère.

21. *a.* Nom donné aux trois filles de Phorcus, prince phrygien, dont la plus célèbre est Méduse. V. Μέδω.

1. Γράσσος, ὁ, cri des soldats. — 2. Γραψαῖος, ὁ, espèce de crabe.

3. Ἡράω[a], ronge, mange, *comme fait la* GANGRÈNE[b]. Γράστις, *fourrage;* γρῶνος, *creux;* —νη, *rocher creux, antre, grotte, trou de rocher.*

4. Γρῖπος, ὁ, filet, capture. —πεύω, —πίζω, *pêcher, attraper ;* —πεύς, *—πων, pêcheur;* —πεία, *pêche, gain, soif du gain;* —πισμα, *capture.*

5. Γρῖφος, ὁ, filet, GRIPHE, énigme, LOGOGRIPHE[a]. —φεύω, *parle par énigmes, propose une énigme.*

6. Γρόνθος, ὁ, poing fermé, coup de poing, bout, sorte de mesure.

7. Γρόσφος, ὁ, grosphus, sorte de javelot[a], machine de guerre.

8. Γρυνός, ὁ, souche, tison. — 9. Γρύτη, ἡ, chiffon; — τάρια, *chiffons.*

10. Γύαλον, τὸ, creux de la main, cavité, vallon. *—λα, vase à boire ; *—λός, qui remplit le creux de la main.* — 11. Γύγης, ὁ, nom d'oiseau.

12. Γύη, ἡ, guéret, terrain, champ, pays, contrée, chemin, fossé. Γύης, *id., pièce de bois qui tient le coutre de la charrue.*

13. Γυῖον, τὸ, membre, pied, main, tout le corps. Γυιός, *boiteux, estropié.*

14. Γυλιός, ὁ, havre-sac, panier des soldats pour les provisions.

ANNOTATIONS.

3. *a.* Imp. ἔγραον. — *b.* La gangrène est une mortification totale de quelque partie du corps, qui s'étend quelquefois avec rapidité.

5. *a.* Sorte d'énigme consistant en un mot dont les lettres, diversement combinées, forment d'autres mots qu'il faut également deviner. RR. λόγος, γρῖφος. Ex. : « *Je suis avec mon chef un fleuve de l'Asie, et privé de mon chef, le ciel est ma patrie.* » Le griphe des Grecs était tout autre chose que notre logogriphe. Il consistait en une question obscure et à double entente, qui paraît d'abord très-claire, mais qui cependant ne peut être débrouillée sans explication. Ex. : « Ἕκτορα, τὸν Πριάμου Διομήδης ἔκτανεν ἀνήρ. » Pour comprendre ce vers, il faut voir dans Διομήδης non pas le fils de Tydée, mais une esclave nommée Dioméda, qu'Achille posséda après Briséis. (*Iliade*, ch. IX.)

7. *a.* Javelot de l'infanterie légère des Romains dans Polybe. « Le trait appelé γρόσφος, dit cet auteur, a, en général, un bois long de deux coudées et d'un doigt d'épaisseur. La pointe, longue d'un empau, est forgée et aiguisée si menu, que nécessairement elle se plie au premier jet et que les ennemis ne peuvent rejeter le trait. »

15. *a.* Voc. γραῦ, d. γραῖ, ac. γραῦν; pl. γρᾶες, γραῶν, γραυσί, γραῦς. M. rac. q. γέρων.

16. *a.* F. γράψω, a. ἔγραψα, pf. γέγραφα; pass. γραφθήσομαι ou γραφήσομαι, ἐγράφθην ou ἐγράφην, γέγραμμαι. Cf. γλάφω, γλύφω, χαράσσω, où se retrouve la même articulation radicale, avec adoucissement de ρ en λ. D'où GRAPHOMÈTRE, instrument pour mesurer les angles sur le terrain. RR. γράφω, μέτρον. PANTOGRAPHE, instrument avec lequel on copie toute espèce de dessins mécaniquement et sans aucune connaissance de l'art. RR. πᾶς, γράφω. — *b.* Le sens premier est *gratter, creuser, graver;* angl. *to grave,* all. *graben.* Les anciens gravèrent d'abord leur écriture sur la pierre, le bois ou les métaux, puis ils écrivirent avec un roseau sur les feuilles de palmier ou sur la seconde écorce des arbres appelée *liber,* dont nous avons fait *livre;* plus tard encore, sur l'enveloppe membraneuse qui recouvre la tige du papyrus. V. Πάπυρος. Dans les usages ordinaires de la vie, on se servait de tablettes enduites de cire. Considérez tous les mots des langues anciennes relatifs à l'écriture ou à la peinture, vous trouverez qu'ils se rapportent par leur signification radicale à l'action de graver, d'entailler. Le roseau et la plume ne sont venus qu'après le burin et le stylet.

15. Γραῦς[a], γραός, ἡ, vieille femme, écume, croûte. Γραῖα, *id.;* γρᾴ-
διον, *dim.;* γραϊκός, *de vieille femme;* γραιόομαι, *vieillit.*

16. Γράφω[a], ÉCRIT[b], GRAVE, peint. —φεύς[c], *écrivain;* —φεῖον, *stylet;*
—φή, *écriture;* —φίς, *dessin, stylet;* γράμμα[d], *lettre;* —μή, *trait.*

17. Γρύζω[a], grunnio, GROGNE, GRONDE, murmure. Γρυσμός, *gronde-*
ment; γρύλλος, *cochon,* GRYLLUS[b]; —λίων, *dim.;* —λίζω, *grogne.*

18. Γρυπός, ή, όν, courbé, crochu, qui a le nez aquilin[a], triste. —ότης,
courbure; —όω, *recourbe;* γρύψ, gryps, GRIFFON[b].

19. Γυμνός, ή, όν, nu. —νότης, *nudité;* —νόω, *met à nu;* —νάζω, *exerce;*
—νάσιον, —ναστήριον, GYMNASE[a]; —νάς, *exercé.*

20. Γυνή, ναικός[a], ἡ, femme, épouse. —ναιον, *dim.;* —ναικεῖος, *de fem-*
me; —κεῖον, —κῶν, —κωνίτης, GYNÉCÉE[b]; —κίζω, *agit en femme.*

21. Γυρός[a], ά, όν, circulaire, rond, *subst.* gyrus[b], cercle. *—ριος, rond;*
—ρεύω, *fait tourner;* —ρόω, *arrondit;* —ρωμα, *objet rond.*

22. Γύψ[a], γυπός, ὁ, vautour. —πειος, —πινος, *de vautour;* —πή, *nid de*
vautour; —πάριον, *dim.;* *—πιάς, habitée par des vautours.*

ANNOTATIONS.

V. Πίσσα, Χαράσσω, Στῦλος. — c. D'où
GREFFIER et GREFFE. C'est encore de
γράφω que vient dans un tout autre sens
notre verbe GREFFER, pr. *inciser, en-*
tailler. — d. D'où GRAMMAIRE, ἡ γραμ-
ματική, s. ent. τέχνη, la science des *let-*
tres, c. à d. du langage écrit et parlé.
ÉPIGRAMME, ἐπίγραμμα, qui signifie
d'abord *inscription,* de ἐπί et γράφω,
puis toute pensée plaisante et satirique
exprimée en peu de mots. ANAGRAMME,
ἀνάγραμμα, *transposition de lettres* qui
fait trouver un mot dans un autre; par
ex. : *ivrogne* dans *vigneron, caligo* dans
logica. RR. ἀνά, à rebours, et γράφω.
MONOGRAMME, chiffre composé des initiales d'un nom. RR. μόνος, γράφω.
V. Χρίω. GRAMME, nom fort impropre
de notre unité de poids qui n'a aucun
rapport avec la signification du mot
γράμμα.

17. a. F. γρύζω; a. ἔγρυξα, pf. γέ-
γρυχα. Angl. *to grunt, to grumble,* all.
grunzen. Syll. rad. Γρυ, qui imite le
grognement du cochon. — b. Un des
compagnons d'Ulysse changés en *pour-*
ceaux par la magicienne Circé. V. Fénelon, *Dialogues des morts.*

18. a. C. à d. recourbé en bec d'aigle,
aquila. — b. Animal fabuleux qui avait
un bec et des serres crochues. Son nom

rappelle *le vautour au bec retors* de La
Fontaine.

19. a. D'abord *école publique* destinée aux exercices du corps pour lesquels on était *nu* ou presque *nu;* puis
par ext. tout lieu de réunion pour des
exercices quelconques, même d'esprit:
Ainsi *gymnasium* est devenu synonyme
de *schola* et de *collegium.*

20. a. Dat. γυναικί, acc. γυναῖκα,
voc. γύναι; plur. γυναῖκες, etc. Vous
trouverez en botanique plusieurs termes
finissant par le mot *gyne* ou *gynie.* Cette
terminaison indique le pistil, que l'on a
considéré comme l'organe femelle de la
fleur, par opposition aux étamines, l'organe mâle désigné par la terminaison
andrie, de ἀνήρ, ἀνδρός. V. Ἕξ. — b.
Appartement des femmes chez les Grecs.

21. a. D'où AMPHIGOURI, composition
burlesque, sans ordre et inintelligible.
RR. ἀμφί, γυρός. — b. D'où GIRANDOLE,
soleil *tournant* ou gerbe de fusées. GI-
ROUETTE, qui *tourne* à tout vent. *Giro-*
falco, GERFAUT, pr. *faucon qui vole en*
rond. V. Κίρκος. ENVIRON, *in gyrum.*

22. a. D'où GYPAÈTE, pr. *vautour-*
aigle, genre intermédiaire aux vautours
et aux faucons, nommé aussi *vautour des*
agneaux. RR. γύψ, ἀετός.

1. Γύργαθος, ὁ, corbeille d'osier, cage d'osier, nasse, filet.

2. Γυρῖνος, ὁ, têtard de grenouille *ou* de crapaud.

3. Γύρις, εως, ἡ, fleur de farine. —ρινος, *de fleur de farine*.

4. Γωρυτός, ὁ, étui pour serrer l'arc, carquois, trousse pour les flèches.

5. Δ, DELTA, *dentale douce[a], vaut* quatre[b].

Δέλτα, τὸ, triangle[c], DELTA[d]; —τος, *tablettes[e], lettre*.

6. Δα, *particule augmentative et inséparable*.

7. Δαγύς, ῦδος, ἡ, poupée de cire pour les enchantements.

8. Δαδὶξ, ιχος, ἡ, **dadix**, mesure contenant six chénices[a].

9. Δάειρα, ἡ, Proserpine. — 10. Δαήρ[a], δαέρος, ὁ, **levir**[b], beau-frère.

11. *Δαιδάλλω[a], travaille avec art. —δαλμα, *chef-d'œuvre;* —δαλεύω, *travaille avec art;* —λόω, *orne;* —λος, *artiste*, DÉDALE[b].

12. *Δαίνυμι[a], prépare un festin, régale. —μαι, *manger, fêter.* Δαίς, δαίτη, —τός, *festin;* —ταλεύς, *hôte;* δαίσιμος, *mangeable*.

13. *Δαίομαι[a], partage. Δαίω, *id.;* δαΐζω, δατέομαι, *id.*, *immole;* δάσμα, *part, lot;* —σμευσις, *division;* —σμός, *id., tribut*.

ANNOTATIONS.

5. *a*. Le **Δ** n'est qu'un adoucissement du T, et s'articule en **frappant** avec le sommet de la langue la face postérieure des dents incisives **supérieures**, et en prononçant en même **temps** une voyelle. Son nom vient du **daleth** hébraïque, qui signifie et représente la porte d'une tente. Cette dentale est souvent ajoutée dans les mots comme lettre euphonique, par exemple, dans la déclinaison de ἀνήρ, entre le ν et le ρ. Le *d* remplit la même fonction en latin dans *prodeo* p. *proeo*, *prodest* p. *proest*. *redigo* p. *reago*, *redimo* p. *reemo*, etc. En français, toutes les fois que, par suite de la **chute** d'une consoune ou d'une voyelle intermédiaire, les liquides *l* et *r*, *n* et *r*, ou deux *r* de suite se sont trouvées en contact, on les a séparées par un *d* euphonique. Ainsi *pulverem* a fait *poulre*, puis *pouldre* et *poudre; pingere, pinre*, puis *peindre; fulgur, foulre, fouldre, foudre; torquere, torre, tordre; cinis, cenre, cendre; ponere, ponre, pondre*. Entre les liquides *m* et *r*, c'est le *b* qui s'interpose. V. Βροτός, mortel. — *b*. Dans les inscriptions, Δ valait dix, comme étant la première lettre du mot Δέκα. —*c*. A cause de la forme triangulaire du Δ, comme on avait donné à l'équerre du maçon le nom d'*alpha*, à cause de sa ressemblance avec un A. — *d*. Grande île formée dans la basse

Égypte par les deux branches les plus écartées du Nil, et ainsi appelée parce qu'elle ressemble à un **Δ**. — *e*. Elles tiraient leur nom de leur forme primitivement triangulaire. Cf. *tessera*, tablette carrée, de τέσσαρες, quatre.

8. *a*. La chénice valait un litre, huit centilitres.

10. *a*. Voc. δᾶερ. — *b*. Le changement de *d* en *l* se retrouve dans *lacryma*, de δάκρυμα; *Ulysses*, de Ὀδυσσεύς; *cigale*, de *cicada*; ital. *cicala; Gilles*, de *Ægidius; sella*, de *sedeo*. V. Σέλλα.

11. *a*. F. δαιδαλῶ. De δέδαα, je sais, parf. de διδάσκω, apprendre. — *b*. Mécanicien, statuaire et architecte célèbre de l'antiquité, qui construisit le fameux labyrinthe de Crète, appelé de son nom *Dédale*. Les anciens lui attribuent l'invention des voiles, de la scie, de la hache, du vilebrequin et des autres outils les plus nécessaires.

12. *a*. F. δαίσω, a. ἔδαισα, de δαίομαι, *faire les parts*.

13. *a*. F. δάσομαι, pf. δέδασμαι.

14. *a*. Ou pierre à plâtre, qui doit sa dureté à l'eau qu'elle contient et que la cuisson lui enlève. Ce qui explique tout à la fois l'emploi qu'on fait de cette matière et le nom qu'elle porte. RR. γῆ et ἕψω, cuire.

15. *a*. Dor. γῶνος, d'où POLYGONE,

14. Γύψος, ή, gypsum, craie, plâtre, GYPSE[a]. —ψινος, de plâtre ; —ψόω, plâtrer, enduire de plâtre ou de craie, blanchir à la craie.

15. Γωνία[a], ή, angle, coin[b], pointe, dard. —ναῖος, anguleux ; —νιασμός, angle formé par deux murs ; —νιόομαι, a la forme angulaire.

16. Δαίμων, ονος, ό, dæmon, dieu, génie, DÉMON[a], sort. —ονικός, —όνιος, divin ; —ονιάω, est inspiré.

17. Δάκνω[a], mord. *—νάζω, mordille ; —νηρός, mordant ; *δάξ, en mordant ; *δάκος, δῆγμα, δηγμός, morsure ; δήκτης, —τήριος, qui mord.

18. 'Δάκρυ, υος, τὸ, lacryma[a], LARME[b]. —ύδιον, dim. ; —ύω, pleure ; —υμα, pleurs ; —υντός, —υτός, pleuré ; *—υόεις, éploré ; —υον, larme.

19. Δάκτυλος, ὁ, digitus[a], DOIGT, dactylus[b], DATTE[c], DACTYLE[d]. —λιος, anneau ; —λίδιον, dim. ; —λίζω, montre au doigt ; —λικός, du doigt.

20. Δαμάζω[a], domo, DOMPTE, mârie.* —μαστήρ, dompteur ; *—μαρ[b], épouse ; *δμῆσις, δάμασις, action de dompter ; *δμώς[c], esclave.

21. Δαπανάω, dépenser, consumer. —νη, dépense ; —νημα, dépense, frais ; —νηρός, —νητικός, dispendieux ; —νος, prodigue.

ANNOTATIONS.

πολύγωνον, figure plane à plusieurs angles. RR. πολύς, γωνία. — b. D'où COGNÉE, hache en forme de coin, et le verbe COGNER, pr. frapper avec la cognée.

16. a. Chez les anciens, démon signifiait un esprit, un génie bon ou mauvais. Pour les chrétiens, ce mot veut dire ange déchu, malin esprit, diable. On a fait venir δαίμων de δαήμων, dérivé lui-même du verbe δαῆναι, être instruit, de διδάσκω. « Si Hésiode les appelle démons, c'est, dit Platon, parce qu'ils sont sages et intelligents. » « Dæmones enim dicuntur, quoniam vocabulum græcum est, ob scientiam nominati. » LACTANCE. C'est à force d'esprit et d'astuce que le Démon est devenu le maître du monde, princeps hujus mundi.

17. a. Γ. δήξομαι, a. 2 ἔδακον, pf. δέδηχα ; pass. δηχθήσομαι ou δακήσομαι, ἐδήχθην ou ἐδάκην, δέδηγμαι.

18. a. Ou lacrima, anc. lacruma, de δάκρυμα. V. Δαήρ. — b. D'où LARMIER, mot pittoresque qui désigne, en architecture, une partie saillante destinée à faire dégoutter l'eau de pluie à quelque distance du mur.

19. a. De la m. rac. q. δείκνυμι, indiquer, avec changement de la voyelle i en a. L'i reparaît dans le latin digitus,

qui signifie pr. index, doigt indicateur. D'où DIGITALE, plante dont la fleur est en forme de dé à coudre. — b. D'où vient dé à coudre, anc. deil, didal, de digitale, qui s'adapte au doigt.— c. Fruit du palmier, ainsi nommé, soit à cause des feuilles palmées de cet arbre, soit à cause de la forme même du fruit, semblable à un doigt. V. Παλάμη. — d. Pied de vers composé d'une longue et de deux brèves, comme le doigt est formé de trois parties d'inégales longueurs, la phalange la plus voisine du poignet étant la plus longue. Ex. : Ἑλλάδα, cǎrmǐnǎ.

20. a. On dit aussi en poésie δάμνημι, δαμάσω, att. δαμάω, a. ἐδάμασα, a. 2 ἔδαμον, pf. δέδμηκα, a.p. ἐδαμάσθην, ἐδμήθην ou ἐδάμην, pf. δεδάμασμαι ou δέδμημαι. Cf. l'ang. to tame, l'all. zähmen. D'où adamas, DIAMANT. « In tantum durus est ut omnia metalla confringat, et ipse non confringatur ab ullo, unde à Græcis adamas dicitur, quasi indomabilis. » S. JÉR. RR. ἀ, δαμάω.— b. Litt. attachée au joug du mari, conjux, de cum, jugum. « Ipse dominabitur tui, » dit Dieu à la femme après la désobéissance. Gen., ch. III. Dans les langues orientales, maritus et dominus sont synonymes. — c. C'est pr. l'esclave captif, subjugué. V. Δοῦλος.

1. Δαίσιος, ὁ, DÆSIUS, *le cinquième mois chez les Macédoniens.*

2. Ἄαίω [a], brûle. Δάος, δάς [b], δαΐς, δαΐτις, **tœda**, *torche, combat* [c]; δαλός, *tison, vieillard;* δανός, *brûlé;* δήϊος, *ennemi;* δηϊόω, *dévaste.*

3. Δαμασώνιον, τὸ, plantain d'eau.—4. Δανάκη, ἡ, monnaie de Perse [a].

5. Ἄανος, εος, τὸ, don, prêt, emprunt, usure. —νειον, *argent prêté;* —νείζω, *prête à intérêt;* —νειστής, **danista**, *usurier* [a].

6. Δάπεδον [a], τὸ, sol, plancher, aire, parquet, terre, pays.

7. *Δάπτω [a], dévore, déchire, consume, détruit. —πτης, *qui dévore, qui déchire,* subst. *mouche;* —πτειρα, —πτρια, *fém.*

8. Δάρατος, ὁ, pain sans levain. — 9. Δαρεικός, ὁ, DARIQUE [a] *en or.*

10. Δαρθάνω [a], s'endort. — 11. Δάσκιλλος, ὁ, espèce de poisson.

12. Ἄασπλῆς, ῆτος, ὁ, ἡ, terrible, affreux.—13. Δατισμός, ὁ, DATISME [a].

14. Δαῦκος, ὁ, athamante de Crète, *plante ombellifère.*

15. Δέ [a], mais, or, et. Δε, *partic. enclitique.* — 16. *Δέαμαι, paraît.

17. Δείλη, ἡ, soir, soirée, crépuscule. —λινός, *de l'après-midi;* *δείελος, *du soir;* —λον, *goûter;* *—λινός, de l'après-midi.*

ANNOTATIONS.

2. *a.* Pf. 2 δέδηα, dans le sens du présent, je suis brûlé ou je brûle; plqpf. ἐδεδήειν, je brûlais; au pass. δαίομαι, f. δαήσομαι, a. ἐδάην, pf. δέδαυμαι. — *b.* Gén. δαΐδος, d'où est venu **tœda**, par le changement du δ en *t*. Cf. *verte,* de *viridis; nette,* de *nitida; ita,* de *is, id; intus,* de ἔνδον. Quant au changement de *ai* en *œ,* il est ordinaire en latin. Ex.: αὐλαί, *aulœ,* les cours; τῇ λύρᾳ, *lyrœ,* à la lyre. Anciennement les Latins écrivaient comme les Grecs, *lyrai, aulai;* plus tard l'orthographe suivit la prononciation. — *c.* Pr. la chaleur du combat. D'où les expressions *Martem accendere,* allumer la guerre, enflammer l'ardeur des combattants.

4. *a.* Δανάκη signifiait aussi *le denier de Charon.* On mettait cette pièce de monnaie dans la bouche des morts pour payer le passage du Styx. R. δάνος.

5. *a.* « *Nullum genus hominum tetrius* », dit Plaute. La seule usure légitime est celle dont le Saint-Esprit a dit: « *Fœneratur Domino qui miseretur pauperis.* » (*Prov.,* ch. IX.)

6. *a.* Mot composé de δᾶ pour γῆ, terre, en dialecte dorien, et πέδον, sol.

7. *a.* F. δάψω, a. ἔδαψα; peu usité aux autres temps.

9. *a.* Pièce persane valant 18 francs 54 centimes, et ainsi nommée de *Darius le Mède,* qui fit frapper les premières dariques à son effigie, en 538. De l'autre côté était la figure d'un archer agenouillé et décochant une flèche. Les Macédoniens avaient pareillement leurs *philippes,* comme nous avons nos *louis d'or* et nos *napoléons,* comme la Bavière a ses *max* (abréviation de *Maximilien,*) la Suède, ses *carolins,* Rome, ses *paules* et les Deux-Siciles, leurs *carlins.* A Rome, la monnaie la plus ancienne portait l'effigie d'une brebis ou d'un bœuf, parce que les troupeaux, *pecus,* étant alors la principale richesse des hommes, devaient aussi être le principal objet d'échange ou de commerce. D'où est venu le mot *pecunia,* qui a passé en français dans *pécule, péculat.* V. Λίτρα, Γλαύξ.

10. *a.* F. δαρθήσομαι, a. 2 ἔδαρθον et ἔδραθον, pf. δεδάρθηκα, a. p. ἐδάρθην.

13. *a.* Ridicule accumulation de synonymes, à l'imitation d'un certain *Datis,* d'origine persane. De même on a fait du nom de *Marivaux,* écrivain du dernier siècle, le mot *marivaudage,* pour signifier une métaphysique subtile, alambiquée et exprimée d'une façon triviale.

15. *a.* Adverbe conjonctif qui se place après un mot, et en opposition à μέν, avec le sens de *mais.* δε, sans accent, est une particule enclitique qui exprime, ainsi que ζε et σε, la tendance vers un lieu. Ex.: οἴκαδε, Ἀθήνηνδε, *à la maison, à Athènes.*

18. *a.* D'où DASYPE, nom scientifique du *tatou,* mammifère édenté d'Améri-

18. Δασύς [a], εῖα, ύ, densus, serré, boisé, velu, rude, hérissé. —σος, taillis; —σύνω, épaissit, serre; —σύτης, épaisseur.

19. Δάφνη, ἡ, laurier [a], DAPHNÉ [b]. —νίς, baie, branche, couronne de laurier; —ναῖος, —νινος, de laurier; —νών, lieu planté de lauriers.

20. Δαψιλής, ές, dapsilis [a], riche, magnifique, libéral. *—λός, id.; —λεια, abondance, libéralité; —λεύομαι, est libéral.

21. *Δείδω [a], craint. Δέος, *δεῖος, δεῖμα, peur, crainte; δειδήμων, craintif; δειμαίνω, craint, effraye; —μαλέος, craintif; —ματόω, effraye.

22. Δειλός [a], ή, όν, craintif, lâche, vil, méchant [b]. —λία, lâcheté; —λαίνω, —λιάω, craint; —λιαίνω, effraye; —λαιος, misérable.

23. Δείκνυμι [a], indico, montre. —μαι, salue; —κτης, indicateur; —κελον, image; δεῖγμα, preuve [b]; δεῖξις, indication.

24. Δεινός [a], ή, όν, terrible, grand, habile. —νόω, exagère; —νότης, atrocité, force, talent; —νάζω, s'indigne.

25. Δεῖπνον [a], τὸ, souper, anc. DÎNER. —νίδιον, dim.; —νέω, soupe; —νήτης, convive; —νητήριον, salle à manger; —νίζω, fait souper.

ANNOTATIONS.

que, remarquable par l'épaisseur de ses doigts qui sont propres à fouir la terre. RR. δασύς, πούς.

19. a. D'où DAPHNÉ, village aux environs d'Antioche, dans un site très-agréable; le nom rappelle les bois de lauriers qui l'ombrageaient. Il y avait aussi dans la basse Égypte une ville du nom de Daphné, aujourd'hui Safnat. V. Κάννα. — b. Où bois-gentil, genre d'arbustes voisins du laurier, dont l'écorce se nomme dans le commerce garou ou sain-bois.

20. a. De δάπτω, dévorer, consumer; pr. qui mange et fait manger son bien dans des repas somptueux. Le latin daps, festin, banquet, a la même racine.

21. a. δείσομαι, a. ἔδεισα, pf. δέδοικα ou δέδια, je crains, qu'on emploie au lieu du présent, très-rarem. employé, plqpf. ἐδεδοίκειν ou ἐδεδίειν, je craignais. On trouve aussi δειδίσσομαι, δειδιάω, δειδίσχομαι, δεδίσσομαι, δεδίσχομαι, p. δείδω.

22. a. De δείδω, comme timide de timeo. — b. Brave et bon étaient synonymes chez les anciens. V. Ἀγαθός.

23. a. Et δεικνύω, f. δείξω; all. zeigen. Syll. rad. Διχ, qui exprime l'action d'indiquer, de montrer par un geste, comme on le voit plus particulièrement dans le moyen δείκνυμαι, saluer du geste, offrir une poignée de main. D'où DIGITUS, δάχτυλος, l'INDEX; δεξιά, dextra,

la main droite. Dico, anc. deico, DIRE pr. montrer sa pensée par un geste ou par la parole. De même parler veut dire jeter ses pensées devant quelqu'un pour qu'il les voie et les recueille. V. Βάλλω. Rapprochez de δείκνυμι les verbes εἴδω et γιγνώσκω, avec leur signification première de voir; le latin intelligere, avoir l'intelligence de, pr. prendre avec choix, inter lego, discerner; et nos verbes français apprendre, comprendre, entendre, qui expriment l'action de saisir, ad-prehendere, cum-prehendere, de tendre ou de se porter vers un objet pour le prendre; in-tendere. — b. De plus échantillon, exemple, modèle. D'où PARADIGME, παράδειγμα, terme de grammaire qui désigne les exemples ou modèles des déclinaisons et des conjugaisons. Ainsi, en grec, κεφαλή sert de paradigme pour la première déclinaison et λύω pour la conjugaison.

24. a. De δείδω, craindre. D'où DINOTÉRIUM, pr. animal terrible, nom donné par Cuvier à un genre de mammifères fossiles, qui surpassait en taille et en force les plus grands éléphants. RR. δεινός, θήρ.

25. a. C'était, dans Homère, le repas du milieu du jour, et depuis le siècle de Périclès, cinquième avant Jésus-Christ, le repas du soir, celui que les Romains nommaient cœna. V. Δόρπον, Κοινός.

1. Δεῖνα[a], ὁ, ἡ, tel ou tel, un quidam, un tel, une telle.

2. Δεινιάς, άδος, ἡ, sorte de chaussure[a]. — 3. Δειρήτης, ὁ, moineau.

4. *Δειρή, ἡ, cou, nuque, chaîne de montagnes. —ρας, *sommet d'un mont;* —ρός, *colline;* δέρη, *cou, gorge, montagne;* δέραιον, *collier.*

5. Δεῖσα, ἡ, fange, boue, ordure. —συλέος, *fangeux, bourbeux, sale.*

6. Δέκα[a], decem, DIX. —κάς, DIZAINE, DÉCADE; —κάζω, DÎMER, *corrompre un juge;* —κατόω, *perçoit la dîme;* —κατος, *dixième.*

7. Δέλλις, ιθος, ἡ, espèce de guêpe. —ίθιον, *guêpier, nid de guêpes.*

8. Δέλφαξ, ακος, ὁ, ἡ, cochon de lait. —άκιον, *petit cochon.*

9. Δελφίν[a], ῖνος, ὁ, delphinus, DAUPHIN[b]. —φινίσκος, *dim.;* —νιον, DAUPHINELLE[c], *pl.;* —νίζω, *plonge en se jouant comme un dauphin.*

10. Δελφίς, ίδος, ἡ, table à trois pieds, *comme le trépied de* DELPHES. —φική, —φικά, *salle à manger à Constantinople.*

11. Δελφύς[a], ύος, ἡ, matrice. —12.*Δέμας[a], τὸ, corps, taille, *adv.* comme.

13. *Δέμνιον, τὸ, lit, couche. —14. *Δενδίλλω, tourne les yeux çà et là.

15. Δέννος, ὁ, insulte, outrage. =νωστός, *en butte aux outrages.*

ANNOTATIONS.

1. *a.* Gén. τοῦ δεῖνος, dat. τῷ δεῖνι, acc. τὸν δεῖνα; pl. οἱ δεῖνες, acc. τοὺς δεῖνας. Ce mot est toujours précédé de l'article et reste souvent indéclinable.

2. *a.* Du nom d'un certain *Deinias,* comme la coiffure dite *fontange* dut son nom à la duchesse de *Fontanges,* sous Louis XV.

6. *a.* D'où *decanus,* DÉCAN OU DIZE-NIER, sous-officier romain qui avait *dix* hommes sous ses ordres. *Décan* a fait *dean,* puis *doyen,* angl. *dean.* DÉCA-MÈTRE, DÉCASTÈRE, DÉCAGRAMME, DÉCA-LITRE. Quant à *décimètre, décistère, décigramme* et *décilitre,* qui expriment les sous-multiples correspondants, ce sont des mots moitié latins et moitié grecs, autrement dit barbares. DÉCAGONE, δε-κάγωνον, figure plane qui a *dix angles.* RR. δέκα, γωνία. DÉCALOGUE, δεκάλο-γος, les *dix commandements* donnés par Dieu à Moïse sur le mont Sinaï. RR. δέκα, λέγω. DÉCANDRIE, nom donné par Linnée à la classe des plantes qui, comme l'œillet, ont *dix étamines.* RR. δέκα, ἀνήρ. V. Γυνή. DÉCAPODES, δεκάποδες, animaux crustacés qui ont *dix pieds,* comme le homard, l'écrevisse. RR. δέκα, πούς. DÉCAPOLE, pr. pays de *dix villes.*

9. *a.* Ou mieux δελφίς. — *b.* Genre de cétacés caractérisé par le grand nom-bre de dents qui garnissent ses mâchoi-res allongées en bec de canard. Le *Dau-phiné* prit son nom du *Dauphin* que les seigneurs de cette province portaient sur leur armure. En 1349, le Dauphiné fut cédé à Philippe VI, à condition que le fils aîné des rois de France porterait le titre de *Dauphin.* De même le nom de *Berne,* qui signifie *Ville de l'Ours,* rap-pelle l'ours, all. *Bœr,* que les Bernois portaient sur leur étendard. — *c.* Le pied-d'alouette en est une espèce.

11. *a.* Rac. de ἀδελφός.

12. *a.* Usité seulement au nom. et à l'acc. R. δέμω, bâtir. Δέμας signifie *pr.* la structure du corps formé par les mains de Dieu même pour être la demeure de l'âme. « *Terrestris domus nostra.* » S. PAUL. Cf. l'anglais *frame, pr. char-pente.* Partout dans les Écritures, le corps est désigné par les mots *tabernaculum, templum, vas;* le texte hébreu porte *vagina animæ,* la gaine de l'âme, et on retrouve la même expression dans Pline et saint Ambroise. Élien désigne le corps par le mot σκεῦος, *vas;* d'autres auteurs emploient dans le même sens ἀσκός et θύλακος, sac, enveloppe. Les langues at-testent donc qu'on a toujours cru l'homme composé de deux substances. Toutefois, « l'âme n'est point dans le corps comme

16. Δέλεαρ[a], ατος, τὸ, appât, piége. —άζω, amorcer; —ασμα, —ασμός, amorce; —άστρα, —αστρον, piége; *—αστρεύς, pêcheur.

17. *Δέμω[a], bâtit. Δόμος, domus[b], construction, maison, DOMICILE δομή, bâtiment; —μαῖος, des constructions; —μέω, bâtit.

Id. *Δῶμα[c], ατος, τὸ, maison, chambre. —μάτιον, chambre; —ματίτης, DOMESTIQUE; —μάω, bâtit; —μησις, construction; —μητύς, bâtisse.

18. Δένδρον[a], τὸ, arbre. *—ρεον, *—ρειον, *—ρος, id.; —ρων, —ρύφιον, dim.; * —δράς,*—ριακός,—ρικός, d'arbre;—ρών, lieu planté d'arbres.

19. Δεξιός, ά, όν, dexter, qui est à droite, adroit, heureux. —ιότης, adresse; - ιά[a], main droite; —ιόομαι, prend la main, salue.

20. Δέρχομαι[a], voit, regarde, vit[b], prim. brille. *—κιάομαι, id.; *δέργμα, —μός, regard, aspect; δέρξις, vision, vue, regard.

21. Δέρω[a], écorche. Δέρμα, δέρρις, peau, cuir, DERME[b]; *δέρος, id.; δέρριον, cilice; δάρσις, action d'écorcher; δορά, peau; δορός, outre.

22. Δεσπόζω, est maître. —ποτεύω, id.; —πότης, maître[a], DESPOTE; —ποινα, fém.; —ποτεία, autorité; —ποτικός, du maître.

ANNOTATIONS.

dans un vaisseau qui la contient, ni comme dans une maison où elle loge; elle y est par son empire, par sa présidence, par son action. » Boss.

16. a. De la syll. rad. Δελ, amorcer, qu'on retrouve dans δόλος, ruse.

17. a. F. δεμῶ; a. ἔδειμα; pl. δέδμηκα, a. p. ἐδμήθην, pf. δέδμημαι; le moyen δέμομαι, f. δεμοῦμαι, ə. ἐδειμάμην, pf. δέδμημαι, s'emploie pour l'actif. Δέμω se remplace en prose par οἰκοδομέω, composé de οἶκος, maison, et δομέω, forme dérivée et inusitée de δέμω. La racine de δέμω est la même que celle de δέω, lier, cimenter. En effet, construire, c'est assembler des matériaux, cum, struere. — b. D'où DOMINUS, maître de la maison, par syncope domnus, qui plus tard a fait DOM ou DOX, titre d'honneur de certains religieux et des seigneurs espagnols ou portugais. DOMINA, maîtresse de maison, dont nous avons fait DAME, DAMOISEAU, DEMOISELLE, anc. damoiselle, ital. donna, madonna, MADONE, c. à d. madame, Notre-Dame. Dominium, DOMAINE, angl. demesne; dominari, DOMINER, être maître. Dominica dies, jour du Seigneur, dimanche; la Dominique, une des Petites-Antilles, découverte par Colomb, en 1493, un dimanche, d'où son nom. — c. D'où

vient DÔME, voûte hémisphérique.

18. a. On dit mieux au dat. pl. δένδρεσι, de la forme poétique δένδρος, εος. D'où RHODODENDRON ou arbre rose, vulg. rosage, à cause de la teinte de ses fleurs. RR. ῥόδον, δένδρον.

19. a. De δείκνυμι, montrer, pr. la main que l'on tend pour montrer, dextra. Car montrer, c'est tendre la main vers un objet, ostendere, p. obtendere, tendere ob. V. Δάκτυλος.

20. a. F. δέρξομαι, ə. ἐδέρχθην, ἐδράκην ou ἔδρακον, pf. δέδορκα, je vois. — b. V. Βλέπω.

21. a. F. δερῶ, a. ἔδειρα, a. 2 ἔδαρον, pf. δέδαρκα, pf. 2 δέδορα, pass. δαρθήσομαι ou δαρήσομαι, ἐδάρην, δέδαρμαι. De l'adjectif verbal δαρτός, écorché, vient DARTRE, maladie de la peau qui paraît écorchée.— b. La peau la plus profonde, qui est recouverte par l'ÉPIDERME ou surpeau, ἐπιδερμίς. RR. ἐπί, δέρμα.

22. a. Δεσπότης, comme tous les mots exprimant l'autorité, n'avait d'abord rien d'odieux; c'est l'abus du pouvoir qui en a changé le sens. Pendant que τύραννος et rex étaient en exécration à Rome, βασιλεύς était en honneur chez les Athéniens, comme titre distinctif du deuxième archonte.

1. Ἀέπας, αος, τὸ, coupe, vase à boire. —πάζω, *boit à longs traits;* —παστρον, *coupe;* —παστραῖον, *contenu d'une coupe.*

2. Ἀεῦκος, ὁ, moût de raisin.—3. Δεῦρο, ici, çà! —4. Δέω[a], trouve.

5. Δή, certes, sans doute, or, donc, encore, enfin, alors. Δῆθε, *sans doute, apparemment, c'est-à-dire que, aussitôt.*

6. Δήκοκτα, ἡ, de **decocta**[a], eau bouillie et refroidie pour boisson.

7. Δημός, ὁ, graisse, *pr.* celle qui enveloppe les intestins.

8. *Δήν, longtemps, depuis longtemps, souvent. Δηναιός, *vieux,* *qui vient tard;* δηθά, δηρόν, *longtemps;* δηθύνω, *tarde;* δηρός, *long.*

9. Δηνάριον, τὸ, de **denarium**[a], DENIER, *petite monnaie romaine.*

10. *Δῆνος, εος, τὸ, conseil, projet, *plur.* intentions, machinations.

11. *Δῆρις, εως, ἡ, débat, querelle, combat. —ριάομαι, *conteste, combat.*

12. Διά, *gén.,* par, à travers, pendant, parmi, au moyen de; *acc.,* à cause de. D'où DIABLE[a], DIALOGUE[b], DIAMÈTRE[c], DIAPHANE[d], DIARRHÉE[e].

13. Διάζομαι, ourdit, attache *ou* étend la chaîne d'une toile. Δίασμα, *chaîne d'une étoffe, ébauche d'un ouvrage.*

ANNOTATIONS.

4. *a.* Sans futur.

6. *a.* Partic. pass. féminin de *coquo,* cuire.

9. *a.* Neutre de l'adjectif *denarius,* pr. qui contient le nombre dix. Le denier était, chez les Romains, une pièce de monnaie d'argent, marquée d'un X, et de la valeur de *dix as,* d'où lui venait son nom. C'était l'équivalent de 80 centimes. Le premier denier d'argent fut frappé l'an 485 de Rome. A partir de l'année 537, l'as fut réduit à une once et le denier valut seize as au lieu de dix. En 567, les Romains frappèrent leur première monnaie d'or, qu'ils appelèrent aussi *denier,* et qui valait 25 deniers d'argent. Le denier fut introduit par les Romains dans les Gaules, où il resta monnaie courante sous les rois mérovingiens et carlovingiens, mais en perdant toujours de sa valeur par une addition de cuivre de plus en plus forte, jusqu'à Philippe Ier, qui fit frapper les premiers deniers de cuivre. Cette petite pièce de monnaie, retirée de la circulation depuis peu d'années, valait un douzième du *sol.*

12. *a.* Διάβολος, *pr.* calomniateur, accusateur : « *Ab ipsis enim rumor falsus et seritur et fovetur.* » MIN. FÉL. « *Diabolus mendax est et pater mendacii.* » S. JEAN. Il a calomnié Dieu auprès de nos premiers parents et Job auprès de Dieu. « Diabolum *Scriptura vocat a*

prima sua adversus hominem calumnia. » S. JUSTIN. RR. διά, βάλλω, répandre, divulguer, accuser, calomnier. — *b.* Διάλογος, entretien, de διά et λέγω, discourir. — *c.* Διάμετρος, ligne droite qui traverse le cercle par le centre et aboutit à la circonférence. RR. διά, μέτρον. — *d.* Διαφανής, transparent. RR. διά, φαίνω, briller à travers. — *e.* Synonyme technique de *cours de ventre, dévoiement.* RR. διά, ρέω, couler à travers. De plus: DIATONIQUE, διατονικός, genre de musique qui procède principalement par tons pleins, et dont l'échelle ne renferme que deux demi-tons, fixés régulièrement du troisième au quatrième degré, et du septième au huitième. RR. διά, τείνω. V. Χρόα. DIAGONALE, ligne droite qui traverse un polygone et aboutit à deux angles. RR. διά, γωνία. DIALECTE, διάλεκτος, langage particulier d'un pays, de διά et λέγω, mettre à part. DIAGNOSTIC, ἡ διαγνωστική, s. ent. τέχνη, l'art de reconnaître les maladies à travers leurs symptômes. RR. διά, γιγνώσκω. DIATHERMANE, qui se dit, en physique, des substances à travers lesquelles les rayons de chaleur passent librement, comme les rayons de lumière passent à travers les substances diaphanes. RR. διά, θέρω. Par opposition, les corps qui ne livrent pas passage à la chaleur rayonnante sont dits *athermanes,* de ἀ priv. et θέρω.

14. Δεύτερος [a], α, ον, second, autre. —ραῖος, *qui dure depuis deux jours;* —ρεῖα, *second rang;* —ρεύω, *est le second;* —ριος, *secondaire.*

15. Δεύω, mouille [a], arrose, teint. Δεῦμα, *arrosement;* δευτήρ, *pétrin.*

16. Δέφω [a], corroie, tanne, assouplit. Δεψέω, *id.;* δέψα, *peau, cuir.*

17. Δέχομαι [a], reçoit, attend. Δέξις, *action de recevoir;* δεκτός, *reçu, agréé* [b]; δέκτης [c], *—τήρ, —τωρ, qui reçoit, mendiant.*

Id. Δοχή, ῆ, accueil hospitalier, régal, vase, réservoir. —χός [d], —χεῖον, *réservoir;* —χεύς, *hôte;* —χός, *qui reçoit;* χαῖος, *qui contient.*

18. Δέω [a], lie. Δετός, *lié;* δέσμιος, *enchaîné;* —μός, *lien;* —μη, *liasse,* —μεύω, —μόω, *lié;* —μώτης, *prisonnier;* —μωτήριον, *prison.*

19. Δέω [a], manque, s'en faut; δέομαι, a besoin de, prie, demande. Δέημα, *prière;* δέησις, *demande;* δεητικός, *suppliant.*

20. Δηλέομαι, gâte, détruit, trompe, est funeste. Δήλησις, *dommage;* *—λήεις,* —λητήριος, *pernicieux,* DÉLÉTÈRE.

21. Δῆλος [a], η, ον, apparent, clair, certain. —λόω, *indique, montre;* —λωσις, *indication;* —λωτικός, *qui sert à montrer.*

ANNOTATIONS.

Diapason. V. Πᾶς. Diaphragme. V. Φράσσω. Diacre. V. Κονέω.

14. *a.* R. δύο. D'où Deutéronome, Δευτερονόμιον, dernier livre du Pentateuque, nommé *seconde loi,* δεύτερος νόμος, parce que Moïse y récapitule ce qu'il avait établi dans les livres précédents. Ce livre contient l'histoire de ce qui s'est passé dans le désert, depuis le commencement du onzième mois jusqu'au septième jour du douzième mois de la quatrième année depuis la sortie d'Égypte, c'est-à-dire, l'histoire d'environ six semaines. Deutéro-canoniques, nom donné à certains livres de la Bible qui ne furent pas admis dans le canon de la Synagogue, et que l'Église y ajouta. RR. δεύτερος, κανών. Les *Deutéro-canoniques* de l'Ancien Testament, que les juifs et les protestants ne reconnaissent pas pour inspirés, sont au nombre de sept : Tobie, Judith, la Sagesse, l'Ecclésiastique, Baruch, le premier et le deuxième livre des Machabées. Les protestants rejettent du Nouveau Testament l'Épitre de saint Paul aux Hébreux, celle de saint Jacques, la deuxième de saint Pierre, la deuxième et la troisième de saint Jean, celle de saint Jude et l'Apocalypse; de plus, quelques chapitres ou fractions de chapitres.

15. *a.* Cf. l'angl. *to dew.*

16. *a.* F. δέψω, a. ἔδεψα.

17. *a.* Ion. δέχομαι, f. δέξομαι, a. ἐδε-ξάμην, a. p. ἐδέχθην, pf. actif et passif δέδεγμαι. — *b.* En latin, *acceptus* a aussi le sens de *agréable,* à qui l'on fait bon accueil. — *c.* D'où pandectes, πανδέ-κται, s. ent. βίβλοι, c. à d. *livres conte-nant tout* : nom donné au recueil des lois et décisions des anciens jurisconsultes romains sur toutes les questions de droit, fait par les ordres de Justinien. RR. πᾶς. δέχομαι. — *d.* D'où synecdoche, συνεκ-δοχή, compréhension; figure de langage par laquelle on fait entendre le plus en disant le moins, ou le moins en disant le plus, comme quand on dit *cent voiles* pour *cent vaisseaux.* RR. σύν, ἐκ, δέχ. Cholédoque, χοληδόχος, vaisseau qui re-çoit la bile, χολή, sécrétée par le foie, et qui la conduit dans le gros intestin. V. Κύστις.

18. *a.* F. δήσω, pf. δέδεκα; pass. δε-θήσομαι, ἐδέθην, δέδεμαι. D'où diadème, διάδημα, *bandeau* en général, puis *ban-deau royal.* RR. διά, δέω. V. Κίδαρις.

19. *a.* F. δεήσω, a. ἐδέησα, pf. δε-δέηκα, impers. δεῖ, il faut, c. à d. il man-que. V. Σφάλλω.

21. *a.* D'où Délos, petite île de la mer Égée, au centre des Cyclades, célèbre chez les poëtes par la naissance d'Apol-lon et de Diane qui y étaient honorés d'un culte particulier. Son nom signifie *brillante* et rappelle ceux de l'île *For-mose* et de *Belle-Ile.* V. Μορφή.

1. Διαίνω *a*, mouille, humecte, arrose, déplore; —νομαι, *pleure,* Διαντικός, *propre à mouiller;* —τός, *mouillé, qu'on peut mouiller.*

2. Διδράσκω *a*, s'enfuit. Δρασκάζω, *id.;* δρασμός, δράσκασις, *fuite;* 'δράστης, *fugitif;* δραπέτης, *esclave fugitif;* —τεύω, *fuit.*

3. Δίδυμος, ον, double, jumeau, DIDYME *a*. —μοι, *—μάονες, jumeaux. les gémeaux;* —μότης, *qualité de jumeau, nature double.*

4. Δίζομαι *a*, cherche, recherche, délibère, doute. *—ζημαι, —ζω, id.;* *—ζήμων, qui cherche;* *—ζησις, recherche, question.*

5. Δίκταμον, τὸ, DICTAME *a*, origan du mont DICTÉE, *en Crète.* —μνον, *id.;* —μνίτης (οἶνος), *vin préparé avec le dictamne.*

6. Δικτάτωρ *a*, ωρος, ὁ, de dictator, DICTATEUR *b*; —τωρεύω, *est dictateur.*

7. Δικεῖν *a*, lance, jette, blesse, abat; *inusité au présent.*

8. Διόνυσος *a*, ὁ, **Dionysus,** Bacchus, le vin. —σια *b*, DIONYSIAQUES; —σιος, *de Bacchus;* **Dionysius,** DENYS *c*; —σιον, *temple de Bacchus.*

9. Δίς *a*, bis *b*, DEUX fois. Δισσός, *double;* —σεύω, *est double;* *—σάκι —σάκις, deux fois;* —σαχῆ, *en deux endroits;* —σῶς, *doublement.*

ANNOTATIONS.

1. *a.* F. διανῶ, a. ἐδίανα ou ἰδίηνα. D'où ἀδίαντον, *adiante* ou *capillaire,* genre de fougères dont les feuilles, minces comme des cheveux, ne sont pas mouillées par l'eau. RR. ἀ, διαίνω.

2. *a.* F. δράσομαι, a. ἔδρασα, a. 2 ἔδραν, part. δράς, δράσα, δράν; pf. δέδραχα. Ce verbe ne s'emploie guère que dans ses composés. Syll. rad. Δρα, la même que dans δραμεῖν, courir.

3. *a.* Interprétation du mot hébreu *Thomas* qui est le même que *geminus,* jumeau: « Thomas *qui dicitur* Didymus », celui des douze apôtres qui évangélisa les Indes.

4. *a.* F. διζήσομαι, a. ἐδιζησάμην. On dit aussi δίζω et διζέω, f. διζήσω.

5. *a.* On DICTAMNE, nom donné, dans la botanique moderne, au genre de plantes auquel appartient la fraxinelle.

6. *a.* Où δικτάτορος. — *b.* Magistrat suprême que l'on créait à Rome dans les moments difficiles, et que l'on investissait d'un pouvoir absolu. « Dictator *appellatus quod ejus dicto omnes audientes essent.* » T. LIV. Lartius fut le premier dictateur en 499 avant Jésus-Christ, et César le dernier.

7. *a.* Prés. inusité, a. 1 ἐδιξα, a. 2 ἔδικον.

8. *a.* Bacchus, né en second lieu de Jupiter, Ζεύς, gén. Διός, fut élevé, dit-on, dans la ville de Nysa en Éthiopie, d'où son nom. V. Θύρα. — *b.* S.- ent. ἱερά, fête de Bacchus, nommée Bacchanales chez les Romains. — *c.* Nom de l'Aréopagite converti par saint Paul et de deux fameux tyrans de Syracuse. Ptolémée XII, celui qui fit assassiner Pompée, avait pour surnom *Dionysos.*

9. *a.* Pour *dvis,* du sanscrit *tvis,* qui a donné le latin *bis* par l'évanouissement du *d* et la substitution de *b* à *v,* comme dans *bellum* de *duellum.* La racine de δίς est la même que celle de δύω, *duo,* deux. D'où DILEMME, δίλημμα, argument où l'on part de deux propositions contraires. RR. δί par euphonie pour δίς, et λαμβάνω. DISSYLLABE, δισσύλλαβος. RR. δίς, συλλαβή. DIPTÈRE, δίπτερος, insecte qui a deux ailes. RR. δίς, πτερόν. De plus, une foule de mots latins et français dans lesquels la syllabe δίς entre comme particule initiale exprimant la division, la séparation : *diviser, dispenser, distribuer, discerner,* etc. — *b.* D'où *bini, æ, a,* deux ensemble. COMBINER, *pr.* joindre deux à deux. RR. *cum, bini.* BISCUIT, *pr.* pâtisserie mise deux fois au four, ital. *biscotto,* de *bis* et *coctus,* cuit. BIJOU, de *bis* et *joculus,* jouet.

10. *a.* D'où DÉMAGOGUE, DÉMOCRATIE, ÉPIDÉMIE. V. Ἄγω, Κράτος, Ἐπί. DÉMARATE, δημάρατος, n. pr., *litt.* désiré par le peuple. RR. δῆμος, ἀρά.— *b.* On

10. Δῆμος[a], ὁ, peuple, pays, DÈME[b]. —μιος, —μόσιος, *public;* —μόω, —μοσιόω, *rend public;* —μεύω, *confisque*[c]*;* —μότης, *citoyen.*

11. Δίαιτα, ἡ, **diæta,** régime, DIÈTE[a], séjour, arbitrage. —τάω, *soumet à un régime, juge;* —τητής, *arbitre;* —τητήριον, *chambre.*

12. Διδάσκω[a], **doceo,** enseigne, instruit. —δαξις, —δαχή, *instruction;* δάγμα, —δασκαλία, *leçon;* —λος, *maître;* —λεῖον, *école*[b].

13. Δίδωμι[a], **do**[b], DONNE. Δόμα, DON; δόσις[c], DONATION, DOSE; δότης, δοτήρ, *donateur;* δοτικός, *libéral;* δοτός, *donné.*

14. Δίκη[a], ἡ, justice, punition, usage. —καιος, *juste;* —καιόω, *croit juste;* —καιοσύνη, *justice;* —κάζω, *juger;* —καστής, *juge.*

15. Δίκτυον[a], τὸ, filet, réseau. —υόω, *fait en forme de filet, prend au filet;* —υεία, *péche au filet;* —υεύς, *pêcheur.*

16. Δῖνος, ὁ, tourbillon. —νάζω, —νεύω, —νέω, *fait tourner;* —νευμα, —νησις, *tournoiement;* —νη, *tournant;* —νόω, *tourne;*[*] —νωτός, *tourné.*

17. Διπλόος, όη, όον, **duplus,** DOUBLE. —λάσιος, *id.;* —λοΐς, *manteau double;*—πλόω,—λοΐζω,—πλασιάζω,—σιόω, *doubler;*--λωμα[a], DUPLICATA[b].

ANNOTATIONS.

nommait ainsi certains cantons de l'Attique, ayant chacun leurs lois et leur culte, avant la réunion de tout le pays sous le gouvernement de Thésée. — *c. Pr.* mettre dans le fisc ou trésor public.

11. *a.* Régime propre à rétablir la santé et consistant surtout dans l'abstinence des aliments.

12. *a.* F. διδάξω ou διδασκήσω, a. ἐδίδαξα ou ἐδιδάσκησα, pf. δεδίδαχα et δεδάνκα, f. p. διδαχθήσομαι, a.p. ἐδιδάχθην, a. 2 ἐδάην, pf. p. δεδίδαγμαι et δεδήδημαι; syll. rad. Δα, la même, à la voyelle près, que dans δείκνυμι, montrer. Nous disons de même en français *montrer* et *démontrer* pour *enseigner,* et le verbe *enseigner* lui-même, formé de *in* et *signum,* équivaut à *per signa docere,* montrer au moyen de signes. V. Φωνή. — *b.* De plus, διδακτικός, DIDACTIQUE, propre à instruire, qui donne des préceptes. Les *Géorgiques* de Virgile et le *Traité des études* de Rollin sont des ouvrages didactiques.

13. *a.* F. δώσω, a. ἔδωκα, a. 2 ἔδων, pf. δέδωκα; pass. δοθήσομαι, ἐδόθην, δέδομαι; syll. rad. Δο. — *b.* D'où *reddo* pour *re-do,* rendre, *pr.* redonner. ANTIDOTE (24). ANECDOTE, ἀνέκδοτος, particularité historique *inédite.* RR. ἄν priv. et ἐκδίδωμι, *edo, j'édite,* de *ex* et *dare,* faire paraître. DATE, de *datum, donne,* à cause de l'usage encore existant de terminer certains actes par la formule : *Donné à Rome, à Paris,* etc. *Mandare,* COMMANDER, pour *in manum* ou *manui dare,* mettre en main une commission. Du portugais *mandar* vient *mandarin,* officier public du Céleste Empire. — *c.* Poét. δώς, d'où en latin *dos,* DOT, et talent, *don* de Dieu. De δόσις viennent THÉODOSE, Θεοῦ δόσις, et DOSITHÉE, δόσις Θεοῦ, *don de Dieu.*

14. *a.* D'où SYNDIC, σύνδικος, avocat chargé de défendre en justice un intérêt commun. RR. σύν, δίκη. THÉODICÉE, de Θεός et δίκη, *pr.* justice de Dieu, partie de la théologie naturelle qui traite de Dieu, de ses attributs et particulièrement de sa *justice* dans le gouvernement du monde.

15. *a.* De δικεῖν, jeter.

17. *a.* D'où DIPLÔME, charte, titre, acte public ordinairement *fait en double* ou, si l'on veut, *plié en deux,* comme c'était la coutume autrefois pour mieux conserver le sceau. De *diplôme* on a fait *diplomatique,* science qui enseigne à déchiffrer les vieilles chartes; *diplomatie,* science des rapports internationaux qui se règlent par dépêches ou *diplômes.* — *b.* Part. pass. de *duplico,* doubler, francisé par l'usage pour signifier le *double* d'un acte, d'un écrit quelconque. *Duplicata* est synonyme de *diplôme.*

1. Δίσκος[a], ὁ, discus, DISQUE, palet, plat[b]. —κεύω, *lance le disque;* —κευμα, *action de le lancer;* —ευτής, *celui qui le lance.*

2. Διστάζω[a], DOUTER[b]. —στασις, —σταγμός, *doute;* —στακτικός, *dubitatif.*

3. *Διφάω, cherche, fouille. —φή, *recherche;* —φήτωρ, *qui cherche.*

4. Διφθέρα, ἡ, peau apprêtée, parchemin[a], livres. —ρινος, *de peau;* —ρίας, —ρίτης, *de peau, de cuir;* —ρόω, *couvre de peau.*

5. Δίφρος[a], ὁ, siége d'un char, char, litière. *—ράς, *siège, fauteuil;* —ρεύω, *conduit un char, va en char;* —ρευτής, *conducteur d'un char.*

6. Δίχα[a], en deux parties, séparément, sans. —χάζω, *partage;* —χασις, —χασμός, *division par moitié;* *—χάς, *moitié.*

7. Δίω[a], craint, fuit; *δίεμαι, effraye, met en fuite, poursuit, chasse.

8. *Δνοπαλίζω[a], secoue, agite. —λιξις, *action de secouer.*

9. *Δνόφος[a], ὁ, obscurité. —φεος, —φερός, *obscur;* —φόω, *obscurcit.*

10. Δόδρα, ἡ, *de* dodrans, breuvage composé de neuf[a] substances.

11. Δοθιήν, ῆνος, ὁ, clou, furoncle, tumeur enflammée.

12. Δοίδυξ, υκος, ὁ, pilon, lourde cuiller qui servait pour piler.

ANNOTATIONS.

1. *a.* De διχεῖν, lancer. Le disque qu'on lançait dans les jeux publics de la Grèce, était un gros palet rond en métal ou en bois, d'environ 33 centimètres de diamètre. — *b.* Angl. *dish.*

2. *a.* F. σω et ξω, a. σα, pf. χα et κα. R. δίς. — *b.* V. Δύω.

4. *a.* V. Μεμβράνα.

5. *a. Litt.* siége qui porte deux personnes : à gauche, le conducteur, et à droite, le combattant. Pl. δίφρα. RR. δίς, φέρω. Les chars de guerre des Romains étaient également montés par deux hommes, dont l'un conduisait et l'autre combattait. Les Orientaux avaient aussi des chariots de guerre, mais d'un aspect et d'un effet beaucoup plus formidables, à en juger par les descriptions que nous lisons dans Diodore de Sicile, Quinte-Curce et Xénophon. Le timon, auquel étaient attachés les chevaux, était armé de piques avec des pointes de fer dirigées en avant; les jougs des chevaux avaient aussi deux pointes longues de trois coudées. A l'essieu étaient aussi attachées des broches de fer, armées de faux à leurs extrémités; on plaçait entre les rais des roues des dards qui donnaient en dehors; les jantes mêmes des roues étaient garnies de faux qui mettaient en pièces tout ce qu'elles rencontraient.

6. *a.* D'où DICHOTOMIE, διχότομος, qui se dit en botanique des parties divisées et subdivisées en deux, comme la tige du gui et de l'œillet. RR. δίχα, τέμνω. On nomme DICHOTOMIQUE une classification qui divise et subdivise toujours en deux groupes, de moins en moins considérables. Telle est la méthode botanique de Lamark, que l'on trouvera exposée dans les *Flores.*

7. *a.* Prés. inus. auquel on rapporte l'impf. ἔδιον et le pf. δέδια.

8. *a.* On fait dériver ce verbe de deux autres, δονέω et πάλλω, qui signifient l'un et l'autre secouer.

9. *a.* Forme dialectique pour γνόφος, le même que νέφος. Les Doriens et les Éoliens mettent le δ pour le γ. V. Κνέφας.

10. *a.* Dodrans signifie les neuf douzièmes ou les trois quarts d'un tout. Chez les Romains, toutes les mesures se rapportaient à l'as, et comme l'as se divisait en douze onces, le *tout* se divisait en douze parties. V. Ἀσσάριον.

13. *a.* D'où DIPSACÉES, c. à d. *altérées,* famille de plantes qui comprend le DIPSACUS, δίψακος, ou *cardère,* et la scabieuse, et qui a été ainsi nommée, parce que l'eau des pluies et de la rosée se rassemble et séjourne dans la cavité que

13. Δίψα[a], ή, soif. Δίψος, id.; —ψάω, a soif; —ψάς, altérée, subst. DIPSAS[b]; *—ψιος, —ψαλέος, —ψηρός, altéré; —ψητικός, id., qui altère.

14. Διώκω[a], poursuit, repousse, chasse. Διωγμός, δίωξις, poursuite; δίωγμα, ce qu'on poursuit; διώκτης, —κτρια, celui, celle qui poursuit.

15. Δοκέω[a], semble, croit, juge, s'attend à. —κησις, opinion; —κιμος, éprouvé; —κιμή, épreuve; —κιμάζω[b], éprouve.

Id. Δόγμα, ατος, τὸ, décision, décret, DOGME[c]. —ματίζω, statuer.

Id. Δόξα[d], ή, opinion, gloire[e], attente. —ξάζω, conjecturer, louer; —ξασία, opinion; —ξασμα, pensée; —ξόομαι, est réputé.

16. Δοκός[a], ή, poutre, solive. —κίον, —κίς, dim.; —κωσις, charpente.

17. Δόλος[a], ὁ, dolus, ruse, DOL. —λερός, —λιος, trompeur; —λιότης, ruse; —λόω, —λιόω, trompe; —λιεύομαι, ruser; —λίζω, altérer.

18. Δονέω, secoue. —νημα, secousse; —ναξ[a], roseau; —ναχεύομαι, prend avec des gluaux; —ναχευτής, oiseleur; —κίτης, de roseau.

19. Δόρξ, δορκός, ή, chevreuil, chamois[a]. —κός, —κων, chevreuil mâle; —κάς, fém.; —καδίζω, bondit; —καλίς, fouet, coup de fouet.

ANNOTATIONS.

forment les feuilles en se réunissant à leur base. — b. Nom ancien d'une vipère dont la morsure causait une soif inextinguible et une fièvre mortelle.

14. a. F. διώξω ou mieux -ξομαι, a. ἐδίωξα, pf. δεδίωχα, etc.

15. a. F. δόξω; rar. δοκήσω, a. ἔδοξα, rar. ἐδόκησα, pf. δεδόκηκα, a. p. ἐδοκήθην, pf. p. δέδογμαι, rar. δεδόκημαι. — b. D'où DOCIMASIE, δοκιμασία, art d'essayer les métaux, c. à d. de constater leur état de pureté. — c. Point de doctrine que l'Église a déclaré être révélé de Dieu. L'étymologie du mot dogme rappelle la formule : « Visum est Spiritui sancto et nobis », qu'employa l'Église primitive rassemblée en concile à Jérusalem. (Act., ch. 15.) — d. D'où ORTHODOXE, ὀρθόδοξος, conforme à la doctrine de l'Église. RR. ὀρθός, δοκέω. HÉTÉRODOXE, ἑτερόδοξος, contraire à la croyance de l'Église. RR. ἕτερος, δοκέω. PARADOXE, παράδοξον, proposition contraire à l'opinion commune. RR. παρά, δοκέω. « Quæ sunt mirabilia contraque opinionem omnium, παράδοξα vocantur. » CIC. Par exemple, c'est un paradoxe de prétendre que la langue grecque et la langue latine ont été formées dans le même moule, et qu'on peut les apprendre simultanément dans une seule et même grammaire. — e. « La

gloire, dit Marmontel, est l'éclat d'une bonne renommée. » V. Κλύω. D'où EUDOXE, εὔδοξος, litt. glorieux, célèbre. EUDOXIE, εὐδοξία, litt. bonne renommée. RR. εὔ, δόξα. La femme de l'empereur Arcadius, fils de Théodose, s'appelait Eudoxie, ainsi que l'épouse de son fils Théodose II. DOXOLOGIE, δοξολογία, mot qui exprime en général toute formule ayant pour but de glorifier Dieu. RR. δόξα, λέγω. En ce sens, la liturgie tout entière est une doxologie; mais on applique plus spécialement ce mot à l'hymne angélique Gloria in excelsis et au Gloria Patri, et plus particulièrement encore à la dernière strophe des hymnes, parce que les trois personnes divines y sont glorifiées.

16. a. De δέχομαι ou δέκομαι, recevoir; pr. ce qui reçoit et porte le plancher.

17. a. M. rac. q. δέλεαρ, pr. amorce, piège. D'où DOLON, δόλων, sorte de poignard, ainsi nommé parce que la lame était cachée dans un bâton creux.

18. a. Pr. « Arundo tremula. » OVID. « Arundinem vento agitatam. » MATTH., ch. XI.

19. a. On a tiré son nom de δέρκομαι, à cause de sa vue perçante.

1. *Δοκάζω[a], pense, décide, attend, observe. —κεύω, *guette.*

2. Δόκανα, τὰ, simulacre de Castor et de Pollux.

3. Δολιχός[a],ή,όν,long,de longue durée.—χόν,*longuement,longtemps;* *—χος, la plus longue carrière des jeux;* —χεύω, *la parcourir.*

4. Δόρπον, τὸ, souper[a], repas du soir, repas, nourriture. *—πος, id.,* —πέω, *soupe;* —πεία, *soir de fête;* —πηστός, *heure du souper.*

5. *Δοῦπος[a],ὁ,bruit d'une chose qui tombe.—πέω,*fait du bruit,tombe.*

6. Δοχμή[a], ἡ, palme. —μαῖος, *long ou large d'une palme.*

7. *Δοχμός,ή,όν,oblique, courbe. —μιος,*id.;*—μόω,*met obliquement.*

8. Δράβη, ἡ, DRAVE, *pl.*, la cochlearia draba de Linnée.

9. Δράκων[a], οντος, ὁ, **draco,** DRAGON[b]; —καινα, *—καινίς, fém.;* —κόντιον, *dim.;* —κοντες, *colliers, bracelets;* —κόντειος, *de dragon.*

10. Δράστις, εως, ἡ, lin très-fin. —11. Δρῖλος, ὁ, lombric, ver de terre.

12. *Δρίος, εος, τὸ, bosquet.—13. Δρύππα, ἡ, de drupa[a], olive mûre.

14. *Δρῦπαξ[a], αχος, ὁ, **dropax,** onguent épilatoire, *adj.* épilé. —πάκινος, *d'onguent épilatoire;* —πακίζω, *épile.*

ANNOTATIONS.

1. *a.* F. δοκάσω; m. rac. q. δοκέω.

3. *a.* D'où DOLIC ou DOLIQUE, plante légumineuse, voisine du haricot, et dont la gousse est *très-longue.* DOLICHOPODE ou DOLICHOPE, genre d'insectes diptères, remarquable par ses *longs pieds.* RR. δολιχός, πούς. Vous trouverez dans Homère le pittoresque adjectif δολιχόσκιος, employé comme épithète de la lance. Il signifie *litt.* qui projette son ombre au loin. RR. δολιχός, σκιά.

4. *a.* En Grèce, on faisait généralement trois repas. Celui du matin, le déjeûner, se nomme dans Homère ἄριστον; celui du milieu du jour, avant de se livrer au travail, δεῖπνον, et celui du soir, δόρπον. Plus tard ces noms changèrent. Le repas du matin s'appela aussi ἀκράτισμα ou ἀκρατισμός, parce qu'on y mangeait du pain trempé dans du vin pur, ἄκρατος, de ἀ priv. et κεράννυμι, mélanger. Ἄριστον signifia le dîner, et δεῖπνον, le souper. V. Ἄριστον.

5. *a.* D'où κατάδουπα, CATADUPES ou *cataractes,* chutes d'eau mugissantes. « *Vox cataractarum,* les voix de l'abîme», comme les appelle la poésie hébraïque. (Ps. 41.) RR. κατά, en bas, et δουπέω, tomber avec fracas. Κατάδουπα se dit surtout des chutes du Nil.

6. *a.* Largeur de la main mesurée en travers, environ 8 centimètres. R. δέχομαι, recevoir, contenir. V. Ὀργυιά.

9. *a.* Δράκων. DRACON a été le nom d'un législateur des Athéniens, qui vivait environ 600 ans avant Jésus-Christ, et dont les lois étaient si rigoureuses qu'on les disait écrites avec du sang. — *b.* Angl. *dracon,* all. *drache,* animal fabuleux, à la taille monstrueuse, aux yeux terribles qui ne se fermaient jamais, comme l'indique son nom δρακών, part. a. 2 de δέρχομαι, voir. « Dracones *dicti* ἀπὸ τοῦ δρακεῖν, *quod est videre; clarissimam enim dicuntur habere oculorum aciem, qua ex causa incubantes eos thesauris custodire causa fixerunt antiqui.* » FEST. La toison d'or et le jardin des Hespérides étaient gardés par un dragon. L'animal appelé maintenant *dragon* par les naturalistes est un reptile voisin du lézard, inoffensif et vivant d'insectes. Le nom de *dragons,* donné à certains régiments de cavalerie fait allusion à leur mobilité, à leur force et à leur audace.

13. *a.* Par analogie, on nomme *drupe* tout fruit simple ou à un seul noyau, comme la prune, l'abricot, la noix.

14. *a.* M. rac. q. δρέπω, faucher et δρύπτω, racler.

15. *a.* Att. δορός, poét. δούρατος, δουρός, gén. pl. δοράτων ou δούρων,

15. Δόρυ, ρατος[a], τὸ, bois, tronc, lance. –ράτιον, –ρύδιον, dim.; –ρατίζομαι, combat à la lance ; *δόρειος, *δούριος, *δουράτεος, de bois.

16. Δοῦλος[a], ὁ, esclave. –λη, *–λίς, fém.; –λειος, –λικός, d'esclave, –λεύω, est esclave; –λεία[b], esclavage; –λόω, asservit.

17. Δραμεῖν[a], courir. *–μημα, course, chemin fait; δρωμάω, court ; δρόμος[b], course; –μάς[c], qui court; –μαῖος, agile; –μεύς, coureur.

18. Δράσσω[a], empoigne. Δράξ, δράγμα, –μή, –μίς, poignée, gerbe; δραγμή, drachma, DRACHME[b];–μαῖος, pesant ou valant une drachme.

19. Δράω[a], agit, fait, sert. Δρᾶσις, action; –σιμος, –στικός, actif; δρᾶμα, action, DRAME[b]; –ματίζω, met en scène, joue un drame.

20. Δρέπω[a], cueille, fauche, moissonne. –πτής, qui cueille; –πτός, cueilli; –πάνη, –πανον[b], faux, faucille, épée recourbée;–νιον, dim.

21. Δριμύς, εῖα, ύ, aigre, âcre, piquant, violent, subtil. –μύλος, un peu aigre; –μύσσω, pique; –μύτης, âcreté, violence.

22. Δρόσος, ἡ, ros[a], ROSÉE, plur. *larmes, rejetons, tout objet tendre. *–σινος, –σερός[b], couvert de rosée; –σίζω, couvre de rosée.

ANNOTATIONS.

aat. pl. δόρασι, δούρασι ou δούρεσσι. Δόρυ est pr. le bois de la lance dépouillé de son écorce. R. δέοω. Cf. le latin hasta, lance, javelot, pr. bâton, branche d'arbre, d'où le v. fr. hauste, hante, puis hampe, qui désigne le bois de la hallebarde, de l'épieu, etc. V. Ῥάβδος.

16. a. De δέω, lier, pr. attaché au service du maître; δμώς est l'esclave pris à la guerre. V. Δαμάω. D'où Théodule, n. pr., litt. serviteur de Dieu. RR. θεός, δοῦλος. — b. D'où dulie, culte rendu aux saints et aux anges. Celui qu'on rend à la sainte Vierge étant d'un ordre supérieur, se nomme hyperdulie. RR. ὑπέρ, δοῦλος.

17. a. Ihfin. a. 2 de la rac. Δρέμ. fut. δραμοῦμαι, pf. δεδράμηκα ou δέδρομα, pf. p. δεδράμημαι. Le prés. est τρέχω, dont la syllabe radicale τρε présente les mêmes éléments que δρα, radical de δραμεῖν et de διδράσκω, fuir. — b. D'où hippodrome. V. Ἵππος. — c. D'où dromadaire, pr. animal coureur, espèce du genre chameau, qui n'a qu'une seule bosse.

18. a. Et mieux δράσσομαι, f. δράξομαι, a. ἐδραξάμην, pf. δέδραγμαι. Syll. rad. Δραγ. — b. Poids de 4 grammes 363 milligr., et monnaie d'argent valait de 92 à 93 centimes, le centième de la mine. Δραχμή signifie pr. poignée, et.

comme mesure monétaire, la drachme représentait une poignée d'oboles lesquelles étaient primitivement de petites broches en métal. « Six oboles font la drachme, ainsi nommée, dit Plutarque, parce que c'était tout ce que la main pouvait empoigner de brochettes. » V. Ὀβολός.

19. a. F. δράσω, a. σα, pf. κα, prend σ au passif. — b. Écrit composé pour le théâtre, et représentant une action tragique ou comique. Pareillement, en latin, jouer une pièce, se dit agere fabulam; remplir le premier rôle, agere primas partes. De même, nous appelons acte chacune des grandes divisions du drame; acteur, celui qui joue un personnage, et on dit : faire Athalie, Néron, Pourceaugnac, etc.

20. a. F. δρέψω, a. ἔδρεψα, rar. ἔδραπον, a. p. ἐδρέφθην ou ἐδράπην, pf. p δέδρεμμαι. V. Χείρ.— b. D'où Drépane, auj. Trapani, ville de la Sicile, où, dit-on, Saturne, le dieu du temps, laissa tomber sa faux.

22. a. D'où rorare, arroser. V. Δύω. — b. D'où δροσερά, drosera, plante de jardin appelée aussi rossolis, à cause des glandes transparentes qui, semblables à de petites gouttes d'eau, surmontent les poils dont les feuilles sont hérissées.

1. Ἀύη, ἡ, calamité, misère, travaux; douleur. Δυάω, *accable de maux;* δυερός, δύτος, *malheureux, qui rend malheureux.*

2. Δύνω[a], *s'enfonce, pénètre[b], se couche,* induo[c], *revêt.* Δύομαι, *id.;* δύσις, δυσμαί, *coucher du soleil;* δύτης, *plongeur;* δύπτω, *plonge.*

3. Δύο[a], duo, DEUX. Δυάς, *couple;* δυαδικός, BINAIRE[b]; δυάκις, *deux fois;* δυικός, DUEL[c]; δυοστόν, *la moitié;* ʾδοιός, DOUBLE; ʾδοιά, DOUTE[d].

4. Δυς[a], *partic. insépar. qui marque peine[b],* malheur, *privation.*

5. E, EPSILON[a], *vaut cinq et sert d'augment.*

6. Ἔ! HÉ! HÉLAS! Ἔα! HA! HÉ! HÉLAS!

7. Ἔβενος, ἡ, ÉBÈNE[a], ÉBÉNIER. Ἐβένινος, *d'ébène.*

8. Ἐβίσκος, ἡ, hibiscum, guimauve, mauve sauvage.

9. Ἔγγαγγις, ιδος, ἡ, GANGITE[a]. — 10. Ἔγγραυλις, ιδος, ἡ, anchois.

11. Ἐγγύς, près, proche, auprès, auprès de, presque. ʾ—γύθι, *id.;* —γύτης, *proximité;* —γίζω, *rapproche, s'approche.*

12. Ἔγκάς[a], *au fond, profondément.* Ἔγκατα, *viscères, entrailles,* —κατηρά, *sorte de mets salé fait avec des tripes.*

ANNOTATIONS.

2. *a.* Et δύμι, δύω, impf. ἔδυνον, f. δύσω, a. ἔδυσα, a. 2 ἔδυν, pf. δέδυκα, pf. p. δέδυμαι, — *b.* D'où ADYTUM, ἄδυτον, sanctuaire *impénétrable,* neutre de l'adjectif ἄδυτος. RR. ά, δύω. « Occulta ac recondita templi, quo præter sacerdotes adire fas non est, Græci ἄδυτα appellant. » Cæs. V. Τρώγω. — *c.* La forme simple *duo* n'est pas latine. Dans *exuo,* dépouiller, pour *ex-duo,* on a laissé tomber le *d* par euphonie, comme dans *ros* de δρόσος, *fier* de *fidere,* etc.

3. *a.* Poét. δύω, gén. δυοῖν, féminin att. δυεῖν, dat. δυοῖν ou δυσί, acc. δύο, poét. δύω. Toutes ces formes appartiennent au *duel,* et il devait en être ainsi pour δύο, qui d'ailleurs reste souvent indéclinable. Angl. *two,* all. *zwei.* — *b.* De *bis* ou δίς. — *c.* Les plus anciens Grecs n'avaient pas le nombre *duel,* et les Éoliens ne l'adoptèrent point, ce qui explique comment il manque en latin, où les seuls mots qui aient gardé la terminaison *duelle* sont *duo* de δύο, et *ambo* de ἄμφω. — *d.* Douter vient de *dubitare,* balancer entre *deux* choses. R. *duo.*

4. *a.* Δυς est l'opposé de εὖ, et, pour cette raison, les Grecs évitaient de faire entrer cette particule dans les noms propres, tandis qu'ils en commençaient un grand nombre par καλλι ou εὖ. — *b.* D'où DYSSENTERIE, δυσεντερία, dévoiement

avec *douleur d'entrailles.* RR. Δυς, ἔντερα. V. Ἐν.

5. *a.* L'ancien alphabet grec n'avait qu'un seul signe pour ε long et ε bref. C'était un défaut dans cette belle langue, comme chez nous de n'avoir qu'un seul *e* avec trois sons, d'*e* muet, d'*é* fermé, d'*è* ouvert. Quand, vers 403, on emprunta la lettre H à l'alphabet des Samiens, on donna à la voyelle E le nom de ἐψιλόν, c.-à-d. ε simple. V. Ψιλός. Dans la prononciation, ε avait souvent le son de ει, et on écrivait souvent aussi ει pour ε, par exemple, dans la préposition εἰς pour ἐς. D'ailleurs le double ε se contractait ordinairement en ει; ex.: βασιλέες, βασιλεῖς, φιλέετε, φιλεῖτε. Ces usages de la langue grecque expliquent l'orthographe ancienne de certains mots latins, comme *omnis, urbis,* pour *omnes* et *urbes,* que vous rencontrerez dans Salluste, et qui sont des contractions de *omneis* et *urbeis,* formes imitées de la déclinaison grecque.

7. *a.* Bois excessivement dur et pesant. R. hébr. *Eben,* qui signifie *pierre;* *ébène* veut donc dire pr. *bois de pierre,* bois *dur* comme la *pierre.*

9. *a.* Pierre des bords du Gange. RR. ἐν, Γάγγης, Gange.

12. *a.* R. ἐν, dans.

13. *a.* F. δρύψω, etc. — *b.* Arbrisseau dont les feuilles sont épineuses.

13. Δρύπτω *a*, râcle, gratte, égratigne, écorche, déchire. Δρυπις, DRYPIS *b*; δρυφή, δρύψις, *égratignure, déchirure.*

14. Δρῦς, υός, ἡ, chêne, arbre, bois. —υάς, DRYADE *a*; —υῖδαι, DRUIDES *b*; —ὕϊνος, *de chêne;* —υμός, —υμών, *forêt de chênes.*

15. Δύναμαι *a*, peut, est fort, vaut. —ναμις *b*, *puissance, force;* —ναστεύω *c*, *domine;* —νάστης, *prince;* —νατός, *possible, qui peut, fort.*

16. Δῶρον *a*, donum, présent, palme. —ρεά, *id.;* —ρέομαι, *donne, gratifie;* —ρημα, *don;* —ρητής, *donateur;* —ρητικός, *libéral.*

17. Ἔαρ *a*, ἔαρος *b*, τὸ, ver, printemps, *matin, *suc, *sang.
Ἐαρίζω, *passe le printemps, est beau.*

18. Ἐάω *a*, laisse, permet, abandonne, omet, passe, cesse.

19. Ἐγγύη, ἡ, caution, promesse, garantie. —γυος, *donné en gage;* —γυάω, *donne sous caution, promet;* —γυητής, *répondant.*

20. Ἐγείρω *a*, éveille, excite, érige, guérit, ressuscite. Ἔγερσις, *réveil;* *ἐγερτί, *en veillant;* ἐγερτικός, – τήριος, *excitatif;* —τός, *éveillé, excité.*

Id. Ἐγρήγορα *b*, je veille. —ρέω, *id.;* —ρικός, *vigilant;* —ρσις, *veille.*

ANNOTATIONS.

14. *a.* Nymphes des forêts, ainsi nommées parce qu'elles présidaient aux chênes et aux arbres en général. Il ne faut pas les confondre avec les *Hamadryades*, qui n'avaient pas comme elles la liberté d'errer dans les bois, mais étaient attachées à un arbre pour vivre et mourir avec lui. V. Ἅμα. — *b.* Ministres de la religion chez les Gaulois et les Bretons, qui rendaient un culte particulier aux chênes et surtout au gui du chêne. Le nom de *Druides* y fait allusion.

15. *a* Deux. pers. δύνη ou δύνασαι, pf. δεδύνημαι. f. δυνήσομαι, a. ἐδυνήθην, ἠδυνήθην, ἐδυνησάμην, ou rar. ἐδυνάσθην. — *b.* D'où DYNAMIQUE, science des forces qui mettent les corps en mouvement. DIDYNAMIE, TETRADYNAMIE, termes de botanique. Regardez une fleur de sarriette, vous y trouverez quatre étamines, dont *deux grandes* et deux petites. On exprime cette particularité en donnant à la sarriette et à toutes les autres Labiées le nom de *Didynames*. RR. δίς, δύναμαι. V. Τέσσαρες. — *c.* D'où δυναστεία, pouvoir, dont nous avons fait DYNASTIE, suite de souverains de la *même* famille.

16. *a.* De δίδωμι, syll. rad. Δο. D'où PANDORE, Πανδώρα, la première femme, ainsi nommée parce que, selon Hésiode,

tous les dieux lui firent des présents. RR. πᾶς, δῶρον. « Si des époux croient avoir obtenu par leurs prières la naissance d'un fils, l'espoir de leur famille, alors, par reconnaissance, on ajoute au nom de la divinité protectrice le mot δῶρον qui signifie *présent*. Et de là les noms de THÉODORE, DIODORE, HÉLIODORE, etc., c'est-à-dire *présent* des Dieux, de Jupiter, du Soleil, etc. » (*Anach.*, ch. 66.) Cf. *Adeodatus* et *Deodat* ou *Dieudonné*. Le nom hébreu *Isaïe* a le même sens.

17. *a.* Contr. ἦρ. Éol. Fῆρ, ion. βῆρ, d'où la forme latine *ver*. — *b.* Ou ἦρος, dat. ἔαρι ou ἦρι.

18. *a.* Impf. εἴαον ou εἴων, εἴαες ou εἴας, εἴαε ou εἴα; f. ἐάσω, a. εἴασα, pf. εἴακα, f. p. ἐαθήσομαι ou ἐασθήσομαι, a. εἰάθην ou εἰάσθην.

20. *a.* F. ἐγερῶ, a. ἤγειρα, pf. ἤγερχα ou ἐγήγερχα, a. p. ἠγέρθην, pf. ἐγήγερμαι, f. moy. ou pass. ἐγεροῦμαι ou ἐγερθήσομαι, a. ἠγέρθην ou ἠγειράμην, ou ἠγρόμην. — *b.* Ἐγρήγορα est le parf. a moyen de ἐγείρω, et signifie *pr.* je suis éveillé. D'où ἐγρήγορος, γρήγορος, vigilant; Γρηγόριος, GRÉGOIRE, nom porté par seize papes et par le saint évêque de Nazianze, condisciple de saint Basile. V. Καππαδοκίζω.

1. Ἐγκρίς, ίδος, ἡ, espèce de gâteau fait de miel et d'huile.

2. Ἔγχελυς, υος, ἡ, anguille. —λειον, *dim.*; —λειος, *d'anguille*; —λειών,—λιον,—λίδιον,—λύδιον, *vivier où l'on conserve des anguilles.*

3. Ἔγχος, εος, τὸ, lance, pique, épée, trait, guerre, combat.*—χείη, *id.*

4. Ἐγώ*a*, ego, JE *b*, moi, *d'où vient* ÉGOÏSME*c*; *acc.* ἐμέ*d*, μέ, me*c*, MOI. Ἐμός*f*, meus, MON; νῶϊ, nos, NOUS; νωΐτερος, noster, NOTRE.

5. Ἔδνα, τὰ, présents qu'on fait à sa fiancée, présents de noces, dot. —νόω, *dote sa fille*; —νωτή, *fiancée*; —νωτής; *beau-père.*

6. *Ἔδω*a*, edo *b*, mange. Ἔδεσμα, ἐδητύς, esca, *nourriture*; ἐδεστής, ἐδωδός, *mangeur*; ἐδώδιμος, *mangeable.*

7. Ἔθειρα, ἡ, chevelure, crinière, *feuillage. *—ράς, *id.*; —ράζω, *soigne sa chevelure, orne, cultive, travaille.*

8. Εἰ, SI, puisque, parce que. Εἴθε, *plût au ciel!*—9. Εἶα! *allons!*

10. *Εἰαμενή*a*, ἡ, plaine basse, prairie.—11. Εἰδοί, οἱ, de idus, IDES*a*.

12. Εἰκῆ, par hasard, au hasard, en vain. Τὸ εἰκῆ, *le hasard*; —καῖος, *fortuit, étourdi*; *—καιοσύνη, —καιότης, *étourderie.*

ANNOTATIONS.

4. *a.* Remarquez que les pronoms de la première personne et de la deuxième personne ne sont exprimés chacun que par un seul mot qui est de tout genre, tandis qu'on emploie plusieurs mots pour la troisième personne. « La raison en est, dit Priscien, que les deux premières personnes, celle qui parle et celle qui écoute, étant toujours en présence l'une de l'autre, et ayant la ressource du geste, sont suffisamment déterminées par un seul mot. » — *b.* Ego est devenu d'abord *eo*, puis *io*, puis *jo*, et enfin *je*. — *c.* Défaut qui consiste à rapporter tout à soi, et à dire comme ce personnage dont parle Isaïe : « Ego sum, *et non est præter* me *amplius*. » Ch. 48. — *d.* Les datifs ἐμοί et σοί ont conservé l'ancienne terminaison οι, remplacée plus tard par ῳ avec ι souscrit; τῷ λόγῳ, *au discours*, s'écrivait primitivement τωι λογωι. — *e.* La consonne radicale du pronom de la première personne est M, non-seulement dans le grec μοῦ, ἐμοῦ, dans le latin *mei* et le français *moi*, mais encore dans l'italien *me, mi*, et l'espagnol *me, mi*, dans l'angl. *me*, et l'all. *mich*. — *f.* Les adjectifs et les pronoms possessifs dérivent naturellement des pronoms personnels dans toutes les langues. Cf. en ital. et en espag. *me, mi*,

moi, et *mio*, mon, mien; en angl. *me*, moi, et *my*, mine, mon, mien; en all. *mich*, moi, et *mein*, mon.

6. *a.* F. seul usité ἔδομαι, pf. ἐδήδοκα, pf. p. ἐδήδομαι; angl. *to eat*, all. *essen*. V. Ἐσθίω. — *b.* D'où *comedere* (*edere, cum*), *manger avec, manger tout. Esurio*, avoir faim, du partic. futur *esurus*, devant manger. *Inedia*, privation de nourriture. RR. *in, edo. Obesus*, OBÈSE, replet, pr. gorgé de nourriture. RR. *ob, edo*. V. Παχύς.

10. *a.* De ἧμαι, être déposé, être placé bas.

11. *a.* Le milieu du mois chez les Romains. Il tombait le 15 en mars, mai, juillet, octobre, et le 13 les autres mois. Le mot *idus* dérive du verbe étrusque *iduare*, diviser, d'où viennent aussi *viduare*, vider, priver de; *viduus*, veuf; *dividere*, diviser, séparer.

13. *a.* De ἐγκώμιος, qui se chante dans une fête solennelle, dans un festin. RR. ἐν, κῶμος.

14. *a.* De ἕζομαι, je suis assis. D'où POLYÈDRE, πολύεδρος, corps solide à plusieurs faces. RR. πολύς, ἕδρα, base. — *b.* D'où CATHÉDRALE, l'église principale d'un diocèse, celle où l'évêque a son siége, sa chaire. De chaire vient chaise.

13. Ἐγκώμιον, τὸ, éloge public [a], hymne, panégyrique. —μιάζω, loue; —μιαστής, panégyriste; —μιαστός, digne de louange.

14. Ἕδρα [a],ἡ, cathedra [b], SIÉGE [c], place. Ἑδραῖος, stable; ἑδραιόω, ἑδριάω, ASSIED; ἑδράζω, ἑδρόω, place; ἕδρασμα, appui; ἑδρίτης, suppliant.

Id. [a]Ἕζομαι [d], sedeo [e], S'ASSIED, établit. [a]Ἕδος, sedes, SIÉGE, base; ἔδαφος, sol, base; —φιον, dim.; —φίζω, aplanit, renverse.

15. Ἐθέλω [a], veut, consent. —λοντής, —λούσιος, consentant, qui agit de plein gré; θέλω, veut; —λησις, —λημα, volonté.

16. Ἔθνος [a], εος, τὸ, nation, race. [a]—νηδόν, par nations; —νικός, particulier à une nation, ethnicus, païen [b]; —νίτης, païen.

17. Ἔθος [a], εος, τὸ, coutume. Ἐθίζω [b], habitue; ἔθισμα, —μός, habitude; ἐθιστός, habitué; ἐθικός, ἔθιμος, habituel; [a]ἐθήμων, habitué.

18. Εἶδον [a], vidi [b], VOIT, sait; [a]—δομαι, videor. —δος [c], forme, espece [d]; —δήμων, savant; —δωλον, image, IDOLE [e]; ἰδέα, forme, IDÉE [f].

19. Εἴκω [a], se retire, cède [b] le passage, recule, succombe. Εἶξις, action de céder; εἰκτικός, qui cède facilement; εἰκάθω, cède.

ANNOTATIONS.

— c. Du latin sedes. — d. F. ἐδοῦμαι; l'a. εἰσάμην, ἐσσάμην ou ἑεσσάμην a le sens actif. Syll. rad. Ἑδ, lat. Sed. V. [a]Ἵζω. — e. D'où sedare, calmer, pr. rasseoir; assiduus, assidu; pr. assis auprès, attaché à, soigneux; obsidére, assiéger, pr. s'asseoir, asseoir son camp devant une ville, sedere, ob; insidiari; s'asseoir dans une embuscade pour guetter. V. Λέγω.

15. a. Et θέλω, f. ἐθελήσω, a. ἠθέλησα, pf. ἠθέληκα. D'où MONOTHÉLITES, μονοθελήτης, hérétiques du cinquième siècle qui n'admettaient en Jésus-Christ que la seule volonté divine. RR. μόνος, θέλω.

16. a. D'où ETHNARQUE, ἐθνάρχος, gouverneur d'une nation ou d'une province. RR. ἔθνος, ἄρχω. — b. Pr. gentil, dérivé du mot gens, nation, qui était, pour le peuple de Dieu, synonyme d'idolâtre.

17. a. De ἔθω, usité seulement au pf. εἴωθα, j'ai coutume, au plqpf. εἰώθειν et au part. ἔθων. — b. Impf. εἴθιζον.

18. a. Rad. Ἰδ. f. εἴσομαι; a. εἰσάμην, a. 2 ἰδόν, ἰδὼν et εἰδόμην, pf. εἶδα, j'ai vu, je sais, novi, pqpf. ἤδειν, je savais. Cf. νοέω et son dérivé γιγνώσκω, dont le sens premier est aussi voir, apprendre par les yeux. « Oculi sunt ad cognoscendum in sensibus principes. Ad oculos proprie videre pertinet. Utimur

hoc verbo etiam in cæteris sensibus, cum eos ad cognoscendum intendimus. Dicimus non solum vide quid luceat, quod soli oculi sentire possunt, sed etiam vide quid oleat, vide quid sapiat, vide quam durum sit. » S. Aug., Confess. V. Δείκνυμι. — b. De l'ancienne forme εἰδέω ou Ϝειδέω. D'où evidens, ÉVIDENT, c.-à-d. facile à voir. VISA; pr. chose vue; avis, de ad visus, pr. opinion exposée à la vue des autres. VISIÈRE, pièce de l'ancien casque qui se haussait et se baissait, et à travers laquelle l'homme d'armes voyait et respirait. — c. D'où sidus, astre; considerare, CONSIDÉRER, pr. regarder un astre; desiderare, DÉSIRER, pr. perdre de vue un astre, le regretter. — d. Cf. species, de specio, voir, pr. caractères apparents qui distinguent une espèce d'une autre, comme le renard du loup, etc. — e. Tout objet sensible adoré comme l'image d'un faux dieu. V. Λάτρις.— f. Pr. l'image qui s'imprime dans notre esprit pendant qu'un objet sensible se peint sur la rétine de notre œil. Par extension, idée a signifié une notion quelconque acquise soit par les yeux, soit autrement.

19. a. F. εἴξω, a. εἶξα. M. rac. q. ἰκνέομαι, aller. — b. Du latin cedere, se retirer.

1. Εἴκοσι [a], viginti, VINGT. —σάκις, *vingt fois;* —στός, *vigesimus,*
vingtième; —σταῖος, *de vingt jours;* εἰκάς, *vingtaine.*

2. Εἰλαπίνη, ἡ, festin, grand repas après le sacrifice. —νάζω, *fes-*
tine, est d'un festin; —ναστής, *convive.*

3. Εἵλως [a], ωτος, ὁ, ilota, ILOTE. —λώτης, *id.;* —λωτεύω, *est ilote.*

4. Εἰνάτηρ, ερος, ἡ, belle-sœur. — 5*. Εἵρερος, ὁ, captivité.

5. Εἷς [a], μία, ἕν [b], un [c], un seul, quelqu'un. Ἑνάς, *unité;* ἑνόω, *unit;*
ἑνότης, *unité;* ἑνωτικός [d], *qui unit;* ἑνικός, *unique.*

6. Εἰς [a], dans, à, vers, sur, en, pour, jusqu'à, envers, environ.
Ἐς, *id.;* εἴσω, ἔσω [b], *dans, au dedans de;* ἐσωτέριον, *chemise.*

7. Εἶτα, ensuite, après cela, puis, eh bien! quoi! est-ce que?

8. Ἐx, ἐξ [a], ex, de, hors de, depuis, d'entre, par suite de, après,
par. Ἐκτός, ἔξω, *dehors;* ἐξωτικός, *étranger,* EXOTIQUE [b].

9. Ἑκάς, loin. *Ἕκατος [a], *qui frappe au loin;* ἑκάτη, HÉCATE [b].

10. Ἑκατόν [a], centum [b], CENT. —τοντάς, *centaine;* —τοντάκις, *cent fois;*
—τοστός, *centième;* —τοστεύω, *est centuplé;* *—τοστύς, *centurie.*

ANNOTATIONS.

1. *a.* Éol. Ϝείκοσι, dor. εἴκατι, d'où *viginti* par la substitution du *v* au digamma et du *g* au *c* qui reparaît dans *vicesimus*, vingtième.

3. *a.* Esclave des Lacédémoniens pris à la guerre; prim. *habitant d'*HÉLOS.

5. *a.* La racine du masculin et du neutre est ἕν; εἷς est pour ἑνς, par euphonie, de même que λυθείς est pour λυθεντς, comme l'indique le gén. λυθέντος. Le féminin μία est une racine différente qu'on trouve aussi dans Homère sans μ, sous les formes ἴος, ἴα, ἴον, un, une. V. Ἀσσάριον. — *b.* Ἕν, *unum*, et δέκα, *decem* ont formé par leur réunion ἕνδεκα, *undecim*, onze. — *c.* En latin *unus*, d'où *unio*, oignon, *pr.* l'oignon *unici capitis*, à une seule tête, en grec μονοκέφαλον. RR. μόνος, κεφαλή. — *d.* D'où HÉNOTIQUE, ἑνωτικόν, *décret d'union* rendu par l'empereur d'Orient Zénon, en 482, dans le but de réunir les eutychéens avec les catholiques. V. Τύχη.

6. *a.* Ou ἐς, dérivé de ενσε ου εινσε, qui est formé du radical ἐν ου εἰν, *in*, et de la partic. σε qui marque mouvement vers un lieu. Ενσε a perdu l'ε final et est devenu ενς, puis le ν a été supprimé par euphonie et on a eu ἐς ou εἰς. Le latin n'a gardé que la particule primitive *in*, qui marque tout à la fois le mouvement et le repos, en changeant de régime. — *b.* D'où ÉSOTÉRIQUE, ἐσωτερι-

κός, qui se dit, en philosophie, de l'enseignement *intérieur*, intime, ἐσώτερος, que Pythagore et Aristote réservaient pour leurs adeptes, par opposition à la doctrine *exotérique* ou extérieure, aux leçons publiques, ἐξωτερικοὶ λόγοι. R. ἐξ.

8. *a.* D'où EXODE, ἔξοδος, sortie, *exitus de Ægypto*, livre du Pentateuque où Moïse raconte la sortie d'Égypte et ce qui suivit jusqu'à la construction du tabernacle. RR. ἐξ, ὁδός. — *b.* Se dit des animaux et des végétaux étrangers qu'on a transportés d'un autre pays, comme sont chez nous la girafe et le dahlia.

9. *a.* Épithète d'Apollon. — *b.* Sœur d'Apollon, la même que Diane et Phébé. V. Φοῖβος.

10. *a.* Ἑκατόν s'écrivait autrefois Ηεκατόν, et plus tard l'esprit rude remplaça le signe d'aspiration H, d'où vint l'usage de donner la valeur de 100 à H considéré comme lettre initiale de ἑκατόν. D'où HÉCATOMBE, ἑκατόμβη, sacrifice de cent bœufs. RR. ἑκατόν, βοῦς. L'altération subie par la racine βοῦς a mis de savants critiques en défiance contre cette étymologie vulgairement reçue. HÉCATOMPYLE, ἑκατόμπυλος, surnom donné à la ville de Thèbes en Égypte, à cause de ses cent portes. RR. ἑκατόν, πύλη. HECTOGRAMME, HECTOLITRE, HECTARE, HECTOMÈTRE. Dans tous ces mots, c'est *hécato* qu'il fallait

11. Εἴκω[a], ressemble. Εἰκών[b], *image;* εἰκονίζω, *représente;* εἰκάζω, id., *conjecture;* εἰκώς, *convenable;* ἔικελος, *semblable.*

12. Εἰλέω[a], presse, roule. Εἴλη, *troupe;* εἴλημα, *entortillement;* εἰλύω, εἰλύσσω, **volvo,** *roule, enveloppe;* εἴλυμα, *enveloppe.*

13. Εἰμί, **sum**[a], je suis. Ὄντως, *réellement;* οὐσία, *substance, biens.*

14. Εἶμι[a], **eo,** va, vient. Ἴτης, ἰτητικός, ἰταμός, *audacieux*[b].

15. Εἴργω[a], **arceo,** écarte, défend, resserre. Εἱρκτή, ἕρκτή, *prison;* εἰργμός, *emprisonnement;* ἑρκάνη, ἕρκος[b], *clôture.*

16. Εἰρήνη[a], ἡ, paix, **IRÈNE**[b]. —ναῖος, —νικός, *pacifique,* **IRÉNÉE**[c]; —νέω, *est en paix;* —νεύω, id., *pacifie;* —νευσις, *pacification.*

17. Εἴρω[a], **sero**[b], noue, attache, enchaîne, enfile.. Εἱρμός, **series,** *suite,* **SÉRIE;** ἕρσις, *action de nouer, de tresser.*

18. Ἔἴρω[a], dit, parle; —ομαι, se fait dire, interroge. Εἴρην[b], ὁ, à Sparte, jeune homme de dix-huit à trente ans.

19. Εἴρων[a], ωνος, ὁ, dissimulé, railleur. —ωνεία, **IRONIE**[b]; —ωνικός, *ironique;* —ωνεύομαι, *parle avec ironie.*

ANNOTATIONS.

dire au lieu de *hecto* qui n'est pas grec. — *b.* D'où, par corruption, **QUINTAL,** poids de 100 livres ou de 100 kilogrammes.

11. *a.* Présent inusité auquel on rapporte le parf. ἔοικα, qui a lui-même le sens présent, *je ressemble.* — *b.* D'où **ICONOCLASTE,** εἰκονοκλάστης, *briseur d'images,* nom d'une secte d'hérétiques du septième siècle. RR. εἰκών, κλάω.

12. *a.* Ou εἴλω, εἴλλω, ἴλλω, f. εἰλήσω, *a.* εἴλησα; εἴλλω fait à l'impf. εἴλλον, au f. εἰλήσω, à l'a. ἔελσα ou ἔλσα, à l'a. p. ἐάλην, au pf. p. ἔελμαι.

13. *a.* **Sum** est dérivé de l'éolien ἐμμί p. ἐσμί; *es,* de εἶς anc. ἐσσί; *est,* de ἐστί; *sunt,* de ἐντί, etc. Les anciens Latins disaient *esum, esis, esit, esumus, esitis, esunt, escit* p. *erit.* La syllabe radicale est **Es,** *Es* qui est restée dans *esse, essem.* V. Ἐγώ. De ὄν, ὄντος, vient *ens, entis,* l'être. **ONTOLOGIE,** *science de l'être;* RR. ὄν, λέγω.

14. *a.* Primitif ἴω, inusité. — *b. Pr.* qui va droit devant soi.

15. *a.* F. εἴρξω, *a.* εἶρξα; *a.* p. εἴρχθην, pf. p. εἴργμαι. — *b.* D'où **POLIORCÈTE.** V. Ἑλεῖν.

16. *a.* De εἴρω, nouer, comme *pax,* de *pango,* attacher, p. *vincula pacis.* D'où les expressions *componere pacem, rumpere pacem.* V. Πήγνυμι. — *b.* Impératrice de Constantinople, femme de Constantin Copronyme. V. Κόπρος. — *c.* Saint

évêque de Lyon, successeur de S. Pothin. V. Πόθος.

17. *a.* A. εἶρα, pf. εἶρχα, pf. p. εἴρμαι ou ἔερμαι. — *b.* D'où **SERRER,** rapprocher, lier; **SERRE,** lieu où l'on *serre* les plantes délicates, etc.; *sera,* **SERRURE,** ce qui tient la porte *fermée,* c. à d. *ferme, affermie,* attachée solidement, soit avec une broche de fer ou un verrou, *veru,* soit avec une *chaîne,* en latin *catena,* dont nous avons fait *cadenas.* V. Ἕρμα. *Sermo,* entretien, échange de paroles qui s'enchaînent et se tiennent. *Disserere,* **DISSERTER;** *disertus,* **DISERT,** habile à parler.

18. *a.* F. ἐρέω, att. ἐρῶ, pf. εἴρηκα, *a.* p. ἐῤῥήθην, pf. εἴρημαι, fut. ant. εἰρήσομαι. A la forme éol. Φείρω se rapporte le latin *verbum,* parole, **VERBE.** — *b. Pr.* Qui a droit de *parler* dans les assemblées.

19. *a.* De εἴρομαι, interroger; *pr.* celui qui fait semblant d'ignorer une chose et qui la demande, comme fait Socrate dans les dialogues où Platon son disciple le met en scène. « Εἴρων, *id est agens imperitum, et admirator aliorum tanquam sapientium.* » **QUINT.** — *b.* En termes de rhétorique, figure par laquelle, sous un faux semblant d'ignorance ou de naïveté, on dit le contraire de ce qu'on veut faire entendre. Ex. : « Qu'il est beau d'insulter au bras chargé d'entraves! » C. **DELAVIGNE.**

1. Ἐκεῖ, là, là-bas. Ἐκεῖθεν, *de là, de ce côté-là;* ἐκεῖσε, *là;* ἐκεῖνος[a], η, ο, *celui-là;* –νως, *ainsi;* –νῃ, *par là.*

2. Ἔκηλος, ον, paisible, calme, doux, pacifique. –λα, –λως, *tranquillement;* –λία, *calme, repos, douceur de caractère.*

3. Ἐλάτη, ἡ, sapin, lance, rame, barque, pousse de palmier.

4. Ἔλδομαι[a], désire, souhaite. Ἔλδωρ, ἐέλδωρ, *vœu, souhait.*

5. Ἐλεᾶς, ᾶντος, ὁ, hulotte. — 6. Ἐλεγῖνοι, οἱ, sorte de poissons.

7. Ἐλεδώνη, ἡ, ÉLÉDONE, *polype[a].* — 8. Ἐλειός, ὁ, loir.

9. Ἐλελεῦ! cri de guerre. Ἐλελίζω, *crier* ἐλελεῦ.

10. Ἑλένη, ἡ, flambeau, HÉLÈNE, *nom propre.* Ἑλάνη, *flambeau.*

11. Ἑλένη, ἡ, corbeille d'osier. — 12. Ἑλένιον, τὸ, aunée[a], *pl.*

13. Ἑλεός, ὁ, table de cuisine. Ἑλέατρος, *maître d'hôtel.*

14. Ἐλεφαίρομαι, trompe. — 15. Ἐλεώτρις, ιδος, ἡ, un poisson.

16. Ἕλη, ἡ, chaleur du soleil, douce chaleur, hâle. Εἵλη, *id.;* εἱλέω, *expose au soleil;* εἵλησις, *chaleur du soleil.*

17. Ἐλιννύω, reste oisif, perd le temps, chôme. –νύες, *jours fériés[a].*

ANNOTATIONS.

1. *a.* Dans toutes les langues vous trouverez pareillement l'adjectif et le pronom démonstratif formés de la même racine que l'adverbe de lieu. Comparez en latin *hic*, ici, et *hic*, ce, celui-ci; *illic*, là et *ille*, celui-là; *istic*, là, ici et *iste*, celui-ci, celui-là; *ibi*, ici, qui dérive du pronom démonstratif *is, ea, id;* en français, *là* adverbe et *la* article, dérivés l'un et l'autre du pronom démonstratif latin *illa; ci*, ici, et *ce, celui*, v. fr. *icelui;* en anglais, *he*, lui et *here*, ici; *this, that*, ceci, cela, et *there* là; en allemand *das*, ce, ceci, et *da*, ici; en italien, *qui*, ici, et *questo*, ce, cet; en espagnol, *aqui*, ici, et *aquesto*, ce, cet. La raison de ces analogies est bien simple. Comme tout adjectif ou pronom démonstratif suppose un geste de la main vers le lieu où se trouve l'objet que l'on veut montrer, il est tout naturel que le même mot qui désigne le lieu d'un objet serve en même temps à montrer cet objet. De là vient que les adverbes de lieu, *ci, ici*, sont entrés dans la composition de nos pronoms français *celui-ci, celui-là, ceux-ci, ceux-là*. C'est comme si l'on disait celui qui est *ci*, ici, celui qui est *là*, etc. V. Ἵ, Ἵέ.

4. *a.* Ou ἐέλδομαι, sans futur.

7. *a.* Les *polypes*, πολύποδες, sont des animaux aquatiques de la classe des zoophytes ou animaux-plantes; leur corps est gélatineux, de forme cylindrique ou conique, et présente autour de la bouche plusieurs filets mobiles appelés *tentacules*, que les anciens prenaient pour autant de *pieds;* d'où vient le nom de πολύπες, qui signifie *pieds nombreux*. RR. Πολύς, πούς.

12. *a.* Plante de la famille des Composées, qui tire son nom de l'*aune*, à l'ombre duquel cette plante croît ordinairement.

17. *a.* Du latin *feria*, jour de repos, qui, en style liturgique, est synonyme de fête. De *feria* on a dérivé le mot *foire*, pr. grand marché qui se tient un jour de fête; d'où vient que presque toutes les foires portent le nom d'un saint. L'institution des foires a son origine dans l'usage où l'on était de présenter pour offrandes, en l'honneur du saint dont on faisait la fête, soit des animaux vivants, soit de la cire, des étoffes ou toute sorte de denrées, que les marchands apportaient pour cette fin. Plus tard, le commerce, qui n'était que l'accessoire dans ces réunions religieuses, en est devenu l'objet important, et maintenant on va à la *foire* sans penser à la *férie*.

17. Ἕκαστος, η, ον, chaque, chacun. —στάκις, *chaque fois;* —στοτε, *id.*

18. Ἑκυρός, ὁ, **socerus**, beau-père. —ρά[a], **socrus**, *belle-mère.*

19. Ἑκών, οῦσα, όν, consentant, voulant bien. Ἑκοντί, *de plein gré;* ἑκούσιος, *volontaire;* ἑκουσιάζομαι, *agit de plein gré.*

20. Ἐλαία, ἡ, **olea**, OLIVIER, OLIVE; —ιάς, *olive;* —ιον, **oleum**[a], HUILE, ιών[b], *plant d'oliviers;* —ιόω, *huiler;* —ιωτός, *oint.*

21. Ἐλαύνω[a], pousse, chasse, marche. Ἔλασις, σία, *course;* ἔλασμα, *lame métallique;* *ἐλατήρ, *qui pousse;* ἔλαστρον, *aiguillon.*

22. Ἔλαφος, ὁ, ἡ, cerf, biche. —φρός[a], *léger, peu coûteux, d'humeur facile;* —φρότης, —φρία, *légèreté;* —φρίζω, —φρύνω, *rend léger.*

23. *Ἐλαχύς[a], εῖα, ύ, petit, peu nombreux. Ἐλάσσων, *moindre;* —σόω, *rend moindre;* —σωμα, *infériorité;* —σονέω, *est inférieur.*

24. Ἔλεγος[a], ὁ, **elegus**, chant lugubre, ÉLÉGIE. —γεία, *id.;* —γεῖος, *élégiaque;* —γεῖον, *mètre élégiaque, élégie, s.-ent.* ἆσμα.

25. Ἐλέγχω[a], convainc, confond, blâme. —χος, **elenchus**, *preuve;* *—χος, *opprobre;* *—χής, *blâmable;* ἔλεγξις, *démonstration.*

ANNOTATIONS.

18. a. D'où *Hecyra*, l'HÉCYRE, ou *la Belle-Mère*, titre d'une des six comédies qui nous sont restées du poëte latin Térence, contemporain et ami de Scipion l'Africain.

20. a. Angl. *oil*, all. *œl*. D'où OLÉAGINEUX, qui se dit des substances d'où l'on peut tirer de l'huile. — b. En latin *olivetum*, fr. *olivette;* d'où OLIVET, ville du royaume de Naples. OLIVA, OLIVARÈS, OLIVENÇA, villes d'Espagne, tirent aussi leur nom de leurs oliviers, aussi bien que cette montagne célèbre entre toutes, où le Fils de Dieu éprouva les angoisses de la mort et sua le sang pour laver les souillures du monde. *Olive* et *olivier* sont devenus des noms propres, de même que *Racine, Rose, Hyacinthe, La Bruyère, Salvator Rosa, Rameau, L'Épine, Jasmin*, etc., et en hébreu, *Thamar*, le palmier, *Edissa* ou *Esther*, le myrte.

21. a. F. ἐλάσω, att. ἐλῶ· a. ἤλασα, pf. ἤλακα ou ἐλήλακα; pass. Ἐλαθήσομαι ou ἐλασθήσομαι, ἠλάθην ou ἠλάσθην, ἤλαμαι att. ἐλήλαμαι. D'où ÉLASTICITÉ, propriété par laquelle les corps comprimés ou distendus tendent à reprendre leur forme et leur volume primitif, en *repoussant* tout ce qui s'y oppose.

22. a. D'où ÉLAPHRE, insecte coléoptère voisin des carabes et d'une agilité remarquable à poursuivre les insectes dont il fait sa proie.

23. a. Inus. au positif en prose. Comp. ἐλάσσων, sup. ἐλάχιστος.

24. a. « La plaintive Élégie en longs habits de deuil. » BOIL. « *Flebile carmen.* » Ov. Petit poëme d'un sujet triste ou tendre. RR. ἔ, λέγω; pr. *dire eh! hélas!* V. Οἰμώζω, Ἄζω. Le prophète Amos invitant le peuple juif à pleurer sur la dévastation de son pays, lui dit, ch. 5 : « Que partout on entende *hélas! hélas!* » Les Lamentations de Jérémie sont, avec les psaumes *Quemadmodum* et *Super flumina*, les chefs-d'œuvre du genre élégiaque. « Qu'y a-t-il dans l'antiquité, dit Fénelon, de comparable au tendre Jérémie déplorant les maux de son peuple? » Les anciens et les modernes ont altéré la pureté primitive de l'élégie, en la consacrant à l'amour sensuel, et Quintilien dit fort sagement : « *Elegia, utique quæ amat, amoveatur; si fieri potest; si minus, certe ad firmius ætatis robur reservetur.* »

25. a. F. ἐλέγξω, a. ἤλεγξα, f. p. ἐλεγχθήσομαι, a. p. ἠλέγχθην, pf. p. ἤλεγμαι, ou ἐλήλεγμαι.

1. Ἑλλέβορος, ὁ, ELLÉBORE[a]. —ριάω, a besoin d'ellébore, est fou; —ρίζω, purge, guérit avec de l'ellébore.

2. Ἕλλην[a], ηνος, ὁ, HELLÈNE, Grec, païen[b]. Ἑλλάς, grecque, subst. HELLADE, Grèce; —ληνίζω[c], imite les Grecs; —νίς, grecque.

3. Ἑλλός; faon. — 4. *Ἑλλός,ή, όν, muet[a]. *Ἕλλοψ[b], ἔλοψ, id.; poisson.

5. Ἕλμις, ινθος, ἡ, ver intestinal, lombric, HELMINTHE. *Ἕλμινς, id.; —μίνθιον, petit ver; —μινθιάω, a des vers intestinaux.

6. Ἐμέω[a], vomo, VOMIT. Ἐμεσιά, —σις, —τός, vomissement; —τής, qui vomit; —τικός, vomitif, ÉMÉTIQUE[b]; —τός, vomi.

7. *Ἐμπάζομαι[a], prend soin de. — 8. Ἐμπίς, ίδος, ἡ, moucheron.

9. Ἔμπουσα, ἡ, EMPUSA, spectre envoyé par Hécate.

10. Ἐμύς, ύδος, ἡ, ÉMYDE, petite tortue d'eau douce.

11. Ἐν, in[a], EN, dans, sur. Ἐντός, ἔνδον, intus[b], en dedans de; ἐντόσθια, ENTRAILLES; ἔντερον[c], INTESTIN; ἐντερεύω, ÉVENTRE.

12. Ἐναίρω, tue, dépouille, ravage, détruit. Ἔναρα, dépouilles enlevées à la guerre. — 13. *Ἐνδυκές, -κέως, soigneusement.

ANNOTATIONS.

1. *a.* Pl. renonculacée, purgative, en grande vogue chez les anciens et chez les lièvres de La Fontaine, pour la guérison de la folie (*Fables*, liv. 6). V. Ἀντίκυρικόν.

2. *a.* De HELLEN, fils de Deucalion, qui régna en Phthie, pays de la Thessalie, et donna son nom à la Grèce. « Ses peuples, auparavant appelés Grecs, prirent toujours depuis le nom d'Hellènes, quoique les Latins leur aient conservé leur ancien nom. » Boss. Ce nom ancien était Γραικός, *Græcus*, qui reparaît dans les auteurs grecs d'une époque plus moderne. Plusieurs autres mots perdus par les Grecs se retrouvent dans la langue latine. Pareillement certains mots latins, surannés ou provinciaux, qui n'étaient pas restés dans la langue littéraire des Romains, ont passé dans les langues modernes. Ex.: *cambiare*, changer; *minare*, mener; *battuere*, battre, qui avaient disparu de la langue classique, et qu'on ne retrouve plus que dans Plaute et Apulée. De même, un bon nombre d'anciens mots français se retrouvent dans la langue anglaise qui les a gardés, lorsque nous cessions de les employer; par ex. l'adj. *confortable*, jadis français, aussi bien que le substantif *confort*, et qui reprend cours maintenant. — *b.* Les Juifs appelaient *Grecs* non-seulement les peuples qui parlaient grec, comme faisaient les peuples de l'Asie-Mineure, mais généralement tous ceux qui professaient une autre religion que le judaïsme. *Grec* était donc pour eux synonyme de *Gentil*, païen, par exemple, dans le passage de saint Paul: *Non est distinctio* Judæi *et* Græci. » (*Rom.* ch. 10). V. Ἔθνος. — *c.* D'où HELLÉNISME, ἑλληνισμός, façon de parler particulière à la langue grecque. Ex. τὰ ζῶα τρέχει, p. τρέχουσι, les animaux courent.

4. *a.* S'emploie en parlant des poissons. — *b.* Composé de ἑλλός et ὄψ voix.

6. *a.* F. ἐμέσω, a. ἤμεσα, pf. ἤμεκα ou ἐμήμεκα; a. p. ἠμέθην. — *b.* Se dit de toute substance propre à faire vomir, et particulièrement du vomitif dans lequel il entre de l'antimoine.

7. *a.* Sans futur.

11. *a.* On trouve dans les anciens auteurs latins *endo* et *endu* au lieu de *in*. Ex.: *Induperator* p. *imperator*, *indupedio* p. *impedio*, *indigeo* p. *inegeo*. — *b.* D'où encore *inter*, ENTRE; *interior*, INTÉRIEUR, compar. de l'*inus*. *interus*, sup. *intimus*, INTIME; *intimare*, INTIMER, introduire dans, *par ext.* faire entrer dans l'esprit, signifier; *intra* pour *intera*, s. ent. *parte*; *intro* p. *intero*, s. ent. *loco*; *intrare*, ENTRER; *interire*, périr, *pr.* aller se perdre au milieu d'autres choses; RR. *inter ire*, *intervallum*, INTERVALLE, *pr.* espace entre deux palissades; RR. *inter vallum*; *intercedere*, intercéder, *pr.* intervenir, s'in-

13. Ἑλεῖν [a], prend, saisit, obtient, gagne. Ἑλετός, *saisissable;* ἕλωρ, *proie, capture, prise;* ἕλωρα, *représailles.*

14. Ἔλεος, ὁ, pitié. Ἐλεημοσύνη [a], id., AUMÔNE; ἐλεήμων, *compatis-sant;* ἐλεέω [b], *a pitié;* ἐλεεινός, *attendrissant, digne de pitié.*

15. Ἐλεύθερος [a], ον, libre, libéral. —ρόω, *affranchit;* —ρωτής, *libéra-teur;* —ρία, *liberté;* —ριος, *libéral, honnête, noble.*

16. Ἐλέφας [a], αντος, ὁ, ÉLÉPHANT, ivoire, ÉLÉPHANTIASIS [b]. —άντειος, *d'éléphant, d'ivoire;* —αντιάω, *est lépreux.*

17. Ἑλίσσω [a], roule, fait tourner, entortille. Εἱλίσσω, id.; *ἕλιξ, tor-tueux;* ἑλίκη, HÉLICE [b]; ἑλιγμός, *tour;* ἑλικτήρ, *collier.*

18. Ἕλκος [a], εος, τὸ, ulcus, ULCÈRE, blessure, plaie. —κόω, *ulcérer;* —κωμα, *partie ulcérée;* —καίνω, *souffre d'une blessure.*

19. Ἕλκω [a], traîne. —κτός, —κυστός, *tiré;* —κυσις, *action de tirer.*

Id. Ὁλκός, ὁ, sulcus [b], *traînée,* SILLON [c]. —κός, ή, όν, *qui tire à soi;* —κή, *action de tirer;* —κάς [d], *vaisseau de charge.*

20. Ἕλος, εος, τὸ, marais. Ἕλειος, *de marais, marécageux.*

ANNOTATIONS.

terposer entre deux personnes; RR. *in-ter, cedo.* — c. Éolien Φέντερον, *venter,* VENTRE. D'où MÉSENTÈRE, μεσεντέριον, membrane en forme de fraise, placée *en-tre les intestins* qu'elle tient attachés les uns aux autres. RB. μέσος, ἔντερον.

13. *a.* Inf. de εἴλον, a. 2. de l'inus. Ἕλω. V. Αἱρέω. D'où HÉLÉPOLE, Ἑλέπολις, *pr.* qui prend les villes. RR. Ἑλεῖν, πόλις. C'é-tait une machine de siége inventée par Démétrius, roi de Macédoine, en 294 av. J. C. Le jeu de cette machine était, dit Plutarque, un spectacle curieux même pour les villes qu'il assiégeait. Elle valut à ce prince le surnom de Poliorcète, Πο-λιορκητής, preneur de villes. RR. Πόλις, εἴργω, resserrer, bloquer.

14. *a.* Lat. *eleemosyna,* all. *almosen,* angl. *alms.* Les dictionnaires font remar-quer, avec raison, que le sens d'*aumône* a été donné par les chrétiens au mot ἐλεημοσύνη. Les païens ne connaissaient ni la charité ni l'aumône. — *b.* Impér. Ἐλέησον, que nous prononçons éléison, *miserere,* ayez pitié. V. Κύριος.

15. *a.* Ou ἐλεύθερος, ρα, ρον, de ἐλεύθω, aller, venir, *pr.* qui va où il veut. V. Ἔρ-χομαι. ÉLEUTHÈRE, *Eleutherius* est le nom d'un saint pape du deuxième siècle.

16. *a.* Lat. *elephas,* d'où ÉLÉPHANTINE, île du Nil, située dans la haute Égypte, près des cataractes, et ainsi nommée à cause

de ses nombreux éléphants. — *b.* Espèce de lèpre qui rend la peau rugueuse comme celle de l'éléphant. Il y a une autre ma-ladie de ce nom, dans laquelle les membres inférieurs grossissent comme des jambes d'éléphant. *Éléphantiasis* se dit pr. en grec ἐλεφαντίασις ou ἐλεφαντιασμός.

17. *a.* Impf. εἵλισσον, f. ἑλίξω, a. εἵλιξα, a. p. εἱλίχθην, pf. p. εἵλιγμαι; m. rac. q. ἴλλω et εἱλέω. — *b.* Ligne tracée en forme de vis autour d'un cylindre. Tous les tours d'une hélice sont égaux, tandis que dans la spirale les tours vont en s'éloignant du centre. Le tire-bouchon est une hélice, et le ressort d'une montre, une spirale.

18. *a.* R. ἕλκω, tirailler; *pr.* tiraille-ment des chairs, écorchure.

19. Ou ἑλκύω, impf. εἷλκον, f. ἕλξω et ἑλκύσω, a. εἵλκυσα, pf. εἵλκυκα, pass. ἑλκυ-σθήσομαι, εἱλκύσθην, εἵλκυσμαι. — *b.* «Sul-ci *appellantur quo aratrum ducitur, quod vocabulum quidem ex græco fictum, quia illi dicunt* ὁλκόν.» = FEST. — *c.* D'où SIL-LAGE, terme de marine qui se dit de la trace qu'un vaisseau laisse derrière lui en refoulant et en fendant l'eau, et qui res-semble à un *sillon.* — *d.* Pr. bateau re-morqué, *c.* à-d. *tiré* par un autre bâtiment à l'aide d'un câble que les Latins nom-ment *remulcum,* du grec ῥυμουλκέω, RE-MORQUER; RR. ῥῦμα, corde, et ἕλκω, ti-rer.

1. Ἕνεκα[a], à cause de, en faveur de, afin de. Ἕνεκεν, *id.*

2. Ἐνεός, ά, όν, muet, sourd-muet, sot, stupide[a]. Ἐννεός, *id.*; ἐνεόω, *rend muet* ou *stupide;* ἐνεότης, *impuissance de parler.*

3. Ἔνιοι[a], αι, α, quelques-uns, plusieurs; *sing.* quelqu'un, quelque.

4. Ἐννέα[a], neuf. Ἐννεάκις, ἐννάκις, *neuf fois;* ἐννεάς, *neuvaine;* ἔννατος, ἔνατος, *neuvième;* ἐνναταῖος, *du neuvième jour.*

5. Ἔντεα, τά, armes, ustensiles, instruments, harnais, meubles.

6. Ἐνυώ, ἡ, ENYO ou Bellone. Ἐνυάλιος, *guerrier,* ENYALIUS[a].

7. Ἕξ[a], *sex,* SIX. Ἑξάς, *nombre de six;* ἑξήκοντα, SOIXANTE. ἕκτος[b], *sixième;* ἑκταῖος, *qui se fait le sixième jour.*

8. Ἐόργη, ἡ, cuiller ou pilon pour mêler des drogues.

9. Ἐπεί, puisque, après que, depuis que, car. Ἔπειτα, *ensuite.*

10. Ἐπήρεια, ἡ, tort, insulte, menace, malignité. —ρεάζω, *offense, diffame;* —ρεαστικός, *menaçant, injurieux.*

11. Ἐπί[a], *gén., dat., acc.,* sur, dans, près, contre, pour, à, vers.

12. Ἐπιπακτίς, ίδος, ἡ; ÉPIPACTIS ou elléborine, *pl.*

ANNOTATIONS.

1. *a.* Et Ἕνεκεν, poét. εἵνεκα.

2. *a. Muta* est synonyme de *bruta,* les bêtes brutes. V. QUINT. lib. 2, ch. 17.

3. *a.* Par corruption pour ἔνι οἵ ou ἔνεστιν οἵ, il en est qui. RR. ἐν, εἰμί, ὅς, ἥ, ὅ; le singulier est très-rare.

4. *a.* D'où ENNÉANDRIE, nom de la neuvième classe du système botanique de Linné, laquelle comprend les plantes à *neuf étamines* ou organes mâles, comme le *laurier,* la *rhubarbe.* RR. ἐννέα, ἀνήρ. V. Γυνή.

6. *a.* Épithète ou surnom de Mars.

7. *a.* Angl. *six,* all. *sechs.* D'où HEXAMÈTRE, ἑξάμετρος, vers de six pieds. RR. ἕξ, μέτρον. Ex.; «*Donec eris felix, multos numerabis amicos.*» HEXAGONE, ἑξάγωνον, polygone à six angles. RR. ἕξ; γωνία. HEXAPODE, ἑξάπους, animal à *six pieds,* comme tous les insectes proprement dits. RR. ἕξ, πούς. HEXANDRIE, la classe des plantes qui ont *six étamines* ou organes mâles, comme le *lis,* le *chou.* RR. ἕξ, ἀνήρ. HEXAÈDRE, polyèdre à six faces. RR. ἕξ, ἕδρα, base. — *b. Sextus,* dont les Romains faisaient un prénom pour leur *sixième* enfant; d'où SIXTE, nom porté par plusieurs papes, dont le plus célèbre fut *Sixte-Quint.* V. Ὀκτώ.

11. *a.* D'où *épiderme, épître, épigramme, épitaphe, évêque, épiglotte.* V. Δέρμα, Στέλλω, Γράφω, Θάπτω, Σκέπτομαι, Γλῶσσα. ÉPIGRAPHE, ἐπιγραφή, sentence, courte citation d'un auteur, qu'on inscrit en tête d'un livre, pour en indiquer l'objet ou l'esprit. RR. ἐπί, γράφω. ÉPILEPSIE, ἐπίληψις, pr. surprise, nom donné au mal caduc, parce qu'il saisit d'une manière inattendue. RR. ἐπί, λαμβάνω. ÉPISODE, ἐπεισόδιον, action incidente qui survient dans le cours d'un poëme ou d'un roman, et qui se subordonne à l'action principale. RR. ἐπί; εἴσοδος; entrée, de εἰς et ὁδός. Telles sont l'entrevue d'Andromaque et d'Hector au sixième chant de l'Iliade, la mort de Cacus au neuvième livre de l'Énéide. ÉPITHÈTE, ἐπίθετον, s. ent. ὄνομα, pr. nom ajouté, *adjectivum nomen,* adjectif qui ajoute à l'idée du substantif plus de force, de noblesse ou de grâce. RR. ἐπί, τίθημι. ÉPIDÉMIE, maladie ÉPIDÉMIQUE, ἐπιδήμιος νόσος, mal contagieux qui tombe sur un grand nombre de personnes. RR. ἐπί, δῆμος. ÉPIZOOTIE, maladie qui règne sur les bestiaux. RR. ἐπί, ζάω. ÉPILOGUE, ἐπίλογος, conclusion ou dernière partie d'un discours ou d'un livre dans laquelle on revient sur les principaux points qu'on a traités, pour en mieux graver le souvenir dans la mémoire de l'auditeur ou du lecteur. RR. ἐπί, λόγος.

13. Ἐλπίς, ίδος, ἡ, espérance, attente, crainte.—πίζω, espère; *Ἔλπο-μαι[a], id.; ἔλπω, fait espérer; *—πωρή, espoir.

14. Ἐνιαυτός, ὁ, année. Ἐνιαύσιος, annuel; ἕνος, η, ον, d'un an.

15. *Ἕννυμι[a], vestio, REVÊT. Εἶμα, ἱμάτιον, vêtement[b], habit.

16. Ἑορτή, ἡ, fête, jour de fête, repos, plaisir. —τάζω, fêter; —ταῖος, —τάσιμος, —τάσιος, —ταστικός, —τιος, de fête, solennel.

17. Ἐπείγω[a], presse, poursuit, excite, est urgent. Ἔπειξις, ἐπειγωλή, instigation; ἐπείκτης, instigateur.

18. Ἐπίκουρος[a], ον, allié, auxiliaire, soldat mercenaire. —ρία, se-cours; —ρέω, secourir; ρημα, secours, remède.

19. Ἐπίτηδες, à dessein, commodément, suffisamment.*—δειος, propre, convenable; —δεύω, s'occupe de; —δευμα, usage.

20. *Ἔπω[a], s'occupe de, soigne, s'empresse de faire, agit. Ἔπο-μαι[b], sequor[c], SUIT, résulte de, écoute, obéit à.

21. Ἔπω[a], dit, parle. Ἔπος, parole, récit, oracle, poëme, ÉPOPÉE[b]; ἐπιχός, ÉPIQUE; —χοί, poëtes épiques[c].

13. a. Ou ἐέλπομαι, impf. ἠλπόμην ou ἐελπόμην, pf. ἔολπα, j'espère, plqpf. ἐώλ-πειν, j'espérais; ἔλπω, faire espérer, est très-rare.

15. a. F. ἔσω ou ἔσσω, a. εἶσα, ἔσα ou ἔσσα; en prose on emploie ἀμφιέννυ-μι; moy. ἕννυμαι, f. ἔσομαι ou ἔσσομαι, a. εἰσάμην ou ἐσάμην, ἐσσάμην, ἐεσσά-μην, pf. εἶμαι ou ἔσμαι. En remplaçant ννυμι par ω, on ramène ἔννυμι à la for-me supposée ἔω qui aide à suivre la déri-vation. — b. V. Ἐσθής, vestis.

17. a. F. ἐπείξω, a. ἤπειξα, a. p. ἠπεί-χθην, pf. p. ἤπειγμαι.

18. a. Pr. jeune soldat qui vient se joindre à d'autres. RR. ἐπί, κουρος. D'où ÉPICURE, célèbre philosophe grec dont les disciples faisaient consister la sagesse et le bonheur dans les plaisirs des sens. «Me pinguem et nitidum bene curatâ cute vi-ses, cum ridere voles, Epicuri de grege porcum,» écrivait Horace au poëte Tibulle, son ami.

20. a. Impf. εἶπον, ion. ἔπον, f. ἔψω a. 2. ἔσπον, inf. σπεῖν, part. σπών.—b. Impf. εἱπόμην, f. ἔψομαι, a. 2. ἐσπόμην. — c. V. Λύχος.

21. a. Le prés. inus. est remplacé par φημί, et l'impf. par ἔφην. F. ἐρῶ em-prunté à εἴρω; a. rare εἶπα, a. 2 εἶπον pf. εἴρηκα, f. p. ῥηθήσομαι, a. ἐρρήθην,

pf. εἴρημαι. — b. L'épopée est le récit poétique d'une grande action. Remarquez dans le mot ἔπος la double signification de récit et de poëme, et rapprochez-en le mot ὠδή, qui signifie à la fois chant et poésie. « Avant l'usage des lettres, la mé-moire des grandes choses se conservait par des chansons. Les Gaulois et les Ger-mains en usaient encore ainsi du temps des Romains. La même coutume s'est con-servée, jusqu'à présent, chez les peuples d'Amérique. Quoique les Hébreux eussent des lettres, ils savaient que l'on retient toujours mieux les paroles mesurées et mises en chant, et de là le grand soin qu'ils avaient de composer des cantiques sur ce qui leur arrivait de considérable. Tels sont les deux que fit Moïse, l'un au passage de la mer Rouge, et l'autre en mourant, pour recommander l'observa-tion de la loi. Tel est le cantique de Dé-bora, celui de la mère de Samuël et tant d'autres, et surtout les psaumes de David.» FLEURY. V. Λύρα. — c. Les plus célèbres sont chez les Grecs, HOMÈRE; chez les Romains, VIRGILE; dans les temps mo-dernes, DANTE, auteur de la Divine Co-médie; le TASSE, auteur de la Jérusalem délivrée; MILTON, auteur du Paradis perdu; le CAMOENS, auteur des Lusiades, et KLOPSTOCK, auteur de la Messiade.

1. Ἐπιπολῆς[a], à la surface, visiblement. —λαιος, *superficiel, léger, évident;* —λεύω, —λάζω, *est à la surface.*

2. Ἔποψ, ἔποπος, ὁ, upupa[a], HUPPE. Ἐποποῖ! *son cri.*

3. Ἑπτά[a], septem[b], SEPT. —άκις, *sept fois;* ἕβδομος, *septième;* ἑπτάς, ἑβδομάς, *nombre de sept, d'où* hebdomas, SEMAINE.

4. Ἔρα, ἡ, terre. *Ἔραζε, *à terre;* ἔνερθι, *en dessous.*

5. Ἔρχνος, ὁ, quête, contribution. —νίζω, *quête, contribue, aide,* —νισις, —νισμός, *quête;* —νιστής, *qui contribue.*

6. *Ἔρδω[a], fait, sacrifie. Ἔργμα, *action;* ἔρκτωρ, *celui qui fait.*

7. Ἐρέβινθος, ὁ, pois chiche[a]. —θιαῖος, *grand comme un pois chiche.*

8. *Ἔρεβος[a], εος, τό, Erebus, noirceur, ténèbres de l'enfer, ÉRÈBE.

9. *Ἐρέθω[a], pique, provoque, irrite: —θίζω[b], id.; —θισμα, *stimulant;* —θισμός, *irritation;* —θιστικός, *qui provoque.*

10. Ἐρείκη, ἡ, erice[a], bruyère, d'où ÉRICUSE[b].

11. Ἐρείκω[a], broie, égruge, brise. —κίδες, *orge égrugée;* ἔρεγμα, —μός, *farine de fèves;* *ἐρέχθω, brise.*

ANNOTATIONS.

1. *a.* Adverbe composé de ἐπί et πέλομαι, être. Ἐπιπολῆς est le génitif du nomin. inus. ἐπιπολή, surface.

2. *a.* On a voulu imiter par ce nom le cri de l'oiseau. On dit vulgairement *puput.*

3. *a.* Angl. *seven,* all. *sieben.* D'où HEPTANOMIDE, partie centrale de l'Égypte, divisée en sept nomes ou districts principaux. RR. ἑπτά, νέμω. HEPTARCHIE, *sept royaumes* fondés en Angleterre par les Anglo-Saxons aux cinquième et sixième siècles. RR. ἑπτά, ἄρχω. HEPTANDRIE, classe de plantes dont les fleurs ont *sept étamines,* comme le *marronnier.* RR. ἑπτά, ἀνήρ. V. l'ϒνή. — *b.* D'où SEPTEMBRE, le septième mois de l'année chez les anciens Romains. V. Ὀκτώ. SEPTENTRION. V. Ἄρχτος.

6. *a.* Impf. ἔρδον, f. ἔρξω, pf. ἔοργα, plqpf. ἐώργειν. Ce verbe confond ses temps avec ῥέζω, ou plutôt, ἔρδω et ῥέζω sont un seul et même verbe dont les lettres ont été transposées. L'un et l'autre signifient *faire l'action par excellence,* sacrifier, *sacrum facere.*

7. *a.* En latin *cicer,* d'où le surnom de *Cicéron* donné à un des ancêtres du grand orateur, parce qu'il avait à l'extrémité du nez une marque qui ressemblait à un pois chiche, d'après Plutarque.

8. *a.* De ἐρέφω, couvrir, obscurcir. Toutes les langues désignent l'Enfer comme un lieu de ténèbres. V. Ἅδης, Τάρταρος. Les Grecs en plaçaient l'entrée à l'ouest, du côté où le jour finit. « Comme l'Épire était, dans les temps les plus anciens, la dernière des contrées connues du côté de l'Occident, elle passa pour la région des ténèbres. Mais à mesure que les bornes du monde se reculèrent du même côté, l'Enfer changea de position et fut placé successivement en Italie et en Ibérie, toujours dans les endroits où la lumière du jour semblait s'éteindre » (*Anach.*). Les anciens divisaient l'enfer en plusieurs régions, et l'Érèbe était la plus voisine de la terre. On y voyait le palais de la Nuit, du Sommeil et des Songes. C'était le séjour de Cerbère, des Furies et de la Mort.

9. *a.* Sans fut; impf. ἤρεθον. — *b.* D'où ÉRÉTHIZON, pr. le piquant, ἐρεθίζων, mammifère rongeur, voisin du porc-épic et propre à l'Amérique du Nord.

10. *a.* Ou ÉRICA, nom botanique de la bruyère, genre et type de la famille des ÉRICINÉES ou ÉRICACÉES qui pullulent dans nos landes. V. Βρύω. — *b.* Île située dans la mer Ionnienne, près de Corcyre. Nous avons de même en français des localités du nom de *Bruyères,* de *Fougères,* etc. V. Ῥόδον.

11. *a.* F. ἐρείξω; a. ἤρειξα ou ἤριξα, plqpf. ἤριγμαι ou ἐρήριγμαι; l'a. 2 ἤριχον a le sens passif dans Homère.

12. *a.* Ou ἔραμαι, impf. ἤρων, f. p. ἐρα-

12. Ἐράω[a], aime, désire. Ἐραστός[b], ἐρατός[c], aimable; ἐραστής, amant; ἔρως[d], amour; ἐρωτιάω, est épris de.

13. Ἔργον[a], τὸ, ouvrage, chose, affaire. Ἐργάζομαι, travaille; ἐργάτης, ouvrier; ἐργαστήριον, atelier; ἐργασία, travail, métier, gain.

14. Ἐρείδω[a], appuie, insiste, fond sur, résiste. Ἔρεισις, action d'étayer, d'appuyer; ἔρεισμα, -μός, appui, soutien.

15. Ἐρέσσω[a], rame, meut, dirige, agite. Ἐρεσία, action de ramer; ἐρέτης, rameur; ἐρετμός, rame; -μόω, ramer.

16. Ἐρεύθω[a], rend rouge. -θομαι, rougit; -θίω, -θιάω, est rouge; -θος, rougeur; ἐρυθρός[b], rouge; -θραίνω, -θριάω, rougit[c].

17. Ἔρευνα, ἡ, recherche, enquête. -νάω, rechercher, s'enquérir de; -νητής, investigateur, scrutateur; -νήτρια, fém.

18. Ἐρέφω[a], couvre, bâtit, couronne. Ἔρεψις, action de couvrir; ὀροφή, toit; -φος, toit, roseau pour couvrir les toits[b].

19. Ἔρημος[a], ον, désert. -μαῖος, -μικός, solitaire; -μία, solitude; -μίτης, eremita, ERMITE[b]; -μόω, dévaste.

ANNOTATIONS.

σθήσομαι, a. ἡράσθην, pf. ἤρασμαι. Ἐράω est aimer par inclination, amare; ἀγαπάω, ainsi que φιλέω, est aimer par raison et par estime, diligere; στέργω est aimer comme parents. — b. D'où ÉRASTE, nom propre, comme de ἐρασμός, aimable, est venu ÉRASME. — c. D'où ÉRATO, Ἐρατώ, muse de la poésie lyrique et érotique, dont les formes les plus ordinaires sont l'élégie, l'ode et l'épître. — d. D'où ÉROTIQUE, ἐρωτικός, consacré à l'amour.

13. a. Se rapporte au radic. Ἐργ, faire, qui prête son futur ἔρξω à ἐρδω. D'où ἀργός, p. ἀεργός, désœuvré. ÉNERGIE, ἐνέργεια, pr. activité intérieure. RR. ἐν, ἔργον. ÉNERGUMÈNE, ἐνεργούμενος, possédé du démon, part. pass. de ἐνεργέω, travailler intérieurement. RR. ἐν, ἔργον. EXERGUE, petit espace réservé au bas du type d'une médaille pour mettre la date ou une inscription. Le mot signifie pr. hors-d'œuvre, et s'applique aussi à l'inscription elle-même. RR. ἐξ, ἔργον.

14. F. ἐρείσω, a. ἤρεισα, pf. ἤρεικα ou ἐρήρεικα, a. p. ἡρείσθην, pf. p. ἤρεισμαι ou ἐρήρεισμαι.

15. a. F. ἐρέσω, a. ἤρεσα. D'où ὑπηρετέω, ramer sous les ordres du patron; RR. ὑπό et ἐρέσσω; par ext. servir; ὑπηρέτης, matelot, ouvrier, serviteur.

16. a, F. ἐρεύσω, a. ἤρευσα. D'où ÉRYSIPÈLE, ἐρυσίπελας, inflammation locale de la peau avec rougeur. RR. ἐρεύθω et

πέλλα peau. — b. Et ἐρυθραῖος, ÉRYTHRÉE, nom donné au golfe Arabique, au golfe Persique et à la mer des Indes, soit à cause de la couleur du sable qui forme le lit de cette mer, soit en mémoire d'un certain roi Érythras qui s'y noya. « Ignari rubere aquas credunt. » Q. CURCE. Si l'on veut rapporter à un nom d'homme l'étymologie du mot Érythrée, il serait plus rationnel de voir dans mare Rubrum un synon. de la mer des Iduméens, parce que la nation des Iduméens s'étendit sur ses bords, et que le nom de l'Idumée dérive d'Édom ou Ésaü, qui signifie en hébreu ruber, rufus, roux ou rouge, ἐρυθραῖος. Un botaniste a cru reconnaître que le nom de mer Rouge donné d'abord par Hérodote, puis par les Septante, au golfe Arabique, tire son origine de la coloration des eaux, produite par une algue microscopique qui flotte à la surface. Les ignorants auraient eu raison contre Quinte-Curce. — c. De plus ἐρευθέδανον, ἐρυθρόδανον, ἐρυθράδιον, garance, en latin rubia, de rubus, rouge. Ἐρυθῖνος, ἐρυθρῖνος, rouget, poisson rouge.

18. a. Ἐρέπτω, même sens; f. ἐρέψω. — b. V. Iliade ch. 24, v. 450.

19. a. Ou ἔρημος, η, ον. R. Ἐρα, terre, sol nu. — b. Solitaire retiré dans un lieu désert où il se livre à des exercices de piété. L'habitation d'un ermite se nomme ERMITAGE.

1. *᾽Ερείπω[a], renverse, démolit. ᾽Ερείπιον, *débris ;* ἐρειπιόω, *ruine ;* ἐρείψιμος, *caduc ;* ἐρίπνη, *précipice.*

2. *᾽Ερέπτομαι[a], broute, mange, dévore, fait ripaille.

3. ᾽Ερεσχελέω, raille, pique. —χελία, *raillerie, dispute.*

4. ᾽Ερεύγομαι[a], eructo, ROTE[b], vomit, beugle, profère, dit. ᾽Ερευγμα, ἐρυγμός, ἐρυγή, *rot ;* ἔρευξις, ÉRUCTATION.

5. *᾽Ερητύω, arrête, retient, écarte, préserve de.

6. ᾽Ερι, particule inséparable augmentative[a].

7. ᾽Εριθάκη, ἡ, gomme dont l'abeille enduit la ruche.

8. ᾽Ερίθακος, ὁ, ERITHACUS, rouge-gorge. —κίς, *id.*

9. ᾽Ερινεός, figuier sauvage, figue sauvage. *᾽Ερινος, *id. ;* ἐρινάζω, *hâter la maturation des figues[a].*

10. ᾽Ερινvύς, ύος, ἡ, furie, ERINNYS[a], démon, fléau, remords.

11. *᾽Ερίφος, ὁ, ἡ, chevreau, jeune chèvre. —φοί, *les chevreaux[a].*

12. ᾽Ερμῆς[a], οῦ, ὁ, HERMES[b], Mercure[c]. —μαῖος, *de Mercure ; avantageux ;* —μαιον, *bonne aubaine[d] ;* —μεῖον, *temple de Mercure.*

ANNOTATIONS.

1. *a.* F. ἐρείψω ; pass. ἐρείπομαι, f. ἐρείψομαι, pf. ἤρειμμαι, ἐρήριμμαι, rar. ἐρέριμμαι ; moy. mixte, ἐρείψομαι, a. ἤριπον, pf. ἐρήριπα, tomber.

2. *a.* Sans futur.

4. *a.* Ou ἐρεύγω, impf. ἠρευγόμην, f. ἐρεύξομαι, a. 2 ἤρυγον. — *b.* De *ructare,* dont le *c* est tombé par euphonie, comme dans *ceinture* et *cintre* de *cinctura ; huit* de *octo ; prône* de *præconium ; cuit* de *coctus ; feu* de *focus ; jouer* de *jocari ;* etc.

6. *a.* Ex. : ἐριγάστωρ, qui a un gros ventre. R. γαστήρ. ᾽Ερι ne s'emploie qu'en poésie.

9. *a.* Cette opération, telle que les anciens la pratiquaient, consiste à placer sur des figuiers des figues sauvages déjà mûres, et remplies d'une espèce d'insectes appelés cynips, qui se répandent sur les fruits, pénètrent dans l'intérieur et les font mûrir plus tôt. V. Ψήν.

10. *a.* Nom commun aux Furies et particulier à l'une d'elles. V. Μεγαίρω.

11. *a.* Constellation voisine de la Chèvre, et formée de trois étoiles en triangle. Remarquez que les noms des constellations sont généralement tirés des animaux ou des objets les plus communs, dont on a cru trouver la figure dans certains groupes d'étoiles : le Chien, la Couronne, le Cha-

riot de David, etc.

12. *a.* Les anciens font dériver ᾽Ερμῆς de εἴρω, parler. « Sûrement, dit Platon, ce nom doit avoir trait à la parole et au discours ; car les divers attributs d'*Hermès,* interprète, ἑρμηνεύς, messager, rusé, voleur, séduisant, discoureur, protecteur des marchés publics, tout cela se rapporte à la puissance de la parole » (*Crat.*). Il est rapporté dans les *Actes des apôtres,* ch. XIV, que saint Paul ayant guéri un perclus à Lystres, en Lycaonie, les habitants voulurent l'honorer comme un Dieu, ainsi que saint Barnabé, son compagnon. «*Vocabant Barnabam Jovem, Paulum vero Mercurium, quoniam ipse erat dux verbi,* parce que c'était Paul qui portait la parole. » V. ᾽Ιρις. — *b.* D'où HERMAPHRODITE, terme de botanique ; il se dit des fleurs qui renferment les étamines et le pistil, par ressemblance avec *Hermaphrodite,* le fils de Mercure et de Vénus, que la Mythologie, monstrueuse dans toutes ses créations, avait fait des deux sexes. — *c.* De *mercari,* faire un marché. — *d.* Les Grecs attribuaient à la faveur de Mercure les trouvailles qu'ils faisaient, parce que ce dieu présidait aux rues et aux chemins. Quand on avait trouvé quelque chose, la formule consacrée était : κοινὸς ᾽Ερμῆς,

13. Ἔριον[a], τὸ, laine, poil, duvet. Εἶρος, *id.*; ἐρίδιον, *un peu de laine*; *ἐρίνεος, *εἰρίνεος, *de laine*; ἔριθος, *ouvrier en laine.*

14. Ἔρις, ιδος, ἡ, querelle, débat, la Discorde. Ἐρίζω, ἐριδαίνω, *disputer*; ἔρισμα, *dispute*; ἐριστής, *disputeur.*

15. Ἕρμα[a], ατος, τὸ, appui, base. —μάζω, *appuyer*; —μασμα, *appui*; —ματίζω, *lester*; —μάς, *banc de sable*; *—μίν, *pied de lit.*

16. Ἑρμηνεύω[a], interpréter. —νευμα, —νεία, *interprétation*; —νεύς, —νευτής, *interprète*; —νευτικός[b], *explicatif.*

17. Ἕρπω[a], serpo[b], repo, RAMPE. —πετός, *rampant*; —τόν[c], REPTILE; ἕρπης, *dartre*; —πητικός, *dartreux*; *—πύζω[d], *rampe.*

18. Ἔρχομαι[a], va, vient, marche, s'étend. Ἔλευσις, *ἤλυσις, *arrivée, venue, action de marcher, d'aller*; Ἠλύσιον[b], ÉLYSÉE.

19. Ἐρωτάω, interroge, argumente, prie. —τησις, *interrogation*; —τημα, *question*; —μάτιον, *dim.*; —ματικός, *interrogatif.*

20. Ἐσθής[a], ῆτος, ἡ, vestis[b], VÊTEMENT, étoffe. Ἔσθημα, *habit.*

21. Ἐσθίω[a], esse, mange, dévore, ronge, consume, ruine.

ANNOTATIONS.

c.-à-d. *Mercure en retient sa part.* V. PHURNUTUS, *de Naturá Deorum*, ch. 16.

13. *a.* Et poét. εἶρος, ἔρος, εἴριον, ἐρέα. D'où ÉRIOPHORE, δένδρον ἐριοφόρον, *pr.* arbre porte-laine, nommé vulg. *linaigrette* ou *lin des marais*, à cause des aigrettes soyeuses qui succèdent à ses *reptiles.* RR. ἔριον, φέρω.

15. *a.* De εἴρω, attacher, consolider, pf. p. ἔερμαι. D'où *firmare*, AFFERMIR; FERMER, *pr.* consolider, assurer; FERME, bas latin *firma*, *pr.* lieu clos et *fermé*, enclos, closerie, qu'on *afferme* à un fermier.

16. *a.* De Ἑρμῆς, Mercure, l'interprète par excellence. — *b.* D'où HERMÉNEUTIQUE, ἡ ἑρμηνευτική, s.-ent. τέχνη, art de l'interprétation, surtout en parlant des textes bibliques.

17. *a.* Impf. εἶρπον, f. ἕρψω, a. εἶρψα ou εἴρπυσα. — *b.* D'où le part. *serpens*, SERPENT. Le *s* de *serpo* tient lieu de l'esprit rude de ἕρπω. Dans *repo* il y a seulement transposition des deux premières lettres. — *c.* D'où HERPÉTOLOGIE, partie de l'histoire naturelle qui traite des *reptiles.* RR. ἕρπω, λέγω. — *d.* D'où SERPOLET, *serpyllum*, ἕρπυλλον, p. odorante à tige *rampante*, dont Jean Lapin fait son régal chez La Fontaine.

18. *a.* Emprunte à εἶμι le subj. ἴω,

l'opt. ἴοιμι, l'impér. ἴθι, l'inf. ἰέναι, le part. ἰών, l'impf. ἤειν plus usité que ἠρχόμην; fut. εἶμι, j'irai ou ἐλεύσομαι, a. ἦλθον, poét. ἤλυθον, subj. ἔλθω, opt. ἔλθοιμι, impér. ἐλθέ, inf. ἐλθεῖν, part. ἐλθών, pf. ἤλυθα ou ἐλήλυθα; plqpf. ἠλύθειν ou ἐληλύθειν. Du composé προσέρχομαι vient PROSÉLYTE, προσήλυτος, converti, *pr.* *venu vers*, venu d'ailleurs, en latin *advena.* — *b.* S.-ent. πεδίον, champ. Les Champs Élysées étaient, dans les croyances mythologiques, des jardins toujours verts et fleuris, où les âmes des hommes de bien pouvaient *errer en liberté.* Rapprochez ὄρκος, enfer, qui exprime une idée tout opposée.

20. *a.* De ἕννυμι ou ἕω, *vestire.* — *b.* D'où VESTE; INVESTIR; remettre à un vassal un gant, une ceinture, un chaperon ou toute autre pièce du *vêtement*, comme signe du fief dont il devenait possesseur; TRAVESTIR, déguiser en faisant changer d'habits, *trans vestire.*

21. M. rac. que ἔδω. Impf. ἤσθιον f. ἔδομαι (2 pers. ἔδει ou ἔδῃ) ou φάγομαι, 2 pers. φάγεσαι, a. 2 ἔφαγον; pf. ἐδήδοκα, plqpf. ἐδηδόκειν; pf. 2 ἔδηδα; pass. ἠδέσθην, ἐδήδεσμαι. V. Ἔδω et Φαγεῖν. D'où DERMESTE, δερμηστής, insecte coléoptère qui ronge les pelleteries. RR. δέρω, ἔδω.

7

1. *Ἔρνος, εος, τὸ, jeune branche, plante, rejeton, HERNIE[a].

2. Ἔῤῥω[a], **erro**, s'en va tristement, tombe en ruines, périt.

3. *Ἔρση[a], ἡ, rosée, tout ce qui est jeune et tendre. Ἐρσαῖος, ἐρσήεις, *mouillé de rosée* ; ἔρσω, *mouille, arrose.*

4. Ἐρύκω[a], retient, empêche, repousse, écarte, préserve.

5. *Ἐρύω[a], **servo**[b], traîne ; —ομαι, tire, garde, sauve. Ἔρυμα, *rempart* ; —υσμός, *défense* ; —υμνός, *fortifié* ; —νόω, *fortifie.*

6. *Ἐρωέω[a], coule, se précipite, cesse, empêche. Ἐρωή, *violence, fuite, mouvement vif et impétueux.*

7. *Ἐσθλός[a], ἡ, όν, bon, honnête, habile, brave, utile. Ἐσθλά, *biens, avantages* ; ἐσθλωμα, *trait de bravoure.*

8. *Ἐσμός[a], ὁ, essaim, troupe, foule, troupeau, miel, ruisseau de miel.

9. Ἐσσήν, ῆνος, ὁ, roi des abeilles, prêtre de Diane, roi.

10. Ἐτελις, εως, ὁ, espèce de poisson, *peut-être* la dorade.

11. *Ἐτεός[a], ά, όν, vrai, véritable. Ἐτεόν, *vraiment* ; ἔτυμος, *vrai, réel* ; ἔτυμον, ÉTYMOLOGIE[b] ; —μότης, *id., vérité.*

ANNOTATIONS.

1. *a.* Tumeur abdominale causée par la sortie de quelque viscère qui semble former comme un rejeton.

2. *a.* F. ἐῤῥήσω, a. ἤῤῥησα, pf. ἤῤῥηκα. Ce verbe n'est guère usité qu'au présent.

3. *a.* De ἄρδω, arroser.

4. *a.* F. ἐρύξω, a. ἤρυξα, a. 2 ἐρύκακον.

5. *a.* Impf. εἶρυον, f. ἐρύσω, a. εἴρυσα, ἔρυσα, ἔρυσσα, pf. p. εἴρυμαι ou ἔρυμαι. — *b.* Υ voyelle s'est changé en *u* consonne ou *v*, comme dans *navis* de ναῦς, *bovis* de βοῦς, *gavisus* de *gaudeo, janvier* de *januarius*, etc. De *servare* vient *servus*, esclave, *serf*, pr. homme *mis en réserve*, ennemi à qui on *conserve* la vie, soit par humanité, soit plutôt par intérêt, pour en tirer du *service*. « Servi, *quod hi, qui jure belli possent occidi, a victoribus conservabantur.* » ISID.

7. *a.* Cet adjectif, qui a tous les sens de ἀγαθός, est rare en prose.

8. *a.* De ἔζομαι, se poser ; c'est pr. l'*essaim en repos*. Le lat. *examen* signifie au contraire l'*essaim en marche*. V. Ἀγέλη.

11. *a.* De εἰμί, *être* ; pr. *ce qui est, ce qui existe.* « Le vrai, c'est ce qui est ; le faux, c'est ce qui n'est pas. » BOSS. — *b.* Ἐτυμολογία, de ἔτυμος, vrai, et λόγος, discours, sens ; les Latins l'appelaient *veriloquium* ou *originatio verborum.* Var-

ron a défini l'étymologie en deux mots : « *Cur et undè sint verba Græci vocant* ἐτυμολογίαν. » Connaître un mot, c'est en effet, dit Court de Gébelin, connaître les causes qui lui firent assigner le sens dont il est revêtu, la langue dont il est originaire, la famille à laquelle il appartient, les altérations qu'il a éprouvées. Ce ne sont pas seulement des mots qu'on apprend par là, mais en même temps des choses. Un recueil d'étymologies serait déjà un abrégé de toutes les sciences et une grande avance pour en commencer l'étude. Il offrirait toutes ces définitions que les savants mettent en tête de leurs ouvrages. On y verrait de plus les raisons qui firent choisir les mots pour exprimer les idées qu'ils présentent. » (*Monde primitif.*) Aussi les plus beaux génies de l'antiquité n'ont-ils pas dédaigné de se livrer aux recherches étymologiques. Platon, Aristote et Varron, le plus savant des Romains, le roi de Numidie Juba II et Jules César lui-même ont écrit des traités sur l'origine et l'analogie des mots. Ajoutons, en passant, avec M. de Maistre « que ce seul mot d'*étymologie* est déjà une grande preuve du talent prodigieux de l'antiquité pour rencontrer ou adopter les mots les plus parfaits ; car celui-là suppose que chaque

13. Ἑσπέρα*ᵃ*,-ή; vesper, soir, couchant. —ριος, —ρινός, *—ρος, *du soir, de l'ouest;* —ρία, HESPÉRIE*ᵇ*; —ρος, *étoile de Vénus, soir.*

14. Ἑστία, ή, foyer, maison, asile, *autel, VESTA*ᵃ*. Ἕστιος, *du foyer;* ἑστίασις, ἑστίαμα, FESTIN*ᵇ*; ἑστιάω*ᶜ*,*régale, célèbre, fête.*

15. Ἐσχάρα, ή, foyer, autel, ESCHARE*ᵃ*, piédestal. —ρίς, —ριον, *dim.;* *—ρεών, *foyer;* —ρόομαι, se couvre d'une eschare.*

16. Ἔσχατος, η, ον, dernier, extrême. *—τιος, *—τόεις, *id.;* —τιά, *extrémité;* —τεύω, *—τιάω, —τίζω, est le dernier, est au bout.*

17. Ἐτάζω*ᵃ*, vérifie, examine. Ἔτασις, ἐτασμός, *examen;* ἐταστής, *vérificateur;* ἐταστός, *prouvé, vérifié.*

18. Ἑταῖρος, ὁ, ami, compagnon. —ρεία, —ρία, *amitié;* —ρίζω, *sert d'aide;* —ρέω, *se prostitue;* —ρίς, *courtisane;* —ρίστρια, *id.*

19. Ἕτερος*ᵃ*, α, ον, l'autre, opposé. —ρότης, *différence;* —ρόω, —ροιόω, *changer;* —ρωσις, *changement;* —ροῖος, *différent.*

20. Ἕτοιμος*ᵃ*, ον, prêt, aisé, disposé, vif, apte, convenable. —μότης, *promptitude;* —μάζω, *prépare;* —μασία, *apprêt.*

ANNOTATIONS.

mot est *vrai*, c'est-à-dire qu'il n'est point imaginé arbitrairement. »

13. *a.* Fém. de Ἕσπερος, *vespertinus*, s.-ent. ὥρα, pr. *l'heure du soir*, le *vespre*, comme on disait autrefois. D'où vênes, *horœ vespertinœ*, heures où office du soir, par opposition à *matines*, prière du matin. — *b.* Ἑσπερία, s.-ent. χώρα, pr. *pays occidental*, ancien nom donné par les Grecs à l'Italie, qui est située au couchant par rapport à la Grèce. « *Italia dicta est* Hesperia *quod* occasui *subjecta sit.* » MACR. Par la même raison, les Romains appelaient l'Espagne *Hesperia*. D'où encore HESPÉRIDES, Ἑσπερίδες, *filles d'Hespérus*, dont le jardin, si fameux par ses pommes d'or, était placé par les poètes à l'*occident*.

14. *a.* Déesse du *foyer* et des choses domestiques en général. — *b.* D'où aussi *festum*, FÊTE. Dans tous les temps les *fêtes* ont été célébrées par des *festins*. « *Epulaberis in festivitate tuâ.* » (*Deutér.* ch. XVI). La Pâque des Juifs, la Cène eucharistique, les Agapes des premiers chrétiens étaient des repas de fête, dont il nous reste un souvenir domestique dans le réveillon de Noël et le gâteau des Rois, et un mémorial religieux dans la pâque chrétienne. — *c.* F. ἑστιῶν.

15. *a.* Croûte noire formée sur la peau par une brûlure ou par la gangrène.

17. *a.* F. ἐτάσω. On emploie d'ordinaire les composés ἐξετάζω, —τασις, etc.

19. *a.* A le même sens et le même emploi que le latin *alter*, qui ne se dit que de deux personnes ou de deux choses, tandis que ἄλλος, *alius*, s'emploie pour un plus grand nombre. Ἕτερος peut être considéré comme le comparatif de εἷς, auquel il est opposé dans le discours : εἷς μέν, *unus*, l'un, celui-ci, le premier; ἕτερος, *alter*, l'autre, celui-là, le second. D'où HÉTÉROGÈNE, ἑτερογενής, qui se dit d'un corps composé de plusieurs autres de différente nature, comme, par exemple, l'eau, le sucre. RR. ἕτερος, γένος. En grammaire, on appelle *hétérogènes* les mots irréguliers qui sont d'un genre au singulier et d'un autre au pluriel. Ex. : Τάρταρος, Tartare, plur. τάρταρα; cœlum, *cæli*; un *bel* orgue, de *belles* orgues. V. Κέλευθος. Les noms ou adjectifs qui appartiennent à la fois à plusieurs déclinaisons sont appelés HÉTÉROCLITES. RR. ἕτερος, autre, et κλίνω, décliner: *Segnitia, segnities*, est un mot hétéroclite, parce qu'il est tout à la fois de la première et de la cinquième déclinaison. Il en est de même en grec de μύκης, champignon, qui fait au génitif μύκου et μύκητος.

20. *a.* Ou Ἕτοιμος, η, ον.

1. *Ἕτης, ου, ὁ, compagnon, camarade, compatriote, citoyen.

2. *Ἔτι, et, encore, de plus, de nouveau, plus tard, ne plus [a].

3. *Ἔτνος, εος, τὸ, purée de pois. Ἐτνίτης, ἐτνηρός, de purée.

4. *Ἐτώσιος, ον, vain. —σία, —σιον, vainement. — 5. Εὐά! hé! hé!

6. Εὔα, ἡ, Eva, Ève, nom de la première femme.

7. Εὐδία [a], ἡ, temps serein, calme de la mer. Εὔδιος, serein, calme; εὐδιάω, est calme, serein, doux; εὐδιάζω, vit tranquille.

8. Εὐδίαιος, ὁ, trou par où l'on vide la sentine, canule.

9. Εὐλή, ἡ, ver qui s'engendre dans les chairs. —λάζω, est plein de vers.

10. *Εὔληρα, ων, τὰ, bride, rênes. — 11. Εὐλός, ὁ, égout, cloaque.

12. Εὐοῖ [a]! Évoé! cri de joie dans les fêtes de Bacchus.

13. Εὔριπος [a], ὁ, Euripe [b], détroit, bras de mer, canal, réservoir. —πίζω, est agité; —πιστος, facile à agiter.

14. Εὖρος, ὁ, Eurus, vent du sud-est, le Vulturnus [a] des Latins.

15. Εὐρώς, ῶτος, ὁ, moisissure, humidité, pourriture. *Εὐρώεις, moisi, sale, sombre; εὐρωτιάω, se moisit.

ANNOTATIONS.

2. a. Mais ἔτι n'a ce sens qu'autant qu'il est précédé d'une négation. Il en est de même de nos mots plus et jamais, dont le premier est tout simplement un comparatif, et le second, un composé de jàm, déjà, dès lors, et du comparatif magis, plus. V. Νη.

7. a. De εὖ, bon, et Διός, gén. de Ζεύς, Jupiter, ciel, air. D'où EUDIOMÈTRE, instrument imaginé par Volta pour apprécier la pureté de l'air atmosphérique, et qui sert à analyser tous les autres gaz. RR. εὐδία, μέτρον.

12. a. Exclamation composée de deux autres, εὖ! οἶ! D'où εὔιος, bachique, prophétique; Evius, surnom de Bacchus, qu'on trouve aussi écrit Evhyus. V. Βάκχος.

13. a. Détroit qui sépare l'Eubée de la Béotie, célèbre par l'agitation de ses eaux. Εὔριπος veut dire pr. mobile, agité, de εὖ bien et ῥίπτω, précipiter. « Euripa vocant rapidum mare alterno cursu, septies die, ac septies nocte fluctibus in vicem versis adeò immodicè fluens, ut ventos etiam ac plena ventis navigia frustretur. » POMP. MÉLA. Tite-Live enchérit encore sur cette description. « Fretum Euripi, dit-il, non septies die, sicut fama fert, temporibus statis reciprocat; sed te-

merè in modum venti, nunc huc, nunc illuc verso mari, velut monte præcipiti devolutus torrens rapitur. » La vérité est que la marée, insensible dans toute la Méditerranée, se fait remarquer dans l'Euripe, et qu'aux nouvelles lunes, il y a jusqu'à douze flux et reflux par jour. Ce détroit n'a que 65 mètres de large à l'endroit le plus resserré. — b. D'où EURIPIDE, Εὐριπίδης, célèbre poëte tragique grec, né à Salamine, l'an 489 av. J. C., le jour même où les Athéniens gagnaient une bataille sur les Perses à l'embouchure de l'Euripe; c'est à cette coïncidence qu'il dut son nom.

14. a. Ainsi nommé parce qu'il soufflait du côté de la ville de Vulturne en Campanie. V. Λίψ.

16. a. S.-ent. ἄνεμοι; pr. vents annuels. Les Grecs avaient nommé ainsi deux vents du nord, qui soufflaient chaque année pendant quarante jours, au printemps et en automne. « Quorum flatu nimii temperantur calores; ab iisdem etiam maritimi cursus celeres et certi diriguntur. » CIC.

17. a. Impf. ηὗδον, f. εὐδήσω. — b. Impf. καθηῦδον ou ἐκάθευδον, f. καθευδήσω, a. ἐκαθεύδησα. RR. κατά et εὔδω. Le τ de κατά s'est changé en θ à cause de l'esprit

16. Ἔτος, εος, τὸ, année. Ἐτήσιος, annuel; ἐτησίαι, vents ÉTÉSIENS[a].

17. Εὕδω[a], dort, repose. Καθεύδω[b] est plus fréquent en prose.

18. Εὐθύς[a], εῖα, ύ, droit, franc; adv. aussitôt[b]. Εὐθύ, εὐθέως, aussitôt; εὐθύνω, rend droit, fait rendre compte; εὐθύναι, comptes.

19. Εὐνή[a], ἡ, lit. Εὐνάζω, fait coucher; εὐνάω, endort; εὐναστήριον, chambre à coucher; εὐνίς, épouse; εὖνις, veuf, orphelin.

20. Εὑρίσκω[a], trouve. Εὕρεσις, εὕρησις, invention; εὕρεμα, εὕρημα, chose trouvée; εὑρέτης, εὑρήτωρ, inventeur.

21. Εὐρύς[a], εῖα, ύ, large, grand. Εὖρος, εὐρύτης, largeur; εὐρύνω, élargit; εὔρυσμα[b], dilatation; *εὐράξ, en large.

22. Εὔχομαι[a], prie, désire[b], promet, se vante. Εὐχέτης, suppliant; εὐχή[c], εὐχωλή, prière, vœu; εὖγμα, id.; εὐκτός, désirable.

23. Ἔχθος, εος, τὸ, haine. Ἐχθαίρω, ἔχθω, hait; ἔχθημα, objet haï; ἔχθιμος, haï; ἔχθρα, haine; ἐχθρός[a], ennemi; ἐχθραίνω, hait.

24. Ἔχις, εως, ὁ, ἡ, vipère. Ἔχιδνα, id.; ἐχείδιον, vipereau; ἐχιδναῖος, de vipère; ἔχιον, ECHIUM[a] ou vipérine.

ANNOTATIONS.

rude que porte l'υ de εὕδω.

18. a. Εὐθύς, direct, droit, sans détours, est opposé à σχολιός, tortueux, et diffère de ὀρθός, levé, dressé, arrectus. — b. C. à d. en ligne droite, par le plus court chemin.

19. a. D'où ΕΥΝΟΥQUE, εὐνοῦχος, gardien de la chambre d'un prince. RR. εὐνή, ἔχω.

20. a. Impf. εὕρισκον, f. εὑρήσω, a. 2 εὗρον, εὑρόμην et εὑράμην, pf. εὕρηκα, plqpf. εὑρήκειν; pass. εὑρεθήσομαι, εὑρέθην, εὕρημαι. Le parfait de ce verbe est célèbre dans l'histoire d'Archimède, l'illustre et infortuné géomètre de Syracuse, qui, après avoir découvert l'égalité des surfaces du cylindre et de la sphère de même diamètre, s'en allait criant dans les rues de la ville : Εὕρηκα! εὕρηκα! εὕρηκα!

21. a. D'où ΕΥRYBIADE, Εὐρυβίας, pr. très-robuste; nom du général spartiate qui commandait avec Thémistocle à Salamine. RR. εὐρύς, βία. ΕΥRYDICE, pr. très-juste; femme d'Orphée, miseram Eurydicen! RR. εὐρύς, δίκη. ΕΥRYALE, Εὐρύαλος, pr. dont l'aire est large, jeune Troyen qui, avec son ami Nisus, a fourni à Virgile le charmant épisode du IXᵉ livre de l'Énéide. RR. εὐρύς, ἅλως. ΕΥRY-

STHÈNE, Εὐρυσθένης, très-fort, très-puissant; nom d'un roi de Sparte. RR. εὐρύς, σθένω. ΕΥRYSACE, Εὐρυσάκης, qui a un large bouclier; nom du fils d'Ajax. « Eurysace, mon fils, dit Ajax dans Sophocle, toi seul dois posséder et porter à ton bras ce large bouclier qui t'a donné ton nom, et que sept peaux rendent imperméable. » RR. εὐρύς, σάττω. — b. D'où ANÉVRISME, ἀνεύρυσμα, tumeur causée par la dilatation ou la rupture d'une artère; de ἀνεύρυσμαι, pf. p. de ἀνευρύνω, élargir. RR. ἀνά, εὐρύς.

22. a. Impf. εὐχόμην ou ηὐχόμην, f. εὔξομαι, a. εὐξάμην ou ηὐξάμην, pf. εὖγμαι. — b. « Prier c'est désirer..... Celui qui ne désire pas fait une prière trompeuse. » FÉNELON. — c. D'où ΕΥCOLOGE, qui serait mieux écrit ΕΥCHOLOGE, livre de prières. RR. εὐχή, λέγω.

23. a. Comp. ἐχθρότερος, mieux ἐχθίων, sup. ἐχθρότατος, mieux ἔχθιστος. Ἐχθρός et πολέμιος diffèrent : ἐχθρός est l'ennemi particulier, inimicus, opposé à φίλος; πολέμιος est l'ennemi à la guerre, l'ennemi de la nation, hostis.

24. a. Genre de plantes voisines de la bourrache, auxquelles on attribuait jadis des propriétés contre la morsure de la vipère.

1. Ἐύ;[a], ἐῆος, bon, beau, brave, noble; *gén. plur.* ἐάων, biens, faveurs. Εὖ[b], *bien, facilement, très, tout à fait;* εὖγε! euge! *courage!*

2. Εὔω[a], grille, passe par le feu, dessèche au soleil.

3. Εὐωχία, ἡ, grand, festin, fête[a], plaisir. —χέω, *traite, régale[b], rassasie;* —χητήριον, *salle du festin;* —χητής, *convive.*

4. Ἐχῖνός, ὁ, echinus[a], hérisson, oursin, mors, coque, vase. —ναῖος, *de hérisson;* —νίς, *petit oursin;* —νίσκος, *petit hérisson.*

5. Ἐψία, ἡ, jeu, amusement, plaisanterie, entretien. Ἐψιάομαι, *joue, s'amuse, badine, cause;* ἐψιάσιμος, *badin.*

6. Ἕωλος[a], ον, de la veille, réchauffé, rance, moisi, matinal. —λίζω, *laisse vieillir, moisir, diffère, remet au lendemain.*

7. Ζ, ζέτα, *est pour* ΣΔ, ΔΣ[a] *ou* ΤΣ, *et vaut* six.

8. Ζα, *particule inséparable augmentative.*

9. Ζάγκλη, ἡ, faux, serpe, ΖΑΝCLΕ, *ancien nom de la Sicile[a].*

10. Ζακυνθίδες, ων, αἱ, grosses raves *qu'on récoltait à* ΖΑCΙΝΤΗΕ[a].

11. Ζαχχός, ὁ, trésor d'un temple. —12. Ζάλεια, ἡ, sorte de fragon, *pl.*

ANNOTATIONS.

1. *a.* Acc. ἐύν. — *b.* Comp. βέλτιον, sup. ἄριστα ou βέλτιστα. D'où Eubée, Εὔβοια, île de l'Archipel qui nourrissait beaucoup de bœufs. RR. εὖ, βοῦς. Eugène, Εὐγενής, *pr.* bien né. RR. εὖ, γίγνομαι, *nascor.* Euphrasie, Εὐφρασία, *pr.* joie; vierge de Constantinople au quatrième siècle, de εὐφραίνω, réjouir. RR. εὖ, agréablement, et φρήν, esprit. Évariste, nom d'un saint pape. RR. εὖ, ἄριστος, superl. de ἀγαθός. Évergète, Εὐεργέτης, bienfaisant, bienfaiteur; surnom donné par antiphrase à Ptolémée III, prince vicieux et cruel. RR. εὖ, ἔργον. Euphémisme, εὐφημισμός, manière de parler, par laquelle on substitue à l'expression d'idées dures, tristes ou déshonnêtes, des expressions plus douces ou plus décentes. RR. εὖ, φημί, dire. V. Ἀρά. C'est par un abus de l'euphémisme que beaucoup de gens font dire aux visiteurs importuns : *Monsieur n'y est pas.*

2. *a.* F. εὔσω, *a.* εὖσα, *a. p.* εὔσθην; m. rac. q. αὔω, dessécher.

3. *a.* V. Ἑστία. — *b. Pr.* traite bien, *regaliter,* donne un festin de *roi.* RR. εὖ, ἔχω.

4. *a.* D'où échine, nom donné à la colonne vertébrale, à cause des pointes osseuses qui la hérissent à sa partie posté-

rieure. Pour la même raison on l'appelle encore *épine dorsale.*

6. *a.* De ἕως, matin; le sens premier est *matinal,* et, par extension, *qui se mange le matin,* puis *préparé de la veille, vieux.*

7. *a.* Les Doriens et les Éoliens changeaient souvent les deux consonnes de place, et, au lieu de Ζεύς, ils écrivaient Σδεύς, ou, en supprimant le ζ, Δεύς, d'où le latin *Deus.* Quelquefois c'était le *d* qui tombait; ex. Saguntum, de Ζάκυνθος. Les anciens Latins n'avaient point le *z.* Ils le remplaçaient tantôt par *d,* comme dans *odor,* de ὄζω, tantôt par *ss,* comme dans *massa,* de μάζα; d'autres fois par le son de *j* ou *g* doux; ex. : ζυγόν, *jugum;* λύζω, *lugeo.* Le *z* étant chez nous la sifflante faible, on n'aurait pas dû donner le même son à *s,* sifflante forte, dans *maison,* ni à la double *x* dans *deux amis.*

9. *a.* On croyait que la *faux* de Saturne y était tombée. V. Δρέπω.

10. *a.* Aujourd'hui Zante, île de la mer Ionienne, dont une colonie alla fonder *Sagonte,* en Espagne.

13. *a.* R. ἔχω, tenir; *pr.* ce qui peut tenir.

14. *a.* Impf. εἶχον, f. ἕξω ou σχήσω, aor. 2 ἔσχον, d'où l'impér. σχές, l'opt.

13. Ἐχυρός[a], ά, όν, fortifié, bien fermé, sûr. Ἐχυρότης, sûreté; ἐχυρόω, fortifie; ἐχύρωμα, fortification.

14. Ἔχω[a], a, tient[b], est[c]; —ομαι, s'attache à. Ἕξις, habitude; ἑκτικός, habituel; ἐμμάζω, appuie; ἴσχω, a, retient, vaut, est.

15. Ἕψω[a], cuit, fait bouillir. Ἑψανός, facile à cuire; ἐψάνη, ἐψητήριον, marmite; —τής, cuisinier; —τός, cuit.

Id. Ὄψον, τὸ, mets. Ὀψώνιον, **obsonium**, aliment; ὀψάομαι, mange avec son pain; ὀψωνιάζω, approvisionne.

16. Ἕως, ἕω[a], ἡ, **eos**, aurore, orient. *Ἠώς, id.; ἠῶθι, le matin; ἑῷος[b], ἠῶος, ἑωινός, matinal; ἕωθεν, dès le matin.

17. Ζάω[a], vit. Ζωή[b], vie; ζωός, ζωηρός, vivant; ζῶον[c], animal; ζωόω, vivifie; ζωτικός, vivifiant.

18. Ζεύγνυμι[a], **jungo**[b], JOINT, unit. Ζεῦγος; **jugum**[c], JOUG[d], paire[e]; ζεῦγμα, JONCTION; ζευγίτης, uni; ζευκτήρ, qui joint; —κτηρία, lien.

Id. Ζυγός, ὁ, JOUG, balance[f]. Ζύγιος, bon pour le joug; ζυγόω, met au joug; ζυγωτός, mis au joug; ζύγωθρον, verrou; ζυγέω, est uni.

σχοίην, le subj. σχῶ; pf. ἔσχηκα, plqpf. ἐσχήκειν, f. p. σχεθήσομαι, a. p. ἐσχέθην, pf. passif et moyen ἔσχημαι. Remarquez au futur l'esprit rude de l'ἕ, reporte sur la première syllabe l'aspiration du χ supprimé. V. Θάπτω.—b. De ἐπέχω, tenir sur, s'arrêter, ἐπί, ἔχω, dérive le mot ÉPOQUE, ἐποχή, « parce qu'on s'arrête là pour considérer, comme d'un lieu de repos, tout ce qui est arrivé devant ou après. » Boss.—c. On trouve de même le latin habere employé dans le sens de esse, comme on dit en français il y a pour il est. « Quis istic habet? Qui est là? » PLAUTE. « Benè habet. C'est bien. » SALL.

15. a. F: ἑψήσω, a. ἥψησα, pf. ἥψηκα, pf. p. ἔψημαι.

16. a. Dat. ἕῳ, acc. ἕω. On dit aussi poét. ἠώς, gén. ἠοῦς, dat. ἠόῖ, acc. ἠῶ. R. ἄημι, souffler. V. Αὔρα. — b. En latin eous. V. Αἴθω.

17. a. Contr. ζῶ, ζῆς, ζῇ, ζῶμεν, ζῆτε, ζῶσι, impf. ἔζων, ης, η, ὦμεν, ῆτε, ων, f. ζήσω, ζήσομαι ou βιώσομαι, a. ἔζησα ou ἐβίων, pf. βεβίωκα, pf. p. βεβίωμαι. D'où AZOTE, gaz qui, respiré seul, n'entretient pas la vie, mais qui entre pour quatre cinquièmes dans l'air vital. RR. ἀ, et ζωτικός, vital. — b. D'où Zoé, nom d'une sainte martyre à Rome, en 286.—

c. D'où ZOOLOGIE, science des animaux, RR. ζάω, λέγω. ZODIAQUE, ζῳδιακός, zône céleste circulaire comprenant les douze constellations dans lesquelles le soleil semble passer, et qui sont représentées sous des figures et des noms d'animaux.

18. a. Impf. ἐζεύγνυον et ἐζεύγνυον, f. ζεύξω, a. ἔζευξα, pf. ἔζευγα; pass. ζευχθήσομαι, ἐζεύχθην et ἐζύγην, ἔζευγμαι. Syll. rad. Ζυγ.—b. D'où CONJUGUER, pr. joindre le radical d'un verbe avec les terminaisons propres à chaque temps, à chaque mode, etc. RR. cum, jungere.—c. D'où jugerum, un joug de terre. « Jugerum vocabatur quod uno jugo boum in die exarari posset. » PL. Jumentum, p. jugmentum, bête de joug ou de trait. Biga, quadriga, p. bijuga, quadrijuga, char à deux, à quatre chevaux. Conjux, époux, pr. uni au même joug, conjoint. Jugis, continu, pr. bien uni. Jugulum, gorge, pr. la clavicule qui joint le bras au tronc. Juxtà, p. juncta; tout près; d'où JOUTER, v. f: jouster, pr. se joindre, en venir aux mains. — d. Angl. joke, all. joch. — e. Ou couple, lien. —f. A l'origine, la balance, bilanx, consista en deux plats de bois, lances, suspendus à une traverse en forme de joug. V. Στατήρ.

1. Ζάλη[a], ἡ, eau agitée, agitation de l'eau, tempête, tourbillon. Ζαλάω, est agité par la tempête; ζαλώδης, orageux.

2. Ζατρίκιον, τὸ, jeu des échecs. Ζατρικίζω, joue aux échecs.

3. Ζέα, ἡ, ZÉA ou épeautre, espèce de blé, blé, grain. Ζειά, id.

4. Ζέγερις, ιος, ὁ, sorte de rat. — 5. Ζειρά, ἡ, longue robe.

6. Ζεύς[a], Διός, ὁ, JUPITER. Ζανώ, JUNON; Διάστα, fêtes de Jupiter; Διαστί, dans la langue de Jupiter; Δῖος, divus[b], DIVIN, excellent.

7. Ζέφυρος, ὁ, zephyrus, ZÉPHYR, vent d'ouest doux et agréable. —ρικός, —ριος, du zéphir, de l'ouest; —ρίη, souffle du zéphyr.

8. Ζιγγίβερις, εως, ἡ, ZINGIBERI, GINGEMBRE, plante des Indes.

9. Ζιζάνιον, τὸ, zizania, ivraie, fig. ZIZANIE[a], désunion.

10. Ζίζυφον, τὸ, le JUJUBIER et son fruit la JUJUBE.

11. Ζύγαινα, ἡ, marteau, ZYGÈNE[a], nom d'insecte et de poisson.

12. Ζυγνίς, ίδος, ἡ, sorte de lézard. — 13. Ζύθος[a], ὁ, bière.

14. Ζωμός, ὁ, sauce, jus, bouillon, ragoût, homme très-gras. —μίδιον, dim.;—μεύω, met à la sauce, fait bouillir; —μευμα, sauce, jus.

ANNOTATIONS.

1. a. De ζέω, bouillonner.

6. a. Dat. Διΐ, acc. Δία. Toute cette déclinaison vient du nomin. éolien Δεύς, de même origine que Θεός et Deus, DIEU. D'où DIODORE, DIOGÈNE, etc. Quant au nom de Jupiter, il signifie père du jour et vient de Diespiter, p. Diei-pater. Le gén. Jovis est pour Diovis, comme de diurnus on a fait, en latin barbare, jornum, en italien, giorno, qui se prononce dgiorno, et enfin, en français, journée, jour. Par une transformation semblable, Juno vient de Ζανώ ou Ζηνά, acc. de Ζήν, forme dor. de Ζεύς. Janus est pour Dianus, dérivé de Διός, aussi bien que Diana, la même que Phébé, la lune, sœur de Phébus, le soleil. V. Φοῖβος. Pour mieux suivre ces analogies, il faut remonter à l'origine de l'idolâtrie. « Or, dit Bossuet, le soleil et les astres qui se faisaient sentir de si loin, le feu et les éléments dont les effets étaient si universels, furent les premiers objets de l'adoration publique. » De là vient que le même mot Ζεύς, Διός signifie ciel, jour et Jupiter, et que tous les noms des divinités les plus célèbres du paganisme expriment l'idée de lumière ou de feu. Le nom grec de Saturne lui-même, Κρόνος,

indique que ce dieu était préposé, dans la pensée des anciens, à la division du temps, χρόνος, et aux mouvements du ciel. V. Ἑστία, Ἥφαιστος, Θάργηλος. — b. Et, sans le digamma, l'adj. dius, employé surtout dans l'expression sub dio, p. sub Jove, en plein air, sous le ciel.

9. a. Dans la Bible, et particulièrement dans le Nouveau Testament, presque toutes les paraboles, toutes les figures de style sont empruntées à la vie agricole ou pastorale.

11. a. Nommé aussi marteau, à cause de sa forme.

13. a. Ce mot et le suivant viennent de Ζέω, bouillir.

15. a. Impf. ἔζεον, f. ζέσω, a. ἔζεσα, pf. ἔζεκα, a. p. ἐζέσθην, pf. p. ἔζεσμαι. — b. Les enfants disent zalousie.—c. Angl. zeal, pr. ardeur. Cf. fervor, ferveur, de ferveo, être chaud, opposé à nonchalance, qui dérive du vieux verbe nonchaloir, en latin non calere, ne pas s'échauffer, rester froid. V. Θρασύς.

19. a. De ζέω, bouillonner. Cf. fermentum, ferment, syncopé p. fervimentum, de ferveo, s'échauffer, bouillonner. D'où ἄζυμος, sans levain, AZYME; plur. neutre

15. Ζέω[a], bout, s'agite, bouillonne. Ζεόντως, avec ardeur; ζέμα, décoction; ζέσις, ébullition; ζεστός, qui a bouilli.

Id. Ζῆλος, ὁ, zelus, émulation, JALOUSIE[b], ZÈLE[c]. Ζηλαῖος, jaloux; ζηλόω, ζηλεύω, rivalise; ζηλωτής, émule, rival.

16. Ζημία, ἡ, dommage, amende, punition. —μιόω, endommage, punit; —μίωμα, dommage; —μίωσις, action d'endommager.

17. Ζητέω, cherche, désire, demande. *—τεύω, id.; —τησις, recherche; —τητής, examinateur; —τητικός, d'enquéte.

18. Ζόφος, ὁ, ténèbres, *soir, *occident, enfers, mort. —φόω, obscurcit; —φωμα, ce qui obscurcit; *—φεος, —φερός, *—φιος, ténébreux.

19. Ζύμη[a], ἡ, levain[b]. Ζυμόω, faire avec du levain; ζυμίτης, fait avec du levain; ζυμίζω, a un goút de levain.

20. Ζώννυμι[a], ceint, entoure. Ζῶσις, action de ceindre; ζωστός, ceint; ζώστης, qui ceint; ζῶμα, ζῶστρον, tablier, ceinture, habit court.

Id. Ζώνη, ἡ, ceinture, bourse[b], bande, cuirasse, ZÔNE[c]. —νιον, dim.

21. Ζωρός, όν, pur, sans mélange, sans eau[a], en parlant du vin.

ANNOTATIONS.

ἄζυμα, pains azymes, fête des azymes. Tous les ans, pendant l'octave de leur Pâque, les Juifs mangent des pains sans levain, à la manière des anciens Hébreux que les Égyptiens frappés par le Seigneur obligèrent à quitter le pays, sans leur laisser le temps de faire lever leurs pains. (Exode, ch. 12.) V. Πάσχα. Le pain que J. C. consacra en faisant la pâque avec ses disciples était donc azyme, et c'est pourquoi on s'est servi dans l'Église latine de pain non levé pour la célébration des saints mystères. Les Orientaux, au contraire, ont fait usage de pain levé, sans doute pour détacher plus entièrement des observances mosaïques les hérétiques juifs des premiers siècles, qui voulaient les conserver. — b. L'art de faire le pain consiste à introduire dans la masse pâteuse un gaz qui la divise et facilite ainsi l'action des sucs digestifs. Pour introduire ce gaz, on fait fermenter la pâte au moyen de la levûre de bière, ou d'un peu de pâte aigrie à l'air, qu'on nomme levain, parce qu'elle fait lever toute la masse de farine à laquelle on la mêle. Il se passe alors quelque chose de semblable à ce qu'on voit dans la fabrication de la bière; car le blé,

comme l'orge, contient une matière sucrée que le levain décompose en deux produits tout différents, savoir : d'une part, de l'alcool ou esprit-de-vin, qui s'en va en vapeur par la cheminée du four; de l'autre, du gaz carbonique, qui gonfle la pâte et la boursouflerait pendant la cuisson, si le boulanger ne donnait pas issue au gaz en entaillant le pain avant d'enfourner.

20. a. Et ζωννύω, impf. ἐζώννυν ou ἐζώννυον, f. ζώσω, a. ἔζωσα, pf. ἔζωκα, a. p. ἐζώσθην, pf. p. ἔζωσμαι. — b. C'était aussi la coutume chez les Juifs de mettre l'argent dans la ceinture. V. S. Matthieu, ch. 10, et S. Marc, ch. 6. — c. En cosmographie, le mot zône désigne chacune des cinq grandes divisions du globe terrestre, que l'on conçoit séparées par des cercles parallèles à l'équateur. Il y a deux zônes glaciales, deux zônes tempérées et une zône torride.

21. a. Vin pur se dit de même en latin, merum, neutre de merus; non mélangé, qui a pour synonyme meracus. La Bible appelle le vin pur « sanguis uvæ meracissimus. » (Deutér., ch. 32.)

1. Η^a, ΕΤΑ^b ou E long, *est pour EE et vaut sept.*

2. Ἤ, ou, que. Ἦ, est-ce que? Ἧ, où, comme. Ἤ! HÉ!

3. Ἤδη, déjà, tout d'abord, aussitôt, tout à l'heure, bientôt, enfin.

4. Ἠδώ, οῦς, ἡ, arc-en-ciel, *et selon d'autres*, lueur des éclairs.

5. Ἠθέω^a, filtre, épure. Ἠθίζω, *id. ;* ἠθμός^b, ἠθητήριον, ἠθιστήριον, *filtre ;* ἠθμάριον, *dim.;* ἤθημα, *ce qu'on a filtré.*

6. Ἦϊα, ων, τά, vivres, fourrages, balles de grain, cosse, écorce.

7. Ἤϊθεος, ὁ, ἡ, jeune garçon; *adj.* jeune, non marié, encore vierge.

8. Ἠϊών, όνος, ἡ, rivage, bord, bord de la mer. Ἠών, *id. ;* ἠϊόνιος, ἠϊόεις, *qui a de hautes rives, dont les bords sont escarpés.*

9. Ἦκα, doucement, peu. Ἥκιστα^a, *très-peu, point ;* —τος, *très-petit.*

10. Ἠλακάτη, ἡ, roseau, quenouille^a, fuseau, flèche, cabestan.

11. Ἠλακατῆνες, οἱ, poissons de mer propres à la salaison.

12. Ἠλάσκω^a, erre, s'égare, fuit. Ἠλαίνω^b, *erre, est fou.*

13. Ἤλεκτρον^a, τὸ, electrum, alliage d'or et d'argent, ambre jaune. —κτροι, *clous ; chevilles, clefs d'un instrument ;* —κτρινος, *d'ambre.*

ANNOTATIONS.

1. *a.* Il faut distinguer dans l'alphabet grec deux H d'époques et de significations toutes différentes. Le plus ancien n'était pas une lettre proprement dite, mais seulement un signe d'aspiration que l'on mettait après Π, Κ, Τ, pour indiquer que ces consonnes devaient être aspirées, comme dans φιλος, qu'on écrivait ΠΗΙΛΟΣ. Après l'introduction des trois consonnes aspirées φ, χ, θ, le signe H devint inutile. Alors on le divisa en deux parties ⊦ ⊣, dont la première servit à marquer l'aspiration rude, et la seconde, l'aspiration douce. Ce sont ces deux moitiés de H qui, de transformation en transformation, sont devenues, dans l'écriture cursive, les deux esprits ʻ et ʼ. Les Latins ont toujours conservé le signe d'aspiration H, qui répondait chez eux à l'esprit rude et au digamma des Grecs. V. Ὑψιλόν. Quant à la voyelle grecque H, que les Latins n'ont point, elle ne date que du cinquième siècle avant J. C. Jusque-là, pour distinguer E long de E bref, on le doublait dans l'écriture et on l'allongeait dans la prononciation, comme on faisait pour l'oméga. V. Ω. — *b.* De l'hébreu *cheth*, signe de la plus forte aspiration phénicienne.

5. *a.* On ἤθω, impf. ἤθον ou ἤθουν, f. ἠθήσω ou ἤσω, a. ἤθησα ou ἦσα, pf. p. ἤθημαι. — *b.* D'où ΕΤΗΜΟΪDE, ἠθμοειδής, un des os du crâne, *percé comme un crible.*

9. *a.* Superl. de ἦκα, correspondant au latin *minimè, pr.* pas le moins du monde; le comp. est ἧσσον, *moins,* qqf. *peu.*

10. *a.* Notre mot *quenouille* vient pareillement de *canna,* roseau, ou plutôt du diminutif *canicula.*

12. *a.* Sans futur. — *b.* Moy. ἠλαίνομαι, sans futur. R. ἀλάομαι, errer.

13. *a.* D'où ÉLECTRICITÉ, agent inconnu auquel on attribue les phénomènes d'attraction et de répulsion que présentent certaines substances, comme le verre, la soie, la résine, lorsque, après les avoir frottées, on les approche d'un corps léger, des barbes de plume, par exemple, ou de la sciure de bois. Le nom d'*électricité* rappelle que c'est dans l'*ambre jaune* qu'on découvrit d'abord les phénomènes dont l'électricité est la cause mystérieuse, et que Pline décrit ainsi. « *Attritu digitorum accepta caloris anima, in se paleas ac folia arida, quæ levia sunt, ac, ut Magnes lapis, ferri ramenta trahit.* » V. Σούχιον.

14. *a.* Déesse de la jeunesse. On la représente couronnée de fleurs, avec une coupe d'or à la main. Les Romains l'adoraient sous le nom de *Juventas.*

14. Ἥϐη, ἡ, jeunesse, HÉBÉ[a]. Ἡϐάω, est jeune, fort; ἡϐάσκω, entre dans la jeunesse.

15. Ἡγέομαι[a], conduit, commande, croit. Ἥγησις[b], conduite; ἡγεμών, guide, chef; —μονεύω, est le chef; —μονία, primauté.

16. Ἥδω[a], réjouit. Ἥδομαι, se réjouit; ἡδονή[b], plaisir, charme, joie; ἡδονικός, de plaisir; —κοί, philosophes du plaisir.

Id. Ἡδύς[c], εῖα, ύ, doux, agréable, joyeux. Ἡδύνω, rend doux, assaisonne; ἥδυσμα, assaisonnement; ἡδυλίζω, flatte.

17. Ἦθος[a], εος, τό, habitude, caractère, mœurs[b], séjour habituel. *Ἡθάς, *ἠθάδιος, habitué; *ἠθεῖος, cher; ἠθικός[c], moral, touchant.

18. Ἥκω[a], vient, est arrivé, concerne. Ἧξις, action d'arriver.

19. Ἡλίκος, η, ον, combien grand, tel que, du même âge que. —κία, âge, taille, jeunesse; —κιώτης, camarade.

20. Ἥλιος[a], ὁ, sol, SOLEIL. —εῖον, son temple; —ιόω; —ιάζω, expose au soleil; —ιακός, *—ιώτης, solaire; —ιαστής, HÉLIASTE[b].

21. Ἦλος, ὁ, clou, tumeur, cor aux pieds. Ἡλίτης, de clou; ἡλόω, cloue.

ANNOTATIONS.

15. a. F. ἡγήσομαι, a. ἡγησάμην, pf. ἥγημαι. — b. D'où EXÉGÈSE, ἐξήγησις, c.-à-d. explication, nom donné exclusivement à l'interprétation des livres saints. RR. ἐξ, ἥγησις. HÉGÉSIPPE, pr. conducteur de chevaux; RR. ἡγέομαι, ἵππος; nom d'un des plus anciens pères de l'Église et de plusieurs personnages grecs. Cf. HIPPOCRATE, dompteur de chevaux. RR. ἵππος, κρατέω, dominer. PHILIPPE, Φίλιππος, ami des chevaux. V. Ἵππος. HIPPOLYTE, pr. qui lâche les chevaux. RR. ἵππος, λύω. XANTIPPE, etc. Remarquez dans tous ces noms propres le goût des Grecs pour les chevaux et les exercices de l'hippodrome.

16. a. Impf. ἦδον, f. ἥσω, a. ἦσα, pf. ἦκα, plus souvent au passif ἥδομαι, impf. ἡδόμην, f. ἡσθήσομαι, a. ἥσθην, se réjouir. — b. Cf. plaisir, de placere, plaire. — c. De ἥδω, charmer. Comp. ἡδύτερος et mieux ἡδίων, sup. ἥδυτατος, et mieux ἥδιστος. D'où HÉDYSARUM ou sainfoin, pr. doux parfum. RR. ἡδύς, ἄρωμα.

17. a. Ἦθος et ἔθος ont la même racine ἔθω, avoir coutume. Ἦθος n'est qu'une forme ionienne de ἔθος, admise plus tard par les Attiques et employée de préférence dans le sens figuré d'habitude

morale, de caractère. V. Τρόπος, et cf. mores, mœurs, pl. de mos, coutume. — b. D'où ÉTHOPÉE, ἠθοποιΐα, figure de rhétorique qui consiste dans la peinture des mœurs et des passions humaines. RR. ἦθος, ποιέω. — c. Du fém. ἠθική, s.-ent. τέχνη, vient ÉTHIQUE, syn. de morale, la partie de la philosophie qui règle nos mœurs en nous enseignant nos devoirs.

18. a. Impf. ἦχον, f. ἥξω, a. rare ἦξα.

20. a. D'où HÉLIANTHE, le soleil à fleurs jaunes des jardins. RR. ἥλιος, ἄνθος. HÉLIOTROPE, ἡλιοτρόπιον, ou tournesol, nom de diverses plantes qui tournent leurs fleurs vers le soleil, et suivent les mouvements de cet astre. RR. ἥλιος, τρέπω. PÉRIHÉLIE, le point de la plus petite distance d'une planète au soleil. RR. περί, près, et ἥλιος. Périhélie est l'opposé d'aphélie. V. Ἀπό. HÉLIODORE, nom d'un saint évêque, disciple et ami de saint Jérôme. RR. ἥλιος, δῶρον, pr. présent du soleil. HÉLIOPOLIS, ville de la basse Égypte, consacrée au soleil. RR. ἥλιος, πόλις. — b. Les héliastes étaient, à Athènes, des magistrats qui siégeaient en plein air, sur la place Héliée, ἡλιαία, pr. exposée au soleil.

1. **῾Ηλεό;**[a], ή, όν, fou, insensé, qui rend fou, qui ôte la raison.

2. **᾿Ηλίθιος**[a], α, ον, sot, insensé, vain. —θιάζω, *agit comme un sot;* —θιότης, *stupidité;* —θιόω, *rend stupide;* —θιώδης, *de niais.*

3. **῾Ηλύγη**, ή, obscurité. — 4. **῞Ημαι**[a], *est assis, est placé, reste*

5. **῾Ημεκτέω**, supporte avec peine. — 6. **῏Ημος**, quand, lorsque.

7. **᾿Ημύω**, se penche, tombe, périt. — 8. **῏Ην**[a], ἐn[b], voici, voilà.

9. **᾿Ηνεκής**, ές, étendu en long *ou* en large, long, continuel. ᾿Ηνε-
κές, ἠνεκέως, *amplement, au long, au large, longtemps.*

10. **᾿Ηπάομαι**[a], recoud, raccommode. ῞Ηπησις, *ravaudage;* ἠπητής,
ravaudeur, savetier; ἠπήτριον, *alène.*

11. **῾Ηπεροπεύω**, trompe, séduit. —πευμα, *tromperie;* —πεύς, —πευτής,
trompeur; —πής, *trompeuse;* —πευσις, *action de tromper.*

12. **᾿Ηπίαλος**, ὁ, ÉPIALE *ou* fièvre continue, cauchemar. —λέω, *a la
fièvre épiale;* —λώδης, *de la nature de l'épiale.*

13. **῾Ηπύω**[a], crie, appelle, résonne, retentit. ᾿Απύω, *id.;* ἀπύτης,
crieur, héraut; qui crie, qui fait du bruit, retentissant.

ANNOTATIONS.

1. *a.* M. rac. q. ἠλάσκω ou ἀλάομαι,
errer, s'égarer; *pr.* qui bat la campagne,
qui extravague, *vagatur extra*, qui est en
délire, *delirat*, c.-à-d. quitte la ligne droite,
le sillon, *lira*. V. ᾿Αλιταίνω.

2. *a.* M. rac. q. ἠλεός.

4. *a.* Parfait irrégulier de ἕζομαι, devenu par l'usage un présent : ἡμαι, ἡσαι,
ἡσται ou ἡται, ἡμεθα, ἡσθε, ἡνται; inf.
ἡσθαι, part. ἡμενος, impf. ἡμην.

8. *a.* Ce mot a plusieurs homonymes
dont le dictionnaire indique la signification. En français, les homonymes sont
beaucoup plus nombreux qu'en grec à
cause du procédé employé dans la formation de notre langue, lequel consistait
principalement à retrancher la terminaison des mots latins et à contracter le radical, très-souvent jusqu'à le réduire en
monosyllabe. De là *murus* a fait *mur*, et
maturus, *mûr; vinum* et *vanus* ont fait
vin et *vain*, etc. De là aussi tant de difficultés dans l'orthographe française.—*b.* Ce
monosyllabe n'est, en grec et en latin,
comme dans les langues orientales, qu'un
adverbe ou une interjection démonstrative, accompagnant un geste qui indique
l'objet. Les Grecs traduisaient souvent ἥν
par ἰδού ou ἴδε, impér. a. 2 de ἰδεῖν, *pr.*
voyez, ou encore, pour mieux montrer
l'objet, ils disaient, en unissant les deux
mots, ἠνίδε, voici, voilà, c.-à-d. voyez
ici, là, au bout de mon doigt. Les Latins
n'ont pas de terme équivalent à ἠνίδε,
voici; mais, pour fortifier le sens démonstratif de *en*, ils y ajoutent la particule *ce*,
et forment ainsi l'adverbe *ence* ou *ecce*,
qu'ils renforcent même quelquefois des
pronoms démonstratifs *is, ea, ille, iste;*
d'où sont résultés les démonstratifs *ecca,
eccillum, eccillos*, etc., fr. *icelle, icelui,
cels, ceux*. De *ecciste* viennent *cet, cette,
ce, ces*, v. fr. *cest*. En anglais et en allemand, pour *voici, voilà*, on dit *ici est,
là est*, et on montre l'objet du doigt. V. Γέ
et ᾿Εκεῖ. Il y a dans les langues beaucoup de mots dont la signification ne peut
être bien comprise qu'autant qu'on les
suppose accompagnés d'un geste. D'ailleurs, sans nous en douter, nous nous ex-
primons autant et plus encore par le geste
que par la voix, surtout devant les enfants. Saint Augustin en avait fait l'observation sur les personnes qui lui apprenaient à parler. « Comme je voyais, dit-il
qu'en nommant un objet ils s'en approchaient, je compris que le mot qu'ils
avaient prononcé était le nom de la chose

14. Ἡμέρα[a], ἡ, jour, journée. —ρίδιον, *dim.*; —ρήσιος, —ρινός, [*]—ριος, *d'un jour;* —ρεύω, *passe la journée;* [*]ἦμαρ, *jour;* [*]ἡμάτιος, *de jour*[b].

15. Ἥμερος, ον, apprivoisé, cultivé, doux, facile. — ρίς, *fém.*; —ρίδης, *apprivoisé;* —ρότης, *douceur;* —ρόω, *apprivoise.*

16. Ἥμισυς[a], εια, υ, semis, demi, à moitié. —σεια, *moitié, demie;* —σεύω, *fait deux moitiés;* ἡμίνα, hemina, *demi-setier.*

17. Ἡνία[a], ἡ, courroie, bride, rêne, cordon de soulier. Ἡνιάζω, *brides;* d'où ἡνίοχος[b], *conducteur, conductrice de chars (Minerve).*

18. Ἧπαρ, ατος, τὸ, hepar, foie, cœur, fertilité. Ἡπάτιον, *dim.*; ἡπατικός, HÉPATIQUE[a], *relatif au foie;* —τίτης[b], *id.*

19. Ἤπειρος, ὁ, terre ferme, continent, l'Asie, l'ÉPIRE[a]. —ρόω, *consolide, joint au continent;* —ρωτικός, *du continent.*

20. Ἤπιος, α, ον, doux, calmant, bon, facile. Ἡπιότης, *douceur, bonté, calme;* ἠπιόω, *adoucit, allége;* ἠπίαμα, *lénitif.*

21. Ἠρέμα, doucement. —μάζω, *est silencieux;* —μαῖος, *calme, doux;* — μέω, *est calme;* —μία, —μησις, *calme;* —μίζω, —μόω, *calmer.*

ANNOTATIONS.

qu'ils voulaient atteindre. » (*Confessions,* liv. I.)

10. *a.* F. ἠπήσομαι; aor. ἠπησάμην; verbe rare.

13. *a.* F. ἠπύσω; les Doriens disaient ἀπύω, f. ἀπύσω.

14. *a.* D'où ÉPHÉMÈRE, ἐφήμερος, α, ον, *qui ne dure qu'un jour,* nom d'un insecte qui ne vit que quelques heures à l'état parfait. RR. ἐπί, ἡμέρα. Il y a aussi des fleurs éphémères, qui s'épanouissent et se flétrissent dans la même journée. ÉPHÉMÉRIDES, ἐφημερίδες; *pr.* journal qui relate les faits de chaque jour, *ou* recueil des événements accomplis le même jour à différentes époques. — *b.* De plus σήμερον, aujourd'hui, *hodiè p. hoc die, ce jour,* v. fr. hui. *Aujourd'hui,* cejourd'hui sont des tautologies où le peuple tombe deux fois quand il dit *au jour d'aujourd'hui.* V. Λέγω.

16. *a.* R. ἥμι, lat. *semi.* D'où HÉMICYCLE, ἡμικύκλιον, demi-cercle. RR. ἥμι, κύκλος. *Semita, sentier, petit chemin.* RR. *semis, iter, pr. demi-voie.* HÉMIPTÈRES, insectes qui ont les deux ailes supérieures coriaces dans leur première *moitié,* et membraneuses dans leur partie terminale. Ex. : le *puceron,* la *punaise,* la *cigale.* RR. ἥμισυς, πτερόν. HÉMISPHÈRE, ἡμισυσφαίριον, c.-à-d. *demi-boule.* V. Σφαῖρα, Στέγω, Ὄνος, Κάρη.

17. *a.* Ou ἡνίον. — *b. Pr.* qui tient les rênes, *habenas habens.* R. ἡνία, ἔχω.

18. *a.* Se dit, en anatomie, de tout ce qui a rapport au foie, et en particulier du canal qui fait communiquer le foie avec la vésicule du fiel. V. Κύστις. En botanique, on nomme HÉPATIQUE une espèce d'anémone d'Amérique à laquelle on attribuait autrefois des propriétés efficaces contre les maladies du foie. Il y a aussi toute une famille de plantes voisines des mousses, qu'on a nommées HÉPATIQUES, parce qu'elles prennent, quand on les expose au soleil, une couleur brune analogue à celle du foie. — *b.* L'inflammation du foie se nomme en médecine HÉPATITE. Dans l'ancienne chimie, le mot *foie* se disait de certaines combinaisons qui ont une couleur semblable à celle du foie. On connaît encore le *Foie de soufre,* le *Foie d'antimoine,* le *Foie d'arsenic.*

19. *a.* Contrée du nord de la Grèce, ainsi nommée, sans doute, par opposition aux îles situées sur la côte.

1. Ἥρα[a], ἡ, Junon. Ἡραῖος, *de Junon;* ἡραῖον, *temple de Junon;*
ἡραῖα, *fêtes en l'honneur de Junon.* — 2. Ἠρίον, τὸ, tombeau.

3. Ἤρυγγος, ὁ, barbe-de-bouc, ÉRYNGIUM[a] *ou* chardon-roland, *pl.*
—γιον, *éryngium;* —γίτης, *apprêté avec de l'éryngium.*

4. Ἦτορ[a], ορος, τὸ, cœur, âme, vie, esprit, raison, courage. Ἦτρον,
bas-ventre; ἠτραῖος, *du bas-ventre;* ἠτρίδια, *intestins.*

5. Ἤτριον, τὸ, fil, trame, tissu, étoffe, tamis, chausse.

6. Ἥφαιστος[a], ὁ, Vulcain, feu, flamme, lumière. —τια, *fêtes de Vulcain.*

7. Θ[a], THÊTA[b], *dentale aspirée, vaut* neuf.

8. Θαιρός, ὁ, gond, essieu, *char.* Θαιραῖος, *de gond, d'essieu.*

9. Θαμά, souvent. *—μέως, *id.;* *—μειός, —μινός, *nombreux, épais;*
—μινάκις, *souvent;* —μίζω, *est nombreux.* —10. Θάμνα, ἡ, piquette.

11. Θάομαι[a], suce, trait, allaite. Θήλη, *mamelle;* θηλάζω, *allaite;*
—λάστρια, *nourrice;* —λαμών, *nourricier, nourrice.*

12. Θάργηλος, ὁ, vase plein de fruits cuits qu'on offrait à Apollon.
—λια, THARGÉLIES[a]; —λιών, THARGÉLION[b], *le mois des thargélies.*

ANNOTATIONS.

1. *a.* D'où HÉRODOTE, pr. *donné par Junon;* le plus ancien des historiens grecs, né à Halicarnasse, en 482 avant J. C. RR. Ἥρα, δίδωμι. V. Δῶρον.

3. *a.* Nom grec du *panicaut*, plante ombellifère qui a l'apparence du chardon.

4. *a.* R. Ἄ, ou ἄημι, souffler, *pr.* le *souffle*, principe de la vie, du mouvement et des passions, *animus.*

6. *a.* Encore un nom de divinité exprimant le feu et sa chaleur bienfaisante. V. Ζεύς, Ἑστία. D'où ÉPHESTIADES ou *Vulcaniennes*, nom donné aux îles Ioniennes, situées à l'ouest de l'Italie, parce que leurs nombreux volcans les faisaient regarder comme la résidence de *Vulcain*. *Vulcaniennes* est syn. de *volcaniques*, car *volcan* dérive de *Vulcanus.*

7. *a.* Les Grecs appelaient le Θ *littera tristis et nigra*, parce qu'elle est la première lettre du mot θάνατος, mort, et que les juges l'écrivaient sur leurs tablettes pour indiquer une condamnation capitale. De même, à Rome, les juges écrivaient un *C* pour signifier *condemno;* d'où vient que le *C* était appelé par les Latins *littera tristis*, tandis que l'*A*, lettre initiale d'*absolvo*, était nommée *littera salutaris.* En Grèce, on imprimait un θ sur le front des criminels, en signe de flétrissure et de mort civile. — *b.* Le nom de *thêta* vient de ce que cette lettre remplaçait, dans l'écriture, le T suivi du signe d'aspiration H. On écrivait autrefois TH, *tau, êta*, d'où, plus tard, *thêta.*

11. *a.* F. θήσομαι, a. ἐθησάμην.

12. *a.* Fêtes à Athènes, en l'honneur d'Apollon et de Diane, personnifications du Soleil et de la Lune, que l'on adorait comme les auteurs de tous les fruits de la terre, et à qui on offrait les prémices des récoltes avec le sang de deux victimes humaines. V. Ζεύς.— *b.* Correspondant à la fin d'avril et au commencement de mai.

14. *a.* Att. ἥττων, de ἧκα, peu; il sert de comparatif à μικρός, petit, et à ὀλίγος, peu nombreux.

15. *a.* D'où HÉSYCHIUS, célèbre grammairien d'Alexandrie, au troisième siècle.

16. Ἦχος est une forme moderne employée en prose; la forme ancienne et poétique est ἠχή. — *b.* Répétition distincte du son réfléchi par un corps dur. Pour entendre distinctement une syllabe

13. Ἥρως, ωος, ὁ, HÉROS, demi-dieu. Ἡρωΐς, –ώϊσσα, ωΐνη, HÉROÏNE; ἡρωϊκός, –ῷος, HÉROÏQUE; ἡρωεῖον, ων, temple, monument.

14. Ἥσσων[a], ον, moindre, inférieur. Ἥσσα, ἧττα, infériorité, échec; ἡσσάω, ἡττάω, vainc, défait; ἥσσημα, défaite.

15. Ἥσυχος, ον, tranquille, calme. –χία, –χιότης, tranquillité; –χιος[a], doux; –χάζω, est tranquille; –χαστήριον, lieu de retraite.

16. Ἦχος[a], ὁ, son, bruit. Ἠχή, id.; ἠχώ, ÉCHO[b]; ἠχέω[c], rend un son, retentit; ἠχέτης, bruyant; ἠχικός, ἠχετικός, sonore; ἤχημα, bruit.

17. Θάλαμος, ὁ, thalamus[a], lit nuptial, mariage. –μη, gîte, tanière; –μεύω, épouse; *–μήϊος, nuptial.

18. Θάλασσα[a], ἡ, mer; lac[b], foule. –σιος, *–σίδιος, *–σαῖος, marin; –σεύς, pécheur; –σεύω, navigue; –σίζω, a goût d'eau de mer; –σόω, inonde.

19. Θάλλω[a], pousse, fleurit, est jeune. Θαλλός, rameau, TALLE[b]; θαλία, rameau, fête, festin[c], THALIE[d]; –λιάζω, fait fête; –λερός, vert.

20. Θάλπω[a], chauffe, couve, entretient, réjouit. –πος, *–πωρή, chaleur; –πιάω, est chaud; *θαλπνός, chaud; θαλπτήριος, échauffant, calmant.

ANNOTATIONS.

répétée par l'écho, il faut se placer à environ vingt mètres de distance; à quarante mètres on entendrait deux syllabes, et ainsi de suite. — c. D'où CATÉCHISME, κατηχισμός, de κατηχίζω, instruire; pr. instruction orale sur la doctrine chrétienne, faite à ceux qui se préparaient à recevoir le baptême, et qu'on appelait pour cela CATÉCHUMÈNES, κατηχούμενοι, c.-à-d. instruits de vive voix, de κατηχέω, faire entendre, catéchiser. RR. κατά; ἦχος. D'où vient encore CATÉCHÈSE, κατήχησις, nom donné, dans les premiers siècles, aux instructions qu'on faisait aux nouveaux prosélytes. L'enseignement oral avait sur l'enseignement écrit le double avantage d'être plus facile à comprendre pour les païens convertis, et de soustraire les mystères de la foi à la curiosité ou même aux outrages des profanes. Les catéchèses de saint Grégoire de Nysse et de saint Cyrille de Jérusalem sont surtout célèbres.

17. a. D'où ÉPITHALAME, ἐπιθαλάμιον, s.-ent. ᾆσμα; pr. chant des noces; sorte de poëme composé sur un mariage et à la louange des nouveaux époux. RR. ἐπί,

θάλαμος. Les Latins n'ayant pas adopté les trois aspirées, θ, φ, χ, introduites dans l'alphabet grec vers le cinquième siècle av. J. C., ont dû garder l'ancien signe d'aspiration H, et continuer d'écrire TH pour Θ, PH pour Φ, CH pour X.

18. a. Attique θάλαττα. Périclès passe pour avoir donné l'exemple de rejeter le double σ, que les anciens Attiques préféraient au double τ. Du temps de Platon, celui-ci avait prévalu, d'où lui vient son nom d'Attique. — b. Comme nous avons fait marais et marécage de mare, mer. Cf. l'all. see, qui signifie, au féminin, mer, et au masculin, lac.

19. a. F. θαλῶ, θαλλήσω ou θαλήσομαι, a. 2 ἔθαλον, pf. τέθαλκα, je pousse. Syll. rad. Θαλ. — b. Et mieux THALLE, rejeton qui pousse au pied d'un arbre; d'où TALLER, pousser des talles. MÉRITHALLE, synon. d'entre-nœuds, pr. espace qui sépare les feuilles ou les pousses sur la tige. RR. μείρομαι, θαλλός. — c. V. Ἑστία, Αἴσακος. — d. Muse qui présidait à la joie des festins et à la comédie, la Muse de la poésie en général; une des Grâces.

20. a. F. θάλψω, a. ἔθαλψα.

1. *Θάσσω[a], est assis, séjourne. Θακεύω, *va à la selle;* θακέω, *est assis;* —κος, *siége, chaise percée, habitation.*

2. Θάψος, ἡ, bois pour teindre en jaune, teinture jaune, THAPSOS[a]. —ψινος, *teint en jaune, jaunâtre, pâle;* —ψία, THAPSIE, *pl.*

3. Θείνω[a], frappe. Θέναρ[b], *paume de la main;* θεναρίζω, *frappe.*

4. Θεῖον, τὸ, soufre. Θειόω, *soufrer, purifier par le soufre.*

5. Θεῖος[a], ὁ, thius, oncle paternel ou maternel. Θεία, *tante.*

6. Θεμέλιον[a], τὸ, fondement. *—θέμηλον, *id.;* θεμέλιος, ια, ιον, *fondamental;* —λιόω, *fonde;* —λίωσις, *fondation;* —λιωτής, *fondateur.*

7. *Θέμερος[a], α, ον, posé, respectable. —ρύνομαι, *prend un air grave.*

8. Θέμις, ιδος[a], ἡ, ordre, loi, droit, justice, THÉMIS[b]. *—μίζω, *juge;* —μιτός; *—μιστός, *juste;* —μιστεύω, *rend la justice, gouverne.*

9. *Θέσπις[a], ιος, ὁ, ἡ, prophète, prophétique, divin, THESPIS[b]. —πίζω, *prédit;* —πισμα, *oracle;* —πιστής, *devin;* —πέσιος, *divin.*

10. Θέσσασθαι[a], demande, obtient par ses prières, souhaite.

11. Θέω[a], court, va, voyage, s'étend, combat. Θεῦσις, *course.*

ANNOTATIONS.

1. *a.* Contracté de θαάσσω, f. θάξω.

2. *a.* Nom d'une île de la Méditerranée d'où l'on tirait le bois nommé lui-même *thapsos,* comme ou dit du FERNAMBOUC, du CAMPÊCHE, pour désigner les bois colorants qui nous viennent des villes de *Fernamboue* et de *Campêche;* en Amérique.

3. *a.* F. θενῶ, a. 1 ἔθεινα, a. 2 ἔθενον. — *b.* On nomme THÉNAR; en anatomie, la saillie que les muscles de la main forment à la base du pouce.

5. *a.* Cf. en esp. *tio,* oncle, et *tia,* tante.

6. *a.* Θεμέλιον, *Θεμειλιον, *θέμειλον et θέμηλον sont synonymes et dérivent de la même racine τίθημι, rad. Θε, poser.

7. *a.* Le sens premier et poétique est *solide, bien assis,* par opposition à *mobile, léger.* R. τίθημι ou θέω, poser.

8. *a.* Att. θέμιτος, ou poét. θεμίστος, acc. θέμιν. R. τίθημι ou θέω, établir. Θέμις est *pr.* l'ordre éternellement *établi,* règle de toute justice. Cf. *statut, statutum,* de *statuere,* établir. — *b.* Déesse de la justice, fille du Ciel et de la Terre, ayant pour attribut la balance à la main. D'où THÉMISTOCLE, fameux général athénien, le rival d'Aristide, qui porta mieux que Thémistocle le nom de *juste.* RR. θέμις, κλέος, *pr.* célèbre par sa justice. THÉMISTIUS, Θεμίστιος, c.-à-d. *qui préside à la justice,* célèbre philosophe et rhéteur grec du quatrième siècle, qui eut pour disciples l'empereur Arcadius, saint Augustin et Libanius, le maître de saint Basile et de saint Jean Chrysostome.

9. *a.* De θεός, dieu, et ἔπος, parole; *pr.* qui parle sous l'inspiration d'un dieu, qui prononce des paroles divines. Cf. le français *devin,* de *divinus,* divin. — *b.* L'inventeur de la tragédie grecque qui, avant lui, n'était qu'un hymne en l'honneur de Bacchus. Il était d'Icarie, en Attique, et vivait au sixième siècle av. J. C. Ce furent les essais de Thespis qui ouvrirent la carrière où Eschyle, Sophocle et Euripide se sont immortalisés. « *Ignotum tragicæ genus invenisse camœnæ dicitur* Thespis. » HOR.

10. *a.* A. ἐθεσσάμην ou θεσσάμην.

11. *a.* Impf. ἔθεον, f. θεύσω, et mieux θεύσομαι.

12. *a.* R. θάομαι, forme ancienne de θεάομαι, regarder avec étonnement.

14. *a.* F. θάψω, a. ἔθαψα, pf. τέταφα, fut. p. ταφθήσομαι ou ταφήσομαι, a. p. ἐτάφθην ou ἐτάφην, pf. p. τέθαμμαι. Syll. rad. Ταφ. A toutes les formes où le φ disparaît, l'aspiration se porte sur la con-

12. Θάμβος[a], εος, τὸ, étonnement, stupeur, effroi. —θέω, *—θαίνω, s'étonne; *—θημα, —θησις, surprise; —θητός, étonnant; *—θαλέος, surpris.

13. Θάμνος, ὁ, buisson, broussailles, arbuste. —νίον, —νίσχιον, —νίσχος, dim.; —νίτης, —νῖτις, de buisson, d'arbuste; —νών, bosquet.

14. Θάπτω[a], ensevelit. Τάφος[b], tombeau; ταφή, sépulture; —φεύς, celui qui ensevelit; *—φιος, funéraire; τάφρος, fossé.

15. Θάρσος[a], εος, τὸ, confiance. —σέω, en est plein; —σύνω, encourage; θαρσαλέος, *—σήεις, *—συνος et θαρῥαλέος, plein de confiance.

16. Θαῦμα[a], ατος, τὸ, merveille, admiration. —μάζω, admire; —μαστός, —μάσιος, admirable; —μασιόω, rend admirable.

17. Θεάομαί[a], regarde, contemple. Θέα, contemplation; θέαμα, spectacle; θεατής, spectateur; θεατός, visible; θέατρον, THÉATRE[b].

18. Θέλγω[a], charme, adoucit, séduit. Θέλκτης, celui qui adoucit; θέλγμα, θέλξις, θέλκτρον, adoucissement; θελκτήριος, adoucissant.

19. Θεός[a], ὁ, **Deus**, DIEU. Θεά, *Θέαινα, DÉESSE; θεάζω, est dieu, DIVINISE; θεότης, θειότης, divinité; θεῖος, divin; θειάζω, divinise.

ANNOTATIONS

sonne initiale qui se change en θ. V. Θρίξ. — b. D'où CÉNOTAPHE. V. Κενός. ÉPITAPHE, ἐπιτάφιον, s.-ent. ἐπίγραμμα, inscription sur une tombe. RR. ἐπί et τάφος. V. Κοιμάω.

15. a. Att. θάῤῥος; m. rac. q. θράσος. V. Θρασύς.

16. a. De θεάομαι, regarder avec admiration. Cf. miraculum, merveille, miracle, de mirari, voir avec étonnement. D'où THAUMATURGE, θαυματουργός, pr. faiseur de miracles, nom donné à plusieurs saints célèbres par le nombre et l'éclat de leurs miracles; tels furent, au troisième siècle, saint Grégoire, évêque de Néo-Césarée, et au seizième siècle, saint François-Xavier, l'apôtre des Indes. RR. θαῦμα, ἔργον.

17. a. F. θεάσομαι. D'où THÉODOLITE, instrument dont on se sert pour mesurer les distances dans les opérations géodésiques. RR. θεάομαι, δολιχός, long, distant. V. Δαίομαι. — b. Lieu où l'on voit représenter une action dramatique. V. Ἀμφί.

18. a. F. θέλξω, a. ἔθελξα, a. p. ἐθέλχθην, pf. p. τέθελγμαι.

19. a. M. rac. q. Ζεύς et Διός. Le vocatif est, comme en latin, semblable au nominatif. D'où THÉODICÉE; v. Δίκη.

THÉOLOGIE, θεολογία, science de Dieu et de ses attributs. RR. Θεός, λέγω. POLYTHÉISME, pluralité des dieux. RR. πολύς, Θεός. ATHÉE, ἄθεος, qui ne croit pas en Dieu. RR. ἀ, Θεός. PANTHÉON. V. Πᾶς. APOTHÉOSE ou déification, ἀποθέωσις, cérémonie par laquelle les païens plaçaient un homme illustre au rang des dieux. RR. ἀπό, Θεός. ENTHOUSIASME, ἐνθουσιασμός, pr. inspiration divine, de ἔνθεος, inspiré de Dieu. RR. ἐν, Θεός. THÉOPHILE, θεόφιλος, aimé de Dieu. RR. Θεός, φίλος. PHILOTHÉE, aimant Dieu. RR. φίλος, Θεός. Quoique le mot φιλόθεος soit grec, il n'a point été, selon la remarque de M. Letronne, connu des Grecs comme nom propre, parce que l'idée d'aimer Dieu leur était étrangère, et il ne fut porté que par des chrétiens. « Nulle religion autre que la nôtre n'a demandé à Dieu de l'aimer et de le suivre. » PASCAL. De plus THÉOCRITE, Θεόκριτος, pr. jugé ou choisi par la divinité, nom du plus célèbre des poëtes bucoliques. RR. Θεός, κρίνω. THÉOPOMPE, Θεόπομπος, pr. envoyé par la divinité, nom d'un roi de Sparte. RR. Θεός, πέμπω. THÉOPHYLACTE, Θεοφύλακτος, pr. gardé, protégé par la divinité, nom d'un historien byzantin. RR. Θεός, φυλάσσω.

1. Θηβάνας, ου, ὁ, vent qui vient du côté de ΤΗΕΒΕΣ[a].

2. Θῆλυς[a], εια, υ, féminin, femelle, mou. Θηλυκός, de femme; —λυκεύομαι, se conduit en femme; —λύνω, effémine.

3. Θήν, certes. — 4. Θήραιον, τὸ, manteau qu'on portait à ΤΗΕΒΑ[a].

5. Θής, θητός, ὁ, ouvrier, serviteur, mercenaire, prolétaire. Θῆσσα, Θῆττα, fém.; θητεύω, est salarié; θητεία, salaire.

6. Θίασος, ὁ, ΤΗΙΑΣΕ[a], chœur de danse, fête. —σεία, id.; —σεύω, y prend part; —σών, lieu de la fête. — 7. Θίβη, ἡ, corbeille.

8. Θίν[a], θινός, ὁ, ἡ, monceau, tas de sable, rivage, colline[b]. θίς, id.; θινόω, ensable; θινώδης, couvert de monceaux de sable.

9. Θόλος, ὁ, tholus, dôme, voûte, coupole. Θολία, chapeau pointu.

10. Θοός[a], ά, όν, prompt, rapide, agile, aigu[b]. Θοόω, rend prompt; θοάζω, se meut avec célérité; θόασμα, lieu où l'on court.

11. Θρανίς, ίδος, ἡ, espadon[a]. — 12. Θρανύσσω, met en pièces.

13. Θρᾷξ, ᾳκός, ὁ, un ΤΗΡΑΚΕ. Θρᾷσσα, femme de Thrace; θρασκίας, vent du nord-nord-est, qui soufflait de la Thrace[a].

ANNOTATIONS.

1. a. Remarquez que tous les vents tirent leurs noms des lieux ou des points de l'horizon d'où ils paraissent venir. V. Λίψ.

2. a. Du substantif Θήλη, mamelle, dérivé lui-même de θάομαι, sucer.

4. a. Petite île de la mer Égée et une des Cyclades. Il est ordinaire de donner aux différentes parties du costume les noms des pays d'où elles ont été apportées. Par ex., la cravate est ainsi nommée des Croates, parce que nous l'avons empruntée à cette nation, ainsi que la cravache. La dalmatique, sorte de tunique à longues manches, fut de même empruntée aux Dalmates par les Romains. Les galoches, gallicæ, nous viennent des Gaulois, Galli, etc.

6. a. Troupe de gens réunis pour célébrer la fête d'un dieu, surtout de Bacchus.

8. a. Ou θίς, de τίθημι ou θέω, pr. dépôt, synon. de θημών, θημωνιά et θωμός, qui ont la même racine et signifient principalement tas de blé ou de paille.— b. De même, en français, les mots montagne et monceau ont la même origine.

10. a. De θέω, courir. D'où Θοέ, Θοή, forme ionienne p. θοά, nom d'une des cinquante Néréides. Στμοπόθοέ, autre Néréide; pr. qui court sur les flots. RR. κῦμα, ὑάς. Ρποτηοῦς, capitaine des Grecs dans l'Iliade. RR. πρό, θοός. « C'est une remarque digne d'attention que la plupart des noms rapportés par Homère sont des marques de distinction. Elles furent accordées comme récompense aux qualités qu'on estimait le plus dans les siècles héroïques, telles que la valeur, la force, la légèreté à la course, la prudence et les autres vertus. Ces titres d'honneur se transmettaient aux enfants pour leur rappeler les actions de leurs pères et les engager à les imiter. Quelquefois il en résultait un singulier contraste avec l'état ou le caractère de ceux qui les ont reçus dans leur enfance. Il arrivait qu'un homme gros et pesant s'appelait Prothoos, mot qui désigne le léger, celui qui devance les autres à la course. » (Anach., ch. 66.) Un des hommes les plus sanguinaires du siècle dernier s'appelait Joseph Lebon; l'assassin de Henri III se nommait Jacques Clément. — b. V. Ὠκύς.

11. a. Grand poisson dont le museau s'allonge en une lame plate et tranchante comme une épée. V. Σπάθη.

13. a. V. Λίψ.

14. a. Pr. fait des fomentations, réchauffe. R. θέρω, qui a le même sens que le latin foveo. Cf. ἰαίνω, guérir, de ἰαίνω, réchauffer. — b. D'où ΘΕΡΑΠΕΥΤΙΚΗ, ἡ θεραπευτική, s-ent. τέχνη, partie de la médecine qui a pour objet le trai

14. Θεράπων, οντος, ὁ, serviteur. —παινα, —πίς, fém.; —πεύω, sert, soigne[a]; —πεία, service, traitement[b]; —πευτής, domestique.

15. Θέρος[a], εος, τὸ, été[b], moisson[c]. Θερίζω, passe l'été, moissonne; —ρειος, —ρινός, d'été; —ριστρον, faux, theristrum, habit d'été.

16. Θέρω[a], échauffe, soigne. Θερμός[b], chaud; —μα, THERMES[c]; —μαίνω, échauffe; —μη, chaleur; —μωλή, id., fièvre; —μος, lupin[d].

17. Θεσμός[a], ὁ, loi, coutume, prim. action de placer. —μιος, légal.

18. Θεωρός[a], ὁ, spectateur, THÉORE[b]. —ρία, contemplation, THÉORIE[c]; —ρέω, contemple; —ρημα, spectacle, science, THÉORÈME[d].

19. Θήγω[a], aiguise, excite. Θηγάνη, pierre à aiguiser.

20. Θήρ[a], θηρός, ὁ, fera[b], bête sauvage. —ρίον[c], id.; —ρόω, rend farouche; —ρα, chasse; —ράω, —ρεύω[d], chasser; —ραμα, gibier.

21. Θησαυρός[a], ὁ, thesaurus, TRÉSOR. —ρίζω, THÉSAURISE, garde, —ρισμα, épargne, réserve; —ριστής, qui amasse.

22. Θιγγάνω[a], tango, touche, goûte à, atteint, critique, TANCE. Θίξις, action de toucher; θίγμα, ce qu'on touche, CONTACT.

ANNOTATIONS.

tement des maladies.

15. a. De θέρω, chauffer. — b. « Ab æstu æstas. » VARR. V. Αἴθω. — c. Août et moisson sont synonymes chez les laboureurs de tous les pays, aussi bien que chez les cigales de La Fontaine. Les poëtes latins emploient de même messis pour æstas.

16. a. F. θέρσω, a. ἔθερσα, à. p. ἐθέρην, pf. p. τέθερμαι. D'où θέρος, été. — b. D'où THERMOPYLES. V. Πύλη. THERMOMÈTRE, instrument de physique qui sert à mesurer la chaleur. RR. θέρω, μέτρον. THERMAL, qui se dit des eaux minérales chaudes. THERMIDOR, le onzième mois du calendrier républicain, comprenant les jours les plus chauds de l'année, du 19 juillet au 18 août. — c. Syn. de baius chauds, bains publics chez les Romains. — d. Plante légumineuse échauffante; menu poids.

17. a. Pl. θεσμοί, ou poét. θεσμά. R. τίθημι, poser, pr. chose établir. Cf. institutum, statutum, institution, statut, de statuere, établir. V. Θέμις.

18. a. De θεάομαι, regarder. — b. Député; pr. spectateur envoyé par les Athéniens aux fêtes de Delphes. Cette députation était annuelle et s'appelait THÉORIE. — c. La partie spéculative d'un art ou d'une science; pr. celle qui consiste à regarder, speculari, par opposition à la

pratique, qui consiste à faire. V. Πράσσω. — d. Proposition qui doit être rendue évidente au moyen d'une démonstration; pr. objet de considération.

19. a. F. ξω, a. ξα, pf. χα, pf. p. γμαι.

20. a. D'où PANTHÈRE, πάνθηρ, pr. tout animal, mammifère du genre chat, très-féroce. RR. πᾶς, θήρ. THÉRIAQUE, θηριακή, s.-ent. ἀντίδοτος, antidote contre la morsure des bêtes. — b. Éol. φήρ; d'où fera, fémin. de ferus; ferox, féroce, farouche, fier. — c. Cf. l'angl. deer, daim, et l'all. thier, bête. — d. Pr. attrape, c.-à-d. prend à la trappe, au piège.

21. a. Pr. dépôt. R. Τίθημι, déposer, f. θήσω. Cf. κειμήλιον, objet précieux, de κεῖμαι, jacere. Le français trésor a un h de moins et un r de trop. V. Θράομαι.

22. a. F. seul usité, θίξομαι, a. 2 ἔθιγον, f. p. seul usité, θιγήσομαι, a. p. ἐθίγην, pf. p. τέθιγμαι; syll. rad. Θιγ, la même que dans tetigi, attingere, contigu, changée en Tag dans tango p. tago; d'où contact, contagion, et en Teg, dans integer, intègre, entier, pr. intact. RR. in, tango. D'où encore tacher, salir en touchant; tâter, tâtonner, à tâtons; taxare, toucher fortement, taxer, c.-à-d. estimer par le tact, à la main; taxe, taux, prix fixé selon l'estimation faite au toucher; tâche, ouvrage fixé, taxe; cf. pensum, pr. tâche pesée.

1. Ὁράομαι[a], siége, est assis. Θρᾶνος, *siége, banc de rameurs;* θρόνος;[b] thronus[c], *siége* [d], TRÔNE[e]; —νίζω, *place sur un siége*[f].

2. Θραύπαλος, ὁ, un arbre inconnu.—3. Θραυπίς, ίδος, ἡ, chardonneret?

4. Ὁρέω[a], crie, fait du bruit. Θρόος, *cri;* θροέω, *fait du bruit, crie.*

5. Θρῆνος [a], ὁ, lamentations, gémissement, plainte. —νέω, *pleure,* —νημα, *plainte;* —νητής, *pleureur;* —νήτρια, *fém.*

6. Θριαί, αἱ, nymphes, cailloux divinatoires, prédiction. Θριάζω, *est inspiré;* θριάσιον, *urne pour les divinations.*

7. Θριγκός, ὁ, couronnement d'un mur, mantelet de rempart, enclos. —κόω, *couronne un mur, achève, clôt;* —κωμα, *chaperon.*

8. Θρίδαξ, ακος, ἡ, sorte de laitue. —δακίνη, *laitue sauvage.*

9. Θρίοι, οἱ, câbles de la proue.—10. Θρίον, τὸ, feuille de figuier.

11. Θρίσσα, ἡ, alose. — 12. Θρίσσος, ὁ, espèce de serpent, alose.

13. Θρίψ, ιπός, ὁ, ἡ, ver qui ronge le bois[a]. Θριπώδης, *sujet aux vers.*

14. Θρόμβος, ὁ, grumeau, caillot de sang, thrombus, tumeur, grain. —βίον,*dim.;* —βόω, *fait cailler;* —βειος, *caillé,* —βωσις, *caillement.*

ANNOTATIONS.

1. *a.* On ne trouve que l'inf. aor. θρήσασθαι. — *b.* Au plur. les *Thrônes,* le troisième des neuf chœurs angéliques. « Throni *dicti sunt hi qui tantâ divinitatis gratiâ replentur, ut in eis Dominus sedeat, et per eos sua judicia decernal.* » S. GRÉG. — *c.* Rien n'est plus vulgaire que le changement de *o* grec en *u* latin. Toute la différence de la deuxième déclinaison entre les deux langues consiste dans cette substitution : λύκος, *lupus;* λύκον, *lupum;* δῶρον, *donum;* δώρῳ, *dono,* etc. Ce fait a sa cause dans la similitude de son qui existait entre l'*o* grec et l'*u* latin; car anciennement les Grecs disaient *ou* pour *o,* ce qui était précisément le son de l'*u* latin. De là venait que les Éoliens écrivaient βόλομαι p. βούλομαι, ὀρανός p. οὐρανός, tandis que les Ioniens disaient μοῦνος, νοῦσος, κοῦρος, οὔνομα, pour μόνος, νόσος, κόρος, ὄνομα. D'ailleurs Quintilien nous apprend que les Latins confondaient dans l'écriture les deux voyelles *o* et *u,* et mettaient *dederont, probaveront,* p. *dederunt, probaverunt, huminem* p. *hominem, frundes* p. *frondes, consol* quoiqu'on prononçât *consul.* Nous faisons une confusion analogue quand nous prononçons l'*u* de *ungula,* comme l'*o* de *ongle.* Au reste, il est facile de voir que la voyelle *o* a beaucoup plus de tendance à se changer en *ou, u, ui,* qui sont des voyelles labiales qu'en *a, é, é,* qui ne sont que linguales. De là les dérivations suivantes : *coxa,* cuisse, *nodus,* nœud, *focus,* feu, *focile,* fusil, *morari,* demeurer, *nos,* nous, etc. — *d.* La signification première du mot *trône* s'est conservée dans la dénomination de *Saint-Siége,* donnée au gouvernement pontifical et à la ville de Rome, où *siégea* saint Pierre. — *e.* Beauzée, grammairien du dernier siècle, trouve qu'on a bien fait d'écrire *trésor* et *trône* sans *h,* attendu que cette lettre n'a aucune influence sur la prononciation de la consonne précédente, et qu'elle indique seulement que dans le mot grec θρόνος le τ était accompagné de l'aspiration. Mais, dit avec raison Bacon, « ces réformes, que l'on prétend introduire dans l'écriture pour la rendre conforme à la prononciation, me paraissent du genre des subtilités inutiles; car la prononciation elle-même s'altère tous les jours et n'a rien de stable, et l'origine du mot finit par s'obscurcir tout à fait. Enfin, comme l'orthographe ordinaire n'empêche pas qu'on ne prononce suivant l'usage reçu, quel avantage peut-on tirer de semblables innovations? » —*f.* INTRONISE.

4. *a.* Et plus souvent θρέομαι, sans iot.

15. Θλαω[a], meurtrit, broie. Θλάσις, *action de meurtrir;* θλάσμα, *meurtrissure;* θλάστης, *qui meurtrit;* —τός, *meurtri;* θλάσπις,[b] THLASPI, *pl.*

16. Θλίβω, presse, écrase, opprime. Θλιπτικός, *qui presse, etc.;* θλίψις, θλιμμός, *action de presser;* θλίμμα, *ce qu'on presse.*

17. Θνήσκω [a], meurt, est tué. Θνητός, *mortel;* θνησιμαῖος, *mort de maladie;* θάνατος [b], *mort;* —τόω, *fait mourir;* θανάσιμος, *mortel.*

18. Θοίνη [a], ή, festin, mets. —νάω, *fait festin, mange;* —νημα, *festin, mets.*

19. Θολός, ὁ, bourbe, pus. Θολερός, *bourbeux;* θολόω, *gâte, trouble.*

20. Θόρυβος [a], ὁ, bruit, tumulte, cris, murmures. —βέω, —βόω, *fait du bruit, applaudit, trouble;* —βητικός, *bruyant, brouillon.*

21. Θρασύς [a], εῖα, ύ, hardi, courageux, téméraire, sûr. —σος [b], *audace;* —σύτης, *hardiesse, audace;* —σύνω, *enhardit.*

22. Θραύω[a], brise, broie, blesse, détruit. Θραῦσις, *action de briser;* θραῦσμα, *fragment;* θραυστός, *brisé;* θραυλός, *cassant, mou, brisé.*

23. Θρῆσκος[a], ὁ, religieux, superstitieux comme un THRACE. —κεύω[b], *rend un culte, est pieux,* —κεία, *religion, superstition.*

ANNOTATIONS.

5. *a.* Cf. l'all. *thräne*, larmes, de Θρέω.

13. *a.* D'où θριπήδεστα, morceaux de bois tout vermoulus dont on faisait des sceaux, à cause de la difficulté de les contrefaire; pluriel neutre de θριπήδεστος, rongé par les vers. RR. θρίψ, ἔδω.

15. *a.* Impf. ἔθλων, f. θλάσω, a. ἔθλασα, pf. τέθλακα; pass. θλασθήσομαι, ἐθλάσθην, τέθλασμαι ou τέθλαγμαι. V. Φλάω, qui semble n'être que la forme éolienne du même verbe. — *b.* Plante crucifère dont le fruit est *aplati* ou comprimé.

17. *a.* F. θανοῦμαι, a. 2 ἔθανον, pf. τέθνηκα, *perii*, je suis mort, fut. 2 τεθνήξω ou τεθνήξομαι, je serai mort. Syll. rad. Θαν; d'où ATHANASE, c. à d. *immortel*, saint docteur, patriarche d'Alexandrie en 326. RR. ἀ, θνήσκω. — *b.* D'où ἀθάνατος, *immortel.* Cet adjectif fait partie de la phrase grecque que l'on chante à l'office du vendredi saint, et qu'on appelle *trisagium* ou *trisagion*, parce qu'elle commence par l'adjectif ἄγιος, *saint*, répété trois fois.

18. *a.* Les Éoliens disaient φοίνα au lieu de θοίνη, comme ils disaient φήρ pour θήρ, bête féroce.

20. *a.* De θρέω, faire grand bruit.

21. *a.* D'où THRASYBULE, pr. homme d'une résolution hardie. RR. θρασύς,

βούλομαι; nom du général athénien qui délivra sa patrie des trente tyrans établis par le Spartiate Lysandre en 404. — *b.* C'est le même mot que θάρσος, confiance, moyennant la transposition du ρ. Après avoir eu longtemps la même signification de *confiance, assurance, courage*, θάρσος prit plus tard le sens de confiance réfléchie en ses forces, et θράσος, celui de *confiance irréfléchie, audace, témérité.* RR. θέρω, échauffer; θάρσος a donc pour sens premier *ardeur*, courage bouillant. Cf. *hardiesse*, de *ardeo*, pr. ardeur. V. Ζῆλος.

22. *a.* Prend σ au passif. D'où coccoTHRAUSTE, κοκκοθραύστης, nom grec du *gros-bec*, vulg. *pinçon royal*, genre de passereaux, vivant de baies et de graines, qu'il brise avec son bec court et robuste. RR. κόκκος, θραύω. Nous avons de même en français le *casse-noix*, l'*orfraie.* V. Ὀστέον, Κόκκος.

23. *a.* R. Θράξ, habitant de la Thrace. C'est de la Thrace que les Grecs paraissent avoir emprunté leurs rites sacrés.— *b.* Pr. *thraciser;* « expression par laquelle nous désignons l'habitude des cérémonies outrées et superstitieuses. » PLUT.

1. Θρόνον, τὸ, fleur; *plur.* simples, herbes magiques, broderies.

2. Θρύον, τὸ, jonc, jusquiame, *pl.* Θρυαλλίς, *plante à mèches, mèche.*

3. *Θρώσκω*[a], s'élance, saillit. Θουρόω, *id.*; θρωσμός, *bond, descente;* ὑόννυμαι, *saillit;* θοῦρος, θουραῖος, θουριχός, *impétueux.*

4. Θυανία, ἡ, injure, débat, querelle. — 5. Θύαρος, ὁ, ivraie.

6. Θύελλα[a], ἡ, ouragan, tempête. *Θυελλήεις, θυελλώδης, orageux.*

7. Θύμαλλος, ἡ, espèce de saumon, *vulgairement* ombre.

8. Θύμβρα, ἡ, **thymbra**, THYMBRÉE *ou* sarriette aromatique.

9. Θύμος[a], ὁ, **thymum**, THYM[b]; oignon sauvage. —μίζω, *sent le thym;* —μινος, *de thym;* —μίτης, *fait de thym;* —μιον, *sarriette.*

10. Θύννος, ὁ, ἡ, **thunnus**, THON. —νη, *sa femelle;* —ναξ, —νίον, *dim.;* —νεύω, *pêche le thon;* —νάζω, —νίζω, *harponne, perce.*

11. Θύρσος, ὁ, **thyrsus**, THYRSE[a]. —σάριον, *dim.;* —σιον, *n. de plante;* —σάζω, *fête Bacchus en portant un thyrse à la main.*

12. Θύσανος[a], ὁ, frange, bordure. —νηδόν, *en forme de frange;* —νόεις, —νωτός; *garni d'une frange, d'une bordure.*

ANNOTATIONS.

3. *a.* F. Θοροῦμαι, a. 2 ἔθορον, syll. rad. θορ, dont l'o a été transposé après le ρ, puis changé en la longue ω et renforcé des deux consonnes σχ, qui se sont insérées entre le radical et la terminaison. V. Βιβρώσκω.

6. *a.* De θύω, souffler avec fureur, *pr.* la tempête déchaînée, « *tempestas sine more furens.* » VIRG.

9. *a.* De θύω, dans le sens primitif d'exhaler. Θύμος signifie donc *pr.* la plante odorante, si avidement recherchée par les lapins et les abeilles. — *b.* Nous remplaçons l'υ grec par *y*, que nous appelons *i grec* parce qu'il a la même forme et que nous le prononçons *i*, à la manière des Grecs modernes qui appellent υ *ypsilon* au lieu de *upsilon*. « Cet *y* a toutes sortes de défauts. Il représente à lui seul plusieurs sons différents : 1° le mouillé faible, comme dans *yeux*, où il ne compte pas du tout comme syllabe, et dans *Mayence*, où il ne change pas le son de l'*a* qui précède; 2° l'*i* pur, toutes les fois qu'il est seul dans la syllabe, comme dans *physique*, *zéphyre*; 3° l'*i* suivi du mouillé faible, ou, comme on dit ordinairement, deux *i*, dans *joyeux*, *payer;* 4° l'*i* suivi du mouillé faible et d'un autre

i, comme dans *pays*. D'un autre côté, l'*y*, qui représente bien ou mal la lettre grecque υ, devrait au moins se trouver régulièrement dans les mots tirés du grec, et il ne s'y trouve que par hasard ou par caprice. Enfin, le caractère ne paraît pas tenir du tout à l'origine qu'on lui assigne. Il ne vient pas de l'alphabet grec, mais de la réunion de deux *i*, dont le second aurait été allongé, surtout à la fin des mots, par les copistes calligraphes. » (*Revue de l'instruction publique*, 1857.) V. Y.

11. *a.* Javelot orné de pampres et de lierre, qu'on portait aux fêtes de Bacchus. Les botanistes nomment *thyrse* la grappe de fleurs du lilas, du marronnier, etc.

12. *a.* R. Θύω, *s'agiter*, comme fait la frange quand on marche. D'où THYSANURES, pluriel de θυσάνουρος, nom du deuxième ordre de la classe des insectes, caractérisé par les soies ou filets qui terminent leur tronc en arrière. RR. θύσανος, οὐρά; *pr. queue à frange.*

14. *a.* Le radical est Τριχ. Mais comme l'aspirée χ disparaît dans le ξ final du nominatif, ou change la forte τ en l'aspirée θ, tant les Grecs tenaient à conserver dans la prononciation toutes les inflexions

13. Θρίαμβος, ὁ, **triumphus**, TRIOMPHE, hymne, procession. —ϐεύω, triomphe, conduit en triomphe; —ϐευτής, triomphateur.

14. Θρίξ, τριχός[a], ἡ, cheveu, toison, plumage, feuillage, fourrure, crin. Τρίχινος, de cheveux; τριχόω, rend chevelu; τριχίας, chevelu.

15. Θρύλλος[a], ὁ, murmure, bruit, tumulte. Θρῦλος, id.; θρυλέω, θρυλίζω, θρυλλέω, θρυλλίζω, murmurer; θρύλημα, θρύλλημα, bruit.

16. Θρύπτω[a], rompt, amollit, corrompt[b]. —πτικός, qui peut rompre, mou; τρυφή, mollesse[c]; —φάω, vit mollement; —φαξ, voluptueux.

17. Θυγάτηρ, τρός, ἡ, fille, jeune fille, servante[a], esclave. Θυγάτριον, dim.; —τριδοῦς; petit-fils; —τριδῆ, petite-fille.

18. Θύλακος[a], ὁ, sac, habit long des Perses, cilice, gousse[b]. —κίς, —κιον, —κίσκος, dim.; —κίτης, fait en forme de sac.

19. Θυμός[a], ὁ, cœur, âme, vie, courage, colère, désir[b], esprit. Θυμικός, plein de cœur, irrité; θυμαίνω, s'irrite; μόω, irrite.

20. Θύρα[a], ἡ, porte. Θύραζε, à la porte; θύραθεν, du dehors; θυραῖος, de porte; θυρίς, ouverture; θυρών, vestibule; —ρετρον, porte.

ANNOTATIONS.

si variées de leur langue et toutes ses nuances si harmonieuses. V. Θρύπτω. D'où CALLITHRIC, καλλίθριξ, plante aquatique remarquable par la longueur et la finesse de ses racines et de ses tiges qui ressemblent à des cheveux. RR. χαλός, θρίξ. C'est aussi le nom d'un singe dont le pelage est agréablement nuancé de gris, de noir, de blanc et de fauve. POLYTRIC, πολύτριχον, genre de mousse qui semble porter une épaisse chevelure. RR. πολύς, θρίξ. On la nomme aussi capillaire, de capillus, cheveu; et chrysocome, chevelure d'or; RR. χρυσός, κόμη.

15. a. Pr. Bruit de gens qui parlent, de θρέω, parler haut, crier.

16. a. F. θρύψω, a. ἔθρυψα, a. p. ἐτρύφθην ou ἐτρύφην, pf. p. τέθρυμμαι. Le θ se change en τ à l'aor. passif, parce que la syllabe suivante est aspirée, ou plutôt c'est le τ de la racine Τρυφ qui devient θ, quand l'aspirée φ disparaît. V. Τρέφω. — b. Remarquez l'étymologie de ce verbe corrompre, cum-rumpere, pr. briser; décomposer, dissoudre, détruire, de-struere, pr. démolir une construction. V. Βία, Δέμας. — c. Du partic. présent τρυφῶν on a fait TRYPHON, surnom donné au roi d'Égypte Ptolémée IV, à cause de sa dé-

pravation. On l'appelait aussi par antiphrase PHILOPATOR, φιλοπάτωρ, aimant son père, de φίλος et πατήρ, parce qu'il passait pour avoir empoisonné Ptolémée Évergète, son père. V. Εὖ.

17. a. Comme nous disons familièrement la fille pour la domestique. V. Παῖς.

18. a. Ou θῦλαξ, poét. θυλάς. — b. Θύλακος signifie aussi, de même que ἀσκός, le corps humain, enveloppe de l'âme. V. Δέμας.

19. a. De θύω, dans son sens premier de souffler, respirer. Θυμός signifie donc pr., comme anima et ψυχή, le souffle vital, puis par ext. l'âme, le cœur, principe de la vie, puis tous les mouvements de l'âme. Cf. en français courage, de cor, et animosité, de animus. D'où ENTHYMÈME, ἐνθύμημα, sorte de syllogisme dont une des prémisses n'est pas exprimée et reste dans l'esprit. RR. ἐν, θυμός. — b. D'où ἐπιθυμέω, désirer.

20. a. Angl. door, all. thür. D'où DITHYRAMBE, διθύραμβος, pièce de poésie lyrique, primit. hymne à Bacchus qui, selon la fable, naquit deux fois : la première, du sein de Sémélé, la seconde, de la cuisse de Jupiter. RR. δίς, θύρα.

1. *Θύω[a], s'élance, est transporté. Θυάς, θυιάς, θυσιάς, θυστάς, *bac-chante*[b]; θυάζω, θυσιάζω, *fêter Bacchus*; θύνω, s'élance.

2. *Θωή, ἡ, punition, amende, dommage, blâme. Θωΐη, *id.*

3. *Θῶμαι[a], fait bombance, s'enivre.

4. *Θωμός[a], ὁ, tas de blé, de paille, de bois, meule de fourrage. —μίζω, *lie, fouette*; —μιγξ, *corde, lien, corde d'arc ou de filet.*

5. Θώς, ωός, ὁ, ἡ, chacal, loup-cervier, chèvre sauvage.

6. *Θωύσσω, crie, s'élance. Θωϋκτήρ, *qui crie*; θωϋσμός, *cri.*

7.   I[a], ιοτα[b], *vaut dix*[c] *et sert a montrer*[d]
      Ἰωτακίζω, *multiplie les iota en parlant.*

8. Ἴ[a], is, ea, id, lui, elle, soi. — 9. *Ἰά, ἡ, voix, cri.— 10. Ἰαί! ah!

11. *Ἰαίνω[a], échauffe, amollit, adoucit, réjouit, guérit[b].

12. *Ἴαχχος[a], ὁ, Iacchus *ou* Bacchus, hymne à Bacchus, cri de joie, porc. —χάζω, *crie très-fort*; —χαῖος, *de Bacchus*; —χεῖον, *son temple.*

13. Ἰάλεμος, ὁ, chant funèbre; *adj.* lamentable, vil, chétif. —μίζω, *fait des lamentations*; —μίστρια, *pleureuse.*

ANNOTATIONS.

1. *a.* A. rare ἔθυσα. Le sens premier est *exhaler* la fumée de sa respiration avec grande force, comme on fait dans la colère; ce qui a donné lieu à l'expression *respirer la colère*, si ordinaire dans la Bible, même en parlant de Dieu. « *Ira cadat naso.* Que la colère cesse d'enfler tes narines. » Perse. — *b.* V. Βάχχος.

3. *a.* F. θώσομαι, a. ἐθωσάμην, ἐθώσθην ou ἐθώχθην.

4. *a.* De τίθημι, mettre en dépôt.

7. *a.* Chez les Grecs, *I* a toujours été voyelle, tandis que chez les Latins il était quelquefois consonne; par exemple dans ce passage d'Horace, *audaces fortuna Iuvat*, où il y aurait élision, si l'on prenait *i* pour une simple voyelle. Les anciens Grecs ne souscrivaient point l'*I* à notre manière; ι *subscriptum* s'appelait chez eux ι *adscriptum*, προσγεγραμμένον, c.-à-d. ajouté, et s'écrivait ainsi: τωι. C'est depuis le treizième siècle qu'on écrit τῳ. Le point que nous mettons sur *I* date du onzième siècle. On adopta alors pour l'écriture les caractères gothiques, et comme les deux *i* ne se distinguent pas assez de *u* ou de *n*, on les surmonta de deux accents. Plus tard, au treizième siècle, selon Mabillon, l'usage s'établit d'accentuer même l'*i* seul, et c'est cet accent

qui, insensiblement raccourci, est devenu le point. — *b.* *Iota* se dit pour une partie minime d'une chose. Ex. : Iota *unum aut unus apex non præteribit a lege*; » c.-à-d. pas le plus petit point de la loi. Matth. ch. 5. — *c.* Dans les inscriptions, *I* vaut *un* comme lettre initiale de l'adjectif ἴος, ἴα, ἴον, unique. — *d.* Il a particulièrement cette signification à la fin des mots employés comme démonstratifs, dont il renforce l'expression en dirigeant les yeux ou l'attention d'une manière plus précise vers un objet. Ex. : οὑτοσί, αὑτηί, τουτί, ἐχεινοσί, ὁδί, τοδί. La particule *ce* joue le même rôle en latin dans *hicce, hœcce, hocce.* I se met également à la fin des adverbes οὑτωσί, νυνί, ὡδί, etc.

8. *a.* Dat. et acc. ἕν, pronom de la 3e pers. poétique et rare.

11. *a.* F. ἰανῶ, a. ἴηνα, f. p. ἰανθήσομαι, a. ἰάνθην. — *b.* V. Ἰάομαι, guérir.

12. *a.* De ἰάχω, crier; cf. *Bromius*, de βρέμω, et *Evius*, de εὖ! ou! V. Βάχχος.

14. *a.* Grand bouclier en usage chez les Romains, servant de pavois chez les Gaulois, et ainsi nommé à cause de sa forme en carré long, semblable à une porte. Sa longueur était, selon Polybe, de deux pieds et demi, et la largeur, de quatre pieds.

14. Θυρεός[a], ὁ, bouclier long, grosse pierre en forme de porte.

15. Θύω[a], fio[b], brûle des parfums, immole, TUE. Θῦμα, PARFUM[c], victime; —μιάω, encense; —μέλη, autel, temple; θυσία, victime.

Id. *Θύος, εος, τὸ, thus, parfum, offrande. Θυόω, parfume.

16. Θώραξ, ακος, ὁ, poitrine, THORAX[a], cuirasse, parapet. —ακεῖον, parapet; —ακίζω, cuirasser; *θωρήσσω, id., enivre.

17. Θώψ, θωπός, ὁ, flatteur. *Θώπτω, θωπεύω, flatte, caresse, trompe; —πεία, —πευμα, flatterie; —πικός, —πευτικός, flatteur.

18. Ἴαμβος[a], ὁ, iambus, IAMBE, vers iambique. —δίζω, fait des iambes, attaque[b], mord.

19. Ἰάομαι[a], guérit, répare. Ἴαμα, remède; ἴασις, guérison; ἰατός, guéri; ἰατρός, médecin; ἴατρον, prix de la guérison.

20. Ἴδιος, ία, ον, proprc, particulier. Ἰδιότης, propriété; ἰδιόω[a], approprie; ἰδιώτης[b], particulier; ἰδιωτεύω, vit seul.

21. Ἱδρύω[a], fait asseoir, dresse, établit. Ἵδρυμα, bâtiment; ἵδρυσις, action de faire asseoir; ἱδρυτός, bâti; ἱδρύνω, m. s. q. ἱδρύω.

ANNOTATIONS.

15. a. F. θύσω, etc. Le sens premier de ce verbe est *faire fumer* de l'encens ou la graisse d'une victime, et telle est l'idée propre attachée au mot *sacrifice* dans tous les temps. Pour dire que Dieu agréa le sacrifice de Noé, la Genèse emploie cette poétique image : « *Odoratusque est Dominus odorem suavitatis.* » — b. Ou plutôt *suffio*, FUMIGER, parfumer. — c. M. rac. q. θυμός, éol. φύμος, *fumus*, fumée.

16. a. C'est la partie du tronc qui contient les poumons et le cœur. On appelle membres *thoraciques* les membres supérieurs, parce qu'ils sont articulés avec les parties latérales et supérieures du thorax. Chez les insectes, le *thorax* est la partie du corps qui vient immédiatement après la tête.

18. a. Pied de vers composé d'une brève et d'une longue : « *Syllaba longa brevi subjecta vocatur iambus.* » HOR.— b. Pr. attaque par des satires écrites en vers iambiques, comme c'était l'ordinaire. D'où vient que ἴαμβος signifie aussi *vers satirique*, satire. « *Archilochum proprio rabies armavit iambo.* » HOR.

19. a. Impf. ἰώμην, f. ἰάσομαι, a. ἰασάμην, pf. ἴαμαι, f. p. ἰαθήσομαι; a. p. ἰάθην; m. rac. q. ἰαίνω, réchauffer. Cf.

θεραπεύω, de θέρω. Il est aisé de reconnaître par la signification première des verbes qui expriment l'idée de soigner et de guérir un malade, que la médecine des anciens était tout extérieure et toute manuelle. « Chez eux, dit Fleury, la profession de médecin n'était point séparée de celle de chirurgien. Les médecins grecs des temps héroïques, au rapport de Platon, ne s'appliquaient qu'à panser les plaies par des remèdes topiques, sans prescrire de régime, supposant que les autres maux seraient aisément prévenus ou guéris par la bonne constitution et la conduite raisonnable des malades. » (*Mœurs des Israélites*). V. Ἀκέομαι qui est aussi un terme de chirurgie plutôt que de médecine.

20. a. D'où ἰδίωμα, propriété; IDIOME, langage *propre* à une nation. IDIOTISME, ἰδιωτισμός, tour de phrase *propre* à une langue. Ex. : la ville *de* Rome ; *me pœnitet culpæ meæ*; μέμνησο θνητὸς ὤν, souviens-toi que tu es mortel. V. Ἕλλην. — b. D'où IDIOT, homme sans expérience et sans aptitude; pr. qui vit en particulier, seul, à l'écart des hommes et des affaires.

21. F. ύσω, etc.; a. p. ἱδρύθην ou ἱδρύνθην. R. ἵζω.

1. *Ἰάλλω[a], envoie, lance, poursuit, court, vole. Ἰαλτός, *lancé*.

2. *Ἰάπτω[a], jette, lance, attaque, assaillit, frappe, s'élance.

3. Ἰάπυξ, υγος, ὁ, IAPYX, *vent de nord-ouest qui venait de l'*IAPYGIE.

4. Ἰασιώνη[a], ἡ, JASIONE *ou* grand liseron. Ἰασίνη, *id.*

5. Ἰάσμη, ἡ, JASMIN. — 6. Ἴασπις, ιδος, ἡ, JASPE.

7. *Ἰαῦ! ah! ah! eh! eh! eh bien! Ἰαυοῖ! *id.;* ἰατταταί! *ah! hélas!*

8. *Ἰαύω[a], dort, passe la nuit, séjourne, endort, fait cesser. Ἰαυ-
θμός, *lieu de repos, séjour, nid, repaire, sommeil.*

9. *Ἰάχω[a], crie, retentit, résonne, fait du bruit, fait retentir. —χή,
—χημα, —χος, *cri, clameur, grand bruit;* —χαῖος, *qui crie.*

10. Ἰβηρίς, ιδος, ἡ, IBÉRIDE, sorte de cresson d'IBÉRIE[a].

11. Ἴβις, ιδος[a], ἡ, IBIS[b], *oiseau sacré en Égypte.*

12. Ἴγδη, ἡ, mortier à piler, sorte de danse. Ἰγδίον, *petit mortier;*
—δισμα, *danse où l'on imite l'action de piler.*

13. Ἴγνη, ἡ, nom de plante. — 14. Ἴγνητες, οἱ, indigènes.

15. Ἰγνύα, ἡ, jarret, pli du genou. *Ἰγνύη, ἰγνύς, *id.*

ANNOTATIONS.

1. *a.* F. ἰαλῶ, a. ἰηλα; m. rac. q. ἵημι, jeter.

2. *a.* F. ἰάψω, à. ἱαψα, a. p. ἰάφθην, m. rac. q. ἵημι, jeter.

3. *a.* Péninsule méridionale de l'Italie, entre le golfe Adriatique et le golfe de Tarente, autrefois soumise par *Iapyx*, un des fils de Dédale. L'Iapyx était donc le vent favorable pour aller d'Italie en Grèce. V. Αἴψ et l'ode d'Horace : *Sic te, diva potens,* etc.

4. *a.* R. ἰάομαι, guérir. Certaines espèces de liserons renferment un suc purgatif, employé en médecine sous le nom de *scammonée.* V. Ἄλθω.

8. *a.* F. ἰαύσω; m. rac. q. αὔω, qui signifie proprement *souffler en dormant :* « Toto proflare pectore somnum, » VIRG. De même, en français, *ronfler* est synonyme de *dormir.* V. Ἄημι.

9. *a.* F. ἰαχήσω, a. ἰάχησα ou ἰαχον, pf. ἰαχα, dans le sens présent. R. ἰά, voix.

10. *a.* Genre de plantes crucifères auquel appartient le *thlaspi.* V. Θλάω, Ἰνδικόν.

11. *a.* Ou ιος. — *b.* Genre d'oiseaux échassiers voisins du courlis et de la grosseur d'une poule. L'ibis sacré, que les Égyptiens embaumaient et adoraient, ressemble à la cigogne, quoique plus petit et plus haut sur pieds. Il vit de lézards, de serpents et de grenouilles, et c'est à la grande consommation qu'il en fait que Cicéron attribue le culte dont il a été l'objet. « *Ægyptii nullam belluam nisi ob aliquam utilitatem, quam ex ea caperent, consecraverunt. Velut Ibes maximam vim serpentium conficiunt, cum sint aves excelsæ, cruribus rigidis corneo proceroque rostro : avertunt pestem ab Ægypto ; cum volucres angues ex vastitate Libyæ vento Africo invectas interficiunt atque consumunt.* » CIC.

16. *a.* M. rac. q. ὕδωρ, eau, et ὕω, pleuvoir.— *b.* V. Σουδάριον.

17. *a.* De ἱερός; *pr.* l'oiseau sacré, *sacer ales,* comme Virgile le nomme, parce que les anciens en tiraient des augures. V. Οἰωνός. — *b.* Plante vulg. nommée *épervière,* parce que, selon Pline, qui ne paraît pas en douter, l'épervier prévient la cécité en se frottant les yeux avec le suc de cette plante. Pline, le plus célèbre naturaliste de l'antiquité, dit Buffon, est beaucoup trop crédule. V. Χελιδών.

18. *a.* D'où JÉRÔME, formé par syncope de *Hieronymus,* Ἱερώνυμος, c.-à-

16. Ἱδρώς[a], ῶτος, ὁ, **sudor**, SUEUR[b], fatigue. *Ἱδος, *id.;* ἱδρόω, *Ἱδρώω, ἱδίω, *sue;* ἵδρωσις, ἵδισις, *sueur;* ἵδρωχ, *boutons.*

17. Ἱέραξ[a], ακος, ὁ, faucon, épervier. Ἱεράκιον, HIERACIUM[b], *pl.;* ἱερακίζω, *imite le vol* ou *le cri de l'épervier.*

18. Ἱερός[a], ά, όν, sacré, saint. —ρεύς, *prêtre;* —ρεία, —ρίς, *fém.;* —ρεία, *prêtrise;* —ρεύω, *est prêtre;* —ρεῖον, *victime;* —ρόν, *temple.*

19. Ἵζω[a], fait ASSEOIR, S'ASSIED. Ἱζάνω, *id.;* ἵζημα, SIÉGE.

20. Ἵημι[a], jette, envoie, lance, émet; *ἵεμαι, *désire, se porte vers*[b].

21. Ἱκανός[a], ή, όν, convenable, suffisant, capable, digne. —νότης, *aptitude;* —νόω, *rend propre;* —νῶς, *assez.*

22. Ἱκέτης[a], ου, ὁ, suppliant. Ἱκέσιος, *id.;* ἱκετεύω, *supplie;* —τεία, *supplication;* ἱκεσία, *id.;* ἱκετήριος, *de suppliant.*

23. Ἰκμάς, άδος, ἡ, humidité. Ἰκμάζω, ἰκμαίνω, *humecte;* *—μαλέος, *humide;* —μασία, *humidité, temps humide.*

24. Ἱκνέομαι[a], va, vient, convient, supplie. *Ἵξις, *arrivée;* *ἱκάνω, *ἵκω, *vient;* *ἵκταρ, *près;* *ἵκμενος, *favorable*[b].

ANNOTATIONS.

d. *dont le nom est sacré*, prêtre et docteur de l'Église, au quatrième siècle, auteur de la traduction latine des livres saints, dite Vulgate, et d'autres savants ouvrages, entre lesquels une explication étymologique des noms hébreux qui se trouvent dans l'Ancien et le Nouveau Testament. RR. ἱερός, ὄνομα. HIÉRARCHIE, ἱεραρχία, subordination des neuf chœurs des anges; ordre des dignités ecclésiastiques ou civiles. RR. ἱερός, ἄρχω, commander. HIÉROGLYPHES, ἱερογλυφικά, *caractères sacrés* formant une écriture mystérieuse dont les anciens prêtres égyptiens se servaient pour tenir plus cachés les secrets de la religion ou de la science. RR. ἱερός, γλύφω. C'étaient tantôt des signes figuratifs représentant chaque objet par son image gravée; tantôt c'étaient des symboles, des emblèmes: par exemple, pour exprimer l'action d'écrire, on gravait un roseau, dont on se servait alors comme nous faisons de la plume. Tantôt enfin les hiéroglyphes étaient alphabétiques, c.-à-d. que chaque signe représentait une lettre: alors pour écrire un mot, par exemple le nom d'Alexandre, on représentait les différentes lettres A, L, E, X, etc., par les figures des animaux dont les noms commençaient par ces lettres, comme si, en français, on peignait un aigle pour l'A, un lion pour L, un éléphant pour E, et ainsi de suite. Quelquefois on employait simultanément ces trois genres d'hiéroglyphes, et de ce mélange résultait une écriture très-difficile à déchiffrer, surtout pour nous.

19. *a.* Impf. Ἵζον, f. ἱζήσω, a. ἵζησα, actif εἷσα. M. rac. q. ἕζομαι, et le latin *sido*, s'asseoir.

20. *a.* V. la Grammaire. D'où δίεσις, *pr.* action de faire passer au delà. RR. διά, ἵημι. DIÈSE, signe de musique mis devant une note pour l'élever d'un demi-ton. Πάρεσις, relâchement, langueur, PARESSE. RR. παρά, ἵημι, laisser passer, mettre de côté, négliger, relâcher.— *b.* V. Μαίομαι.

21. *a.* R. ἱκνέομαι; *pr.* qui va, qui convient, *cum, veniens.*

22. *a.* De ἱκνέομαι, aller trouver quelqu'un, faire une démarche.

24. *a.* Impf. ἱκνούμην, f. ἵξομαι, a. ἱκόμην, pf. ἷγμαι; m. rac. q. ἥκω.—*b.* En parlant du vent, *pr. venire faciens*, qui souffle en poupe; c'est aussi l'idée première de l'adjectif *secundus*, dérivé de *sequor*, suivre, pousser par derrière.

1. Ἴδη, ἡ, bois, vallon boisé, mont IDA[a], forme. Ἰδαῖος, *de l'Ida.*

2. Ἰδνόω[a], courbe, plie, recourbe. — 3. Ἰεῦ! hui! ho! ho! ouais!

4. Ἰή! cri de joie en l'honneur d'Apollon, cri d'invocation.

5. Ἰησοῦς[a], ὁ, JÉSUS, *c'est-à-dire* sauveur *en langue hébraïque.*

6. Ἰθύς, εῖα, ύ, droit, juste. Ἰθύ, *directement, tout droit, vers;* ἰθύνω, *dirige;* ἴθυνσις, ἰθύτης, *direction;* ἰθύω, *court vers.*

7. Ἰκέσιον[a], τὸ, onguent composé par le médecin HICÉSIUS.

8. Ἴκριον[a], τὸ, plancher, estrade, tillac. —ιόω, échafaude, planchéie.

9. Ἰκτῖνος, ὁ, milan, espèce de loup. Ἰκτίν, *id.*

10. Ἰκτίς, ίδος, ἡ, ICTIS, fouine. Ἰκτιδῆ, *peau de fouine.*

11. Ἴλλω[a], roule, agglomère, lie. Ἰλλάς, *lien*[b]; ἴλη, *troupe*[c]; ἰλεός, colique; ἴλιγξ, *tournant;* ἴλιγγος, *vertige.*

12. Ἰλλός[a], ὁ, louche. Ἰλλαίνω, *roule les yeux, louche;* ἰλλίζω, *louche, regarde de travers;* ἴλλωσις, *roulement d'yeux.*

13. Ἱμείρω[a], désire. Ἵμερος, *passion, désir;* —ρόεις, *aimable;* —ρόομαι, *est épris d'amour;* ἱμερτός, *désiré.*

ANNOTATIONS.

1. *a. Pr.* le bois par excellence, où croissaient les plus beaux pins. Cf. *Tempé,* qui signifie *la plus belle des vallées.* V. Τέμπεα. Il y a deux montagnes du nom d'*Ida,* l'une en Crète et l'autre en Phrygie, près de Troie, où les dieux venaient assister aux combats des Grecs et des Troyens. R. Ἰδεῖν, voir, à cause de la belle *vue* dont on jouit du sommet de l'Ida sur la mer et sur le pays voisin.

2. *a. F.* ἰδνώσω. C'est, avec ἀρόω, le seul verbe racine terminé en ow. Les autres verbes de cette désinence sont dérivés pour la plupart d'adjectifs en ος. Ex.: δηλόω, montrer, de δῆλος, évident.

5. *a.* Gén. et dat. Ἰησοῦ, acc. Ἰησοῦν, voc. Ἰησοῦ; en hébreu, *Ieschoua,* c.-à-d. *sauveur.* « *Nomen quod est super omne nomen.* » S. PAUL. Dieu lui-même en a donné l'étymologie à saint Joseph, qui, comme chef de la sainte famille, fut chargé de l'imposer au Verbe incarné. « *Vocabis nomen ejus Jesum; ipse enim salvum faciet populum suum.* » MATTH., ch. I. « *Nec est aliud nomen sub cœlo datum hominibus in quo oporteat nos salvos fieri.* » *Act.* IV. Le nom de *Jésus* a été représenté sur les monuments religieux, tantôt par les deux premières lettres IH, tantôt par les trois premières, IHC, qui est devenu IHS, quand le sigma, C, eut reçu la forme latine, S. V. Σ.

7. *a.* Cf. Ἀριστοφάνειον, onguent d'*Aristophane.* R. Ἀριστοφάνης, formé de ἄριστος, très-bon, et φαίνομαι, paraître. Les noms d'hommes ne vont pas mieux aux produits des arts qu'à ceux de la nature, et pour la même raison, qui est que ces noms n'expriment aucune propriété qui puisse faire distinguer un objet entre les autres. Que vous apprend le mot *daguerréotype* sur la nature et l'usage de l'appareil inventé par Daguerre? Absolument rien. Le nom de *Mercure* donné à un métal est tout aussi bizarre. *Vifargent,* comme dit le vulgaire, serait bien préférable, à défaut du mot *hydrargyrum,* ὑδράργυρος, *argent liquide,* par lequel les Grecs le désignaient. RR. ὕδωρ, ἄργυρος. Il faut en dire autant des noms suivants qui, à première vue, font l'effet d'une énigme: SILHOUETTE, dessin en profil ou portrait aux ciseaux, en vogue du temps de *Silhouette,* contrôleur des finances sous Louis XIV; MANSARDE, de l'architecte *Mansard,* au dix-septième siècle; MONTGOLFIÈRE ou aérostat, de *Montgolfier,* qui lança le premier ballon, en 1783; QUINQUET, lampe imaginée ou plutôt perfectionnée par le nommé *Quinquet,* vers 1785; GUILLOTINE, qui peut passer comme euphémisme, du docteur *Guillo-*

14. Ἴκτερος, ὁ, icterus, jaunisse, loriot[a]. —ράω, —ριάω, —ρόομαι, *a la jaunisse;* —ρικός, *de jaunisse, qui a la jaunisse.*

15. Ἰλάσχομαι[a], apaise, rend propice. *Ἴλαος, propice;* ἱλαρός[b], hilaris, *joyeux;* —ία, *joie;* —ρόω, —ρύνω, *réjouit;* —ρότης, *gaieté.*

16. Ἰλύς[a], ύος, ἡ, boue, bourbe, limon, fange, lie. Ἰλύω, *couvre de boue;* *Ἰλυόεις, limoneux, bourbeux, fangeux.*

17. Ἱμάς, άντος, ὁ, courroie, fouet, ceinture, câble. Ἱμάντινος, *fait de cordes;* ἱμάσσω, *fouette;* ἱμάσθλη, *courroie.*

18. Ἱμάω[a], tire de l'eau d'un puits avec une corde. Ἱμαῖος, *qui sert à puiser de l'eau;* ἱμαῖον, *air des tireurs d'eau.*

19. Ἰξός[a], ὁ, viscum, GUI[b], glu, gluau. Ἰξεύω, *prend des oiseaux à la glu;* ἰξευτής, *oiseleur;* ἴξια, *gui;* *Ἰξιόεις, visqueux, vénéneux.*

20. Ἰξύς, ύος, ἡ, rein, flanc, hanche. Ἰξυόθεν, *du côté des reins;* ἴξαλος, *bondissant, lascif;* —λῆ, *peau de bouc, habit de peau.*

21. Ἴον[a], τὸ, viola, VIOLETTE[b]. Ἰώδης, *violet comme la vapeur d'IODE[c];* *ἰόεις, violet, sombre, noir;* ἰωνιά, *lieu plein de violettes.*

ANNOTATIONS.

tm qui en proposa l'usage à l'assemblée constituante. V. Εὖ. CALEPIN, du savant de ce nom, au quinzième siècle; BOLÉRO, du danseur espagnol *Bolero;* TILBURY, voiture d'un gentleman anglais de ce nom; SAX-HORN ou *cornet-sax,* instrument inventé par l'allemand *Sax;* CASIMIR, MACADAM, BATISTE, EUSTACHE, PRALINE, GIBUS, BOLIVAR, RAGLAN, etc., etc. Il y a déjà dans la langue trop de mots qu'on n'entend point. V. Γεντιανή.

8. *a.* Plus usité au pluriel.

11. *a.* Sans futur; a. εἶλα, ἕλσα ou ἔελσα, a. p. ἐάλην, partic. ἁλείς, pf. p. ἐελμένος; m. rac. q. εἰλέω. D'où ILÉON, le plus long des intestins grêles, ainsi nommé parce qu'il est *roulé* sur lui-même.—*b.* Pr. lieu tordu; cf. le français *torsade.* — Pr. *peloton.*

12. *a.* R. Ἴλλω.

13. *a.* Ou ἱμείρομαι, sans fut., a. ἱμέρθην ou ἱμειράμην. R. ἵεμαι, moyen de ἵημι, *pr.* se porter vers, en latin *appetere, ad-petere, impetere, ambire,* chercher, d'où *appetitus, impetus, ambitio, petulans,* emporté. V. Ὁρμή, Μαιμάω.

14. *a.* Notre mot *loriot* signifie *oiseau jaune,* pr. *oiseau d'or,* du latin *aureolus.* La consonne initiale *l* vient de l'article *le* qui s'est uni au nom.

15. *a.* F. Ἱλάσομαι, a. ἱλασάμην, pf. ἵλασμαι. — *b.* D'où HILARION, nom d'un saint solitaire du quatrième siècle. HILAIRE, saint évêque de Poitiers, au quatrième siècle.

16. *a.* De ἴλλω, vautrer, pr. *volutabrum,* lieu sale où l'animal se roule.

18. *a.* F. ἱμήσω, a. ἵμησα. R. ἱμάς.

19. *a.* Éol. Fίσκος, par la substitution du digamma à l'esprit doux initial et le changement euphonique de ξ ou κσ en σκ, changement très-naturel que les enfants font tous les jours, parce qu'il leur est plus facile de dire *fisc* que *fixe.* On nomme IXODE, de ἰξώδης, visqueux, un genre d'insectes qui vit sur les animaux domestiques, à la peau desquels il s'attache fortement. — *b.* Cf. *guêpe,* de *vespa; sauge,* de *salvia; alléger,* de *allevare; guêtre,* de *vestiaria,* s.-ent. *res,* objet d'habillement. V. Βραχύς.

21. *a.* Éol. Fίον. D'où Ios, une des Cyclades. V. Κύκλος, Σμύρνα.—*b.* Outre la charmante et modeste petite fleur qui annonce le retour du printemps, on nomme vulgairement, à cause de leur couleur, la perce-neige, *violette de la Chandeleur,* et la belle de nuit, *violette du Pérou,* etc. — *c.* Corps simple non métallique, qui tire son nom de la couleur violette des vapeurs qu'il donne quand on le chauffe.

1. Ἵνα, afin que, ou. — 2. Ἰνάω, **inanio**, vide. Ἰνέω, id.

3. Ἰνδάλλομαι[a], paraît, ressemble à. Ἴνδαλμα, –μός, image, forme ;
 ʼ–μων, ressemblant ; –ματίζω, former.

4. Ἰνδικόν[a], τὸ, drogue venue de l'INDE, poivre, INDIGO[b].

5. Ἰνίον, τὸ, derrière du cou. — 6. *Ἶνις, ιος, ὁ, ἡ, fils, fille.

7. Ἴννος, ὁ, **hinnus**, jeune mulet. — 8. Ἴξ, ἰκός, ὁ, ver des vignes.

9. Ἴονθος, ὁ, racine des cheveux, duvet. –θάς, velue, poilue.

10. Ἴος[a], α, ον, un seul, unique, un seul et même. — 11. Ἰού! oh!

12. Ἴουλος[a], ὁ, duvet, gerbe, chant à Cérès, IULE ou mille-pieds.
 –λίζω, se couvre de duvet ; –λίς, girelle, poisson.

13. Ἶπος, ὁ, presse, atelier de foulon, ratière, fardeau. Ἰπόω, serre
 sous une presse, foule, presse.

14. *Ἴριγγες, ων, αἱ, artères. — 15. Ἶρος[a], ὁ, IRUS, mendiant.

16. Ἴς[a], ἰνός, ἡ, **vis**, fibre, nerf, force, vigueur, impétuosité.

17. Ἰσάτις, ιδος, ἡ, guède ou pastel[a]. — 18. *Ἴσημι[a], sait.

19. Ἰσίκιον, τὸ, de **insicium**[a], saucisse faite de chair hachée[b].

<hr>

ANNOTATIONS.

3. a. Sans futur ; a. ἰνδάλθην. R. ἰδεῖν, voir.

4. a. S.-ent. φάρμακον, pr. drogue de l'Inde. Indicum, s.-ent. pigmentum, matière colorante de l'Inde. R. ἰνδός, indien. — b. L'indigo est une matière tinctoriale bleue qu'on retire d'une plante légumineuse. Cf. échalote, oignon d'Ascalon, en Palestine ; cantaloup, melon de Cantalupo, dans le royaume de Naples ; sarrasin ou blé noir, apporté en Espagne par les Arabes ou Sarrasins ; tabac, plante de Tabago, dans les petites Antilles ; colombo, racine médicinale des environs de Colombo, dans l'île de Ceylan ; pancaliers, choux venus de la ville de Pancaliers, en Piémont. V. Κάστανον.

10. a. Gén. ἰοῦ, ἰᾶς, ἰοῦ, poét. et rare p. εἷς, μία, ἕν. On ne trouve du masculin que le datif ἰῷ ; le féminin est plus usité : gén. ἰᾶς ou ἰῆς, dat. ἰᾷ ou ἰῇ, acc. ἴαν. Le féminin ἴα paraît être la forme primitive de μία, qu'on aurait obtenue en ajoutant un μ initial pour tenir lieu de l'esprit doux.

12. a. De οὖλος, frisé, moëlleux, dérivé lui-même de εἴλω, entortiller.

15. a. Nom d'un mendiant d'Ithaque, célèbre dans l'Odyssée.

16. a. Éol. Ϝίς. V. Βία.

17. a. Plante crucifère dont les feuilles fournissent une matière colorante, autrefois très-employée en teinture, et depuis remplacée par l'indigo. On faisait avec les feuilles pulvérisées une pâte semblable à celles qu'on fait aujourd'hui avec toutes sortes de couleurs, et que les peintres emploient sous forme de crayon et sous le nom de pastel, dérivé de pasta, pâte, anc. paste.

18. a. Remarquable aux formes plurielles ἴσμεν, ἴστε, ἴσασι, et à l'impérat. ἴσθι, que ce verbe prête à οἶδα, je sais, pf. 2 de ἰδεῖν, video. V. Ἴστημι.

19. a. Du verbe insecare, mettre en menus morceaux : « Insicia ab eo quod insecta est caro. » VARR. — b. Y compris le sel et les autres ingrédients indispensables. V. Ἅλς.

20. a. Pl. ἰοί ou ἰά. R. ἵημι, jeter, lancer. V. Βέλος.

22. a. D'où HIPPOCRÈNE. V. Κρήνη. HIPPOPOTAME, ἱπποπόταμος, litt. cheval de rivière, énorme quadrupède de la famille des Pachydermes, qui vit dans les rivières de l'Afrique méridionale et centrale. RR. ἵππος, ποταμός. HIPPODROME, ἱπποδρόμιον, lieu destiné aux courses de

20. Ἰός,[a] ὁ, flèche, venin, poison des animaux, rouille des métaux. Ἰόω, *rouiller;* ἴζω, *ressemble à la rouille du fer.*

21. Ἰπνός, ὁ, four, fournaise, cuisine, lampe, lieu d'aisances. —νιος, *de four, etc.;* —νεύω, *cuit au four;* —νίτης, *cuit au four.*

22. Ἵππος[a], ὁ, equus[b], cheval. Ἱππικός, ÉQUESTRE; ἱππεύω, ἱππάζομαι, *va a cheval;* ἱππεύς, *cavalier;* ἱππεία, ÉQUITATION[c].

23. Ἵπταμαι[a], vole, court, s'enfuit, glisse des mains. Πτῆσις, πτῆμα, *vol;* πτηνός, *volatile;* πτητικός, *qui peut voler.*

24. Ἶρις, ιδος[a], ἡ, IRIS, arc-en-ciel, glaïeul. Ἴρινος, *d'iris;* ἴρινον, *huile d'iris;* ἰριώδης, IRISÉ.

25. Ἰσθμός[a], ὁ, isthmus, ISTHME, gorge. —μιον, *cou, collier;* —μικός, —μιος, *isthmique;* —μιάζω, *célèbre les jeux isthmiques[b].*

26. Ἴσος[a], η, ον, égal, juste. Ἰσάζω, ἰσόω, *rend égal;* ἰσότης, *égalité;* ἰσάκις, *le même nombre de fois;* ἴσως, *également, peut-être.*

27. Ἵστωρ[a], ορος, ὁ, qui sait, juge, témoin. —όριον, *indice;* —ορέω, *s'enquiert, raconte;* —ορία, *information,* HISTOIRE[b].

ANNOTATIONS.

chevaux. RR: ἵππος, δραμεῖν. HIPPOBOSQUE, litt. *qui paît sur le cheval,* insecte diptère qui vit en parasite sur les bœufs, les chiens et plus encore sur les chevaux. RR: ἵππος, βόσκω. HIPPARQUE, ἱππαρχος, *pr.* chef de la cavalerie; à Rome, *magister equitum.* RR. ἵππος, ἄρχω. *Hipparque* est le nom d'un des fils de Pisistrate et d'un célèbre astronome de Nicée. PHILIPPE, Φίλιππος, litt. *qui aime les chevaux,* nom du père d'Alexandre, roi de Macédoine, contre qui Démosthène prononça quatre harangues connues sous le nom de *Philippiques.* Ce roi donna son nom à la ville de *Philippes,* en Macédoine, où saint Paul alla prêcher l'Évangile, et pour laquelle cet apôtre écrivit l'*Epitre aux Philippiens. Philippe* est aussi le nom d'un des douze apôtres. M. Letronne fait remarquer que le mot ἵππος est, avec le rom du chien, le seul nom d'animal accouplé avec l'adjectif φίλος pour former un nom propre grec. — *b. Equus* vient de l'ancienne forme éolique ἵκκος. V. Αὔζος. — *c.* De plus ἱππών, *écurie,* en latin *equile.* D'où HIPPONE, *pr. relai de poste,* ville d'Afrique, aujourd'hui *Bône,* en Algérie.

23. *a.* Confond ses temps avec πέτομαι; impf. ἱπτάμην, fut. πτήσομαι, a. 2 ἐπτάμην, ou plus souvent ἔπτην, d'où le part. πτάς et l'infin. πτῆναι. Rad. Πτα.

24. *a.* Où Ἶρις. Le premier arc-en-ciel avait été montré par Dieu à Noé, comme un signe d'alliance entre le ciel et la terre. La mythologie imagina de diviniser cet arc-en-ciel sous le nom d'*Iris,* et d'en faire la messagère des dieux. R. εἴρω, dire. V. Ἑρμῆς. Par analogie, *Iris* est le nom de la partie colorée de l'œil et d'une plante très-répandue, dont la fleur est variée de couleurs comme l'arc-en-ciel.

25. *a.* De εἶμι, *aller;* cf. *iter,* de *ire, pr. allée, passage.* — *b.* Ces jeux étaient célébrés tous les cinq ans dans l'*isthme* de Corinthe, en l'honneur de Neptune, et ils servaient aux Corinthiens à supputer les années, comme les olympiades aux autres peuples de la Grèce.

26. *a.* De ἴσκω ou ἴσσκω, rendre égal, d'où *isocèle.* V. Σκέλος.

27. *a.* De ἴσημι, savoir. — *b. «Historia testis temporum.»* Cic. «*Apud veteres nemo conscribebat historiam, nisi is qui interfuisset, ei, ea quæ scribenda essent, vidisset.*» ISID.

1. *Ἴσκω[a], égale, compare, estime, croit, dit. Ἐΐσκω, *id.*

2. Ἴσοξ, οκος, ὁ, **esox**, ÉSOCE, saumon *ou* brochet.

3. Ἰταλός, ὁ, ITALIEN, *primit.* **vitulus**, VEAU, jeune taureau. —λία, ITALIE[a]; —λιάζω, *vit en Italie.*

4. Ἰτέα, ἡ, saule, bouclier d'osier *recouvert de peaux ou de métal.* Ἰτέϊνος, *de saule, d'osier;* ἰτεών, *plant de saules, saussaie.*

5. Ἴτριον, τὸ, gâteau, pain d'épices au miel et au sésame.

6. Ἴτυς, υος, ἡ, tour, circonférence, bord, cercle, disque.

7. Ἰύζω[a], fait un bruit aigu, siffle, crie. Ἰυγή, ἰυγμός, *cri, bruit;* ἰυκτής, *crieur;* ἴυγξ[b], *bergeronnette, torcol[c], sortilége.*

8. Ἶφι[a], fortement, puissamment, vaillamment[b], généreusement. Ἴφις, *fort, gras, bien nourri;* ἴφθιμος, *fort, puissant, courageux.*

9. Ἴφυον, τὸ, nom de plante.—10. Ἰχώρ[a], ῶρος, ὁ, sang limpide, pus.

11. Ἴψ, ἰπός, ὁ, ver du bois.—12. Ἴψος, ὁ, liége.—13. Ἰωγή, ἡ, abri.

14. Ἰωκή, ἡ, poursuite, mêlée, combat, bruit d'armes. Ἰωγμός, *id.*

15. Ἰωνίσκος, ὁ, nom de poisson.—16. Ἴωψ, ἴωπος, ὁ, nom de poisson.

ANNOTATIONS.

1. *a.* Sans futur.

3. *a. Pr.* le pays des pâturages et des bœufs : « Italia *à* vitulis *nominatur,* » disent Varron et Columelle. Cf. Βοιωτία, *Béotie,* de βοώτης, bouvier ; Εὔβοια, *Eubée,* de εὖ et βοῦς; Κιλικία, *Cilicie,* de κίλιξ, buffle. V. Πίθηκος, Ὄφις.

7. *a.* F. ἰύξω. R. ἰύ! Cf. αἰάζω, de αἶ! οἰμώζω, de οἶ μοι! V. Ἔλεγός. — *b.* Ce nom rappelle le cri particulier à ce petit oiseau nommé aussi *bergeronnette,* parce qu'il se plaît auprès des *bergers* et des troupeaux. — *c.* Cet oiseau, qui a le *cou tors,* servait autrefois dans les enchantements.

8. *a.* C'est *pr.* le dat. poét. de ἴς, force, devenu un adverbe auquel répond le latin *valdè,* pour *validè,* de *validus,* fort. Homère a formé avec φι beaucoup d'autres datifs : βίηφι, ἀγέληφι, etc. On retrouve la même finale en latin dans *ibi ; de is, ea, id ;* dans *ubi, alicubi* p. *alicuibi,* etc. D'où ΙΦΙΓΕΝΙΕ, nom propre, m. à m. *de noble naissance.* RR. ἴφι, γίγνομαι. — *b.* R. *valeo,* être fort, par ext. avoir le cœur ferme.

10. *a.* Dans Homère, ἰχώρ signifie sang des dieux » ou plutôt ce suc qui coule dans les veines des dieux ; car ils ne font usage ni d'aliments ni de vin ; c'est pour-quoi ils n'ont point de sang et ils s'appellent immortels. » (*Il.,* ch. V.) Que les dieux eussent dans les veines du sang ou quelque autre liquide, il résulte de ce passage et de toute la mythologie grecque et latine que les païens n'avaient aucune idée d'un dieu éternel par nature. V. Νέκταρ. Chez tous les poëtes, les divinités de l'Olympe boivent et mangent. « BEL ne te semble-t-il pas un dieu vivant? » disait Nabuchodonosor à Daniel; « ne vois-tu pas comme il mange et boit tous les jours? » DANIEL, ch. 14. On voit dans Homère que les dieux allaient quelquefois très-loin aspirer la fumée des sacrifices, et c'était là une des raisons pour lesquelles on ne les trouvait pas toujours dans l'Olympe quand on avait besoin de leur assistance. (*Il.,* ch. I, v. 423 ; ch. XXIV, v. 206, etc.)

17. *a.* Voyez la Grammaire. D'où ἐφίστημι, placer sur, moy. ἐφίσταμαι, se placer sur. R. ἐπί, ἵστημι. Sous la forme ἐπίσταμαι, ce verbe signifie *savoir,* pr. *avoir le pied bien appuyé sur quelque chose, être maître de.* — *b.* D'où le verbe neutre *exsisto* ou *existo,* sortir de, naître, EXISTER. — *c.* Se tenir debout, angl. *to stand,* all. *stehen.* De la syllabe radicale *Sta* sont sortis ÊTRE, v. fr. *ester,* esp. *es-*

17. *Ἵστημι*[a], sisto[b], place, ARRÊTE, pèse; ἵσταμαι, sto[c], se lève, s'arrête, tient; —τίον, voile, tissu; —ἱστός, mât, métier[d], tissu.

Id. Στάδιον[e], τὸ, stadium, STADE. Σταθερός, σστάσιμος, στάδιος, STABLE; στάσις, STATION, insurrection; —σιάζω, forme des factions.

Id. Στάθμη[f], ἡ, cordeau, règle, plomb. —μάω, tire au cordeau, —μίζω, pèse; —μός, séjour, ÉTABLE[g], balance; στήμων, chaîne[h].

18. Ἰσχίον[a], τὸ, hanche. Ἰσχιάς, de la hanche; subst. goutte SCIATIQUE[b]; ἰσχιαδικός; qui a la goutte; ἰσχιάζω, se dandine.

19. Ἰσχνός, ή, όν, maigre, fin, exact. —νόω, —ναίνω, amaigrit; ἰσχαίνω, id.; ἰσχνότης, —νασία, —νανσις, maigreur; ἰσχάς, figue sèche.

20. Ἰσχύς[a], ύος, ἡ, force, puissance. Ἰσχύω, est fort, est puissant, peut; ἰσχυρός[b], fort; —ρόω, fortifie; —ρίζομαι, s'efforce.

21. Ἰχθύς[a], ύος, ὁ, poisson, plur. marché aux poissons. *—θυάω, *—θυάζω, pêcher; *—θυΐα, pêche; —θηρός, —θύϊνος, de poisson.

22. Ἴχνος[a], εος, τὸ, trace, piste[b], pied, pas. —νιον, vestige; —νάομαι, —νεύω, rechercher; —νεία, —νευσις, recherche; —νεύμων, ICHNEUMON[c].

ANNOTATIONS.

tar, ital. *stare. Restare,* RESTER, S'ARRÊTER, v. fr. *s'arrester.* Cf. l'angl. *to stay, to stop. Obstare,* se dresser devant, faire obstacle, *stare ob.* RÉTIF, v. fr. *restif,* pr. qui *s'arrête. Statuo, stabilio,* STATUER, ÉTABLIR; *status,* ÉTAT; *statulum,* STATUT, chose *statuée; statua,* STATUE debout sur son *piédestal. Instituo,* p. *in-statuó,* INSTITUER, INSTALLER. *Statim,* sur-le-champ, pr. *debout, sur place;* cf. *illico,* p. *in loco,* à la même place. STANCE, nombre de vers formant un sens complet et suivi d'un repos. Ἱστάνω, syn. δε ἵστημι, d'où le v. lat. *stano,* qui a passé sous la forme *sti-no,* dans *destino,* arrêter, DESTINER, et *obstino,* s'arrêter *obstinément.* — *d.* Chez les anciens, le métier du tisserand était disposé verticalement comme le mât d'un vaisseau. V. Ἄγνυς. — *c.* Mesure itinéraire d'environ 185 mètres, chez les Grecs. La carrière des jeux, qui avait la même longueur, s'appelait aussi *stade.* Les Doriens disaient σπάδιον, p. στάδιον, d'où *spatium,* ESPACE. — *f.* Pr. ce qui *établit* le niveau, l'alignement. —*g.* En latin *stabulum.* — *h.* Chaîne d'une étoffe, pr. chaîne de tisserand, en lat. *stamen,* d'où ÉTAMINE, étoffe de laine, tissu lâche, dont on faisait autrefois les *tamis.* En botani-que, on nomme *étamine* le petit filet qui s'élève d'une fleur et porte à son sommet la poussière fécondante ou pollen, renfermée dans un petit sac membraneux qu'on appelle *anthère.*

18. *a.* Même racine que Ἰξός, avec transposition des deux consonnes du ξ. — *b.* Pour *ischiatique,* douleur nerveuse qui affecte le grand nerf de la cuisse.

20. *a.* De ἴσχω, tenir, soutenir, autre forme de ἔχω. V. Ἐχυρός. — *b.* V. Θνήσκω.

21. *a.* Au temps des persécutions, les premiers chrétiens firent du *poisson* le symbole secret du Sauveur des hommes, parce qu'ils avaient remarqué dans les cinq lettres du mot ΙΧΘΥΣ, les initiales des mots Ἰησοῦς Χριστὸς Θεοῦ Υἱός Σωτήρ, *Jésus-Christ, Fils de Dieu, Sauveur.* Cet acrostiche rappelait d'ailleurs au chrétien sa naissance spirituelle dans l'eau du baptême. « *Nos pisciculi,* dit Tertullien, *secundùm* ΙΧΘΥΝ Nostrum Jesum Christum *in aqua nascimur.* » V. Πελεκάν.

22. *a.* M. rac. q. ἰχνέω ou οἴχομαι, marcher. D'où *Ichnusa,* ancien nom de l'île de Sardaigne, parce qu'elle a la forme du pied humain. V. Σαρδώ. — *b.* V. Στείβω. — *c.* Ou *rat de Pharaon.*

1. -K, CAPPA [a], *gutturale forte, vaut* vingt.

2. Καβάλλης, ου, ὁ, caballus, CHEVAL de somme.

3. Κάβειροι [a], οἱ, CABIRES.—ριον, *leur temple;* —ριάζομαι, *fait une orgie.*

4. Κάβος, ὁ, mesure de froment *qui répondait à la chénice.*

5. Κάγκαμον, τὸ, résine d'Arabie. — 6. *Κάγκανος [a], η, ον, sec.

7. Κάγκελος, ὁ, *de* cancellus [a], grille. —λωτός, *garni d'une grille.*

8. Καγχάζω [a], CACHINNOR, rit aux éclats. *—χαλάω, id.;* —χασμός, *éclat de rire, moquerie;* —χαστής, —χᾶς, *ricaneur.*

9. Καδμεία, ἡ, la CADMÉE, calamine, *minerai de zinc [a]*, CADMIE [b].

10. Καδμῖλος, ὁ, ministre des dieux, *surnom de Mercure.*

11. Κάδος, ὁ, cadus, grand vase [a], tonneau, cruche, urne, caque. —ιον, *dim.*

12. Καδύτας, ου, ὁ, sorte de plante grimpante. — 13. Καί, et, même.

14. Καικίας, ου, ὁ, cœcias, vent du nord-est. — 15. Κάζω, orner.

16. *Καίνυμαι [a], vainc. Κάστωρ, vainqueur, chef, CASTOR [b].

17. *Καίνω [a], tue, fait périr. — 18. Κάκαλα, τὰ, remparts, murailles.

19. Κακαλία, ἡ, CACALIA, *pl.*, mercuriale [a] tomenteuse, *pl.*

ANNOTATIONS.

1. *a.* De l'hébreu *caph*, qui signifie et représente la *main fermée.* Les Latins se passèrent fort longtemps du *k*, qui leur était aussi inutile que la consonne *q*, puisque ces deux lettres n'avaient pas un son différent du *c*. Aussi le *k* ne fut-il substitué au *c* que dans un petit nombre de mots : *kaput, kalendæ, kalumnia,* d'où vint l'usage, chez les Romains, de marquer les calomniateurs d'un *k* sur le front. Que le *c* latin se prononçât comme le *k* grec, c'est ce qui résulte de l'orthographe du mot Κικέρων, traduction grecque de *Cicero.* Si on n'eût pas prononcé *Kikero,* les Grecs auraient dû écrire Σισέρων. La lettre *q* avait en latin le même son que *c* ou *k*, et *qu* a conservé longtemps chez nous cette prononciation, comme on le voit par la substitution du *c* à *qu* dans *comme,* de *cum* ou *quum; casser,* de *quassare; coi,* de *quietus; calibre,* de *qualis; encan,* de *in quantum,* à combien? *cahin-caha,* de *qua hinc, qua hac; cote, écot,* de *quotus,* etc. La consonne *q* nous était donc inutile comme aux Latins, aussi bien que le *k*, qui ne commence chez nous que le mot *kyrielle* et quelques autres.

3. *a.* Divinité dont le culte était souillé par des débauches. V. Βάκχος.

6. *a.* De καίω, brûler, avec redoublement.

7. *a.* D'où *cancellarius*, CHANCELIER, officier romain qui, pendant les jugements, se plaçait *derrière la grille* élevée entre le tribunal et le public. Notre mot *huissier* signifie de même, primitivement, *gardien de porte* et dérive de *huis,* vieux mot français tiré du latin *ostium;* d'où est venu le terme de palais, *à huis clos,* c.-à-d. sans ouvrir la *porte* au public.

8. *a.* F. χαγχάσω.

9. *a.* On la trouvait aux environs de Thèbes, ville de Béotie, fondée par le Phénicien *Cadmus.* — *b.* Ancien nom de l'oxyde de zinc.

11. *a.* Ordinairement en terre cuite, contenant 10 conges, environ 32 litres. M. rac. q. χανδάνω, radical Χαδ, contenir.

16. *a.* Pf. χέχασμαι, plqpf. ἐχεχάσμην, dans le sens présent et imparf.—*b.* Nom du frère de Pollux et d'un mammifère rongeur qui fournit le remède appelé *castoréum.*

17. *a.* F. χανῶ, a. 2 ἔχανον, pf. χέχονα ; m. rac. q. χτείνω.

19. *a.* Plante euphorbiacée consacrée à Mercure qui passait pour l'auteur de ses propriétés prétendues merveilleuses.

20. *a.* F. χαθαρῶ, a. ἐχάθηρα ou ἐχάθαρα, pf. χεχάθαρχα, a. p. ἐχαθάρθην, pf. p. χεχάθαρμαι. — *b.* D'où CATHARES, nom

20. Καθαίρω[a], purifie. —θαρός[b], —θάριος, *pur;* —θαρσις, —θαρμός, *purification;* —θαρεύω, *est pur.*

21. Καινός, ή, όν, nouveau. —νότης, *nouveauté;* —νόω, *refait à neuf;* —νίζω, *renouvelle;* —νισμός, *innovation;* —νιστής, *novateur.*

22. Καιρός, ὁ, occasion, utilité, modération, temps propre. —ριος, *opportun, convenable, utile, important, mortel[a].*

23. Καίω[a], brûle. Καῦμα, *brûlure;* καῦσις, *action de brûler;* καυστικός, *brûlant,* CAUSTIQUE; καυσόομαι, *a la fièvre;* —σος, *fièvre.*

24. Κακός[a], ή, όν, mauvais, laid, inepte, lâche[b], vil. —χη, —χία, —κότης, *lâcheté;* —κίζω, *rend vil, blâme;* —κόω, —κύνω, *gâte.*

25. Κάλαμος, ὁ, calamus[a], roseau, CHALUMEAU. —μεύω, *moissonne, pêche;* —μίς, *tige du roseau[b];* —μίζω, *joue du pipeau;* —μη, CHAUME[c].

26. Καλέω[a], calo[b], appelle, nomme. Κλῆσις[c], *action d'appeler;* κλητός, *nommé;* κλητεύω, *cite en justice;* κλητήρ, *huissier.*

27. Κᾶλον, τὸ, cala[a], bois sec, bois à brûler. —λινος, *de bois;* —λιά, *maison de bois, grenier, nid;* —λίδιον, *maisonnette;* —λιάς, *chapelle.*

ANNOTATIONS.

général donné à tous les hérétiques qui affectaient une plus grande *pureté* que les autres chrétiens.

22. *a.* Se dit d'une blessure, d'un coup porté si *à propos* qu'il tue. Cf. le latin *tempŏra*, tempes, de *tempus*, temps, *pr. τὰ καίρια*, c.-à-d. les parties du corps où le coup est *bon, heureux,* parce qu'il donne la mort.

23. *a.* Att. κάω, éol. κάϝω; imparf. ἔκαιον, f. καύσω, p. καϝσω, a. ἔκηα, pf. κέκαυκα, f. p. καυθήσομαι, a. p. ἐκαύθην ou ἐκάην, pf. p. κέκαυμαι. D'où CAUTÈRE, καυτήριον, médicament qui *brûle* les chairs et produit un ulcère appelé aussi *cautère.* ENCAUSTIQUE, ἐγκαυστική, peinture préparée avec de la cire liquéfiée au feu. RR. ἐν, καίω.—*Encaustrūm,* ENCRE.

24. *a.* Comp. χείρων, κακίων, κακώτερος; κακίστερος; sup. χείριστος, κάκιστος, κακώτατος. D'où CACOGRAPHIE, mauvaise écriture, contraire à l'orthographe (235). RR. κακός, γράφω. CACOPHONIE, κακοφωνία, *voix* ou *son désagréable.* RR. κακός, φωνή. — *b.* V. Δειλός. Κακός est l'opposé de ἀγαθός, et exprime l'idée du *mal* sous toutes ses formes.

25. *a.* D'où CALUMET, grande pipe; *calamitās,* CALAMITÉ, *pr.* désastre des moissons. — *b.* Et *plume à écrire,* substituée, vers le neuvième siècle, au roseau qui sert encore en Orient.—*c.* D'où CHAUMIÈRE, CHAUMINE, maison des champs couverte en chaume.

26. *a.* Fut. καλέσω, a. ἐκάλεσα, pf. κέκληκα, f. pass. κληθήσομαι, a. p. ἐκλήθην, pf. p. κέκλημαι; cf. *clamo.*—*b.* D'où *calendæ,* CALENDES, le premier jour du mois romain, où l'on *convoquait* le peuple pour lui annoncer les fêtes du mois, inscrites sur un tableau nommé, pour cette raison, *calendarium,* CALENDRIER. On *criait* en même temps les jours qu'il fallait ajouter pour compléter le mois ou l'année, et qu'on appelait, à cause de cette circonstance, jours INTERCALAIRES, d'où est venu le verbe INTERCALER. Comme les Grecs n'avaient point de calendes, on renvoyait aux *calendes grecques* ce qu'on voulait renvoyer indéfiniment. — *c.* D'où ἐκκλησία, *ecclesia,* ÉGLISE, assemblée des fidèles convoqués; le mot grec signifie *assemblée du peuple, lieu d'assemblée.* RR. ἐκ, καλέω. En changeant η en a, on a fait *classis,* assemblée convoquée, CLASSE du peuple ou de l'armée; par ext *flotte; classicum,* la trompette qui convoque, qui sonne *l'appel.*

27. *a.* D'où CALE de bois pour *caler; calo,* valet d'armée qui portait le bois pour le chauffage ou pour les palissades.

1. Κακκάβη[a], ἡ, caccabus, marmite à trois pieds. —6ιον, dim.

2. Κακκαβίς[a], ίδος, ἡ, perdrix, perdreau. —6ίζω, imite son cri.

3. Κάκτος, ἡ, ὁ, artichaut épineux, chardon, épine, CACTUS[a].

4. Κάλαθος, ὁ, calathus, panier, vase, creuset, chapiteau.

5. Κάλανδρος,ὁ, CALANDRE, oiseau.—6. Κάλαρις, εως, ἡ, nom d'oiseau.

7. Καλάσιρις, ιδος, ἡ, vêtement de lin chez les Égyptiens.

8. Καλαυρῖτις[a], ιδος, ἡ, écume de l'argent purifié.

9. Καλαῦροψ, οπος, ἡ, bâton recourbé des bergers, houlette.

10. Κάλπη, ἡ, calpar, vase, urne cinéraire, trot. —πις, id.; —πιον,
   dim.; —πάζω, trotte. — 11. Κάλτιος[a], ὁ, de calceus, CHAUSSURE.

12. Κάλχη, ἡ, coquillage qui donne la pourpre, volute, souci, pl.
   *—χαίνω, teint en pourpre, médite[a], projette, désire.

13. Κάλως[a], ω, ὁ, câble, corde. —ώδιον, petite corde, cordelle.

14. Καμασῖνες, οἱ, sorte de poissons. — 15. Κάμιλος, ὁ, câble.

16. Κάμμαρος, ὁ, cammarus, crevette, espèce d'écrevisse.

17. Κάμμορον, τὸ, sorte d'aconit, potion d'aconit. Κάμμαρον, id.

ANNOTATIONS.

1. a. De κάβος, avec redoublement.

2. a. Et κακκάβα, κακκάβη, mots imitatifs du cri de la perdrix. Cf. βοῦς, bœuf, de βοάω, beugler; βόμβυξ, papillon du ver à soie, de βομβέω, bourdonner, ou, selon d'autres, d'une racine orientale; γρύλλος, cochon, de γρύζω, grogner; cricri, le nom vulgaire du grillon; graculus, le geai qui crie gragra; le wbuwou, singe d'Asie qui pousse des cris très-intenses; κόραξ, le corbeau, qui croasse; pipio, le pigeon piaulant; balans, la brebis ou le bélier bêlant, en grec μηκάς; mugiens, le bœuf mugissant; upupa, la huppe ou puput; turtur, la tourterelle roucoulante; βύας, bubo, le hibou, la hulotte, le chathuant, etc. « C'est là nature, dit Denys d'Halicarnasse, qui est le grand maître. C'est elle qui nous apprend à faire de ces mots qui ne signifient pas seulement les objets, mais qui les peignent et les représentent; qui imitent tantôt les mugissements des taureaux, les hennissements des chevaux, les bêlements des troupeaux, tantôt les frémissements de la tempête, les sifflements des cordages; qui imitent les personnes, les actions, les mœurs, les passions, le repos, le mouvement, enfin toute la nature. »

3. a. Les cactus sont originaires de l'Amérique méridionale.

8. a. Se trouve comme épithète de λιθάργυρος; mélange d'argent et de plomb. R. Καλαυρία, la Calabre.

11. a. De calx, talon; d'où RÉCALCITRER, synon. de regimber, pr. lancer des ruades; CALQUER, copier un dessin en passant sur tous les traits; CHAUSSÉE (bas latin calceata, foulée, battue), levée de terre faite pour retenir l'eau ou servir de chemin. Caliga, bottine militaire, d'où les soldats romains tirèrent le nom de CALIGULA, donné au fils de Germanicus. « Quia, dit Tacite, plerumque ad concilianda vulgi studia eo tegmine pedum induebatur. » Inculcare, INCULQUER, incalco, faire entrer en foulant. V. Γαλῆ.

12. a. Pr. rouler dans sa tête, volutare secum.

13. a. Plur. nomin. κάλωες ou κάλοι, gén. κάλων, dat. κάλοις, acc. κάλους.

18. a. Comp. καλλίων, sup. κάλλιστος. D'où CALLISTE, n. pr. CALLIOPE, Καλλιόπη, belle voix, nom de la Muse de l'épopée et de l'éloquence. RR. καλός, ὄψ. GALLIPOLI, Καλλίπολις, pr. belle ville,

18. Καλός [a], ή, όν, beau, bon [b]. Κάλλος, beauté; καλλύνω, embellit; καλλιστεύω, est le plus beau; —στεῖον, —στευμα, prix de la beauté.

19. Καλύπτω [a], couvre, voile. —υπτός, couvert; —υπτήρ, —υπτήριον, couvercle; —υμμα, —ύπτρα, couverture; —ύβη, hutte.

Id. Κάλυξ, υχος, ὁ, calix, bouton de fleur, CALICE [b]. —ύχιον, dim.

20. Κάμαξ, αχος, ὁ, ἡ, perche, pieu, épieu, bois de pique, torche.

21. Καμάρα [a], ἡ, camera [b], voûte, arcade, CHAMBRE [c] voûtée. —ριον, dim.; —ρόω, voûter, courber; —ρωμα, voûte, arceau.

22. Κάμηλος [a], ὁ, ἡ, camelus, CHAMEAU. —λωτή, sa peau, CAMELOT [b]; —λειος, de chameau; —λίτης, CHAMELIER, conducteur de chameaux.

23. Κάμινος [a], ὁ, caminus, fourneau, fournaise; rar. CHEMINÉE. —νεύω, travaille à un fourneau; —νεία, travail des forges.

24. Κάμνω [a], travaille, se fatigue, souffre [b]. Κάματος, peine, travail; —τόω, travaille; —τηρός, laborieux; *χμητός, travaillé.

25. Κάμπτω [a], plie, tourne, fléchit. Κάμψις, χαμπή [b], pli, courbure; χαμπτήρ, id., terme; χαμπτός, χαμψός, χαμπύλος, courbé.

ville de Turquie, sur le canal des Dardanelles. RR. χαλός, πόλις. CALLIGRAPHIE, χαλλιγραφία, talent de bien écrire. RR. χαλός, γράφω. KALÉIDOSCOPE, instrument d'optique et jouet d'enfant, qu'il faut avoir vu une fois pour comprendre l'étymologie du mot, composé de χαλός, beau, εἶδος, image, et σχοπέω, regarder. — b. Remarquez les deux idées du *beau* et du *bien* réunies dans le même mot, comme celles du *mal* et du *laid* se trouvent associées dans χαχός. « *Quod est* bonum *intus*, *est* pulchrum *extra*, » a dit Platon, et Boursault : « Un homme est assez *beau* quand il a l'âme *belle*. » D'ailleurs *bonus* signifie à la fois *beau* et *bon*, et notre adjectif *beau*, *bel*, vient de *bellus*, contracté de *benulus* ou *benus*, pour *bonus*, comme *bene* est pour *bone*.

19. *a.* D'où APOCALYPSE, ἀποχάλυψις, *révélation*, livre des révélations faites à saint Jean dans l'île de Patmos, une des Sporades (297). RR. ἀπό, χαλύπτω. — b. Enveloppe extérieure de la fleur, ordinairement de couleur verte.

21. *a.* De χάμπτω, voûter. Cf. *voûte*, de *voluta*, participe de *volvere*, tourner,

rouler. D'où CAMARADE, pr. compagnon de *chambre*, d'étude, de travail, *contubernalis*. V. Ταβερνεῖον. — b. D'où CAMÉRIER, prélat attaché à la personne du pape, officier de sa chambre. CHAMBELLAN, anc. *chamberlan*, officier de la *chambre* d'un prince. — c. All. *kammer*; esp. *camara*, D'où CAMERLINGUE, cardinal qui préside la *chambre* apostolique. CAMARILLA, cercle habituel du prince, en Espagne; coterie puissante.

22. *a.* De l'hébreu *gamal*. V. Δραμεῖν. — b. Étoffe grossière faite en poil de *chameau*, comme le vêtement de saint Jean-Baptiste.

23. *a.* De la racine χαίω, brûler.

24. *a.* F. χαμοῦμαι, a. 2 ἔχαμον ou ἐχαμόμην, pf. χέχμηχα; syll. rad. Καμ. — b. V. Πένομαι.

25. *a.* F. χάμψω, etc.; syll. rad. Καμπ. — b. D'où *gamba*, JAMBE, pr. le *pli* du jarret; v. fr. *gambe*, qui a fait le subst. *gambade* et l'adj. *ingambe*, dispos, alerte, léger; de *in* et *gamba*; enfin le verbe *regimber*, pr. ruer des pieds de derrière. V. Ἀγχύλος, Ἀγχών.

1. Κανάζω *a*, résonne, fait un grand bruit. *‒ναχέω, *id.*; *‒ναχή, bruit, son; *‒ναχής, bruyant; *‒ναχηδά, avec bruit.

2. Κάνδαυλος, ὁ, mets fait de farine, de fromage et de lait.

3. Κάνδυς, υος, ὁ, robe de dessus avec manches, *chez les Perses*.

4. Κανθός, ὁ, coin de l'œil, canthus, JANTE *a*.—5. Κάνθων, ωνος, ὁ, âne.

6. Κανωβίζω, vit dans la débauche comme un CANOPIEN *a*.

7. Καπάνη, ἡ, char thessalien, chariot, dossier du cocher. *‒νικός, de char, grand, abondant, capable d'emplir un char *a*.

8. Καππαδοκίζω *a*, est grossier, vicieux comme un CAPPADOCIEN.

9. Κάππαρις, εως, ἡ, capparis, CAPRIER. —ριον, CAPRE, *fruit du câprier*.

10. Κάρ, ρός, ὁ, CARIEN, esclave, homme vil *a*. —ρίνη, *pleureuse*; —ρίζω, *agit en Carien;* —ρικόν, onguent de Carie.

11. Καραχάλλιον *a*, τὸ, *de* caracalla, manteau avec capuchon.

12. Κάρανος, ὁ, chef, satrape, gouverneur, préfet, souverain.

13. Κάρβανος, ον, barbare, qui parle une langue barbare.

14. Καρβατίνη, ἡ, carbatina, chaussure des paysans.

ANNOTATIONS.

1. *a.* F. κανάξω.

4. *a.* Pièce de bois courbée qui fait une partie du cercle de la roue d'une voiture. De *canthus*, dans le sens de *goulot de cruche*, vient *décanter*, transvaser doucement une liqueur au fond de laquelle il s'est fait un dépôt.

6. *a.* Κάνωβος ou Κάνωπος, ville de la basse Égypte, située à la bouche la plus occidentale du Nil, qui a pris de là le nom de *Canopique*.

7. *a.* Pr. capable de faire un *chargement.* V. Ἄμαξα, Κάρρον.

8. *a.* Il faut remarquer dans la langue grecque tous ces termes de mépris à l'adresse des peuples qui ne descendaient pas des trois familles, seules prétendues primitives, savoir : les Athéniens, d'origine ionienne, les Éoliens et les Doriens, issus d'Éolus et de Dorus, tous deux fils d'Hellen. Les Romains en usaient de même, et ils disaient des *Cappadociens* en particulier tout le mal que Martial donne à entendre dans ces deux vers : « *Vipera Cappadocem nocitura momordit; at illa gustato periit sanguine* Cappadocis. » La Cappadoce s'est vengée de ce ridicule, comme la Béotie, en produisant des hom-

mes de génie, tels que Strabon, célèbre géographe du siècle d'Auguste, saint Basile le grand, évêque de Césarée, et son illustre ami d'école et panégyriste, saint Grégoire de Nazianze. V. Λεσβιάς.

10. *a.* Les *Cariens* avaient encore une plus mauvaise réputation, qu'ils s'étaient faite en se mettant les premiers à la solde des autres nations, pour faire la guerre comme troupes soldées, de sorte que *Carien* et *mercenaire* devinrent synonymes. « N'est-ce pas une chose avérée et passée en proverbe, dit Cicéron, dans son plaidoyer pour Flaccus, ch. XXVI, que si l'on veut essayer une expérience périlleuse, il faut la faire sur un *Carien* ? » Du reste, le vaniteux orateur ne traite pas mieux les Phrygiens, les Mysiens, les Lydiens et tous les autres *barbares* asiatiques. V. Βάρβαρος.

11. *a.* C'était un manteau gaulois qui descendait jusqu'à mi-jambe. L'empereur *Caracalla*, fils de Septime-Sévère, fut ainsi nommé, parce que, entre autres manies, il avait celle de porter ce costume étranger. V. Κάλτιος.

15. *a.* V. Ἄχατος.—*b.* Vulg. *mouche d'Espagne* qui, réduite en poudre, sert

15. Κάνθαρος, ὁ, **cantharus**, escarbot, barque, grande coupe[a], bague. —ριον, *petit vase;* —ρίς, CANTHARIDE *des pharmaciens*[b].

16. Κάννα[a], ἡ, **canna**, roseau, jonc, *fait* CANNE. Κάναθρον, *chariot couvert;* —νεον,*—νειον,—νης,—ναστρον, canistrum,*corbeille de jonc.*

17. Κάνναβις[a], εως, ἡ, **cannabis**, CHANVRE. —6ιον, *id.;* —6ινος, *de chan·vre;* κάναβος, *mannequin de chanvre, modèle,* CANEVAS[b].

18. Κανών, όνος, ὁ, règle[a], tuyau, CANON[b]. —ονίζω, *règle,* CANONISE; —όνισμα, *règle;* —ονικός[c], *régulier;* όνιον, *table d'un livre.*

19. Κάπηλος, ὁ, **caupo**, brocanteur, cabaretier; *adj.* falsifié. —λεύω, *trafique;* —λεία, *trafic;* —λεῖον, —λιον, *boutique, cabaret.*

20. Καπνός, ὁ, fumée, fumeterre. —νη, *cheminée;* —νία, *tuyau;* —νηλός, *enfumé;* —νίζω, —νιάω, —νόω, *enfume;* —νισμα, *encens.*

21. Κάπρος[a], ὁ, **aper**, sanglier, verrat. *—ριος, de sanglier;* —ρίσκος. *marcassin;* —ραινα, *truie sauvage, femme débauchée*[b].

22. Κάπτω[a], mange avidement, désire[b]; *prim.* souffle avec force. Κάψις, *action d'avaler;* κάπη, *auge;* καπυρός, *brûlé.*

ANNOTATIONS.

comme vésicatoire.

16. *a.* De l'hébreu *kana.* D'où CANA, ville de Galilée, *pr.* la ville des roseaux. _Cannæ_, CANNES, villes d'Italie et de France, devenues célèbres, l'une en 216 av. J. C., l'autre le 1er mars 1815. CANAL, *canalis,* tuyau creusé en forme de roseau. La *canne* était, chez les Hébreux, une mesure de longueur, comme autrefois chez nous la *perche;* comme aujourd'hui encore, dans certaines colonies, la *gaulette.*

17. *a.* D'où CHÈNEVIS, la graine de chanvre. — *b.* Grosse toile claire, en fil de *chanvre,* sur laquelle on a tracé des dessins et qui sert de chaîne à un ouvrage de tapisserie.

18. *a.* Κανών est *pr.* l'aiguille de la balance, qui établit l'équilibre. R. κάννα, tige *ou* règle de roseau. — *b.* Notre mot *canon* signifie : 1° arme à feu, pièce d'artillerie, comme en allemand le mot *rohr, roseau;* 2° Décision des conciles ou des papes qui *règle* la foi ou la discipline; la collection de ces décrets forme le *droit canon* ou *canonique;* 3° Catalogue des saints, dressé par l'Église catholique pour servir de *règle* au culte qui est dû à cha-

cun; d'où vient le verbe *canoniser,* pr. inscrire au *canon* des saints; 4° Catalogue des livres saints, dressé par l'Église catholique pour servir de *règle* à notre croyance sur l'inspiration et la doctrine des auteurs; d'où vient le nom de *canoniques* donné à ces livres. V. Δεύτερος. 5° Prières de la messe, depuis la préface jusqu'à la communion, mises dans un tableau sous les yeux du prêtre, pour servir de *règle* à la célébration du sacrifice. — *c.* Canonicus, *canonique,* c.-à-d. conforme aux canons de l'Église. D'où CHANOINE, clerc soumis à la *règle* d'un chapitre ou d'une collégiale.

21. *a.* A κάπρος se rapporte le latin *caper,* bouc, et tous deux ont leur racine dans le verbe κάπτω, dévorer. V. Τράγος. — *b.* Toutes les langues ont flétri la débauche par cette dénomination immonde.

22. *a.* F. κάψω, a. ἔκαψα; pr. *souffle* en mangeant. V. Ἄπμαι. Le sens premier, *souffler,* est resté au parf. κέκηφε, part. κεκαφηώς, haletant, désirant; syll. rad. Καπ. — *b.* Pr. aspire, *ad-spiro,* soupire après, *sub-spiro.*

1. Κάρδαμον, τὸ, cresson alénois. –μίνη, –μίς, CARDAMINE [a]. –μίζω, *a le goût du cresson alénois, a l'air dur, le ton aigre-doux.*

2. Κάρδαξ, ακος, ὁ, soldat mercenaire, *en langue persane.*

3. Κάρδοπος, ὁ, huche au pain, coffre, tout meuble creux en bois. –πεῖον, *son couvercle, muselière des esclaves qui boulangent* [a].

4. *Κάρη [a], τὸ, tête, sommet. Κάρανον, καρήνον, id.; καρανόω, *accomplit;* κρανίον [b], CRANE; κράνος, *casque.*

5. Καρίς, ίδος, ἡ, squille, petite écrevisse de mer, crevette. –ίδιον, –ιδάριον, *dim.;* –ιδόω, *recoquille, se courbe.*

6. *Καρχαίρω [a], vibre, tremble, est ébranlé, retentit.

7. Κάρχαρον, τὸ, de carcer, prison.— **8.** Κάρνεια, τὰ, fêtes d'Apollon.

9. Κάροινον, τὸ, vin cuit.— **10.** Κάρον, τὸ, CARVI [a], *pl.* graine du carvi.

11. Καρπαία, ἡ, sorte de danse figurée *ou* pantomime [a].

12. Κάρπασος, ἡ, carbasus, gaze très-fine d'Espagne. Κάρπασος *et* κάλπασος, *une plante vénéneuse.*

13. Καρπήσιον, τὸ, bois étranger. — **14.** Κάρρον, τὸ, de carrus [a], CHAR.

ANNOTATIONS.

1. *a.* Genre de plantes crucifères, ainsi nommé parce que ses feuilles ont la saveur piquante du cresson.

3. *a.* Chez les Romains, pour empêcher les esclaves employés à moudre le grain de porter de la farine à leur bouche, on leur attachait autour du cou une large planche.

4. *a.* Gén. κάρητος ou καρήατος ou κράατος ou κρατός; les cas obliques sont les mêmes que ceux de κράς. On trouve aussi κάρη, κάρης, de la première déclinaison. — *b.* D'où ἡμικρανία, MIGRAINE, douleur dans la *moitié* de la *tête.* « *Portio si capitis morbo tentetur acuto,* » dit *Quintus Serenus,* médecin de Septime-Sévère.

6. *a.* F. καρχάρω. Il faut remarquer le redoublement de la syllabe radicale Καρ, ainsi que dans tous les verbes qui expriment un son, un bruit, et qu'on a ainsi rendus plus imitatifs. V. Γαργαίρω.

10. *a.* Plante ombellifère.

11. *a.* Chez nous, partout ailleurs qu'au théâtre, la danse n'est que l'art de remuer les pieds en cadence; pour les anciens, c'était la science de tous les mouvements du corps. Elle exprimait toutes les passions de l'âme, énonçait jusqu'aux pensées les plus compliquées, tenait lieu de langage et parlait à l'esprit en amusant les yeux, comme fait encore notre *ballet.*

« Le but que se propose la danse, dit Lucien, c'est l'imitation, et ce n'est pas sans raison que les habitants de l'Italie ont appelé la danse *pantomime, pantomimus,* ballet, nom tiré de ses effets (205). Les princes, aussi bien que les particuliers et tous ceux qui aspiraient au commandement, cultivèrent cet art. Je me bornerai à citer Néoptolème, le fils d'Achille, qui s'illustra par la danse et y ajouta ce beau genre que, de son nom, on a appelé *Pyrrhique.* » Les tours de force, les sauts périlleux faisaient une grande partie de la danse des anciens. Aussi les jeunes gens apprenaient-ils à danser comme à faire des armes. Les exercices du pancrace se terminaient par une danse. La danse entrait aussi dans les exercices du culte, à tel point que l'idée de profaner les mystères ou d'en violer le secret s'exprimait par le mot ἐξορχεῖσθαι, danser à contre-temps. V. Κόρδαξ.

14. *a.* D'où CARRIÈRE, lieu où courent les chars. CHARRUE, pr. *petit chariot,* en latin carruca. CHARGE, ce qu'un char peut porter, ital. carica; CARICATURE OU CHARGE, ital. caricatura.

15. *a.* Insecte coléoptère. — *b.* Autre insecte de la même famille.

16. *a.* Iou. κραδίη; m. rac. q. κέαρ, κῆρ. — *b.* D'où περικάρδιον, PÉRICARDE,

15. Κάραϐος, ὁ, **carabus**, CRABE, langouste, ESCARBOT[a], SCARABÉE[b].
—ϐιον, *dim.*; —ϐώδης, *du genre des homards, crustacé.*

16. Καρδία[a], ἡ, **cor**, CŒUR[b], âme, esprit, CARDIA[c]. —διωγμός, *mal d'es-*
tomac; —διακός, *du cœur, de l'estomac;* —διάω, —διώσσω, *y a mal.*

17. Καρκίνος, ὁ, **cancer**, crabe[a], CANCRE, écrevisse, CANCER[b], CHAN-
CRE[c]. —νευτής, *pêcheur de crabes;* —νωμα, *tumeur chancreuse.*

18. Κάρος[a], ὁ, assoupissement. —ρόω, *plonge dans la léthargie;*
—ρωμα, —ρωσις, *sommeil profond avec douleur de tête.*

19. Καρπός, ὁ, fruit, CARPE[a], poignet. —πεύομαι[b], —πίζω, *recueille;*
—πεία, —πευμα, *jouissance;* —πιμος, *fertile;* —πόω, *produit.*

20. Καρτερός[a], ά, όν, fort, puissant, patient. —ρία, *fermeté;* —ριχός,
patient; —ρέω, *persiste, supporte;* —ρόω, *fortifie.*

21. Κάρυον, τό, noix, noisette, graine, noyau. —ύα, *noyer;* —υηρός,
—ύϊνος, *de noix;* —υῶτις, *sorte de datte.*

22. *Κάρφω[a], dessèche, flétrit. —φη, —φος, *tout corps sec[b];* —φόω,
dessèche; —φίτης, —φυρός, *fait de brins de paille.*

ANNOTATIONS.

membrane qui enveloppe le cœur. RR.
περί et καρδία.— *c.* Orifice supérieur de
l'estomac. V. Ὦρα.
  17. *a.* Genre de crustacés décapodes,
carnassiers comme l'écrevisse. *Cancre* a
le même sens et, de plus, ceux de *pau-*
vre hère, d'homme sans ressources, d'écolier paresseux.— *b.* Tumeur maligne qui
dévore les chairs; signe du zodiaque. —
c. Ulcère qui *ronge.* Notre verbe *échan-*
crer a la même étymologie.
  18. *a.* D'où καρωτίδες, les deux artères CAROTIDES qui portent le sang à la tête,
et dans lesquelles les anciens plaçaient le
siège de l'assoupissement.
  19. *a.* Carpe signifie, en botanique,
fruit, graine; d'où PÉRICARPE, περικάρ-
πιον, enveloppe du fruit comprenant tout
ce qui n'appartient pas à la graine, comme
la coquille de la noix, la chair de la prune
et de la pomme, la gousse du haricot, etc.
RR. περί, καρπός. En anatomie, le *carpe*
est la partie du bras comprise entre l'a-
vant-bras et la main, vulg. le *poignet,*
composé de deux rangées de petits os
courts au nombre de huit. D'où MÉTA-
CARPE, μετακάρπιον, partie de la main
comprise entre le poignet et les doigts,
et formée par cinq os. RR. μετά, après,
et καρπός. — *b.* En latin *carpere.*

  20. *a.* C'était primitivement le même
mot que κρατερός, dérivé de κράτος, force; le déplacement de l'α et l'usage en
ont fait deux mots.
  22. *a.* F. κάρψω. — *b.* Brin de paille
ou de bois sec, etc. Pareillement, dans les
langues orientales, *fœnum, foin, fane* vient
d'un verbe qui signifie *dessécher,* et notre
verbe *faner, se faner,* signifie *pr.* s'altérer, perdre sa fraîcheur comme l'herbe,
fenum, qui sèche. V. Ἄλλος. Vous trouverez dans toutes les langues une foule de
mots empruntés à la nature et au travail
des champs, pour exprimer les objets ou
les actions les plus simples et les plus ordinaires de la vie. Par exemple, que d'i-
mages et de termes différents fournis par
le mot *joug!* V. Ζεύγνυμι. Le verbe latin
exarare, labourer, tracer un sillon, signifie aussi *tracer des caractères, écrire.*
Couteau, culter, dérive de *colere,* cultiver, et a signifié d'abord le *coutre* de la
charrue. La *fourchette* est une petite *four-*
che qui, autrefois, n'avait que deux pointes. *Amygdale* veut dire *amande;* glande
vient de *gland.* On dit la *prunelle* de l'œil,
les *pommettes* des joues, la *noix* du genou,
une *verte* réprimande, une mort *préma-*
turée, etc. V. Ὄζος.

1. Κάρσιος[a], α, ον, oblique. — 2. Κάρταλλος, ὁ, **cartallus**, panier.

3. Καρυάτιδες, femmes de CARYE[a], pendants d'oreilles; CARYATIDES[b].

4. Καρύκη, ἡ, sauce faite avec du sang, civet, ragoût.

5. ˝Κάρχαρος, ον, aigu. —ρίας, *requin*[a]. — 6. Καρχηδόνιος[a], escarboucle.

7. Καρχήσιον, τὸ, **carchesium**, hune, coupe[a]. —σιοι, *cordages*.

8. Κασάλβη, ἡ, femme prostituée. —βάς, *id.*; —βιον, *mauvais lieu*.

9. Κάσαμον, τὸ, cyclame[a]. — 10. Κάσας, ου, ὁ, tapis. Κάσης, *id.*

11. ˝Κάσις, ιος, ὁ, ἡ, frère, sœur, cousin, parent, camarade.

12. Κάσσα, ἡ, prostituée. Κασωρίς, *id.*; —ρεῖον, *lieu de débauche*.

13. Κασσία, ἡ, **cassia**, LAURIER-CASSE[a], faux cannellier, *pl.* Κασία, *id.*; κασσίζω, *ressemble au cannellier, à la cannelle*.

14. Κασσίτερος[a], ὁ, étain. —ρινος, *fait d'étain*; —ρόω, *étame*.

15. Κάστανον[a], τὸ, **castanea**, CHATAIGNE. —νεών, *châtaigneraie*.

16. Κατά[a], *gén.* de, du haut de, sous; *acc.* suivant, dans, sur, par, en. Κάτω, *en bas, au-dessous*, — 17. Καταιτύξ, ἡ, casque.

17. Κατρεύς, έως, ὁ, sorte de paon. — 18. Καύαξ, ακος, ὁ, mouette.

ANNOTATIONS.

1. *a.* On dit mieux ἐγκάρσιος.

3. *a.* Ville de Laconie. — *b.* Figures de femmes servant, en architecture, à supporter une corniche. Ce mot paraît faire allusion à l'état de servitude où furent réduites les femmes de *Carye*, après une victoire des Hellènes.

5. *a.* Le requin a une grande gueule hérissée de dents triangulaires, tranchantes et dentelées en scie sur les bords.

6. *a.* S.-ent. λίθος; pierre précieuse, brillante comme le charbon enflammé, d'où son nom d'*escarboucle, carbunculus.* On la trouvait dans les environs de *Carthage*, Καρχηδών, et son nom signifie pr. *carthaginoise.*

7. *a.* Le haut des mâts avait quelquefois la forme d'une coupe.

9. *a.* Plante primulacée, nommée vulg. *pain-de-pourceau.*

13. *a.* Espèce d'écorce odoriférante qui ressemble à la cannelle.

14. *a.* D'où CASSITÉRIDES, groupe d'îles situées près de la pointe sud-ouest de l'Angleterre, ainsi nommées parce qu'elles fournissaient beaucoup d'étain; aujourd'hui les *Sorlingues*. V. Χαλκός, Κύπρος.

15. *a.* Pr. *Castanea nux*, noix de CAS-TANÉE, ville de Thessalie, d'où ce fruit fut tiré d'abord. D'où CHATAIN, brun comme la châtaigne. CASTAGNETTE, petit instrument de percussion, formé de deux petits morceaux de bois concaves et imitant les deux valves creuses d'une *châtaigne.*

16. *a.* Signification fondamentale : *de haut en bas*, opposée à ἀνά, *de bas en haut.* D'où CATASTROPHE, καταστροφή, grand malheur, *pr.* renversement, revers. RR. κατά, στρέφω. CATARRHE, κατάρροος, *flux* d'humeurs qu'on croyait autrefois *descendre* de la tête. RR. κατά, ῥέω, couler. CATAPLASME, κατάπλασμα, de καταπλάσσω, enduire, appliquer sur. RR. κατά, sur, πλάσσω. CATARHINIENS, nom donné, en zoologie, à un groupe de singes originaires de l'Afrique et des Indes, qui ont pour caractère distinctif l'*ouverture des narines dirigée en bas*, à peu près comme chez l'homme. RR. κατά, ῥίν. Quand vous visiterez le Jardin des Plantes, demandez à voir la guenon ou l'orang-outang, celui qu'on appelle vulgairement l'*homme des bois*; vous les reconnaîtrez aussitôt à cette marque. V. Κλύω, Κύμβη, ῾Ράσσω, Δοῦπος.

19. *a.* Ou καττύω, f. ύσω; de κατά et

19. Κασσύω[a], **consuo**, COUD, RECOUD, raccommode, trame, intrigue. —συμα, *cuir de soulier, intrigue, agréments en musique.*

20. Καυλός, ὁ, **caulis**[a], tige, CHOU[b], garde d'épée, tuyau de plume. —ληδόν, *en forme de tige ;* —λινος, *fait d'une tige.*

21. Καυχάομαι[a], se vante, se réjouit. *—χη, jactance ;* —χημα, *vanterie ;* —χηματίας, —χητής, *fanfaron ;* —χάς, *fém.*

22. Καχλάζω[a], bouillonne, s'agite, vomit. *—χλασμα,* —λασμός, *bruit des eaux, eau qui jaillit ;* —χλης, —χλιξ, *caillou, sable.*

23. Κέγχρος, ὁ, millet, grain. —χρίνη, *bouillie ;* —χρίτης, *parsemé de grains ;* —χρωτός, *marqué comme d'un grain de millet.*

24. Κέδρος, ἡ, **cedrus**, CÈDRE. —ρίς, *son fruit ;* —ρία, —ριον, *huile de cèdre ;* —ρόω, *frotte d'huile de cèdre, embaume.*

25. Κεῖμαι[a], est couché, posé, gît. —μήλιος, *gardé, précieux,* —λιον[b], *objet de prix ;* —λιόω, *garde ;* *κέω, *va se coucher.*

26. Κείρω[a], tond, coupe. Κέρμα, *rognure ;* —ματίζω, *rogne, change une pièce ;* χαρτός, *tondu ;* χαῖρος, χορμός, χόρση ; V. page 141.

σύω, coudre, qui, en grec, est hors d'usage sous la forme simple, tandis que les Latins ont conservé *suo*. En comparant le vocabulaire latin avec le vocabulaire grec, vous remarquerez cent fois que le caractère antique s'est mieux conservé dans la langue des Romains que dans celle des Athéniens. De *suo*, coudre, dérive *sutor*, cordonnier, *pr.* couseur de cuir, anc. *sueur*. V. Χείρων. De *consuere* est venu, par corruption, notre verbe *coudre*, participe *cousu* ; d'où le substantif *couture*, anc. *cousture*, qui rappelait encore, grâce à l's radical, l'origine latine *consutura*.

20. *a.* D'où vient *gaule*, grande perche. On nomme plantes *acaules*, ἄχαυλος, celles qui n'ont point de tige apparente, comme la *primevère*. — *b.* Angl. *cole*, all. *kohl* ; en français on disait et on écrivait autrefois *chol* ; la prononciation ayant changé, on a écrit *chou*, comme on écrit *fou*, *mou*, *sou*, pour *fol*, *mol*, *sol*. Quant à l'*h* du mot *chou*, il s'y est glissé, ainsi que dans beaucoup d'autres mots, au temps où *ch* se prononçait comme *k*. Depuis que cette prononciation a changé, *h* est doublement fautif. Les Anglais ont en général gardé mieux que nous la forme primitive des mots, et la racine χαυλός, *caulis*, se retrouve intacte dans leur mot *cauliflower*, chou-fleur.

21. *a.* F. χαυχήσομαι. R. αὐχέω.

22. *a.* F. χαχλάσω.

25. *a.* 2ᵉ pers. κεῖσαι, 3ᵉ pers. κεῖται ; f. κείσομαι, impér. κεῖσο, κείσθω, etc., subj. κέωμαι, opt. κεοίμην, infin. κεῖσθαι, part. κείμενος. — *b.* Cf. θησαυρός, trésor, pr. *dépôt*, de τίθημι.

26. *a.* F. κερῶ et *κέρσω, a. ἔκειρα, pf. κέχαρκα, f. p. χαρθήσομαι ou χαρήσομαι, a. p. ἐχάρθην ou ἐχάρην, pf. κέχαρμαι, f. moy. χεροῦμαι, a. ἐχειράμην ; syll. rad. Κερ. D'où *carere* et *carminare*, CARDER ; *carmen*, carde. CIRON, pr. *rongeur*, κείρων, animalcule parasite de la tribu des *acarides*, laquelle est ainsi nommée parce qu'elle se compose d'animaux très-petits ou même microscopiques, pr. *insécables*. Le mot vient du grec ἄχαρής, indivisible, trop petit pour être coupé. RR. ἀ, χείρω. Le type de cette tribu est le genre *acarus*, appelé aussi *mite* ou *ciron*, aux morsures duquel sont dues les vésicules de la gale. Le *ciron* lui-même s'appelle en grec ἄχαρι. V. Ξύω.

1. Καυκαλίας, ου, ὁ, nom d'oiseau.—2. Καυκαλίς, ίδος, ἡ, CAUCALIS.

3. Καῦκος, ὁ, jatte. — 4. Καυνάκης, ου, ὁ, pelisse fourrée.

5. Καῦνος, ὁ, sort. —νιάζω, *tire au sort, décide au sort.*

6. Καφουρά[a], ἡ, CAMPHRE, CAMPHRIER. — 7. Καφώρη, ἡ, renarde.

8. Κάχρυς, υος, ἡ, cachris, orge grillée, bourgeon, graine, CACHRYDE[a]. —χρυ, *graine de cachryde;* —χρυδίας, *pain d'orge torréfiée.*

9. Κάψα[a], ἡ, capsa, boîte, coffre, CAISSE, CASSETTE, *fait* CAPSULE.

10. Ἰκέ, *partic. conditionn. et enclit. de même sens que* ἄν.

11. *Κεάζω, fend, sépare. — 12. Κεάνωθος, ὁ, sorte de chardon.

13. *Κέαρ[a], ατος, τὸ, cor[b], CŒUR, âme, esprit. Κῆρ, *id.;* κηραίνω, *s'inquiète;* κηρόθεν, *de cœur;* κηρόθι, *dans le cœur.*

14. Κεβριόνης, ου, ὁ, CÉBRION, *nom de géant et d'oiseau inconnu.*

15. Κέδματα, τὰ, tumeurs douloureuses causées par des fluxions.

16. Κειρία, ἡ, bandelette, lange, sangle, ver solitaire.

17. Κέλαδος[a], ὁ, bruit, tumulte, cri. *—δεινός, *bruyant;* *—δῆτις, *fém.;* *—δέω, *—δω, *fait du bruit, chante;* *—δημα, *bruit, clameur.*

ANNOTATIONS.

2. *a.* Plante ombellifère dont la graine, hérissée de longues pointes, se mêle au blé qu'elle rend amer et malsain.

6. *a.* Racine indienne selon les uns, arabe selon d'autres. En tous cas, le mot comme la chose est exotique. Le camphre paraît avoir été introduit en Europe par les Arabes, qui le tiraient, comme nous encore, de l'Asie orientale, et particulièrement du Japon et des îles de la Sonde. C'est une espèce de résine aromatique, extraite du *laurus camphora* qui est un arbre considérable.

8. *a.* Plante ombellifère.

9. *a.* D'où encore CHASSE, CHASSIS, CASSOLETTE.

13. *q.* M. rac. q. χαρδία. Κέαρ, ainsi que le latin *cor*, désigne non-seulement le *cœur*, mais aussi l'intelligence et toutes les facultés de l'âme, dont le *cœur* est considéré comme le siége. D'où *recordari*, se ressouvenir, savoir *par cœur; socordia*, p. *secordia*, défaut d'intelligence, *manque de cœur*, de *se*, particule privative, et *cor; vecordia*, démence, sottise, de *ve*, partic. négative, et *cor.*—*b.* D'où COURAGE; CURÉE, les parties de la bête qui environnent le cœur et qu'on donne aux chiens après la chasse.

17. *a.* De κέλομαι, exciter; *pr.* cri des chasseurs pour exciter les chiens. D'où ENCÉLADE, Ἐγκέλαδος, *bruyant*, le plus terrible des géants qui conspirèrent contre Jupiter. Il fut foudroyé et englouti sous le mont Etna, dont il fait, au dire des poëtes, retentir les fondements, toutes les fois que la fatigue le force à changer de côté. RR. ἐν, κέλαδος.

18. *a.* De κείρω, couper.—*b. Pr.* jeune homme qui commence à *se faire la barbe.* V. Κοῦρος.

19. *a.* F. εὔσω, etc., prend σ au passif. — *b.* F. κελήσομαι, a. 2 ἐκεκλόμην.

20. *a.* Κενοτάφιον, *tombeau vide* dressé à la mémoire d'une personne morte dont on n'a pas le corps. RR. κενός, θάπτω. — *b.* De la forme ionienne κενεός, p. κενός.

21. *a. Pr.* la branche *pointue* du compas autour de laquelle l'autre se meut pour décrire un cercle; par extension, le *point* marqué au milieu du cercle par la pointe fixe. Cf. POINT, *punctum*, de *pungo*, piquer. — *b.* 1° Ceinture *brodée* de Vénus; 2° Courroie *piquée* dont les athlètes s'enveloppaient la main pour l'exercice

18. Καῖρος*a*, ὁ, fil de la trame. Κορμός, *buche, tronc, canot, rame,*
χόρση, *joue, tête;* —σης, *jeune homme à qui la barbe vient b.*

19. Κελεύω*a*, ordonne, engage, excite. Κέλομαι*b*, *id.;* —ευσις, *ordre;*
—ευσμα, *—*ευσμός, *id., chant des rameurs;* —ευστός, *commandé.*

20. Κενός, ή, όν, vide, privé de, vain *comme un* CÉNOTAPHE *a*. —ότης,
le vide; —νόω, *vider, rendre vain;* —νεών*b*, *le bas-ventre.*

21. Κεντέω, pique, coud. —τημα, *piqure;* —τρίς, *aiguillon;* —τρον,
id., CENTRE*a*; —τρίζω, *piquer;* κεστός, *piqué,* CESTE*b*.

22. Κέραμος *a*, ὁ, terre à potier, tuile, poterie. —μεύω, *en fait;*
—μεύς*b*, *potier;* —μεῖον, *son atelier;* —μεία, *son art.*

23. Κεράννυμι *a*, mêle, trempe le vin, verse à boire, tempère*b*. Κέ-
ρασμα, κρᾶμα, *mélange;* κρᾶσις; *id.,* CRASE*c*; —τήρ, CRATÈRE *d*.

24. Κέρας, ατος *a*, τὸ, cornu, CORNE*b*. —ράστης, —ρατίας, *cornu;* —ραία,
corne; —ρατίζω, *heurte des cornes;* *—*ραΐς, *chèvre c*.

25. Κεραυνός*a*, ὁ, foudre, éclair, *fréquents sur les monts* ACROCÉRAU-
NIENS*b*. —νειος, —νιος, *de la foudre;* —νίας, *foudroyé;* —νόω, *foudroie.*

ANNOTATIONS.

du pugilat. De κεντέω dérive encore κέν-
τρων, habit de plusieurs morceaux; CEN-
TON, pièce de poésie composée de vers ou
de parties de vers dérobées à un ou plusieurs auteurs et disposées dans un nouvel
ordre, de manière à présenter un autre
sens. On a écrit ainsi la vie de Jésus-Christ
avec des bouts de vers de Virgile *cousus*
ensemble. V. Ῥάπτω.

22. *a.* De κεράννυμι, mélanger, *pr.*
détremper la *terre* pour faire des *terri-
nes*, etc. — *b.* De plus κεραμεικός, —μικός, de potier; d'où CÉRAMIQUE, pr. *les
Tuileries*, place publique d'Athènes où
l'on avait fabriqué autrefois des ouvrages
en terre cuite.

23. *a.* F. κεράσω, att. κερῶ, a. ἐκέρα-
σα, a. p. ἐκράθην et ἐκεράσθην; pf. κέ-
κραμαι; syll. rad. Κερ ou Κρα. On trouve
aussi κρίνάω, κρίνημι, κεραίρω. —
b. Tremper est le même verbe que *tempérer.* « De *tempus* on a fait *temperare* et
tremper, c'est-à-dire plonger dans l'eau,
mouiller. Pour éteindre la chaleur du fer
rouge on le plonge dans l'eau, ce qui s'appelle *tremper*, expression que l'on emploie encore lorsque, pour diminuer la
force du vin, on y mêle de l'eau. On voit

que l'uniformité de procédé a fait appliquer
la même expression à ces différents cas;
mais il en a résulté une force significative
toute contraire dans la même expression.
Car *tremper* du *fer*, c'est le *durcir*, lui
donner de la force, et *tremper* du *vin*,
c'est l'affaiblir. De plus, l'expression particulière *tremper*, généralisée pour *mouiller*,
plonger dans l'eau quelque chose que ce
soit, n'a plus aucun rapport à *tempérer*,
quoique ce soit syllabiquement le même
mot. » De BROSSES, *Mécanique des langues.* — *c.* Réduction de deux mots en
un seul, comme *purgo*, p. *purigo, purum-
ago*, rendre pur. — *d.* Grand vase où l'on
mêlait l'eau avec le vin, et où l'on puisait
avec le cyathe; puis, par analogie, l'ouverture d'un volcan, *évasée* en forme de *cratère*.

24. *a.* Ou κέραος, ως. — *b.* Angl. et
all. *horn*. D'où CORNICHON; COR; CORNET;
tuba cornea; pr. le *cornet à bouquin.* —
c. Comme de κεραός, *cornu*, vient *cervus*,
CERF: Cf. RHINOCÉROS, pr. *nez cornu;*
RR. ῥίς, κ...

25. *a.* Les Grecs marquaient d'un K
les objets touchés par la foudre. — *b. Hautes* montagnes d'Épire, souvent frappées
de la *foudre*. RR. ἄκρος, κεραυνός.

1. ῾Κελαρύζω[a], fait du bruit en coulant, murmure, crie. –ρυξις, –ρυσμα, –ρυσμός, *bruit, murmure;* –ρυζα, *bavarde.*

2. Κελέβη, ἡ, vase, coupe, bassin. — 3. Κελεός, ὁ, nom d'oiseau.

4. Κελέοντες, οἱ, pieds d'un métier à tisser, longs morceaux de bois.

5. ῾Κέλευθος.[a], ἡ, chemin, marche. –θήτης, *voyageur;* –θεῖαι, *statues de déesses placées sur le bord des chemins.*

6. Κέλης[a], ητος, ὁ, celes, coursier, celox, vaisseau très-léger. –ήτιον, *esquif;* –ητίζω, *monte un cheval de selle.*

7. *Κέλλω[a], court vite, navigue, aborde, fait aborder.

8. ῾Κεμάς, άδος, ἡ, faon. — 9. Κεντουρίων[a], ωνος, ὁ, CENTURION.

10. Κέπφος, ὁ, mouette, sot, niais[a]. –φώδης, *id.;* –φόω, *étourdit.*

11. Κέρασος[a], ὁ, cerasus, CERISIER. –σέα, –σία, *id.;* –σιον, CERISE[b].

12. Κέρδον, τὸ, moineau, sorte de plante. — 13. Κέρθιος, ὁ, nom d'oiseau.

14. Κέρνος, ὁ, vase des sacrifices; *plur.[a]* vertèbres du dos.

15. Κέρχνος[a], ὁ, millet, bouton dans la gorge, enrouement. –χνόω, –χνω, –χω, *enroue;* –χνάω, –χάω, *est enroué;* –χνωμα, *aspérité.*

ANNOTATIONS.

1. *a.* F. κελαρύσω ou κελαρύξω.

5. *a.* Plur. κέλευθοι ou κέλευθα. C'est un nom hétérogène, comme βόστρυχος, δίφρος, θεσμός, σταθμός, κύκλος, λύχνος, νῶτος, χαλινός, τράχηλος, σῖτος, Τάρταρος. V. ῞Ετερος. Il y a aussi des substantifs hétérogènes en latin et en français. Ex. : *locus,* pl. *loci* et *loca; frenum,* pl. *freni* et *frena;* un *fol* amour, de *folles* amours, etc.

6. *a.* De κέλλω, courir vite. De la forme dorienne κέληρ dérive *celeres,* les CÉLÈRES ou gardes du corps, établis par Romulus. C'étaient trois cents cavaliers, ainsi nommés de la célérité avec laquelle ils exécutaient les ordres du roi.

7. *a.* F. κέλσω, a. ἔκελσα; m. rac. q. le latin *cello,* d'où *percello,* renverser; *procella,* ouragan qui renverse tout.

9. *a.* Du latin *centurio,* officier qui commande à cent hommes, le même que l'Écriture appelle CENTENIER.

10. *a.* La mouette passait pour se nourrir de l'écume de la mer, et on dit que les enfants la prenaient à volonté en lui en présentant un peu comme appât. D'où, au figuré, *sot, benêt.* Pareillement, chez nous, certains oiseaux passent pour des emblèmes de bêtise : la *buse,* le *dindon,*

l'*oie* elle-même, sans égard pour ses hauts faits du Capitole. V. Βάτραχος.

11. *a. Pr.* arbre de *Cérasonte,* ville du Pont, d'où la cerise fut apportée à Rome par Lucullus, en 68 av. J. C., comme le rappelle saint Jérôme dans une lettre à Eustochie. « *Accepimus et canistrum cerasis refertum talibus, et tam virginali verecundia rubentibus, uti ea nunc a Lucullo delata existimarem; siquidem hoc genus pomi, Ponto et Armenia subjugatis, de Cerasunte primus Romam pertulit.* » Mais il est tout aussi conforme à l'histoire et à l'usage des langues de penser que la ville de Cérasonte dut elle-même son nom aux cerisiers qui abondaient sans doute dans la contrée où elle fut bâtie, comme nous avons en France des localités du nom de *Cerisiers, Cerisay, Cerisy,* etc. — *b.* Angl. *cherry,* all. *kirsche,* d'où KIRSCH ou KIRSCHENWASSER, c.-à-d. *eau de cerises,* liqueur spiritueuse obtenue par la distillation des cerises ou des merises. La meilleure qualité vient de la Forêt-Noire.

14. *a.* Le plur. est κέρνοι ou κέρνα.

15. *a.* Le même que κέγχρος, avec transposition de lettres.

16. *a.* D'où le latin *cerdo,* artisan de

16. Κέρδος^a, εος, τὸ, gain, ruse. —διό, *renard*; —δαίνω, *gagne*; —δαλέος, *profitable, rusé*; —δαλεότης, *ruse*.

17. Κερκίς^a, ίδος, ἡ, navette, pilon, cuiller, pointe, archet. —κίδιον, *dim.*; —κίζω, *tisse à la navette*; —κισις, *tissage*.

18. Κέρκος, ἡ, queue, anse, manche, insecte des vignes. —κέτης, *harpon*; —κωψ, CERCOPITHÈQUE^a, *rusé*; —κωπίζω, *trompe*.

19. Κεφαλή^a, ἡ, caput^b, tête, CHEF^c. —λαῖος, CAPITAL; —λαιον, *sommet*; —λαιόω, *résume^c*; —λαίωμα, *somme*; —λαία, *mal de tête*.

20. Κήδομαι^a, a soin. *—δω^b, inquiète*; —δος^c, *soin, deuil, alliance*; —δεύω, *soigne*; —δεία, *obsèques*; —δεστής, *parent, allié*.

21. Κηλέω, charme, apaise, flatte, trompe. *—λαίνω, id.*; —λη/μα, *charme*; —λητής, *enchanteur*; *—ληδών, fém.*

22. Κηλίς, ίδος, ἡ, tache, déshonneur, cicatrice, plaie. —λιδόω, *tache, salit*; —λίδωμα, *tache*; —λιδωτός, *sali*.

23. Κημός, ὁ, panier, vase d'osier, nasse, camus, muselière. —μόω, *museler un cheval*; —μωσις, *action de museler*.

ANNOTATIONS.

bas étage, gagne-petit.

17. *a.* M. rac. q. κρέκω, tisser.

18. *a.* Singe à longue queue. RR. κέρκος, πίθηκος.

19. *a.* D'où ENCÉPHALE, ἐγκέφαλον, la cervelle. RR. ἐν, κεφαλή. CÉPHALALGIE, κεφαλαλγία, mal de tête. R. κεφαλή, ἄλγος, ACÉPHALE, ἀκέφαλο;, nom donné par Cuvier à ceux des mollusques qui n'ont pas de tête apparente, comme l'*huître*, la *moule.* RR. ά, κεφαλή. — *b.* Angl. *cap*, all. *kopf*. D'où CAPUCHON ou CAPUCE; CAPUCIN, *pr.* religieux portant le *capuce*; CAPUCINE, fleur qui a une des folioles de son calice prolongée en forme de *capuchon.* CAPARAÇON, sorte de *cape* ou de couverture pour les chevaux. CAPOTE; CHAPE, qui avait autrefois un CAPUCHON; CHAPEAU; CABAN, sorte de *capote* à *capuchon*; CHAPERON, bonnet à queue. CABOCHE, synonyme familier de tête. CHAPELET, du bas latin *capellus*, couronne ou chapeau de fleurs. V. 'Ρόδον. CHAPITEAU, partie supérieure, *pr.* tête de la colonne. CHEVEU, *capillus*, poil de la tête, *capitis pilus.* CAPITAINE, *chef* d'une compagnie de soldats. CAPITOLE, temple et citadelle de Rome dans les fondements de laquelle on trouva une *tête* fraîchement coupée. CAPITULE, *capitulum*, petite tête; *chapitre*, section d'un livre, *pr.* ce qui est en *tête* de cette section. CHAPITRE, dans le sens de collège de chanoines, vient de l'usage où étaient les religieux et les chanoines de lire à chaque réunion un *chapitre* de l'Écriture ou de la Règle. CAPITULAIRES, ordonnances des rois de France, rassemblées par *chapitres.* CAPITULATION, conditions de paix rédigées en plusieurs articles ou *chapitres.* CAP, pointe de terre qui est comme la *tête d'un pays* du côté de la mer; CABOTAGE, navigation de *cap* en *cap* le long des côtes. — *c.* Ce mot n'est autre que la syllabe radicale de κεφαλή, la même que dans *biceps, bicipitis*, qui a deux têtes; *præceps, præcipitis*, qui tombe, se précipite la tête la première. D'où CHEVET, tête du lit ou du chœur d'une église. CEP, souche ou pied de vigne « *caput vitis.* » Cic. ACHEVER, mettre le couronnement. V. Κραίνω. — *c.* Pr. récapitule.

20. *a.* F. κηδήσομαι, a. ἐκηδεσάμην ou ἐκηδέσθην, pf. κέκηδα, dans le sens présent. — *b.* F. κηδήσω. —*c.* D'où ἀκήδεια, *acedia*, négligence. RR. ά, κήδομαι.

1. Κεσκίον, τὸ, petit brin d'étoupes, déchet du lin.

2. Κέστρα, ἡ, marteau pointu, épieu durci au feu, mulet, *poisson.*
  —τρον[a], oestrum, *poinçon;* —τρος, *trait;* —τρεύς, *mulet,* adj. *pauvre.*

3. Ῥεύθω[a], cache, est caché. —θάνω, *id.;* —θος, —θμα, *lieu secret.*

4. Κῆβος, ὁ, CÉBUS ou sapajou, singe à longue queue.

5. Κηθίς, ίδος, ἡ, urne. — 6. Κηκίβαλος, ὁ, un coquillage.

7. Ῥηκίω, jaillit, s'élance, s'exhale, fait jaillir. —κίς, *fumée, vapeur, suie, humeur, noix de galle[a].*

8. Κήλας, οῦ, ὁ, pélican.—9. Κήλαστρος, ἡ, CÉLASTRE, nerprun[a], *arbr.*

10. Κήλη, ἡ, tumeur, hernie, descente. —λήτης, *qui a une hernie;*
  —λων, *étalon, machine à puiser;* —λωνεύω, *puise.*

11. Κῆμος, ἡ, une herbe magique[a].—12. Κῆνσος, ὁ, *de* census[a], CENS.

13. Κήρ, κηρός, ἡ, sort, mort, malheur, crime; *plur.* Parques, Furies.
  —ραίνω, mine, consume, tue, détruit, corrompt, fait mourir.

14. Κηφήν, ῆνος, ὁ, bourdon, frelon, homme décrépit, vieille. —φήνιον, *petit bourdon, ruche de frelons ou de bourdons.*

ANNOTATIONS.

2. *a.* De κεντέω, piquer.

3. *a.* F. χεύσω, a. ἔχευσα, ἔχυθον ou qqf. κέχυθον, pf. κέχευθα, dans le sens du présent; syll. rad. Κυθ.

7. *a.* Excroissance produite sur certains arbres par la piqûre d'un insecte, particulièrement du *cynips;* elle est due à l'extravasion des sucs de la plante. Le chêne de l'Asie Mineure fournit une galle très utile en teinture et pour la fabrication de l'encre, qui est un composé de noix de galle, de couperose verte et de gomme arabique, dissoutes dans l'eau.

9. *a.* Genre d'arbustes voisins du célastre et qui renferme la *bourdaine*, dont le bois, réduit en charbon, est employé, à cause de sa grande légèreté, dans la fabrication de la poudre. Le nom de *nerprun* veut dire *prunier noir*, et fait allusion à la couleur noire de l'écorce et du fruit.

11. *a.* Plante inconnue. Il y a beaucoup de noms de plantes et d'animaux auxquels on ne peut assigner un sens précis, parce qu'on n'en trouve pas la description dans les quelques ouvrages d'histoire naturelle qui nous restent des anciens. La Grèce et l'Italie n'ont eu que quatre botanistes de renom : *Aristote, Théophraste,* son disciple, *Dioscoride,* auteur d'une Botanique médicale, et *Pline,* qui périt dans le Vésuve en 79. Ces quatre auteurs ensemble n'ont pas décrit huit cents espèces de plantes; et on en connaît aujourd'hui cent vingt mille. D'ailleurs, beaucoup d'objets n'ont pu être observés par ces savants, qui n'avaient point tous nos moyens de recherches et d'étude. Si Aristote excella sur tous les autres dans la connaissance de la nature, il en fut redevable à l'attention qu'avait Alexandre, son élève, de lui envoyer ce qu'il trouvait de rare dans ses excursions guerrières à travers l'Asie et l'Égypte. Plusieurs souverains formèrent, il est vrai, des collections, mais plutôt pour satisfaire leur curiosité ou celle des amateurs que dans l'intention de faire avancer la science de la nature, et leurs musées se composaient principalement d'objets rares et de monstruosités.

12. *a.* De censeo, estimer, taxer d'après la fortune, comme faisait le *censeur*, censor.

15. *a.* Les disciples d'Épicure étaient nommés οἱ ἀπὸ τῶν κήπων, *ceux des jar-*

15. Κῆπος[a], ὁ, jardin, champ[b], coiffure. —παῖος, *de jardin;* —πεύω, *jardine;* —πεία, *jardinage;* —πεύς, *jardinier;* —πευμα, *légume.*

16. Κηρός, ὁ, **cera**[a], CIRE. —ρόω, *cirer;* —ρωμα, *ouvrage de cire;* —ρών, *ruche;* —ρίον, *rayon de miel, cellule;* —ρίων, *gros* CIERGE.

17. Κηρύσσω[a], proclame. —υγμα, *proclamation;* —υκτής, —υξ, *héraut;* —υκεύω, *est héraut;* υκεία, *fonction de héraut;* —ύκειον, *caducée.*

18. Κῆτος, τὸ, **cetus**, baleine, CÉTACÉ[a], gros poisson de mer. —τεία, *pêche du gros poisson, pêcherie;* —τημα, *gros poisson salé.*

19. Κίβδηλος, ον, falsifié, faux. —λία, *mauvais aloi*[a]; —λιάω, *pâlit*[b]; —λεύω, *falsifie, corrompt;* —λεία, —λία, *falsification.*

20. Κιθάρα[a], ἡ, **cithara**, CITHARE, harpe, GUITARE[b]. *—ρις, id.;* —ρίζω, *en joue;* —ριστής, *joueur de harpe;* —ρος, *poitrine, sole*[c].

21. Κίνδυνος, ὁ, danger, combat. —νεύω, *est en danger, combat, semble;* —νευμα, *risque;* —νευτής, —νευτικός, *hardi.*

22. Κινέω, **cieo**[a], remue, EXCITE. Κίνυμαι, *se meut;* *—νύσσω, *agite;* —νημα, —νησις, *mouvement;* —νητρον, *instrument pour remuer.*

ANNOTATIONS.

dins, parce que le maître donnait ses leçons dans un jardin d'Athènes. V. Ἀκαδημία. — b. D'où *Campania,* CAMPANIE, CHAMPAGNE, pays dont les *champs* sont fertiles. CHAMPIGNON, ital. *campinione,* plante cryptogame qui pousse dans les *champs* sans qu'on l'y sème. V. Ταμέω. La *pariétaire* et le *romarin* tirent pareillement leurs noms de ce qu'elles croissent volontiers, la première, sur les murailles, *parietes,* la seconde, sur le bord de la mer, où elle se couvre fréquemment de rosée, *ros, marinus.* CHAMPION, nom donné autrefois à celui qui combattait en *champ clos* pour sa cause ou pour la cause d'autrui. CAMPAGNOL ou *rat des champs.* V. Χόρτος.

16. a. D'où *cereus,* CIERGE; CÉRAT, onguent fait d'huile et de *cire;* CIRAGE, composition dans laquelle il entrait autrefois de la *cire.*

17. a. Ou att. χηρύττω, f. χηρύξω; syll. rad. Κρα, imitative du *cri,* et commune à toutes les langues d'Europe et d'Asie. V. Κρίζω.

18. a. Nom donné à un ordre de mammifères marins, renfermant les plus gros animaux de la mer : la baleine, le dau-

phin, le phoque, etc. « *Cete grandia.* » (*Gen.*, ch. I.) « *Immania cete.* » VIRG. Il ne faut pas confondre les *cétacés,* qui sont des animaux mammifères, avec les amphibies et moins encore avec les poissons dont ils partagent le séjour. V. Ἀμφί.

19. a. V. Νέμω. — b. Comme fait l'or falsifié.

20. a. Saint Jérôme la décrit ainsi : « *Cithara efficitur in modum literæ* Δ, *cum chordis viginti quatuor, et per digitos variis vocibus, tinnulisque ictibus in diversis modis concitatur.* » A vrai dire, la forme ancienne de cet instrument nous est inconnue, aussi bien que celle de la lyre. — b. Angl. *guitar,* all. *zither.* Instrument différent de la harpe et de la cithare, mais également fort ancien. Il a été introduit en Europe par les Espagnols qui l'avaient reçu des Arabes. — c. Poisson plat dont les arêtes présentent une disposition semblable à celle des cordes de la lyre. V. Χέλυς, Κόρις.

22. a. D'où *citus,* mis en mouvement, prompt, rapide. *Citare,* secouer violemment, EXCITER, faire sortir, appeler, produire en témoignage, comme on fait quand on cite un auteur; *recitare,* RÉCITER, etc.

1. Κίβισις, εως, ἡ, sorte de besace *ou* de havresac.

2. Κιβώριον, τὸ, fève d'Égypte, *ciborium*, coupe, CIBOIRE[a].

3. Κιβωτός, ἡ, coffre, arche de Noé, arche d'alliance.

4. Κιγκλίς[a], ἰδος, ἡ, double porte, grille, barreaux, cage.

5. Κίγχλος, ὁ, CINCLE *ou* merle d'eau, un oiseau d'eau hochant la queue. —κλίζω, *remue, change;* —κλισις, *agitation, remuement.*

6. Κίδαλον, τὸ, sorte d'oignon. — **7.** Κίδαρις[a], εως, ἡ, turban.

8. Κίκαμα, τὰ, des légumes. — **9.** Κίκι, εως, τὸ, ricin, *pl.*

10. Κίκιννος, ὁ, cincinnus[a], boucle de cheveux frisés. —κινος, *id.*

11. Κικκάβη, ἡ, chat-huant. —βίζω, *crie comme lui;* *—βαῦ, son cri.*

12. Κίκκος, ὁ, pelure de fruit, écorce, écale, tégument.

13. Κίκυμος, ὁ, chat-huant. —μώσσω, *a la vue faible comme lui.*

14. *Κίκυς, υος, ἡ, force, énergie, activité. Κικύω, *est fort.*

15. Κιλίκιος, ον, CILICIEN, dur, grossier, fourbe[a]. Κιλικίζω, *est fourbe,* —κιον, *étoffe grossière de* CILICIE, CILICE.

16. Κίλλος, ὁ, âne. — **17.** Κιμβερικόν[a], τὸ, vêtement de deuil.

ANNOTATIONS.

2. *a.* Vase sacré en forme de coupe, où l'on conserve les hosties pour la communion des fidèles. Le sens de *coupe* donné à κιβώριον rappelle qu'on se servit primitivement, en guise de coupe, dans l'usage domestique, de l'enveloppe d'une grosse fève, pareille à la capsule du gland.

4. *a.* Espèce de *barrière* à claire-voie, composée de *barreaux*, dont on fermait l'entrée du sénat, à Sparte, et celle de l'Aréopage, à Athènes. Chez les Romains comme chez nous, le parquet se fermait avec un barreau de fer autour duquel étaient disposés les bancs des avocats; d'où est venu le mot *barreau*, pour signifier le lieu où l'on plaide. V. Κάγχελος.

7. *a.* Coiffure royale, chez les Perses; le bandeau royal ou diadème se mettait par-dessus. En Grèce et à Rome, la couronne, διάδημα, n'était pas, à l'origine, l'attribut de la puissance souveraine, mais l'insigne de la divinité. Plus tard, elle devint la marque distinctive de certaines magistratures, la récompense de services importants rendus à la patrie, le prix des vainqueurs dans les jeux publics ou la parure des convives dans les festins. Ce fut César qui fit de la cou-

ronne une attribution de la puissance souveraine. V. SUÉTONE, *César*, ch. 43.

10. *a.* D'où CINCINNATUS, pr. *frisé, bouclé*, surnom de L. Quinctius, illustre dictateur romain, « *triumphalis agricola*» comme l'appelle Florus. Les deux adjectifs *crispus* et *crispinus*, crépu, frisé, ont aussi été illustrés comme noms propres: le premier, par l'historien *Crispus Salluste*, et le second par *saint Crépin.*

15. *a.* Les *Ciliciens* avaient la réputation d'être menteurs, d'où l'expression, « *Cilicii sermones*, » que nous traduirions par gasconnade, canard. V. Λέσβιος. — *b.* Vêtement fait de poil de bouc ou de chèvre, qui était porté en Cilicie, particulièrement par les soldats et les matelots. Dans la traduction de la Bible, saint Jérôme appelle *cilicium* ce que l'hébreu nomme *sac*, sans doute parce que les anciens cilices avaient la forme de sacs ou d'habits grossiers de couleur noire. Les Hébreux prenaient le cilice en signe d'affliction. Le cilice de pénitence a une autre forme; c'est une espèce de large ceinture faite d'un poil rude et piquant.

17. *a.* R. Κιμμέριοι, les CIMMÉRIENS, peuple de la Sarmatie qui a donné son

18. Κίρχος, ὁ, **circus**[a], CERCLE[b], anneau, CIRQUE[c], faucon[d]. Κρίχος, *id.*; κιρχόω, *serre par un anneau;* κιρχίνος[e], *compas.*

19. Κίσσα[a], ἡ, pie, envie de femme grosse, dégoût des aliments[b]. Κισσάω, *a des envies;* κιτταβίζω, *crie comme une pie.*

20. Κισσός, ὁ, lierre. —σσινος, *de lierre, vert;* —σσόω, *couronne de lierre;* —σσύβιον, **cissybium**, *coupe en bois de lierre.*

21. Κλάζω[a], **clango**[b], crie, rend un son aigu. Κλαγγή, *cri perçant;* κλαγγάζω, *crie haut;* κλαγγάνω, *aboie haut;* *κλαγερός, *criard.*

22. Κλαίω[a], pleure. Κλαυσιάω, *en a envie;* κλαῦμα, *pleurs;* *κλαυτός, *pleuré;* κλαυθμός, —θμονή, *pleurs, gémissement;* —μυρίζω, *se plaint.*

23. Κλάω[a], brise en éclats[b], ébranche. Κλάσις, κλασμός, *action de briser;* κλάσμα, *fragment;* κλασπάζω, *ébranche;* κλαδαρός, *brisé.*

Id. Κλάδος, ὁ, branche[c]. *—δεών, *grosse branche;* —δάω, —δεύω, *ébranche;* —δευσις, *taille;* —δευτής, *émondeur;* —δώδης, *rameux.*

Id. Κλῆμα, ατος, τὸ, sarment[d], cep. Κληματόομαι, *en produit;* κληματίς, *plante sarmenteuse;* κληματίτις, CLÉMATITE[e].

ANNOTATIONS.

nom à la CRIMÉE, et chez qui cette sorte de vêtement était en usage. V. Θήραιον. 18. *a.* D'où *circà, circum,* autour, à l'entour; *idcirco* pour cela; *circà id.* CHERCHER, du bas lat. *cercare,* p. *circuire, circum-ire,* v. fr. *sercher,* pr. aller autour de ce qu'on désire. Cf. *ambitionner,* de *ambire,* pr. aller autour, circonvenir. RR. *amb* ou ἀμφί, *ire. Circenses,* s.-ent. *ludi; les jeux du Cirque,* pour lesquels le peuple-roi se passionnait à tel point que Juvénal écrivait de lui au temps de Néron : *Duas tantum res anxius optat, panem et Circenses.*—*b.* Du dimin. *circulus:* angl. *circle,* all. *zirkel.*—*c.* C'était, chez les Romains, l'enceinte des jeux publics de forme circulaire allongée. Les spectacles du Cirque comprenaient les courses de chars et de chevaux, les exercices du pentathle, les combats des bêtes féroces entre elles et contre des hommes, les combats militaires et les naumachies. V. Ἄθλον, Ναῦς. — *d.* Les noms grecs du faucon signifient pr. *l'oiseau qui plane en tournant.* V. Γῦρος. — *e.* D'où *circinare,* CERNER. 19. *a.* Att. κίττα. — *b.* La pie avale souvent des matières terreuses, par une

dépravation d'appétit analogue à celle de certaines personnes malades qui désirent manger des substances répugnantes. En médecine, cette perversion du goût prend le nom de *pica,* le nom même de la pie en latin. 21. *a.* F. κλάγξω, a. 1 ἔκλαγξα, a. 2 ἔκλαγον, pf. κέκλαγγα ou κέκληγα, dans le sens du présent. Syll. rad. Κλαγ. — *b.* Angl. *to clang.* all. *klingen, klagen.* 22. *a.* F. κλαύσω, de l'éol. κλάΓσω, et mieux κλαύσομαι ou κλαυσοῦμαι, à 1 ἔκλαυσα, a. p. ἐκλαύσθην, pf. p. κέκλαυσμαι; m. rac. q. κλάζω et καλέω. 23. *a.* F. κλάσω, etc.; prend σ au passif. — *b.* Avec un bruit éclatant. V. Ῥήγνυμι. D'où ÉCLABOUSSURE, pr. *éclat de boue. Éclat* a signifié, par analogie, *jet de lumière.* V. Ἀκτίν. — *c.* Pr. branche détachée du tronc; scion. V. Σχίζω. D'où *clades,* pr. rupture d'une branche. « *Clades dicitur surculorum detritio, sic calamitas calamorum, strages stratarum arborum, deinde ad hominem translata.* » VARR. — *d.* V. Σχίζω. — *e.* Plante sarmenteuse qui orne les murs et les berceaux des jardins.

1. Κίμϐιξ, ικος, ὁ, sorte de guêpe, avare, ladre, chiche. —ϐικεία, lésine, ladrerie; —ϐικεύομαι, est avare.

2. Κιμωλία, ἡ, terre blanche *qu'on tirait du mont* CIMOLE[a].

3. Κινάϐρα, ἡ, odeur de bouc, odeur puante. Κιναϐράω, *pue.*

4. Κίναδος, εος, τό, renard, homme rusé[a]. *—δεύς, —διον, *dim.*

5. Κινάρα, ἡ, artichaut. — 6. Κίννα, ἡ, herbe de Cilicie.

7. Κιννάϐαρι, εως, τό, CINABRE[a]. —ρίζω, *en a la couleur;* —ρινος, —ριος, *de cinabre;* —ριον, *collyre au cinabre.*

8. Κινύρομαι[a], gémit, déplore. —ρός, *gémissant, lamentable;* —ρα[b], *instrument à dix cordes et à sons tristes.*

9 Κιῤῥός, ά, όν, jaune. Κιῤῥίς, *espèce de poisson de mer[a].*

10. Κιρσός, ὁ, varice, dilatation *ou* rupture d'une veine. —σιον, CIR-SIUM[a], *plante qui passait pour guérir les varices.*

11. Κίς, κιός, ὁ, ver qui ronge les grains et les bois, larve.

12. Κίσηρις, εως, ἡ, pierre ponce. —ρίζω, *polit à la ponce.*

13. Κίστη, ἡ, cista[a], panier, corbeille. — 14. Κίστος, ὁ, CISTE, *arbr.*

ANNOTATIONS.

2. a. Dans l'île de *Cimoli*, une des Cyclades (169). Cf. *Pouzzolane*, argile de *Pouzzoles*, dans le royaume de Naples. *Craie*, *creta*, pr. terre de l'île de *Crète*, d'où aussi *crayon*. *Tripoli*, tiré originairement de *Tripoli*, en Barbarie. *Strontiane*, terre trouvée d'abord au cap *Strontian*, en Écosse.

4. a. Renard et homme fourbe sont deux synonymes vieux comme Hérode et plus encore. V. SAINT LUC, ch. 13. Il faut même savoir que notre mot *renard* a été d'abord un nom propre d'homme; c'était *goupil* que s'appelait le renard, jusqu'au douzième siècle. Son nom actuel est une syncope de *Reginaldus*, grand seigneur d'Austrasie, dont le caractère tenait apparemment du *goupil*, et servit d'original à un écrivain du temps pour un roman où le *goupil* joue un grand rôle. *Reginald* a fait aussi les noms de *Regnard*, *Regnault*, *Reynauld*, etc. V. Ἀλώπηξ.

7. a. Combinaison de soufre et de mercure, d'une belle couleur rouge, et qui, broyée avec de l'eau, donne le vermillon. V. Κόκκος.

8. a. F. κινυροῦμαι. — b. En hébreu *cinnor*, le plus ancien des instruments,

celui-là même dont jouait David devant Saül, et que les lévites captifs suspendirent aux saules de Babylone. Suivant Josèphe, le *cinnor* du temple, à Jérusalem, avait dix cordes qu'on faisait vibrer avec un archet.

9. a. V. Πέρκος, Πέλεια.

10. a. Genre de plantes composées, de la tribu des *Cinarées* qui ont pour type l'artichaut, κινάρα.

13. a. *Cista* signifie de plus *cassette*, *boîte;* d'où *cisterna*, CITERNE, réservoir souterrain; CISTUDE, de *cista* et *testudo*, pr. *tortue à boîte*, espèce de tortue dont le sternum est formé de deux pièces mobiles l'une sur l'autre au moyen d'une charnière transversale et que l'animal peut faire agir, pour se renfermer entre ses deux boucliers comme dans une *boîte*.

15. a. F. κλείσω, etc., prend σ au passif; angl. *to close.* — b. D'où *claustrum*, CLÔTURE, CLOISON, CLOÎTRE, angl. *cloister*, all. *kloster;* CLOSERIE, petit fonds de terre *clos* par un mur ou une haie; ÉCLUSE, de *excludere*, *clôture* qui retient et laisse écouler l'eau sur un canal ou une rivière; CLAUSE, condition d'un traité qui se *conclut; clavus*, CLOU; *claviculum*, CHEVILLE,

15. Κλείω[a], claudo[b], ferme, CLÔT. Κλείς[c], clavis, CLEF; κλεῖθρον, CLÔ-TURE; κλείσιον, κλεῖσμα, *fermeture;* κλειστός, *fermé;* κλοιός, *carcan.*

16. Κλέπτω[a], clepo, vole. Κλέπτης, *voleur;* —πτις, *fém. ;* —πτός, *volé;* κλέμμα, *objet volé;* ᾽κλέπος, *vol, larcin;* ᾽κλέβδην, *en secret.*

Id. Κλοπή, ἡ, vol.—πεύς, *voleur;* —παιος, *volé;* κλώψ, *voleur;* κλωπεύω, *vole.*

17. Κλῆρος[a], ὁ, suffrage, sort, partage, clerus[b], CLERGÉ. —ρόω, *dé-signe par le sort;* —ρωτίς, *urne;* —ρωτί, *au sort.*

18. Κλίνω[a], inclino, INCLINE. Κλίσις, *inclinaison;* ᾽κλίμα, *id.,* CLI-MAT[b]; κλίνη, κλιντήρ, *lit;* κλισία, *tente;* ᾽κλιτύς, *pente.*

Id. Κλίμαξ[c], ακος, ὁ, échelle, degrés. Κλιμακηδόν, *par degrés;* κλι-μακτήρ, *degré, crise;* κλιμακίζω, *lutte, supplante.*

19. Κλύζω[a], cluo[b], laver, bruire. Κλύδων, *flot;* κλυδωνίζομαι, *est agité;* κλύσις, *action de laver;* κλύσμα, *lavement, lieu baigné.*

20. Κλώθω[a], filer. Κλῶσις, *filage;* κλῶσμα, *fil;* κλῶστρον, *trame;* κλώ-στης, *fileur;* κλωστήρ, *fil, peloton;* Κλωθώ, CLOTHO[b].

21. Κλών[a], ωνός, ὁ, rameau. Κλωνίον, —νάριον, *dim.;* —νίζω, *élague.*

ANNOTATIONS.

pr. la broche, le verrou qui tient la porte fermée. V. Πάσσαλος. — *c.* Dor. κλαΐς, éol. κλάϜις, lat. *clavis.* D'où CLAVIER, rangée des touches de l'orgue, qui servent comme de *clefs* pour ouvrir ou fermer le passage du vent. CLAVECIN, sync. de *clavicymbalum,* instrument à *clavier.* RR. *clavis, cymbalum.*

16. *a.* F. κλέψω, a. ἔκλεψα, pf. κέ-κλοφα, f. p. κλεφθήσομαι ou κλαπήσο-μαι, a. p. ἐκλέφθην ou ἐκλάπην, pf. p. κέκλεμμαι; syll. rad. Κλεπ. D'où κλεψύ-δρα, CLEPSYDRE, pr. *qui dérobe l'eau,* horloge d'eau en usage chez les anciens. C'était un vase transparent, plein d'eau, percé au fond, d'un trou par lequel le li-quide se dérobait à la vue dans un temps déterminé. RR. κλέπτω, ὕδωρ.

17. *a.* De κλάω, briser, parce que les anciens, pour tirer au sort, jetaient dans un casque ou une urne un petit *morceau de bois* ou un caillou.— *b.* D'où *clericus,* CLERC. ▪ *Propterea vocantur clerici, vel quia de sorte sunt Domini, vel quia ipse Dominus sors, id est,* pars *clericorum est.*▪ S. JÉR. Le nom de *clerc,* porté par les commis de notaires, rappelle qu'autrefois ce mot était synonyme de *lettré* ou *savant.*

18. *a.* F. κλινῶ, a. ἔκλινα, pf. κέκλικα, f. p. κλινθήσομαι, κλιθήσομαι, κλινήσο-μαι, a. p. ἐκλίνθην, ἐκλίθην, ἐκλίνην, pf. p. κέκλιμαι. D'où CLIGNER, CLIN D'OEIL. — *b. Pr. Inclinatio cœli,* zone comprise entre deux cercles parallèles à l'équateur, d'où l'on voit l'étoile polaire plus ou moins inclinée, et où, par conséquent, il fait plus ou moins chaud. — *c.* Saint Jean de Palestine, au sixième siècle, reçut le surnom de CLIMAQUE, parce qu'il avait intitulé Κλῖμαξ, *échelle,* un ouvrage ascé-tique en trente chapitres par lesquels il fait monter l'âme, comme par trente de-grés, jusqu'au sommet de la perfection.

19. *a.* F. κλύσω, a. ἔκλυσα, a. p. ἐκλύ-σθην, pf. p. κέκλυσμαι. D'où CLYSTÈRE, κλυστήριον, lavement; CATACLYSME, κατα-κλυσμός, inondation. RR. κατά, κλύζω. — *b.* Ancien verbe d'où dérive *cluaca* ou *cloaca,* CLOAQUE, aqueduc souterrain pour les immondices.

20. *a.* F. κλώσω, a. ἔκλωσα, pass. σθή-σομαι, —σθην, —σμαι. — *b.* La plus jeune des trois sœurs filandières, celle qui te-nait la quenouille. V. Λαγχάνω.

21. *a.* R. κλάω, ébrancher. V. Σχίζω.

1. Κίτρον[a], τὸ, CITRON. —ρέα, CITRONNIER ; —ριον, *le fruit ou l'écorce.*

2. *Κιχάνω[a], rencontre, atteint. —χησις, *action de rencontrer.*

3. Κίχλη, ἡ, grive. —χλίζω, *mange des grives, fait bonne chère[a], rit aux éclats;* —χλισμός, *bonne chère, ris immodéré.*

4. Κίχορα, ἡ, CHICORÉE[a]. —χώρη, cichorium, *id.* — 5. *Κίω[a], va.

6. Κίων, ονος, ὁ, colonne, montagne, cloison du nez[a], luette. Κιό-νιον, κιονίς, κιονίσκος, *colonnette;* κιονικός, *de colonne.*

7. *Κλέος[a], κλέους, τὸ, bruit, renommée[b], gloire. Κληδών, *bruit, présage, gloire;* κλείω, *célèbre;* κλείομαι, *est célébré;* κλειτός[c], *célèbre.*

8. Κλήθρα[a], ἡ, aune. — 9. Κλῆρος, ὁ, ver qui ronge les ruches.

10. *Κλόνος, ὁ, agitation, désordre, alarme. —νέω, *agite;* —νησις, *action d'agiter, tumulte;* —νόεις, *agité.*

11. Κλύβατις, ιος, ἡ, pariétaire, *pl.* — 12. Κλύμενον, τὸ, souci, *pl.*

13. *Κλύω[a], clueo, entend, exauce, sait, écoute, passe pour[b]. Κλυ-τός, inclytus[c], *fameux, illustre, beau, qu'on entend.*

14. Κλωβός, ὁ, cage, trébuchet. — 15. Κλώδωνες, αἱ, bacchantes.

ANNOTATIONS.

1. *a.* D'où CITROUILLE, pr. fruit de la couleur du citron, *citreolus.* QUERCITRON, chêne vert d'Amérique, dont l'écorce sert à teindre en *jaune-citron.* RR. *quercus,* chêne, *citreum,* jaune.

2. *a.* F. κιχήσομαι, a. 1 ἐκιχησάμην, a. 2 ἔκιχον et ἐκίγην, subj. κιχῶ, opt. κι-χείην, inf. κιχῆναι, part. κιχείς.

3. *a. Pr.* Mange des grives. A Rome aussi, la grive venait en première ligne sur la carte gastronomique : « *Nil melius turdo*, » dit Horace qu'on peut croire sur parole. L'éducation des grives était, à Rome, un objet d'exploitation importante, et certaines volières en fournissaient annuellement au delà de 5000. Une bonne grive se vendait plus de 3 francs de notre monnaie. Les riches particuliers en avaient une volière dans leurs villas. « *Lucullus è turdis aviarium fecit in Tusculano, ut alios videret positos in mazonomo coctos, alios circùm fenestras volitantes.* » VARR.

4. *a.* Mot trois fois barbare : l'*h* après le *c* initial a le double inconvénient de violer l'étymologie et de changer la prononciation, et la suppression de la même lettre *h* dans la seconde syllabe est une autre faute d'étymologie.

5. *a.* Présent rare de l'a. 2 ἔκιον ou κίον, opt. κίοιμι, part. κιών, poét. pour ἴον, ἴοιμι, ἰών, d'εἶμι, aller.

6. *a.* Formée par un petit os que les anatomistes appellent *vomer*, à cause de sa forme semblable à celle d'un *soc de charrue*, en latin *vomer*.

7. *a.* R. κλύω, avoir du renom, entendre parler de soi. Cicéron définit la gloire : « *Celebritas sermonis hominum* », et saint Augustin : « *Frequens de aliquo fama cum laude.* » D'où CLIO, Κλειώ, la première des Muses, celle qui préside à l'histoire.— *b.* « Le *bruit* du monde n'est qu'un souffle du vent, qui tantôt vient d'ici, tantôt vient de là, et change de nom, parce qu'il change de côté. » DANTE. Le mot κλέος fait la dernière syllabe de plusieurs noms propres : AGATHOCLE, célèbre par sa bonté; SOPHOCLE, célèbre par sa sagesse ; THÉMISTOCLE, célèbre par sa justice, etc. RR. ἀγαθός, σοφός, θέμις et κλέος ; PATROCLE, gloire de son père. RR. πατήρ, κλέος ; CLÉOPATRE est le même mot retourné.— *c.* D'où CLITUS, favori d'Alexandre qui le tua dans un accès d'ivresse.

8. *a.* De κλείω, fermer, parce que cet arbre *renferme* les rivières dans leur lit en consolidant les bords.

13. *a.* Impér. a. 2. κλῦθι ou κέκλυθι, κλῦτε ou κέκλυτε. — *b.* Ἀκούω et *audit* ont aussi le même sens. — *c.* Formé de

16. Κνάω[a], gratte, excite, attriste. Κνίζω, κνήθω, *gratte ;* κναίω, *ra-cle ;* κνύω, *chatouille ;* κνύζα, *démangeaison, gale.*

17. Κνήμη [a], ἡ, jambe. —μαῖος, *de la jambe ;* —μίς, *botte, jambart ;* —μιδωτός, *botté ;* —μία, *rayon de rouc ;* *—μός, *mont*[b], *forêt.*

18. Κνίσσα, ἡ, nidor[a], graisse, odeur de viande. —σσός, *gras ;* —σσάω, *exhale une odeur de viande, sacrifie*[b]; —σσόω, *rôtit.*

19. Κόβαλος, ὁ, lutin, bouffon, flatteur, fripon. —λεύω, *fait le bouf-fon ;* —λεία, —λία, —λίκευμα, *bouffonnerie, tromperie.*

20. Κόγχη, ἡ, concha, CONQUE, COQUILLE[a], toute chose concave. —χος, *id. ;* —χύλη[b], CONCHYLE, *d'où l'on tirait la pourpre*[c].

21. Κοῖλος, η[a], ον[b], creux. *—λάς, *fém. ;* subst. *creux, vallée*[c]; —λόω, —λαίνω, *creuse ;* —λη, *fond de cale ;* —λότης, —λασμα, *creux.*

22. Κοιλία[a], ἡ, cavité du ventre *ou* de l'estomac, creux. —λιακός, *qui a le flux de ventre ;* —λίσκος, *bistouri.*

23. Κοιμάω[a], couche, endort. —μημα, *sommeil ;* —μίζω, *endort ;* —μιστής, *qui endort ;* —μητήριον, *dortoir,* cœmeterium, CIMETIÈRE.

ANNOTATIONS.

in augmentatif et κλυτός, opposé à *infa-mis, ignobilis, pr.* dont on ne parle pas, sans nom.

16. *a.* F. κνήθω, a. ἔκνησα ; a. p. ἐκνήσθην ; angl. *to gnaw,* all. *nägen.*

17. *a.* Ce substantif dérive d'une ra-cine sanscrite signifiant *pli, courbure,* pr. la courbure du bras. V. Ἀγκών. — *b.* Pr. flanc *recourbé* et boisé d'une mon-tagne.

18. *a.* P. *cnidor.* La consonne guttu-rale κ est dure, surtout devant les den-tales ; aussi l'a-t-on souvent supprimée en latin, en français et surtout en ita-lien. D'où *auteur,* de *auctor ;* cintre, de *cinctura ; dire,* de *dicere.* Vous remar-querez, en étudiant l'anglais, que nos voi-sins d'outre-Manche ne prononcent point le *k* devant *n* au commencement des mots. — *b.* La même idée est exprimée par le verbe θύω.

20. *a.* De plus mesure pour les liqui-des, équivalant à 2 centilitres un quart. — *b.* La partie de la zoologie (χο3) qui s'occupe de l'étude des *coquillages* s'ap-pelle CONCHYLIOLOGIE. RR. κόγχη, λέγω. — *c.* V. Πορφύρα.

21. *a.* D'où COELE-SYRIE, κοίλη Συρία, ou *Syrie Creuse,* la partie de la Syrie comprise entre le Liban et l'Anti-Liban,

avec Damas pour capitale. Cf. *Hollande,* mot de formation germanique, synon. de *Pays-Bas* ou *pays creux.* RR. *hohl, creux ; land,* contrée. — *b.* D'où *cœlum,* CIEL ; pr. la *voûte du ciel. « Convexa cœli ; cœlum profundum. »* VIRG. On écri-vait anciennement *coilum.* — *c.* V. Ἀγκών.

22. *a.* R. κοῖλος ; creux.

23. *a.* De κεῖμαι, être couché. Le moyen a aussi le sens de *mourir* ou être mort. Οἱ κοιμώμενοι signifie *les morts.* « *Nihil tam simile morti quam somnus.* » Cic. Dans la sainte Écriture, *dormire cum patribus* est synonyme de *mourir.* « *Modicum plora supra mortuum,* dit le Sage, *quoniam* requievit. » (*Eccli,* ch. 22.) « *Lazarus amicus noster* DORMIT. » JOAN. ch. 11. Il n'y a pas seulement ici une vaine image, comme dans les écrivains païens ; c'est une révélation du dogme de la résurrection de la chair. Dans la langue chrétienne, le corps mis en terre n'est qu'un dépôt, *depositio ;* le cimetière est un dortoir où le martyr goûte la paix d'un doux sommeil. Aucune épitaphe n'égale, pour la poésie et le sentiment, ces inscriptions toutes simples des cata-combes : « *Aurelia hic ad dormiendum.* » « *Martyri in pace.* » V. Θάπτω, Πίπτω.

1. Κλώζω, glocio, GLOUSSE[a], crie, excite son cheval, hue, siffle. Κλωγμός, *gloussement, claquement de langue du cavalier, huée.*

2. *Κνέφας, εος[a], τὸ, obscurité, nuit, crépuscule. —φάζω, *obscurcit;* —φαῖος, *sombre, qui agit dans les ténèbres;* —φαος, *id.*

3. Κνῆχος, ὁ, cnicus, carthame [a] *ou* safran bâtard. —κίας, *fauve,* subst. *loup* [b]; —κίς, *tache jaune;* —κός, *jaune, fauve,* subst. *bouc.*

4. Κνιπός[a], ή, όν, chassieux, ladre[b], gueux. —πεία, *avarice, pauvreté;* —πότης, *chassie sèche avec démangeaison, ladrerie.*

5. Κνίψ[a], κνιπός, ὁ, moucheron, CYNIPS[b], mouche des fruits. Σκνίψ, *id.*

6. *Κνώδαλον, τὸ, animal sauvage, bête nuisible.

7. Κνώδων, οντος, ὁ, pointe de fer, couteau de chasse, épée. —δαξ, *pointe, pivot;* —δακίζω, *garnit d'un pivot.*

8. *Κνώσσω, dort, sommeille. — 9. *Κνώψ, κνωπός, ὁ, bête sauvage.

10. *Κοάλεμος, ὁ, fou. — 11. Κοάξ! COASSEMENT des grenouilles.

12. Κοδομεύω, fait griller de l'orge, fait rôtir. —μεῖον, *vase pour brûler l'orge;* —μή, *servante qui brûle l'orge.*

ANNOTATIONS.

1. *a.* Syll. rad. Κλογ; angl. *to cluck,* all. *glucken.* Le changement de *o* en *ou* est très-ordinaire dans le passage du latin au français : *vōs, nos,* nous ; *πρώρα, prora,* proue ; *colubra,* couleuvre ; *movere,* mouvoir ; *oblivio,* oubli ; κωβιός, goujon ; *couper,* de κόπτω ; *brouette,* pop. *berouette,* de *birota,* p. *bis-rota,* voiture à deux roues.

2. *a.* Rar. κνέφατος, ou ion. κνέφαος, dat. κνέφει ou κνέφα ou ion. κνέφαϊ. C'est le même mot que νέφος et γνόφος, *nebula,* nuage qui assombrit le ciel.

3. *a.* Genre de plantes composées, dont la fleur, de couleur orange, est très-employée en teinture. — *b.* S.-ent. θήρ, *pr.* l'animal au poil roux ; comme nous appelons *roussette* un genre de chauvessouris de couleur *roussâtre,* et *bêtes fauves* tous les mammifères sauvages qui ont la couleur du loup. V. Πέλεια.

4. *a.* R. κνάω, gratter. V. Λεπρός. — *b.* C.-à-d. lépreux, comme le *Lazare* de l'Évangile ; car telle est l'étymologie du mot *ladre.* Les lépreux étaient autrefois appelés *lazares,* puis on a dit *lazre* et *ladre.* qui signifie encore *sordide, avare,* c.-à-d. crasseux, malpropre par épargne, comme un lépreux. De *lazare,* dans le sens de lépreux, il nous reste le mot *lazaret,* synonyme de *ladrerie* ou *léprose-*rie, noms donnés aux hôpitaux des lépreux dans le moyen âge. *Lazaret* signifie aujourd'hui, surtout dans les ports de la Méditerranée, un bâtiment isolé où les passagers font quarantaine.

5. *a.* Ou σκνίψ ; R. κνάω, mordre. Insecte hyménoptère, armé d'une tarière avec laquelle il perce l'écorce des arbres et les feuilles, pour y déposer ses œufs dont la présence détermine bientôt l'affluence des sucs sur ce point, et produit, particulièrement sur le chêne, ces excroissances connues sous le nom de *galles.* V. Ἐρινεός. Ce fut cet insecte que Dieu envoya contre l'Égypte pour troisième plaie : « *Omnis pulvis terræ versus est in sciniphes per totam terram Ægypti, et facti sunt sciniphes in hominibus et in jumentis.* » (*Exode,* ch. 8.) — *b.* Les Latins ont ajouté l'y par euphonie.

13. *a.* D'où CÉNOBITE, κοινόβιος, qui vit en communauté dans un couvent, *conventus,* de *convenio,* se rassembler, RR. κοινός, βίος. L'ermite et l'anachorète vivent, au contraire, loin de toute société et dans des lieux solitaires. V. Ἔρημος, Χωρέω. Saint Antoine de Thébaïde fut le patriarche des cénobites au troisième siècle. CŒNA, m. à m. repas commun, *convivium,* de *cum* et *vivo,* le principal repas des Romains qui le pre-

13. Κοινός [a], ή, όν, commun, impur. —νότης, *communauté;* —νόω, *rend commun;* —νωνέω, *est associé;* —νωνία, *association.*

14. Κοίτη [a], ἡ, lit, coffret. *—τος, id.;* —τίς, *corbeille;* —ταῖος, *couché;* —τάζω, *coucher;* —τών, *chambre à coucher;* — τωνίτης.

15. Κολάζω [a], réprime, punit, *prim.* élague. —λασις, *répression;* —λασμα, *châtiment;* —λαστήριος, *propre à punir.*

16. Κόλαξ, ακος, ὁ, flatteur, *prim.* parasite [a]. —ακεύω, *flatte;* —ακευτής, *flatteur;* —ακεία, —ακία, —άκευμα, *flatterie;* —ακίς, *adulatrice.*

17. Κολάπτω [a], frappe, becquette, taille, sculpte. —πτήρ, *marteau;* κόλαφος, —φισμα, colaphus [b], *soufflet;* —φίζω, *souffleter.*

18. Κόλλα [a], ἡ, COLLE, soudure. Κολλάω, *coller;* κολλητός, *collé;* κόλλημα, *soudure;* κόλλοψ, *cuir dont on faisait la colle.*

19. Κολλύρα [a], ἡ, pain mal levé. —ριον, COLLYRE [b], *argile blanche;* —ρίς, *petit gâteau, ornement de tête pour femmes.*

20. Κολούω [a], coupe, mutile, empêche. Κολοβός, *κόλος* [b], *tronqué;* κολοβόω, *mutile, écourte;* —βιον, *vêtement sans manches* [c].

naient entre trois et quatre heures du soir. Vers le milieu du jour, ils en faisaient un autre, mais léger et court, nommé *prandium.* Plus tard on ajouta le déjeuner du matin, *jentaculum,* puis la collation du soir, *comessatio.* Les gourmands, et ils étaient en grand nombre à Rome, faisaient un cinquième repas entre le *prandium* et la *cœna;* c'était la *merenda* ou *antecœna.* Quand on s'invitait, c'était pour la *cœna,* le grand repas, où les opulents déployaient tout leur luxe, et qui durait quelquefois jusqu'au matin, avec de longs intermèdes pendant lesquels chacun allait vomir pour prévenir le rassasiement. En attendant que l'appétit revînt, on se récréait au spectacle des chanteurs, des bouffons ou même des gladiateurs qui venaient s'égorger auprès des convives. Les Romains, comme les Grecs et les Israélites, mangèrent d'abord assis. Ce furent les Perses qui introduisirent la coutume de prendre leurs repas sur des lits, κλίνη, d'où le nom de τρικλίνιον, *triclinium,* donné à la salle à manger, m. à m. *appartement à trois lits;* RR. τρεῖς, κλίνω. Cette salle du festin, ordinairement placée dans les étages supérieurs, s'appelait encore *cœnaculum,* d'où vient *cénacle,* chambre où

Jésus-Christ fit la dernière CÈNE avec ses apôtres.

14. *a.* M. rac. q. κεῖμαι, être couché, et κοιμάω, endormir.

15. *a.* F. κολάσω, m. rac. q. κολούω, couper.

16. *a.* Pr. qui cibi *causa blanditur.* R. κόλον.

17. *a.* F. κολάψω. — *b.* En bas latin *colpus,* d'où le français *coup.*

18. *a.* D'où COLLODION, mélange collant obtenu avec du coton-poudre dissous dans l'éther.

19. *a.* R. κόλλα, pr. *pain gluant.* — *b.* Médicament externe, ordinairement sous forme de pâte ou d'onguent, qu'on emploie dans les maux d'yeux.

20. *a.* Pf. p. κεκόλουμαι et κεκόλουσμαι. — *b.* D'où COLURES, κόλουροι, nom donné à deux grands cercles de la sphère, perpendiculaires à l'équateur. Il faut les voir sur un globe pour en comprendre le nom, qui veut dire *ayant la queue coupée;* RR. κόλος, οὐρά, parce que ces deux cercles se coupent aux pôles, qui sont comme les *extrémités* de la terre. — *c. Colubium est vestis sine manicis. Cum ergo nuditas brachiorum culparetur a beato Sylvestro, dalmaticarum repertus est usus.* » ALCUIN. V. Θήραιον.

1. Κοδράντης, ου, ὁ, de quadrans[a], QUART de l'as. — 2. ʽΚοέω[a], voit, sent.

3. Κόθορνος, ὁ, cothurnus, COTHURNE[a], homme double[b], inconstant.

4. Κοΐ! cri *ou* grognement du cochon. Κοΐζω, *grogne.*

5. Κόϊξ, ϊκος, ὁ, palmier d'Égypte, corbeille de palmier.

6. *Κοίρανος[a], ὁ, chef, prince. — νία, *domination;* — νέω, commande.

7. Κοισυρόομαι, est fier *comme* CÉSYRA, *riche Athénienne.*

8. Κόκκος, ὁ, coccum, graine, pepin, baie[a], COCHENILLE[b] du chêne.
— κινος[c], *d'écarlate;* — κίζω, *ôte les grains, les pepins.*

9. *Κόκκυ[a]! coucou! cri du coucou. Κόκκυξ, coucou, COCCYX[b];
— κύζω, *chante comme le coucou* ou *le coq;* — κυστής, *criard.*

10. Κοκύαι, οἱ, αἱ, aïeux, aïeules. — 11. Κολαινίς, ίδος, ἡ, Diane, n. d'oiseau.

12. Κόλαβρος, ὁ, sorte de danse *ou* de chanson lascive. — βρεύομαι,
danser cette danse; — βρίζω, *id., insulter.*

13. Κολεός[a], ὁ, culeus, fourreau, gaîne, étui, vase. Κολεόν, *id.*

14. Κολετράω, foule aux pieds, frappe. — 15. Κωλίας, ου, ὁ, maquereau.

16. Κολλυβατεία, ἡ, nom de plante, *le même que* χλύβατις.

ANNOTATIONS.

1. *a* *Au figuré* une obole, la moindre petite pièce de monnaie. Dans saint Matthieu, ch. 5, « *Donec reddas novissimum quadrantem* » veut dire : jusqu'à ce que tu rendes le dernier *centime.* V. Ἀσσάριον.

2. *a.* Forme ionienne p. νοέω, voir, comprendre.

3. *a.* Sorte de bottine garnie d'épaisses semelles de liége, lacée par devant et montant à mi-jambe. Comme le cothurne était la chaussure spéciale des acteurs tragiques, on en fit l'emblème de la tragédie, par opposition à *soccus*, brodequin de femme, dont les acteurs comiques faisaient usage. Ce fut Sophocle qui introduisit le cothurne sur la scène tragique, comme étant la chaussure des héros, des rois, des généraux et des magistrats de la Grèce. A Rome, le cothurne était porté par les gens riches et opulents. Aussi, quand Caïus César eut quitté la *caliga* pour le cothurne, prit-il pour une injure son surnom de *Caligula.* « Caligulam *convicium et probrum judicabat* cothurnatus. » Sen. — *b.* Parce que le même cothurne se mettait indifféremment aux deux pieds.

6. *a.* M. rac. q. κῦρος, autorité.

8. *a.* D'où Coccothrauste. V. Θραύω. Un certain nombre d'animaux, et même des familles entières tirent leur nom de leur mode d'alimentation. Ex. le *chardonneret*, ἀκανθίς, qui recherche la graine de *chardon;* le *bec-figue, ficedula*, qui se nourrit de *figues* : RR. *ficus, edo;* l'*ortolan, miliarius*, de *milium*, millet; le *cassenoix*, passereau voisin du corbeau, qui se nourrit de *noyaux* et surtout de *noisettes;* l'orfraie, V. Ὀστέον; le *gobemouche* et le *moucherolle*, deux genres de passereaux *insectivores;* la *linotte*, friande des graines du *lin;* le *guêpier*, passereau mangeur d'abeilles et de *guêpes;* l'*huitrier*, oiseau échassier, qui vit de *coquillages* et de *crustacés;* le *fourmilier*, mammifère et passereau consommateurs de *fourmis*, etc. « *Non seminant neque metunt, et Deus pascit illos.* » Luc. ch. 12. « Aux petits des oiseaux il donne leur pâture, et sa bonté s'étend à toute la nature. » Racine. Voy. Lamartine, *Hymne de l'enfant à son réveil.* — *b.* Insecte hémiptère, voisin des pucerons, qui fournit à la teinture une magnifique couleur rouge. Cet insecte s'appelle aussi *kermès*, mot arabe qui signifie *teint en écarlate*, et d'où dérivent, par corrup-

17. Κόλπος, ὁ, sein, pli des vêtements, GOLFE [a], fistule, ulcère. —πίζω, —πόω, rend sinueux ; —πωτός, sinueux; —πωμα, pli.

18. Κολυμβάω, plonge, nage. —βος, plongeon, plongeur; —βητής, plongeur; —βήθρα, lieu de bain ; —βάς, —βίς, qui plonge, nage.

19. Κολώνη, ἡ, hauteur, colline, tertre, citadelle, ville. Κολωνός, id., COLONE [a], lieu de réunion, assemblée.

20. Ἁκομέω [a], como, soigne, pare, entretient. —μίζω, soigne, porte [b], va; —μιδή, soin ; —δῆ, avec soin; —μιστρον, prix au porteur.

21. Κόμή [a]. ἡ, coma, chevelure, crinière, feuillage. —μάω, a de longs cheveux ; —μήτης, chevelu, subst. COMÈTE [b].

22. Κομμός [a], ὁ, parure. —μόω, —μωτίζω, pare, farde; —μωμα, parure, fard; —μωτής, coiffeur, celui qui pare; —μώτρια, fém.

23. Κόμπος, ὁ, bruit, emphase, orgueil: —πός, fanfaron ; —πάζω, —πέω, fait du bruit, parle avec emphase; —παστής, fanfaron.

24. Κομψός [a], ἡ, όν, comptus, élégant, maniéré, fin. —ψεύω, orne; —ψεύομαι, est fin; —ψεία, —ψότης, élégance, esprit, finesse.

ANNOTATIONS.

tion, carmin et cramoisi. — c. Le mot cochenille est synonyme de kermès, et vient de l'adjectif κόκκινος, coccineus, ca, eum, dont on a fait aussi coccinelle, nom d'un insecte coléoptère rouge vulgairement appelé bête à bon Dieu. Les Latins ont nommé la cochenille vermiculus, vermisseau, dont nous avons fait en français vermeil et vermillon, pour signifier couleur rouge. V. Κιννάβαρι.

9. a. V. Κακκαβίς.—b. Petit os triangulaire qui termine la colonne vertébrale de l'homme, et dans lequel on a cru voir quelque analogie de forme avec le bec du coucou.

13. a. De κοῖλος, creux, comme vagina, gaine, vieux latin vacina, de vacuus, vide. D'où COLÉOPTÈRE, nom donné à un ordre d'insectes, à cause de la disposition de leurs ailes au nombre de quatre, dont les deux supérieures, de nature cornée, servent d'étui aux inférieures, légères et transparentes. Ex. le cerf-volant, le hanneton. RR. κολεός, πτερόν.

17. a. Il y a ici un double changement à remarquer, dans le passage du grec ou du latin au français : 1° celui de κ en g, comme dans guitare, de κιθάρα,

cithara ; glousser, de κλώζω ; cygne, de κύκνος; gras, de crassus ; goujon, de κωβιός ; grabat, de κράβατος; gonfler, de conflare ; loger, de locare ; langouste, de locusta ; jongler, de joculari; aveugle, de ab-oculus, pr. privé de la vue ; gibier, de cibaria ou cibus ; 2° Le changement de π en f, comme dans chef, de caput ; nèfle, de mespilum ; fido, de πείθω. C'est ainsi que de pater, πατήρ, les Anglo-Saxons ont fait father.

19. a. Bourg situé au nord d'Athènes, sur une éminence à laquelle il doit son nom. Là naquit, en 493 av. J. C., le poète tragique Sophocle, qui, dans l'OEdipe à Colone, a décrit en vers magnifiques et pleins d'enthousiasme, les agréments incomparables de son pays natal.

20. a. Sans futur. — b. Porter avec soin et attention.

21. a. De κομέω, parer. — b. S.-ent. ἀστήρ, pr. étoile chevelue. « Crinita stella. » SUET. « Quas stellas Græci cometas, nostri crinitas vocant. » CIC.

22. a. De κομέω, parer.

24. a. De κομέω, parer.

1. Κόλλυβος, ὁ, **collybus**, petite monnaie, petit poids, change. —6α, *gâteaux, bonbons;* —6ιστής, *changeur, banquier.*

2. Κολοιός, ὁ, geai, choucas. ˚Κολῳάω, ˚κολῳέω, *crie, criaille comme les geais;* ˚κολῳός, *cri, criaillerie, tumulte.*

3. Κολοιτέα, ἡ, **colutea**, baguenaudier [a]. Κολυτέα, *id.*

4. Κολοκάσιον, τὸ, fève d'Égypte, COLOCASE [a], *pl.* —σία, *id.*

5. Κολόκυνθα [a], ἡ, citrouille. —θη, —θος, —τη, —τος, *id.;* —θιάς, *arrangé à la citrouille;* —θίς, **colocynthis**, COLOQUINTE.

6. Κόλον, τὸ, mets, nourriture, gros boyau; *d'où vient* dyscola [a].

7. Κολοσσός, ὁ, **colossus**, COLOSSE. —σσαῖος [a], —σσικός, *colossal.*

8. ˚Κολοσυρτός, ὁ, bruit, foule. — 9. Κολύβδαινα, ἡ, écrevisse.

10. Κολχικόν, τὸ, COLCHIQUE [a], plante très-commune en COLCHIDE.

11. Κολοφών, ῶνος, ὁ, faîte, sommet, comble, fin, balle, ballon.

12. Κολοφωνία [a], ἡ, COLOPHANE, *résine de* COLOPHON [b]. —νια, *sorte de chaussure fabriquée à Colophon.*

13. Κόμαρον, τὸ, **comarum**, fruit de l'arbousier. —ρος, *arbousier* [a].

ANNOTATIONS.

3. *a.* Arbrisseau légumineux dont la gousse est remplie d'air et éclate avec bruit quand on la presse entre les doigts.

4. *a.* Plante voisine du gouet, dont la racine charnue fournit aux Indiens et aux Chinois un aliment farineux.

5. *a.* D'où APOCOLOQUINTOSE ou *incucúrbitation,* titre d'une satire mêlée de prose et de vers, dans laquelle le grave philosophe Sénèque raconte la métamorphose de Claude, l'imbécile empereur, non pas en divinité, comme dans une apothéose, mais en *citrouille,* lat. *cucurbita.* RR. ἀπό, κολόκυνθα.

6. *a.* V. Δύσκολος, morose, bourru, pr. *difficile sur le manger.* RR. δύς, κόλον.

7. *a.* D'où *Colosseum,* COLOSSÉE ou COLYSÉE, le plus grand des amphithéâtres de Rome, commencé par Vespasien et achevé par Titus. Il fut ainsi appelé parce qu'il y avait près de là une statue *colossale* de Néron, haute de 33 mètres. Ce sont les débris de cet édifice qu'on nomme aujourd'hui *Colysée.*

10. *a.* Plante voisine du lis, qu'on employait dans les empoisonnements chez les anciens.

12. *a.* S.-ent. ῥητίνη, résine extraite

de la térébenthine. — *b.* Ville de Lydie, sur la frontière d'Ionie.

13. *a.* Genre d'arbres et d'arbrisseaux de la famille des bruyères, d'un beau feuillage toujours vert.

15. *a.* D'où *percontari,* mieux que *percunctari,* s'informer, m. à m. *sonder avec une perche :* « *A conto dicitur, quo nautæ utuntur ad exploranda loca navibus opportuna.* » DONAT.

16. *a.* D'où COPRIS, nom latin du *bousier.* COPROPHAGE, nom donné à un genre d'insectes coléoptères qui vivent sur les excréments des animaux. RR. κόπρος, φαγεῖν. COPRONYME, surnom donné à l'empereur Constantin IV, fils et successeur de Léon l'Isaurien, parce que, pendant son baptême, il lui arriva de salir les fonts. RR. κόπρος, ὄνυμα, Éol. p. ὄνομα.

17. *a.* F. κόψω, a. ἔκοψα, pf. κέκοπα, a. p. ἐκόφθην ou ἐκόπην, pf. p. κέκομμαι. D'où COPEAU; COPTER, frapper une cloche d'un seul côté avec le battant, comme pour sonner le tocsin; CHOPPER, faire un faux pas en heurtant du pied une pierre d'*achoppement;* SYNCOPE, συγκοπή, défaillance, évanouissement, et en grammaire, *retranchement d'une*

14. Κόνις, εως, ἡ, **cinis**, poussière, CENDRE. —νία, *id.*; —νιάω, *crépit;* —νίω, *remplit de poussière;* —νίσαλος, *nuage de poussière.*

15. Κοντός, ὁ, **contus** [a], perche, pieu, croc de batelier, épieu. —τωσις, *pêche à l'épieu;* —τωτός, *garni de crocs.*

16. Κόπρος [a], ὁ, fumier, ordure. —ρεύω, —ρίζω, *engraisse, fume;* —ρανον, *fiente;* —ρία, —ρών, *tas de fumier;* —ρίας, *bouffon.*

17. Κόπτω [a], frappe, COUPE, fatigue. —πος, *fatigue, coup* [b]; —πίς, *epée;* —πιάω, *est las;* —πεύς, *ciseau* [c]; —κόμμα, *coupure*, COMMA [d].

18. Κόραξ [a], ακος, ὁ, **corvus**, CORBEAU, bec de CORBIN [b]. —ράκειος, —ρα-κῖνος, *de corbeau;* —ραξός, *de la couleur du corbeau.*

19. Κορέννυμι [a], rassasie, contente. Κόρος, χορεία, *satiété.*

20. Κορέω [a], nettoie, balaie, orne. Κόρος, κόρηθρον, *balai.*

21. Κόρη [a], ἡ, jeune fille, pupille de l'œil [b]. —ρεία, *virginité;* —ράσιον, *fillette;* —ρειον, *temple de Proserpine.*

22. Κόρυζα, ἡ, morve, rhume de-cerveau [a], sottise [b], orgueil [c]. —ζάω, *a un rhume de cerveau, est sot;* ᵗ—ζᾶς, *morveux.*

ANNOTATIONS.

ou plusieurs lettres dans le corps d'un mot, comme dans *métier*, v. fr. *menes-tier, mestier,* de *ministerium;* île, de *in-sula; voir,* de *videre;* v. fr. *veder, véer, véoir; veau,* de *vitulus,* v. fr. *vedel, véel.* RR. σύν, κόπτω. APOCOPE, *retran-chement* de lettres à la fin d'un mot, comme dans *parmi* p. *par le milieu; Di* p. *Dii.* RR. ἀπό, κόπτω. — *b.* Pr. le *coup* qu'on se donne dans la douleur; κομμός et κοπετός ont le même sens. V. Πλήσσω. — *c.* De *cædere,* couper, supin *cæsum.* — *d.* Ou *virgule,* pr. *petit bâton,* signe de ponctuation servant à distinguer les *incises* d'une phrase. Les anciens ne ponctuaient pas; ils y suppléaient en distinguant les membres du discours par vers ou par lignes, στίχος, comme fit saint Jérôme pour la Bible, afin d'en fa-ciliter la lecture aux fidèles. On suppléait encore aux interponctuations par des vi-des en blanc qui indiquaient la pause à faire en lisant. — En musique, le *comma* est une fraction de ton.

18. *a.* Angl. *crow,* all. *krähe,* m. rac. q. κράζω, crier. D'où *nycticorax,* le som-bre hibou, pr. *corbeau de nuit.* RR. νύξ, κόραξ. — *b.* V. Σκορπίος.

19. *a.* F. κορέσω, a. ἐκόρεσα, pf. κε-

κόρεκα; prend σ au passif.

20. *a.* F. κορήσω.

21. *a.* M. rac. q. κοῦρος, jeune gar-çon; les Ioniens disent κούρη. — *b.* L'a-nalogie des deux significations du mot κόρη est aussi simple qu'elle paraît d'a-bord mystérieuse. Quand nous regardons l'œil de notre semblable, nous nous y voyons nous-même représenté par une petite image, comme dans un miroir. C'est là ce que toutes les langues expri-ment. En hébreu, ce que nous appelons très-prosaïquement *la prunelle,* se dit *homunculus,* la miniature de l'homme, ou encore *filia oculi,* l'enfant de l'œil, la *fille de l'œil.* Cf. *pupilla,* pupille, prunelle de l'œil, dont le sens premier est *petit enfant, enfant mineur,* dim. de *pupa,* petite fille, *poupée.* En espagnol, le mot *niña* signifie également *prunelle de l'œil* et *petite fille.* V. Γλήνη.

22. *a.* Ou CORYZA; m. rac. q. κορυφή. — *b.* L'affaiblissement de l'esprit est as-similé ici à la perte de l'odorat et du goût. V. Ἀμβλύς, Κωφός. — *c.* Remar-quez le rapprochement des deux mots *sottise* et *orgueil.* « C'est le comble de l'i-gnorance que d'être *orgueilleux.* » FON-TENELLE.

1. Κόμβος, ὁ, nœud, bourse. —6όω, *noue, attache, enveloppe, trompe.*

2. Κόμμι, εως, τὸ, **gummi**, GOMME. —μίζω, *ressemble à la gomme.*

3. Κόναβος, ὁ, bruit. —6έω, —6ίζω, *fait du bruit;* —6ηδόν, *avec bruit.*

4. Κόνδυ, υος, τὸ, grande coupe, mesure pour les liquides.

5. Κόνδυλος, ὁ, CONDYLE *ou* articulation, main, poing, coup de poing. —λίζω, *frappe d'un coup de poing;* —λόομαι, *se renfle.*

6. Κονέω, travaille, s'empresse, sert; d'où διακονέω, *sert, donne.* Διάκονος, *serviteur, ministre, magistrat,* **diaconus**, DIACRE [a].

7. Κόνιχλος, ὁ, de **cuniculus**, lapin. — 8. Κόνναρος, ὁ, arbuste.

9. Κόννος, ὁ, toupet, barbe, poil, sorte de pendant d'oreille.

10. Κόνυζα, ἡ, CONYSE, *pl.*—11. Κόορτις, εως, ἡ, *de* **cohors**[a], COHORTE[b].

12. Κόππα [a], τὸ, COPPA, *signe numérique qui valait* 90.

13. Κοράλλιον, τὸ, **coralium**, CORAIL[a]. Κοραλλίζω, *est rouge.*

14. Κορβανᾶς, ᾶ, ὁ, le trésor du temple à Jérusalem.

15. Κόρδαξ, αχος, ὁ, une danse bouffonne et indécente [a]. —δαχισμός, *id.;* —δαχίζω, *danser cette danse.*

ANNOTATIONS.

6. *a.* Διάκονος voulait dire *pr.* serviteur de la table, qui va de l'un à l'autre, διά. Par analogie, on appelle DIACRE le ministre ecclésiastique qui sert à l'autel le prêtre ou l'évêque. Mais ce mot a perdu beaucoup de sa signification originale. Les sept premiers diacres furent spécialement établis par les apôtres pour faire le service des tables, « *ministrare mensis.* » (*Act.*, ch. 6.) Cette fonction consistait, pendant les premiers siècles de l'Église, à servir dans les agapes, à administrer l'eucharistie aux fidèles, à la porter aux absents et à distribuer les aumônes. Il faut remarquer que toutes les dénominations de la hiérarchie ecclésiastique, aussi bien que tous les termes liturgiques, sont tirés du grec, qui était la langue des premières églises et en particulier de celle d'Antioche où les fidèles reçurent le nom grec de *Chrétiens*. D'ailleurs, tous les livres du Nouveau Testament furent écrits en grec, moins l'Évangile de saint Matthieu et l'Épitre aux Hébreux. Avec les idées nouvelles répandues dans le monde par le christianisme se propagèrent les mots nouveaux qui servaient à les exprimer, et ce fut une époque de renaissance pour les lettres grecques et latines, une ère nou-

velle, l'ère des Pères de l'Église.

11. *a.* *Cohors* se rapporte lui-même à la racine χόρτος. — *b.* La cohorte était dans l'armée romaine un corps d'infanterie d'environ 600 hommes, qui faisait le dixième de la légion. La cohorte se divisait en trois manipules, et chaque manipule était composé de deux centuries.

12. *a.* Nom d'une ancienne lettre grecque qui s'écrivait ℓ ou ☉ et répondait au *Coph* des Hébreux. A cause de sa similitude de son avec le ϰ, cette lettre a disparu de l'alphabet grec. Les Romains avaient fait du ☉ leur lettre *q*, qu'ils ont gardée et nous ont transmise, quoiqu'elle nous fût aussi inutile qu'à eux-mêmes. V. K.

13. *a.* Genre de polypes que l'on pêche en abondance sur les côtes de l'Algérie, surtout à la Calle, et qu'on emploie, à cause de sa belle couleur rouge, à faire des bijoux.

15. *a.* La cordace était la plus licencieuse de toutes les danses grecques; et Démosthène, dans sa 2e Olynthienne, voulant donner l'idée d'un homme perdu de mœurs, lui reproche de s'enivrer et de danser la cordace. V. Καρπαία, Ὀρχέομαι

16. Κορύνη, ἡ, massue, bâton à gros bout [a]. —νάω, croît en touffe; —νησις, germination; —νήτης, armé de la massue.

17. Κόρυς [a], υθος, ἡ, casque, alouette huppée. ʼ—ύσσω [b], armer; ʼ—υστής, guerrier; —υστός, plein; —ύπτω, remue la tête.

18. Κορυφή [a], ἡ, tête, sommet. —φαῖος, chef, commandant, CORYPHÉE [b]; —φαία, têtière, coiffure; —φόω, élève en pointe.

19. Κορώνη, ἡ, cornix, CORNEILLE, bout recourbé, fin, rar. COURONNE. —νιάω, est recourbé, est fier [a]; —νίς, fin [b]; —νιστής, bateleur [c].

20. Κόσκινον, τὸ, crible, table de nombres. —νιον, petit crible; —νεύω, —νίζω, cribler; —νηδόν, en forme de crible.

21. Κόσμος [a], ὁ, ordre, beauté, monde [b]. —μιος, réglé; modéré; —μικός, mondain; —μέω [c], arrange, orne; —μημα, ornement.

22. Κοτύλη, ἡ, cavité, petit vase, écuelle, COTYLE [a]. —λίζω, vend en détail; —ληδών [b], emboîture d'un os; —λων, videur de pots.

23. Κοῦρος [a], ὁ, jeune garçon. —ρά, tonte, coupe, cheveux coupés [b]; —ρίζω, tond, est jeune; —ριάω, a besoin d'être rasé.

ANNOTATIONS.

16. a. Même rac. q. κορυφή, tête, κόρυμβος, sommet, κόρυς, casque.

17. a. Même rac. que. κάρη, tête. — b. D'où coruscare, agiter, heurter, s'agiter, briller.

18. a. M. rac. q. κορύπτω, heurter de la tête comme un bélier. — b. Nom donné, chez les Grecs, au chef du chœur dans les tragédies.

19. a. M. à m. lève les cornes, la tête. Exaltare cornu a le même sens dans la Bible. V. Αὐγήν. — b. Adj. fém. signifiant courbée à l'extrémité, puis substantivement, trait, crochet, marquant la fin d'un chapitre. Les grammairiens appellent coronis le signe de la crase; ex: κἀγώ. V. Κεράννυμι. — c. Les bateleurs faisaient la quête en portant une corneille sur le poing.

21. a. D'où cosmographie, κοσμογραφία, description du monde visible. RR. κόσμος, γράφω. Cosmopolite, κοσμοπολίτης, citoyen de l'univers, qui n'adopte aucune patrie. RR. κόσμος, πόλις. — b. De l'adjectif mundus, a, um, beau, élégant. « Les Grecs nommèrent le monde beauté, parce que tout ordre est beauté, et que l'ordre suprême est dans le monde. Les Latins rencontrèrent la même idée, et

l'exprimèrent par le mot mundus. » De Maistre. V. le psaume 103. — c. D'où cosmétique, κοσμητικός, propre à embellir. « Le plus parfait des cosmétiques est l'eau pure d'une fontaine limpide. » Mad. de Genlis.

22. a. Mesure grecque pour les liquides qui répond à 26 centilitres. — b. D'où cotylédon, lobe charnu qui forme la partie la plus considérable d'une graine, et renferme une matière farineuse propre à nourrir la jeune plante, tant qu'elle n'a pas encore de racines pour puiser sa subsistance dans le sol. Il y a des plantes monocotylédonées, c.-à-d. à un seul cotylédon, c. le lis, l'oignon. D'autres sont dicotylédonées, c.-à-d. à deux cotylédons, c. le haricot, le pommier. D'autres enfin sont acotylédonées, c.-à-d. sans cotylédons, c. la mousse, le champignon.

23. a. Poët. κόρος. De κείρω, tondre, pr. celui qui est dans l'âge où l'on commence à couper les cheveux. D'où Dioscures, Διόσκουροι, c.-à-d. fils de Jupiter. RR. ζεύς, κοῦρος : nom commun à Castor et à Pollux. — b. Comme en latin cæsaries, chevelure, vient de cædo, couper; vellus, toison, de vellere, arracher, et en français, toison, de tondere, tondre.

1. Κορδύλη, ἡ, massue, pilon, hie, tumeur, coiffure à Chypre, thon. —λος, CORDYLE, *sorte de lézard d'eau* ou *de têtard.*

2. Κόρθυς, υος, ἡ, tas, meule de blé. Κορθύνω, κορθύω, *entasse.*

3. Κορινθιάζω, vit dans la débauche *comme les Corinthiens* [a].

4. Κόρις [a], εως, ὁ, ἡ, punaise [b], CORIS [c], sole [d]. Κορίαννον, CORIANDRE [e].

5. Κόρος, ὁ, mesure de blé, *chez les Juifs* [a]. Rac. hébr.

6. Κορύβας, αντος, ὁ, CORYBANTE, prêtre de Cybèle, furieux [a]. —βαντίζω, *célèbre leurs mystères ;* —βάντιον, *leur temple.*

7. Κόρυμβος [a], ὁ, sommet, toupet, grappe *ou* CORYMBE de fleurs [b]. *—βα, *pointes à la proue des vaisseaux ;* —βόω, *coiffe en toupet.*

8. Κόρχορος, ὁ, une herbe sauvage qu'on mangeait, un poisson.

9. Κοσκυλμάτια, τὰ, rognures de cuir, minuties, niaiseries.

10. Κόσσυφος, ὁ, merle, un poisson de la même couleur, un coq.

11. Κότινος, ὁ, ἡ, cotinus, olivier sauvage [a]. —νεος, *d'olivier sauvage ;* —νάς, *olivier greffé, olive sauvage.*

12. Κόστος, ὁ, costus, plante et parfum de l'Inde. —τον, —τάριον, *id.*

ANNOTATIONS.

3. *a.* V. Λεσβιάς.

4. *a.* De κορέννυμι, dégoûter, ou de χείρω, couper, mordre. D'où CORÉORSIS, plante d'agrément, voisine de l'hélianthus, ainsi nommée de la forme aplatie de la graine qui a l'*aspect d'une punaise.* RR. κόρις, ὄσσομαι. HYDROCORISES ou *punaises d'eau,* famille d'insectes hémiptères, aquatiques et très-carnassiers, dont la *notonecte* fait partie. RR. ὕδωρ, κόρις. V. Νῶτος. — *b.* Ainsi appelée parce qu'elle *pue ;* c'est *pr.* le féminin de l'adjectif *punais,* puant. Le nom du *putois* a aussi pour racine le verbe *putere,* puer, et rappelle la mauvaise odeur que cet animal répand. — *c.* Plante de la famille des primevères, ainsi nommée de la forme aplatie de sa semence. — *d.* Ainsi appelée à cause de sa forme *aplatie.* La même idée se retrouve dans le mot *sole,* du latin *solea,* qui a pour sens premier *semelle.* — *e.* Plante ombellifère, ainsi nommée à cause de l'*odeur de punaise* qu'exhale la plante sur le pied.

5. *a.* Cette mesure équivalait à 41 médimnes ; le médimne contenait environ 52 litres.

6. *a.* M. rac. q. κορύπτω, agite la tête. V. Κύβη, Βάκχος.

7. *a.* Plur. κόρυμβοι ou κόρυμβα ; m.

rac. q. κορυφή, tête. — *b.* Disposition de fleurs portées sur des pédoncules qui partent de différents points de la tige, et atteignent tous à une même hauteur, comme dans l'*aster* ou *reine-marguerite,* la *pâquerette,* etc.

11. *a.* C'était d'olivier sauvage qu'était faite la couronne décernée aux vainqueurs des jeux Olympiques ; celle des jeux Pythiens, célébrés à Delphes en l'honneur d'Apollon vainqueur du serpent Python, était de laurier ; celle des jeux Néméens, célébrés dans la forêt de Némée en l'honneur d'Hercule vainqueur du terrible lion, était d'ache verte, et celle des jeux Isthmiques, d'ache sèche ou de pin. « *Illi quidem ut corruptibilem coronam accipiant ; nos autem incorruptam.* » (I Cor., ch. 9.)

14. *a.* D'où l'angl. *coffin,* cercueil, et le français COFFRE, angl. et all. *coffer.* — *b.* Contenant 3 conges ; le conge équivalait à 3 litres 237 millil.

15. *a. Cochlearium* signifie aussi *escargotier,* c.-à-d. réservoir où l'on engraissait les limaçons pour la table. « *Si cui hoc mirum videtur,* ait Varro, *lepores ætate ista saginari ; accipiat illud, quod majore admiratione sit dignum, cochleas saginari.* » MACROBE. On allait chercher ces

13. Κοῦφος, η, ον, léger, petit, vain. —φότης, *légèreté;* —φίζω, *allége, est léger;* —φισις, *action d'alléger;* —φισμα, *allègement, élision.*

14. Κόφινος, ὁ, cophinus [a], corbeille, mesure béotienne [b]. —νόω, *couvre d'un panier, peine infamante en Béotie.*

15. Κόχλος, ὁ, cochlea, limaçon, coquille. —χλίας, —χλίον, *id., vis,* —χλιάριον, cochlearium [a], CUILLER; —χλαξ, *caillou.*

16. Κράζω [a], crocito, CROASSE, CRIE, demande à grands cris. Κραυγή, *cri;* κραυγάζω, *crie;* κραυγασμός, *cri;* κραγέτης, *criard.*

17. Κραιπάλη [a], ἡ, crapula, fumées du vin, ivresse, CRAPULE. —λάω, *est dans l'ivresse, a la raison troublée par le vin.*

18. Κράτος [a], εος, τὸ, force, puissance. —τέω, *est maître;* —ταιός, *—τύς, fort;* —τύνω, —ταιόω, *fortifie;* *—τυντήρ, vainqueur.*

19. Κρέας, ατος [a], τὸ, caro [b], CHAIR, viande; *d'où* CRÉOSOTE [c], PANCRÉAS [d]. Κρεάδιον, *un peu de viande;* κρεῖον, *vase où cuit la viande.*

20. Κρέκω, touche, frappe, joue d'un instrument, tisse [a], retentit. Κρεκτός, *qui retentit;* κρόκη, *caillou, trame, duvet, poil.*

ANNOTATIONS.

mollusques jusqu'en Afrique. V. Χήμη.

16. *a.* F. χράξω, a. 2 ἔκραγον, pf. κέχραγα, dans le sens du présent, d'où un autre futur κεκράξομαι. Syll. rad. Κραγ. Angl. *to crow.*, all. *krähen.*

17. *a.* L'α grec a été changé en *u* dans le latin, comme dans *chalumeau*, de *calamus; sucre*, de *saccharum; aucupio*, de *avis* et *capio*, prendre des oiseaux; *insultare*, de *in-saltare*, pr. *bondir sur*.

18. *a.* D'où PANCRACE, παγκράτιον, exercice violent, composé de la lutte et du pugilat, et où les athlètes déployaient *toutes* leurs *forces*, et pouvaient employer tous leurs moyens de défense, même les ongles et les dents. RR. πᾶς, χράτος. ARISTOCRATIE, ἀριστοκράτεια, gouvernement politique, où le pouvoir souverain est exercé par quelques personnes *considérables*, comme à Carthage, à Rome, et plus tard à Venise. RR. ἄριστος, χράτος. AUTOCRATIE, αὐτοχράτεια, gouvernement d'un seul, *qui commande par lui-même;* celui qui l'exerce s'appelle AUTOCRATE, comme en Russie. RR. αὐτός, χράτος. DÉMOCRATIE, δημοχρατία, *gouvernement populaire,* comme celui de la Suisse et des États-Unis. RR. δῆμος, χράτος. THÉOCRATIE, θεοχρατία, *gouvernement de*

Dieu, comme chez les Hébreux avant Saül. RR. θεός, χράτος. V. Καρτερός.

19. *a.* Ou mieux κρέως, dat. κρέατι, ou κρέᾳ, acc. κρέας, pl. κρέα, κρεῶν, κρέασι, κρέα. — *b.* D'où CHAROGNE; CARNAGE; INCARNAT, couleur de chair; CHARCUTIER, v. fr. CHAIRCUITIER, c.-à-d. marchand de *viande cuite.* ACHARNER, pr. exciter des bêtes contre une proie, *ad carnem.* Les exercices de la chasse qui, depuis Nemrod et même avant lui, ont été en honneur chez tous les peuples, ont fourni au langage une foule de termes et d'images, que vous trouverez disséminés dans les dictionnaires et employés à chaque instant dans la conversation; comme par exemple, chez nous, les expressions: *être aux abois; attraper;* appeler à *cor* et à *cri;* aller sur les *brisées* d'autrui; *leurrer* quelqu'un. V. Ἄωρον. — *c.* Huile caustique contenue dans la fumée, le goudron, etc., et qui préserve les matières animales de la putréfaction. RR. χρέας, σώζω. — *d.* Glande située entre le foie et la rate, et qui sécrète un liquide nécessaire à la digestion. Les anciens croyaient le pancréas *tout charnu,* d'où son nom. RR. πᾶς, χρέας.

20. *a.* Pr. fait *résonner* la navette.

1. *Κότος, ὁ, ressentiment, envie, colère. Κοτέω, *garde rancune,* est irrité; χοτεινός, χοτήεις, *irrité, furieux.*

2. Κόττα, ἡ, tête, derrière de la tête *chez les Doriens.*

3. Κότταβος[a], ὁ, jeu du COTTABE, vin qu'on jetait, vase pour jouer. —ϐίζω, *jouc au cottabe;* —ϐεῖον, —ϐίς, *vase pour y jouer.*

4. Κοττάνη, ἡ, instrument de pêche. — 5. Κόττανον, τὸ, figue.

6. Κουϐρίς, ίϐος, ἡ, cloporte, mille-pieds, *insectes.*

7. Κοῦχι, τὸ, CUCI, fruit d'un palmier, ce palmier lui-même.

8. Κουκούμιον[a], τὸ, *de cucuma[b],* vase de cuisine, marmite.

9. Κουκούφας, ου, ὁ, huppe. — 10. Κοῦρμι, τὸ, espèce de bière.

11. Κράϐατος[a], ὁ, grabatus, lit suspendu, hamac[b], GRABAT.

12. Κράϐυϐος, ὁ, une sorte de coquillage.

13. Κράδος, ὁ, rameau de figuier, maladie du figuier. Κράδη, *id.,* *croc, crochet;* χραδάω, *a cette maladie;* χραδαίνω, *secoue.*
*Κραίνω[a], achève, commande, se réalise. Κραντήρ, *qui achève,* chef;* —της, —τωρ, *chef;* —τήριος, *efficace.*

ANNOTATIONS.

3. *a.* Ce jeu favori des Grecs, qui l'avaient appris des Siciliens, consistait à lancer du vin en l'air, au-dessus d'un plateau de balance, de manière qu'en tombant dans ce plateau, il l'abaissât sur la tête d'une petite figure de bronze placée au-dessous.

8. *a.* La langue grecque, aussi bien que la langue latine, a reçu son alphabet des Phéniciens; mais son dictionnaire appartient par ses racines au sanscrit, antique idiome de l'Inde orientale, auquel le latin doit aussi son origine, et qui a été conservé avec la plus religieuse attention dans les livres sacrés des Indiens. En traversant les siècles et en parcourant la terre avec les armées conquérantes, la langue grecque et la langue latine se sont enrichies d'une foule de mots étrangers, en même temps qu'elles ont imposé leur vocabulaire aux nations vaincues. En apprenant le grec, les Latins ont tiré de cet idiome les termes nécessaires pour raisonner sur la philosophie et sur les sciences, et les Grecs à leur tour, en subissant le joug de Rome, ont subi celui de sa langue. De là tant de mots latins grécisés. « D'ailleurs, remarque Fénelon, ces emprunts de langue à langue n'ont rien que de légitime, et les paroles, qui n'ont en elles-mêmes aucun prix, sont autant au peuple qui les emprunte qu'à celui qui les a prêtées. » « Le Génie de chaque langue, dit J. de Maistre, se meut comme un animal pour trouver de tous côtés ce qui lui convient. Ne pouvant inventer arbitrairement aucun mot, il emploie ceux qu'il trouve autour de lui; il s'en nourrit, il les triture, il les digère, il ne les adopte jamais sans les modifier plus ou moins. » Le français n'est pas seulement un mélange de latin, de grec et de celtique : *tunnel, dogue, pamphlet, dandy, jockey, club.* sont anglais; *brandon, halte, rosse, lest, malle,* sont allemands; *alarme,* contr. de *alle arme,* aux armes! *allegro, piano,* sont italiens; *bazar, caravane,* persans; *caoutchouc,* indien; *matador,* espagnol; *safran,* turc; *café, minaret, nacre,* arabes; *omnibus, bis, idem, numéro, errata, déficit, à remotis, ex-voto, fac-simile, intérim, quiproquo, accessit, incognito, et cætera,* sont latins. — *b.* De *cucuma* est venu en fr. COQUEMAR, sorte de bouilloire à large panse.

11. *a.* Et χράϐϐατος; m. rac. q. χρεμάννυμι, suspendre. — *b.* Hamac était inutile dans notre langue qui avait déjà le mot *branle,* c.-à-d. *lit branlant,* d'où *branle-bas,* action de détendre les *branles* ou hamacs pour se préparer au combat.

14. *a.* F. χρανῶ, a. ἔχρηνα, a. p. ἐχράνθην, pf. p. χέχρασμαι; R. χράς, tête, fin, couronnement; comme *achever,* anc. *acabar,* vient de *caput,* chef, χεφαλή, sommet.

15. *a.* F. χρεμάσω, a. ἐχρέμασα, f. p. χρεμασθήσομαι, a. p. ἐχρεμάσθην,

15. Κρεμάννυμι[a], suspend; κρέμαμαι[b], est suspendu. Κρέμασις, κρεμασμός, *suspension;* κρεμάστρα, *ce qui sert à suspendre[c].*

16. Κρημνός[a], ὁ, précipice, lieu escarpé. Κρημνίζω, *précipite;* κρήμνισις, κρημνισμός, *action de précipiter.*

17. Κρήνη[a], ἡ, source, fontaine, aiguière. —νίς, —νίδιον, *dim.;* —ναῖος, *de source;* [*]—νηθεν, *d'une fontaine.*

18. Κρηπίς, ῖδος, ἡ, **crepida**, chaussure[a], bord d'un fleuve, base, socle[b]. —πιδόω, *chausse, fonde;* —πίδωμα, **crepido**, *base.*

19. Κοίβανος, ὁ, **clibanus**, four de campagne, four. Κλίβανος, *id.* —νη, *sorte de gâteau;* —νίτης, —νωτός, *cuit au four.*

20. Κριθή[a], ἡ, orge, grain d'orge, grain. —θίζω, *nourrit d'orge;* —θιάω, *mange de l'orge, est replet;* —θαία, *potage à l'orge.*

21. Κρίνον, τό, lis, fleur de courge[a], gueux[b], misérable. —νινος, *de lis;* —νών, *plant de lis;* —νωνιά, *touffe de lis;* —νωτός, *liliacé.*

22. Κρίνω[a], **cerno**, choisit[b], juge[c], pense. Κρίσις, *décision,* **crise**[d]; κρῖμα, *jugement,* **crime**[e], *peine;* κριτής, *juge;* κριτίς[f], *fém.*

ANNOTATIONS.

pf. p. κεκρέμασμαι.—*b.* F. κρεμήσομαι, a. ἐκρεμάσθην. D'où **crémaillère**, en anglais, *pot-hanger,* c.-à-d., suspenseur de la marmite. — *c.* Comme κρεμάθρα, natte *ou* corbeille servant de garde-manger; machine de théâtre pour soutenir en l'air un personnage.

16. *a.* De κρημνάω, poét. pour κρεμάννυμι, m. à m. *impendens,* mont *ou* rocher *suspendu* au-dessus de la tête. « *Collis qui plurimus urbi imminet.* » Virg. C'est à cette image que se rapporte le sens-premier du verbe *menacer, minari,* pr. être prêt à fondre sur; être *imminent, minere in.* V. *Énéide,* IV, v. 88.

17. *a.* D'où **hippocrène**, célèbre fontaine voisine de l'Hélicon, en Béotie. Les poëtes en attribuaient l'origine au cheval Pégase qui l'avait fait jaillir d'un coup de pied. RR. ἵππος, κρήνη.

18. *a.* Pr. sandale, pantoufle.—*b.* De *socculus,* dim. de *soccus,* brodequin. V. Κόθορνος.

20. *a.* On trouve aussi la forme poétique et indéclinable τὸ κρῖ, comme on disait τὸ δῶ p. τὸ δῶμα; τὸ ἄλφι p. τὸ ἄλφιτον; τὸ κάρη p. τὸ κάρηνον, qui sont peut-être des restes de la langue primitive, augmentés plus tard de la syllabe terminative.

21. *a.* Il y a en effet une ressemblance de forme entre la fleur du lis et celle du melon, de la citrouille, de la coloquinte et des autres cucurbitacées. — *b.* Pr. *Nu comme un lis,* parce que cette fleur n'ayant point de calice, sa corolle est à nu.

22. *a.* F. κρινῶ, a. ἔκρινα, pf. κέκρικα, f. p. κριθήσομαι, a. p. ἐκρίθην, pf. p. κέκριμαι. D'où ὑποκρίνομαι, répond; ὑποκρίνομαι, *id.* joue, feint. Hypocrisie, ὑπόκρισις, affectation d'une vertu, d'une piété, d'un noble sentiment qu'on n'a pas. « *Væ vobis, hypocritæ!* » a dit la Vérité éternelle. — *b.* Le sens premier de κρίνω, aussi bien que du latin *cerno,* est *trier,* ou plutôt **cribler**, *cribrare,* qui a la même racine. D'où *discernere,* **discerner**, voir clairement; **concerner**, pr. *regarder;* **discret**, qui a de la *discrétion,* c.-à-d. le *discernement* de ce qu'il faut dire et de ce qu'il faut faire; *discrimen,* différence; *secernere,* mettre de côté, tenir **secret**, *secretum.* V. Ἀρκέω. — *c.* D'où *decernere,* **décerner**, pr. juger, **décréter**; *certus* p. *cretus,* vu, jugé, **certain**; *certare,* décider en combattant ou en disputant. V. Ἀίω. — *d.* En latin *discrimen,* moment décisif, **critique**. — *e.* Le sens premier de *crimen* n'est pas *délit;* mais *décision judiciaire,* puis *accusation;* **incrimination**, et enfin **crime**. — *f.* De plus κριτικός, capable de juger, **critique**; ἡ κριτική, s.-ent. τέχνη, la *critique,* le talent de juger les ouvrages d'esprit ou d'art; κριτήριον, **critérium**, ce qui sert à juger.

1. Ἀκραιπνός, ή, όν, prompt, rapide, léger. —νά, —νῶς, vite.

2. Κράμβη [a], ἡ, **crambe**, chou, rave, chou-rave. *—δήεις, de chou; —δίον,—δεῖον, infusion de chou;—δίς, chenille ou papillon du chou.

3. Κράμβος, η, ον, desséché, sec, rôti; subst. grésillement.

4. *Κραναός, ή, όν, dur, âpre, stérile, pierreux, CRANAUS [a].

5. Κράνος, ἡ, **cornus** [a], CORNOUILLER. —νέα, —νεια, —νον, CORNOUILLE, cornouiller; —νεος, fait de bois de cornouiller; —νεϊνος, —νινος, id.

6. Κράς [a], ατός, τό, tête. *Κραῖρα, extrémité, sommet, tête.

7. Κράσπεδον, τό, bord, frange, maladie de la luette. —δόω, borde.

8. Κράστις [a], εως, ἡ, foin. — 9. Κράταιγος, ὁ, **cratægus**, néflier.

10. Κραῦρος, α, ον, sec, desséché, friable. —ρόω, dessèche, rend friable; —ρα, gourme; —ράω, jette sa gourme.

11. *Κρείων [a], οντος, ὁ, roi, chef, CRÉON [b]. Κρείουσα, reine, CRÉUSE [c].

12. Κρείσσων [a], ον, meilleur, plus capable; prim. plus fort, plus puissant.

13. Κρέμβαλον, τό, cliquettes, castagnettes [a], cymbales. —λιάζω, en joue;—λιαστής, joueur de castagnettes;—στύς, son des castagnettes.

2. a. Les Grecs n'en étaient pas friands, à en juger par le proverbe : Δὶς κράμβη θάνατος, deux fois du chou, c'est la mort.

4. a. Deuxième roi d'Athènes, fils et successeur de Cécrops, beau-père d'Amphictyon qui le détrôna. C'est sous son règne, vers 1500, qu'on place le déluge de Deucalion.

5. a. La consonne r a été transposée après la voyelle. On remarque un déplacement en sens inverse dans θράσος p. θάρσος; tremper p. tempérer; brebis p. berbis, du latin vervex ou berbex, ital. berbice; fromage p. formage. Nos pères, qui disaient berbis et fourmage, et les paysans qui ont conservé la prononciation d'autrefois, parlent mieux que nous. Plus on étudie les vieux mots qui composent notre patois français, plus on les trouve intéressants au point de vue étymologique. « Les dialectes, les patois et les noms propres d'hommes et de lieux me semblent des mines presque intactes, et dont il est possible de tirer de grandes richesses. » DE MAISTRE. « Le patois, dit Ch. Nodier, a sur la langue écrite, sur la langue imprimée, l'avantage immense de ne se modifier que très-lentement. Il est bien plus riche que les langues écrites en curieuses révélations sur la manière dont elles se sont formées. La raison de la lettre et du mot est dans l'étymologie, et

le plus grand nombre des étymologies ne s'expliquent directement à l'esprit que par le patois. »

6. a. Nomin. inusité; m. rac. q. κάρη ou κάρα, tête.

8. a. Le même que γράστις. V. Γράω.

11. a. M. rac. q. κραίνω. — b. Roi de Thèbes après Laïus son beau-père. C'est un nom de dignité devenu nom propre, comme chez nous Leduc, Baron, Lemaître, Lévêque, Marquis, Lepage, Lecomte, Cardinal, Lemaire, Bailli, Pape, Leroi, Prévost, qui vient de præpositus, préposé, etc. — c. L'épouse du pieux Énée, qui la perdit dans le sac de Troie; mais plus tard, Virgile remaria le héros troyen avec Lavinie, fille de Latinus.

12. a. Att. κρείττων, compar. anomal de κρατερός, dérivé de κράτος, force. V. Ἀρετή, Φέρω.

13. a. V. Κάστανον.

14. a. 1° Le bélier, bête à laine, de balare. 2° Le bélier, machine de guerre, ainsi nommée par les Hébreux, les Grecs et les Romains, à cause des mouvements qu'elle faisait pour battre les murailles, et qui imitaient les sauts en arrière et en avant de deux béliers qui luttent. 3° Le Bélier, constellation, le premier des douze signes du zodiaque, dans lequel le soleil entre au mois de mars. 4° Le Bélier, navire dont la proue portait un bélier, selon la coutume des anciens,

14. Κριός, ὁ, bélier [a]. Κρικνός, *né sous la constellation du Bélier;* κριηδόν, *à la manière des béliers, impétueusement.*

15. Κρόκος, ὁ, **crocus**, safran, couleur jaune. *—κεος, **croceus**, *jaune.*

16. Κροσσός, ὁ, frange, bordure. *—σσαι, *créneaux de tours, angles saillants d'un mur;—σσόω, garnit de franges ou de créneaux, borde.*

17. Κρόταφος, ὁ, tempe, sommet, tête d'un marteau. —φίς, *maillet.*

18. Κρότος [a], ὁ, bruit. —τέω, *frappe avec bruit;* —τημα, *bruit, bavard* —ταλον, *cliquette* [b]; —ταλίζω, *joue des cliquettes.*

19. Κρουνός, ὁ, source, fontaine, canal, tuyau. —νίζω, *jaillit;* —ναῖος, —νίτης, *de source;* —νία, —νεῖον, *sorte de gobelet.*

20. Κρούω [a], frappe, fait résonner. Κροῦσμα, κροῦμα, *bruit, son, air;* κροῦσις, κρουσμός, *action de frapper;* κρουστικός, *habile musicien.*

21. Κρύος, εος, τὸ, froid, glace, frisson, *d'où* **cruor** [a], *sang figé.* Κρυμός, *froid;* κρυερός, *κρυμαλέος, *κρυόεις, *glacial;* κρυόω, *κρυσταίνω, *glace.*

22. Κρύπτω [a], cache. —πτη, **crypta**, **CRYPTE** [b]; κρύψις, *action de cacher;* κρύβδα, κρύβδην, κρυφῆ, *en secret;* κρυπτός, κρυφαῖος, *caché.*

ANNOTATIONS.

qui donnaient à leurs vaisseaux le nom de la divinité ou de l'animal représenté sur la proue.

18. *a.* Bruit du choc de deux corps poussés l'un contre l'autre, d'où principalement *claquement des mains, applaudissement.* R. κροτέω ou κρούω. — *b.* Ou **CROTALE**, instrument de percussion des anciens, analogue à nos cymbales. On a transporté le nom de *crotale* à un genre de serpents d'Amérique, très-venimeux, dont la queue est terminée par des pièces cornées et mobiles les unes sur les autres, qui, par l'agitation de la queue, font l'effet de grelots; d'où vient encore à ce reptile le nom de *serpent à sonnettes.*

20. *a.* F. κρούσω, a. ἔκρουσα, pf. κέκρουκα, f. p. κρουσθήσομαι, a. p. ἐκρούσθην, pf. p. κέκρουσμαι ou κέκρουμαι.

21. *a.* « Græcorum κρύος Æoles pronuntiabant κρύορ, *quod haud dubie idem est ac latinum* cruor, *sanguinem significans.*» frigefactum.» VAN LENNEP. On trouve de même *s* changé en *r* dans *celer,* de κέλης, macéd. κέληρ; *heri,* de χθές, anc. *hesi; quæro* p. *quæso,* supin *quæsitum; ero* p. *eso,* de ἔσομαι; *porro* de πρόσω, etc. D'où *crudus* p. *cruidus,* **CRU**, encore saignant; *crudelis,* **CRUEL**, qui a le cœur *dur.* Sénèque a défini la **CRUAUTÉ**, la *dureté* de l'âme. V. Ὠμός. De *crudus* viennent encore le verbe

ÉCROUIR, battre à froid un métal pour le rendre plus dense, plus dur, plus élastique; le substantif **RECRUDESCENCE**, aggravation d'un mal qui redevient pour ainsi dire *saignant;* l'adjectif **ÉCRU**, synon. de *cru,* qui se dit de la soie et du fil qui n'a pas été soumis au lavage, ou de la toile qui n'a pas été blanchie. Enfin il faut rapporter à la racine κρύος le mot *crusta,* **CROUTE**, d'où sont dérivés le verbe *incrustare,* **INCRUSTER**, c.-à-d. recouvrir d'une croûte, d'un enduit, et le nom de **CRUSTACÉS**, donné à une classe d'animaux invertébrés à cause de la *croûte* calcaire dont ils sont couverts; *l'écrevisse* et le *homard* sont des *crustacés.*

22. *a.* F. κρύψω, a. ἔκρυψα, pf. κέκρυφα; a. p. ἐκρύφθην ou ἐκρύβην, pf. p. κέκρυμμαι; syll. rad. Κρυβ. D'où **CRYPTOGAME**. V. Γαμέω. **APOCRYPHE**, ἀπόκρυφος, caché, qui se dit d'un livre sans nom d'auteur connu, et n'ayant qu'une autorité douteuse. RR. ἀπό, κρύπτω. Tels sont le troisième et le quatrième livre d'Esdras, que le concile de Trente n'a point compris dans le canon des Écritures. V. Κανών.— *b.* Église souterraine où les premiers chrétiens se *cachaient* pour célébrer les saints mystères, à la lueur des torches. A Rome, les *catacombes* en tenaient lieu.

1. Ⲕⲣⲏⲅⲩⲟⲥ, ον, bon, utile, vrai, sincère. –ύως, bien, comme il faut.

2. Κρήδεμνον[a], τὸ, ornement de tête, voile, couvercle, créneau.

3. Κρῆθμον, τὸ, CRITHME, vulg. passepierre ou crête marine, pl.

4. Ⲕⲣⲏⲑⲙⲟⲥ, ὁ, une espèce d'huître ou de coquillage.

5. Κρησέρα, ἡ, bluteau, tamis, sas, filet à mailles serrées. –ριον, petit tamis; –ρίτης, pain de farine tamisée.

6. Κρίζω[a], CRIE, pousse un cri perçant, fait un bruit aigre. Κριγή, κριγμός, bruit aigre, cri, craquement, grincement.

7. Κρίμνον[a], τὸ, farine d'orge grossièrement broyée, grain d'orge.

8. Κροκόδειλος, ὁ, CROCODILE[a], lézard, sophisme[b]. –λεία, fard[c].

9. Κροκότας, ου, ὁ, hyène. Κροκόττας, κροκούτας, même sens.

10. Κρόμμυον, τὸ, oignon. Κρόμυον, id.; –μυών, plant d'oignons.

11. Κρόνος, ὁ, Saturne, vieux fou[a], radoteur. –νίδης, fils de Saturne; –νια, saturnales; –νικός, –νιος, de Saturne.

12. Κροῦστον, τὸ, de crusta[a], CROUTE. — 13. Κρύωξα, ἡ, persil.

14. Κρῶβος, ὁ, faux, hache à deux tranchants. πιον, faucille.

ANNOTATIONS.

2. a. RR. κράς, tête, et δέω, lier.

6. a. F. κεκρίξομαι, a. 2. ἔκριγον, pf. κέκριγα, dans le sens présent, plqparf. servant d'imparf. ἐκεκρίγειν; syll. rad. Κριγ. Remarquez le rapprochement des deux mêmes consonnes κρ, γρ dans κράζω, κρώζω, crier, croasser, craquer, κρέκω, κρούω, et dans nos mots français cric, crincrin, mauvais violon, grincer, grogner, gratter, graver, γράω, gruger, grignoter, croquer, etc. Sans doute, tous les autres mots formés par ces deux consonnes n'ont pas le sens de crier, faire du bruit; mais comme nous ignorons la signification première d'une foule de racines, il faut appliquer ici cette observation de J. de Maistre : « Ce qu'on sait dans ce genre prouve beaucoup, à cause de l'induction qui en résulte pour les autres cas ; ce qu'on ignore, au contraire, ne prouve rien, excepté l'ignorance de celui qui cherche. »

7. a. Orge ou froment passé seulement au crible. R. κρίνω, la même que pour cremor, jus épais qui reste sur le tamis, CRÈME.

8. a. Genre de reptiles analogues au lézard pour la forme générale, mais vivant habituellement dans l'eau. Cet animal était adoré comme un dieu par les Égyptiens qui avaient donné, en son honneur, le nom de CROCODILOPOLIS, κροκο-

δειλος, πόλις, à deux villes dont la plus importante, située dans l'Heptanomide (94) s'appelait encore Arsinoé. — b. Par allusion à un argument captieux qu'on suppose avoir été fait par un crocodile à une mère dont il avait enlevé le fils, et à qui il promettait de le rendre, si elle disait la vérité. — c. Ou plutôt excréments de lézard. On en faisait un onguent pour les yeux et un fard pour tout le visage, dont ce singulier liniment réparait ou souillait la couleur naturelle. L'emploi du fard est fort ancien. Job et les prophètes en parlent comme d'un usage très répandu de leur temps, mais seulement chez les femmes. Chez les Romains dégénérés, l'usage et l'abus du fard étaient communs aux hommes et aux femmes. Ovide contient des recettes détaillées pour sa préparation. «Tanta est decoris affectatio, dit Pline, ut tingantur oculi quoque. » Longtemps auparavant, Sardanapale se peignait les yeux et les sourcils. V. Φῦκος.

11. a. Vieux comme Saturne, le dieu du temps. V. Ὠγύγης.

12. a. Dérivé lui-même de κρύος, dans le sens de surface durcie comme de l'eau glacée.

15. a. R. κρύος, glace. Le sens premier du mot cristal n'est pas celui de verre parfaitement blanc et transparent, mais plutôt celui qu'on lui donne en mi-

15. Κρύσταλλος [a], ὁ, **crystallus**, glace, effroi, CRISTAL, verre. —λόω, *glacer;* —λίζω, *briller comme le cristal;* —λινος, *de cristal.*

16. Κρώζω [a], **crocio, crocito**, CROASSE. Κρωγμός, CROASSEMENT.

17. Κτάομαι [a], acquiert. Κτῆσις, *acquisition, bien;* κτῆνος, *bétail,* prim. *bien* [b], κτῆμα, κτέαρ, κτέρας, *bien;* κτηματικός, *riche;* κτητός [c], *acquis.*

18. Κτείνω [a], tue, fait mourir. Κτίννυμι, κτιννύω, *id.;* κτόνος, *meurtre.*

19. Κτείς [a], κτενός, ὁ, peigne, tout objet semblable. Κτηδών, *id.;* κτενίζω, *peigner;* κτενιστής, *peigneur;* κτενωτός, *peigné, dentelé.*

20. Κτίζω [a], fonde, bâtit, établit. Κτίσις, κτιστύς, *fondation;* κτίσμα, *bâtiment;* κτίστης, κτίτης, κτίστωρ, κτίτωρ, *fondateur.*

21. Κτυπέω [a], fait du bruit en frappant, en tombant, frappe avec bruit. —πημα, —πος, *bruit, choc bruyant, fracas, retentissement.*

22. Κύαθος, ὁ, **cyathus**, coupe, ventouse, creux de la main, CYATHE [a]. —θίς, *gobelet, tasse;* —θίσκος, *dim.;* —θίζω, *boit à pleins verres.*

23. Κύαμος [a], ὁ, fève, suffrage, sort, mesure [b]. —μών, *champ de fèves;* —μιαῖος, *gros comme une fève;* —μεύω, *tire au sort.*

---

néralogie, où il désigne tout corps ayant une forme régulière et des faces symétriques, comme par exemple, le *cristal de roche.* D'où CRISTALLIN, espèce de lentille transparente comme du cristal, située dans le globe de l'œil derrière la pupille, et servant à réfracter la lumière sur la rétine.

16. *a.* F. κρώξω, a. ἔκρωξα; syll. rad. Κρωγ. V. Κρίζω.

17. *a.* F. κτήσομαι, a. ἐκτησάμην, a. p. ἐκτήθην, pf. κέκτημαι, j'ai acquis, je possède, plqpf. ἐκεκτήμην, je possédais; syll. rad. Κτα. Il y a en grec plusieurs autres *parfaits* employés comme *présents.* Ceci tient à ce que la signification *présente* qu'on leur donne est la conséquence nécessaire du sens premier attaché à la racine. Ex. οἶδα, j'ai vu, *je sais;* μέμνημαι, j'ai appris, *je me souviens;* et en latin, *novi*, j'ai appris, *je connais.* — *b.* Toute la richesse des peuples, à l'origine, consistait dans leurs troupeaux. — *c.* D'où ÉPICTÈTE, Ἐπίκτητος, philosophe stoïcien, qui fut d'abord esclave. Son nom, qui signifie *acquis* ou *acheté,* rappelle la cruelle définition de l'esclave par Aristote: « Ὁ δοῦλος κτῆμά τι ἔμψυχον, » l'esclave est une propriété animée. « *Servus res est, non persona,* » disait aussi le droit romain; et à Rome, comme à Athè-

nes, on traitait l'esclave en conséquence. V. Ὀνίνημι.

18. *a.* F. κτενῶ, n. ἔκτεινα, n. 2. ἔκτανον, pf. ἔκτακα, pf. 2 ἔκτονα, f. p. κταθήσομαι ou κτανθήσομαι, a. p. ἐκτάθην ou ἐκτάνθην, pf. p. ἔκταμαι.

19. *a.* Pl. κτένες, dat. κτεσί.

20. *a.* F. κτίσω, etc.; prend σ au passif. D'où AMPHICTYONS, ἀμφικτύονες ou ἀμφικτίονες, pr. *voisins,* députés représentant douze peuples du nord de la Grèce, et formant le conseil général qui veillait aux intérêts publics et à l'inviolabilité du temple de Delphes. Dans l'origine, ils habitaient *autour* du temple même, d'où leur nom qui a pour racines ἀμφί, κτίζω.

21. *a.* F. κτυπήσω; m. rac. q. τύπτω, frapper.

22. *a.* Petit vase avec lequel on puisait le vin dans le cratère, pour le verser dans la coupe de chaque convive. C'était aussi une mesure de capacité équivalant à 45 millilitres.

23. *a.* D'où ὑοσκύαμος, JUSQUIAME ou *fève de cochon,* plante solanée très-vénéneuse pour l'homme aussi bien que pour le *sanglier.* V. Ὗς. — *b.* Très-petit poids employé en pharmacie. Le lupin, θέρμος, servait aussi dans les pesées, comme autrefois chez nous le *grain.*

1. Κρώβυλος, ὁ, touffe de cheveux, toupet, aigrette d'un casque.

2. Κρωμακίσκος, ὁ, porc de lait. — 3. Κρῶμαξ, ακος, ὁ, tas de pierre.

4. Κρωσσός, ὁ, seau, vase, urne. —σσιον, petit seau, petit vase.

5. *Κτέρεα [a], έων, τὰ, funérailles, obsèques, sacrifices funèbres. Κτερίζω, honore par des funérailles, ensevelit.

6. Κτίλος, ον, doux, apprivoisé, tendre, cher; subst. mouton[a], bélier. *–λεύω, –λόω, apprivoise, familiarise, accoutume.

7. Κύαρ, ατος, τὸ, trou d'une aiguille, trou de l'oreille.

8. Κύβη[a], ἡ, tête. Κυβιστάω, *–βιστέω, se jette sur la tête; –βηβος, prêtre de Cybèle, fou, insensé, furieux[b].

9. *Κύβηλις, ιος, ἡ, hache. –λίζω, frappe de la hache.

10. Κύβιτον[a], τὸ, cubitus, coude[b]. –τίζω, coudoie, heurte du coude.

11. Κύγχραμος, ὁ, roi des cailles[a]. — 12. *Κυδοιμός, ὁ, trouble, bruit.

13. Κῦδος [a], εος, τὸ, supériorité. –δαίνω, –δάνω, vante; –διάω, se vante; –διμος, –δάλιμος, –δνός, –δρός, illustre.

14. Κυδωνέα, ἡ, cognassier, venu de Cydon[a]. Κυδωνία, id.

ANNOTATIONS.

5. *a.* Dat. κτερέεσσι; le sing. κτέρας est plus rare. R. κτάομαι, posséder. Κτέρα signifie pr. *dons funèbres.* C'était la coutume chez les anciens de jeter dans le bûcher des étoffes précieuses ou les dépouilles enlevées par le mort à l'ennemi. On sacrifiait des taureaux, des moutons et même des victimes humaines aux mânes des grands hommes, et surtout en l'honneur des princes et des conquérants.

6. *a.* La brebis a toujours été l'emblème de la douceur. Isaïe a dit en parlant du Sauveur des hommes : « *Sicut ovis ad occisionem ducetur, et quasi agnus coram tondente se obmutescet.* »

8. *a.* R. κύπτω, courber; pr. la convexité du crâne. — *b.* On retrouve, dans tous les mots relatifs au culte des divinités païennes le souvenir des transports furieux et des orgies obscènes auxquelles s'abandonnaient les initiés et les prêtres de ces honteux mystères. V. Βάκχος, Κορύβας.

10. *a.* De κύπτω, incliner, courber; pr. la *courbure* du bras. V. Ἀγκών. Cf. l'angl. *elbow,* et l'all. *elbogen,* coude, pr. pli du bras. — *b.* Anc. *coubde,* comme on écrivait *debte, escribre, soubrire, prebstre,* quoiqu'on prononçât *écrire, prêtre, sourire, dette.* Le *b* a encore disparu dans *viorne,* de *viburnum;* paupière, de *pal-*

pebra; boire, de *bibere,* etc.

11. *a.* Ou *râle des genêts,* oiseau échassier dont l'arrivée annonce celle des cailles.

13. *a.* De κύω, pr. enfler, éminence, avantage éminent et glorieux.

14. *a.* Très-ancienne ville de Crète, sur la côte septentrionale. Les *coings* ont été appelés d'abord *Cydonia mala,* pommes de Cydon, puis *cotonia* ou *cotonea mala,* puis, en sous-entendant le substantif, *cotonea* — ital. *cotogno,* d'où le français *coing.* Cf. *pêche,* pr. pomme de Perse, *Persicum malum; châtaigne,* noix de Castauée, *Castanea nux; aveline, avellana nux,* noisette d'*Avellino,* dans le royaume de Naples. V. Ἰνδικόν Κάστανον.

15. *a.* D'où cyanogène, gaz incolore composé de carbone et d'azote, qui donne, entre autres combinaisons, le *bleu de Prusse,* découvert à Berlin, en 1710, et l'acide cyanhydrique ou *prussique,* le plus violent des poisons. RR. κύανος, γίγνομαι.

16. *a.* Remarquez combien sont simples et naturelles les allégories sous lesquelles le chef de l'État a été représenté dans les langues anciennes. Tantôt c'est un *berger* qui conduit son troupeau aux pâturages, et veille sur lui (v. Νέμω,

15. Κύανος[a], ὁ, couleur bleue, azur, métal bleu, bluet, merle, *adj.* bleu, noir.—νεος,*—νειος, *bleu, noir, sombre;* —νίζω, *est bleu.*

16. Κυϐερνάω, guberno, dirige un vaisseau, GOUVERNE[a]. Κυϐέρνησις, *action de gouverner,* —νήτης, *pilote, chef.*

17. Κύϐος, ὁ, cubus, CUBE, dé à jouer[a]. —ϐίζω, *forme en cube;* —ϐικός, CUBIQUE; —ϐεύω, *joue;* —ϐεῖον, *maison de jeu;* —ϐευτής, *joueur.*

18. Κύκλος[a], ὁ, cyclus, cercle, CYCLE. —κλικός, —κλιος, *circulaire;* *—κλέω, *fait tourner;* —κλόω, *arrondit;* —κλάδες, CYCLADES[b].

19. Κύκνος, ὁ, cygnus, CYGNE. —νεος, —νίτης, *de cygne;* —νάριον, *collyre*[a]; —νειον, *chant du cygne*[b]; —νίας, *aigle blanc.*

20. Κύλιξ[a], ικος, ἡ, calix[b], coupe, vase à boire, CALICE, —κιον, dim.

21. Κυλίω[a], roule. —λινδέω, *—λίνδω, *fait rouler;* —λίστρα*[b], *lieu où les athlètes se roulaient;* —λινδρος, CYLINDRE[c]; —λιστρός, *roulé.*

22. Κυλλός, ή, όν, *creux, courbé, tortu, difforme.*

23. Κῦμα[a], ατος, τὸ, flot. —μάτιον, *dim.,* CYMAISE[b]; —ματηρός; *houleux;* —ματίζω, *agite les flots;* —μαίνω, *id., est agité.*

ANNOTATIONS.

Ποίμην); tantôt c'est un *cocher* qui tient les rênes et dirige son char, et c'est l'idée propre de *regnare,* régner, qui dérive de *regere,* conduire. Ici c'est le *pilote* qui tient le gouvernail d'un vaisseau. Voyez, dans Horace, la belle ode *O navis.*

17. *a.* Un des coups de dés les plus hasardeux qui aient jamais été risqués, fut celui de César quand il passa le Rubicon, après avoir prononcé ces mots familiers aux coureurs d'aventures : « Ἐῤῥίφθω κύϐος. » Que le sort en soit jeté !

18. *a.* Pl. κύκλοι et κύκλα. D'où ENCYCLIQUE, lettre circulaire, ἐγκύκλιος, envoyée par le pape aux évêques de toute la chrétienté; RR. ἐν, κύκλος. ENCYCLOPÉDIE, ἐγκύκλιος παιδεία, *orbis doctrinæ,* comme l'appelle Quintilien, ensemble des sciences qui doivent former l'éducation; ouvrage qui traite de toutes les sciences. CYCLOPES, κύκλωψ, géants fabuleux qui n'avaient qu'un œil de forme ronde au milieu du front. RR. κύκλος, ὤψ. Les *Cyclopes,* d'après les poëtes, travaillaient sous l'Etna dans les forges de Vulcain; mais c'étaient plus vraisemblablement des mineurs ordinaires portant au front une lampe dont la Fable a fait un œil. — b. Iles de la mer Égée. « *Circa Delum in*

orbem *sitæ, unde et traxere nomen* Cyclades. » PL.

19. *a.* Collyre de couleur *blanche.* — *b.* Les voyageurs ont constaté que les cygnes sauvages ont une espèce de chant. La croyance des anciens à l'harmonie de la voix du cygne, plus douce quand cet oiseau est près de mourir, reposait donc sur quelque chose de réel.

20. *a.* Du verbe κυλίω, tourner, à cause de sa forme arrondie. — *b.* Κύλιξ. « *Poculi genus, quod nos una littera immutata* calicem *dicimus.* » MACR. — *c.* Comme *patène* vient de *patena,* plat pour servir les viandes. Ces mots rappellent le repas eucharistique.

21. *a.* Prend σ au passif. — *b.* Le même que κυλινδήθρα. Cf. ἰλύς, boue, de εἰλέω, rouler; *volutabrum,* bourbier, de *volvere,* rouler. — *c.* Solide à base circulaire et de même diamètre dans toute sa longueur. D'où CALANDRE, machine à *cylindre* pour presser et lustrer les étoffes.

23. *a.* R. κύω, dans le sens de *se gonfler, turgere;* pr. *gonflement de la mer,* « *Fluctus tumens.* » VIRG. « *Mirabiles elationes maris.* » (Ps. 92.) V. Οἰδέω. Le même mot, dans le sens d'éminence, a fait CIME et CIMIER, partie supérieure du casque. — *b.* Moulure *onduleuse* à la partie supérieure d'une corniche.

1. Κυκάω[a], remue, mêle, trouble. —κημα, *chose mêlée, confusion,* —κηθρον, *spatule pour remuer, brouillon;* *—κεών, *mixtion*[b].

2. Κυλλάραβις, εως, ὁ, nom du gymnase d'Argos.

3. Κυλλάστις, ιος, ὁ, pain d'épeautre.—4. Κύμινδις, ιος, ὁ, ἡ, chouette.

5. Κύμινον, τὸ, cuminum, CUMIN[a]. —νεύω, *assaisonne de cumin.*

6. Κυνδαλισμός, ὁ, jeu d'enfants avec un bâton pointu[a].

7. Κόνικλος, ὁ, *de* cuniculus, lapin. Κούνικλος, κόνικλος, *id.*

8. Κυπάρισσος, ἡ, cupressus, CYPRÈS[a]. —σσών, *plant de cyprès;* —σσινος, *fait de bois de cyprès;* —σσιάς, *sorte d'euphorbe.*

9. Κύπασσις, εως, ἡ, tunique courte, casaque militaire.

10. Κύπειρος, ὁ, cyperus, souchet[a], *princip.* souchet tubéreux. —ρίζω, *y ressemble;* —ρίς, *plante semblable au souchet.*

11. Κύπρος, ἡ, troène, huile qu'on en extrait, l'île de CHYPRE[a]. —πρινος, *de troène;* —πρινον, *onguent à l'huile de troène.*

12. Κύπρος, ὁ, nom de mesure. — 13. Κυπρῖνος, ὁ, carpe[a].

14. Κυρβασία, ἡ, tiare pointue, bonnet pointu, sac, crête de coq.

ANNOTATIONS.

1. *a.* F. κυκήσω; *pr.* mettre sens dessus dessous, bouleverser; différent de μίγνυμι, mêler en général; de κεράννυμι, mélanger, principalement l'eau avec le vin; de φύρω, mélanger la farine avec le levain, et de φορύσσω, barbouiller, souiller. — *b.* Breuvage composé d'orge mondé, de fromage de chèvre et de vin.

5. *a.* Plante ombellifère analogue au fenouil, qui servait d'épice aux anciens, comme aujourd'hui encore dans certains pays.

6. *a.* Ce jeu consistait à faire sauter un pieu fiché en terre, de manière à le faire retomber sur la pointe.

8. *a.* Les anciens l'avaient consacré, à cause de sa teinte sombre, aux divinités infernales, et de tout temps on en a fait l'ornement des tombeaux. Pline a donné du cyprès cette lugubre description : « *Natu morosa, fructu supervacua, baccis torva, folio amara, odore violenta, ac ne umbra quidem gratiosa.* » Du moins il a un bois dur et incorruptible qui servait pour l'inscription des lois, la conservation des rites sacrés et pour la combustion des morts, à cause de son odeur forte et agréable.

10. *a.* Plante monocotylédonée (159), type de la famille des *Cypéracées* à laquelle le papyrus appartient.

11. *a.* Anc. *Cypre,* grande île de la Méditerranée, consacrée à Vénus qui reçut de là le surnom de *Cypris,* comme Apollon celui de *Delius,* dieu de Délos, et Jupiter celui d'*Olympius,* dieu de l'Olympe. De κύπρος vient encore CUIVRE, *cuprum æs,* métal de Chypre, angl. *copper,* all. *kupfer.* L'île de *Chypre* avait autrefois d'abondantes mines d'or, d'argent et surtout de *cuivre.* Mais le nom grec de ce métal, χαλκός, rappelle une autre île de la Méditerranée, *Chalcis.* De *cuprum* vient COUPEROSE, nom ancien du *sulfate de cuivre,* pr. *cupri ros,* rosée *ou* eau de cuivre.

13. *a.* D'où CYPRINOÏDES, famille de poissons Malacoptérygiens (193), à laquelle appartiennent la carpe, la *tanche,* le *barbeau,* le *goujon,* l'*ablette,* la *brème.*

15. *a.* D'où GRAND'COMBE, mines de houille (Gard), et CATACOMBES, excavations d'anciennes carrières où l'on enterrait les morts. Les catacombes de Rome servaient de refuge et de temple aux chrétiens pendant les siècles de persécu-

15. Κύμβη *a*, ἡ; creux, fond, vase creux, sac, **cymba**, canot*b*, barque*c*.–6ίον, *dim.;* –6αλον, **cymbalum**, CYMBALE; –6αλίζω, *en jouer.*

16. Κυνέω *a*, baise, caresse, flatte; *d'où* προσκυνέω, salue, adore*b*. Προσκύνημα, –νησις, *adoration, prosternation.*

17. Κύπτω*a*, **cubo***b*, se baisse en avant. Κυφός, *courbé;* –φόω, *courber;* κύπη*c*, *creux, canot, cabane;* κύπελλον, COUPE*d*.

18. Κῦρος, εος, τὸ, autorité, garantie, sanction, point important.
   ρόω, *confirme;* –ρωσις, *sanction;* –ρωτήρ, *qui sanctionne.*

Id. Κύριος*a*, α, ον, dominant, certain, principal; *subst.* maître, seigneur. –ριαχός, *du maître;* –ριεύω, *est maître,* –ρεία, *autorité.*

19. Κυρτός, ή, όν, **curvus**, COURBÉ, voûté, bossu; *subst.* nasse, cage.
   –τόω, *courber;* –τότης, –τωμα, –τωσις, *courbure;* –των, *bossu.*

20. Κύτος, εος, τὸ, cavité, vase, crâne *a*, enveloppe*b*, lit des eaux.
   Κυτίς, *corbeille;* κυττάριον, –ταρος, *trou, voûte, eosse.*

21. Κύω *a*, conçoit, porte, contient. Κύημα, *κῦμα, enfant, fruit;*
   κύησις, *grossesse;* κυητικός, *capable de concevoir ou d'enfanter.*

ANNOTATIONS.

tions. RR. κατά, κύμβη. — *b.* Remarquez l'association naturelle et constante des mots *barque* et *vase.* V. Ἀχάτος, Γαῦλος. — *c.* Syll. rad. Κυ6, *courber.*

16. *a.* F. κυνήσομαι ou κύσω, a. ἔκυσα. — *b.* Du latin *adorare*, qui répond à προςκυνέω, et signifie *pr.* porter la main à sa bouche et la *baiser* en signe de respect. Telle était chez les anciens la manière la plus ordinaire de rendre hommage, et nous la trouvons mentionnée dans la Bible en cent endroits; car il faut interpréter en ce sens le mot *adorer* quand il s'agit d'hommages rendus à un ange ou à un homme. C'était aussi, au témoignage de Lucien et des auteurs latins, une pratique d'adoration religieuse en usage chez les Grecs et les Romains. « *In adorando dexteram ad osculum referimus.* » PL. Cette coutume doit remonter haut, puisque Job s'en défend comme d'une impiété. (Ch. 31.)

17. *a.* F. κύψω, a. ἔκυψα, pf. κέκυφα, part. κεκυφώς, baissé. — *b.* D'où *cubile*, COUCHE; *cubiculum*, chambre à coucher; COUVER; *incumbere*, se pencher, s'étendre sur, s'appliquer. V. Πλέκω. — *c.* D'où

cupa, CUVE. — *d.* D'où COUPOLE, voûte sphérique en forme de *coupe* renversée.

18. *a.* R. κῦρος. Le *Kyrie, eleison*, Κύριε, ἐλέησον, qu'on chante à la messe, a été emprunté à l'Église grecque, au quatrième siècle. L'orthographe française de ces deux mots tient à ce qu'autrefois, chez nous, et jusqu'au seizième siècle, on donnait à l'υ et à l'η le son d'i, comme font les Grecs modernes. De *kyrie* vient KYRIELLE, qui fut d'abord synonyme de *litanie*, parce que les litanies commencent par ce mot.

20. *a.* Comme *tête* vient de *testa*, vase de terre. — *b.* De κύω, contenir; d'où *cutis*, peau, qui a fait en bas latin *cutenna*, COUENNE.

21. *a.* F. κύσω, a. ἔκυσα. Κυέω a le même sens; F. κυήσω, etc. D'où ἀλκυών, ALCYON, nom donné par les Grecs à un oiseau qui, selon eux, faisait son nid sur la mer; RR. ἄλς, κύω. « *Incubat alcyone pendentibus æquore nidis, tum via tuta maris.* » Ov. Cette incubation était supposée durer quinze jours, qu'on appelait *jours alcyoniens*, synonyme de *jours calmes.*

1. Κύρβεις[a], εων, αἱ, tables de bois à Athènes. –βις, *chicaneur*.

2. *Κυρέω[a], est, se trouve par hasard, trouve, rencontre. Κύρω, id.; κύρημα, κύρμα, *rencontre, trouvaille, gain, profit*.

3. Κυρηβάζω, combat à coups de cornes, se bat, s'injurie.

4. Κυρήβια, τὰ, pelures des fruits *ou* des graines, paillettes, son.

5. Κυρσάνιος, ὁ, jeune garçon, *dans le patois lacédémonien*.

6. Κύστις[a], εως, ἡ, vessie, utricule du fiel, petit sac de peau. –τιγξ, *vésicule, ventricule;* –στιον, coqueret[b], *pl.*

7. Κύτινος, ὁ, **cytinus**, fleur *ou* fruit naissant du grenadier.

8. Κύτισος[a], ὁ, **cytisus**, CYTISE. — 9. Κυτμίς, ίδος, ἡ, emplâtre.

10. Κυψέλη[a], ἡ, creux, trou de l'oreille, ruche, coffre, mesure. –λιον, –λίς, *coffret, ruche des abeilles, auge*.

11. Κύψελος, ὁ, martinet, CYPSÉLUS[a]. Κυψελίζω, *est tyran*.

12. *Κῶας[a], κώεος, τὸ, toison. Κώδιον, *id.; peau, lit, couverture*.

13. Κωβιός, ὁ, **gobius**, GOUJON[a]. — 14. *Κώδεια[a], ἡ, tête de pavot.

15. Κωλιάς, άδος, ἡ, argile du cap COLIAS[a], le cap lui-même.

ANNOTATIONS.

1. *a.* C'était des tables de bois triangulaires, en forme de pyramides, sur lesquelles étaient inscrites les lois particulières et l'indication des sacrifices ou des fêtes publiques. Il faut distinguer les *cyrbes* des *axones* ou lois de Solon, écrites sur des tables de bois carrées et tournant sur un axe. V. Ἄξων. Cf. notre mot *code*, de *codex* ou *caudex*, tronc d'arbre, assemblage de planches. Les anciens écrivaient principalement sur des tablettes de bois. V. Βύβλος.

2. *a.* Synonyme poétique de τυγχάνω. F. χυρήσω ou κύρσω, a. ἐχύρησα, ἔχυρσα, a. 2 ἔκυρον, pf. κεκύρηκα.

6. *a.* On nomme canal CYSTIQUE le conduit par lequel la bile s'écoule de la vésicule du fiel dans la partie de l'intestin qu'on appelle *duodénum*, à cause de sa longueur d'environ *douze* travers de doigt. La bile sert à compléter la digestion commencée dans l'estomac. V. Δέχομαι. — *b.* Ou *physalide*, plante solanée dont le calice se *renfle* dans la maturité, et forme une espèce de *vessie* d'un rouge vif. V. Φυσάω.

8. *a.* Arbrisseau légumineux recherché des chèvres pour ses feuilles et ses jeunes pousses : « Αἶξ τὸν κύτισον διώχει. » THÉOCR. « *Florentem* cytisum se-

quitur lasciva capella. » VIRG.

10. *a.* M. rac. q. κύπη, creux, de κύπτω, courber; syll. rad. Κυβ.

11. *a.* Roi de Corinthe, ainsi nommé parce que, dans son enfance, sa mère le cacha dans un *coffre*, pour le soustraire aux recherches de ses ennemis.

12. *a.* Peau de mouton avec sa toison, dont on couvrait les lits et les sièges, dans Homère. Le diminutif κώδιον se rencontre plus souvent dans le même sens.

13. *a.* Le *b* du mot latin semble s'être changé en *j* ou *g* doux, comme dans *rage*, de *rabies*; rouge, de *rubeus* ou *robius*; tige, de *tibia*; changer, de *cambire*, etc. Mais, en réalité, tout le changement consiste dans la substitution de *i* consonne ou *j* à *i* voyelle. Dans la prononciation, le *b* a été ensuite rejeté, parce qu'il s'allie mal avec le *j*.

14. *a.* On appelle sirop DIACODE un sirop calmant qui a pour base la tête de pavot ou l'extrait d'opium.

15. *a.* Situé dans l'Attique sur le golfe Saronique. V. Καλαυρῖτις.

16. *a.* Dat. κυνί, acc. κύνα, voc. κύον; pl. κύνες, κυγῶν, κυσί, κύνας. Comp. κύντερος, plus chien, sup. κύντατος, le plus chien. V. Ἀπό. — *b.* D'où l'italien *cagna*, chienne, et le français CAGNEUX,

16. Κύων, κυνός[a], ὁ, ἡ, **canis**[b], CHIEN[c], CHIENNE. Κυνίζω, *fait le chien;* —νικός, —νειος, *—νέος, de chien,* CYNIQUE[d]; —νάς, *églantier*[e].

17. Κώδων, ωνος, ὁ, ἡ, cloche, clochette, trompette, bavard, bavarde. —ωνίζω, *tinte, fait retentir, éprouve par le son.*

18. Κώθων[a], ωνος, ὁ, grande coupe, partie de table, goujon. —ωνίζω, *boit à pleine coupe;* —ωνιστήριον, *cabaret.*

19. Κωκύω, *se lamente, pousse des cris de douleur, déplore.* —κυμα, —κυτός, *pleurs, plaintes,* COCYTE[a], *fleuve des pleurs.*

20. Κῶλον, τὸ, membre, partie, section[a], le gros intestin *ou* CÔLON. —λέα, —λήν, *cuisse;* —λικός, *de* COLIQUE[b], *qui en souffre.*

21. Κωλύω, empêche, éloigne. —υμα, *—ύμη, obstacle;* —υτήριος, *capable d'arrêter;* —υτήριον, *obstacle;* —υτός, *empêché, arrêté.*

22. Κῶμα[a], ατος, τὸ, COMA, sommeil continuel, lourd et profond. —μαίνω, *dort d'un sommeil léthargique;* —μόομαι, *tombe dans ce sommeil.*

23. Κώμη[a], ἡ, bourg, village, quartier. —μιον, —μίδιον, —μύδριον, *dim.;* —μηδόν, *par bourgades;* —μήτης, *—μήτωρ, villageois.*

ANNOTATIONS.

qui a les jambes cambrées en dedans, comme le *chien* basset. CAGNARD, synon. de fainéant. CANARIES, îles des Chiens. — c. D'où CHENET; v. fr. *chiennet*, ustensile de cuisine ayant autrefois la forme d'un *chien*. — d. « Le nom de CYNIQUE donné à une école ancienne de philosophie vient, selon Schœll et d'autres, de *Cynosarge*, faubourg d'Athènes où enseignait Antisthène, disciple de Socrate et chef de cette école. Lorsque dans la suite sa doctrine fut exagérée par ses disciples, on affecta de dériver ce nom de κύων, chien. Cette dérivation était d'ailleurs acceptée par les Cyniques eux-mêmes, qui, dans leur langage et leur conduite, déposaient toute pudeur et bravaient toute bienséance. Comme on demandait à Diogène pourquoi il avait pris le nom de *Cynique*, il répondit : « Τοὺς μὲν διδόντας σαίνω, τοὺς δὲ μὴ διδόντας ὑλακτέω, τοὺς δὲ πονηροὺς δάκνω. » — e. *Vulg.* rose de chien.

18. a. « Sorte de gobelet très-commode, surtout aux soldats en campagne. Sa couleur empêchait qu'ils n'aperçussent la malpropreté des eaux qu'on est quelquefois obligé de boire. D'ailleurs, les ordures qui s'y trouvaient étaient retenues par les bords rentrants du vase, et il ne venait à la bouche que ce qu'il y avait de pur. » PLUT.

19. a. Petit fleuve d'Épire que ses eaux fangeuses et stagnantes ont fait placer par les poëtes dans les enfers. « *Ater flumine languido Cocytus errans.* » HOR. Milton dit que ce fleuve infernal est ainsi nommé des *lamentables cris* qu'on entend sur ses rivages désolés. V. Φλέγω, Στυγέω, Ἄχος, Λανθάνω.

20. a. Les Anglais donnent, en grammaire, le nom de *côlon* aux deux points qui séparent les *membres* d'une période, et qui répondent au point en haut des Grecs. Ils nomment *semi-côlon* le point-virgule pris simplement comme signe de suspension, et non pas avec la signification interrogative que les Grecs y ont longtemps attachée et qui a passé dans notre orthographe, à cette différence près que nous mettons la virgule au-dessus du point. — b. Les coliques ont ordinairement pour siège la section de l'intestin appelée *côlon.*

22. a. M. rac. q. κεῖμαι, être couché, et κοιμάω, coucher.

23. a. V. Κῶμος.

1. Κωλώτης*ᵃ*, ου, ὁ, sorte de lézard. — **2.** Κώμακον, τὸ, muscade.

3. Κόμυς, υθος, ὁ, faisceau, botte, bouquet, lieu plein de roseaux.

4. Κῶνος, ὁ, **conus**, CÔNE *ᵃ*, toupie, toute chose CONIQUE, poix*ᵇ*. —νάω, *fait tourner;* —νίζω, *goudronne;* —νίς, *pot conique.*

5. Κώρυκος *ᵃ*, ὁ, sac de cuir plein de graines, CORYCUS*ᵇ*. —καῖος, *espion, traître ᶜ;* —κεῖον, CORYCÉE*ᵈ*.—**6.** Κώταλις, ιδος, ἡ, pilon.

7. Κωτίλλω, babille, cajole. —τιλος, *babillard, flatteur;* —τίλη, *hirondelle;* —τιλία, *babil, flatterie, jargon.*

8. Λ*ᵃ*, LAMBDA*ᵇ*, *liquide ᶜ douce, vaut* trente.

Λαβδακισμός, ὁ, *prononciation vicieuse du* Λ.

9. *Λᾶας, λᾶος *ᵃ*, ὁ, **lapis***ᵇ*, pierre. Λάϊγξ, *dim.;* λάϊνος, *de pierre;* λεύω, LAPIDE; λευσμός, *lapidation;* λευστήρ, *qui lapide.*

10. Λάβυζος, ἡ, parfum précieux d'une plante inconnue.

11. Λαβύρινθος, ὁ, **labyrinthus**, LABYRINTHE*ᵃ*, nasse de pêcheur. —θειος, *de labyrinthe, embarrassé, inintelligible.*

12. Λάγανον, τὸ, **laganum**, sorte de gâteau. —νιον, *petit gâteau.*

ANNOTATIONS.

1. *a.* Pr. *reptile à pattes;* R. κῶλον, membre. Cf. en latin *lacerta*, lézard, qui se rapporte à *lacertus*, bras, *lézard.*
4. *a.* D'où CONIFÈRES, nombreuse famille d'arbres qui *porte* des fruits *coniques* semblables à la pomme de pin. — *b.* La poix se tire du pin, du sapin et des autres *conifères.*
5. *a.* C'était un sac rempli de graines où de sable, que les athlètes, pour exercer leurs forces, agitaient en l'air comme un ballon.— *b.* Il y avait plusieurs montagnes et plusieurs villes de ce nom, remarquables par des antres profonds consacrés aux Muses et servant de retraites aux voleurs. — *c.* Conime étaient les habitants du promontoire *Corycus*, en Ionie. — *d.* Nom donné, dans les gymnases, à la salle où se faisait l'exercice du coryce.
8. *a.* Les Lacédémoniens imprimaient un Λ sur leurs boucliers, comme les Messéniens un M et les Siciliens un Σ. — *b.* Ou *labda*, de l'hébreu *lamed.* D'où λαβδακισμός, LABDACISME, vice de langage qui consiste, soit dans la répétition trop fréquente de la lettre *l*, comme dans cette phrase : *Sol et luna luce lucebant, albâ levi, lacteâ;* soit dans la substitu-

tion du son de *l* au son de *r*, comme font les jeunes enfants, qui disent *flèle* pour *frère.* Ainsi prononçait Alcibiade, à qui ce grasseyement allait très-bien, selon Plutarque, mais dont Aristophane se moque en lui faisant dire, dans sa comédie des *Guêpes*, κόλακος p. κόρακος, c.-à-d. colbeau p. corbeau. A l'exemple d'Alcibiade, les dames romaines grasseyaient et même savaient donner un certain agrément à ce défaut de langue que Démosthène travailla toute sa vie à corriger. — *c.* On appelle la lettre *l* et les trois consonnes suivantes, m, n, r, *liquides*, parce qu'elles coulent facilement après une muette et souvent sans faire position, c.-à-d. sans allonger la quantité de la voyelle précédente, contrairement à la règle générale. Ex. *celĕbris, locŭples, prŏcne* et *prŏcne, Tĕcmessa* et *Tĕcmessa.* Ces quatre consonnes se permutent facilement entre elles, surtout *l* et *r.* V. Τίτλος, Λείρον.
9. *a.* Dat. λᾶϊ, acc. λᾶαν, rar. λᾶα; plur. λᾶες, λάων λάεσι ou λάεσσι, rar. λάασι, λᾶας. D'où *latomia*, LATOMIE, carrière, prison *taillée dans le roc;* RR. λᾶας, τέμνω. Cf. le latin *lapicidina*, de *lapis*, et *cædere*, tailler. — *b.* D'où DILA-

13. Κῶμος *a*, ὁ, festin, orgie *b*, Comus *c*. —μάζω *d*, *fait une orgie;*
—μαστής, *prêtre de Bacchus;* —μαξ, *plaisant;* —μικός, COMIQUE.

14. Κώνειον *a*, τὸ, ciguë, jus de ciguë. —νειάζω, *empoisonne.*

15. Κώνωψ, ωπος, ὁ, ἡ, cousin. —νωπεῖον, *rideau pour s'en défendre.*

16. Κώπη, ἡ, cupa, poignée, manche, rame *a*, moule. —παιος, *de rame;*
πεύω, *garnit de rames;* —πεύς, —πεών, *bois pour faire des rames.*

17. Κωφός, ἡ, όν, sourd, muet *a*, silencieux, émoussé, hébété *b*. —φεύω,
est sourd; —φόω, *rend sourd;* —φότης, *surdité;* —φίας, *un sourd.*

18. Λάβρος *a*, α, ον, violent, avide, vorace. —βράζω,
—βρεύομαι, *bavarde;* —βραξ, *loup de mer.*

19. Λάγνης *a*, ου, ὁ, débauché, lubrique. —νος, *id.;* —νεύω, *est lubrique.*

20. Λαγχάνω *a*, obtient par le sort, rend participant, échoit. *Λαχή,
lot, partage; *λαχμός, *sort, lot;* λάχεσις, *id.,* LACHÉSIS *b*.

21. Λαγών, όνος, ὁ, flanc, ventre d'un vase, creux. Λαγαρός, *efflanqué.*

22. Λαγώς, ώ, ὁ, lièvre, duc, *oiseau.* *Λαγῶος, *id.;* λαγωδίας, *duc.*

23. Λάθυρος, ὁ, pois chiche, *fait penser à* PTOLÉMÉE-LATHYRUS *a*.

ANNOTATIONS

TIDER, dissiper, *pr.* disperser les pierres d'un édifice; RR. *dis, lapis.*

11. *a.* Il est fait mention dans l'antiquité de cinq labyrinthes.

13. *a.* D'où χωμωδία, COMÉDIE; *pr.* chant de festin ou de fête, chanson pleine d'une gaieté folle. RR. χῶμος, ἄδω. D'autres dérivent χωμφδία de χώμη. Selon eux, l'étymologie du mot indique qu'elle naquit dans les *bourgs* de l'Attique. — *b.* Le sens premier est *procession* à travers les bourgs en l'honneur de Bacchus; R. χώμη. D'où *commissatio,* festin suivi d'une promenade nocturne. — *c.* Dieu de la table et de la joie licencieuse. — *d.* Lat. *comissor,* d'où *comitas,* luxe de table, prodigalité, générosité, bonté; *comis,* prodigue, généreux, bon.

14. *a.* La substance active de la ciguë se nomme, en chimie, *conicine* ou *conéine.*

16. *a. Pr.* le manche de la rame.

17. *a.* Si les sourds-muets ne parlent pas, ce n'est pas le plus souvent par un empêchement de l'action de la langue, comme dans la comédie de Molière, c'est parce que, n'ayant jamais entendu parler, ils ne peuvent répéter aucun son articulé; tant, dit Montaigne, « le sens du parler et celui de l'ouïe, duquel ils sont privés, se tiennent d'une couture naturelle. » — *b.* Les infirmités de l'esprit, ainsi que ses opérations, sont toutes exprimées par des images empruntées aux choses sensibles. Avoir perdu l'intelligence ou n'en avoir jamais eu, c'est manquer de *tact,* être *aveugle,* ne rien *sentir,* n'avoir aucun *goût* où ne rien *entendre.* V. Ἀμβλύς, Κόρυζα, Ἄτω. Le sens propre de κωφός est *émoussé,* obtus, hébété, bouché; R. κόπτω, frapper. Cf. *obtus,* de *obtundo,* émousser en frappant.

18. *a.* M. rac. q. λάπτω, λαμβάνω, Rad. Λαβ, et *labrum,* lèvre. V. Λαῦρος.

19. *a.* Comp. λαγνίστερος ou λαγνιαίτερος, sup. λαγνίστατος.

20. *a.* F. λήξομαι, a. 2 ἔλαχον, pf. εἴληχα ou λέλογχα, pf. p. εἴληγμαι. Syll. rad: Λαχ. — *b.* Celle des trois Parques qui tenait le fuseau et filait la destinée des hommes. Clotho tenait la quenouille, et Atropos, Ἄτροπος, l'inflexible, de ἀ priv. et τρέπω, tourner, tranchait le fil avec ses ciseaux. V. Κλώθω, Τρέπω.

23. *a.* Ainsi nommé à cause d'une excroissance en forme de pois chiche qu'il avait sur le nez. V. Ἐρέβινθος.

1. Λαγγάζω, **langueo**, LANGUIT, mollit, faiblit, a peur, s'enfuit.

2. Λάγηνος, ή, **lagena**, bouteille. —νιον, *petite bouteille;* λάγυνος,
id.; —νιον, —νίς, *dim.;* —νίων, *vide-bouteille.*

3. Λαγχία, ή, de **lancea**[a], LANCE.—4. Λαέρτης[a], ου, δ, nom d'insecte.

5. Ἀάζομαι[a], prend, saisit, s'empare de. Λάζυμαι, *id.*

6. Λαικάς[a], άδος, ή, prostituée. —κάστρια, *id.;* [*]—κάζω, *prostitue,*
rejette; —καστής, *qui fréquente les prostituées.*

7. Λαῖλαψ, απος, ή, tourbillon, ouragan. —λαπώδης, *orageux.*

8. Λάϊος, δ, grive, LAIUS[a]. — 9. Λαῖφος, εος, τὸ, haillon, voile.

10. Λακάθη, ή, filaria, *pl.* — 11. Λάκαινα[a], ή, vase à boire.

12. Λάκαφθον, τὸ, écorce aromatique d'une racine.

13. Λάμια, ή, **lamia**, LAMIE[a], poupée, requin, voracité. [*]—μνη, *id.*

14. Λάμπη, ή, pituite. — 15. Λαμπήνη, ή, chariot couvert.

16. Λάξ, à coups de pieds. Ἀάγδην, *id.;* λάζω, *ruer;* [*]λαχμός, *ruade;*
[*]λάκτις, *éperon;* —τίζω, *ruer;* —τισμός, *coup de pied;* —τιστής, *qui rue.*

17. Λαπίζω[a], est fier. —πισμα, *orgueil;* —πιστής, *fanfaron.*

ANNOTATIONS.

3. *a.* « Lancea *a græco dicta quam illi* λόγχην *vocant.* » FEST.

4. *a.* Le père d'Ulysse s'appelait LAERTE. V. Τίτυρος.

5. *a.* Point d'autres temps que l'imparfait.

6. *a.* De λαός, peuple, *m. à m.* femme publique.

8. *a.* Roi de Thèbes et père d'Œdipe qui lui donna la mort. V. Τίτυρος.

11. *a. Pr.* Vase lacédémonien. Λάκαινα est le féminin de λάκων, *Laconien,* habitant de la Laconie; d'où λακωνικός, LACONIQUE, c.-à-d. concis, comme était le langage des anciens Spartiates. On en trouve un exemple mémorable dans la réponse de Léonidas à Xerxès qui lui demandait ses armes : « *Viens les prendre,* » et un autre dans la lettre de César au sénat, pour annoncer sa victoire sur Pharnace, roi de Pont, l'an 47 avant J. C. : « *Veni, vidi, vici.* »

13. *a.* Monstre fabuleux portant un visage de femme sur un corps de serpent, et ayant la réputation de manger les enfants. L'histoire des Lamies était aussi terrible pour le jeune âge que l'a été pour nous celle des sorcières et des ogres. Horace a tiré de cette tradition mythologique un précepte sur la vraisemblance

tragique : « *Neu pransæ Lamiæ vivum puerum extrahat alvo.* » « Il ne faut pas venir sur la scène arracher des entrailles d'une Lamie l'enfant qu'elle a dévoré tout vivant. »

17. *a.* De Λαπίθαι, LAPITHES, ancien peuple de la Thessalie. Le verbe signifie donc *pr.* être insolent comme un *Lapithe.* V. Λεσβιάς.

18. *a.* De même en latin, *gula* signifie tout à la fois *gosier, palais* et *gastronomie.* « L'âme du gourmand est toute dans son palais. » J. J. ROUSS.

19. *a.* Éol. Λαιϝός. — *b.* Il faut remarquer que dans le langage des augures le latin *lævus* a, au contraire du grec λαιός, le sens d'*heureux,* de *propice,* parce que les Romains se tournaient vers le midi pour regarder le ciel et prendre les auspices. Ils avaient donc à leur gauche les augures d'orient qui étaient, dans leur pensée, les présages favorables, comme venant de la droite de Jupiter. « *Læva prospera existimantur, quoniam lævā parte mundi ortus est.* » PL. « *Haud ignoro quæ bona sunt,* sinistra *nos dicere, etiamsi dextera sunt.* » CIC. Quelquefois cependant *sinister* et *lævus* ont, comme λαιός et ἀριστερός, le sens de *fâcheux, sinistre,* d'après les idées des

18. Λαιμός, ὁ, gosier, cou, goulot, gourmandise [a]. *–μίζω, égorge; –μάσσω, *–μώσσω, mange avidèment, est affamé.

19. Λαιός [a], ά, όν, laevus [b], gauche, sinistre. Λαιά, la main gauche.

20. Λάκκος, ὁ, lacus [a], citerne, LAC, fosse. Λακκαῖος, de citerne.

21. Λαλέω, parle, babille. –λος, babillard; –λιά [a], babil; –λημά, discours, babil; *–λαγέω; *–λάζω, babille; *–λαγή, babil, bruit.

22. Λαμβάνω [a], prend, reçoit. Λαβή, λῆψις, prise; λαβίς, tenaille; ληπτός, pris; λήπτης, qui prend; λῆμμα, tout ce qu'on prend, LEMME [b].

23. Λάμπω [a], brille. –πάς, flambeau, LAMPE [b]; *–πάζω, brille; –πρός, brillant; –πρότης, clarté; –πρύνω, fait briller; –πτήρ, flambeau.

24. Λαμυρός, ά, όν, creux, vaste, effrayant, glouton, hardi, enjoué. –ρία, pétulance, hardiesse, enjouement, loquacité.

25. Λανθάνω [a], lateo, est caché, ignore. Λάθρα, secrètement; λάθριος, λαθραῖος, clandestin; λήθη [b], oubli, LÉTHÉ [c]; *λῆστις, id.

26. Λαός [a], ὁ, peuple. Λεώς, id.; λαϊκός, du peuple, LAÏQUE, LAI [b], profane; *λαία, assemblée du peuple; *λήϊτος, public, du peuple [c].

ANNOTATIONS.

Grecs. « Graiis et barbaris dextra meliora videntur. » Cic.

20. a. D'où lacuna, mare, pr. petit lac; LACUNE, vide dans le corps d'un ouvrage; LAGUNE, flaque d'eau; SUBIACO ou Sublac, ville d'Italie bâtie près d'un lac, à six lieues de Tivoli. Ce lac est célèbre dans les histoires de saint Benoît, de saint Placide et de saint Maur.

21. a. D'où EULALIE, sainte vierge et martyre du troisième siècle; RR. εὐ, λαλέω, parler bien.

22. a. F. λήψομαι, a. 2 ἔλαβον, pf. εἴληφα, a. p. ἐλήφθην, pf. p. εἴλημμαι; syll. rad. Λαβ. D'où ÉPILEPSIE; v. Ἐπί. SYLLABE, συλλαβή, partie d'un mot comprise dans une seule émission de voix; RR. σύν, λαμβάνω. Il y a beaucoup de mots qui n'ont qu'une syllabe. V. Μόνος. — b. Lemme signifie pr. chose reçue, admise; il se dit, en géométrie, d'une proposition préliminaire qu'on établit et qu'on prend pour servir subsidiairement à la démonstration d'une autre proposition.

23. a. F. λάμψω, a. ἔλαμψα, pf. poét. et rare λέλαμπα. — b. En latin lampas. V. Χθών.

25. a. F. λήσω, a. 2 ἔλαθον, pf. λέληθα, souvent dans le sens du présent, plqpf.

ἐλελήθειν; syll. rad. Λαθ. D'où LANTHANE, nom d'un métal découvert en 1840, et dont les propriétés sont encore peu connues. — b. D'où ληθαργία, LÉTHARGIE, état de sommeil profond qui offre l'image de la mort, et ainsi nommé parce que, dans les moments de réveil, le léthargique parle sans savoir ce qu'il dit, et oublie aussitôt tout ce qu'il a dit. RR. λανθάνω, ἀργός, inactif. — c. « Immemor Lethe. » SÉN. Fleuve des enfers où les ombres boivent l'oubli du passé. « Lethæi ad fluminis undam... longa oblivia potant. » VIRG.

26. a. D'où ARCHÉLAÜS, Ἀρχέλαος, n. pr., m. à m. qui commande au peuple; RR. ἄρχω, λαός. AGÉSILAS, Ἀγεσίλαος, pr. qui conduit le peuple, nom d'un fameux roi de Sparte; RR. ἄγω, λαός. NICOLAS, Νικόλαος, vainqueur des peuples; RR. νίκη, λαός. — b. Se dit, au lieu de laïc, en parlant des frères servants non engagés dans les ordres sacrés. — c. D'où LITURGIE, λειτουργία, pr. fonction publique, λήϊτον ἔργον; en style ecclésiastique, on entend par liturgie le service divin, l'office public, la partie du culte qui comprend les cérémonies et les prières sacrées.

1. Λάρϐασον, τὸ, antimoine. — 2. Λάριμνον, τὸ, parfum de l'Inde.

3. Λάριμος, ὁ, sorte de poisson de mer. Λάρινος, *id.*

4. *Λαρινός, ή, όν, gras. —νεύω, engraisse, d'où laridum, lardum, LARD.

5. Λάριξ, ιχος, ή, larix, mélèze, *arbre épineux.*

6. Δαρισσαῖος, ὁ, chaudron qu'on fabriquait à LARISSE [a].

7. Λάρχος, ὁ, panier à charbon, corbeille. —χίδιον, *petit panier.*

8. Λάρναξ, αχος, ή, coffre, arche, urne funéraire, vaisseau.

9. *Λαρός, ά, όν, agréable, doux. Λάρος, *mouette, homme avare.*

10. Λάρυγξ, υγγος, ὁ, LARYNX [a], gorge. —υγγιάω, *est enroué, crie de la gorge;* —υγγίζω, *crie à pleine gorge;* —υγγίτης, *braillard.*

11. Λάσανον, τὸ, lasanum, trépied, réchaud, vase de nuit.

12. *Λάσθη, ή, injure, mépris. —θαίνω, *injurie, méprise.*

13. Λάταξ, αγος, ή, vin jeté dans le cottabe [a], loutre, castor. Λαταγή, *bruit du cottabe;* —γέω, *fait un bruit semblable.*

14. Λάτος, ὁ, variole, *poisson du Nil.* — 15. *Λαυχανία, ή, gorge.

16. *Λαῦρος [a], α, ον, large, fort. —ρα, *grande rue, ruelle, quartier [b].*

ANNOTATIONS.

6. *a.* Nom de plusieurs villes anciennes bâties par les Pélasges, et en particulier de la capitale d'Achille, en Thessalie. Λάρισσα, si le mot est grec, a la même racine que λαρινός, gras, et signifie *pr.* la ville au sol *fertile.* « Larissæ *campus opimæ.* » Hor. Quant au mot λαρισσαῖος, chaudron, il est formé d'après le même principe que tant d'autres noms d'objets manufacturés qui rappellent le lieu de leur première fabrication. Ex. : BAÏONNETTE, arme blanche fabriquée d'abord à *Bayonne,* dans le seizième siècle. MAROQUIN, cuir de *Maroc;* BERLINE, voiture de *Berlin;* FAÏENCE, poterie de *Faënza* dans les États de l'Église. CORDOUAN, cuir de *Cordoue;* d'où *cordouanier,* celui qui le préparait, et par corruption CORDONNIER. ORVIÉTAN, médicament apporté par un charlatan d'*Orviéto,* ville des États romains. GUINÉE, monnaie anglaise, valant 20 shillings, et ainsi appelée parce que les premières *guinées* furent frappées sous le roi Charles II, avec de l'or tiré de la *Guinée,* en Afrique. BESANT, *bezant* ou *byzant,* monnaie d'or de l'empire de *Byzance,* importée en France, au douzième siècle, sous le nom de *sou d'or.* CAUDEBEC, chapeau fabriqué dans la ville

du même nom. PISTOLET, arme à feu employée d'abord à *Pistoie,* ville de Toscane. CARONADE, bouche à feu inventée dans le siècle dernier, à *Carron,* ville d'Écosse voisine de Stirling. ESPAGNOLETTE, ferrure servant à fermer une fenêtre ou une porte, imaginée en *Espagne.* Le latin *campana,* cloche introduite dans les églises par un évêque de *Campanie,* S. Paulin de Nole, d'où dérivent l'ital. *campanile,* clocher, et le français CAMPANULE, fleur en forme de clochette. PHARE, du nom de l'île de *Pharos,* près d'Alexandrie, où fut élevée, sous Ptolémée-Philadelphe, la première tour destinée à diriger, au moyen d'un foyer lumineux, la marche des vaisseaux pendant la nuit. V. Ταραντινίδιον, Ἰνδικόν.

10. *a.* Le larynx est l'organe dans lequel se produit la voix. C'est une sorte de boîte cartilagineuse qui forme à la gorge un renflement appelé vulgairement *pomme d'Adam.*

13. *a.* V. Κότταϐος.

16. *a.* Le même que λάϐρος. — *b.* De plus, cloître, monastère ou LAURE, qui se dit plus particulièrement des monastères d'Orient.

17. *a.* Ou λαπάσσω, att. λαπάττω, f.

17. Λαπάζω [a], amollit, vide, saccage. —παξις, évacuation —παρός; creux, mou; —παρον, flanc; —παθον, patience [b].

18. Λάπτω [a], lambo, LAPE [b], vide, fait évacuer. Λάπη, pituite; —πτικός, laxatif, purgatif; —πώδης, pituiteux.

19. Λάσιος, α [a], ον, velu, couvert de poils, épais, touffu, mâle. —ιον [b], grosse étoffe à longs poils; —ιόω, rend velu; —ιών, lieu boisé.

20. Λάσκω [a], retentit, craque [b], crie, annonce. Λακάζω, crie; —xίς, déchirure; —κίζω, —κιδόω, lacero, déchire; —κέρυζα, criarde.

21. Λάτρις, ιος, ὁ, ἡ, latro [a], mercenaire, esclave, adorateur. —τρεύω, sert, adore; —τρεία [b], service, culte; —τρον, prix.

22. Λαύω, jouit, d'où ἀπολαύω [a], id. Ἀπόλαυσις, —λαυσμα, jouissance.

23. Λάφυρον [a], τὸ, butin, proie, plur. dépouilles. —ρεύω, pille, ravage.

24. Λαφύσσω [a], dévore, avale, engloutit, consume. —φυγμός, —φυξις, action de dévorer; —φύκτης, glouton; —φρία, qui butine.

25. Λέβης [a], ητος, ὁ, lebes, chaudron, bassin, urne funéraire. Λεβήτιον, dim.; λεβητίζω, fait cuire dans un chaudron.

ANNOTATIONS.

ξω, etc. régulièrement; m. rac. q. λάπτω. — b. En latin lapathum, sorte d'oseille qui tire son nom grec de ses propriétés stomachiques et apéritives, et, dit-on, son nom français de la lenteur de ses effets qui demande une grande patience.

18. a. F. λάψω ou λάψομαι, a. ἔλαψα ou ἐλαψάμην, pf. λέλαφα, p.f. p. λέλαμμαι; syll. rad. Λαπ ou Λαβ, la même que dans λαμβάνω. — b. D'où popul. LAMPER, boire avidement, et LAMPÉE, grand verre de vin; d'où encore labium ou labrum, LÈVRE, angl. lip, all. lippe, lefze; LABIÉNUS, n. pr., litt. qui a de grosses lèvres. V. Χεῖλος.

19. a. D'où LASIE, nom de plusieurs îles hérissées de rochers. — b. Cf. le français pieluche, sorte d'étoffe à longs poils, de pilosus, poilu; R. pilus, poil; velours de villosus, velu; R. villus, poil.

20. a. F. λαχήσω ou λαχήσομαι, a. ἐλάχησα, a. 2. ἔλακον, pf. λέλακα ou λέληκα. — b. Tout corps qui se brise ou qu'on déchire fait entendre un bruit; aussi tous les verbes signifiant briser, déchirer ont-ils pour sens premier faire du bruit. Cf. fracasser, de frangere, faire du fracas; éclater, se briser avec bruit; crever, de crepare, craquer, etc.

21. a. Latro est, selon d'autres, pour latero, pr. garde-du-corps; R. latus, côté, corps. « Latrones vocantur conducti milites; moris autem erat, ut hos imperator et circa se haberet, et eos primum mitteret ad omne discrimen. » SERV. « Nunc viarum obsessores dicuntur latrones. » FEST. Le latro diffère du fur : Fures insidiantur et occulta fraude decipiunt; latrones audacter aliena diripiunt. » S. JÉR. On voit les latrones à l'œuvre dans la parabole du Samaritain. S. Luc., ch. 10. De latro vient latrocinium, bas latin laricinium, LARCIN, v. fr. larecin. — b. D'où LATRIE, culte qu'on rend à Dieu seul, et qu'il faut distinguer du culte de dulie, rendu aux saints, et du culte d'hyperdulie, rendu à la sainte Vierge. V. Δοῦλος. IDOLATRIE pour idololâtrie, de εἰδωλολατρεία, idololatria; culte des idoles, « idolorum servitus. » S. PAUL. RR. Εἶδον, λάτρις.

22. a. F. ἀπολαύσω ou mieux ἀπολαύσομαι, a. ἀπέλαυσα, qqf. ἀπήλαυσα, pf. ἀπολέλαυκα. Le simple λαύω, de la même racine que λαμβάνω, est inusité.

23. a. M. rac. q. λάπτω et λαφύσσω.

24. a. F. ξω; m. rac. q. λάπτω.

25. a. De λείβω, verser; cf. χύτρα, pot, marmite, de χέω, verser.

1. *Λαχαίνω, creuse, fouille, bêche, fouit. —χανον [a], légume; —χα-νεύω, les cultive; —χανεία, culture des légumes.

2. Λάχνη, ἡ, duvet, poil, laine, toison, chevelure. *—νος, toison; —ναῖος, laineux; *—νόω, rend velu; —νωσις, pubescence.

3. Λαψάνη, ἡ, lapsana, senevé des champs. Λαμψάνη, id.

4. *Λάω [a], regarde d'un œil avide [b], voit, désire, veut. Λῆμα, vo-lonté, désir; —ματίας, résolu; λιλαίομαι [c], désire.

5. Λεβηρίς [a], ίδος, ἡ, vieille peau des serpents, etc., pelure.

6. Λεβίας, ου, ὁ, un poisson. —7. Λεβορίς, ίδος, ἡ, lepus [a], LIÈVRE [b], LAPIN.

8. Λεγεών, ῶνος, ἡ, de legio [a], la LÉGION romaine.

9. Λέγνον, τὸ, frange. —νη, id.; —νόω, garnit d'une frange.

10. Λείριον [a], τὸ, lilium, LIS. —ρινος, de lis, semblable au lis.

11. Λεκάνη, ἡ, plat, bassin. —νιον, —νίς, dim.; —κίς, —κάριον, id.

12. Λέκιθος, ἡ, jaune d'œuf, bouillie de légumes, purée.

13. Λέμβος [a], ὁ, lembus, esquif, barque, chaloupe, parasite.

14. Λέμνα, ἡ, lentille d'eau, la LEMNA palustris de Linné.

ANNOTATIONS.

1. *a. Pr.* herbe qu'on cueille avec la bêche. V. Χείρ, Λέγω.

4. *a.* Sans futur. D'où λῶ, λῆς, λῆ, λῶ-μεν, λῆτε, λῶντι, je veux, tu veux, etc. —*b.* Le sens premier de λάω est *regarder*, voir, d'où dérive le sens de porter envie, *invidere*, envier, qui a pour étymologie *videre in*, attacher sa vue sur le bien ou le bonheur d'autrui, pr. avoir des *vues* sur, fam. *reluquer.* « Invidiæ *nomen ductum à nimis* intuendo *fortunam alterius.»* Cic. Toutes les passions se peignent dans les yeux, mais surtout « l'envie au sinistre regard, » comme l'appelle Hérodote. De là vient que la langue hébraïque qui emploie le mot *œil* pour exprimer toutes les affections de l'âme, appelle l'homme envieux *oculus nequam, œil* mauvais. (*Matth.* ch. 20.) « Le visage seul de l'envieux, dit saint Basile, décèle le mal intérieur qui le consume; ses yeux sont desséchés et obscurcis, son sourcil renfrogné. Plusieurs même ont pensé que les envieux blessent par leurs seuls regards, et que de leurs yeux il coule une humeur qui gâte et altère tout ce qu'elle touche. » V. Ἄγαμαι. —*c.* V. Μαιμάω.

5. *a.* De λέπω, peler,

7. *a.* On trouve aussi chez les Éoliens λέπορις, d'où est venu *lepus,* et qui était probablement la forme primitive du mot. —*b.* D'où LÉVRIER p. LIÉVRIER,

8. *a.* De *legere,* choisir, pr. *corps d'é-lite,* ainsi appelé, dit Plutarque, parce qu'on avait *choisi* entre tous les citoyens ceux qui étaient propres à la guerre. D'où LÉON, ville d'Espagne, ainsi nommée parce que la septième *légion* l'avait occupée.

10. *a.* De l'adjectif vieilli λειρός, tendre, délicat, frais, pâle, toutes qualités propres au lys que Pindare appelle λεί-ριον ἄνθεμον, fleur charmante. V. Τίτλος.

13. *a.* C'était un petit bâtiment qui dépendait d'un grand, et qu'on envoyait à la découverte. Par analogie λέμβος a signifié le parasite qui s'attache à la suite de quelqu'un , comme la chaloupe tient au navire. Cf. σκιά, *umbra,* ombre, dans le sens de *convive non invité* qui en suit un autre, comme l'ombre suit le corps.

15. *a.* F. λέξω, a. ἔλεξα, moy. λέξομαι, ἐλεξάμην; all. *legen,* angl. *to lay.* —*b.* D'où *lectica,* LITIÈRE. Cf. *cubile,* couche, de *cubare,* se coucher. —*c.* Pr. se tapit, se couche pour mieux guetter, sans être vu. V. Ἔχομαι.—*d.* F. λέξω, a. ἔλε-ξα, pf. εἴλεχα ou εἴλοχα, pf. p. λέλεγμαι ou εἴλεγμαι; a. p. ἐλέχθην ou ἐλέγην. —*e.* D'où *legumen ,* LÉGUME qu'on *cueille* avec la main. *Colligo,* CUEILLE, fait une

15. *Λέγω[a], fait coucher. *Λέχος, λέκτρον, lectus, LIT[b]; λόχος, embuscade, *accouchement; —χάω[c], épie; —χεύω, accouche.

Id. *Λέγω[d], lego[e], rassemble, choisit. Λογάς, —γαῖος, d'ÉLITE[f]; —γίζομαι, calcule, raisonne; —γισμός, calcul, raisonnement, argument.

Id. Λέγω[g], loquor, dit, parle. Λέξις, mot; —ξικόν, LEXIQUE[h]; λόγος[i], parole, discours, raison, Verbe[j]; —γιος, ÉLOQUENT[k].

16. Λεία, ἡ, butin, proie, bétail qu'on emmène. *Ληΐς, id.; ληΐζομαι, pille; ληϊστός, pillé; ληστής, brigand; —τεύω, pille.

17. Λείβω[a], libo, verse goutte à goutte, fond, répand. Λιβάς, *λίβος, *λίψ, goutte; λιβάζω, verse; λοιβή, LIBATION[b].

18. Λειμών[a], ῶνος, ὁ, prairie, jardin; *—μαξ, pré, limax[b], LIMAÇON; —μώνιος, de prairie; —μωνιάς, habitant des prairies.

19. Λεῖος[a], α, ον, lævis, poli, uni, doux[*], calme. —ιόω, LISSER; —ίωμα, ce qui est LISSE; λεαίνω, polit; λεαντήρ, pilon.

20. Λείπω[a], linquo[b], laisse, manque. Λεῖψις, action de laisser, défaut; λεῖμμα, λείψανον, reste; λοιπός, qui reste; —πόν, reste.

ANNOTATIONS.

COLLECTION, une COLLECTE, une RÉCOLTE. LIRE, pr. recueillir les pensées d'un livre. Intelligere, comprendre. V. Ἐν. LUTRIN, en latin lectrinum, pupitre d'église. Elegans ÉLÉGANT p. eligens, pr. qui choisit le meilleur, délicat. Diligere, aimer avec PRÉDILECTION quelqu'un entre les autres; diligens, qui s'attache à, DILIGENT. Negligens, NÉGLIGENT, pr. qui ne recueille pas, qui laisse perdre; RR. nec, lego. — f. Latin electus, choisi. — g. F. λέξω, a. ἔλεξα ou εἶπον, R. Ἐπ, pf. εἴλεχα, λέλεγα ou εἴρηκα, R. Ἐρ, a. p. ἐλέχθην, ἐρρήθην ou ἐρρέθην, pf. p. λέλεγμαι ou εἴρημαι. Ces 3 verbes λέγω, séparés ici pour plus de clarté, ne sont en réalité qu'un seul et même mot. — h. Dictionnaire, grec surtout. — i. Notez que le même mot signifie parole et raison ou pensée. « La pensée, dit Platon, est le discours que l'esprit se tient à lui-même. » Chez certains peuples de l'Océanie, penser se dit parler dans son ventre. — j. Le Fils éternel de Dieu, la parole substantielle du Père. « Verbe, parole et raison, c'est la même chose, » dit Bossuet, et vous remarquerez que le verbe φημί, dire, signifie aussi penser, se dire à soi-même. — k. De la même racine dérivent les mots LOGIQUE, λογική, s. ent. τέχνη, art de raisonner et de parler; TAUTOLOGIE, ταυτολογία, répétition de la même idée en d'autres termes; RR. τό, αὐτό, λέγω. V. Ἡμέρα.

17. a. Poët. εἴβω, avec l'esprit doux pour remplacer l'articulation du λ. F. λείψω, a. ἔλειψα; syll. rad. Λιβ. — b. Cérémonie païenne qui consistait à répandre une coupe de vin ou d'une autre liqueur, en l'honneur de quelque divinité.

18. a. R. λείβω, arroser, pr. lieu qu'on arrose beaucoup; d'où aussi limus, LIMON. — b. « Limax a limo quia ibi vivit. » VAR.

19. a. Éol. λείϜος. D'où λειεντέρια, LIENTERIE, dévoiement attribué par les anciens au poli de la tunique interne des intestins; RR. λεῖος, ἔν. — b. V. Τραχύς.

20. a. F. λείψω, a. 2 ἔλιπον, a. 1 rare ἔλειψα, pf. λέλοιπα; pass. λειφθήσομαι, ἐλείφθην, λέλειμμαι; syll. rad. Λιπ. D'où Παραλειπόμενα, PARALIPOMÈNES, deux livres de la Bible, où Esdras raconte des faits omis dans les quatre livres des Rois; RR. παρά, λείπω. ELLIPSE, ἔλλειψις; en termes de grammaire, omission d'un ou de plusieurs mots; RR. ἐν, λείπω. ÉCLIPSE, ἔκλειψις, disparition d'un astre par suite de l'interposition d'un autre, en latin defectus, défaut; RR. ἐκ, λείπω. — b. V. Λύχος. Cf. le latin reliquiæ, reliquus, et le français reliquat, de relinquo, laisser.

1. Λέμφος, ὁ, morve, bêtise, un morveux, un imbécile.

2. Λεσβιάς [a], άδος, ή, LESBIENNE, femme dissolue, impudique[b].
　　–βιάζω, est dissolu; –βιον, second pont d'un vaisseau, coupe.

3. *Λεύσσω[a], voit, regarde, luceo[b], est brillant, LUIT. Λευστός, visible.

4. *Λέχριος[a], α, ον, couché de côté, oblique. Λέχρις, obliquement.

5. Λῆδον, τὸ, LÉDUM, arbriss. Λάδανον, LADANUM, gomme du lédum.

6. *Λῆδος, εος, τὸ, habit léger. —*6. Λήϊον, τὸ, moisson, blé.

7. Λήμνιος, α, ον, de LEMNOS, méchant, cruel. — 8. Λημνίσκος, ὁ, ruban.

9. *Λῆνος, εος, τὸ, lana[a], LAINE, étoffe ou bandelette de laine.

10. *Λιάζω[a], relâche, laisse tomber.—11. Λίαν, trop, beaucoup, très.

12. Λίβανος, ὁ, ή, encens, l'arbre à encens[a], le mont LIBAN[b]. —νίζω,
　　a une odeur d'encens; –νωτρίς, encensoir; –νωτός, encens.

13. Λιβυός, ὁ, nom d'oiseau.—14. Λίβυς, υος, ὁ, LIBYEN, espèce de serpent.

15. Λιβυρνίς, ίδος, ή, liburna, vaisseau léger des LIBURNIENS[a].

16. Λίγδος, ὁ, mortier à piler, modèle creux des fondeurs.

17. Λιγνύς, ύος, ὁ, suie, fumée, vapeur épaisse, feu plein de fumée.

ANNOTATIONS.

2. a. R. Λέσβος; pr. habitante de Lesbos. — b. Il y avait très-peu de pays et de nations aux noms desquels ne fût pas attachée, à tort ou à raison, une signification injurieuse. Parmi les plus mal famés étaient les *Sybarites* et les *Canopiens* pour leur mollesse; les *Ciliciens* et les *Carthaginois* pour leur fourberie devenue proverbiale, sous les noms de *fides punica*, et de *contes ciliciens*, V. Κάρ, Καππαδοκίζω. Parmi les modernes, on a stigmatisé avec raison les *Vandales*, nation féroce qui, au troisième siècle, envahit et ravagea la Gaule, l'Espagne et l'Italie, exerçant partout ce genre de destruction appelé depuis *vandalisme*; les *Brigantes*, peuplade de la Grande-Bretagne, dont nous avons changé le nom en celui de *brigands*, dit-on; voyez le Dictionnaire de Trévoux; les *Assassins* ou *Hachichins*, jeunes satellites du Vieux de la Montagne qui les enivrait avec la liqueur appelée *hachich*, et les envoyait massacrer ses ennemis; les *Hongrois*, peuple belliqueux et autrefois féroce, dont le nom ancien *Ouigour* ou *Ogour* est devenu le mot *ogre*. Encore aujourd'hui, *Ostrogoth* et *Iroquois* veulent dire homme bizarre, étranger aux usages et aux bienséances; *Gascon* est syn. de hâbleur; *Bohéme*, de

vagabond aux mœurs déréglées; *Juif*, d'usurier, et *Normand*, d'homme adroit. Notre mot *esclave*, angl. *slave*, vient des *Slaves*, *Slavi*, peuple barbare réduit en servitude par Charlemagne et vendus depuis en grand nombre.

3. a. A. Ἔλευσα. De λάω, voir; cf. l'all. *leuchten*, l'angl. *to light*. — b. D'où *lumen*, LUMIÈRE, p. *lucimen*; *luna*, p. *lucina*, le *flambeau* de la nuit, auquel était consacré le LUNDI, et qui a donné son nom aux *lunettes*; LUCIUS, nom pr., litt. né avec le jour, syn. de *Manius*, né au matin; *luculentus*, clair, brillant, splendide, riche; *lucubratio*, ÉLUCUBRATION, travail fait à la *lueur* d'une lampe; LUCERNE, ville de Suisse, sur l'emplacement de laquelle s'élevait jadis un fanal, *lucerna*, servant de guide aux voyageurs; enfin LUCARNE, ouverture par où vient le jour. V. Φαίνω.

4. a. De λέγω, coucher.

9. a. Du dorien λανός; d'où LANGE, pr. étoffe de laine, lat. *laneum*, bas-lat. *lanium*, *lanjum*.

10. a. F. λιάσω.

12. a. L'encens coule sous forme de résine de plusieurs arbres des pays chauds, et en particulier d'une espèce de genévrier. — b. Le mot *Liban* signifie pr. *blan-*

18. Λείχω*a*, lingo*b*, LÈCHE. Λειχάζω, λιχμάω, id.; *λιχμάς, léchée; λίχνος, friand*c*; —νάω, —νεύω, goûte; —νεία, gourmandise; λειχήν, LICHEN*d*.

19. Λέπω*a*, pèle, écorche. —πίς*b*, —πος, écaille; —πίζω, écailler; *—πας*c*, roche nue; *—παῖος, montagneux; —πυρον, —πύχανον, cosse.

Id. Λεπρός, ά, όν, écailleux, rude, leprosus, LÉPREUX. —πρα, lepra, LÈPRE*d*; —πράω, —ιάω, a la lèpre; —όω, couvre de lèpre.

Id. Λεπτός, ή, όν, mince*e*. —τότης, ténuité, maigreur; —τύνω, amincit; —τυνσις, —τυσμός, amincissement, amoindrissement.

20. Λέσχη*a*, ή, causerie, lieu où l'on se rassemble pour causer. *—χάζω, —χηνεύω, cause; d'où ἀδόλεσχος, bavard; —χέω, bavarder.

21. Λευκός*a*, ή, όν, blanc. —κότης, blancheur; —κόω, —καίνω, rend blanc, blanchit; *—κάς, blanche, subst. LEUCADE*b*; —κη, peuplier blanc.

22. Λέων, οντος, ό, leo*a*, LION. Λέαινα, lionne; λεόντειος, *—τιος, de lion; *—τηδόν, comme un lion; —τιδεύς, —τίσκος, lionceau.

23. Λήγω*a*, finit, cesse, fait cesser. —γουσα, syllabe finale*b*; *λῆξις, *ληγμός, cessation; *ληκτήριος, entouré d'un rebord.

ANNOTATIONS.

cheur et rappelle que les cimes de cette montagne sont *blanchies* par la neige. Les Orientaux nomment le Liban *Mons Nivis*, Mont de la Neige, *Mont Blanc*. V. Νίφω.

15. *a.* Anciens habitants de la Croatie, qui se livraient à la piraterie.

18. *a.* F. λείξω, a. ἔλειξα, pf. λέλειχα, f. p. λειχθήσομαι, a. p. ἐλείχθην; syll. rad. Λιχ ou Λιγ, all. *lecken*, angl. *to lick*. — *b.* D'où *lingua*, la LANGUE, considérée ici comme l'organe du goût; *ligurió*, forme intensive de *lingo*. — *c.* Litt. qui s'en *lèche* les doigts, *lèche-plat*. « *Qui cupediis ita deditus est, ut lingat digitos, seu catinos*, catillo. » H. ÉTIENNE. — *d.* Nom donné en pathologie, à une inflammation dartreuse qui semble lécher la peau, et, en botanique, à un genre de plantes cryptogames semblables à des dartres, qui adhèrent, sous forme de pellicules, aux écorces des arbres et aux rochers sur lesquels elles vivent.

19. *a.* F. ψω, etc. régul. — *b.* D'où LÉPIDOPTÈRES ou *papillons*, ordre d'insectes caractérisés par les écailles farineuses et diversement nuancées qui ornent leurs quatre ailes; RR. λεπίς, πτερόν. — *c.* Gén. ατος; il ne faut pas le confondre avec λεπάς, άδος, patelle ou LÉPAS, genre de coquille univalve en forme d'écuelle,

patella. — *d.* Maladie terrible qui couvre la peau de pustules et d'écailles. Dans l'enfer visité par Dante, il y avait des lépreux. « Leur peau encroûtée tombait par lambeaux sous leurs doigts, comme on voit tomber, sous le couteau de celui qui l'apprête, les longues *écailles* d'un poisson. » (*Chant* 29.) — *e.* Prim. écorce, pelé, par ext. aminci.

20. *a.* De λέγω, parler, c. ἔσχον vient de ἔχω, ἔσπον de ἔπω. du rad. Ἔπ.

21. *a.* M. rac. q. λεύσσω, *luceo*, briller, pr. *lumineux*, parce que la lumière naturelle est blanche. Cf. notre mot *aube* du latin *alba*, blanche, pr. la première blancheur du matin, comme nous disons la *brune* pour le soir. De même *incendie* et *chandelle* dérivent de *candere*, être blanc, pr. être chauffé à blanc, jusqu'à l'*incandescence*. — *b.* Ile de la mer Ionienne, dominée par des rochers d'une éclatante blancheur. V. Ἀργός, Πράσον, Λίβανος.

22. *a.* *Heros inter bestias*, dit l'hébreu. D'où LÉON nom pr. porté par d'illustres papes. V. Τίτυρος.

23. *a.* D'où ἀληκτώ ALECTON, une des Furies, pr. qui ne laisse pas reposer sa vengeance; RR. ά, λήγω. V. Τίω. — *b.* Pr. *désinence*, du verbe latin *desino*, cesser, finir.

1. **Ἄιζω** [a], effleure, siffle en effleurant, vibre, retentit. Ἀιγύς, εια, ύ, *clair, sonore, éloquent*; —υρός, *sonore, doux*; —υρίζω, *parle, chante d'une voix claire et mélodieuse.*

2. **Λιπερνέω**, est misérable. —νήτης, *pauvre.* — 3. **Ἄιπτω** [a], désire.

4. **Ἀιρός, ά, όν,** impudent. — 5. Ἄισγος, ὁ, de *ligo*, bêche, houe.

6. **Ἄισπος** [a], η, ον, usé par le frottement, ras, uni, grêle, maigre. —πη, *nom d'un petit animal, signe d'hospitalité* [b].

7. **Λισσάνιος, ον,** bon, brave [a] *chez les Lacédémoniens.* Λυσσάνιος, *id.*

8. **Ἄισσομαι** [a], prie [b]. Λιτή, λιτανεία, *prière*, LITANIE [c]; —τανεύω, —ταίνω, *prie*; —τανος, —τήσιος, *priant*; —τός, *prié, priant.*

9. **Λισσός** [a], ή, όν, LISSE, uni. *—σάς, id.*, subst. *roche nue*; —σόω, *lisser.*

10. **Λίστρον** [a], τὸ, pelle, bêche, houe. —τριον, *petite bêche, poêlon*; —ραίνω, —τρεύω, *fouit*; —τρόω, *aplanit, unit*; —τρωτός, *uni.*

11. **Λίσχροι, οἱ,** herbes qu'on retourne pour engraisser la terre.

12. **Λίτρα** [a], ἡ, **libra** [b], LIVRE, *poids et monnaie* [c], la balance. Λιτραῖος, λιτριαῖος, *du poids* ou *de la valeur d'une livre.*

ANNOTATIONS.

1. a. F. λίγξω, a. ἔλιγξα.
3. a. F. ψω; m. rac. q. λίσσομαι.
6. a. M. rac. q. λεῖος, poli. — b. En latin *tessera hospitalis*. C'était une pièce de monnaie ou un bâton d'ivoire qu'on rompait en deux, et dont les deux hôtes conservaient chacun une partie. V. Τέσσαρες.

7. a. Remarquez l'association constante des deux idées de bonté et de bravoure. V. Ἀγαθός, Κακός, Ἀρετή, Φέρω.

8. a. Att. λίττομαι, d'où *litare*, sacrifier, obtenir par un sacrifice. F. λίσομαι, a. ἐλισάμην, a. 2 ἐλιτόμην.— b. Pr. *désire.* Cf. Λάω. C'est le *désir* qui rend la prière efficace. « Desiderium *pauperum exaudivit Dominus.* » (Ps. 9.) V. Εὔχομαι, Ἄιπτω. — c. Les *litanies* ou *Rogations*, de *rogare*, prier, qu'on récite solennellement pendant trois jours avant l'Ascension, furent établies par saint Mamert, évêque de Vienne, en 470, à l'occasion de tremblements de terre, d'éruptions volcaniques et d'autres fléaux qui désolaient son diocèse. V. Κύριος.

9. a. M. rac. q. λίσπος et λεῖος.
10. a. M. rac. q. les précédents; pr. instrument pour aplanir la terre.
12. a. D'où vient LITRE, nom donné à l'unité des mesures de capacité, parce que le *litre* d'eau pèse un kilogramme,

qui est pour nous comme la nouvelle *livre.* — b. D'où *æquilibrium*, ÉQUILIBRE, état d'une balance dont les bassins sont chargés de poids égaux. RR. *æquus, libra.* DÉLIBÉRER, *deliberare*, pr. *peser* les raisons pour et les raisons contre. V. Ἄιω. On retrouve exactement la même image dans le verbe *penser*, qui n'est autre que *peser*, de *pensare*, fréquentatif de *pendere*, tenir suspendu, laisser *pendre* les bassins de la balance. De *libra* vient encore *libella*, pièce de monnaie et NIVEAU, angl. *level*; provençal *libel*, v. fr. *livel* ou *nivel.* — c. La livre poids valait douze onces, et la livre monnaie deux oboles. V. Οὐγκία, Ὀβολός. Il faut remarquer que tous les noms des monnaies anciennes ont signifié d'abord un certain poids de métal. V. Σίκλος, Δραχμή, Τάλαντον, Στατήρ. Primitivement tout le commerce se faisait sans monnaies et par échange de marchandises, comme l'indique du reste le mot *commercium*, formé de *cum*, avec, et *merx*, marchandise. Ensuite l'échange se fit avec des métaux, et particulièrement avec des métaux précieux, comme chose dont la valeur était plus généralement reconnue. Ces métaux s'appréciaient par le poids. On portait sa balance avec soi, et pour payer tout ce qu'on achetait, au lieu de compter le mé-

13. Λήχυθος[a], ἡ, **lecythus**, fiole, flacon, enflure du style[b].—θίζω, *fait glou-glou, déclame, boursoufle;* —θιαμός, *ornements recherchés.*

14. Λήμη[a], ἡ, **lema**, chassie, grain de chassie, chimère. —μίον, *dim.;* —μάω, *a les yeux chassieux, a la vue faible;* —μαλέος, *chassieux.*

15. Ληνός[a], ὁ, pressoir, huche, siége du cocher, creux où entre le mât. —ναί *ou* ληναι, *bacchantes;* —νάς, —νίς, *creux pour le mât.*

16. Λῆρος, ὁ, bavardage, radotage, niaiserie, radoteur. —ρέω, *déraisonne, radote;* —ρημα, *niaiserie;* —ρησις, *action de radoter.*

17. Λίθος[a], ὁ, ἡ, pierre. —θειος, —θινος, *de pierre;* —θεία, *pierres à bâtir;* —θάζω, *lapide;* —θόω, *change en pierre;* —θιάω, *a la pierre.*

18. Λιχμός, ὁ, van.—μάω,—μαίνω,—μίζω, *vanne;*—μάς,—μητήριον,—μητηρίς, *van;* —μητής,—μήτωρ, *vanneur;* —μητός[a], *action, saison de vanner.*

19. Λίχνον[a], τὸ, corbeille sacrée, berceau d'osier, van. —νίζω, *vanne.*

20. Λιμήν, ένος, ὁ, port. —ένιος, —ενίτης, *du port;* —ενίζω, *est au port.*

21. Λίμνη[a], ἡ, marais, étang, lac, mer. —νάς, —ναῖος[b], *de marais,* —νόω, *change en marais;* —νάζω, —νιάζω, *est marécageux.*

tal, on le pesait, comme cela se pratique encore chez certains peuples pour toutes les opérations commerciales. D'ailleurs, chez toutes les nations qui se servent de monnaies frappées; le coin légal n'a pas d'autre objet que de garantir le *poids* et le titre de chaque pièce. Vous comprenez maintenant pourquoi, dans les auteurs latins, *marché au comptant* se dit : libra et œre, balance et métal en main. Au reste, le verbe latin *pendere*, peser, est passé en français, avec le sens de *payer*, dans le verbe *dépenser* et dans le substantif *pension*, pr. *pesée de métal* donnée en paiement.

13. *a.* De λάσκω ou ληκέω, faire du bruit, à cause du *glouglou* que la bouteille fait entendre quand on la vide. — *b.* Pr. style *ampoulé*, du latin *ampulla*, fiole à gros ventre, gonflée par le souffle du verrier.

14. *a.* Le même que γλήμη, moins le γ qui était une lettre mobile. V. *Γνόφος.*

15. *a.* V. Βάχχος.

17. *a.* D'où LITHOGRAPHIE, art de reproduire par l'impression les dessins et écritures tracés avec un corps gras sur une pierre; RR. λίθος; γράφω. AÉROLITHE, pr. *pierre aérienne*, masse minérale qui tombe de l'atmosphère; RR. ἀήρ, λίθος. LITHARGE, λιθάργυρος, pr. *pierre d'argent*, oxyde de plomb demi-vitreux

qui se forme dans la préparation de l'argent mélangé de plomb, et qu'on emploie dans les arts comme matière colorante; RR. λίθος, ἄργυρος. MONOLITHE, μονόλιθος, ouvrage de sculpture ou d'architecture exécuté d'un seul bloc, comme l'obélisque de Louqsor; RR. μόνος, λίθος. LITHOTRITIE, opération chirurgicale qui consiste à *broyer la pierre* dans la vessie; RR. λίθος, τείρω. LITHOSTROTOS, λιθόστρωτος, pr. *pavé de pierre*, nom grec du balcon appelé en hébreu *gabbata*, du haut duquel Pilate prononça la sentence de mort contre Jésus-Christ; RR. λίθος, στορέννυμι. Cf. le français *perron*, anc. *pierron.* V. Πέτρα.

18. *a.* V. Ἀμέλγω.

19. *a.* Primit. λεῖκνον. Ce mot et le précédent dérivent de λέγω, coucher, et ont pour sens premier *berceau d'osier,* par ext. *van* fait d'osier, *corbeille sacrée* sur laquelle on portait les ustensiles des sacrifices ou les fruits offerts aux dieux, dans les mystères d'Éleusis et dans les fêtes de Bacchus.

21. *a.* Plusieurs villes anciennes ont porté le nom de LIMNES, λίμναι, à cause des marais voisins. Cf. Aigues-Mortes, *Aquæ Mortuæ,* entourée de marais. — *b.* D'où LIMNÉE; genre de mollusques d'eau douce.

1. Λιτυέρσης, ου, ὁ, LITYERSE[a], chanson des moissonneurs.

2. Λιχανός[a], ὁ, l'index, le second doigt de la main. —νος, *corde de la lyre touchée avec l'index gauche, son de cette corde.*

3. Λίψ, λιβός, ὁ, vent de sud-ouest *soufflant du côté de la* LIBYE[a].

4. Λοβός, ὁ, LOBE, bout de l'oreille, lobe du foie, gousse[a]; LOUPE *en vient.* —βιον, *dim.;* —βόω, *partage en morceaux, par lobes.*

5. Λόγχη, ἡ, lancea, LANCE, trait, flèche. —χάριον, —χίς, —χίδιον, *dim.;* —χίτης, —χῖτις, *de lance;* —χόω, *armer d'un fer de lance.*

6. Λοιγός, ὁ, fléau, dommage, ruine, mort. —γιος, —γιον, *funeste, mortel;* —γαῖος, —γήεις, —γής, —γιος, *pernicieux, lugubre, triste.*

7. Λοῖσθος, ον, dernier, qui vient à la fin, placé au bout. —θιος, *id.;* —θήϊα, *prix que reçoit le dernier arrivé à la course.*

8. Λόκαλος[a], ὁ, un oiseau inconnu, *peut-être la cigogne.*

9. Λοπάς[a], άδος, ἡ, écuelle, poêlon. —άδιον, *petite écuelle.*

10. Λορδός, ή, όν, courbé, penché en avant, LOURDAUD[a], imbécile. —δαίνω, —δόω, *courbe en avant, penché en avant.*

ANNOTATIONS.

1. *a.* Ainsi nommée de *Lityerse*, fils de Midas, roi de Phrygie, qui obligeait tous les voyageurs à travailler à ses moissons et les faisait ensuite mettre à mort.

2. *a.* « Λ λείχω dictus, quoniam eum in opsonia immissum lingimus ad condimentum explorandum. » H. ESTIENNE.

3. *a.* Les vents prennent tout naturellement, dans chaque pays, les noms des lieux d'où ils soufflent. Cf. Θηβάνας, vent qui vient du côté de *Thèbes;* Ὀλυμπίας, vent de l'*Olympe;* Ιαπυξ, vent de l'*Iapygie;* *Aquilon*, vent de l'*aigle; Septentrion*, vent des *sept* étoiles. V. Ἄρκτος.

4. *a.* Dans ce sens λοβός a la même racine que λέπω, écaler.

8. *a.* Leibnitz dit quelque part : « Autant nous voyons de noms de contrées, peuples, villes, rivières, prés, bois, montagnes, dont la signification ne nous est pas connue, autant nous pouvons assurer que nous avons perdu de mots dans l'ancienne langue du pays. » On peut en dire autant de tous les noms d'animaux ou de plantes que nous ne pouvons rapporter à une espèce déterminée, et auxquels nous ne pouvons attacher aucune signification. Car, eu égard au talent que nous reconnaissons aux anciens pour nommer chaque chose par sa propriété caractéristique, nous devons croire que tout nom dont nous ne pouvons pénétrer le sens, recèle une idée de qualification dont le terme est perdu pour nous. Et ces mots sont sans nombre dans le dictionnaire grec, parce qu'une foule de racines ont péri avec tous les ouvrages que le temps a détruits.

9. *a.* De λεπτός, mince, peu épais, ou mieux de λέπω, écorcer, *pr.* vase en écorce ou en écaille. Cette étymologie nous reporte à l'origine même des ustensiles de ménage dont la nature a dû faire les premiers frais, comme de tout le reste. Les indigènes d'Amérique et d'Afrique font tous leurs vases avec des fruits de cucurbitacées qu'on appelle *calebasses*, ou avec l'écorce de bouleau, comme les anciens faisaient des coupes avec la fève d'Égypte, κιβώριον, comme nous faisons des bouteilles avec les gourdes, et des petits vases de toute sorte avec le coco. Cf. *cucurbite;* de *cucurbita*, courge; *cuiller*, de *cochleare.* V. Κόγχος.

10. *a.* Pr. qui a le pas *lourd*, qui est *pesant* de corps et d'esprit.

11. *a.* D'où BOULIMIE, βουλιμία, faim excessive, pr. *appétit de bœuf.* RR. βου, λιμός. Nous disons en français *faim canine.* R. *canis.* « Bulimum *Græci* magnam famem *dicunt, adsueti magnis et amplis rebus præponere* bu, *à magnitudine scilicet bovis. Hinc est quod* graudes pueros βούπαιδας *appellant, et mariscum ficum*

11. Λιμός[a], ὁ, ἡ, faim, famine, homme affamé, avare. –μαλέος; –μηρός, affamé; –μαίνω, –μώσσω, est affamé.

12. Λίνον[a], τὸ, linum[b], LIN[c], destin[d]. –ναῖος, –νεος, de lin; –ναία, corde;
–νόω, lier; –νεύω, jette des filets; –νεύς, pécheur[e]; –νευτής, chasseur.

13. Λιπαρής[a], ές, persistant, assidu, constant, pressant. –ρέω, est
assidu, continue, persiste; –ρία, ténacité, assiduité, graisse.

14. Λίπος, εἰς, τὸ, graisse. –πάζω, –παίνω, engraisse; –πασμα, graisse;
–παρός, gras; –παραί, lipara, emplâtre doux; *–πάω, est gras.

15. Λιτός[a], ἡ, όν, uni, simple, petit, mince, chétif, sobre, stérile.
–τόν, étoffe unie[b]; –τότης, exiguïté, LITOTE[c].

16. Λοίδορος, ον, insultant, médisant, aimant à injurier. –ρέω, injurie, insulte; –ρία, –ρημα, –ρησις, –ρησμός, injure.

17. Λοιμός, ὁ, peste, contagion, fléau. –μικός, pestilentiel; *–μίη,
peste; –μώσσω, –μώττω, a la peste; –μεύομαι, se corrompt.

18. Λοξός[a], ἡ, όν, oblique, obscur. –ξότης, obliquité; –ξεύω, –ξόω,
rend oblique; –ξιάς, écliptique[b]; –ξίας, Apollon[c].

ANNOTATIONS.

βούσυχον. » FEST. Boulimie se dit aussi en
grec βούπεινα; RR. βου, πεῖνα, faim.

12. a. Angl. lint, all. lein, linnen. —
b. D'où linea, fil de lin, LIGNE, LINÉA-
MENT, ALINÉA, pr. ad lineam, à la ligne,
ligne nouvelle dont le premier mot ren-
tre sur les autres lignes; par ext. passage
compris entre deux alinéas. Linteus, de
lin; linteum, LINGE, qui a signifié d'abord
exclusivement un tissu de lin, puis par
ext., un tissu de chanvre. C'est ainsi que
le mot huile n'a d'abord désigné que le
suc de l'olive, comme houssine signifie
proprement baguette de houx, et canne,
un bâton de roseau. De la même racine
sont sortis les mots LINCEUL, lat. linteolum;
LIGNEUL, fil poissé des cordonniers. —
c. D'où LINON, tissu de lin extrêmement
clair dont on fait des fichus et des robes;
LINOTTE, petit oiseau qui aime beaucoup
la graine de lin. V. Κόχκος. — d. Pr. le
fil de la destinée. V. Λαγχάνω. — e. Pr.
pécheur à la ligne ou au filet fait en fil
de lin.

13. a. M. rac. q. λιπαρός, dans le sens
de visqueux, gluant.

15. a. M. rac. q. λεῖος et λισπός. —
b. Comme nous appelons ras des étoffes
unies à poil ras. — c. Figure de pensée
par laquelle on dit moins pour faire entendre plus. La pensée semble amoindrie,

mais les idées accessoires en font sentir
toute la force. Par exemple, Tite-Live dit
en parlant de Polybe : « non spernendus
auctor, » pour désigner un historien de
la plus grande autorité. Pour dire que
deux hommes se voient d'un mauvais œil,
on dit, par litote, qu'ils ne sont pas cou-
sins.

18. a. D'où luxus, LUXÉ, déboîté (270);
LUXATION, déboîtement d'un os. — b. Ligne elliptique que la terre parcourt chaque année dans son mouvement autour du
soleil, avec une vitesse de près de 30 ki-
lom. par seconde. Nous la nommons écliptique, parce que les éclipses n'ont lieu
que quand la lune rencontre cette ligne.
Les Grecs l'appelaient λοξιάς, s.-ent. ὁδός,
route oblique, parce que l'écliptique est
inclinée obliquement par rapport à l'é-
quateur, comme on peut le voir sur une
sphère. — c. Ce nom lui convient comme
dieu du soleil qui nous envoie ses rayons
obliquement, et aussi comme dieu des oracles dont toutes les paroles étaient obliques, c.-à-d. amphibologiques. Par exemple, quand Pyrrhus consulta les dieux sur
le résultat de son expédition en Italie, il
obtint pour réponse cette phrase à double sens : Aio te, Æacide, Romanos vin-
cere posse.

1. Λοῦσσον, τὸ, cœur du bois de sapin. —2. Λύγδος, ὁ, un marbre blanc.

3. *Λύγη, ἡ, obscurité, ténèbres. —γαῖος, —γειος, ténébreux.

4. Λύγξ, γκός, ὁ, ἡ, LYNX ou loup-cervier. Λυγκίον, dim.; λύγκειος, delynx.

5. Λύγος, ἡ, osier [a]. —γινος, fait avec de l'osier; —γίζω, —γέω, plie; —γιστός, plié, courbé, tressé; —γιστικός, pliant; —γιστής, vannier [b].

6. *Λυγρός [a], ά, όν, LUGUBRE, triste, funeste, malheureux, faible.

7. Λυδός, ὁ, LYDIEN. —διος [a], de LYDIE; —δίων, ludio [b], danseur, bateleur [c].

8. Λύζω [a], lugeo, sanglote, a le hoquet. Λύγξ, λυγμός, sanglot; λυγγώδης, qui sanglote, qui a le hoquet; *λύγδην, en sanglotant.

9. 'Λύθρον [a], τὸ, sang mêlé de poussière, couleur de pourpre. —θρος, id.; —θρόω, souille de sang et de poussière; —θρώδης, sanglant.

10. *Λυκάβας, αντος, ὁ, année, an. —βαντίς, annuelle.

11. Λῶμα, ατος, τὸ, frange, bordure, bord d'un vêtement. —άτιον, petite frange, habit, casaque militaire.

12. Λώπη [a], ἡ, peau, vêtement de peau, habit, pan d'un habit. *—πάς, id.

13. Λῶρον, τὸ, de lorum [a], courroie, lanière; d'où lorica [b], cuirasse.

ANNOTATIONS.

5. a. V. Οἶσος. — b. V. Λίχνον.

6. a. M. rac. q. λύζω et λοιμός.

7. a. Λυδία λίθος, pierre lydienne, en latin Lydius lapis, signifie pierre de touche, parce que de tout temps la Lydie a fourni au commerce ces sortes de pierres. Mais les anciens, qui ne connaissaient pas les acides minéraux, ne s'en servaient pas de la même manière que nous. Pour éprouver une pièce douteuse en or ou en argent, ils la frottaient sur une pierre de touche et ils comparaient la trace qu'elle y laissait avec la trace d'une pièce de bon aloi frottée sur la même pierre.—b. D'où LUDION, petite figure en émail suspendue à une ampoule de verre et plongée dans une bouteille pleine d'eau, où on lui fait exécuter certains mouvements de haut en bas et de bas en haut que la physique explique. Le mot lutin, qui signifie esprit follet, enfant vif et espiègle, semble avoir la même origine. — c. Partout dans la société ancienne, on trouve les Lydiens aux derniers rangs. Depuis Crésus ils furent toujours esclaves. « Quel Grec, dit Cicéron, fit jamais une comédie où l'esclave jouant le principal rôle ne fût un Lydien ? » D'autres tirent ludio de ludus.

8. a. F. λύζω.

9. a. De λύω; pr. poussière délayée dans le sang.

12. a. De λέπω, écorcher.

13. a. D'où LEURRE, morceau de cuir rouge façonné en forme d'oiseau, qui sert aux chasseurs pour attirer et rappeler le faucon lorsqu'il ne revient pas droit sur le poing. On donnait à ce mannequin un bec, des ongles et des ailes qu'on faisait battre au moyen d'un mécanisme intérieur. Pour mieux attirer l'oiseau on attachait un appât au leurre. Par suite, le mot leurre a signifié figurément toute chose dont on se sert artificiellement pour attirer quelqu'un et le tromper. V. Κρέας. — b. Proprement cuirasse faite de cuir, différente de la θώραξ qui était composée de deux pièces de métal, dont l'une couvrait la poitrine et l'autre le dos. V. Χόριον.

14. a. Moy. att. λοῦμαι, p. λούομαι. Il faut distinguer λούω de νίπτω et de πλύνω. « Νίπτειν est lavare manus et pedes; λούειν, lavare corpus; πλύνειν, lavare vestimenta. » LENNEP. — b. D'où lautus, brillant, splendide, magnifique, pr. bien lavé. Lutum, boue, m. à m. terre détrem-

14. Λούω[a], luo[b], lavo, LAVE. Λουτήρ, *baignoire;* λοῦτρον, —τριον, *eau du bain;* —τρών, *lieu du bain;* —τιάω, *a envie de se baigner.*

15. Λόφος, ὁ, cou, crinière, aigrette, hauteur. —φιά, *crinière, cou;* —φάω, *a une crète, un panache;* —φεῖον, *étui du panache.*

16. Λύκος [a], ὁ, lupus[b], LOUP. —καινα, LOUVE; —ιδεύς, LOUVETEAU; —κειος[c], *de loup;*—κῆ, *peau de loup;*—κόομαι,*est mordu par un loup.*

17. Λύμη, ἡ, lues[a], ordure, vice[b], outrage, mal. —μεών, *destructeur, fléau;* —μαίνομαι, *endommage;* —μα, *salissure, vice, fléau.*

18. Λύπη [a], ἡ, chagrin, offense. —πέω, *afflige, nuit;* —πημα, *sujet d'affliction;* —πηρός, —πητικός, *affligeant;* —πρός, *id., stérile.*

19. Λύρα [a], ἡ, lyra, LYRE, poésie lyrique. —ιον, *dim.;* —ικός, *—όεις, LYRIQUE[b];* —ίζω, *joue de la lyre;* —ιστής, *joueur de lyre.*

20. Λύσσα[a], ἡ, rage. —σάω, *—σαίνω, a la rage;* —σόω, *met en fureur;* —σαλέος, —σητικός, *—σήρης, enragé;* —σάς, *enragée.*

21. Λύχνος [a], ὁ, lychnus, lampe, flambeau. —νεῖον, —νία, *chandelier;* —νεύς,*lampe;*—νεύω,*éclaire avec la lampe;*—νεών,*dépôt des lampes.*

ANNOTATIONS.

pée; d'où nous avons tiré le mot LUT qui signifie, en pharmacie et en chimie, *enduit* pour boucher les vases ou enfermer les jointures. LAVANDE, plante aromatique employée en *lotion,* en bains. *Diluere,* DÉLAYER; *diluvium,* DÉLUGE.

16. *a.* D'où LYCOPERDON ou *vesse de loup.* V. Πέρδω. LYCOPODE ou *pied de loup,* genre de plantes qui tient le milieu entre la fougère et la mousse, et dont le pollen sert dans les pharmacies à saupoudrer les pilules. V. Ἄνθος.— *b.* L'ancien dialecte dorien employait le π pour le κ et *vice-versa;* d'où vient que λύκος a donné en latin *lupus,* du dorien λύπος. Cf. *equus,* de ἵππος; *sepes* ou *sæpes,* haie, clôture, de σηκός; *sequor,* de ἕπομαι; écume, de *spuma,* etc. De même dans la prose ionienne, on disait κῶς, ὅκως, κόσος, pour πῶς, ὅπως, πόσος. — *c.* D'où LYCÉE, λύκειον, gymnase et jardin hors des murs d'Athènes, anciennement consacrés à Apollon *destructeur des loups,* et où Aristote établit son école de philosophie. V. Πατέω.

17. *a.* De λούω ou λύω, *luo,* laver, *pr.* ce qu'on enlève en *lavant,* saleté; par ext. corruption.—*b.* Dans toutes les langues le

mot *vice* a pour synonyme *ordure.*

18. *a.* D'où ἄλυπος, sans chagrin, innocent; ALYPE, disciple et ami de saint Augustin avec qui il reçut le baptême, en 387; RR. ἄ, λύπη. Παυσίλυπος, qui guérit les chagrins; RR. παύω, λύπη. PAUSILYPE, colline et grotte du royaume de Naples, ainsi nommée à cause de ses agréments.

19. *a.* Angl. *lyre,* all. *leier.* — *b.* «La poésie est née, dit Bossuet, des odes et des cantiques employés par tous les anciens qui les chantaient dans les fêtes et les assemblées, et qu'ils apprenaient à leurs enfants pour perpétuer la mémoire des actions les plus éclatantes des siècles passés.» V. Ἄδω; Αἴσαχος, Ἔπος, Μοῦσα.

20. *a.* D'où ALYSSE, ἄλυσσον, vulg. *passe-rage,* plante crucifère à laquelle les anciens attribuaient des propriétés efficaces contre la rage. RR. ἄ, λύσσα.

21. *a.* Pl. λύχνα; m. rac. q. λευκός. Cf. *candela, chandela;* chandelle, de *candens,* blanc. D'où LYCHNIDE, λυχνίς, plante cotonneuse dont la tige et les feuilles étaient employées par les anciens à faire des mèches de lampe.

1. Λωτός, ὁ, LOTUS[a], *fleur des prés, herbe, arbre, flûte.* —τινος, *de lotus;*
—τίζω, cueille des fleurs; —τισμα, *fleur d'une chose;* —τόεις, *fleuri.*

2. Λωφάω, *se repose, cesse, repose.* —φημα, *relâche;* —φησις, *repos;*
—φήϊον, sacrifice pour faire cesser un fléau.

3. M, MU[a], *labiale[b] nasale[c], vaut* quarante[d]. Μυτα-
χίζω, *emploie fréquemment la lettre* M.

4. Μά[a], *particule négative employée dans les serments.*

5. Μαγάς, άδος, ἡ, chevalet d'un instrument à cordes. —γαδις, MA-
GADIS, *instrument à vingt cordes;* —γαδίζω, *en jouer.*

6. Μάγγανον, τὸ, prestige, duperie, serrure, MANGONEAU[a]. —νεύω,
trompe; —νεία, *magie;* —νευτής, *sorcier,* mango[b], *fripon.*

7. Μάγνης, ητος, ὁ, ἡ, qui est de MAGNÉSIE; *subst.* aimant[a].

8. Μαγύδαρις, εως, ἡ, racine *ou* graine du laserpitium.

9. Μαζῶνες, οἱ, repas en l'honneur de Bacchus à Sparte.

10. Μαθαλίς, ίδος, ἡ, espèce de coupe. Μαθαλλίς, *id.*

11. Μαίανδρος, ὁ, le fleuve MÉANDRE[a], sinuosité, replis tortueux.

ANNOTATIONS.

1. *a.* Nom donné par les anciens à diverses plantes, savoir: à des espèces de nénuphars croissant dans le Nil et le Gange; à une herbe légumineuse appelée maintenant *lotier;* à un arbre d'Afrique dont le fruit servait d'aliment à certains peuples appelés de là LOTOPHAGES, λωτοφάγοι; RR. λωτός, φαγεῖν. Le bois de cet arbre servait à faire des flûtes.

3. *a.* De l'hébreu *Mem,* qui signifie *les eaux.* Les Latins appelaient M *littera mugiens,* sans doute à cause de sa nasalité qui est surtout marquée à la fin des mots: *nam, tùm,* etc. — *b.* M est une labiale, parce qu'elle exige pour se faire entendre le rapprochement des deux lèvres; d'où vient qu'elle remplace N devant B, P et PH. Ex. *emballer* de ἐμ-βάλλω; RR. ἐν, βάλλω; *emporter, importare,* de *in, portare;* *emphase,* ἔμφασις; RR. ἐν, φαίνω. — *c.* Quand on articule un M, le rapprochement des lèvres fait refluer par le nez une partie de l'air sonore; d'où vient que cette articulation est impossible à un homme enchifrené. L'inflammation des fosses nasales empêchant l'air de passer, cet homme fait entendre au lieu de la nasale M la labiale B, et pour dire: *Monsieur,* voulez-vous *manger du mouton?* il dit: *Bonsieur,* voulez-vous *banger du bouton?* V. N. — *d.* Dans

les inscriptions M valait 10,000, comme lettre initiale de Μύριοι.

4. *a.* Démosthène a rendu cette particule fameuse par sa prosopopée aux mânes des héros de Marathon: Μὰ τοὺς ἐν Μαραθῶνι, etc. (*Discours sur la Couronne*).

6. *a.* Machine de guerre du moyen âge, qui servait à lancer des projectiles. — *b.* D'où MAQUIGNON, marchand de chevaux, type des commerçants de mauvaise foi.

7. *a.* Minerai de fer d'un noir brillant, qui doit à sa dureté son nom français *d'aimant,* contracté de ἀδάμας, *l'indomptable diamant,* et son nom grec à la ville de *Magnésie,* en Lydie, près de laquelle on l'a trouvé d'abord. D'où MANGANÈSE, métal gris blanc, dont on a d'abord confondu le minerai avec la pierre d'aimant.

11. *a.* Fleuve de Phrygie remarquable par les sinuosités de son cours. « Recurvatis *ludit Mæander in undis.* » Ov.

12. *a.* D'où ANALYSE, ἀνάλυσις, décomposition d'un tout en ses parties élémentaires, pour le mieux connaître; RR. ἀνά, λύω, décomposer. PARALYSIE, παράλυσις, relâchement; en médecine, diminution ou privation de la sensibilité et du mouvement volontaire dans un membre ou par tout le corps; RR. παρά, λύω, re-

12. Λύω[a], luo, délie, remet[b]. Λύσις, *délivrance;* λύσιος, λυτήρ, *qui délie;* λύτρον, *rançon, délivrance;* —τρώω, *rachète;* —τρωσις, *rachat.*

13. Λώϐη, ἡ, affront, dommage, lèpre. —ϐάομαι, [*]—ϐάζομαι, [*]—ϐεύω, insulte; [*]—ϐήεις, *outrageant;* —[*]ϐητής, *qui insulte;* —ϐός, *lépreux.*

14. Μάγειρος [a], ὁ, cuisinier, boucher. —ρίσκος[b], *dim.;* —ρεύω, *fait la cuisine;* —ρεῖον, *cuisine.*

15. Μάγος [a], ὁ, magus, MAGE, MAGICIEN, emplâtre. —γεία, MAGIE; —γεύω; *est magicien;* —γευτής, *magicien;* —γικός, *magique.*

16. Μαδός, ή, όν, chauve, sans poil. —δάω, *est chauve*, madeo, *est humide;* —δαρός, *chauve;* —δαρότης, *calvitie;* —δαρόω, *rend chauve.*

17. Μάζα[a], ἡ, massa, pâte, gâteau, pain, MASSE[b] de pâte *ou* de métal. —ζάω, *pétrit;* —ζινος, *fait de pâte;* [*]—ζηρός, *de gâteau.*

18. Μαζός[a], ὁ, mamelle, sein, nourrice, *d'où vient* AMAZONE[b].

19. Μαῖα[a], ἡ, grand'mère, mère, accoucheuse. Μαιεύομαι, *accouche.*

20. Μαίνομαι[a], est fou, furieux. Μανία, *folie,* MANIE[b], *enthousiasme;* —νιάς, *furieux,* MANIAQUE; —νιάω, *est furieux;* —νικός, *fou[c].*

ANNOTATIONS.

lâcher. LYSIMAQUE, Λυσίμαχος, *qui fait cesser le combat,* nom d'un général d'Alexandre, qui devint roi de Macédoine; RR. λύω, μάχομαι. — *b.* Λύω signifie aussi *payer;* d'où λυσιτελέω; *pr.* payer les frais, λύειν τέλος; c.-à-d. être utile, avantageux; λυσιτελής, utile. — On dit de même en français : *le jeu ne vaut pas la chandelle.*

14. *a.* De μάσσω, pétrir, *pr.* pâtissier. Ἄρταμος est le cuisinier *dépeçant, découpant,* le boucher. — *b.* En latin *magiriscium,* marmiton. Le mot *coquus, cuisinier,* ainsi que l'angl. *cook,* et l'all. *koch,* sont des dérivés de *coquere,* cuire, et se rapportent aux opérations *culinaires* proprement dites.

15. *a.* Syll. rad. hébraïque Mag. V. Μέγας. Les Mages formaient en Perse un ordre de prêtres, chargés non-seulement de tout ce qui concernait le culte, mais encore de l'éducation des princes. « C'étaient les savants de leurs pays, observateurs des astres, riches et puissants, comme leurs présents le font paraître. » Boss. On attribue aux *Mages* de la Perse l'invention de la *magie.*

17. *a.* De μάσσω, pétrir. — *b.* D'où MASSUE, bâton *massif* par un bout.

18. *a.* Dor. μασδός et μασθός ou μασ-

τός. —*b.* Ἀμαζών, femme sans mamelles; RR. ἄ, μαζός; nom donné à plusieurs peuplades de femmes guerrières, que l'on place en Scythie et en d'autres lieux d'Afrique et d'Europe. On a cru que pour manier l'arc avec plus de facilité, elles se coupaient les *mamelles.* Justin dit en parlant des Scythes : « *Virgines non otio, neque lanificio, sed armis, equis, venationibus exercebant, inustis infantium dexterioribus mammis, ne sagittarum jactus impediretur; unde* amazones *dictæ sunt.* »

19. *a.* La mère de Mercure s'appelait *Maia.* Elle était honorée particulièrement dans le mois de MAI, que les Romains appelaient le *mois de Maia, Maius.* Plus probablement, *Maius* était le mois consacré aux vieillards, *majores,* comme *Junius,* Juin, était celui des jeunes gens, *juniores.*

20. *a.* F. μανήσομαι ou μανοῦμαι, *a.* ἐμάνην *pf.* μέμηνα, *qqf.* μεμάνημαι dans le sens présent, *plqpf.* ἐμεμήνειν. — *b.* Doù MONOMANIE, folie ou délire portant sur un seul objet; RR. μόνος, μανία; MÉTROMANIE, ou manie de faire des vers; RR. μέτρον, μανία. — *c.* De plus μαινάς, MÉNADE ou bacchante, femme impudique, etc. Tous les mots relatifs au culte des païens révèlent les orgies et les obscénités de leurs mystères. V. Βάκχος.

1. Μαιμάω[a], est agité de violents transports, désire ardemment[b].
—μάκτης, *dieu des hivers, violent;* —μακτηριών, MÉMACTÉRION[c].

2. Μαίνη, ἡ, **mæna**, mendole, *poiss.* Μαινομένια, *poissons salés.*

3. Μαίομαι[a], se porte avec ardeur, désire[b], recherche.

4. Μαῖρα, ἡ, la canicule, la constellation du grand chien, *chienne.

5. Μαίσων, ωνος, ὁ, cuisinier, marmiton, masque de cuisinier.

6. Μάκελλα, ἡ, hoyau, pioche, houe. *Μακέλη, *id.*

7. Μάκελλον, τὸ, *de* **macellum**[a], marché à la viande, boucherie.
—λικός, *de marché, de boucher, grossier, poissard.*

8. Μάκερ, *ind.* τὸ, MACIR *ou* MACIS, écorce du muscadier.

9. *Μαχχοάω[a], est fou, sot.—10. Μάλα[a], fort, très, beaucoup, certes.

11. Μαλάβαθρον[a], τὸ, feuille *ou* parfum du laurier de MALABAR.

12. Μάλη[a], ἡ, aisselle. — 13. Μάλθα, ἡ, mélange de poix et de cire.

14. Μαλιναθάλλη, ἡ, espèce de souchet comestible, *pl.*

15. Μάλις, εως, ἡ, MALANDRE, maladie des chevaux et des ânes.

16. Μάλκη, ἡ, engourdissement par le froid; *—κιάω, *est engourdi.*

ANNOTATIONS.

1. *a.* M. rac. q. μαίομαι dont μαιμάω n'est qu'une forme renforcée. En hébreu, pour indiquer le superlatif, on doublait ou on triplait le substantif ou l'adjectif. Ex. : *barbam, barbam Aaron,* la longue barbe d'Aaron; *sanctus, sanctus, sanctus,* très-saint. Dans les langues classiques, on exprime la supériorité en renforçant le qualificatif par l'addition d'une ou de plusieurs syllabes ou par l'emploi d'un adverbe auxiliaire. Ex. : σοφός, σοφώτερος, σοφώτατος, *sapiens, sapientior, sapientissimus,* sage, *plus sage, très sage.* Souvent les Grecs, pour exprimer plus fortement une action ou la continuité d'une action, redoublaient la syllabe radicale du verbe. Cf. λιλαίομαι, ou λάω, désirer fortement. Les Latins ont quelque chose d'analogue dans leurs mots fréquentatifs ou intensitifs : *scriptitare,* écrire souvent, de *scribo; dictitare,* dire souvent, répéter, de *dictare,* qui est lui-même un augmentatif de *dicere,* dire; *tintinnabulum,* sonnette, dérivé de *tintinno,* tinter, fréquentatif de *tinnio,* rendre un son. V. Καρχαίρω.—*b.* Les trois verbes de même origine μαιμάω, μαίομαι et μαίνομαι, pris dans le sens de *désirer,* ont pour équivalent français le verbe *enrager* quand nous disons : *j'enrage* de voir.—*c.* Cinquième mois de l'année athénienne, correspondant à la fin de novembre et au commencement de décembre.

3 *a* Sans futur; pf. μέμαα, dans le sens du présent. D'où AUTOMATE, αὐτόματον, machine qui paraît *se mouvoir d'elle-même,* comme un corps animé. RR. αὐτός, μαίομαι.— *b.* Désirer, c'est non-seulement chercher des yeux, attendre, *exspectare* (47), c'est encore, par un mouvement instinctif ou réfléchi, se porter vers l'objet du désir. Cf. ἵεμαι, *appetere,* petere ad; ὁρμάω, ὀρέγομαι, aller vers, s'élancer vers; *gestire, pr.* exprimer son désir par des *gestes; ambire,* ambitionner, *pr.* tourner autour de l'objet désiré, chercher (147); griller de, *pr.* s'agiter sous l'influence d'un désir ardent.

7. *a.* D'où MACELLINUS, *boucher,* surnom donné à l'empereur Macrin par ses esclaves, parce qu'il les massacrait cruellement. V. Κτάομαι.

9. *a.* RR. μή, ne pas, χοέω, p. νοέω, penser.

10. *a.* Comp. μᾶλλον, sup. μάλιστα. Dans toutes les langues cet adverbe est irrégulier ou défectif, ainsi que l'adverbe *bien,* et les adjectifs *bon, mauvais, grand, petit,* ainsi que le verbe *être,* et en un mot, tous les termes les plus usités dans chaque langue, par la raison que ces termes sont exposés à plus de chances d'altération.

11. *a.* Ou μαλόβαθρον. V. Κάστανον.

12. *a.* Pour μασχάλη; n'est usité que dans la locution ὑπὸ μάλης, sous l'aisselle.

17. *a.* D'où MACAIRE, saint évêque de

17. Μάκαρ , αιρα, αρ, bienheureux, heureux, riche . —χάριος[a], id. ;
—ρία, —ριότης, bonheur[b];—ρίζω, croit heureux; —ρίτης, défunt[c].

18. Μαλάσσω[a], amollit. Μαλθάσσω, id.; —αχός[b], mou; —λαχιάω, est
mou; —λαχία, malacia, mollesse, bonace[c]; —λάχη, MAUVE[d].

19. Μαλλός, ὁ, mallus, toison, chevelure, boucle de cheveux. —λόω,
couvre de cheveux; —λωσις, fourrure; —μάλιον, cheveu.

20. Μανθάνω[a], apprend. Μάθημα[b], science; —θησις, étude; —θητής[c],
disciple; —θητεύω, apprend; —θητός, qu'on peut apprendre.

21. Μανός, ή, όν, mince, mou, clair, rare, fait MANOMÈTRE[a]. —νότης,
rareté; —νόω, raréfie, rend mou; *—νάκις, rarement.

22. Μάντις[a], εως, ὁ, devin, MANTE[b]. —τικός, de devin; —τεύομαι, prédit; —τεία[c], —τευμα, prédiction; —τεῖον, oracle, lieu où on les rend.

23. Μαραίνω[a], fane, flétrit, dessèche, tue. —ρανσις, action de flétrir;
—ραντικός, qui flétrit; —ρασμός, consomption, MARASME.

24. Μάργος[a], ον, fou, extravagant, libertin. —γης, id.; *—γότης, *—γο-
σύνη, folie, débauche; —γαίνω, est fou; *—γόω, rend fou.

ANNOTATIONS.

Jérusalem qui aida sainte Hélène à retrouver la vraie croix. — b. Malgré les
dictionnaires grecs et latins, « Ni l'or ni la
grandeur ne nous rendent heureux. » V.
Ὄλβος. — c. Pr. débarrassé des misères
de la vie. « Beati mortui, dit aussi le
Saint-Esprit, mais en ajoutant : qui in Domino moriuntur. » (Apocal.)

18. a. D'où MALAXER, amollir une
chose en la pétrissant. — b. Qui se laisse
facilement remuer et pétrir; cf. mollis p.
movilis, de moveo. D'où MALACOPTÉRY-
GIENS, qui se dit des poissons dont les
nageoires ont des rayons mous, quoique
le squelette soit osseux. Ex.: le brochet,
l'anguille. RR. μαλακός, πτερόν. V.
Ἄκανθα.—c. Maris mollities, calme plat.
— d. Mollis malva, la mauve émolliente.

20. a. F. μαθήσομαι, a. 2 ἔμαθον, pf.
μεμάθηκα, pf. p. μεμάθημαι; syll. rad.
Μαθ. — b. D'où MATHÉMATIQUES, μαθή-
ματα, la science des quantités. — c. Cf.
discipulus, de disco, et apprenti, qui apprend. Notre mot élève, qui est tout français, a une signification plus haute et
plus vraie, car le but de l'éducation est
d'élever l'homme par la vertu et la science.

21. a. Appareil destiné à indiquer la
raréfaction ou la tension de la vapeur à
des températures données. RR. μ. μέτρον.

22. a. De μαίνομαι, entrer en fureur,
comme faisaient les devins et les sibylles
quand Apollon les inspirait. (Énéide,
liv. VI). Comme pour mieux se remplir

de l'esprit du dieu, les devins mâchaient
des feuilles de laurier. V. Αἴγειρος. On
retrouve le souvenir de ces prétendues
inspirations dans les mots devin, divination, dérivés de divinus, divin. — b. Insecte qui tient de la sauterelle et de la
demoiselle, ainsi appelé, dit-on, parce
qu'il semble indiquer par le mouvement
de ses pattes de devant qu'il devine nos
pensées. — c. D'où NÉCROMANCIE, νεκρο-
μαντεία, art prétendu d'évoquer les morts
pour deviner, par leur secours, l'avenir
ou ce qui est caché. RR. νεκρός, μάντις.
CHIROMANCIE, art prétendu de deviner les
destinées de quelqu'un d'après l'inspection des linéaments qui se trouvent dans
le creux de la main. RR. χείρ, μάντις.

23. a. D'où ἀμάραντον, AMARANTE, pr.
qui ne se flétrit point, plante d'ornement
ainsi nommée à cause de la persistance de
sa fleur. RR. ἀ, μαραίνω. « L'immortelle
amarante qui, selon Milton, épanouit ses
vives couleurs dans l'Éden près de l'arbre
de vie. Des guirlandes de ces fleurs, qui
jamais ne se flétrissent, entrelacent et
soutiennent la chevelure rayonnante des
esprits bienheureux. » C'est la paraphrase
de l'immarcescibilem gloriæ coronam de
saint Pierre, I, ch. 5. Les anciens avaient
aussi fait de l'amarante un symbole d'immortalité. La queue de renard est une
amarante.

24. a. Ou μάργος, η, ον.

1. Μαλός, ή, όν, blanc, qui a le poil blanc, velu, mou, tendre.

2. Μαμηρά, ή, nom d'une plante médicinale. Μαμιρά, *id.*

3. Μάμμη,ή,MAMAN[a],mère,grand'maman. -μία,*id.*;-μίον,-μίδιον,*dim.*

4. Μαμμᾶν! mot des enfants qui demandent à manger.

5. Μαμμωνᾶς[a],ᾶ,ὁ, **mammona**,MAMMON,trésor,richesse.Μαμωνᾶς,*id.*

6. Μανδάκη, ή, marque faite avec le feu à la croupe des chevaux.

7. Μάνδαλος, ὁ, verrou. -λόω, *ferme au verrou;* -λωτός, *fermé.*

8. Μάνδρα, ή, **mandra**, étable, parc, cloître, d'où ARCHIMANDRITE[a].
-δρεύω, *renferme dans une étable;* -δρευμα, *parc, bergerie.*

9. Μανδραγόρας[a], ου, ὁ, MANDRAGORE.—**10.** Μανδύας, ου, ὁ, manteau.

11. Μανέρως[a], ὁ, chant lugubre.—**12.** Μανιάκης, ου, ὁ, collier,bracelet.

13. Μάννα,ή,**manna**,morceau,miette,grain d'encens,la MANNE[a].

14. Μαντιχώρας, ου, ὁ, quadrupède inconnu de l'Inde[a] ; porc-épic?

15. Μάραθρον, τὸ, fenouil,*pl.* -θον, -θος, *id.*; -θών, *champ de fenouil[a].*

16. Μάργαρος, ὁ, huître d'où l'on retire les perles, perle. *-ρον, id.;*
-ρίς, *espèce de palmier;* -ρῖτις, **margarita**[a], *perle;* -γέλλιον, *id.*

ANNOTATIONS.

3. *a.* All. *amme;* m. rac. q. *mamilla*, mamelle, et le mot suivant μαμμᾶν. C'est le nom enfantin de la *nourrice*, qu'on retrouve à peu près le même dans les langues barbares d'Amérique, tant l'articulation facile des labiales est propre à l'enfance. V. Βάζω, Πάππας.

5. *a.* Ce terme est probablement d'origine syriaque. «Mammona *Syrorum lingua divitiæ nuncupantur.*» S. JÉR. On ne trouve le mot *mammon* que dans le Nouveau Testament; or Jésus-Christ et les apôtres parlaient le syro-chaldéen. Saint Augustin tient le mot pour africain. «Mammona *apud Hebræos divitiæ appellari dicuntur. Congruit et punicum nomen: nam lucrum punice mammon dicitur.*» Mais la langue punique était originaire d'Orient.

8. *a.* Ἀρχιμανδρίτης, *pr.* gardien d'une bergerie, et par ext., dans l'église grecque, supérieur d'un monastère, d'une *congrégation* assimilée à un troupeau, *grex.* RR. ἄρχω, μάνδρα. Cf. ἀρχιποιμήν, *summus pastorum,* titre donné au Christ par saint Pierre (*Ep.* I). Ces douces images, empruntées aux mœurs pastorales, conviennent parfaitement à la société chrétienne, qui fut fondée au milieu d'un peuple pasteur, et dont le chef avait dit: «Ego sum *pastor bonus...fiet unum ovile et unus pastor.*» S. JEAN, ch. II. Saint François d'Assise n'appelait pas ses religieux autrement que «*chère petite* brebis *du bon Dieu.*» V. Οἷς, Ποιμήν.

9. *a.* Plante solanée voisine de la belladone, à laquelle on attribuait autrefois les propriétés les plus merveilleuses. Le genre masculin du mot grec, qui a de l'analogie avec Ἀθηναγόρας, Πυθαγόρας, etc., a fait penser à M. Letronne que la plante pouvait tenir son nom d'un ancien médecin qui en aurait découvert les propriétés ou indiqué la préparation médicale.

11. *a.* Gén. ω ou ωτος.

13. *a.* La manne dont Dieu nourrit les Israélites dans le désert pendant quarante ans, était un petit grain blanc et rond, de saveur douce, qui tombait tous les jours, excepté le samedi, autour du camp des Israélites. On la faisait frire dans la poêle, ou bien on en faisait des gâteaux. En hébreu, *man* signifie *une portion distribuée.* Mais plus probablement le nom de *manne* est tiré des premières paroles que les Hébreux étonnés prononcèrent en la voyant: «*Appellavitque domus Israel nomen ejus man; quod cum vidissent filii Israel dixerunt ad invicem: man hu? Quod significat, quid est hoc?*» (*Ex.*, ch. 16.) En botanique, on appelle *manne* un suc sucré qui découle de certaines plantes, et en particulier des incisions pratiquées sur certaines espèces de frênes du midi de l'Italie.

17. Μαρμαίρω*a*, brille. —μαρος *b*, **marmor**, MARBRE; —μάρειος, *de marbre*, —μαρίζω, *y ressemble;* —μαρύσσω, *brille;* —μαρυγή, *éclat.*

18. Μάρτυρ*a*, υρος, ὁ, ἡ, témoin, **martyr***b*. —τύρομαι, *prend à témoin;* —τυρέω, *est témoin;* —τύρημα, —τυρία, —τύριον, *témoignage.*

19. Μασάομαι*a*, **mando***b*, MACHE, MANGE. —σύντης, —συντίας, *mangeur;* ʼμαστάζω, *mâche;* —σταξ, MACHOIRE, *bouchée,* MOUSTACHE*c*.

20. Μάσσω*a*, touche, presse, pétrit. Μάγμα, *pâte, marc, lie,* MAGMA*b*; μακτήρ, *celui qui pétrit, huche;* μάκτρα, *pétrin;* μάκτρον, *torchon.*

21. Μαστεύω, cherche, cherche à, s'efforce de, désire. *Ματεύω, id.;* —στευσις, *action de chercher;* —στευτής, *qui cherche, inquisiteur.*

22. Μάστιξ, ιγος, ἡ, fouet. —στιγόω, —στίζω, *fouette;* —στιγίας, **mastigia**, *qui mérite le fouet;* —στιγεύς, *—στικτήρ, qui fustige.*

23. Μασχάλη, ἡ, aisselle, baguette de palmier. —λιστήρ, *sangle;* —λίζω, *mutile;* —λιον, *panier fait de baguettes de palmier.*

24. Μάτην*a*, en vain. —ταιος, *vain;* —ταιότης, *vanité;* —ταιόω, *rend vain;* *—τάω, est vain, perd son temps; —τάζω, —ταιάζω, parle ou agit en sot.*

ANNOTATIONS.

14. *a.* C'est aussi le nom d'un genre d'insectes coléoptères d'Afrique très-carnassiers.

15. *a.* D'où MARATHON, bourg près d'Athènes, où s'illustra Miltiade, en 490 avant Jérus-Christ. V. Ῥόδος.

16. *a.* D'où MARGUERITE, nom porté par plusieurs saintes et par d'illustres princesses entre lesquelles se distinguent: *sainte Marguerite,* reine d'Écosse; *Marguerite d'Anjou,* femme du roi d'Angleterre Henri VI; *Marguerite de Valois,* sœur de François Iᵉʳ, qui l'appelait la *Marguerite des princesses,* c. à d. la perle des perles. De *Marguerite* on a fait *Margot,* nom vulgaire de la pie depuis La Fontaine. L'île *Marguerite,* aux Antilles, doit son nom à sa pêcherie de perles. *Marguerite* est aussi le nom de plusieurs jolies plantes de la famille des Composées, entre lesquelles se distinguent la *pâquerette* et la *reine-marguerite.* V. Πάσχα.

17. *a.* F. μαρμαρῶ. — *b.* La mer de MARMARA, anciennement appelée *Propontide,* a pris son nom actuel de l'île de *Marmara* ou *Marmora,* située à l'entrée de cette mer, et qui doit elle-même ce nom au beau *marbre* qu'on y exploite.

18. *a.* Éol. p. μάρτυς, poét. μάρτυρος, acc. μάρτυρα, rare μάρτυν, dat. pl. μάρτυσι. — *b.* « Testes *Dei sunt* martyres. » S. AUG. Le Christ avait demandé ce té-moignage du sang à ses disciples, en leur disant : « *Eritis mihi* testes *in Jerusalem, et in omni Judæa et Samaria, et usque ad ultimum terræ.* » (*Act.* ch. I.) D'où MONT-MARTRE, *mons martyrum,* colline qui domine Paris, ainsi nommée parce que saint Denis et ses compagnons y souffrirent le martyre. De *martyrium* est venu MARTROY, lieu de supplice. Il y a la *rue du Martroy* à Paris, et une place de même nom à Orléans.

19. *a.* F. μασήσομαι. D'où MASSÉTER, μασητήρ, pr. *mâcheur,* muscle qui sert aux mouvements de la *mâchoire,* dans la *mastication.* MASTIC, μαστίχη, *litt.* gomme bonne à *mâcher,* qu'on tire d'une espèce de pistachier appelé *lentisque;* par ext. espèce de ciment formé de substances diverses. — *b.* Dérivé, ainsi que μασάομαι et μάσσω, pétrir, de la syllabe radicale Μαγ, la même que dans μάζα. D'où *manduco,* ital. *mangiare,* MANGER. *Mala* p. *maxilla,* MACHOIRE OU MANDIBULE. DÉMANGEAISON, mot expressif, particulièrement s'il s'agit de la gale. V. Κείρω. DÉMANTIBULER, pr. rompre la *mâchoire,* *mandibulum.* — *c.* Du dorien μύσταξ.

20. *a.* Att. μάττω, f. μάξω. — *b.* Se dit, en chimie, de tout résidu épais ou visqueux Syll. rad. Μαγ.

24. *a.* Cet adverbe est *pr.* l'accusatif du substantif μάτη, démarche vaine. V. Μή.

1. Μάργηλις, ιδος, ἡ, perle, espèce de palmier. —2. Μάρη, ἡ, nain.

3. Μαριθᾶς, ᾶ, ὁ, espèce de chaux. Μαριθάν, μαριθεύς, id.

4. Μαρίλη, ἡ, menu charbon, braise, cendre chaude.

5. Μαρῖνος, ὁ, de marinus, espèce de poisson de mer.

6. Μάρις, εως, ὁ, mesure de six cotyles [a] pour les liquides.

7. Μαρχιάτον, τὸ, nom d'une espèce de parfum ou d'onguent.

8. Μάρναμαι [a], combat, se bat, s'efforce, fait tous ses efforts.

9. Μάρον, τὸ, MARUM [a], sorte d'origan, plante labiée.

10. Μαρούλιον, τὸ, laitue. Μαροῦλλον, id. — 11. Μάρρον, τὸ, bêche.

12. *Μάρπτω [a], prend, saisit, atteint, touche. Μάρπτις, ravisseur.

13. Μάρσιπος, ὁ, sac de cuir, bourse. —σιππος, —συπος, id.; —σίπιον, —σίπ-
πιον, —σύπιον, marsupium, bourse, petit sac; d'où MARSUPIAUX [a].

14. Μάσθλη, ἡ, courroie, lanière, cordon de soulier, soulier de cuir.
—θλημα, cuir sans poil; —θλης, cuir, homme mou; —θλήτινος, de cuir.

15. Μασουχᾶς, ᾶ, ὁ, une espèce de plante médicinale.

16. Μάσπετον, τὸ, maspetum, la feuille du laserpitium.

ANNOTATIONS.

6. a. Le cotyle équivalait à 26 centili-tres.

8. a. Sans futur; a. ἐμαρνάσθην.

9. a. Vulgairement herbe aux chats, espèce de germandrée dont l'odeur attire les chats.

12. a. F. μάρψω, a. ἔμαρψα, ἔμαρπτον, ou μέμαρπον, qqf. μέμαπον, pf. μέμαρπα.

13. a. Nom donné, en zoologie, à un ordre de mammifères de l'Amérique et de la Nouvelle-Hollande, dont les femelles portent sous le ventre une sorte de sac formé par un repli de la peau, où les pe-tits trouvent, avec les mamelles de leur mère, l'asile le plus sûr contre les dangers extérieurs. V. les Fables de Florian. Il faut noter le mot MARSUPIAUX entre dix mille autres empruntés depuis trois siècles à la langue grecque, pour les besoins des sciences et des arts. Déjà notre vocabu-laire primitif renfermait une quantité con-sidérable de termes grecs transmis, les uns par les colonies phocéennes du midi de la Gaule; d'autres, et en beaucoup plus grand nombre, par la langue latine dans laquelle ils étaient passés avant de nous arriver. Ex. ἀράχνη, aranea, arai-gnée, etc.; les autres, par les propagateurs du christianisme qui prit ses premiers développements en Orient. V. Κονέω. Au moyen âge, beaucoup de mots grecs pas-sèrent dans la langue française, à la fa-veur des croisades, des voyages et du commerce. Puis, au seizième siècle, vint la renaissance. De nouvelles sciences, de nouveaux arts furent créés. L'industrie s'enrichit de belles et utiles découvertes; une foule d'idées neuves sur la nature se répandirent dans la société, et, pour les ex-primer, la langue eut besoin de termes nouveaux qu'elle tira du grec.

17. a. F. μαχήσομαι, μαχέσομαι ou μαχοῦμαι, a. ἐμαχεσάμην, rar. ἐμαχέ-σθην, pf. μεμάχημαι. D'où NAUMACHIE, ναυμαχία, représentation d'un combat naval que l'on donnait à Rome, sous l'em-pire, dans des étangs creusés exprès. RR. ναῦς, μάχομαι. SYMMAQUE, σύμμαχος qui combat avec, nom pr. RR. σύν, μά-χομαι. — b. « En joignant au mot μάχη, combat, des prépositions et diverses par-ties d'oraison qui en modifient le sens d'une manière toujours honorable, on composa les noms d'ANDROMAQUE, de TÉ-LÉMAQUE, etc. » (Anach.). Andromaque, Ἀνδρομάχη, signifie qui combat contre

17. Μάχομαι[a], combat. —χη[b], combat; —χητής, combattant, guerrier; —χήμων, —χιμος, —χητικός, belliqueux; —χαιρα, **machæra**, sabre.

18. Μέγας [a], γάλη[b], γα[c], **magnus**[d], grand. —γαλεῖος, grand; —γαλειότης, —λότης, —γεθος, grandeur; —γαλύνω, —γεθύνω, agrandit.

19. Μέθυ[a], υος, τὸ, vin doux, vin mêlé de miel. —ύω, est ivre; —ύσκω, enivre; —υσις, ivresse; —υστής, ivrogne; μέθη, ivresse.

20. Μειδιάω, sourit. *—δάω, id.; —δίαμα, —δίασις, *—δημα, sourire.

21. Μειλίσσω[a], adoucit, flatte. —λίχιος, *—χος, doux; —ίχια, douceur.

22. Μεῖραξ, ακος, ὁ, ἡ, jeune fille, jeune homme efféminé. —ράκιον, dim.; —ρακίζομαι, devient adolescent; —ρακεύομαι, est pétulant.

23. Μείρομαι[a], reçoit en partage, partage. Μέρος, —ρίς[b], partie; —ρίζω, partage; —ρικός, partiel; —ρισμα, part; —ρίτης, partageant.

Id. Μοῖρα[c], ἡ, part, rang, convenance, sort, destin. —ραῖος, —ρίδιος, fatal;*μόρος, lot, sort, **mors, MORT**; —ριον, particule; μορτός[d], **MORT**.

24. Μείων [a], ον, moindre, plus petit. Μειόω, amoindrit, diminue; μείωσις, μείωμα, diminution; μειωτικός, diminutif.

ANNOTATIONS.

des hommes. RR. ἀνήρ, μάχομαι. Télémaque, Τηλέμαχος, veut dire qui combat de loin. RR. τῆλε, μάχομαι.

18. a. Comp. μείζων, superl. μέγιστος. D'où TRISMÉGISTE, Τρισμέγιστος, c.-à-d. trois fois très-grand, surnom de Mercure; μεγιστᾶνες, les grands d'un pays, les MAGNATS, magnates, opposé à minuta plebs, le menu peuple. — b. D'où MÉGALOPOLIS, pr. grande ville, capitale de l'Arcadie. RR. μεγάλη, πόλις. — c. V. Ω. — d. Syll. rad. Mag, la même que dans μέγας, μάγος, μακρός, μῆκος, l'all. macht, force, et l'angl. might, puissance. D'où major, MAIRE, le premier officier civil d'une commune. MAJESTÉ, « l'image de la grandeur de Dieu dans le prince. » Boss. MAJORQUE, la plus grande des îles Baléares. MAXIME, pensée d'une grande étendue, générale, maxima. MAIS, magis, plus; plutôt, comme dans l'expression n'en pouvoir mais pour n'en pouvoir plus, et dans le vers de Virgile : miror magis, je m'étonne plutôt; jamais, de, jam magis, déjà plus; désormais; V. Ὥρα. Malo p. magis volo, mavolo, j'aime mieux. Magister, italien maestro, MAÎTRE, v. fr. maistre; magi-

stratus, MAGISTRAT. MISTRAL ou maëstral de magistralis, magistral, vent du nordouest, très-violent, qui règne dans la Méditerranée. Mactare, honorer, pr. agrandir par un sacrifice, puis sacrifier en l'honneur des Dieux, tuer. MATADOR, personne considérable dans son état, de mactator, tueur, ou de l'espagnol matar, tuer, d'où vient aussi mater au jeu d'échecs.

19. a. D'où AMÉTHYSTE, ἀμέθυστος, espèce de quartz violet auquel les anciens attribuaient la propriété de préserver de l'ivresse, d'où son nom. RR. ἀ, μέθυ.

21. a. μέλι, le doux miel.

23. a. sans futur, a. ἔμμορον, pf. ἔμμορα, pf. p. εἵμαρται ou μέμαρται, impers. il est arrêté; part. εἱμαρμένος, μεμαρμένος, μεμορημένος, fatal, subst. εἱμαρμένη, destin. pr. chose décidée, tranchée, la part faite à chacun. Syll. radic. Μερ. — b. D'où MÉRIDARPAX, voleur de morceaux, nom pr. dans la Batrachomyomachie. RR. μείρομαι, ἁρπάζω. V Ψίξ. — c. Pr. part échue à chacun. — d. Le même mot que βροτός, mortel.

24. a. Comp. anom. d'ὀλίγος ou μικρος

1. Μαστροπός, ὁ, ἡ, celui *ou* celle qui prostitue. —πίς, *fem.*, —πέω, —πεύω, *prostitue ;* —πιον, *lieu de prostitution ;* -πεία, *prostitution.*

2. Ματρύλη, ἡ, femme qui tient une maison de prostitution.

3. Ματτύη, ἡ, **mattea**, sorte de ragoût, mets friand, régal.

4. *Μαῦλις, ιδος, ἡ, couteau, prostituée.—λία, *id. ;*—λίζω, *prostitue.*

5. Μάχλος, ον, lascif, emporté, qui laisse écouler sa sève. —λότης, *lubricité ;* —λάω, *est lascif ;* —λάς, —λίς, *lascive ;* —λικός, *lascif.*

6. *Μάψ, en vain, au hasard, inutilement, sans raison, follement. Μαψίδιος, *vain, léger ;* μαψιδίως, *en vain, légèrement.*

7. *Μεγαίρω[a], envie, hait, fascine[b]. — *7. Μεγάλειον, τό, *parfum.*

8. Μέγαρον, τὸ, grande salle, maison, palais, temple, sanctuaire.

9. Μέδιμνος, ὁ, **MÉDIMNE**[a], *mesure pour les choses sèches.*

10. *Μέδω, règne. —δομαι[a], medeor, *a soin de, pense à, désire ;* —δων, *chef, roi, qui a soin de,* MÉDON[b] *;* —δουσα, *fém.* MÉDUSE[c].

11. Μέλαθρον, τὸ, poutre, plancher, chambre, appartement, maison.

12. *Μέλδω[a], fait fondre, amollit par le feu, cuit, consume.

ANNOTATIONS.

_7. a. F. μεγαρῶ, a. ἐμέγηρα. R. μέγας, pr. grandir, regarder avec envie quelqu'un comme plus grand que soi. D'où Μέγαιρα, MÉGÈRE, une des trois Furies. « Je vis, dit Dante, trois Furies infernales teintes de sang ; elles avaient les formes et les traits d'une femme ; des hydres verdâtres ceignaient leurs flancs ; de petits serpents qui figuraient leurs cheveux tombaient sur leur front livide. Mon guide, qui reconnut les suivantes de la reine des pleurs éternels, me dit : Regarde les féroces Érinnyes ; à gauche est *Mégère* ; celle qui verse des larmes, à droite, est *Alecto* ; *Tisiphone* est au milieu. Elles se déchiraient le sein de leurs ongles sanglants, se frappaient à coups redoublés, et poussaient des cris affreux. Dans ma frayeur, je me serrai contre mon maître. » (*Enfer*, ch. X.) V. Λήγω. — *b.* V. Βασκαίνω.

9. *a.* Le médimne valait : 51 litres, 79 centilitres. Syll. rad. μεδ, mesurer, la même que dans μέτρον et *modius.*

10. *a.* Poét. p. μήδομαι, f. μεδήσομαι. — *b.* Participe devenu nom propre. Cf. Μελπόμενη (199) ; Δώσων, Dosox, surnom du roi Antigone qui promettait toujours, et ne *donnait* jamais. V. Κρείων. D'où

LAOMÉDON, Λαομέδων, *pr.* commandant le peuple, nom d'un roi de Troie. RR. λαός, μέδομαι. EURYMÉDON, Εὐρυμέδων, *pr.* régnant au loin, nom d'un général athénien, etc. RR. εὐρύς, μέδομαι. — *c.* La plus célèbre des Gorgones dont les yeux changeaient en pierre tous ceux qu'elle regardait. Persée lui coupa la tête et de son sang naquit Pégase. V. Πηγή.

12. *a.* Sans futur. Cf. l'anglais *to melt*, faire fondre.

13. *a.* Plusieurs fleuves en Grèce et en Thrace portaient le nom de MÉLAS, à cause de leurs eaux *noires* ou limoueuses, comme il y a le *Niger*, en Afrique, la *Rivière Rouge* aux États-Unis, le *Fleuve Jaune* en Chine, l'*Aube*, *Alba*, et le *Noireau* en France, le *Rubicon* en Italie. V. Ξανθός. D'où MÉLANCOLIE, μελαγχολία, état habituel de tristesse, *sombre* délire que les anciens attribuaient à l'altération de la bile, qui, selon eux, devenait alors *noire*. RR. μέλας, χολή, *atra*, *bilis ;* MÉLANCOLIQUE, qui a pour synonyme *atrabilaire*. Melanius, MÉLAINE, saint évêque de Rennes, sous Clovis qui avait pour lui une grande vénération. MÉLANIE, Μελανία, n. pr. MÉLANÉSIE ou *îles noires*, partie de l'O-

13. Μέλας [a], αινα, αν [b], noir, triste, malheureux [c]. —ανότης, *noirceur;* —αίνω,—ανόω,* —άνω, *noircit;* —ανέω, *est noir;* —ανία, *couleur noire.*

14. Μελετάω, **meditor** [a], étudie, s'exerce. —τημα, *exercice;* —τητός, qu'on apprend par la pratique; —τη, *soin, méditation, étude.*

15. Μέλι [a], ιτος, τό, **mel**, MIEL. —λιτηρός, MIELLEUX, EMMIELLÉ; —λιχρός, doux; —λινον, MÉLISSE [b]; —λισσα [c], *abeille;* —λισσών, *sa ruche.*

16. Μέλλω [a], est sur le point de, doit, tarde. —λησις, —λησμός, *—λώ, retard;* —λημα, *délai;* —ληνής, *qui tarde, lent;* —λητιάω, *temporise.*

17. Μέλος, εος, τό, membre, **melos** [a], MÉLODIE [b], chant. —λίζω, *module;* —λικός, *de chant;* —λισμα,—λισμός, *chant;* —λιστής, *chanteur, musicien.*

18. Μέλπω, chante, célèbre, danse. —πομένη [a], MELPOMÈNE; μολπή, chant; —πάζω, *chante;* —παστής, *chanteur;* *μέλπηθρον, *jouet.*

19. Μέλω [a], intéresse, est à soin. —λουαι, *id.;* —λει, *est à cœur;* —λησις, —λημα, *soin;* *—λεδών, *—λεδώνη, *id.;* *—λέτωρ, *chargé du soin de.*

20. Μέμφομαι [a], se plaint, reproche. Μέμψις, *plainte, reproche;* μεμπτός, qui mérite des reproches; μομφή, *reproche.*

ANNOTATIONS.

céanie habitée par des indigènes de race noire. — b. Subst. couleur noire, encre; cf. le latin *atramentum*, encre, dérivé de *ater*, noir. — c. V. Ἀγλαός.

14. a. « Quod Græci μελετάω dicunt, meditor *dixerunt Latini, L enim et D interdum sibi invicem cedunt.* » SERV. V. Δαήρ.

15. a. D'où ὑδρόμελι, HYDROMEL, breuvage que les anciens composaient avec de l'eau et du miel fermenté, ce que nous appellerions *eau miellée.* RR. ὕδωρ, μέλι. MÉLASSE, liquide sirupeux qui reste après la cristallisation et le raffinage du sucre. *Mellarium*, lieu où l'on élève des abeilles; d'où LA MEILLERAIE, nom de plusieurs villages de France. Μελίλωτος, MÉLILOT, plante légumineuse herbacée, dont les fleurs répandent une odeur *miellée* qui attire les abeilles. RR. μέλι, λωτός. — b. Plante labiée très-recherchée des abeilles. — c. Pr. *mouche à miel.*

16. a. F. μελλήσω, a. ἐμέλλησα ou ἠμέλλησα, impf. ἔμελλον ou ἠμελλον.

17. a. Pr. *carmen modulatum, et quasi membris incisum*, chant mesuré. D'où PHILOMÈLE, φιλομήλα, nom donné au rossignol à cause de son instinct musical.

RR. φίλος, μέλος. V. Ἀηδών. MÉLODRAME, drame mêlé de chant; RR. μέλος, δράω. — b. Μελῳδία, pr. chant cadencé; RR. μέλος, ᾄδω. V. Ἀείδω.

18. a. Part. fém. présent moyen; pr. la *chanteuse*. Melpomène était la muse de la tragédie, des chœurs tragiques. « *Cui liquidam pater* vocem *cum cithara dedit.* » HOR. « Melpomene *tragico proclamat mœsta* boatu. » AUS. V. Τράγος.

19. a. F. μελήσω, a. ἐμέλησα, pf. μεμέληκα. Ce même verbe s'emploie plus souvent sous la forme impersonnelle μέλει, impf. ἔμελε, f. μελήσει, a. ἐμέλησε, pf. μεμέληκε, poét. μέμηλε, plqpf. ἐμεμήλει ou poét. μεμήλει. *Je pense à, j'y songe, je l'ai à cœur*, se dit donc en grec μέλει μοι τοῦτο *hoc est curæ mihi*, ou μέλει μοι τούτου, *cura hujus rei est mihi*, ou encore μέλει μοι ὑπὲρ τούτου, *mihi est cura de hoc*, super *hoc.* D'où MÉLIBÉE, *Melibæus*, c.-à-d. qui a soin des bœufs, nom d'un berger dans les Idylles de Théocrite et les Églogues de Virgile. RR. μέλω, βοῦς.

20. a. F. μέμψομαι, a. ἐμεμψάμην ou ἐμέμφθην, pf. μέμεμμαι.

1. Μελεάγρια, τά, plantes sauvages dont on mange les racines.

2. Μελεαγρίς, ίδος, ἡ, meleagris, pintade, sœur de MÉLÉAGRE [a].

3. Μέλη, ἡ, espèce de coupe ou de vase à boire.

4. Μελία, ἡ, frêne, lance de bois de frêne. — 5. Μελίνη, ἡ, millet.

6. Μελιταῖον, τὸ, petit chien de MÉLITE [a], sorte de vêtement [b].

7. Μέλκα [a], ἡ, aliment préparé avec du lait fermenté.

8. Μεμβράνα [a], ἡ, parchemin [b]. — 9. Μεμβράς, άδος, ἡ, sardine.

10. Μέν, il est vrai, à la vérité; le plus souvent ne se traduit pas.

11. Μερμαίρω [a], s'inquiète, s'occupe de, invente. *Μερμηρίζω, id.; *—μηρα, soin, souci; *μέρμερος, inquiet, pénible, rusé.

12. Μέρμις, ιθος, ἡ, corde, ficelle, cordon. Μέρμιθα, —θος, id.

13. Μερμνός, ὁ, nom d'une espèce de faucon. Μέρμνης, id.

14. Μέροψ [a], οπος, ὁ, merops, guêpier, pivert, plur. les hommes [b].

15. Μεσπίλη, ἡ, mespilus, NÉFLIER [a]. —λον, mespilum, NÈFLE [b], son fruit.

16. Μέσφα, cependant, dans l'intervalle, jusqu'à. Μέσφι, id.

17. Μετά [a], gén. avec; acc. après [b], depuis; *dat. entre. Μεταξύ, id.

ANNOTATIONS.

2. a. Célèbre héros de l'antiquité, dont les deux plus jeunes sœurs furent changées par les dieux en *pintades*.

6. a. Nom ancien de deux îles situées dans la Méditerranée. L'une se nomme aujourd'hui *Méléda*, et l'autre *Malte*. — b. V. Θήραιον.

7. a. Mot de racine germanique. En allemand, lait se dit *milch*, et traire, *melken*; en anglais, *milk* signifie *lait*. L'un et l'autre semblent se rattacher à la même racine que ἀμέλγω, traire.

8. a. De *membrana*, MEMBRANE, qui dérive de *membrum*, membre, et signifie *pr.* la peau qui recouvre les membres des animaux, préparée pour recevoir l'écriture. Cf. *vélin*, de VITELLINUS, *pr.* peau de veau, *vitulus*, *vitellus*. V. Κόπτω. — b. En latin *Pergamena charta*, *pr. papier de Pergame*, parce que c'est dans cette ville que, sous le roi Eumène II, on inventa ou du moins on perfectionna la préparation du *parchemin*, pour suppléer le papyrus dont les Ptolémées avaient défendu l'exportation, parce qu'ils étaient jaloux de la bibliothèque du roi de Pergame qui rivalisait avec celle d'Alexandrie.

11. a. La forme usitée de cette racine est μερμηρίζω.

14. a. RR. μείρομαι, ὄψ; *pr.* qui a la voix articulée, qui émet des sons nettement *séparés.* — b. Opposés à *mutæ pecudes.*

15. a. M s'est changé en N comme dans *nappe*, de *mappa*; *raisin*, de *racemus*; et P s'est changé en F, comme dans

golfe, de κόλπος (155). — b. Anc. MÈLE.

17. a. Μετά exprime *union*, *suite*, et se rapporte à la racine μέσος, *medius*, *mitoyen*; cf. l'all. *mit*, avec, et *mitte*, milieu. Souvent aussi, en composition, μετά marque *changement*; d'où MÉTAPHORE, μεταφορά, ou transposition, *translatio*, façon de parler par laquelle un mot *passe* du sens propre au sens figuré, en vertu d'une comparaison qui se fait dans l'esprit; comme quand on dit de quelqu'un: c'est un *lion*, un *Achille*, un *Nicodème*; ou quand Eschyle prend le mot ποιμήν, berger, et Ovide, le mot *auriga*, cocher, dans le sens de *pilote*. RR. μετά, φέρω. MÉTATHÈSE, μετάθεσις, déplacement d'une lettre dans un mot. Ex. *bardus*, de βράδος; *nervus*, de νεῦρον. RR. μετά, τίθημι. — b. MÉTAPHYSIQUE, titre donné par les premiers éditeurs d'Aristote à certains écrits rangés *après* ses traités de physique, μετὰ τὰ φυσικά. Comme ces livres avaient pour objet des questions d'un ordre plus élevé que la physique, l'adjectif *métaphysique* est devenu synonyme de *subtil*, *abstrait*.

18. a. D'où Εὐμενίδες, EUMÉNIDES, c.-à-d. bienveillantes; RR. εὖ, μένος; nom donné par antiphrase aux Furies, dont on n'osait prononcer le nom. V. SOPH., Œd. Col. EUMÈNE, εὐμενής, c.-à-d. *bien intentionné*; nom propre. RR. εὖ, μένος. — b. D'où *vehemens*, emporté. RR. *ve*, particule négative, et *mens*, *pr.* qui est hors de lui-même, *qui n'a pas son esprit à soi.*

19. a. F. μενῶ, a. ἔμεινα, pf. μεμένηκα, pf. 2 μέμονα. D'où MÉNANDRE, Mé-

18. Μένος *a*, εος, τὸ, **mens** *b*, valeur, force, impétuosité, violent désir.
*—νεαίνω, *—νοινάω, *—νοινέω, *désire ardemment;* *—νοινή, *projet.*

19. Μένω *a*, **maneo** *b*, demeure, attend. Μίμνω, *id.;* μενετός, *patient,*
μονή, *action de s'arrêter, repos;* μόνιμος, *stable, durable.*

20. Μέριμνα *a*, ή, inquiétude, soin, souci. —νάω, *est inquiet;* —νημα,
soin; —νητής, *qui recherche avec curiosité;* —νητικός, *soucieux.*

21. Μέσος *a*,η,ον,**medius** *b*,qui est du MILIEU *c*,neutre,MOYEN,MÉDIOCRE.
—σότης, *milieu;* —σάζω,—σεύω, *est au milieu;* —σίτης, MÉDIATEUR.

22. Μεστός, ή, όν, plein, rassasié. —τότης, *plénitude;* *—τόω, *remplit;*
—τωσις, *action de remplir;* —τωμα, *remplissage, complément.*

23. Μέταλλον *a*, τὸ, **metallum**, mine, MÉTAL, tranchée de siége. —λεύω,
creuse; —λεύς, *mineur;* —λίζω, *condamne aux mines.*

24. Μέτρον *a*, τὸ, **metrum**, MESURE, MÈTRE *b*. —τρέω, *mesurer c;* —τρημα,
ration; —τριος, MODÉRÉ; —τρότης, *modération;* —τριάζω, *se modère.*

25. Μηκάομαι *a*, bêle. —κάζω, *id.;* —κασμός, *—κηθμός, *bêlement;* —κητικός, *bêlant;* *—κάς, *bêlante, qui bêle;* subst. *chèvre, brebis.*

26. Μήκων, ωνος, ἡ, *pavot.*

ANNOTATIONS.

νανδρος, pr. qui *attend l'ennemi* de pied
ferme, nom d'un célèbre poëte comique
d'Athènes, copié par Térence. — *b.* Du
dorien μάνω. D'où *mansura,* MASURE,
reste d'un bâtiment ruiné. Mansio, MAI-
SON; v. fr. *maisonnage, maisnage,* puis
mesnage et MÉNAGE, gouvernement de la
maison. MÉNAGER, c.-à-d. bien administrer sa maison, être *économe.* V. Οἶκος.
MÉNAGERIE, anc. le lieu de la *maison* où
l'on élevait le bétail et la volaille. MES-
NIL et MÉNIL, lieu d'habitation, bas lat.
mansionile, v. fr. *maisnil.* MANSE, mesure de terre nécessaire pour l'entretien
de la famille qui y *demeure.* MANOIR,
maison seigneuriale. MANANT, *pr.* qui *de-*
meure sur la terre du seigneur, synon. de
rustre, homme des champs, *rus,* et de
vilain, homme de la maison de campagne, *villa.* MAÇON, angl. *mason,* constructeur de *maisons.*

20. *a.* M. rac. q. μείρομαι, diviser.
« *Curæ animum divorse trahunt,* » les sou-
cis déchirent l'âme, a dit Térence.

21. *a.* Ital. *mezzo,* d'où MÉSENTÈRE.
V. 'Εν. MÉSOPOTAMIE, contrée d'Asie renfermée *entre* le cours du Tigre et celui de
l'Euphrate. RR. μέσος, ποταμός. Cf. *In-*
teramne, ville de l'Ombrie située *entre*
les deux bras de la rivière du Nar, patrie de Tacite. RR. *inter, amnis,* les mêmes que dans ENTRAMES, village de France situé à peu de distance du confluent
de la Mayenne et de la Jouanne; AN-
TRAIM, nom de plusieurs localités situées

entre deux rivières; ENTRAIGUES, *Intera-*
quæ, chef-lieu de canton de l'Aveyron,
situé au *confluent* du Lot et de la Truyè-
re. MISAINE, ital. *mezzano,* esp. *mesana,*
mât placé *entre* le beaupré et le grand
mât. — *b.* D'où *dimidius,* DEMI, qui est à
moitié; MÉDIAT; INMÉDIAT; MITOYEN;
medianus, MOYEN; *medulla,* MOELLE des
os; *medietas,* MOITIÉ; MÉTAYER, bas lat.
medietarius, fermier d'une MÉTAIRIE, c.-
à-d. d'une propriété dont il prend la
moitié des fruits. — *c.* De *medius locus,*
pr. *lieu mitoyen.* Cf. MIDI, de *medius dies*
ou *meridies,* le milieu du jour; MINUIT,
de *media nox*, le milieu de la nuit. De
meridies vient MÉRIDIEN, *meridianus,* s.-
ent. *circulus,* grand cercle passant par les
deux pôles de la terre, et ainsi nommé
parce qu'il est MIDI ou *minuit* en même
temps sur tous les points de ce cercle,
quand le soleil y est parvenu.

23. *a.* D'où MÉDAILLE, pièce de *métal*
frappée en mémoire d'une action ou d'un
personnage illustre.

24. *a.* M. rac. q. MESURER, lat. *metari,*
metiri, mensurare, all. *messen.* D'où *meta,*
borne servant de mesure; *immensus,* IM-
MENSE, sans mesure. RR. *in, mensura.* —
b. La *mesure* fondamentale sur laquelle
on a établi tout le système *métrique.* V.
Θέρω; Βαρύς. — *c.* D'où μετρητής, *me-*
sureur et MÉTRÈTE, mesure de capacité
pour les liquides, valant environ trente-
neuf litres.

25. *a.* Γ. μηκήσομαι, a. ἔμακον.

1. Μέχρι, jusque. — **2.** Μή[a], non, ne pas[b], de peur que, est-ce que[c]?

3. Μήδομαι[a], medeor, a soin de, MÉDITE[b], MACHINE[c]. —δος, soin, dessein; —δοσύνη, prudence; μῆχος, moyen, REMÈDE; μῆχαρ, id.

4. Μῆδος, ὁ, **Medus**, MÈDE. —διον, campanule; —δική, luzerne[a].

5. Μήλη, ἡ, sonde de chirurgien. —λόω, sonder, chercher en sondant; —λωτίς, —λωτρίς, sonde de chirurgien pour les oreilles.

6. Μηλία, ἡ, sorte d'argile qu'on tirait de l'île de MÉLOS[a].

7. Μηλολόνθη, ἡ, hanneton, sorte de scarabée doré.

8. Μήλωθρον, τὸ, espèce de teinture. — **9.** Μήν, or, certes.

10. Μήνιγξ[a], ιγγος, ἡ, MÉNINGE, membrane fine, sédiment du vin.

11. Μῆον, τὸ, MÉUM, sorte d'athamante, pl. ombellifère.

12. Μήριγξ, ιγγος, ἡ, épine qui s'attache à la toison. *Σμῆριγξ, id., poil rude et hérissé, soie des animaux.

13. Μηρυκάομαι, rumine[a]. —κίζω, id.; —κισμός, rumination.

14. Μηρύω, dévide, défile, développe, qqf. pelotonne, ourdit. —υμα, peloton, corde; μήρινθος, corde, ficelle.

ANNOTATIONS.

2. *a.* Les mots invariables, adverbes, prépositions, conjonctions, sont d'une brièveté remarquable, d'où leur est venu le nom de particules. Cf. μέν, δέ, γέ, μήν, πρός, ὡς, etc. Il eût été inutile, en effet, d'employer des mots plus longs pour remplir le rôle assigné à ces parties du discours, qui est d'unir entre eux les mots significatifs et de marquer les différents rapports que nos idées ont entre elles. Mais à côté de ces monosyllabes primitifs, il y a, dans toutes les langues aussi, une longue file de locutions adverbiales, conjonctives et prépositives, dans la formation desquelles entrent des substantifs, des adjectifs ou des verbes. Par ex.: σήμερον, Att. τήμερον, aujourd'hui, a pour racines τῆ, p. ταύτῃ, ce, cette, et ἡμέρα, jour; hodie est pour hoc die, ce jour. V. Ἡμέρα. Cf. juxta, tout proche, de jungo, rapprocher (103); près, de pressus, partic. de premo, presser (6); circum, autour, de circus, cercle; versus, vers, partic. de verto, tourner; rursus, de nouveau, contracté de revorsus ou reversus, partic. de reverto, retourner, pr. en revenant sur ses pas; extra, au dehors, contracté de extera, s.-ent. parte, du côté extérieur; hors, de foras, pr. à la porte; saltem, au moins, contract. de salutem, pr. d'une manière intacte, sauf; merito, à bon droit, ablatif de meritum, mérite, droit; duntaxat, de dum et taxat, pr. en évaluant, pendant qu'on pèse, balance en main, pas plus, seulement; modo, à la mesure, ni plus ni moins, seulement; admodum, tout à fait, pr. jusqu'à la mesure, pleinement, ad modum; repente, tout-à-coup, s.-ent. gradu, pr. en se glissant comme un reptile; subito, soudainement, de sub eo, aller en dessous, se glisser; chez, de casa, pr. dans la maison de; iterum, de nouveau, pr. par le même chemin, iter; obviam, au-devant, pr. sur le chemin, ob, viam; hormis, pr. mis hors; secundum, selon, suivant, d'après, de sequi, suivre, etc., etc. — *b.* D'où μηδείς, aucun, pr. pas un, μή, δὲ, εἱς. V. Οὐ. — *c.* La négation ne a le même emploi en latin: vidistine regem, avez-vous vu le roi?

3. *a.* F. μήσομαι, a. ἐμησάμην. D'où Διομήδης, DIOMÈDE, nom pr., m. à m. souci de Jupiter. RR. Ζεύς, μήδομαι. GANYMÈDE. V. Γάνος. Μήδομαι était primitivement une forme ionienne de μέδομαι, puis on en a fait un verbe à part. — *b.* V. BENFEY, Lexique des racines grecques, t. II, p. 32. — *c.* V. Μηχανή.

4. *a.* Appelée aussi MEDICAGO, pr. plante tirée de la Médie.

6. *a.* Île de la mer Égée, d'où les peintres tiraient une sorte de terre qu'ils mêlaient à leurs couleurs pour les rendre plus durables. V. Καλαυρῖτις.

10. *a.* Nom commun à trois membranes qui enveloppent le cerveau, et dont l'inflammation produit une maladie mortelle appelée MÉNINGITE.

15. Μῆχος, εος, τὸ, longueur, étendue. —κεδανός, long ; —κόθεν, de très-loin ; —κύνω, allonge, s'allonge ; —κυσμός, allongement.

Id. Μακρός[a], ά, όν, long. —κράν, loin, longtemps ; —κρόθεν, de loin ; —κρότης, longueur ; —κρύνω, allonge ; —κρωσις, allongement.

16. Μῆλον, τὸ, malum, pomme, mouton[a]. —λειος, de brebis ; —λίς, pommier ; —λινος, *—λινόεις, jaune ; —λίτης, cidre ; —λωτή, peau de brebis.

17. Μήν, μηνός, ὁ, mensis, MOIS[a]. —νιαῖος, —ναῖος, MENSUEL, lunaire.

Id. Μήνη[b], lune. —νίσκος, menis, demi-lune, croissant, MÉNISQUE[c].

18. Μῆνις[a], ιος, ἡ, ressentiment, colère. *—νιθμός, courroux ; —νίω, est courroucé ; —νιμα, acte de vengeance ; —νίτης, colérique.

19. Μηνύω, indique, dénonce, exprime. —νυμα, —νυσις, indication ; —νυτής, indicateur, délateur ; —νυτρον, sa récompense.

20. Μηρός[a], ὁ, haut de la cuisse, hanche, cuisse. —ριαῖος, de la cuisse ; —ρία, os des cuisses de la victime, cuisses ; —ριαία, cuisse d'animal.

21. Μήτηρ[a], τρός, ἡ, mater[b], MÈRE, MÉTROPOLE[c]. —τριχός, —τρῷος, maternel ; —τρώις, —τρως, oncle maternel ; —τρυιά, belle-mère, MARATRE.

ANNOTATIONS.

13. a. Ce verbe, appliqué au travail de l'esprit qui roule et élabore une idée, est très-expressif.

15. a. Comp. μακρότερος et μάσσων ; superl. μακρότατος et μήκιστος. M. rac. q. μῆκος et μέγας. D'où Μακρόβιος, MACROBE, pr. qui vit longtemps ; nom d'un écrivain latin du cinquième siècle. RR. μακρός, βίος.

16. a. C'est surtout au pluriel que μῆλον a le sens de mouton ; d'où Melita, MÉLITE, aujourd'hui MALTE, île de la Méditerranée renommée pour la bonté de ses laines.

17. a. De la forme éolienne μείς, μεινός, pour μενς, dont se rapprochent les adjectifs trimestris, TRIMESTRIEL, semestris, SEMESTRIEL, de trois mois, de six mois, ainsi que l'esp. mes et l'ital. mese, mois. — b. Dans toutes les langues anciennes, le mot lune et le mot mois ont même racine, parce que la division première de l'année en mois a dû naturellement être réglée sur le cours de la lune. « A luna ostensio temporis et signum ævi ; mensis secundum nomen ejus. » (Eccles., ch. 43.) Cf. en anglais, moon, lune, et month, mois ; en allemand, mond, lune, et monat, mois. De μήνη vient NÉOMÉNIE, nouvelle lune. V. Νέος. — c. Nom donné, en optique, aux verres qui sont convexes d'un côté et concaves de l'autre.

18. a. Syll. rad. Μεν, la même que

dans μένος, mens, et μνάομαι, se souvenir. Μῆνις est le premier mot de l'Iliade d'Homère, qui a pour sujet la colère d'Achille contre Agamemnon. Un scholiaste du nom d'Ulpien a fait en outre remarquer, comme une précieuse découverte, que les deux premières lettres de ce poëme expriment le nombre 48, qui est le nombre exact des chants de l'Iliade et de l'Odyssée réunies.

20. a. Pl. μηροί ou poét. μήρα.

21. a. Dat. μητρί, acc. μητέρα, voc. μῆτερ, pl. μητέρες, μητέρων, μητράσι, μητέρας. Angl. mother, all. mutter. — b. D'où materia, MATIÈRE, MATÉRIAUX, ce dont une chose est faite. MADRIER, bois de travail, bas lat. materiarium, esp. madero, d'où aussi Madera, MADÈRE, île de l'Océan, qui était toute couverte de forêts quand les Portugais l'occupèrent, en 1412. MERRAIN, bas lat. materinus, bois de menuiserie. V. Ὕλη. MATRICE, moule pour frapper une monnaie ou fondre des caractères, etc. MATRICULE, registre type où sont inscrits tous les membres d'une société, d'un corps. MARGUILLIER, corrupt. de matricularius, pr. gardien du matricule de la paroisse. Les marguilliers sont des laïques notables qui participent à l'administration des fonds d'une église. — c. Μητρόπολις, ville-mère, d'où partent les colonies ; par ext. ville archiépiscopale, église mère. RR. μήτηρ, πόλις.

1. 'Μῆτις[a], ιος, ἡ, sagesse, prudence, conseil, ruse. —ιάω, —ιόω, —ίω, MÉDITE, *machine, exécute;* —ιόεις, *sage;* —ιέτης, *prudent.*

2. Μήκων, ωνος, ἡ, **mecon,** pavot. —κώνιον, *meconium, suc de pavot,* —κωνίτης, *semblable au pavot;* —κωνίς, *sorte de laitue.*

3. Μίλιον, τὸ, *de* **mille,** MILLE[a], espace de mille pas, borne. —ιάριον, milliarium, *borne* MILLIAIRE, *vase pour chauffer l'eau.*

4. Μίλτος, ἡ, minium, vermillon[a], rouille des blés. —τειος, *de vermillon;* —τειον, *vase rempli de vermillon;* —τόω, *teint en vermillon.*

5. Μίλφαι, αἱ, boutons aux sourcils. — 6. Μιμαίκυλον, τὸ, arbouse.

7. Μιμαλλόνες, αἱ, bacchantes. —8. Μίμαρκυς, υος, ἡ, civet de lièvre.

9. 'Μίν[a], lui, elle, eux, elles. —10. Μίνδαξ[a], ακος, ἡ, sorte de parfum.

11. Μίνθα, ἡ, mentha, MENTHE[a]. Μίνθη, *id.* — 12. 'Μίνθος, ὸ, ordures.

13. 'Μινύθω[a], minuo, diminue. —υθικός, *qui* AMOINDRIT; —ύθημα, *ce qu'on diminue;* —υνθα, *un peu;* —υνθάδιος, *qui dure peu.*

14. Μινυρός[a], ά, όν, qui gazouille, qui gémit d'une voix faible. —ρίζω[b], —ρομαι, *gazouille;* —ρισμα, —ρισμός, *—ριγμα, gazouillement.*

ANNOTATIONS.

1. a. M. rac. q. μήδομαι.

3. a.. Les Romains comptaient par *milles,* comme les Grecs par stades. Il y avait à Rome, au milieu du Forum, une colonne surmontée d'une borne en or qu'on appelait *milliarium aureum,* et à partir de là, on trouvait de mille en mille, sur toutes les routes principales, un *lapis milliarius,* avec un numéro indiquant la distance de la capitale. Le mille romain équivalait à 1479 mètres, 26 cent. ou environ à huit stades.

4. a. V. Κόκκος.

9. a. Le même que ἵν et νίν, acc. de l'ancien pronom 'Ι, auquel correspond le latin *is, id.*

10. a. Ce parfum était tiré de la Perse. Remarquez les noms des parfums : ils sont tous, comme les parfums eux-mêmes, de provenance indienne, arabe, persane ou égyptienne. C'est en effet dans l'Orient que la nature les produit, et c'est là que la Bible et l'histoire ancienne nous les montrent d'abord employés, soit pour la parure du corps, soit pour l'embaumement des morts. Quand les Grecs eurent pénétré en Asie, et après eux les Romains, ces deux nations y prirent des goûts de luxe et de mollesse, et de là tant de noms de parfums inconnus aux siècles de Lycurgue et de Cincinnatus. « *Multa post luxuria attulit, quorum vocabula apparet esse græca.* » VAR.

11. a. Plante labiée à odeur forte et aromatique. C'est à l'essence de menthe poivrée que les pastilles doivent leur saveur piquante et leurs propriétés excitantes.

13. a. Et μινυθέω, f. μινυθήσω. pf. μεμινύθηκα. D'où *minutus,* MENU, MINCE; MINUTE, la soixantième partie d'une heure ou d'un degré; *minutia,* MINUTIE; *minus,* MOINS; *minor,* MOINDRE, MINEUR. MINUTE, brouillon d'un écrit, première rédaction d'un acte en *petits* caractères; la copie qu'on en tire en écriture plus grosse s'appelle *grosse.* MENUET, danse à petits pas, à pas *menuets,* comme on disait autrefois. MENUISIER, qui ne se sert que de *menu* bois, comparativement au charpentier. *Frères* MINEURS, nom donné aux Franciscains par saint François d'Assise leur fondateur, au treizième siècle, pour leur rappeler qu'ils doivent se faire *petits* et se montrer humbles. De la souche franciscaine sortit, au quinzième siècle, un nouvel ordre appelé par saint François de Paule son fondateur, les MINIMES, c.-a-d. *les plus petits.* MINORQUE, la deuxième des îles Baléares en grandeur. V. Μέγας.

15. Μηχανή[a], ἡ, machina, MACHINE, moyen. —νικός, MÉCANIQUE, adroit, —νάομαι, fait avec art; —νημα, machine de guerre, moyen.

16. Μιαίνω[a], souille, prim. teint. Μιαντός[b], μιαρός, souillé, criminel, μιαρότης, μίανσις, μιαρία, μιασμός, souillure; μίασμα, id., MIASME[c].

17. Μίγνυμι[a], misceo[b], MÊLE[c]. Μίσγω, id.; μιγάς, μικτός[d], mêlé; μίξις, μίγμα, μιγμός, MÉLANGE; μίγδην, *μίγδα, *μίγα, confusément.

18. Μικρός[a], ά, όν, petit. Μικκός, id.; —κρότης, petitesse; —κρύνω, rapetisse; μικκύλος, μίκυλος, tout petit; μικίζομαι, est petit.

19. Μιμέομαι, imite. — μησις, —μημα, imitation; —μητής, imitateur; —μος, inimus, MIME[a]; —μώ, singe; —μικός, MIMIQUE.

20. Μισθός, ὁ, salaire, récompense. —θιος, salarié[a]; —θωτός, id., mercenaire; —θόω, donne à loyer; —θωσις, location; —θωμα, prix.

21. Μίσος[a], εος, τὸ, haine. —σέω, hait, déteste; —σημα, objet de haine; —σητής, qui hait; —σητός, haï, odieux; —σητικός, haineux.

22. Μιστύλλω[a], coupe en petits morceaux, hache, broie, pile. —τύλη, morceau de pain creusé en cuiller; —τυλάομαι, s'en sert.

ANNOTATIONS.

14. a M. rac. q. μινύθω. — b. Bas lat. minurio.

15. a. Se rattache par μῆχος à la racine μήδομαι, réfléchir. Cf. engin de ingenium, esprit.

16. a. F. μιάνῶ. — b. D'où AMIANTE, ἀμίαντος, c.-à-d. incorruptible, indestructible, linum incombustum, comme Pline l'appelle. C'est un minéral fibreux, susceptible d'être filé, et dont les anciens faisaient des linceuls pour brûler les morts, RR. ἀ, μιαίνω. — c. Exhalaison délétère provenant de matières organiques en décomposition.

17. a. F. μίξω. a. ἔμιξα, f. p. μιχθήσομαι ou μιγήσομαι, a. p. ἐμίχθην ou ἐμίγην, pf. p. μέμιγμαι. Syll. rad. Μιγ. — b. Misceo vient de la forme μίσγω. — c. Entre miscere et mêler il faut insérer le bas lat. misculare, et l'ital. mescolare. — d. En latin mixtus, MIXTE; d'où MÉTEIL, bas lat. mixtale; mélange de seigle et de froment. ◊

18. a. Comp. μείων, ἐλάσσων, ἥσσων, rar. μικρότερος, superl. μεῖστος, ἐλάχιστος, ἥκιστος, rar. μικρότατος. D'où OMICRON, ou petit o, opposé à oméga. MICROSCOPE, instrument d'optique qui fait voir les petits objets, imperceptibles à l'œil nu. RR. μικρός, σκέπτομαι. MICROMÈTRE, instrument de précision, qui sert à mesurer des étendues très-petites. RR. μικρός, μέτρον.

19. a. Qui contrefait les actions ou les discours d'autrui. On appelait MIME, chez les Romains, une sorte de comédie bouffonne qui consistait à contrefaire quelqu'un par le geste, sans paroles. De mime vient PANTOMIME, παντόμιμος, qui exprime tout pour des gestes imitatifs. RR. πᾶς, μιμέω.

20. a. Comme mercenaire vient de merces, dérivé lui-même de mereo, et signifiant paie, salaire mérité; comme soldat veut dire homme soldé, soudoyé, pr. à qui on donne un sou, lat. soldus, de solidus. V. ᵛΟλος.

21. a. D'où μισάνθρωπος, MISANTHROPE, qui hait les hommes et fuit leur société. RR. μῖσος, ἄνθρωπος. V. Φίλος. MISOPOGON, μισοπώγων ou l'ennemi de la barbe, titre d'un ouvrage plaisant composé par Julien l'Apostat, en réponse à des satires dont sa philosophie et sa longue barbe avaient été l'objet. RR. μῖσος, πώγων.

22. a. D'où MISTYLLUS, nom d'un cuisinier dans les épigrammes de Martial.

1. Μίσυ, εως, τὸ, vitriol minéral, couperose jaune, truffe.

2. Μίσχος, ὁ, pétiole, pédicule, queue des fruits, etc., bourgeon, houe.

3. Μίτρα[a], ἡ, **mitra**, bandeau, turban, tiare, MITRE, ceinture. Μιτρόω, *couronne d'un bandeau, d'une mitre, entoure, ceint.*

4. Μίτυλος, η, ον, **mutilus**, qui a les cornes cassées, MUTILÉ.

5. Μίτυς, υος, ἡ, terre qui sert aux abeilles pour leurs cellules.

6. Μνάσιον, τὸ, espèce de souchet *ou* de papyrus, *plante d'Égypte.*

7. Μνίον, τὸ, mousse, *pl.*, algue marine. Μνιαρός, *moussu, laineux.*

8. Μνωΐα, ἡ, servage, domesticité. Μνωΐτης, *serf, esclave.*

9. Μογγός, ον, qui a la voix sourde, rauque, enrouée. Μόγγος, *id.*

10. *Μόγος, ὁ, travail, peine, douleur. —γείω, —γέω, —γιάω, *a de la peine;* —γερός, *pénible, triste, malheureux;* —γις[a], *avec peine.*

11. Μόδιος, ὁ, *de* modius[a], boisseau, MUID, *mesure romaine.*

12. Μόθος, ὁ, bryoine *ou* couleuvrée[a].—13. *Μόθος, ὁ, combat, travail.

14. Μόθων[a], ωνος, ὁ, serf né chez ses maîtres, polisson, orgie. —θαξ, *id.;* —θωνία, *polissonnerie, insolence;* —θωνικός, *insolent.*

ANNOTATIONS.

3. *a.* Rac. μίτος. C'était une ancienne coiffure des Phrygiens, de forme variable. Dans Homère c'est une espèce de cotte d'armes que les guerriers portent au bout de la cuirasse, et qui descend jusque sur les cuisses. Elle était faite d'un tissu de laine recouvert de lames d'airain ou de fer. Chez les Romains il n'y avait guère que les *femmes* à porter le bonnet appelé *mitre*, et les hommes qui s'en coiffaient passaient pour efféminés. La mitre épiscopale ne fut, à l'origine, qu'un bonnet de drap d'or garni de deux rubans propres à le fixer. Peu à peu la forme s'est élevée au moyen de cartons intérieurs, et les rubans sont devenus les *fanons* qui pendent par derrière. V. Πήνη. Nos garçons boulangers ont pris le nom de MITRONS de la coiffure qu'ils portaient autrefois, et qui ressemblait à la *mitre* des femmes romaines.

10. *a.* Cf. μόλις, de μόλος p. μῶλος.

11. *a.* M. rac. q. *modus*, mesure, d'où dérivent aussi *modicus, moderatus, modestus*, c.-à-d. qui est dans la *mesure* convenable; *modiolus*, petite cavité, *moyeu de roue; modulus*, petite mesure, d'où *moule* et *modèle*, pr. cavité d'une mesure et d'une forme déterminées. Le muid romain renfermait 16 setiers et équivalait au sixième du médimne attique.

12. *a* Plante cucurbitacée dont la racine charnue, appelée vulg. *navet du diable*, fournit un principe purgatif et une fécule alimentaire.

14. *a.* Les esclaves formaient, chez les Grecs et les Romains, ces deux nations les plus policées du monde, les cinq sixièmes de la société. On en distinguait de trois sortes : 1° ceux qu'on prenait à la guerre, appelés *mancipia*, de *manu capio;* 2° ceux qu'on achetait sur les marchés publics, *emptitii;* 3° ceux qui étaient nés de parents esclaves, *vernæ.* C'étaient apparemment les plus insolents et les plus *libertins.* Mais il eût été plus juste de les plaindre que de les châtier, parce que tout, dans les institutions et les mœurs publiques, surtout à Rome, conspirait pour dégrader l'esclave et éteindre en lui le sentiment de la dignité humaine. « *In servum nihil non domino licere* », écrivait le philosophe Sénèque, précepteur de Néron et auteur de traités sur la morale qui passent pour ce qu'il y a de mieux dans l'antiquité. S. Paul a donné la mesure de l'abaissement où l'esclave était tombé, quand il a dit du Sauveur des hommes : *«Exinanivit semetipsum; formam servi accipiens.»* (*Philipp.* ch. 2.) Un jurisconsulte romain, Ulpien, n'a-t-il pas dit : « *Servus non tam vilis quam nullus?* »

15. *a.* D'où πολύμιτος, *polymitus*, tissu fait avec *plusieurs fils* de différentes couleurs, comme le *damas*, la *tapisserie.* RR. πολύς, μίτος.

16. *a.* Contracté de μνάα. «*Mna vox est orientalis, delata per mercatores Phœnices aut Palestinos.*» LENNEP. La mine attique valait 100 drachmes (81), et 60 mines faisaient un talent. — *b.* Autrefois en France, on appelait *minc* ou

15. Μίτος[a], ὁ, fil, trame d'une étoffe, corde d'un instrument. —τόω, *garnit de fil, trame, tisse, fait vibrer des cordes.*

16. Μνᾶ[a], ἡ, **mina, MINE**[b], *pesant 436 grammes et valant 92 francs.* Μναδάριον, *dim.*; μνααῖος, *pesant ou valant une mine.*

17. Μνάομαι[a], **memini**[b], se souvient, recherche en mariage. Μνεία, *souvenir;* μνήμη, **MÉMOIRE;** —μα, —μεῖον, **MONUMENT,** *souvenir.*

Id. Μνηστήρ, ῆρος, ὁ, prétendant. *—τειρα, fiancée;* —τεύω, *rechercher en mariage, fiancer;* —τεία, *recherche en mariage;* —τρον, *fiançailles.*

18. Μοιχός, ὁ, **mœchus,** adultère. —χεύω, *commet un adultère;* —χεία, *crime d'adultère;* —χάς, —χαλίς, *femme adultère.*

19. Μολύνω, souille, teint, cuit à moitié, enivre, déshonore. —υνσις, —υσμα, —υσμός, *souillure;* —υσματώδης, *souillé.*

20. Μόνος[a], η, ον, seul. —ον, *seulement;* —άζω, *vit seul;* —όω, *isole;* —ίας, —αχός[b], *solitaire,* **monachus**[c], **MOINE;** —άξ, *seul à seul.*

21. Μορφή[a], ἡ, **forma**[b], **FORME,** beauté. —φόω[c], *former;* —φωμα, *forme;* —φάζω, *gesticule;* —φασμός, *grimaces;* *—φήεις,* **formosus,** *beau.*

ANNOTATIONS·

minot une certaine mesure de blé égale à un demi-setier; d'où est venu le nom de *minoterie* donné au commerce d'exportation des farines.

17. *a.* F. μνήσομαι ou μεμνήσομαι, a. ἐμνησάμην ou ἐμνήσθην, pf. μέμνημαι, souvent dans le sens présent. Au lieu de μνάομαι, on dit aussi μιμνήσκομαι, *reminiscor,* moyen de μιμνήσκω, f. μνήσω, faire souvenir. Syll. rad. Μεν, la même que dans μένος, *mens.* Μνάομαι est donc pour μενάομαι et signifie *pr.* se mettre dans l'esprit, et au parfait, se souvenir. D'où les dérivés MENTIO, souvenir, MEN-TION; *comminiscor, commentor, mentior,* inventer, MENTIR; *commentarium,* mémorial, COMMENTAIRE; *moneo,* faire souvenir, avertir; *monumentum,* statue, tombeau, tout ce qui réveille un souvenir; *monstrare* p. *monestrare,* MON-TRER; *monstrum,* MONSTRE, phénomène qui présage quelque chose, avertissement. Cf. *prodigium,* p. *prodicium* de *pro* et *dicere,* prédire. Ἀμνηστία, AMNISTIE, c.-à-d. *oubli,* pardon; RR. ἀ; μνάομαι. Μνημοσύνη, MNÉMOSYNE, déesse de la *mémoire;* μνήμων, MNÉMON, m. à m. qui a bonne *mémoire,* surnom d'Artaxerxe II. — *b.* D'où *memor,* qui se souvient; *memorare,* rappeler à la *mémoire,* REMÉMORER.

20. *a.* D'où MONANDRIE, classe de plantes n'ayant qu'une *étamine.* V. Γυνή. MONOSYLLABE. V. Λαμβάνω. Μοναρχία, MONARCHIE, gouvernement d'un seul; RR.

μόνος, ἄρχω. MONOLOGUE, scène où un acteur parle seul; RR. μόνος, λέγω. Μονότονος, MONOTONE, d'un ton uniforme; RR. μόνος, τείνω. — *b.* Angl. **monk,** all. **mönch.** D'où μοναστήριον, *monasterium,* MONASTÈRE, en v. fr. *Moustiers* ou *Moûtiers,* nom d'un grand nombre de villes bâties autour des monastères, comme MONTREUIL, *monasteriolum, pr.* petit monastère; NOIRMOUTIERS, *nigrum monasterium;* VIRMOUTIERS, ville de l'Orne, sur la *Vie, pr. monastère de la Vie.* MUNSTER, en Westphalie et en France. WESTMINSTER, nom d'un quartier de Londres, signifie le *monastère de l'Ouest,* autour duquel le quartier s'est bâti. — *c.* D'où, en latin barbare, *monachium, monastère;* MUNICH, capitale de la Bavière. « Ce sont les *moines,* dit M. Guizot, qui ont été les défricheurs de l'Europe; ils l'ont défrichée en grand, en associant l'agriculture à la prédication. »

21. *a.* D'où Μορφεύς, MORPHÉE, dieu du sommeil, litt. dieu des *formes* et des visions nocturnes : « *Artificem simulatoremque figura Morphea.*» Ov. MORPHINE, substance soporifique qu'on extrait de l'opium. — *b.* Remarquez la transposition du μ et du φ. Plus tard on a déplacé les deux lettres *o* et *r,* et on a dit *fromage* pour FORMAGE, *pr.* masse de lait pressé dans une *forme,* ital. *formaggio,* v. fr. *fourmaige* ou *furmaige.* — *c.* D'où μεταμόρφωσις, MÉTAMORPHOSE, changement de forme; RR. μετά, μορφή.

1. Μοῖτος, ὁ, *de* **mutuum** [a], retour, reconnaissance, la pareille.

2. Μολγός, ὁ, sac de cuir, voleur des deniers publics, coquin.

3. *Μολεῖν [a], va, vient. — 4. Μόλις, avec peine, tout au plus.

5. Μολοβρός, ά, όν, gourmand. — 6. Μολόθουρος, ἡ, asphodèle, *pl.*

7. Μολοσσός [a], ὁ, **molossus**, MOLOSSE, gros chien, pied de trois longues [b]. —σικός, *du pays* ou *de la nature des molosses :* —σίς, *id.*

8. Μόλυβδος, ὁ, plomb. Μόλιβδος, *id. ;* μολιβδιάω, *a la couleur du plomb ;* —δόω, *plombe ;* —δίς, —δαινα, *masse de plomb,* MOLYBDÈNE [a].

9. Μονόσιροι, αἱ, espèce de poules en Égypte.

10. Μόργος, ὁ, charrette à rebords d'osier pour charrier la paille.

11. *Μορέω [a], travaille, se fatigue, souffre [b], fait avec peine. —ρόεις, *funeste, bien travaillé, précieux ;* —ρος, *tâche, lot,* MORT.

12. Μορμύρω [a], **murmuro**, MURMURE. —ρίζω, *id. ;* *—ρεος, *murmurant, bruyant ;* —ρέη, *murmure des eaux ;* —ρος, —ρὼν, *un poisson de mer.*

13. Μορμώ [a], οῦς, ἡ, figure hideuse de femme, spectre [b], masque. *—μύσσομαι, *effraye ;* *—μωτός, *effrayant ;* —μολυκεῖον, *spectre.*

ANNOTATIONS.

1. *a. Mutuum* vient lui-même, ainsi que *mutuari*, emprunter, de *mutare*, changer, échanger, le même que *motare*, de *moveo, motum*, et qui exprime le *mouvement* ou le retour d'une chose rendue pour une chose donnée. Cf. *reddere*, rendre, pr. *redonner, re, dare*.

3. *a.* Inf. a. 2 de la syll. Μόλ.; f. μολοῦμαι, a. 2 ἔμολον, pf. μέμβλωκα, du rad. Μέλω. V. Βλώσκω.

7. *a.* Espèce de chien dont la plus belle race venait de la MOLOSSIDE, contrée de l'Épire. On les dressait pour la chasse ou la garde des troupeaux et des maisons. Chez certains Romains, on les remplaçait, à la porte, par une représentation en peinture, au-dessus de laquelle on écrivait en grosses lettres : *Prenez garde au chien.* —b. Ex. *virtūtem.*

8. *a.* Corps simple, métallique, ainsi nommé parce que le sulfure d'où on le retire ressemble au plomb.

11. *a.* R. μείρομαι, dans le sens de *distribuer une tâche.* — b. Les idées de *travail* et de *peine* sont inséparables. « Chez nous le mot de *travail* a passé de la machine où les chevaux sont enfermés, pour souffrir des opérations douloureuses, à la *peine* et à la fatigue. » MÉNAGE.

V. Πένομαι.

12. *a.* Angl. *to murmur*, all. *murren ;* R. μύρω, dégoutter. Pour mieux exprimer le bruit de l'eau qui coule goutte à goutte, on a redoublé la syllabe radicale *Mur*, imitative du murmure. V. Καρχαίρω.

13. *a.* D'où MARMOT, gros singe à longue queue, et familièrement *petit garçon.* MARMOUSET, petite figure grotesque, et par mépris, petit homme mal fait. MARMAILLE, bande de marmots. MARMOTTER, parler entre les dents et confusément comme semblent faire les singes ou marmots. MARMOTTE, quadrupède rongeur, qui boit le lait en marmottant, c.-à-d. en faisant, comme le chat, une espèce de murmure de contentement. — b. Les MORMONES étaient des génies redoutables qui, comme nos loups-garous, prenaient la forme des animaux les plus féroces et inspiraient un très-grand effroi.

14. *a.* D'où Moschus, poëte bucolique, de Syracuse. V. Τίτυρος. — b. Chevrotain d'Asie, qui produit la substance odorante du même nom. D'où MUSCADIN, petit-maître musqué ; MUSCADE, noix aromatique du *muscadier ;* MUGUET, plante pharmaceutique, pr. plante *musquée ;* MUSCAT, raisin du midi, qui tire son nom

14. Μόσχος [a]; ὁ, ἡ, veau, petit des animaux, rejeton, enfant, musc [b];
—χειος, de veau;—χάς, petite vache;—χιάω, bondit;—χεύω, planter [c].

15. Μοῦσα [a]; ἡ, musa, MUSE [b]. —σεῖον; leur temple, MUSÉE [c], MOSAÏQUE [d].
—σίζω, chante;—σικός [e], musical, MUSICIEN, poète, artiste.

16. Μόχθος [a], ὁ, peine, travail, douleur.—θέω, [*]—θίζω, est dans la peine;
[*]—θήεις, —θηρός, pénible, mauvais;—θηρία, peine, méchanceté.

17. Μοχλός; ὁ; levier, treuil, verrou.—χλεύω, remue, soulève, verrouille;
—χλευτής; qui remue, moteur;—χλικός, de levier;[*]—χλόω, verrouille.

18. [*]Μύδος; εος, τὸ, humidité, moisissure.—δάω, est humide, moisit;
—δαλέος; humide, moisi;—δαίνω, humecte, fait pourrir.

19. Μυελός; ὁ; moelle, cervelle, substance nutritive.—λινος, de moelle;
[*]—λόεις, plein de moelle;—λόω, remplit de moelle.

20. Μυέω [a], initie aux MYSTÈRES, enseigne, instruit, sacre, ordonne.
Μύημα, ce qu'on apprend à l'initié; μύησις, initiation.

21. Μύζω [a], musso, grogne, gronde.—ζάω, grogne; μυγμός, grognement; μυχθίζω, souffle par le nez; μύστρος, μύστρον, grande cuiller [b].

ANNOTATIONS.

de son parfum. — c. V. ″Οζος.

15. a. Μοῦσα veut dire aussi femme musicienne ou poète. Toute musique fut d'abord destinée à être chantée. « Musici quondam iidemque poetæ. » Cic. V. ″Επος. Du latin musa, dans le sens d'air musical, vient musette, instrument de musique. — b. Les neuf Muses étaient, selon la Fable, filles de Jupiter et de Mnémosyne (207), et c'est pourquoi La Fontaine les appelle Filles de Mémoire. « Leur histoire ne présente que des traditions absurdes; mais leurs noms indiquent leur origine. Les premiers poètes ne reconnurent d'abord que trois Muses, Mélété, Mnémé, Aœdé, c'est-à-dire la méditation ou la réflexion, μελέτη, qu'on doit apporter au travail, la mémoire, μνήμη, qui éternise les faits éclatants, et le chant, ἀοιδή, qui en accompagne le récit. A mesure que l'art des vers fit des progrès, on en personnifia les caractères et les effets. Le nombre des Muses s'accrut, et les noms qu'elles reçurent alors se rapportèrent aux charmes de la poésie, à son origine céleste, à la beauté de son langage, aux plaisirs et à la gaieté qu'elle procure, aux chants et à la danse qui relèvent son éclat, à la gloire dont elle est couronnée. Erato signifie l'aimable; Uranie, la céleste; Calliope peut désigner l'élégance du langage; Euterpe, celle qui plaît; Thalie, la joie vive, et surtout celle qui règne dans les festins; Melpomène, celle qui se plaît aux chants; Polymnie, la multiplicité des chants; Terpsichore, celle qui se plaît à la danse; Clio, la gloire. (Anach.). » V. Τέρπω. — c. Lieu destiné à l'étude des sciences, des arts et des lettres, et où sont rassemblés les produits les plus remarquables de la nature ou des arts.— d. Ouvrage d'art fait de pièces de rapport, et représentant des figures, des paysages, etc. — e. D'où musice, MUSIQUE, ἡ μουσική, s.-ent. τέχνη; pr. la science des Muses, par ext. tout art relatif aux Muses, la poésie, l'éloquence, le savoir en général.

16. a. Cf. μόθος. V. ῾Ρόχθος.
20. a. M. rac. q. μύω.
21. a. F. μύσω. R. μῦ; pr. rendre un son par le nez en fermant la bouche. Alors vos deux lèvres s'avancent comme si vous faisiez la moue. » Molière. — b. Et μύστρε, mesuré de deux cuillerées et demie pour les liquides; en mesures nouvelles; 11 millilitres. La cuillerée équivalait à 4 millil.

1. Μόρον[a],τὸ,**morum**,mûre,*fruit du mûrier.* Μορέα[b], **morus**, MURIER.

2. Μόροχθος, ὁ, terre argileuse qui blanchit les vêtements

3. Μόῤῥίνη, ἡ, *de* **murrha**, MURRHE, sorte de porcelaine. Μόῤῥινος, *de porcelaine ;* μόῤῥια, **murrhina**, *vases* MURRHINS[a].

4. *Μορύσσω[a], noircit, colore, barbouille, tache, salit, souille. Μό-ρυχος, *barbouillé du jus de la treille,* surnom de Bacchus.

5. Μόσσυν[a], υνος, ὁ, cabane, maison de bois, tour, estrade, siége.

6. Μότος, ὁ, charpie, linge effilé, rouleau de charpie. *—τή, —τόν. id.,* —τάριον,*dim.;*—τόω,*garnit de charpie;*—τωμα,*tampon de charpie.*

7. Μουνυχία,ἡ,MUNYCHIE[a],honorée à Munychie[b].—χιών,MUNYCHION[c].

8. Μούσμων, ονος, ὁ, **musmo**, mouflon, *sorte de mouton sauvage.*

9. Mūl bruit d'un gémissement,d'un grognement,*d'où* **mugio,musso**[a].

10. Μύδρος, ὁ, masse solide rougie au feu, fer rouge.

11. Μύκηρος, ὁ, noisette, amande douce. Μούκηρος, *id.*

12. Μύκης[a], ητος, ὁ, champignon[b], garde d'épée, bouton de poignée.

13. *Μύχλος, ον, lascif, gourmand, raie noire sur le dos des ânes.

ANNOTATIONS.

1. *a. Pr.* fruit noir; m. rac. q. μαῦρος ou ἀμαυρός, de couleur foncée.— *b.* D'où συχομόρεα, SYCOMORE, pr. *figuier-mûrier* : nom donné à deux arbres fort différents : 1° au figuier d'Égypte ou figuier sycomore, grand arbre dont le bois servait à faire les cercueils des momies ; 2° à l'érable blanc ou érable sycomore qui croît en France. RR. σῦχον, μόρον. MORÉE, nom donné au Péloponèse depuis le sixième siècle, à cause de l'immense quantité de mûriers dont ce pays se couvrit à cette époque, pour la nourriture des vers à soie qui furent alors apportés de l'Inde à Constantinople.

3. *a.* On ignore quelle était, au juste, la matière de ces vases précieux, que l'on tirait de la Caramanie ou de la Parthiène. Il paraît que les murrhins exhalaient une agréable odeur, naturelle à la substance dont ils étaient formés, ou plus probablement empruntée à quelque parfum étranger. Les Romains, particulièrement, attachaient un grand prix à ces vases. Un personnage consulaire en paya un 70 talents, c.-à-d. plus de 360,000 francs. Ce qui donnait plus de valeur encore aux murrhins, c'était leur extrême fragilité, parce qu'on éprouvait du plaisir en les voyant sur la table du festin, exposés à de continuels dangers. « *Omnes jàm mulos habent,* dit Sénèque, *qui crystallina murrhina, et cœlata magnorum artificum manu portent; turpe est videri caste habere sarcinas totas quæ tuto concuti possent.* » Ce fut Pompée qui le premier apporta les vases murrhins d'Asie à Rome.

4. *a.* F. ξω; m. rac. q. μαῦρος ou ἀμαυρός, terne.

5. *a.* D'où μοσσύνοικοι, MOSYNÈCES, peuples des bords du Pont-Euxin, ainsi appelés parce qu'ils demeuraient dans des arbres où des tours de bois. RR. Μόσσυν, οἶκος.

7. *a.* Un des trois ports d'Athènes. — *b.* Épithète de Diane. — *c.* Mois athénien correspondant à avril et mai.

9. *a.* Dérivé de *mutio*, parler bas, en sons inarticulés, murmurer, marmotter.

12. *a.* Μύκης suit aussi la deuxième déclinaison ; gén. μύκου, dat. μύκῃ, acc. μύκην, etc. Cf. *pigritia*, de la 1re déclin. et *pigrities*, de la 5e. — *b.* Tout à la fois champignon des champs et champignon de la chandelle ; pr. moucheron ou MOUCHURE; m. rac. q. μύξος ou μύξα, MUCOSITÉ.

14. *a.* D'où μυθολογία, MYTHOLOGIE, histoire fabuleuse des dieux, des demi-dieux, des héros de l'antiquité et de tout

14. Μῦθος[a], ὁ, fable, proverbe, récit, MYTHE, *prim.* parole. *—θέομαι, *parle;* —θεύω, *fait un conte;* —θευμα, *conte;* —θικός, *fabuleux.*

15. Μυῖα, ἡ, musca[a], MOUCHE, importun, convive non invité[b]. Μυΐδιον, *petite mouche;* μυιώδης, *de mouche, semblable à une mouche.*

16. Μυκάομαι[a], mugio, MUGIT, beugle. *—κή, —κημα, —κησις, *mugissement;* —κητής, —κητίας, *mugissant;* —κητικός, *de mugissement.*

17. Μυκτήρ[a], ῆρος, ὁ, narine, nez, museau. *—τηρόθεν, *du nez;* —τηρίζω, *raille;* —τηρισμός, *raillerie;* —τηριστής, *railleur[b], moqueur.*

18. Μύλη[a], ἡ, mola[b], MEULE, dent MOLAIRE[c], gâteau sacré, rotule, avorton. —λος, *meule;* —λικός, *de meule;* —λων[d], *moulin;* —λόω, *durcit.*

19. Μύρμηξ, ηκος, ὁ, formica, FOURMI, gant d'athlète. Μύρμος, *id.;* —μηδών, —μηκιά, *fourmilière;* —μηκιάω, *a des démangeaisons.*

20. Μύρτος[a], ἡ, myrtus, MYRTE. —τίς, —τον, *baie de myrte;* —τινος, *de myrte;* μυρίνη, μυρρίνη, μυρσίνη, *myrte;* μυρρινών, *bosquet de myrtes.*

21. *Μύρομαι[a], dégoutte, coule, pleure. —ρον[b], *parfum;* —ρόω, —ρίζω, *parfume;* —ρωμα, —ρισμα, *parfum;* —ρηρός, *parfumé.*

ANNOTATIONS.

ce qui a rapport à la religion des païens. RR. μῦθος, λέγω. Chacun des traits ou des récits qui composent la mythologie prend le nom de *mythe.* Le mot mythe signifie encore toute narration allégorique et symbolique.

15. *a.* Forme diminutive du mot grec. De *musca* vient l'espagnol *mosquito,* petite mouche, dont nous avons fait, par métathèse, MOUSTIQUE, nom vulgaire du *cousin* dans les colonies. — *b.* V. Λέμβος, Σκιά.

16. *a.* F. μυκήσομαι, a. 2 ἔμυκον, pf. μέμυκα, je mugis, plqpf. ἐμεμύκειν, je mugissais. All. *muhen,* angl. *to mow;* syll. rad. Μυ, imitative du mugissement. V. Καχκαβίς.

17. *a.* De μύζω. — *b.* En latin *nasutus,* qui a un grand nez, fin, moqueur. *Habere nasum* signifie avoir l'esprit railleur. « *Naribus quidem derisus, contemptus, fastidium significari solet.* » QUINT.

18. *a.* D'où ἄμυλον, farine faite *sans meule;* AMIDON, poudre blanche, granuleuse, sans saveur, renfermée dans le grain des céréales et dans la racine de beaucoup de plantes. Elle est mêlée à une autre substance que la fermentation des grains rend soluble, et qu'on sépare par le lavage. — *b.* D'où *molina,* MOULIN;

molinarius, anc. *moulinier, mounier,* puis MEUNIER; *molo,* moudre, v. fr. *molre; immolare,* IMMOLER, *pr.* répandre de la farine sacrée et salée, *mola salsa,* sur la tête de la victime, avant de l'égorger; par ext. *tuer.* — *c.* On appelle MOLAIRES les grosses dents qui broient les aliments. — *d.* All. *mühle,* angl. *mill.* On retrouve dans plusieurs noms de villes le souvenir des moulins auprès des quels elles furent bâties : MOULINS, en Bourbonnais; MULHOUSE, ou mieux MÜHLHAUSEN, pr. *maison du moulin,* en Alsace; MÜHLBERG, pr. *montagne du moulin,* en Prusse; MÜHLDORF, pr. *village du moulin,* en Bavière, etc.

20. *a.* Le myrte avait été consacré à Vénus par les anciens, sans doute parce qu'il croissait en abondance à Chypre, à Cythère et dans les autres lieux où cette déesse était honorée d'un culte particulier. V. Αἴγειρος.

21. *a.* F. μυρῶ; ou plus souvent μύρομαι; f. μυροῦμαι, a. ἐμυράμην. — *b.* Pr. *goutte* de gomme de résine ou d'un parfum quelconque, qui découle d'un arbre, *gutta,* gutte. De l'hébreu *mor,* goutte, dérivé lui-même du verbe *marar,* dégoutter, qui est aussi la racine de μύρρα, *myrrhe.* V. Ῥητίνη.

1. Μύλλος[a], ὁ, **mullus**[b], MULLE, rouget-barbet, MULET *ou* barbillon.

2. Μύλλω[a], serre *ou* remue les lèvres, murmure. —λαίνω, *fait la moue.*

3. Μῦμα, ατος, τὸ, sorte de ragoût. — **4.** Μύνομαι, s'excuse.

5. Μύξον, τὸ, sébeste, fruit du sébestier. Μυξάριον, *id.*

6. Μυρίκη, ἡ, **myrica**, tamaris, bruyère, petits arbrisseaux.

7. Μυρίος[a], α, ον, de dix mille, innombrable. —ριάς, MYRIADE;
—ριοι, *dix mille;* —ριάκις, *dix mille fois;* —ριοστός, *dix-millième.*

8. Μῦρος, ὁ, **myrus**, MURÈNE[a] mâle. Μύραινα, **muraena**, *fém.*

9. Μύῤῥα[a], ἡ, **myrrha**, MYRRHE, cerfeuil musqué. Μυῤῥίς, *cerf. musqué.*

10. Μυττωτός, ὁ, espèce de hachis, sauce piquante à l'ail. Μυττω-
τεύω, *hacher menu comme chair à pâté, écraser.*

11. Μῶλος, ὁ, travail, peine, guerre, **moles**, MÔLE, *jetée*[a], digue.
—λυς, *fatigué, mou, hébété;* —λύω, *fatigue, se relâche.*

12. Μῶλυ, τὸ, MOLY, *plante fabuleuse.* Μώλυζα, *tête d'ail.*

13. Μώλωψ, ωπος, ὁ, meurtrissure, pochade, marque de coups. —λω-
πισμός, *id.;* —πίζω, *couvre de meurtrissures;* —πικός, *meurtri.*

ANNOTATIONS.

1. *a.* Excellent poisson de rivière, très-recherché des Romains. Martial rapporte que quelqu'un de son temps vendit un esclave 3,300 deniers pour acheter un mulet de quatre livres. Ce qu'il y avait de plus étrange dans l'appétit des Romains pour ce poisson, c'était le plaisir barbare qu'ils prenaient à le voir expirer entre leurs mains, et à sentir ses dernières palpitations, avant de le manger. « *Ad hunc fastum pervenere ventres delicatorum, ut gustare non possint piscem, nisi quem in ipso convivio natantem palpitantemque viderint.* » SÉN. « Ils faisaient souvent en leurs salles basses couler de l'eau fraîche et claire dans des canaux au-dessous d'eux, où il y avait force poisson en vie, que les assistants choisissaient et prenaient en la main, pour le faire apprêter, chacun à sa poste. » MONTAIGNE. « *Nihil est mullo expirante formosius. Ipsa colluctatione animam efflanti rubor primum, deinde pallor suffunditur: quam æque variatur et in cæteras facies, inter vitam et mortem, coloris!* » SÉNÈQUE. Quelle barbarie d'observation! — *b.* De *mullus*, poisson rouge, vient *mulleus*, s.-ent. *calceus*, brodequin de couleur rouge, porté par les premiers dignitaires de Rome, puis par l'empereur seul. De là vint le nom de *mule*, donné à la chaussure du pape, sur laquelle il y a une *croix rouge.*

2. *a.* R. μύω.

7. *a.* D'où MYRIAMÈTRE, distance de dix mille mètres; c'est *myriomètre* qu'il fallait dire, pour ne pas faire un barbarisme, comme on devrait dire *myriopodes* au lieu de MYRIAPODES, de μυριόπους, pour désigner une classe d'animaux articulés, dont les pieds varient en nombre, de 24 à plusieurs centaines. RR. μυρίος, πούς.

8. *a.* Genre de poissons voisin de l'anguille et du congre. Les Romains en prisaient beaucoup la chair. « *Licinius Muraenas cognominatos, quod hoc pisce effusissime delectati sunt, satis constat.* » MACR. Crassus en avait une qui portait des pendants d'oreilles et qu'il avait dressée à obéir à sa voix et à ses signes. Védius Pollion, favori d'Auguste, nourrissait les siennes avec la chair palpitante de ses esclaves.

9. *a.* M. rac. que μύρον et σμύρνα. V. Μίνδαξ.

11. *a.* Rapprochez de ce mot le verbe βάλλω, pris dans le sens de *jeter des fondements.*

14. *a.* Angl. *mouse*, all. *maus*. D'où ARCTOMYS; V. Ἄρκτος. HÉLAMYS, *pr.* rat des pays chauds, genre de mammifères rongeurs un peu plus grand que le lièvre. RR. Ἔλη, μῦς. MUSARAIGNE, *mus araneus.*

14. Μῦς[a], μυός, ὁ, **mus**, rat *ou* **mulot, muscle**[b], moule. Μύϊνος, *de souris;* μυωνία, *trou de souris;* μυών, *gros muscle;* μυωτός, *musculeux.*

15. Μύσος[a], εος, τὸ, horreur, crime affreux. Μυσάττομαι, *exècre;* μύσαγμα, *action horrible;* μυσαρός, *détestable, sale.*

16. Μύσσω[a], **mungo**, **mouche**. Μύξα, *morve,* **mucus**[b], *champignon d'une* **mèche**[c]; μύξος, μυξίνος, *un poisson visqueux;* μυξώδης, **muqueux**.

17. Μυχός[a], ὁ, fond, enfoncement, abime, réduit secret, golfe. —χιαῖος, —χιος, *caché;* [*]—χόθεν, *du fond;* —χοῖ, *au fond;* [*]—χόνδε, *au fond.*

18. Μύω[a], se ferme, a les yeux *ou* la bouche fermés, se tait. Μύστης[b], *initié;* μυστήριον, **mystère**; μυστικός, **mystique**.

19. Μῶκος, ὁ, grimace, **moquerie**, grimacier, moqueur. —κία, *id.;* —κάομαι, *fait la grimace, se moque, raille;* —κημα, *moquerie.*

20. Μῶμος, ὁ, reproche, mépris, **Momus**[a], railleur. —μάομαι, [*]—μεύω, *blâmer;* —μησις, *blâme;* —μητής, *grondeur;* —μητός, *blâmable.*

21. Μωρός, ά, όν, **morio**, fade, hébété, sot, fou. —ρία, —ρότης, *folie;* —ραίνω, *est fade, est fou;* —ρόω, *rend fou;* —ριον, *plante qui rend fou.*

ANNOTATIONS.

formé de *mus*, rat, souris, et de *aranea*, araignée, carnassier insectivore nocturne assez semblable à la souris; *mustela*, belette. Μυοσωτίς, **myosotis**, ou *oreille de souris*, plante de la famille des Borraginées, ainsi nommée à cause de la forme de ses feuilles qui ressemblent à l'oreille d'une souris; RR. μῦς, οὔς. Μυοσῦρυς, vulg. *queue de rat*, petite plante renonculacée dont les semences, disposées en un long épi grêle, subulé, figurent assez bien une queue de rat; RR. μῦς, οὐρά. — *b.* La partie de l'anatomie qui traite des muscles s'appelle **myologie**; RR. μῦς, λέγω.

15. *a.* De μύω, fermer les yeux ou la bouche; *littér.* chose horrible à voir et à dire.

16. *a.* Att. μύττω, f. μύξω; syll. rad. Μυγ. Les Latins y ont ajouté *n* comme dans *jungo* de ζεύγω; *cincinnus* de κίκιννος; *scindo* de σχίζω; *lingo* de λείχω. De même en français, jongler vient de *joculari;* lanterne, de *laterna;* langouste, de *locusta*, etc. — *b.* D'où *mucere*, **moisir**, *pr.* se couvrir de petits champignons microscopiques, qui constituent le genre *mucor* ou *moisi* de Linné. — *c.* **Mèche** vient en effet du latin *myxus*, mouchure, et notre expression française *moucher la*

chandelle trouve ici son explication. V. Μύκης.

17. *a.* Plur. poét. μυχά. D'où **endomyque**, ἐνδόμυχος, genre d'insectes coléoptères, qui vit retiré sur les champignons ou sous l'écorce des arbres. RR. ἔνδον, μυχός.

18 *a.* Pf. μέμυκα, dans le sens présent, *je suis fermé, je reste bouche close;* part. μεμυκώς, *clos, silencieux.* D'où μύωψ, **myope**, qui cligne les yeux, qui a la vue basse. Cette infirmité appelée *myopie*, μυωπία, tient ordinairement à la forme trop arrondie de la prunelle de l'œil, et on y remédie par l'emploi de lunettes à verres concaves. RR. μύω, ὤψ. Ἄμυστις, grand vase à boire que l'on vidait d'un seul coup, *sans fermer la bouche.* RR. Ἀ, μύω. V. Ἀνάγκη. Ce mot est un trait de mœurs. — *b.* D'où **mystifier**, abuser de la crédulité de quelqu'un, lui faire un *mystère* de ce que tout le monde sait, pour lui tendre un piège.

20. *a.* Dieu de la raillerie et des bons mots, le bouffon des dieux; d'où **momerie**, affectation ridicule d'un sentiment qu'on n'a pas. En Suisse, on appelle les Protestants méthodistes **momiers**, c.-à-d *comédiens.*

1. Ν[a], νυ, dentale[b] nasale, vaut cinquante.

2. Νάβλας [a], α, ὁ, nablium, NABLE, sorte d'instrument de musique à cordes. Ναβλιστής, celui qui joue de cet instrument.

3. Ναί, ναε, oui, certes, assurément, oui vraiment. *Ναίχι, id.

4. Ναῖρον[a], τὸ, sorte de parfum ou d'aromate de l'Inde.

5. *Ναίω [a], habite, est habité, est populeux, est situé. Ναιετάω, habite; ναιέτης, ναέτης, ναετήρ, νάστης, habitant.

6. Νάκος[a], εος, τὸ, peau garnie de son poil, toison, fourrure. Νάκη, id.

7. Νάννα[a], ἡ, tante. Νάννη, id.; ναννάριον, dim.; νάννας, oncle.

8. Νάνος, ου, nanus, NAIN, de petite taille. —νίσκος, petit nain.

9. Νάξιος, ια, ιον, de l'île de Naxos[a].—10. *Νᾶπυ[a], υος, τὸ, moutarde.

11. Νάρδος[a], ἡ, nardus, NARD, parfum de nard. —δίζω, ressemble au nard; —δινος, de nard; —δίτης, parfumé avec du nard; —δῖτις, fém.

12. Νάρθηξ, ηκος, ὁ, férule[a], éclisse[b], cassette, NARTHÈCE[c]. —θηκία, petite férule; —κιον, boîte à parfums; —κίζω, garnit d'éclisses.

13. Νάρκαφθον[a], τὸ, nom d'une sorte d'aromate. Νάσκαφθον, id.

ANNOTATIONS.

1. a. Le N grec correspond au Nun hébraïque, mot qui signifie poisson. Pour faire entendre le N, la langue doit s'appuyer sur les dents supérieures, d'où vient que cette consonne ne se change jamais en m devant les dentales, d et t, non plus que devant les deux consonnes labiales f et v. On écrit impedio, imbiber, et entier, indu, infernum, invidia. — b. Il y a dans l'articulation du N un mouvement de langue qui fait refluer une partie de l'air par le nez; d'où vient qu'une personne enchifrenée, ne pouvant plus produire le son nasal, fait entendre d pour n. On dit alors que cette personne parle du nez, et c'est le contraire qu'il faudrait dire, puisque les fosses nasales étant obstruées par l'inflammation de la membrane pituitaire, il devient impossible de parler du nez. Le son nasal de n caractérise le français, comme le sifflement du th fait reconnaître l'Anglais, comme l'aspiration du g distingue les Allemands. Le ν sert en grec de lettre euphonique, comme le d en latin et le t en français.

2. a. Ou ναύλας ou ναῦλον. Instrument des Hébreux, dont le jeu était propre à exciter la joie. V. Κινύρομαι.

4. a. V. Μίνδαξ.

5. a. Impf. ἔναιον, sans autres temps; moy. et pass. ναίομαι, f. νάσομαι, a. ἐνασάμην, ἐνασσάμην ou ἐνάσθην, pf. p. νέναομαι.

6. a. C'est la peau de chèvre avec son poil, tandis que κῶας est la peau de mouton, et βύρσα, la peau ou le cuir de bœuf.

7. a. Terme enfantin, comme papa, maman, fanfan, dada, toutou, bonbon, tonton, bobo. Il est beaucoup plus facile aux enfants de redoubler les articulations que d'en changer. V. Βαβάζω.

9. a. M. rac. q. νῆσος, île. Île de la mer Égée, la plus grande et la plus fertile des Cyclades. On en tirait une poussière de grès pour polir les pierres fines, qu'on nommait νάξιον, et une pierre à aiguiser appelée ναξία λίθος. V. Κιμωλία.

10. a. Forme attique pour σίναπι.

11. a. Parfum que les anciens tiraient de certaines racines odoriférantes, et qui est souvent mentionné dans les livres saints pour ses qualités exquises. Judas estimait à 300 deniers la livre de nard répandue par Madeleine sur les pieds de Jésus, dans la maison de Simon le Lépreux. S. Jean, ch. 12. V. Μίνδαξ.

12. a. «Ferulæ tristes, sceptra pedagogorum.» MART. La férule est une plante ombellifère qui, apparemment, fournissait jadis l'instrument de correction susmentionné. — b. Appareil en bois de férule pour assujettir un membre fracassé. — c. Espèce de vestibule ou de porche qui précédait les basiliques, et où se retiraient les catéchumènes et les pénitents, pendant la partie de la messe à laquelle ils n'étaient pas admis.

14. Ναός*a*, ὁ, chapelle, niche de statue, temple.

15. Νάπη*a*, ἡ, colline *ou* vallée boisée, forêt*b*, bois.

16. Νάρκη, ἡ, torpeur, torpille*a*, poiss.*-κα, id.;* -κάω, *est engourdi;* -κόω, *engourdit;* -κωτικός, NARCOTIQUE*b*, -κισσος, NARCISSE.

17. Ναῦς*a*, νεώς, ἡ, navis*b*, vaisseau, NAVIRE, NEF. Ναύτης*c*, *marin;* ναυτικός, NAVAL; ναυσία, ναυτία, *mal de mer,* NAUSÉE; -σιάω, *en a.*

18. Νεῖκος*a*, εος, τὸ, querelle, dispute, altercation, débat. *-χη, id.;* *-κέω,* *disputer, quereller;* -κεστήρ, *querelleur, détracteur.*

19. Νεκρός*a*, ά, όν, mort, *subst.*cadavre.-ότης, *la mort;* -ών, *cimetière;* *νέκυς, mort, corps mort,* d'où neco*b*, nex; νεκάς, *tas de morts.*

20. Νέμω*a*, distribue. -μησις, *partage;* -μητής, *distributeur;* νομή, *distribution, lot;* νομός, *province, district,* NOME*b*.

Id. Νέμω,fait paître; -μομαι,possède*c*.-μος*d*, nemus*e*,*pâturage,bois;* νομός,*id.;* νομάς, *qui paît, errant,*NOMADE*f*; νομεύς,*pasteur, berger.*

Id. Νέμω, gouverne*g*. Νόμος, *loi;* νομίζω, *observe, pense, croit;* νόμισμα, *coutume, loi,* numisma*h*, *monnaie;* νόμιμος, *légal.*

ANNOTATIONS

13. *a.* V. Μίνδαξ.

14. *a.* R. ναίω, habiter.

15. *a.* Ou νάπος, εος; d'où Ναπαῖαι, les NAPÉES, nymphes des vallons et des forêts. — *b.* D'où NAPOLÉON, *le lion de la forêt*; RR. νάπος, λέων.

16. *a.* Ce poisson tire son nom de la propriété qu'il a d'engourdir et même de tuer, par une commotion électrique, les animaux qui s'approchent de lui.— *b.* Dénomination générique de toutes les substances qui ont la propriété d'assoupir, comme l'opium, le *narcisse*, etc.

17. *a.* Gén. ναός, ion. νηός, att. νεώς, dat. νηί, acc. ναῦν; pl. νῆες, gén. νεῶν, dat. ναυσί, acc. ναῦς, νῆας; duel νῆε, νεοῖν. R. νέω, nager, d'où le nomin. ion. νηῦς. D'où NAUMACHIE; V. Μάχομαι. NAULAGE ou NOLIS, ναῦλον, prix du passage. — *b.* De l'Éolien ναϜς, ναϜος. D'où le diminutif *navicella, navicula,* NACELLE. NAVETTE, ainsi nommée à cause de sa forme. NAUFRAGE, *naufragium*, de *navis* et *frango*, perte d'un *vaisseau brisé* par la mer. NAVIGUER, *navigo*, de *navis* et *ago*, pr. conduire un vaisseau, d'où vient NAGER. — *c.* De là, ἀργοναύτης, ARGONAUTE, nom donné aux héros du vaisseau *Argo*. RR. Ἀργώ, ναύτης, lat. *nauta*.

18. *a.* RR. νη, εἴκω; *pr.* ne pas s'accorder. D'où πολυνείκης, qui aime les querelles; POLYNICE, fils d'OEdipe, dont le nom rappelle la lutte sanglante contre son frère Étéocle. V. EURIPIDE, *Phéniciennes*, v. 1494.

19. *a.* D'où νεκρόπολις, NÉCROPOLE ou cimetière souterrain, *pr.* ville des morts. RR. νεκρός, πόλις. NÉCROLOGE, registre sur lequel on inscrit les morts. RR. νεκρός, λέγω. — *b.* D'où *perneco,* tuer complètement ; *pernicies,* ruine; *perniciosus,* PERNICIEUX. Cf. funeste, de *funus,* mort.

20. *a.* F. νεμῶ ou νεμήσω, a. ἔνειμα, pf. νενέμηκα, a. p. ἐνεμήθην ou ἐνεμέθην, pf. p. νενέμημαι. Pour plus de clarté, on a séparé en trois articles les différentes significations de νέμω, en rapportant à chacune d'elles les dérivés correspondants. — *b.* D'où HEPTANOMIDE; V. Ἑπτά. — *c.* Et cultive, pr. a reçu ou pris sa *part*. — *d.* Pl. νέμεα, les bois ; NÉMÉE, bois situé entre Argos et Corinthe, *pr.* le bois par excellence, comme TEMPEA était la vallée belle entre toutes. — *e.* Cf. bois, de βόσκω, faire paître. — *f.* D'où NUMIDES, peuple *nomade* qui a donné son nom à la NUMIDIE, en Afrique. — *g.* V. Κυβερνάω. — *h.* Où *numisma*, monnaie légale, de bon aloi, c.-à-d. conforme à la loi, *ad legem*. D'où NUMISMATIQUE, science des monnaies et des médailles. Les Doriens disaient νόμος p. νόμισμα, d'où en latin *numus* ou *nummus*, pièce de monnaie.

1. Νάρτη, ἡ, NARTE, aromate qu'on tirait de l'Inde.

2. Νάσσω[a], foule, bourre, emplit, aplanit. Ναχτός, ναστός, *foulé;* νάκτης, *foulon;* ναστότης, *épaisseur, solidité;* ναστός, *gâteau.*

3. Νάφθα[a], ἡ, **naphtha**, NAPHTHE, espèce de bitume. Νάφθας, *id.*

4. *Νάω[a], coule. Νᾶμα, *courant d'eau.* Ναϊάς, NAIADE, *nymphe des eaux;* *ναρός, *coulant, limpide;* *νηρός[b], id.;* νήριον, NÉRIUM[c].

5. Νεβρός[a], ὁ, ἡ, faon, biche, petit d'un animal. Νέβρειος, *de faon;* —βρῆ, —βρίς, *peau de faon;* —βρίζω, *s'en vêt;* —βρόω, *change en faon.*

6. Νέκταρ, αρος, τὸ, NECTAR[a], *boisson des dieux,* breuvage délicieux. *—τάρεος, *de nectar, divin, délicieux;* —τάριον, *aunée, pl.*

7. Νέμεσις[a], εως, ἡ, NÉMÉSIS[b], vengeance céleste, colère, envie. —σάω, *s'indigne;* —σητής, *vengeur;* —σητικός, *qui s'irrite.*

8. *Νενίηλος, ον, fou, insensé, aveugle. Νενιχοτής, *id.*

9. *Νέομαι[a], va, vient, se met en marche, s'en va. *Νίσσομαι, *id.*

10. Νέρθε, de dessous, dessous, en bas, au dessous de. Νέρθεν[a], *id.;* Νέρτερος, *inférieur, placé sous terre;* νερτέριος, *infernal.*

ANNOTATIONS

2. *a.* F. νάξω, a. ἔναξα, pf. p. νέναγμαι et νένασμαι; d'où *nacta,* foulon.
3. *a.* Rac. orientale. V. Μίνδαξ. Vulg. *huile de pétrole,* liquide transparent, léger et très-inflammable. Il brûle sans résidu, avec une belle flamme qui sert à l'éclairage public dans plusieurs villes d'Italie. V. Πέτρα.
4. *a.* F. inus. impf. ἔναον, νᾶον. — *b.* D'où Νηρεύς, NÉRÉE, fils de l'Océan et de la Terre, et l'un des dieux de la mer. Il avait cinquante filles appelées NÉRÉIDES, Νηρηΐδες. Le nom de *Nérée* rappelle l'ode *Pastor quùm traheret,* une des plus belles d'Horace. A νηρός se rattache νηρίτης, NÉRITE, coquillage des eaux douces et de la mer. — *c.* Arbuste toujours vert, ainsi nommé parce qu'il aime les lieux humides. V. Ῥίς.
5. *a.* M. rac. q. νέος et νεαρός, jeune. D'où NÉBRODES ou NÉBRIDES, montagnes qui s'étendent dans toute la partie septentrionale de la Sicile, ainsi nommées du grand nombre de chevreuils que les chasseurs y trouvaient. V. Πρόξ.
6. *a.* Breuvage des Dieux qui les empêchait de mourir. RR. νη, κτείνω. «Jupiter ambrosia satur est et nectare vivit.» MART. V. Βροτός. Ἰχώρ. Lennep conteste cette étymologie et pense que le mot est d'origine étrangère. De *nectar* on a fait, en botanique, le nom de NEC-

TAIRE, donné à toute glande située dans l'intérieur de la fleur et sécrétant un suc mielleux; par exemple, l'éperon du *pied d'alouette.*
7. *a.* Prim. *justice distributive,* d'où dérive le sens de vengeance des injustices. R. νέμω, distribuer. — *b.* Fille de Jupiter et de la Nécessité, déesse de la justice et de la vengeance.
9. *a.* F. νείσομαι, a. ἐνεισάμην.
10. *a.* Pour ἔνερθεν, sous terre. RR. ἐν, ἔρα.
11. *a.* D'où NÉARQUE, Νέαρχος, nom pr., litt. *qui règne depuis peu.* RR. νέος, ἄρχω. NÉOPHYTE, νεόφυτος, pr. *nouvellement planté,* « novella plantatio, » (Ps. 143.) Nom donné aux chrétiens récemment baptisés, parce que le sacrement leur communique une vie nouvelle. RR. νέος, φύω. Cette image est tout-à-fait conforme aux habitudes de la langue biblique. Elle rappelle le figuier maudit, l'allégorie par laquelle le Sauveur des hommes se compare à un cep de vigne dont les disciples sont les rameaux, et ce verset de saint Paul : «Ego plantavi, Apollo rigavit, sed Deus incrementum dedit. » (I Cor. ch. 3.) *Neapolis,* NAPLES, *ville nouvelle,* bâtie par de nouveaux colons près de l'ancienne Parthénope appelée aussi *Paléopolis,* c.-à-d. vieille ville. RR. νέος, πόλις. Cf. le français NEUVILLE.

11. Νέος [a], α, ον, novus [b], NOUVEAU, JEUNE. Νεότης, *nouveauté ;* νεόω, *renouvelle;* νεανίας, *jeune homme;* νεανιεύομαι, νεανίζω, *est jeune.*

12. Νεοσσός, ὁ, poussin, petit des oiseaux. —σιον, *dim.;* —σεύω, *nicher;* —σεία, *action de pondre, de couver;* —σιά, *nid, nichée, ruche.*

13. Νεῦρον [a], τὸ, nervus [b], NERF, fibre, corde d'arc *ou* d'instrument, force. —ρά, *corde d'arc;* —ρικός, *nerveux;* —ρόω, *tend les cordes, fortifie.*

14. Νεύω [a], nuto, annuo [b], incline la tête. Νευστάζω, *id. ;* νεῦμα, νεῦσις, nutus, numen [c], *signe de tête, approbation.*

15. Νέφος, εος, τὸ, nubes [a], nimbus, NUAGE, NUÉE. Νεφέλη, nebula, *id.,* νεφόω, *couvre de nuages;* — νένοφα, nubilo; —φώδης, NÉBULEUX.

16. Νεφρός, ὁ, reins, rognons. Νεφριαῖος, νεφρίδιος, *lombaire* [a]; —φρίτης, *des reins;* —τις, NÉPHRITE [b]; —τικός, *sujet à cette maladie.*

17. Νέω [a], no, NAGE [b]. Νεῦσις, νῆξις, *action de nager;* νήχομαι, *id.;* νηκτός, *où l'on nage, qui nage* [c]; νηχεῖον, *lieu pour nager.*

18. Νέω [a], neo, amasse, file [b]. *Νηέω, *id.;* νήθω [c], *id. ;* νῆμα, *fil;* νῆσις, *action d'entasser, de filer;* *νητός, *filé,* νηστικός, *habile à filer.*

ANNOTATIONS.

l'allemand NEUSTADT et le russe NOVGO-ROD, de même formation que *Neapolis.* NAPLOUSE, nom actuel de l'ancienne *Sichem*, est une corruption de *Neapolis.* NÉOLOGISME, recherche des *mots nouveaux.* RR. νέος, λέγω. NÉOMÉNIE, νεομηνία, *nouvelle lune;* nom que les Grecs donnaient au premier jour du mois. RR. νέος, μήνη. NÉOPTOLÈME, c.-à-d. *jeune guerrier,* surnom donné à Pyrrhus, fils d'Achille, parce qu'il fut conduit à la guerre dès son enfance. RR. νέος, πτόλεμος p. πόλεμος. —b. Angl. *new,* all. *neu.* D'où NOVICE, personne qui a pris *nouvellement* l'habit religieux, pour s'essayer avant de faire profession. *Nuper,* p. *noviper,* nouvellement, synon. de *novissimè.* *Novacula,* rasoir qui *renouvelle* la face sur laquelle il passe. Les Romains appelaient *homo novus* le citoyen qui, le premier de sa race, arrivait à une magistrature curule. Il portait cette qualification sa vie durant.

13. a. D'où NÉVRALGIE, douleur des nerfs. RR. νεῦρον, ἄλγος. NÉVROPTÈRES, ordre d'insectes dont les ailes se font remarquer par des *nervures.* C'est à cet ordre qu'appartient l'*éphémère.* V. Ἡμέρα. — b. V. Μετά.

14. a. Pf. νένευκα, souvent dans le sens présent; syll. rad. Nu. Angl. *to nod,* all. *neigen.* — b. La forme simple *nuo* ne

se trouve pas en latin : « *Sunt apud Græcos admissa post compositionem, quum essent simplicia non recepta.* Νομέω *nihil significat, tamen* οἰκονομέω *dicitur. Hoc idem in Latinis. Ita facior et grego non dicunt,* conficior *vero et* afficior *et* congrego *probe dicunt.* » MACR. — c. Par ext. signe d'approbation, volonté divine exprimée par un signe de tête. « *Adnuo est* numen *quasi* nutus *Dei.* » FESTUS. « Adnuit *et totum* nutu *tremefecit Olympum,* » a dit Virgile, après Homère, en parlant de Jupiter. De là *numen* a signifié *divinité.*

15. a. All. *nebel.* D'où *nubere,* se marier, en parlant de la femme, *pr.* se voiler, prendre le voile *nuptial,* parce que la fiancée était voilée lorsqu'on la conduisait chez son fiancé. — b. V. Γνόφος.

16. a. *Rein* se dit, en latin, *lumbus.* — b. Inflammation des reins.

17. a. Éol. νεΓω, impf. ἔνεον, f. νεύσομαι, Att. νευσοῦμαι, a. ἔνευσα. — b. F. seul. V. Ναῦς. — c. D'où PLEURONECTES, vulg. *poissons plats,* famille de poissons ainsi nommés parce qu'ils nagent sur le côté. RR. πλευρόν, νέω. Ex. « la *sole,* dont le nom latin, *solea,* a pour sens premier *semelle.* V. Ψῆσσα, Νῶτος.

18. a. Impf. ἔνεον, f. νήσω, a. ἔνησα ou ἐνησάμην; pass. νηθήσομαι, ἐνήθην, νένημαι. — b. Pr. agglomérer le fil autour du fuseau. — c. Cf. *necto* et *nodo,* NOUER.

1. Νέρτος, ὁ, nom d'oiseau.—2. Νετώπιον, τὸ, huile d'amandes amères.

3. Νή, *partic. affirm. s'emploie dans les serments avec l'accusatif.*

4. Νη,[a], *particule privative et inséparable, en latin* ne.

5. Νηάς, άδος, ἡ, nom d'une espèce d'animal de Samos.

6. *Νηδύς, ύος, ἡ, ventre, bas-ventre, estomac, creux, cavité. —υια, *intestins, entrailles;* —υόφιν, *du ventre, des entrailles.*

7. Νήπιος,[a] ον, jeune, faible, sot[b]; *subst.* enfant. —ιότης, —ιςία, *enfance;* —ιειος, *d'enfant;* —ιάζω, —ιεύομαι, *se conduit en enfant.*

8. Νίγλαρος, ὁ, fifre, petite flûte, son qu'on en tire.

9. *Νίν, lui, elle, eux, elles; *le même que* Ἰν *et* Μίν.

10. Νίτρον[a], τὸ, **nitrum**, NITRE[b], natron, soude, alcali quelconque. —ρίτης, *de nitre;* —ρώδης, *nitreux;* —ρόω, *lave au nitre.*

11. Νόθος,[a] ον, bâtard, faux, altéré. —θεία, *bâtardise;* —θεύω, *abâtardit;* —θευσις, *action de falsifier;* —θευτής, *qui altère* ou *falsifie.*

12. Νόσφι, séparément, loin, en cachette, hors de, loin de, sans. —φιδόν, *à l'écart;* —φίδιος, *séparé;* —φίζω, *sépare.*

ANNOTATIONS.

4. *a.* Pour bien comprendre toute la force de la particule privative, il faut considérer qu'il n'y a dans le discours aucun autre mot absolument négatif de sa nature, par la raison que les mots sont des signes, et que tout signe suppose une chose signifiée. Tous les substantifs auxquels nous donnons, en français, un sens négatif, le doivent à la particule *ne* qui les accompagne. Tels sont, par exemple, les mots *point, pas, mie, goutte.* Quand on dit : ne *point* faire, ne *pas* marcher, n'en vouloir *mie,* n'entendre *goutte,* cela signifie ne rien faire, pas même un *point;* ne pas avancer, même d'un *pas;* n'avoir pas même une *miette* de volonté; n'avoir pas une *goutte* de bon sens, « *Non* gutta *consilii*», dit Plaute. *Rien* vient de *rem,* chose, et on trouve dans Joinville *nulle rien* pour *nulle chose. Guères,* en all. *gar,* signifie *pr.* beaucoup, bien, fort, comme *guari* en italien, et on disait autrefois *pas guère,* pour signifier peu, comme on dit encore *naguères,* pour il n'y a guères, il y a peu de temps. *Nullus* est pour *ne ullus,* pas un, car *ullus* est contracté de *unulus* dim. de *unus. Jamais* est formé de *jam magis,* déjà plus, et demande *ne* pour exprimer la négation. *Aucun* est formé de *aliquem unum,* et signifie *pr.* quelqu'un. *Nemo* est pour *ne ho-* mo, pas un homme; *néant,* ital. *niente* est pour *ne ens,* pas un être; *nihilum, nihil, nil* pour *ne hilum,* pas même le point noir, *hilum,* empreint sur la fève. Cf. *non flocci,* pas un *brin,* pas un *poil,* pas le *poil;* μηδὲ γρῦ, μηδὲ μῦ, οὐδὲ φνεί, pas même un grognement, un murmure, le cri d'un petit oiseau, rien. Enfin, la particule *non* est elle-même contractée de *nœnum,* p. *ne œnum, ne unum,* pas un, all. *nein.*

7. *a.* Οὐ νήπιος, α, ον; mot formé de νη et ἔπος, *pr.* qui ne sait pas encore parler. C'est exactement le sens du mot *enfant.* « Infans *à non* fando *dictus est.* » Cic. — *b.* V. Παῖς.

10. *a.* De νίπτω, laver. — *b.* On le nomme, en chimie, *azotate de potasse,* vulg. *salpêtre.* V. Πέτρα.

11. *a.* Οὐ Νόθος, η, ον. D'où vint le surnom de NOTHUS donné à Darius II, fils *naturel* d'Artaxerxe I et père d'Artaxerxe II Mnémon (207) et de Cyrus le jeune.

13. *a.* «*A* νέω, *quia mari velut* innatat.» Voss. D'où NISITA, *petite île* voisine de Pouzzoles, dans le golfe de Naples. MICRONÉSIE, nom sous lequel on désigne la réunion des plus *petites îles* de l'Océanie. RR. μικρός, νῆσος. POLYNÉSIE pr. *multitude d'îles,* autre réunion d'îles dans l'Océanie à l'est et au sud de la Micronésie.

13. Νῆσος[a], ἡ, île. –σίον, –σίς, –σίδιον, –σύδριον, îlot; –σόω, rend île; –σαῖος, –σίτης, insulaire; –σίζω, –σιάζω, est une île.

14. Νῆσσα[a], ἡ, cane ou canard. –σάριον, dim.; –σαῖος, de canard.

15. Νῆστις[a],ιος[b],ὁ,ἡ,qui jeûne[c].[*]–τειρα, fém.;–τεία, jeûne;–τεύω, jeûne.

16. Νήφω, est sobre. Νῆψις, sobriété; νήπτης, νηπτικός, νηφαλέος, –λιος, sobre, sage, vigilant[a]; –φαλισμός, sobriété, sagesse.

17. Νίκη[a], victoire. –κάω, vainc; –κημα, avantage remporté; –κητής, [*]–κάτωρ, vainqueur; ΝΙΚΑΤΟΡ[b]; –κητήριον, prix du vainqueur.

18. Νίπτω[a], lave. Νίπτρον, eau pour se laver; νιπτήρ, vase dont on se sert; ΝΙΨΟΝΑΝΟΜΗΜΑΤΑΜΗΜΟΝΑΝΟΨΙΝ[b], avis au lecteur.

19. Νίφω[a], ningo, NEIGER, faire tomber de la neige. [*]Νίψ[b], neige; νιφάς, νιφετός, neige qui tombe;[*]νιφόεις, plein de neige, neigeux.

20. Νόσος, ἡ, maladie, défaut. –σέω, est malade; –σημα, maladie; –σηματικός, maladif; –σερός, malade; –σηλεύω, soigne.

21. Νόστος[a], ὁ, retour, voyage, rapport. –τέω, revient, est productif; –τιμος, qui revient, qui rapporte beaucoup, fertile, productif.

ANNOTATIONS.

RR. πολύς, νῆσος. PÉLOPONÈSE, c.-à-d. île de Pélops, presqu'île qui termine la Grèce au sud, et tient au continent par l'isthme de Corinthe. Pélops, d'après les traditions grecques, alla s'y réfugier avec Tantale son père, roi de Lydie, attaqué par le roi de Troie. RR. Πέλοψ, νῆσος.

14. a. De νέω, nager, pr. le nageur, « remipes anas. » Aus.

15. a. Mot composé de νη et ἔδω ou ἔσθω, pr. ne pas manger.— b. Ou ιδος.— c. De plus le jejunum, partie de l'intestin ainsi nommée parce qu'on la trouve ordinairement vide après la mort.

16. a. De même, en latin, sobrius signifie frugal et vigilant, deux qualités qui d'ordinaire s'accompagnent. «Sobrii estote et vigilate,» dit saint Pierre. C'est l'opposé de cet hémistiche de Virgile : « somno vinoque sepultam. » (En. II.)

17. a. D'où NICOPOLIS, c.-à-d. ville de la victoire; nom commun à plusieurs villes anciennes, ainsi appelées en mémoire de quelque victoire éclatante. RR. νίκη, πόλις. NICÉE, ville de Bithynie agrandie par Lysimaque qui l'appela ainsi du nom de sa femme Νίκεια, c.-à-d. victorieuse. NICÉPHORE, νικηφόρος, pr. qui remporte la victoire, nom pr. RR. νίκη, φέρω. ANICET, ἀνίκητος, invincible, nom d'un saint pape du deuxième siècle. RR. ἀ, νίκη.

Cf. Admète, ἄδμητος, pr. indompté. RR. ἀ, δαμάω. CALLINIQUE, καλλίνικος, c.-à-d. qui a remporté une belle victoire, nom pr. RR. καλός, νίκη. — b. Nom pr. de même signification que NICIAS, NICÉTAS, NICAISE. D'où encore NICANOR, pr. vainqueur des hommes. RR. νίκη, ἀνήρ. NICOLAS, d'où Nicole et Nicolaï, pr. vainqueur du peuple; RR. νίκη, λαός. Enfin NICODÈME, même sens; RR. νίκη, δῆμος.

18. a. Ou mieux νίζω, f. νίψω, a. ἔνιψα, pf. νένιφα. V. Λούω — b. Inscription prise sur un bénitier, à Constantinople. En l'analysant on trouve ceci : νίψον, lave, ἀνομήματα, tes péchés, m. à m. les choses contraires à la loi, μή, non, μόναν, le seul, ὄψιν, visage. Cette phrase a encore cela de particulier, qu'on peut la lire à rebours, et qu'on y trouve, avec les mêmes mots, la même pensée.

19. a. F. νίψω, a. ἔνιψα, a. p. ἐνίφθην. D'où NIPHATE, nom d'une haute montagne d'Asie, au sommet neigeux. « Rigidus Niphates » HOR. Cf. Snowdon, montagne d'Angleterre, pr. mont de la neige.—b. Comparez le gén. grec νιφός avec le latin nivis, gén. de nix.

21. a. D'où NOSTALGIE, vulg. mal du pays, tristesse, souffrance morale produite par le désir de retourner dans sa patrie. RR. νόστος, ἄλγος.

1. Νῦν, **nunc**[a], à présent, maintenant, tout à l'heure, alors, ainsi, donc.

2. Νυός, ή, **nurus**, bru, belle-fille, belle-sœur, jeune femme.

3. Νύσσω[a], pique, pousse, blesse. Νύξις, *action de piquer;* νύγμα, νυγμή, νυγμός, *νύγμα, piqûre;* νύγδην, *en piquant.*

4. Νυστάζω[a], penche *ou* branle la tête en dormant, s'endort. —ταγμα, *assoupissement;* —τακτής, *dormeur;* —ταλέος, *endormi.*

5. Νώγαλα, τὰ, friandises, mets délicats pour le dessert. —λίσματα, —λεύματα, *id.;* —λεύω, —λίζω, *mange des friandises.*

6. Νῶκαρ[a], αρος, τὸ, profond assoupissement, sommeil léthargique.

7. 'Νωλεμές, continuellement, fermement, obstinément. —μέως, *id.*

8. Νωχελής[a], ές, lourd, lent, paresseux, faible; —λές, *subst.* arrière-faix. —λεια, *lenteur, paresse;* —λεύομαι, —λίζω, *est lent, nonchalant.*

9. Ξ[a], **xi**, *remplace* ΓΣ, ΚΣ, ΧΣ, *et vaut* soixante[b].

10. Ξαίνω[a], carde. Ξάνιον, *peigne;* ξάσμα, *laine cardée;* ξάντης, *cardeur;* —τρια, *cardeuse;* ξανάω, *est las de carder.*

11. Ξέστης[a], ου, ὁ, *de* **sextarius**, SETIER, un SIXIÈME de conge.

ANNOTATIONS.

1. *a.* All. *nun;* angl. *now.*

3. *a.* F. νύξω, a. ἔνυξα, pf. νένυχα, f. p. νυχθήσομαι, a. p. ἐνύχθην, a. 2 ἐνύγην, pf. p. νένυγμαι; syll. rad. Νυγ. D'où νυsson, insecte hyménoptère, ainsi nommé à cause de son aiguillon. Νyssa, arbre très-élevé de l'Amérique septentrionale, dont les feuilles se terminent en *pointes* aiguës.

4. *c.* F. νυστάξω ou νυστάσω, a. σα ou ξα, d'où l'impér. νύσταξον, et l'infin. νυστάξαι. R. νεύω, faire un signe de tête.

6. *a.* L'étymologie de ce mot et des deux suivants est incertaine. Il faut en dire autant de beaucoup d'autres, soit parce que nous avons perdu la signification première d'un grand nombre de racines avec les livres qui les renfermaient, soit parce que, du vivant même de la langue grecque, ces mots ont été mis hors d'usage, ou bien encore parce que nous ignorons quelques significations secondaires qui nous aideraient à remonter, d'analogie en analogie, jusqu'au sens primitif.

8. *a.* RR. νω pour νη, κέλλω, aller, courir. Voir les dictionnaires.

9. *a.* Avant l'emploi du ξ on écrivait γς, κς, χς, et il en reste des traces dans les changements dialectiques du ξ, particulièrement chez les Éoliens et les Doriens qui transposent les deux consonnes dont le ξ est formé, et disent σκίφος, épée, pour ξίφος, comme les Latins ont fait *viscus* de ἰξός, gui. Les Béotiens disaient de même σκένος, étranger, p. ξένος. Les enfants font tout naturellement cette transposition et disent *fisc* p. *fixe.* Les Latins se sont longtemps passés du *x* et ils écrivaient *conjugs, legs,* etc. En adoptant le ξ grec, ils ont interverti les deux lettres du nom, et ont dit *ix* au lieu de *xi.* Les grammairiens latins appellent *x* la dernière lettre de leur alphabet, parce que les deux suivantes, *y* et *z*, sont grecques. En passant dans le français, le ξ grec et le *x* latin se changent ordinairement en *ss.* Ex. : ἄξων, *essieu; pix,* poix, d'où *poisser.* Jusqu'à la fin du seizième siècle, *x* se prononça chez nous comme *ss;* on disait *Massime, Alessandre,* comme on dit encore *Brusselles, Ausserre,* pour *Bruxelles, Auxerre.* Du reste, les Grecs faisaient souvent de même, et vous verrez tantôt ξύγ, δεξός, tantôt σύν, δισσός. Quand le dictionnaire ne vous donnera pas quelque mot commençant par Ξ, cherchez-le au Σ, et vous le trouverez.—

b. L'élève a dû remarquer qu'à partir de l'ι, qui vaut 10, les lettres de l'alphabet expriment les dizaines jusqu'à ρ, qui vaut 100, et qu'à partir du ρ, elles marquent les centaines. V. Κόππα, Σ.

10. *a.* F. ξανῶ, a. ἔξηνα, pf. ἔξαγκα, a. p. ἐξάνθην; m. rac. q. ξέω, pf. ἔξασμαι.

11. *a.* Le setier équivalait à cinquante-quatre centilitres. V. Χοῦς.

12. Νότος [a], ὁ, **notus**, vent du midi, midi, pluie. —τίς, *humidité;* —τερός, *humide;* —τιος, *du sud;* —τιάω, *est mouillé;* —τίζω, *mouille.*

13. Νοῦς [a], νοῦ, ὁ, esprit, raison. Νοέω, *pense;* νόημα, νόησις, *pensée;* νοητός, *intellectuel;* νοήμων, *raisonnable;* νοερός, *spirituel.*

14. Νύμφη, ἡ, **nympha**, jeune mariée, **NYMPHE.** —φών, *chambre nuptiale;* —φιος, *époux;* —φεύω, *marie;* —φιάω, *est furieux;* —φαία, *nénuphar.*

15. Νύξ, νυκτός [a], ἡ, **nox**, **NUIT.** —κτωρ, *de nuit;* —κτερήσιος, —κτερινός, —κτιος, *—γιος, nocturne;* —κτερεύω, —χεύω, *veiller;* —κτερεία, —χευμα, *veille.*

16. Νωθής, ές, lent, paresseux, lourd d'esprit et de corps, qui rend lourd. —θρός, *id.;* —θεια, —θρεία, —θρότης, *lenteur;* —θρεύω, —θριάω, *est lent.*

17. Νῶτος, ὁ, dos, surface arrondie. —τον [a], *id.;* —τιαῖος, *du dos;* —τίζω, *fait tourner le dos, fuit, met sur le dos, couvre;* [*]—τισμα, *charge.*

18. Ξανθός, ή, όν, jaune, blond doré, *subst.* **XANTHE** [a].
—θόω, —θίζω, *jaunit;* —θισμα, *couleur jaune* [b].

19. Ξένος [a], η, ον, étranger, hôte [b], étrange. —νών, *hôtellerie;* —νία, —νισις, *hospitalité;* —νίζω, *reçoit un étranger.*

ANNOTATIONS.

12. *a.* Le même que l'Auster. D'où NOTASIE, partie occidentale de l'Océanie, située au *sud-est* de l'Asie; d'où son nom. On l'appelle plus ordinairement *Malaisie,* parce qu'elle est habitée par la race *ma-laise,* au teint brun foncé, aux longs cheveux noirs et au gros nez plat.

13. *a.* Contr. de νοός, dat. νῷ, qqfois νοῖ, acc. νοῦν. Quelques dictionnaires donnent pour racine à νοός le verbe γιγνώσκω. Il est plus simple et plus vrai de dire que le primitif de νοός, *intelligence,* est le même que celui du verbe νοέω, *intelligere,* et du verbe γιγνώσκω, *connaître,* qui n'est qu'une forme allongée de νοέω. Cette racine est *No,* la même que dans γιγνώσκω, *nosco, novi, nomen,* NO-BLE. Elle se change en *Ni* dans *cognitus,* en *Nu* dans *connu,* en *Na* dans *gnarus, ignarus.* Le sens premier de cette syllabe radicale est *voir,* qui est la signification propre de Νοέω dans les poëmes d'Homère; d'où le substantif πρόνοια, qui a pour correspondant latin *providentia,* prévoyance, providence, par contr. *prudentia,* prudence. RR. πρό, *pro,* νοέω, *videre.* De νοῦς et τίθημι, les Grecs ont composé le verbe νουθετέω, *mettre dans l'esprit,* avertir. « C'est l'entendement qui *voit* et qui *oyt,* » dit Montaigne, traduisant le poëte grec Épicharme. V. Εἶδον, Ἀΐω.

15. *a.* D'où NYCTAGE, vulg. *belle de nuit,* plante ainsi nommée parce qu'elle ne s'épanouit qu'après le coucher du soleil.

17. *a.* Plur. νῶτα, mieux que νῶτοι. D'où NOTONECTE, genre de punaises aquatiques qui poursuivent leur proie en nageant sur le dos, avec leurs pattes de derrière très-longues et disposées en aviron. RR. νῶτος, νέω.

18. *a.* Nom donné à plusieurs petits fleuves de l'Asie Mineure, sans doute à cause de la couleur de leurs eaux. V. Μέλας. — *b.* De plus ξάνθιον, XANTHIUM ou lampourde, plante avec laquelle les Grecs se teignaient les cheveux en blond.

19. *a.* Poét. ξεῖνος. D'où εὔξενος, hospitalier, bon aux étrangers, EUXIN. Le *Pont-Euxin* s'appela d'abord ἄξενος, *inhospitalier,* à cause de la férocité des peuples établis sur ses bords. Après que les colonies grecques eurent adouci leurs mœurs, on le nomma εὔξεινος, *Euxinus.* Selon d'autres, et plus probablement, l'épithète εὔξενος était une antiphrase qui faisait allusion aux tempêtes de cette mer ou aux mœurs *inhospitalières* des peuplades riveraines. — *b.* D'où POLYXÈNE, Πολύξενος; nom pr., *litt.* qui reçoit beaucoup d'hôtes ou d'amis, très-hospitalier. RR. πολύς, ξένος. PHILOXÈNE, Φιλόξενος, ami des étrangers, nom pr. RR. φίλος, ξένος.

1. Ξέω[a], racle, gratte, polit, grave. Ξέσις, ξεσμή, ξεσμός, *action de gratter;* ξέσμα, *raclure;* ξοΐς, *ciseau;* ξόανον, *sculpture.*

2. *Ξουθός[a], όν, léger, rapide[b], aigu, jaune. —θά, *rapidement.*

3. *Ξυνός[a],ή,όν,commun.—νῆ,*en commun;*—νόω,*communique,réunit.*

4. Ξύω[a], racle, gratte, polit[b], grave. Ξυήλη, *rabot;* ξυστίς, —τρίς, —τρα, *étrille, brosse;* ξυρόν, —ρός, *rasoir;* —ράω, —ρέω[c], *rase.*

5. O, OMICRON[a] *ou petit O, vaut* soixante-dix.

6. Ὁ, ἡ, τὸ, le, la, il, elle, celui-ci[a], qui[b].

7. Ὀά! OH! *exclamation de douleur.* — 8. Ὄα, ἡ, cormier, *arbre.*

9. *Ὄαρ, ὄαρος, ἡ, compagne, épouse. —ρίζω, *vit en société;* —ρισμός, *entretien;* —ριστύς, *commerce;* —ρος, *discours, récit.*

10. Ὄασις, εως, ἡ, OASIS. — 11. *Ὄβρια, τὰ, petits des animaux.

12. *Ὄβριμος[a], ον, fort, puissant, violent. — 13. Ὄβρυζον[a], τὸ, or.

14. Ὄγκος[a], ὁ, uncus, crochet, barbe de flèche. —κινος, uncinus, *id.*

15. Ὄγμος[a], ὁ, ligne, rangée, sillon, champ, guéret, sentier, chemin. *—μεύω, *tire ou *trace* ou *suit en ligne droite, sillonne.*

ANNOTATIONS.

1. *a.* F. ξέσω, a. ἔξεσα, pf. ἔξεκα, a. p. ἐξέσθην, pf. p. ἔξεσμαι; m. rac. q. ξαίνω et ξύω. On remarquera, dans le classement des mots appartenant à la lettre Ξ, un pêle-mêle qui était inévitable, à cause des analogies qui rattachent entre elles ces différentes racines, et qu'il a fallu briser pour établir nos deux séries parallèles.

2. *a.* Ou ξουθός, ή, όν. — *b.* V. Θοός, Ὀξύς.

3. *a.* R. ξύν p. σύν, avec.

4. *a.* F. ξύσω, a. ἔξυσα, pf. p. ἔξυσμαι. — *b.* Le partic. ξυστός, *poli,* a donné le nom propre XYSTE. Il faut remarquer aussi le neutre ξυστόν de ce même participe, qui signifie *pique, lance,* pr. bois de lance râclé, poli. V. Δόρυ. — *c.* Un barbier de la rue des Grès, à Paris, a pour enseigne les trois verbes grecs Ξυρῶ, Κείρω, Βοστρυχίζω, et les savants du quartier latin lisent : *Je rase, je coupe les cheveux, je frise.*

5. *a.* Par opposition à *oméga* ou *grand o.* Dans l'origine, l'o ne s'appelait pas omicron mais bien ου, de même que ε bref s'appelait ει. On voit des traces de cette ancienne manière d'écrire et de prononcer o dans certaines formes éoliques, telles que βόλα p. βουλή, ὀρανός p. οὐρανός, ainsi que dans l'orthographe ionienne des mots μόνος, νόσος, ὄνομα, κόρος, qu'on trouve écrits μοῦνος, νοῦσος, οὔνομα, κοῦρος. Bœckh a même remar-

qué que dans les inscriptions antérieures au cinquième siècle, la diphthongue ου n'est employée que pour les mots οὖ, οὔχ, οὖτος et quelques noms propres; partout ailleurs on écrivait o p. ου.

6. *a.* Il ne faut pas s'étonner de voir l'article grec employé comme pronom démonstratif par les poêtes. Telle est, en effet, la première et véritable fonction de cette partie du discours qu'on définit à tort : un mot qui se place devant les noms pour en marquer le genre et le nombre. L'article a quelquefois cet usage, mais il sert surtout à fixer l'esprit sur un objet déterminé; c'est une espèce d'adjectif démonstratif, et il en prend surtout la signification quand il est suivi de la particule γέ ou δέ, dans ὅγε, ἥδε, etc., et dans ces expressions ὁ μέν, ὁ δέ, celui-ci, celui-là. Vous remarquerez, en anglais, le même rapport entre l'article *the* et les démonstratifs *this, that.* En allemand, les mêmes mots *der, die, das,* servent d'articles et d'adjectifs ou de pronoms démonstratifs. Enfin, notre article français *le, la,* n'est que la dernière syllabe du démonstratif latin *ille, illa.* — *b.* V. Ὅς, ἥ, ὅ.

12. *a.* Ou ὄβριμος, η, ον.

13. *a.* S. ent. χρυσίον. D'où *cérusse,* pierre de touche. V. Λυδός.

14. *a.* M. rac. q. ἀγκών.

15. *a.* De ἄγω, conduire.

16. *a.* D'où ξηροφαγία, XÉROPHAGIE,

16. Ξηρός^a, ά, όν, sec, desséché, rude, dur, vide. —ραίνω, *dessèche*; —ρασία, —ρότης, *sécheresse*; —ραντικός, *qui dessèche*.

17. Ξίφος, εος, τὸ, épée. —φιον, *dim.*, *glaïeul*^a; —φίας, *qui en a la forme*; subst. *espadon*^b; —φίζω, *danse*^c, *tend la main*; —φισμα, *danse.*

18. Ξύλον^a, τὸ, bois. —λικός, —λινος, —λίτης, *de bois*; —λόω, *change en bois*; —λεύομαι, —λίζομαι, *coupe du bois*; —λεύς, *qui coupe du bois.*

19. Ὀβελός^a, ὁ, obelus, broche, épieu, OBÈLE^b.
—λίσκος, *dim.*, OBÉLISQUE^c; —λίζω, *noter.*

20. Ὀβολός, ὁ, obolus, OBOLE^a, *sixième partie de la drachme.* —λαῖος, —λιαῖος, —λιμαῖος, *de la valeur d'une obole.*

21. Ὀγκάομαι, brait, crie, rugit. —κημα, —κησις, *—κηθμός, *braire de l'âne, cri*; —κητής, —κητικός, *qui brait comme un âne, qui crie.*

22. Ὄγκος^a, ὁ, masse, volume, poids, corps, tumeur, enflure, orgueil^b. —κόω, *grossit*; —κύλλομαι, *se gonfle*; —κηρός, *gros*; *—κιον, *carquois.*

23. Ὁδός^a, ἡ, route, voyage, MÉTHODE^b. Ὁδαῖος, *de voyage*; ὁδεύω, *chemine*; ὁδεία, ὄδευμα, *route*; ὁδόω, *guide*; ὁδάω, *vend*^c.

ANNOTATIONS.

c.-à-d. nourriture composée de pain et de fruits *secs*. Cette abstinence était en usage chez les premiers chrétiens, à divers temps de l'année, et surtout quand la persécution menaçait. RR. ξηρός, φαγεῖν.

17. *a.* XIPHIUM est le nom latin sous lequel on désigne quelquefois le glaïeul et l'iris, à cause de la forme de leur feuilles en lames de glaive. Cf. *glaïeul*, dérivé de *gladiolus*, diminutif de *gladius.* — *b.* V. Σπάθη. — *c.* Dans l'espèce de danse dont il s'agit ici, on imitait par le mouvement des bras un combat à l'épée. V. Καρπαία.

18. *a.* De ξέω, râcler, raboter; pr. bois travaillé. D'où XYLOPHAGES, c.-à-d. *mangeurs de bois*, nom donné à tous les animaux qui vivent dans le bois ou y déposent leurs œufs. RR. ξύλον, φαγεῖν.

19. *a.* De βέλος, avec addition de l'o initial. La broche ressemble à l'épieu et au trait par sa pointe. V. Ὀδύρομαι. — *b.* Signe critique en forme de broche ou de raie transversale, dont on marquait les passages douteux d'un livre. — *c.* Monument de pierre en forme d'aiguille, et ordinairement d'une seule pièce. V. Λίθος.

20. *a.* C'était, tout à la fois, un poids et une monnaie. Comme poids, l'obole valait 72 centigrammes, et, comme monnaie, 16 centimes. L'obole fut la première monnaie grecque. Elle avait une forme oblongue et effilée comme une

broche; d'où lui vient son nom, de même racine que ὀβελός. « Je crois », dit Plutarque, qu'anciennement on n'avait pour monnaie que de petites broches de fer ou de cuivre, d'où vient qu'encore aujourd'hui une foule de petites pièces dont nous nous servons portent le nom d'oboles. » Les Égyptiens se servaient pareillement d'anneaux d'or ou d'argent, avant d'employer la monnaie frappée, et les Bretons, au rapport de César, employaient au même usage de petites barres de fer. V. Δραχμή, Λίτρα. « L'examen des langues, a dit Bacon, peut donner matière à des observations utiles et à des conjectures plus intéressantes qu'on ne croit sur le génie et les mœurs des peuples qui les parlent. »

22. *a.* M. rac. q. le verbe ἐνεγκεῖν, porter, qui sert d'aoriste 2 à φέρω. Ὄγκος est donc *pr.* le fardeau lourd à porter. — *b.* Tous les mots qui expriment l'orgueil signifient aussi *enflure* ou *fumée.*

23. *a.* D'où EXODE, SYNODE. V. Ἐξ. Σύν. — *b.* Μέθοδος, *chemin de la vérité* ou *marche vers la vérité*; RR. μετά, après, ὁδός, voyage. Notre mot *procédé* a le même sens : *via quâ proceditur*; *routine* a aussi la même étymologie : mais la *routine* suit la *route* les yeux fermés, tandis que la méthode se rend compte de chaque pas qu'elle fait. — *c.* Pr. *colporte*, comme font les marchands forains. V. Περάω, Πωλέω.

1. Ὄγχνη, ἡ, poire sauvage, poire quelconque, poirier.

2. Ὀδύσσασθαι[a], se fâche contre, en veut à, fâche, irrite. Ὀδυσσεύς[b], ULYSSE; —σεια, ODYSSÉE[c]; —σειακός, de l'Odyssée.

3. Ὄζος, ὁ, nœud d'arbre, branche, rejeton[a]. Ὀζόομαι, se ramifie, est noueux; *ὀζαλέος, ὀζώδης, rameux, noueux; ὀζωτός, noueux

4. Ὄθομαι[a], s'inquiète. — **5.** Ὄθόννα, ἡ, plante et médicament.

6. Ὀθόνη, ἡ, linge, vêtement de femme, prim. voile de vaisseau[a]. —νιον, petit linge, charpie, suaire, mouchoir; —νινος, de toile.

7. Ὀθρύς, ύος, ἡ, montagne boisée, l'OTHRYS[a]. —**8.** Οἴ! *οἴμοι[a]! heu mihi!

9. Οἶβος, ὁ, morceau de chair derrière le cou du bœuf, vulg. le collet.

10. *Ὀϊζύς[a], ύος, ἡ, lamentation, misère, vie pauvre, austérité. Ὀϊζυρός, lamentable, funeste; ὀϊζύω, se lamente.

11. *Οἴμη[a], ἡ, chemin, voyage, contrée, ligne, trait, chant. Οἶμος, id.; οἶμα, élan; οἰμάω, s'élance avec impétuosité.

12. *Οἶος[a], η, ον, seul, solitaire, sans égal[b]. Οἰόω, isole, prive; οἰαδόν, seulement; οἴνη, l'as[c] aux dés, dé; οἴη, hameau isolé.

ANNOTATIONS.

2. *a.* Usité seulement à l'a. 1 ὠδυσάμην et au pf. ὀδώδυσμαι p. ὤδυσμαι; m. rac. q. Ὀδύνη. — *b.* C'est Homère qui donne cette étymologie, en rapportant les paroles prononcées par Autolycus, à la naissance d'Ulysse, son petit-fils : « Mes enfants, jusqu'à ce jour j'ai fait sentir mon courroux à une foule de mortels par toute la terre; qu'il porte donc le nom d'Ulysse. » (Od. ch. 19, v. 399). « Ὀδυσσεύς quem Ὑδυσσεύς fecerunt Æoles, ad Ulyssem deductus est. » QUINT. — *c.* Poëme d'Homère sur les aventures d'Ulysse après la prise de Troie.

3. *a.* Au propre et au figuré. Dans toutes les langues, les générations humaines sont comparées aux ramifications d'une tige. Partout on représente la descendance d'une même famille sous la figure d'un arbre qu'on appelle arbre généalogique. L'auteur de la famille forme la souche d'où sortent les diverses branches de consanguinité. Ὄζος, rameau, est le corrélatif de ῥίζα, dans le sens de souche, tige d'une famille, comme, en français, rejeton ou branche répond à race, synonyme de racine dont il dérive. De là ces expressions : la race des Capétiens, la branche des Bourbons, des Valois, le rameau d'Orléans, etc. De là aussi l'emploi que nous faisons indifféremment du mot transplanter, qu'il s'agisse d'une population ou d'une charmille. V. Ὄσχος,

Ἔρνος, Θάλλος, Ῥάδιξ. Réciproquement μόσχος, petit des animaux, a aussi le sens de jeune branche. Nous disons des plantes, aussi bien que des animaux, qu'elles pullulent, de pullus, petit poulet. V. Παῖς.

4. *a.* Impf. ὠθόμην; point d'autres temps. M. rac. q. ὠθέω, agiter.

6. *a.* M. rac. q. ὠθέω, agiter.

7. *a.* Montagne de Thessalie parallèle au mont OEta, pr. la montagne boisée entre toutes les autres, comme Tempé signifie la Vallée par excellence.

8. *a.* Ce mot composé de οἴ et μοί a pour correspondant latin : heu mihi! hélas ou malheur à moi! V. Μοί.

10. *a.* Racine οἴ! V. Ἔλεγος.

11. *a.* M. rac. q. οἴσω qui sert de futur à φέρω, porter, pr. conduit, ce qui conduit. V. Ἀγυιά. Nous disons de même en français : tout chemin mène à Rome; suivez le chemin. De οἴμη s'est formé προοίμιον, proœmium, préambule; RR. πρό, οἴμη. Cf. initium, commencement, de in, iter, pr. action de se mettre en route. De plus παροιμία, proverbe, pr. maxime triviale, qui court les rues. Exemples : Jeunesse paresseuse, vieillesse pouilleuse. Dis-moi qui tu hantes, je te dirai qui tu es. Il n'est pire eau que celle qui dort. L'œil du fermier vaut du fumier. A Noël, moucherons; à Pâques, glaçons. RR. παρά, οἴμη.

12. *a.* R. ἴος, prim. de εἷς, μία, ἕν. —

13. Ὀδούς[a], ὀδόντος, ὁ, dens, DENT. Ὀδοντόω, garnit de dents ; ὀδοντιάω, fait ses dents ; ὀδάξ, avec les dents[b] ; ὀδάξω, picote.

14. Ὀδύνη[a], ἡ, douleur, souffrance, chagrin, regret. –νάω, cause de la douleur ; –νημα, sujet de douleur ; –νηρός, douloureux.

15. Ὀδύρομαι[a], se lamente, plaint, déplore, regrette. Ὀδυρμα, ὀδυρμός, plainte ; ὀδύρτης, qui se plaint ; –τός, pleuré ; –τικός, plaintif.

16. Ὄζω[a], oleo[b], a bonne ou mauvaise ODEUR. Ὄζη, puanteur ; ὀζόλης, puant ; ὀσμή[c] ; ὀδμή, odeur ; ὀσμάομαι, sent, flaire.

17. Οἴαξ, ακος, ὁ, gouvernail, timon, rênes. Οἰάκιον, gouvernail ; οἰακίζω, gouverne ; οἰάκισμα, direction du gouvernail.

18. Οἴγω[a], ouvre, déploie, révèle, explique, d'où ἀνοίγω, id. Ἀνεωγότως, tout ouvert ; ἄνοιγμα, ouverture. Οἴγνυμι, m. s.

19. Οἰδέω[a], est enflé. Οἰδάω, οἰδαίνω, οἰδάνω, id. ; οἰδίσκω, s'enfle, οἶδος, gonflement ; οἶδμα, id., vague[b] ; οἰδαλέος, gonflé.

20. Οἶκος[a], ὁ, vicus[b], maison, biens. –κία, maison, gens ; –κέω[c], habite ; –κέτης[d], serviteur ; –κεῖος, de la maison, parent ; –κίζω, fonde.

ANNOTATIONS.

b. Unique dans son genre. — c. V. Ἀσσάριον.

13. a. Ion. ὀδών, éol. ἔδων ; c'est pr. le participe de ἔδω, manger. D'où ὀδονταλγία, ODONTALGIE, c.-à-d. douleur de dents ; RR. ὀδούς, ἄλγος. — b. Mordicus.

14. a. M. rac. q. ὀδύρομαι et ὀδύσσομαι. D'où ἈΝΟΔΙΝ, ἀνώδυνος, sans douleur, qui calme la douleur ; RR. ἀ, ὀδύνη.

15. a. F. ὀδυροῦμαι, a. ὠδυράμην ou ὠδύρθην, pf. ὠδύρμαι. Les poètes disent ὀδύρομαι qui est la forme primitive. L'o initial a ici une signification augmentative, comme dans ὀκέλλω, ὀβελός.

16. a. Dorien ὄσδω, f. ὀζήσω ; pf. ὄδωδα dans le sens du présent, plqpf. ὀδώδειν ; syll. rad. Ὀδ. — b. Pour odeo d'où odor, odeur. Cf. lacryma, de δάκρυ ; Ulysses, de Ὀδυσσεύς. De oleo vient olfacio p. oleo-facio, flairer, d'où l'adjectif français olfactif, c.-à-d. appartenant à l'ODORAT. — c. Pour ὀδμή qui serait trop dur. D'où DIOSMA, arbuste du Cap, cultivé dans les jardins pour son feuillage toujours vert et son agréable odeur.

18. a. Impf. ἔῳγον, f. οἴξω, a. ἔῳξα ou ᾦξα, f. p. οἰχθήσομαι ou οἰγήσομαι, a. p. ἐῴχθην, a. 2 ἐῴγην, pf. p. ἔῳγμαι ou ᾦγμαι ou ἔῳγα. Ce verbe est plus usité dans les composés ἀνοίγω, etc.

19. a. Ou οἰδάω, impf. ᾤδουν, εις, ει, ou οἴδαινον, f. οἰδήσω, pf. ᾤδηκα, je suis enflé. D'où Οἰδίπους, OEd.-Roi, 1036.

pied enflé ; RR. οἰδέω, πούς. L'esclave chargé par Laïus de faire périr OEdipe son fils, encore tout jeune enfant, par qui ce roi craignait d'être lui-même mis à mort, lui avait percé les pieds et l'avait suspendu à un arbre d'où un berger le détacha. Mais ses blessures avaient enflé ses pieds, et de là vient son nom. V. SOPH. OEd.-Roi, v. 1306. — b. V. Κῦμα.

20. a. Éol. Ϝοῖκος. D'où DIOCÈSE, diœcesis, διοίκησις, pr. gouvernement, province, de διοικέω, administrer ; RR. διά, οἶκος. PAROISSE, παροικία, m.-à-m. réunion d'habitations voisines, parœcia, et par corruption parochia, d'où parochus, curé ; RR. παρά, auprès, οἶκος. ÉCONOME, οἰκονόμος, régisseur d'une maison ; RR. οἶκος, νέμω. V. Μένω. — b. Cf. village, ville, de villa. « Vicus constat ex domibus. » VARR. D'où vicinus, voisin ; cf l'angl. wick ou wich, bourg, qui ne s'emploie plus qu'à la fin de certains noms de lieux, comme Greenwich, village vert, Sandwich, pays de sable, etc. VIC, VIC-SUR-AISNE, etc., chefs-lieux de cantons. — c. D'où οἰκουμένη, fémin. du part. présent passif : la terre, litt. la terre habitée, s.-ent. γῆ. OECUMÉNIQUE, οἰκουμενικός, pr. de toute la terre habitée, c.-à d. général, universel, en parlant d'un concile. — d. Pr. domestique, attaché au service de la maison, domus.

1. Οἶσος,' ὁ, osier, saule. —σύα, id.; —σον, corde, ouvrage d'osier.

2. Ὀϊστός,[a] ὁ, flèche, trait. —τεύω, lance des flèches; —τευτής, archer[b].

3. Οἶσυπος, ὁ, œsypum, graisse de la laine, laine grasse. '—πη, id.; —πίς, petit flocon de laine; —πηρός, —πώὸης, gras.

4. Ὀῖτος,[a] ὁ, sort, malheur, misère, ruine, fin malheureuse, mort.

5. Οἰφόλης, ου, ὁ, lascif, lubrique. —λίς, fém.; οἰφώλης, —λίς, id.

6. Ὄκρις,[a] ιος, ἡ, pointe. Ὀκριόεις, qui a des aspérités, raboteux; ὀκριβάς,[b] tréteau, estrade, théâtre, chevalet de peintre, âne[c].

7. Ὀκτώ, octo, huit[a], fait octave[b], octobre[c]. Ὄγδοος, huitième, ὀκτάς, huitaine; ὀκτακόσιοι, huit cents; ὀκτάκις, huit fois.

8. Ὄλλιξ, ικος, ὁ, espèce de coupe ou de vase en bois.

9. Ὄλμος, ὁ, mortier, écrou, anche, corps rond, cylindre, corps humain. Ὀλμίσκος, petit mortier, petit gond, creux de dent molaire.

10. Ὀλοθούριον, τὸ, holothurie, sorte de zoophyte marin.

11. Ὀλολός, ὁ, ἡ, nigaud, niaise. —12. Ὀλόπτω,[a] déchire, pèle.

13. Ὄλπη, ἡ, flacon à l'huile, petite bouteille. Ὄλπις, id.

ANNOTATIONS.

2. a. Plur. ὀϊστοί et poét. ὀϊστά. C'est le même que l'adjectif οἰστός, porté, emporté, dérivé du radical Οι, qui a prêté à φέρω son futur οἴσω. V. Βέλος. Cf. ἰός, de ἵημι, lancer; βέλος, de βάλλω, lancer; missile, trait, de mitto, envoyer: jaculum, javelot, de jacere, jeter; balle, de βάλλω. Quant à notre mot trait, il vient de tractus, tiré, partic. de trahere, et représente l'archer tirant la corde de l'arc, en y-appuyant fortement la coche du trait, ainsi que l'indique notre verbe décocher. — b. Pr. homme de trait.

4. a. De οἴσω qui sert de futur à φέρω, porter; pr. ce qu'on supporte, coup du sort.

6. a. M. rac. q. ἄκρος, pointe éminence, sommet. — b. De ὄκρις et βαίνω; pr. lieu élevé où l'on peut marcher. — c. V. Σκορπίος.

7. a. Angl. eight, all. acht, vieux fr. huict. Le c a disparu du mot huict, comme tant d'autres lettres qu'on a cru devoir supprimer dans l'écriture, parce qu'on avait cessé de les prononcer. Les Anglais ont gardé judicieusement l'orthographe étymologique, quoiqu'ils ne fassent plus sentir la gutturale. V. Θράομαι. — b. En style liturgique, huitaine consacrée par l'Église catholique à solenniser quelque grande fête, comme Pâques, Noël, etc. En musique, l'octave est un intervalle de huit degrés, comme de sol à sol, ou de ré à ré. Octave est aussi un nom propre

ou plutôt un prénom, fameux dans l'histoire romaine. Les Romains avaient ordinairement trois noms: 1° Le prénom, qui était propre à l'individu, et qui, dans l'origine, avait une signification en rapport avec quelque particularité de la naissance. Ainsi Octavus désignait le huitième enfant; Secundus, Quintus, Decimus avaient un sens analogue. 2° Le nom proprement dit, commun à toute la famille. 3° Le surnom, cognomen, qui désignait à quelle branche de la famille on appartenait. Enfin quelques-uns, comme Publius Cornelius Scipion l'Africain, avaient un quatrième nom, l'agnomen, qui indiquait une subdivision d'une branche de famille très-nombreuse, une action d'éclat ou une adoption. Dans ce dernier cas, l'adopté prenait le nom du père adoptif et y ajoutait, sous la forme adjective, le nom de son propre père. Ainsi, le fils de Paul Émile, ayant été adopté par le fils de Scipion l'Africain, s'appela Publius Cornelius Scipio Æmilianus. — c. L'année romaine n'eut d'abord que 10 mois, dont le premier était mars, et le dixième, décembre. Numa y ajouta janvier et février, dont plus tard Jules César fit les deux premiers mois de l'année, en sorte que mars se trouve être le troisième, et octobre, le dixième, malgré l'étymologie du mot.

12. a. Se rapporte à la racine λέπω

14. Οἶκτος, ὁ, pitié, pleurs. —τιρμα, —τιρμός, id.; —τείρω, —τίζω, a pitié; —τρός, touchant; —τίρμων, compatissant; *—τισμα,—τισμός, plainte.

15. Οἰμώζω[a], se lamente, pleure. —μωγή, —μωγμα, —μωγμός, plainte; —μωκτός, déplorable, gémissant ; —μωκτεί, en gémissant.

16. Οἶνος, ὁ, vinum[a], VIN.—νη, cep; —νάς, riche en vin; —νόω, enivre; —νεύομαι, boit du vin; —νών, —νεών, cellier au vin; —ναρίς, —ναρον, pampre.

17. Οἴομαι[a], pense, croit. Οἴημα, οἴησις, pensée; *οἰητός, pensé; *οἰήτης, celui qui pense; οἰημάτιον, vanité[b]; οἰηματίας, présomptueux.

18. Οἶς, οἰός[a], ἡ, ὁ, ovis, brebis; d'où ovicula[b] qui a fait OUAILLE. Ὄϊος, οἴειος, de brebis ; οἴα, ὄα, ᾦα, peau de brebis.

19. Οἶστρος[a], ὁ, œstrus, taon, aiguille, piqûre, fureur.—τράω, —τρέω, est furieux; —τρημα, aiguillon; —τρησις, fureur; —τρηδόν, en furieux.

20. Οἴχομαι[a], s'en va, disparaît, périt, meurt, est parti, est mort[b].

21. Οἰωνός[a], ὁ, oiseau de proie, augure[b]. —νίζομαι, prend les augures.

22. Ὀκλάζω, se met à genoux, fléchit. Ὀκλαδίας, qui fléchit ; *ὄκλαξ, ὄκλασις, ὄκλασμα, agenouillement; *ὀκλαστί, à genoux.

ANNOTATIONS

augmentée de l'o initial. V. Ὀδύρομαι.

15. a. F. οἰμώξω ou mieux οἰμώξομαι, a. ᾤμωξα, a. p. ᾠμώχθην. R. οἴμοι, pr. crier à moi! heu mihi! Cf. ἀλαλάζω, crier alala! et ἀάζω, crier ah! ah! V. Ἔλεγος.

16. a. De l'éolien Ϝοῖνος; angl. wine, all. wein. D'où vinea, la plante vineuse, la VIGNE; vindemiare, VENDANGER, c.-à-d. récolter le vin, de vinum et demere, enlever. V. Ἄμπελος. VIGNETTE, petite estampe ou dessin qui orne le commencement ou la fin des chapitres d'un livre, et qui ne représentait autrefois, pour l'ordinaire, que des pampres et des raisins, mais où l'on grave maintenant toutes sortes de figures.

17. a. Ou οἶμαι, poét. οἴω, 2ᵉ p. οἴει; impf. ᾠόμην ou ᾤμην, f. οἰήσομαι, a. ᾠήθην, pf. p. ᾤημαι. — b. Pr. bonne opinion qu'on a de soi-même.

18. a. Dat. οἰΐ, acc. οἶν; pl. οἶες, οἰῶν, οἰσί, οἴας ou οἶς. Au lieu de οἶς, les Éoliens écrivaient οϜίς, d'où le latin ovis. Le mot est d'origine sanscrite, et généralement, selon la remarque de M. Alf. Maury, «tous les noms de bestiaux, d'animaux domestiques, ceux du bœuf, de la brebis, du cheval, du chien, de l'oie, sont les mêmes en sanscrit, en latin, en grec. » V. Κουκούμιον. — b. Ou ovecula, d'où, en patois, oveillo, oueille, p. brebis, et, au figuré, OUAILLE. V. Μάνδρα. De

ovis dérive encore le mot ovatio, OVATION, petit triomphe où le général vainqueur sacrifiait seulement des béliers ou des brebis, tandis que, dans le grand triomphe, on immolait des taureaux.

19. a. R. οἴσω qui sert de futur à φέρω.

20. a. Impf. ᾠχόμην, f. οἰχήσομαι, a. ᾠχήθην, pf. ᾤχημαι; ᾤχωκα et οἴχωκα. — b. Les langues démontrent la perpétuité de la croyance en une autre vie chez tous les peuples; car toutes expriment l'idée de mort par les mots voyage, passage, départ. En latin, mourir se dit obire, interire, perire, decedere, fr. décéder, pr. ire ob, inter, per; cedere de; d'où exitium, exitus, obitus, fr. décès, obit. En anglais, on se sert du verbe to depart, partir, et en allemand, de scheiden, s'éloigner. « En nostre langage françois, nous parlons avec une propriété toute particulière de la mort des hommes. Car nous l'appelons trespas, et les morts, trespassés, signifiant que la mort entre les hommes n'est qu'un passage d'une vie à l'autre.» S. FR. DE SALES.

21. a. R. οἶος, seul; pr. oiseau farouche, solitaire. Cf. sanglier de singularis, solitaire, en grec μόνιος. — b. Les oiseaux de proie étaient les principaux oiseaux d'auspices. V. Ἀετός et Ἱέραξ. l'oiseau sacré, le sacre.

1. Ὄλυμπος, ὁ, **Olympus**, le mont OLYMPE[a], le ciel. —πιος, *de l'Olympe;* —πια, *jeux olympiques*[b]; —πιάς, *de l'Olympe*, OLYMPIADE[c].

2. Ὄλυνθος, ὁ, figue non encore mûre, la ville d'OLYNTHE[a]. Ὀλυνθάζω, *féconde les figuiers par la caprification*[b].

3. Ὄλυρα, ἡ, **olyra**, espèce de froment *ou* d'épeautre.

4. *Ὁμαρτέω[a], accompagne, s'accorde avec, se rencontre. Ὁμαρτῆ, —τήδην, *ensemble, en même temps, d'un commun accord.*

5. *Ὀμιχέω[a], uriner, pisser. —χω, *id.*; ὄμιχμα, *urine.*

6. Ὀμόργνυμι[a], essuie, nettoie, retranche, exprime, empreint. *—γάζω, *id.*; —γμα, *ordure, tache, souillure, excédant.*

7. *Ὄμπνη, ἡ, aliment, fruits, blé, gâteau de miel des sacrifices. Ὄμπνιος, *nourricier, nourrissant, riche, fertile, fort, puissant.*

8. Ὀμφαλός, ὁ, **umbilicus**, NOMBRIL, milieu. —λιον, *id.*; —λιος, *ombilical;* —λωτός, *creusé ou relevé au milieu;* *—λόεις, *id.*

9. *Ὄμφαξ[a], ακος, ἡ, ὁ, fruit non mûr, raisin vert; *adj.* vert, aigre. —φάκη, *verjus;* —κιος, *vert;* —κίζω, *est vert;* —κίας, —κίτης, *de raisin vert.*

ANNOTATIONS.

1. *a.* Plusieurs montagnes ont porté le nom d'Olympe. La plus célèbre était située sur les frontières de la Macédoine et de la Thessalie. Le sommet en est très-élevé, et les anciens y avaient placé le séjour des dieux. — *b.* Ainsi appelés parce qu'ils se célébraient à *Olympie,* ville d'Élide consacrée à Jupiter qui reçut de là le surnom d'*Olympius.*—*c.* L'an 776, « les jeux *Olympiques,* institués par Hercule, et longtemps discontinués, furent rétablis. De ce rétablissement sont venues les *Olympiades,* par où les Grecs comptaient les années. La première Olympiade est marquée par la victoire de Corèbe. Elles se renouvelaient tous les cinq ans et après quatre ans révolus. Là, dans l'assemblée de toute la Grèce, à Pise premièrement, et dans la suite à Élide, se célébraient ces fameux combats, où les vainqueurs étaient couronnés avec des applaudissements incroyables. » Boss. La 340e olympiade, qui fut la dernière, se termine à l'an 440 de l'ère chrétienne.
2. *a.* Ville de Macédoine pour laquelle Démosthène prononça ses trois immortelles Olynthiennes. Le nom d'*Olynthe* signifie pr. *ville des figuiers,* c.-à-d. bâtie dans une contrée où les figuiers aboudaient. Cf. *Lorette, Laurentum, Laurière,* de *laurus,* laurier; *Ulm,* ville des ormeaux, *Ulmi; les Ormes,* entre Tours et Châtellerault; *Saliceto,* ville des saules;

Fraxinet, ville des frênes, comme *Fresnay* et *Fresnoy; Épinal,* ville des buissons, comme *Épinay, Épinouze* et *Roubaix,* lat. *rubetum; Aulnay,* de *alnus,* aune; *Avesnes* et *Avoine;* de *avena; Mauves,* entre Angers et Nantes; *les Ifs,* entre Rouen et Fécamp; *Coudray, Charmes; Pamproux, Lignières, Houssay, Fromentières, Pommerieux; Hohenlinden,* village des *hauts tilleuls; Marathon* (194). V. Ῥόδος, Δόκαλος, Πτελέα. — *b.* V. Σκνίψ.
4. *a.* F. ήσω, aor. ὠμάρτησα ou ὤμαρτον; verbe composé de ὁμός et ἀραρίσκω, prim. ἄρω.
5. *a.* F. ὀμίξω, a. ὤμιξα; syll. rad. μιχ. L'o initial est un augmentatif, comme α dans beaucoup de mots. Cf. ὀδύρομαι, se lamenter, p. δύρομαι; ὀβελός, broche, de βέλος, trait.
6. *a.* F. ὀμόρξω, a. ὤμορξα, m. rac. q. ἀμέργω.
9. *a.* Toute espèce de fruit qui n'a pas atteint sa maturité; m. rac. q. ὠμός, cru. Dans l'Odyssée, ὄμφαξ signifie spécialement raisin vert, verjus.
11. *a.* « De même, en latin, *beatus* signifie heureux et riche. L'association constante de ces deux idées exprime une erreur païenne à laquelle la Sagesse éternelle a opposé cette maxime : *Beati pauperes.* » MAUKOURY, *Anthologie.*
12. *a.* Comp. ὀλιγώτερος, et mieux μείων, ἐλάσσων, rar. ὀλίζων, sup. ἐλάτ-

10. Ὄκνος, ὁ, paresse, lenteur, hésitation, peur; butor, *oiseau*. —νέω, *—νείω, *diffère, est paresseux; craint;* —νηρός, *paresseux.*

11. Ὄλβος, ὁ, bonheur, félicité, fortune, richesse. —βιος, *heureux, riche* [a]; *—βία, *bonheur;* —βίζω, *rend heureux, félicite.*

12. Ὀλίγος [a], η, ον, peu nombreux, petit, faible. —γόω, *amoindrit;* —γότης, *petit nombre;* —γοστός, *peu nombreux;* —γάκις, *rarement.*

13. Ὀλισθαίνω [a], glisse. —θάνω, *id.;* —θημα, *glissade, faux pas;* —θηρός, *glissant, dangereux;* —θος, *glissade, endroit glissant.*

14. Ὄλλυμι [a], perd, détruit, tue. —μαι, *périt;* ὄλεθρος, *perte, mort;* ὀλέθριος, *ὀλοός, *pernicieux;* ὀλοθρεύω, *ruine, détruit.*

15. Ὀλολύζω [a], **ululo**, HURLE [b], pousse de grands cris. —λύττω, *id.;* —λυγή, —λυγμα, *hurlement;* —λυγών, *cri de crapaud,* HULOTTE [c].

16. Ὅλος [a], η, ον, tout entier, complet; *d'où* solidus [b]. Οὖλος, *id.;* ὁλότης, *totalité;* ὅλως, *en entier;* ὅλωσις, *achèvement.*

17. Ὀλοφύρομαι [a], se lamente, gémit, pleure. *—φύζω, *id.;* —φυρμός, —φυρσις, *lamentation;* —φυρτικός, *plaintif;* *—φυδνός, *id.*

ANNOTATIONS.

στος, qqf. ὀλίγιστος, ou ὀλιγίστατος. D'où ὀλιγαρχία, OLIGARCHIE, État où l'autorité est entre les mains de quelques personnes. Les trente tyrans, à Athènes, les décemvirs, à Rome, et les membres de notre gouvernement provisoire, en 1848, étaient des oligarques; RR. ὀλίγος, ἄρχω. V. Κράτος et Δῆμος. « *Cunctas nationes et urbes populus aut primores aut singuli regunt.* » TAC. *Ann.*

13. *a.* F. ὀλισθήσω, a. 2 ὤλισθον, pf. ὠλίσθηκα.

14. *a.* Impf. ὤλλυον, f. ὀλέσω, Att. ὀλῶ, a. ὤλεσα, pf. ὤλεκα ou ὀλώλεκα; moy. ὄλλυμαι, f. ὀλέσομαι ou ὀλοῦμαι, a. 2 ὠλόμην, pf. 2 ὄλωλα, je suis perdu.

15. *a.* F. ὀλολύξω ou ξομαι, a. ὠλόλυξα. Il y a dans ce verbe et dans son dérivé latin une onomatopée résultant du redoublement de la consonne radicale. V. Καρκαίρω.— *b.* Anc. *huiler,* qui se dit encore dans certaines provinces.— *c.* En latin *ulula,* la *huileuse,* s.-ent. *avis.* « Ululæ *aves ἀπὸ τοῦ* ὀλολύζειν, *id est à fletu nominatæ.* » SERV. La hulotte est une espèce de chouette nommée aussi *chat-huant,* à cause de son cri triste et monotone, et d'une certaine ressemblance de physionomie avec le chat. Le peuple dit, par abréviation, *chouan;* d'où *chouannerie,* insurrection organisée dans l'Ouest par les frères Cottereau, dont l'aîné, Jean,

avait reçu le sobriquet de *Chouan,* parce qu'en faisant la contrebande du sel, il imitait le cri du chat-huant, pour rallier les siens et les avertir, quand les agents de la gabelle approchaient.

16. *a.* Angl. et all. *all.* D'où ὁλόκαυστον, HOLOCAUSTE, sacrifice dans lequel *toute* la victime était *brûlée* sur l'autel; RR. ὅλος, καίω. On appelait proprement hosties ou victimes les sacrifices dont une partie était offerte à l'autel, et l'autre réservée par les prêtres. « Holocaustum *est oblatio suavissimi odoris Domino.* » (*Lévit.,* ch. 1). OLOGRAPHE, ὁλόγραφος, testament *écrit en entier* de la main du testateur; RR. ὅλος, γράφω. CATHOLIQUE, καθολικός, c.-à-d. *universel,* titre sous lequel on désigne l'Église romaine et chacun de ses membres; parce que cette Église a toujours été répandue par tout le monde. « *In mundum universum omni creaturæ.* » S. MARC, ch. 16. RR. κατά, ὅλος. Le τ de κατά s'est changé en θ devant l'esprit rude de ὅλος. On remarque le même changement dans καθέδρα, *cathedra,* chaire, formé de κατά et ἕδρα. — *b.* SOLIDE, dont les parties sont unies en un même *tout.* D'où *solidus,* SOU et *sou,* monnaie romaine, *pr.* pièce entière, non fractionnée. De *solidare,* CONSOLIDER vient SOUDER.

17. *a.* F. ὀλοφυροῦμαι, a. ὠλοφυράμην.

1. Ὀμφή[a], ἡ, voix divine, prédiction, présage, gloire. —φήεις, *qui rend des oracles, prophétique* ; —φητήρ, *prophète, devin.*

2. Ὄνθος[a], ὁ, fiente, excréments des animaux, fumier. —θυλεύω, *farcit;* —θύλευσις, *préparation de mets farcis;* —θυλευτός, *farci.*

3. Ὄνομαι[a], reproche, injurie, accuse, se plaint de. Ὀνοτάζω, *id.;* ὄνοσις, *blâme, injure, mépris;* ὀνοστός, ὀνοτός, *blâmé, blâmable.*

4. Ὀπάζω[a], donne pour compagnon, donne, procure, suit. Ὀπαδός, *compagnon;* —δέω, *suit.* — 5. Ὀπάλλιος, ὁ, OPALE[a].

6. Ὀπή[a], ἡ, trou, ouverture, fenêtre. Ὀπαῖος, ὀπήεις, *qui a un trou;* ὄπεας, *alène de cordonnier;* ὀπήτιον, —των, —τίδιον, *dim.*

7. Ὄπις[a], ιδος, ἡ, respect[b], égard, soin, providence, punition. ὀπίζομαι, *respecte, craint;* ὀπιδνός, *respecté, craint.*

8. Ὀπίσω, en arrière, ensuite, de nouveau. Ὄπισθεν[a], *id.;* ὀπίσθιος, ὀπισθίδιος, *situé par derrière, postérieur.*

9. Ὀπός, ὁ, sopor[a], suc, jus, sève. Ὄπιον, OPIUM[b]; ὀπόεις, *succulent;* ὀπίζω, *exprime le suc d'un arbre;* ὄπισμα, *suc.*

ANNOTATIONS.

1. a. M. rac. q. ὄψ, voix, et εἰπεῖν, dire.

2. a. D'où ONTHOPHAGES, insectes coléoptères appartenant au genre *bousier,* et dont le nom indique l'élément dans lequel ils vivent; RR. ὄνθος, φαγεῖν. V. Βοῦς, Κόπρος.

3. a. F. ὀνόσομαι, a. ὠνάμην et ὠνοσάμην; m. rac. q. ὄνειδος.

4. a. M. rac. q. ἕπομαι. L'ε se change o, comme dans *novus,* de νέος; *olea,* de ἐλαία, olivier; *vomo,* vomir, de ἐμέω. Il n'y a point, entre les lettres grecques, de changement plus fréquent que celui de ε en o.

5. a. Substance minérale composée de silex ou caillou et d'eau, que les lapidaires recherchent pour ses brillantes couleurs.

6. a. M. rac. que ὄψ, œil, regard. Nous donnons de même en français le nom de *regard* à une ouverture pratiquée pour visiter un aqueduc.

7. a. M. rac. q. ὀπή et ὄψομαι, ou ὄσσομαι, voir, regarder. — b. Le mot *respect, respectus,* est exactement synonyme de ὄπις, puisqu'il dérive de *respicere,* regarder, faire attention, avoir *égard,* par opposition à *despicere,* détourner les yeux, regarder d'en haut, mépriser. La même idée est encore exprimée par le mot *considération,* de *considerare,* regarder. «*Oculos natura nobis ad motus animorum declarandos dedit.*»Cic.V.Λάω.

8. a. R. ἕπομαι, venir par derrière. Cf. *ensuite,* de *suivre.* D'où ὀπισθόγραφος, OPISTHOGRAPHE, c.-à-d. *écrit par derrière.* On a donné ce nom aux actes, aux chartes anciennes écrites sur le *recto* et le *verso* de la feuille. Ces sortes de pièces sont rares, parce qu'on n'écrivait ordinairement que d'un seul côté. Les anciens n'écrivaient de même que sur un côté des feuilles de papyrus ou de parchemin, et ces feuilles étaient attachées à la suite l'une de l'autre, jusqu'à ce que le livre fût complet. On en faisait alors un rouleau autour d'une baguette, et on l'arrêtait avec un bouton. C'est de là qu'est venu le mot *volumen,* volume; R. *volvere,* rouler. Cf. en français *rôle,* de *rotulus,* pr. *rouleau* de feuilles de papier collées ensemble, sur lesquelles on écrivait les actes, les titres. Ce mot a signifié ensuite *registre d'inscription;* de là sont dérivés le verbe *enrôler,* inscrire, et le substantif *contrôle,* pr. *contre-rôle,* registre double servant pour la vérification.

9. a. Sopor, ASSOUPISSEMENT, a, en effet, pour sens premier *suc du pavot,* OPIUM, breuvage soporifique. D'où *sopire, soporare,* endormir. De *ad-sopire* s'est formé *assoupir* et *assouvir,* syn. d'apaiser. — b. Suc épais de plusieurs espèces de pa-

10. Ὁμαλός [a], ή, όν, uni, égal, médiocre. –λής, id. ; –λόν, plaine [b] ; –λία, –λότης, égalité ; –λίζω, –λόω, –λύνω, aplanit.

11. Ὄμβρος [a], ὁ, imber, pluie d'orage. Ὀμβρέω, pleut, mouille ; ὄμβρημα, pluie ; –βριος, *–βρήρης, *–βρηρός, pluvieux ; –βρίζω, arrose, humecte.

12. Ὅμηρος [a], ὁ, ή, otage, aveugle, HOMÈRE [b]. –ρον, gage ; –ρεύω, sert d'otage ; –ρεία, tradition d'otages ; –ρευμα, gage, garantie.

13. Ὅμιλος [a], ὁ, foule, tas. –λέω, est avec, converse [b], fréquente ; –λία, compagnie, entretien, HOMÉLIE [c] ; *–ληδόν, en foule.

14. Ὁμίχλη, ή, brouillard, nuée obscure, ténèbres. *–χλήεις, ténébreux.

15. Ὄμνυμι [a], jure, affirme par serment, prend à témoin.

16. *Ὁμός [a], ή, όν, semblable. Ὁμάς, totalité ; ὁμοῦ, ensemble ; ὅμοιος, pareil ; ὁμοιόω, rend semblable ; –ίωσις, ressemblance.

17. Ὄνειδος [a], εος, τὸ, blâme, injure, honneur, louange. *–δειος, injurieux ; –δίζω, reprocher ; –δισις, –δισμα, –δισμός, reproche, injure.

18. Ὄνειρος, ὁ, songe. *Ὄνειρον, *ὄναρ [a], id. ; ὀνειρώσσω, rêve ; –ρωγμός, –ρωξις, rêve ; *–ρειος, *–ρήεις, vu en songe.

ANNOTATIONS.

vols. D'où OPIAT, préparation pharmaceutique, ainsi nommée parce qu'il y entrait autrefois de l'opium.

10. a. R. ὁμός. D'où ἀνώμαλος, non égal, ANOMAL, c.-à-d. irrégulier. RR. ἄν, négat. et ὁμαλός. C'est une ANOMALIE d'écrire graine et grenier. — b. Du latin planus, plan, plain, s. ent. campagne.

11. a. A ὄμβρος, pris dans le sens général d'obscurcissement de l'air, se rapporte le latin umbra, OMBRE ; d'où umbella, petite ombre, puis métaph. OMBRELLE, parasol, et en botanique, OMBELLE. D'où OMBELLIFÈRES, c.-à-d. porte-ombelle, nom d'une famille de plantes dont la fleur ressemble à une ombrelle. Ex. : la carotte, le persil, le fenouil.

12. a. Convenu, donné et reçu comme ôtage ou en gage. RR. ὁμός, Ἄρ, mettre d'accord. — b. Le père et le prince de la poésie grecque. « Ipse parens natum, princeps Heliconis Homerus. » CLAUDIEN. « Unus Homerus sceptra potitus. » LUCE. « Omero, poeta sovrano. » DANTE. Les Grecs l'appelaient ὁ ποιητής, le Poète. Il portait d'abord, dit-on, le nom de Mélésigène, qu'il changea, après avoir perdu la vue, en celui de ὅμηρος, aveugle.

13. a. R. ὁμός. — b. Notre verbe converser veut dire primit. vivre ensemble, conversari, versari cum, et répond à

ὁμιλέω. — c. Instruction simple et familière snr l'Évangile ou sur des matières de religion. Ce nom d'homélie, comme celui de sermon, sermo , pr. conversation, indique moins une harangue ou un discours que l'entretien d'un maître avec ses disciples, ou d'un père avec ses enfants. Remarquez que les mots signifiant harangue ont pour sens premier, l'assemblée devant qui l'on parle. Cf. ἀγορά et panégyrique, de ἀγείρω ; concio, de concieo, convoquer.

15. a. F. ὁμόσω ou ὀμοῦμαι, a. ὤμοσα, pf. ὤμοκα ou ὀμώμοκα, f. p. ὀμοθήσομαι, a. p. ὠμόσθην et ὠμόθην, pf. p. ὀμώμοσμαι.

16. a. D'où ὁμώνυμος, HOMONYME, qui porte le même nom. RR. ὁμός, ὄνομα, éol. ὄνυμα. Il se dit surtout des personnes, mais aussi des mots qui ont le même son avec une signification différente, comme port, livre, coin, tour, etc. V. Ὕν. HOMOGÈNE, ὁμογενής, qui est du même genre ou de la même nature dans toutes ses parties ; RR. ὁμός, γίγνομαι. HOMOLOGUE, ὁμόλογος, qui se dit, en géométrie, des côtés opposés à des angles égaux dans les figures semblables. RR. ὁμός et λόγος, rapport.

17. a. M. rac. q. ὄνομαι.

18. a. Gén. ὀνείρατος, dat. ὀνείρατι.

1. Ὀπτίων[a], ονος, ὁ, de **optio**, OPTION.—2. Ὀπυίω[a], a commerce avec,

3. Ὀρβιχλάτον, τὸ, de **orbiculatum**[a], figure arrondie.

4. Ὀργυιά[a], ἡ, brasse, toise, longueur d'une main à l'autre. Ὀρ-
γυιαῖος, *long d'une brasse*; ὀργυιόω, *lie les bras étendus.*

5. Ὀρίγανον, τὸ, **origanum**, ORIGAN, *pl.* —νος, *id.*; —νόεις, *d'origan.*

6. Ὄρκυς, υνος, ὁ, gros poisson de mer. Ὄρκυνος, **orcynus**, *id.*

7. Ὄρμινον, τὸ, ORMIN *ou* orvale, espèce de sauge, *pl.* —νώδης,
semblable à l'ormin, subst. *une pierre précieuse.*

8. Ὄρνυμι[a], **horior**, **hortor**, fait lever, excité, EXHORTE, produit.
Ὀρούω, *se lève, s'élance*[b]; ὀρτός, *rejeton*[c], *jeune animal.*

9. Ὄροβος, ὁ, **ervum**, ERS OU OROBE[a], *d'où vient* OROBANCHE[b]. —βιαῖος,
gros comme un grain d'ers; —βινος, *fait avec de l'ers.*

10. Ὀρόδαμνος, ὁ, rameau, branche. Ὀροδαμνίς, *petit rameau.*

11. Ὄρομαι[a], veille, surveille. — 12. Ὀρόντιον, τὸ, ORONCE, *pl.*

13. Ὀρός, ὁ, **serum**, petit-lait, SÉRUM du sang[a]; Ὀῤῥός, *id.*; ὀῤῥόω,
change en petit-lait, aigrit; ὀῤῥώδης, SÉREUX.

ANNOTATIONS.

1, *a.* Ou ὀπίων, m. rac. q. ὄσσομαι, regarder, surveiller. L'*optio* était dans la centurie romaine le premier des sous-offi-ciers, comme notre sergent-major dans la compagnie.

2. *a.* Et ὀπύω, f. ὀπύσω, pf. p. ὠπύϊσ-μαι.

3. *a.* R. *orbis*; cercle; d'où ORBITE, ligne courbe que suit un astre dans sa ré-volution autour du soleil; EXORDITANT, excessif, *litt.* qui dévie de la ligne tracée, qui sort de son orbite.

4. *a.* R. ὀρέγω, étendre; *pr.* la lon-gueur que l'on mesure avec les deux bras étendus horizontalement, et qui, chez un homme bien proportionné, est exacte-ment égale à la hauteur totale de son corps, c.-à-d. à sa taille. « Les grandeurs géométriques les plus usuelles de l'homme, dit Ch. Nodier, étaient presque toutes pri-ses sur sa propre taille. C'était le *pouce*, qu'il avait dans ses doigts; c'était le *pal-me*, calculé sur la largeur des quatre doigts qui partent de la paume de la main; c'é-tait la *coudée*, la *brasse*, le *pied*, qui se mesurent en se nommant. » Les distances topographiques se mesuraient en pas. Or le mot *pas, passus*, vient de *pandere*, éten-dre, supin *passum*, et signifie la longueur que mesure un homme en écartant les jambes, une *enjambée*, ordinairement deux pieds et demi, ou quatre-vingt cen-timètres. V. Δοχμή, Ὠλένη, Παλάμη. Un nombre déterminé de pas composaient la *lieue*, c.-à-d. la distance qu'on peut par-courir en une heure, mesurée avec les jambes du pèlerin. Les mesures agraires étaient le *jugerum*, ce qu'une paire de bœufs, *jugum*, labouré en un jour; le *journal*, étendue labourable en un jour; l'*hommée*, ce qu'un *homme* peut faucher en un jour ou ce qu'un vigneron peut cultiver.

8. *a.* Impf. ὤρνυν ou ὤρνυον, f. ὄρσω, a. 1 ὦρσα, a. 2 ὤρορον, moy. mixte ὄρ-νυμαι, impf. ὠρνύμην, f. ὄρσομαι ou ὀροῦμαι, a. 2 ὠρόμην, pf. ὄρωρα, sou-vent employé dans le sens présent. — *b.* C'est à cette racine qu'appartient le verbe *orior*, se lever, naître, *pr.* lever comme fait une jeune plante. D'où *origo*, naissance. Cf. *source de surgo*, et V. Πί-δαξ, Κάρπω, Ὄζος. — *c.* Au propre et au figuré. V. Ὄζος. Comparez le latin *surculus* et le français *surgeon*, mots dé-rivés de *surgere*, et désignant la jeune branche qui a *levé* à la souche d'un arbre.

9. *a.* Plante légumineuse; all. *erbse*. angl. *orobus*. — *b.* Plante parasite qui s'attache aux racines de différentes plan-tes, et particulièrement de l'*orobe*, pour vivre à leurs dépens; d'où son nom qui signifie *étrangle-orobe*; RR. ὄροβος, ἄγχω.

11. *a.* Sans futur. Ce verbe est usité seulement dans le composé ἐπόρομαι; m. rac. q. ὁράω.

13. *a.* Peu de temps après que le sang

14. Ὀνίνημι *a*, aide, est utile. Ὄνησις, ὄνειαρ, *utilité;* ὀνήσιμος, ὀνητικός, *ὀνητός, utile, d'où* ONÉSIME *b*; *ὀνήτωρ, bienfaiteur.*

15. Ὄνομα *a*, ατος, τὸ, nomen *b*, NOM. *Ὄνυμα, id.;* ὀνομάζω, *nomme;* —μασία, *nom;* —μαστικος, *nominal;* —μαστί, *par son nom.*

16. Ὄνος, ὁ, ἡ, âne, ânesse, cabestan, broc, as, *a fait* HÉMIONE *a* et ONAGRE *b*. Ὄνειος, *d'âne;* ὀνεῖον, *écurie d'âne;* ὀνίς, *fiente d'âne.*

17. Ὄνυξ *a*, υχος, ὁ, unguis, ONGLE. —ύχιον, *petit ongle,* ONYX *b*; —υχίζω, *coupe les ongles;* —ύχινος, *fait d'onyx.*

18. Ὀξύς *a*, εῖα, ύ, aigu, aigre, vif *b*, fin *c*. —ύτης, *pointe;* —ύνω, *aiguise,* ὄξος, *vinaigre;* ὀξίζω, *est aigre;* ὀξέα, ὀξύα, *hêtre, trait d*.

19. Ὅπλον, τὸ, arme. Ὁπλίζω, *armer, équiper;* —ισμα, *armure;* —ίτης, HOPLITE, *soldat à pied pesamment armé.*

20. Ὀπτάω, fait rôtir, fait cuire. —τός, —τανός, —τητός, *—ταλέος, —τήσιμος, rôti;* —τανεῖον, *—τανία, cuisine;* —τανεύς, *rôtisseur.*

21. Ὀπώρα, ἡ, automne. —ραῖος, —ριαῖος, —ρικός, —ριμος, —ρινός, *d'automne;* —ρίζω, *récolte les fruits d'automne;* —ρισμός, *récolte.*

ANNOTATIONS.

est sorti de la veine, il se coagule, et du caillot ainsi formé il se sépare un liquide aqueux qu'on appelle *sérum* du sang.

14. *a.* F. ὀνήσω, a. ὤνησα; moy. ὀνίναμαι, f. ὀνήσομαι, a. 2 ὠνάμην, rar. ὠνησάμην, plus souvent ὠνάμην ou ὠνήμην. — *b.* Esclave voleur et fugitif que saint Paul convertit et renvoya vers son maître Philémon, avec une admirable lettre de recommandation dont tous les mots sont éloquents, et où l'Apôtre fait très-habilement allusion au nom d'Onésime, *Utilis,* que l'esclave avait reçu, sans doute, à cause de sa force musculaire ou de son savoir-faire, et auquel la régénération baptismale donnait une signification tout à la fois plus noble et plus vraie.

15. *a.* Pour γνῶμα, de γιγνώσκω, ou νῶμα, de νοέω, comme *nomen* est pour *gnomen;* d'où *agnomen, cognomen.* Le nom est proprement ce qui fait *reconnaître* une personne ou une chose. « *Sunt verba rerum notæ.* » Cic. Platon va même jusqu'à dire : «Qui sait les mots sait aussi les choses.» D'où ANONYME, ἀνώνυμος, qui se dit d'un ouvrage *sans nom* d'auteur. RR. ἄν, ὄνομα, éol. ὄνυμα. PATRONYMIQUE, πατρωνυμικός, qui se dit d'un nom commun à tous les descendants d'une race, et tiré du nom de celui qui en est le père. Ex. *Héraclides,* ou descendants d'*Hercule; Séleucides,* ou descendants de *Séleucus.* RR. πατήρ, ὄνομα. ONOMATO-

PÉE, ὀνοματοποιία, c.-à-d. formation d'un mot, « *Id est fictio nominis.* » QUINT. RR. ὄνομα, ποιέω. Par *onomatopée* on entend plutôt ici un mot qui produit un son imitatif de l'objet exprimé. Wachter l'a définie : *Voxrepercussa naturæ,* l'écho de la nature. Ex.: *Crac, pouf, patatras, glouglou, cricri, crincrin, trictrac, coucou,* etc. — *b.* Angl. et all. *name.* D'où NOMENCLATURE, ensemble des noms assignés aux objets d'une science ou d'un art. RR. *nomen, calo,* appeler par son nom. V. Σύν.

16. *a.* Ἡμίονος, mulet, pr. *demi-âne,* espèce du genre cheval, qui tient de l'âne. — *b.* Ὄναγρα, *onager,* âne sauvage. RR. Ὄνος, ἀγρός.

17. *a.* Syll. rad. Ογχ. d'où *unguis, ungula,* ONGLE. — *b.* Pierre précieuse offrant des raies parallèles qui lui donnent quelque ressemblance avec l'ongle.

18. *a.* D'où PAROXYSME, παροξυσμός, irritation excessive; RR. παρά, au-delà, ὀξύς. OXYGÈNE, c.-à-d. *créateur des acides,* nom d'un gaz qui, en se combinant avec d'autres corps, forme la plupart des acides. RR. ὀξύς, γίγνομαι. *Oxalis,* OSEILLE, pr. *herbe acide.* Les noms de *surelle,* pr. plante *sure,* et de *vinette,* pr. aigrelette comme du *vin;* qu'on donne aussi à l'oseille, expriment la même idée. — *b.* V. Ὠκύς. — *c.* Opposé à ἀμϐλύς. — *d.* Épieu en bois de hêtre. V. Δόρυ.

1. Ὀρός, ὁ, large pièce de bois qui écrase dans le pressoir.

2. Ὀροσάγγαι, οἱ, OROSANGES, *titre de distinction en Perse.*

3. Ὀρπήξ, ηκος, ὁ, rejeton, rameau, arbrisseau, lance, aiguillon.

4. Ὄρρος, ὁ, bas de la colonne vertébrale, croupion, coccyx. Ὀρρώδης, *qui baisse la queue par peur;* –δέω, *craint;* –δία, *peur.*

5. *Ὀρταλίς, ίδος, ἡ, petit oiseau, poussin, petit d'animal quelconque. –λίζω, *bat des ailes, bondit, s'ébat, folâtre.*

6. Ὄρτυξ, υγος [a], ὁ, caille, espèce de plantain. Ὀρτύγιον, *dim.*

7. Ὀρύα, ἡ, boyau, sorte de boudin. — 8. Ὄρυζα, ἡ, oryza, RIZ [a].

9. *Ὀρυμαγδός, ὁ, grand bruit, fracas, tintamarre, tumulte.

10. Ὄρφνη [a], ἡ, obscurité, nuit, tristesse, ennui. *–νηθεν, *de la nuit;* –ναῖος, –νινος, *sombre;* –νίς; *vêtement de couleur sombre.*

11. Ὄρφος, ὁ, orphus, ORPHE *ou* barbier, *poisson de mer.* Ὄρφιον, *id.*

12. Ὄρχις, εως, ὁ, ORCHIS [a], *plante bulbeuse.* –χάς, *sorte d'olive.*

13. Ὄρχος, ὁ, rangée d'une plantation quelconque, rang, ligne. Ὀρχηδόν, *par rangées, en rang;* *ὄρχατος, *jardin, verger.*

ANNOTATIONS.

6. *a.* D'où ORTYGIE, nom donné anciennement à plusieurs îles ou terres, et en particulier à l'île de Délos, parce que les cailles y abondaient. V. Ῥόδος. Il y a de même, dans les Antilles, les îles *Aves* ou *des Oiseaux,* ainsi nommées à cause de leurs nombreux oiseaux. V. Ὄφις. Les mythologues ont donné au mot ORTYGIE une autre origine purement imaginaire. D'après eux, l'île de Délos reçut ce nom de Latone, qui s'y réfugia lorsque Jupiter l'eut changée en caille pour la dérober à la vengeance de Junon. Il est à remarquer que les païens, tant poètes que philosophes, et ceux-là même qui riaient de pitié en entendant saint Paul leur parler de la résurrection des morts, ne trouvaient rien de risible ni d'incroyable, quand il s'agissait de métamorphose ou de métempsycose. « *Dicentes se esse sapientes, stulti facti sunt.* » (*Ep. ad Rom.,* ch. I).

8. *a.* L'o initial est tombé, comme dans *nomen,* de ὄνομα; *dens,* dent, de ὀδούς, etc.

10. *a.* M. rac. q. ἐρέφω, couvrir.

12. *a.* Genre type des ORCHIDÉES, famille de plantes monocotylédonées, dont la fleur est aussi belle de couleurs qu'elle est bizarre dans sa forme. La racine de l'orchis est bulbeuse et fournit une substance farineuse alimentaire, que les Orientaux préparent sous le nom de *salep.*

14. *a.* Impf. ἑώρων, pf. ἑώρακα, pf. p. ἑώραμαι, a. 2 εἶδον, f. moy. ὄψομαι, f. p. ὀφθήσομαι, a. p. ὤφθην. V. Ὄσσομαι et

Εἴδω. Ces deux derniers verbes, qui signifient aussi *voir,* sont, de même que ὁράω, défectifs. Ils prêtent et empruntent à ὁράω plusieurs de leurs temps, de manière à former une conjugaison complète. Cf. en latin, *fero, tuli, latum;* en français, *être, je suis, je fus,* et *je vais, j'allai, j'irai.* Ces différents verbes étaient sans doute complets à l'origine; ensuite on a trouvé plus simple de n'en avoir qu'un seul, formé avec les temps les plus usités des verbes primitifs. D'où ÉPHORE, ἔφορος, c.-à-d. *inspecteur,* nom donné, dans la constitution de Sparte, à cinq magistrats tirés du peuple, qui exerçaient une *surveillance* souveraine sur la conduite des citoyens, des sénateurs et des rois eux-mêmes. RR. ἐπί, ὁράω. Cf. ἐπίσκοπος, *évêque,* de σκέπτομαι. — *b.* D'où PANORAMA, grand tableau circulaire qui, par l'illusion des perspectives, fait *voir tout* un horizon au spectateur placé au centre. RR. πᾶν, ὁράω. — *c.* V. Κόρη.

15. *a.* M. rac. q. ἔργον. D'où ORGUE, angl. *organ,* all. *orgel,* le plus beau des instruments. « *Organum generale nomen est vasorum musicorum, quamvis jam obtinuerit consuetudo ut organa proprie dicantur ea quæ inflantur follibus.* » S. AUG. Anciennement on employait l'eau comme moteur de l'air dans les tuyaux d'orgue, et l'instrument s'appelait alors orgue hydraulique. V. Αὐλός.

16. *a.* M. rac. q. ὀρέγω qui signifie, au moyen, se porter vers avec impétuosité.

14. Ὁράω [a], voit, regarde, juge. Ὅραμα [b], ὅρασις, *vision, vue ;* ὁρα-τής, *spectateur ;* —τικός, *visuel ;* —τικόν, *prunelle* [c] *;* —τός, *visible.*

15. Ὄργανον [a], τὸ, organum, instrument, ORGANE. —νιον, *dim. ;* —νικός, *instrumental, mécanique ;* —νίζω, —νόω, ORGANISE.

16. Ὀργάω [a], est passionné, est fertile. —γάζω, *amollit ;* —γάς, *fertile.*

17. Ὀργή [a], ἡ, colère, passion, ORGUEIL. —γίζω, *irrite ;* —γητής, —γίλος, *irascible ;* —γιστικός, *propre à irriter, irritant.*

Id. Ὄργια, τὰ, orgia, ORGIES, fêtes de Bacchus [b]. —γιάζω, *les célèbre.*

18. Ὀρέγω [a], tend, présente ; —ομαι, étend, atteint, s'élance, désire [b]. Ὄρεξις, *désir ;* ὀρέγδην, *avec désir ;* ὀρεχθέω, *désire.*

19. Ὀρθός [a], ἡ, όν, droit, juste. —θότης, *direction en ligne droite ;* —θιος, *qui s'élève droit ;* —θόω, *dresse ;* —θιάζω, *élève la voix.*

20. Ὄρθρος [a], ὁ, point du jour, aurore. *—θρόθεν, *depuis le point du jour ;* —θρίδιος, —θρινός, —θριος, *matinal ;* —θρεύω, *est matinal, veille.*

21. Ὄρχος [a], ὁ, serment, dieu vengeur des serments [b], ORCUS [c]. —κιον, *gage ;* —κιος, *de serment ;* —κίζω, —κόω, *fait jurer ;* —κωμα, *serment.*

ANNOTATIONS.

17. *a.* M. rac. que ὀρέγω. — *b.* Nous sommes sans cesse ramenés à cette observation, que les mystères du paganisme étaient souillés par des *orgies,* c.-à-d. par toutes sortes de débauches. V. Βάχχος. De là tant de calomnies répandues dans les premiers temps de l'Église contre les mystères des chrétiens. « La prévention où l'on était contre eux faisait aisément présumer que ce qu'ils tenaient si secret était quelque chose de semblable. L'exemple des bacchanales, où, deux cents ans auparavant, on avait découvert des crimes horribles, persuadait en général qu'il n'y avait point d'abomination qui ne pût s'introduire sous prétexte de religion. » FLEURY. Le mot *orgie* signifie maintenant *débauche* de table.

18. *a.* Poét. ὀρέγνυμι, f. ὀρέξω, a. ὤρεξα, pf. ὤρεχα ou ὀρώρεχα, a. p. ὠρέχθην, pf. p. ὤρεγμαι ou ὀρώρεγμαι. — *b.* « La crainte, le désir, l'espérance nous élancent vers l'avenir. » MONT. V. Μαίομαι.

19. *a.* R. ὄρνυμι. D'où *ordo,* ORDRE, comme le mot *régularité* vient de *rectus,* droit. S. Augustin a dit : *cadentem ordinare,* relever, pr. remettre *debout* celui qui tombe. ORTHOGRAPHE, ὀρθογραφία, écriture correcte : « *Quod Græci orthographían vocant, nos recte scribendi notitiam nominamus.* » QUINT. Le mot *orthographia* est peu latin. Quant au français *orthographe,* qui en vient, c'est un

barbarisme ; il fallait dire *orthographie,* comme on dit *géographie,* comme on dit *orthographier* et non *orthographer.* ORTHOPÉDIE, art de prévenir et de *redresser* les difformités du corps. RR. ὀρθός, παιδεία, éducation, art. V. Παῖς. ORTHOPTÈRES, 6e ordre de la classe des insectes, caractérisé par quatre ailes dont les deux supérieures sont courtes et semi-coriaces, et les deux inférieures, membraneuses, et plissées sur leur longueur en *droite* ligne. RR. ὀρθός, πτερόν. La *sauterelle,* la *courtilière* (351) et le *grillon* appartiennent à ce groupe.

20. *a.* R. ὄρνυμι, pr. le *lever* du jour.

21. *a.* M. rac. q. ἕρχος, et ἄρχυς, *lien, filet,* qui se rapportent eux-mêmes à la racine εἴργω, *retenir.* D'où EXORCISME, ἐξορκισμός, paroles et cérémonies que l'Église emploie pour conjurer les démons, et les chasser du corps des possédés. RR. ἐξ, ὅρκος. Les *exorcistes* forment dans l'Église un des quatre ordres mineurs. — *b.* Le serment, *sacramentum,* a toujours été chose *sacrée.* — *c.* C.-à-d. l'enfer, la *prison* infernale, ἕρκος, « avec ses trois triples portes, formées de trois couches d'airain, trois de fer et trois de diamant, portes palissadées par un feu qui les environne et les presse sans les consumer. » MILTON. « *Alligat et novies Styx interfusa coercet.* » VIRG. V. Ἔρχομαι.

1. Ὅς[a], ἥ, ὅ, qui, lequel, laquelle, celui qui, ce qui, ce que. Οὗ, ubi[b], ou ; οἷος, quel, tel que, capable, possible ; ὡς, ainsi.

2. Ὅσος[a], η, ον, combien grand, aussi grand que, tout ce qui. Ὅσσος, id. ; ὁσάκις, aussi souvent que ; —χῆ, en autant de façons que.

3. Ὄσπριον, τὸ, légume, graine légumineuse, fève, pois. Ὀσπριώδης, qui est de la nature des légumes.

4. Ὄσσα[a], ἡ, voix, bruit, son, renommée, oracle, le mont Ossa[b]. Ὀσσεύομαι, présage, pressent ; ὀσσεία, divination, prédiction.

5. Ὄσσομαι[a], voit. Ὄσσε[b], lés yeux ; ὀπεύομαι, ὀπταίνω, voit ; ὄψις, vue ; ὀπτικός[c], de la vue ; ὄμμα, ce qu'on voit, ŒIL[d], visage[e].

6. Ὄστλιγξ, ιγγος, ἡ, vrille des plantes, boucle de cheveux, flamme.

7. Ὄστριμον, τὸ, étable. — 8. Ὀστρύα, ἡ, ostrya, hêtre. —τρύς, id.

9. Ὄσυρις, ιδος, ἡ, OSYRIS, pl.—10. Ὀσφύς, ύος, ἡ, hanche, reins, flanc.

11. Ὄσχος[a], ὁ, jeune branche chargée de fruits, rameau. Ὄσχη, id.

12. Ὅτε[a], quand[b], lorsque, si, en cas que, puisque. Ὅταν, lorsque.

13. Ὅτι[a], uti, UT, que, parce que, pourquoi. Ὁτιή, que, puisque.

ANNOTATIONS.

1. a. D'où ὅστις, ἥτις, ὅτι, qui, quiconque. RR. ὅς, τίς. Nous avons signalé (222) les rapports de signification et de forme qui existent entre l'article et l'adjectif démonstratif. Remarquez ici l'analogie de ce même article avec le pronom relatif ou conjonctif, analogie fondée sur la nature même du pronom relatif, qui se décompose très-simplement en un pronom démonstratif et une conjonction copulative. Ainsi, dans cette phrase de Tite-Live : « Thebe, quod caput Bœotiæ est, in magno tumultu erant, » Quod est pour et illud ; « Thèbes, et c'est là capitale de la Béotie, était dans un grand tumulte. » Il ne faut donc pas s'étonner de trouver tant de ressemblance entre le pronom relatif ὅς, ἥ, ὅ, et l'article ὁ, ἡ, τὸ, ni de voir l'article employé fréquemment comme pronom relatif dans les anciens écrivains. Pareillement, en anglais, l'article the et le relatif that ont la même racine ; et en allemand, l'article der, die, das, sert en même temps de relatif. V. Egger, Grammaire générale. — b. Ubi s'est formé de οὗ par l'addition de la désinence bi, comme ibi, alicubi, etc. V. Ἵοι.

2. a. M. rac. q. ὅς, ἥ, ὅ.

4. a. M. rac. q. ὄψ, quasi ὄψα. — b. En Thessalie, séparé de l'Olympe par la vallée de Tempé.

5. a. F. ὄψομαι, pf. ὄπωπα, a. p. ὤφθην, pf. p. ὦμμαι. V. Ὁράω. Syll. rad. Ὀπ, qu'on retrouve dans optare pour opitare, forme intensive du primitif opo, examiner avec soin, choisir ; d'où adoptare,

ADOPTER, faire choix de ; optimus, qui sert de superlatif à bonus, pr. exquis, choisi, d'élite. De suboptare vient souHAITER, pr. regarder avec désir. V. Λάω, Ἄγαμαι. — b. Forme duelle ; gén. ὄσσων ou ὀσσέων, dat. ὄσσοις, acc. ὄσσε. — c. Fém. ὀπτική, s.-ent. τέχνη, l'OPTIQUE, partie de la physique qui traite des lois de la lumière et de la vision. — d. Œil vient du latin oculus, ocus, venu lui-même du grec ὄκκος ou ὄκος ou ὄκκαλος. R. ὄσσομαι. — e. V. Ὤψ.

11. a. Le même que μόσχος.

12. a. Ὅτε est le neutre du pronom relatif ὅς, ἥ, ὅ, augmenté de la particule τέ ; de même en latin, quum n'est autre chose que l'accusatif de qui, quæ, quod Ex. : Hic dies sextus quum te expecto. voici le sixième jour que je vous attends, pr. pendant lequel je vous attends. Quum s'écrit plus tard par un c, cùm ; d'où le français comme. — b. Quand, quando est également dérivé du pronom relatif, et la construction pleine serait, comme en latin, tum quum, tùm quando, alors quand, c.-à-d. à l'heure que. V. Ὥρα. Cf., en angl. when, quand, et whom, que, quem ; en all. wann, quand, et wen, que, quem.

13. a. Ὅτι est le neutre du relatif ὅστις, et a pour correspondant latin quod, neutre de qui, quæ, devant lequel on sous-entend l'antécédent id : lætor quod est p. lætor ob id quod, je me réjouis parce que, de ce que. On peut encore expliquer quod en le décomposant en un pronom

14. Ὁρμή[a], ἡ, élan, effort, choc, passion, désir[b], essai. —μάω, *lance, s'élance;* —μημα, *élan;* *—μαίνω, *met en mouvement.*

15. Ὅρμος[a], ὁ, chaîne, collier, ronde, port[b]. —μίζω, *fait entrer au port;* —μέω, *est à l'ancre;* —μιά, *ligne pour pécher;* —μαθός, *série.*

16. Ὄρνις[a], ιθος[b], ὁ, ἡ, oiseau. Ὄρνεον, *id.;* ὀρνιθεύω, *est oiseleur;* ὀρνιθεία, *chasse aux oiseaux;* ὀρνίθεον, —θών, *volière.*

17. Ὄρος[a], εος, τὸ, montagne. Ὀρειάς, ὀρεινός, ὄρειος, *de montagne,* ὀριχός, *montueux;* *ὀρείτης, *montagnard;* ὀρεύς, *id., mulet[b].*

18. Ὅρος[a], εος, τὸ, borne, limite. Ὅριον, *dim.;* ὁριαῖος, ὅριος, *qui sert de borne;* ὁριχός, *qui borne;* ὁρίζω[b], *borner;* —ζων, HORIZON[c].

19. Ὀρύσσω[a], *creuse.* Ὀρυγή, —υξις, —υχή, *action de creuser;* —υξ, *pioche;* —υγμα, —υκτή, *fosse;* —υκτήρ, —ύκτης, *qui creuse.*

20. *Ὀρφός, ή, όν, orbus, privé de. Ὀρφανός, orphanus, ORPHELIN, ὀρφόω, ὀρφανόω, —φανίζω, *rend orphelin;* —φανεύω, *les soigne.*

21. Ὀρχέομαι[a], danse, représente[b]. —χημα, —χησις, *danse;* —χηστής, *danseur;* —χήστρα, *place du chœur sur la scène,* ORCHESTRE.

ANNOTATIONS.

démonstratif et une conjonction; car cette double signification se retrouve dans tout pronom relatif. *Lætor quod* signifiera donc : *lætor hoc, nempe* .:. je me réjouis de *ceci, savoir*..... Dans ὅτι et *quod,* employés comme conjonctions, le relatif a perdu le sens de pronom et gardé seulement la signification conjonctive. Cf. *quia;* parce que, plur. neutre de *quis;* l'angl. *that* et l'all. *dass,* que, qui sont à la fois pronoms relatifs et conjonctions. V. Ὅς.

14. *a.* Dérivé de ὅρμαι, parfait passif du verbe ὄρνυμι; *pr.* mouvement violent. — *b.* Cf. *appetitus,* de *petere ad;* « *Appetitus, græce* ὁρμή, *quæ hominem huc et illuc rapit.* » CIC. V. Ὀρέγω.

15. *a.* Éol. Φόρμος; de εἴρω, attacher, affermir. — *b.* Lieu où les vaisseaux sont *attachés,* mis en sûreté, pr. *statio tuta carinis;* m. rac. q. ἕρμα, lieu de sûreté. D'où PANORME, c.-à-d. *tout port,* ville de Sicile, ainsi nommée à cause de l'étendue et de la sûreté de son port, aujourd'hui *Palerme.* RR. πᾶς, ὅρμος. FORMIES ou HORMIES; ville maritime du Latium, avec un port très-commode. Cf. *Porto* en Portugal et en Italie, *le Havre* en France, *Bombay,* c.-à-d. *bonne baie,* en Asie.

16. *a.* M. rac. q. ὄρνυμι. — *b.* Dat. ὄρνιθι, acc. ὄρνιθα et ὄρνιν; pl. ὄρνιθες et ὄρνεις, ὀρνίθων, ὄρνισι, ὄρνιθας, ὄρνεις ou ὄρνις. D'où AVERNE, Ἄορνος, marais des enfers, d'où s'exhalait une vapeur mortelle aux oiseaux; RR. ἀ, ὄρνις.

ORNITHOLOGIE, partie de l'histoire naturelle qui traite des *oiseaux;* RR. ὄρνις, λέγω.

17. *a.* M. rac. q. ὄρνυμι, s'élever. D'où OROGRAPHIE, partie de la géographie qui *décrit les montagnes.* RR. ὄρος, γράφω., Cf., en franc. *montagne* et *monter,* par opposition à *dévaler,* qui dérive de *vallis.* — *b.* Animal précieux dans les *montagnes* pour la sûreté de son pied.

18. *a.* M. rac. q. ὄρνυμι; pr. la borne *élevée.* Cf. ὅρος, montagne, limite naturelle d'un pays. — *b.* D'où AORISTE, ἀόριστος s.-ent. χρόνος, temps *indéfini,* indéterminé, qui, par une contradiction apparente, a pour correspondant en français le passé *défini.* Voy. Burnouf, paragr. 60 et *Dübner,* paragr. 86. APHORISME, ἀφορισμός, *définition* ou sentence énoncée en peu de mots. RR. ἀπό, ὁρίζω, *de, finire.* — *c.* Cercle qui divise la sphère céleste en deux parties, l'une visible et l'autre invisible. Il est ainsi nommé parce qu'il *borne* la portée de notre vue à la surface de la terre. Ὁρίζων est un participe présent avec lequel il faut sous-entendre κύκλος.

19. *a.* F. ὀρύξω, a. ὤρυξα, pf. ὤρυχα, Att. ὀρώρυχα, a. p. ὠρύχθην, pf. p. ὠρύγμαι ou ὀρώρυγμαι; syll. rad. Ορυγ.

21. *a.* M. rac. q. ὀρέγω. — *b.* Pr. imite en dansant; V. Καρπαία et ajoutez que pour exprimer l'idée de *combattre vaillamment,* les Grecs disaient ὀρχεῖσθαι μάχην.

1. *῀Οτλος, ὁ, douleur, souffrance, peine, mal, misère, sort. Ὀτλέω, ἀτλεύω, souffre, endure; ὀτλήμων, malheureux, misérable.

2. ῀Οτοϐος, ὁ, bruit, fracas. —ϐέω, fait du bruit, fait retentir.

3. Ὀτοτοῖ! hélas! *῀Οτοτύζω, se plaint; *ὀτοτύξιοι, pleureurs.

4. Οὐ[a], non, ne, ne pas. Οὐχ, id.; οὐδέ, haud, ni, ne pas; d'où οὐδείς[b], οὔτις, *οὐδαμός, aucun; οὐδαμῶς, pas du tout; —μοῦ, nulle part.

5. Οὖ, sui[a], de soi, de lui, génitif du pronom réfléchi. *Ἑός, ἑή, ἑόν, suus, sua, suum, SON, SA, SES; *ὅς, ἥ, ὅν, id.

6. Οὐά! vah! ah! oh! cri de mépris, d'étonnement ou d'effroi.

7. Οὐαί! væ! ah! malheur!—8. Οὐγγία, ἡ, de uncia[a], ONCE. Οὐγχία, id.

9. ῀Οὖδας[a], εος, τὸ, sol, pavé, plancher. Οὐδός, seuil, entrée, fin; οὐδαῖος, terrestre, souterrain; οὐδήεις, assis sur la terre.

10. Οὐδών, ῶνος, ὁ, de udo, sorte de chaussure en feutre.

11. Οὖθαρ, ατος, τὸ, uber[a], mamelle, fécondité. *—άτιος, au sein; *—ατόεις, qui a de grosses mamelles, fécond, fertile.

12. Οὐΐγγον, τὸ, colocase, plante d'Égypte. Οὐῖπον, οὐῖτον, id.

ANNOTATIONS.

4. a. D'où UTOPIE, plan de gouvernement imaginaire et qu'on ne trouve en aucun lieu. RR. οὐ, τόπος. — b. Pr. pas un, οὐδέ, εἷς, neutre pas, rien. Cf. μηδείς, p. μηδὲ εἷς. V. Μή. Cf. aussi le latin nullus, p. ne ullus, ne unus, V. Νη.

5. a. Acc. Ἑ, se, etc. Voyez la grammaire. La consonne ς remplace en latin l'esprit rude du pronom grec. D'où SUICIDE, suî cædes. J. J. Rousseau le définit: « une mort furtive et honteuse, un vol fait au genre humain.» Étymologiquement parlant, le verbe se suicider est donc un pléonasme. Mais quand on dit : Vous vous suicidez, on parle comme l'Anglais qui demandait à son ami : Comment vous portez-vous soi-même ?

8. a. Ce mot désigna d'abord la douzième partie d'un tout quelconque. D'où ONCIALE, écriture ancienne dont les lettres avaient en hauteur une once de pied, c.-à-d. un pouce.

9. a. M. rac. q. ὁδός; pr. ce sur quoi nous cheminons.

11. a. Cf. libra, de λίτρα, plebs, de πλῆθος, ou du moins, de la même racine. Le changement de θ en δ n'est pas plus étrange que celui de θ en φ, qui a lieu dans φλάω p. θλάω, φλίϐω p. θλίϐω, φήρ p. θήρ, d'où FERA. De uber on a fait exuberare, d'où exuberans, exubérant, c.-à-d. surabondant, superflu, pr. qui s'écoule des mamelles trop pleines. Remarquez l'analogie des synonymes abondant, de ab et unda, pr. qui déborde d'un vase trop plein, et superflu, de super et

fluere, qui présente exactement la même image, image très-simple et toute naturelle, qui nous reporte à l'enfance rustique du peuple romain et de la langue latine. A mesure qu'on s'élève vers les temps d'ignorance et de barbarie qui virent la naissance des langues, on trouve les mots plus artistement formés et plus expressifs. C'est la remarque de J. de Maistre. « Le peuple, dit M. Renau, est le véritable artisan des langues. La langue des enfants et du peuple est d'ordinaire plus expressive que celle que l'usage grammatical a consacrée. » Platon admirait aussi le talent des peuples enfants pour former les mots; et selon lui « tout homme intelligent doit de grandes louanges à l'antiquité pour le grand nombre de mots heureux qu'elle nous a laissés. »

13. a. En parlant des personnes; mais en parlant des choses ou des lois, il signifie licite, permis, ou plutôt non défendu, non consacré, et par ext. profane, opposé à ἱερός, qui exprime, comme le latin sacer, l'idée de sainteté extérieure ou d'inviolabilité consacrée par les lois ou la coutume. V. PILLON, Syn. grecs.

14. a. D'où OSTÉODE, petite île voisine de la Sicile, ainsi nommée, selon Diodore de Sicile, parce qu'elle fut couverte des ossements d'un corps de mercenaires que les Carthaginois y laissèrent mourir de faim, en punition d'une révolte provoquée par un refus de solde. Le nom grec est Ὀστεώδης, fait d'os. Liv. V. ch. 11. — b. D'où Ossifraga, ORFRAIE

13. Ὅσιος, α, ον, saint, juste, pur, pieux[a], profane. —ία, *rite, droit, obsèques ;* —ιότης, *sainteté ;* —ιόω, *sanctifie, expie, ensevelit.*

14. Ὀστέον[a], τὸ, **ossum**[b], os, OSSEMENT, noyau ; *d'où vient* PÉRIOSTE[c]. Ὀστάριον, *petit os ;* ὀστέϊνος, ὀστινος, *d'os ;* ὀστίτης, *des os.*

15. Ὄστρακον[a], τὸ, coquille, écaille, vase d'argile, tesson. —χινος, *de coquille, d'argile ;* —χίζω, *bannit ;* —χόω, *durcit.*

16. Ὄστρεον, τὸ, **ostreum**, HUÎTRE[a], coquillage quelconque. Ὀστρεῖνος *de coquille ;* ὄστρειον, *pourpre ;* ὀστρίτης (λίθος), *perle des huîtres.*

17. Ὀσφραίνομαι[a], flaire. —φρανσις, —φρασία, —φρησις, *flair, odorat ;* —φραντός, —φρητός, *flairé ;* —φραντής, *qui flaire, qui suit à l'odeur.*

18. Ὀτρύνω, excite, pousse, presse. Ὀτρυντής, *instigateur ;* ὀτρυντικός, *propre à exciter ;* ὀτρηρός, ὀτραλέος, *prompt.*

19. Οὐρά[a], ἡ, queue[b], poupe, arrière-garde[c] ; *d'où* **sciurus**[d], ÉCUREUIL.—ράδιον, *petite queue ;*—ραῖος, *de la queue, qui est à la queue.*

20. Οὐρανός, ὁ, ciel, URANUS[a]. —νίσχος, *dais ;* —νιος, *céleste, du ciel ;* —νία, URANIE[b], *jeu de la balle en l'air ;* —νιάζω, *y jouer.*

ANNOTATIONS.

pr. *ossa frangens*, nom donné à une espèce d'aigle dont le bec est assez dur pour *broyer les os* de sa proie. — c. Περιόστεον, membrane fibreuse qui enveloppe les os. RR. περί, ὀστέον.

15. a. M. rac. q. ὄστρεον. D'où ὀστρακισμός, OSTRACISME, jugement par lequel les Athéniens bannissaient pendant dix ans les citoyens dont on redoutait l'influence pour la liberté. Les votes s'écrivaient sur une *coquille* ou un *tesson* enduit de cire. C'est ainsi qu'Aristide, Thémistocle, Cimon, Thucydide furent éloignés d'Athènes. A Syracuse, on pratiquait quelque chose d'analogue, sous le nom de *pétalisme*, parce que les suffrages du peuple étaient écrits sur une *feuille* d'arbre, πέταλον. V. Πετάννυμι.

16. a. Angl. *oyster*, all. *auster*. M. rac. q. ὄστραχον. Cf. en latin, *testa*, coquille, et *testudo*, tortue.

17. a. F. ὀσφρήσομαι, a. 1 ὠσφρησάμην, a. 2 ὠσφρόμην, a. p. ὠσφράνθην.

19. a. D'où URODÈLES, sous-ordre des Batraciens (45), comprenant tous ceux qui ont une *queue apparente* et persistante, par ex.: la *salamandre*. RR. οὐρά, δῆλος. ANOURES, autre famille de Batraciens, ainsi nommés parce qu'ils perdent leur queue en grandissant, comme la grenouille, le crapaud. RR. ἄν, οὐρά. MACROURES, nom donné à une division des crustacés décapodes, dont le corps se termine par une *longue queue*. RR. μαχρός, οὐρά. — b. V. Αἴολος. — c.

Dans toutes les langues, une armée en bataille est assimilée à un corps vivant ayant une tête, στόμα, des ailes, κέρας, et une queue. — d. Σχίουρος, parce que l'écureuil se fait une *ombrelle* de sa *queue* relevée en panache. RR. σχιά, οὐρά.

20. a. Planète quatre-vingt-deux fois plus grosse que la terre, la plus éloignée du soleil après Neptune. On l'appelle aussi *Herschell*, du nom de l'astronome qui l'a découverte, et ce nom a l'avantage de rappeler le souvenir d'un savant célèbre ; tout en distinguant l'objet qu'il désigne, aussi bien que faire se peut parmi des objets de même nature. V. Ἱχέστου. Les anciens, qui attribuaient à des divinités ou à des génies les mouvements et les influences des corps célestes, ont donné aux planètes des noms de dieux ou de déesses, et même pour les astres découverts dans les temps modernes, le respect de la tradition mythologique a fait prévaloir les dénominations païennes. On a suivi un système analogue dans la nomenclature des métaux. On a consacré au dieu *Uranus* l'*Uranium*, à la Terre, *Tellus*, le *Tellure*, à la Lune, Σελήνη, le *Sélénium*, à la manière des anciens alchimistes qui appelaient l'*hydrargyrum* ou vif-argent, *Mercure*, le plomb *Saturne*, l'étain *Jupiter*, le fer *Mars*. Οὐρανός signifie encore le *palais de la bouche* qui en est comme le ciel. — b. Muse de l'astronomie : « Cœli motus scrutatur et astra. » AUS.

1. Οὐλαί[a], αἱ, grains d'orge entiers employés dans les sacrifices[b].

2. *Οὐλαμός[a], ὁ, escadron, troupe, multitude, essaim.

3. *Οὖλέ[a], portez-vous bien, adieu, *en lat.* vale.

4. Οὐλή, ἡ, cicatrice. —λόω, *cicatrise.* — 5. Οὖλον, τὸ, gencive[a].

6. Οὖλος[a], η, ον, frisé, moelleux, touffu, épais. —ότης, *frisure;* οὖλος, *gerbe;* Οὔλω, *Cérès, déesse des céréales, des gerbes.*

7. Οὖν[a], donc. — 8. Οὖρον[a], τὸ, urina, URINE. —ρέω, *uriner.*

9. Οὖρος[a], ὁ; urus, URUS *ou* UROC, espèce de buffle.

10. *Οὐτάω[a], blesse, frappe. Οὔτησις, *action de blesser, blessure;* οὐτητής, οὐτητήρ, *celui qui blesse;* ὠτειλή, *blessure.*

11. *Ὀφέλλω[a], grossit, est utile, balaye. Ὄφελος, *utilité;* ὄφελμα, *accroissement, secours, balai;* ὀφέλσιμος, *utile*

12. Ὀφνίς, ίδος, ἡ, charrue. — 13. *Ὄφρα, afin que, jusqu'à ce que.

14. Ὀχετός[a], ὁ, conduit d'eau, rigole. —τεύω, *arrose par des saignées;* —τεία, —τευμα, *saignée pour arroser;* —τιον, *petit canal.*

15. Ὄψ[a], ὀπός, ἡ, voix, parole, discours, chant; *d'où vient* CALLIOPE[b].

ANNOTATIONS.

1. *a.* Att. ὀλαί; R. ὅλος, entier. — *b.* Avant d'égorger la victime, les prêtres répandaient sur sa tête, entre les cornes, une pâte de farine d'orge grossièrement moulue et mêlée de sel, *mola salsa.* V. Μύλη.

2. *a.* R. οὖλος, serré, roulé. V. Σπείρα.

3. *a.* Impér. de l'inusité οὖλω ou οὐλέω, se porter bien, se guérir. La racine de ce mot et du précédent est la même que celle de ὅλος, entier, *integer,* sain, intact, bien portant, Ion. οὖλος, «*Verbum* οὐλεῖν, *quod in Ionica dialecto notabat sanare, nihil aliud est quàm* ὀλεῖν, *integrum facere, ab* ὅλος *totus, integer.*» WALKENAER. V. Θιγγάνω.

5. *a.* D'où ἐπουλίς, ÉPULIE, excroissance qui vient à la gencive entre deux dents. RR. ἐπί, οὖλον.

6. *a.* M. rac. q. ἴλλω, enrouler, entortiller.

7. *a.* Cette conjonction n'est proprement que le neutre du participe présent de εἰμί, contracté de ἐόν en οὖν, et veut dire *étant ainsi,* puisque cela est, en effet. Cf. *igitur,* donc, formé de *id agitur,* c'est fait, cela est ainsi.

8. *a.* D'où διουργητικός, DIURÉTIQUE, qui se dit des boissons médicamenteuses ayant la propriété d'augmenter la sécrétion de l'urine. RR. διά, οὖρον.

9. *a.* On l'appelle aussi AUROCHS, et tous ces noms sont, comme l'animal lui-même, d'origine germanique. C'est un bœuf sauvage, le plus gros des quadru-

pèdes après l'éléphant et le rhinocéros. On le trouve dans le Caucase et les monts Krapacks. « Il se distingue du bœuf ordinaire, dit Cuvier, par son front bombé, par une sorte de laine crépue qui couvre la tête et le cou du mâle, et lui forme une barbe courte sous la gorge. » César l'a décrit; *De bello gallico,* lib. 1, ch. 28.

10. *a.* F. ἥσω, etc. rég. 3e pers. n. 2 irrég. οὖτα, part. a. 2 irrég. οὐτάμενος, blessé. On dit aussi οὐτάζω pour οὐτάω.

11. *a.* F. ὀφελῶ, a. ὤφειλα.

14. *a.* R. Ἔχω, contenir, ou ὄχος, véhicule.

15. *a.* De la racine Ἔπ, dire. — *b.* Καλλιόπη, c.-à-d. *belle voix,* Muse de la poésie épique et de l'éloquence. La Fontaine la reconnaît et l'invoque comme sa muse, parce que l'apologue, en tant que récit, peut être rattaché au genre épique. RR. καλός, ὄψ.

16. *a.* M. rac. q. αὖρα, souffle. — *b.* Dans toutes les langues le vent est le symbole de la fortune, de la renommée, de la faveur, toutes choses inconstantes et légères. V. Κλέος. — *c.* M. rac. q. ὁράω et ὅρομαι. V. Φρουρός.

17. *a.* Au lieu de οὖς, les Lacédémoniens et d'autres disaient αὖς ou αὖρ, d'où est venu le latin *auris,* dimin. *auricula* fr. *oreille* pour *aureille.* Cf. l'angl. *ear* et l'all. *ohr.* D'*oreille* on a fait OREILLER; OREILLARD, genre de chauves-souris, remarquable par le grand développement de ses oreilles. — *b.* D'où PAROTIDE, la plus

16. Οὖρος[a], ὁ, vent favorable, succès[b], garde[c]. —ριος, *favorable, heureux;* *-ρέω, *a bon vent ;* -ρίζω, *pousse par un bon vent.*

17. Οὖς[a], ὠτός[b], τὸ, auris, OREILLE. *Οὖας, ὦς, αὖς, *id.;* ὠτίς, *dim.*, OU-TARDE[c]; ὠτικός, AURICULAIRE ; *οὐατόεις, ὠτῶεις, *qui a des oreilles.*

18. Ὀφείλω[a], doit. Ὀφλισκάνω, *id.* ; ὀφείλημα, ὄφλημα, *dette;* ὀφει-λέτης, ὀφλητής, *débiteur;* ὀφειλέτις, *débitrice.*

19. Ὀφθαλμός[a], ὁ, œil. —μικός, *des yeux;* —μίας, *qui a la vue perçante;* —μία, OPHTHALMIE[b], *mal d'yeux;* —μιάω, —μίζομαι, *a mal aux yeux.*

20. Ὄφις[a], εὼς, ὁ, serpent. Ὀφίδιον, ὀφείδιον, *petit serpent ;* ὀφιαχός, *ὀφιόεις[b], *ὀφιόνεος, ὀφίτης, —τις, *de serpent;* ὀφίασις, OPHIASIS[c].

21. Ὀφρύς, ύος, ἡ, sourcil[a], fierté, hauteur, escarpement[b], OPHRYS[c], *pl.* Ὀφρυάζω, ὀφρυόομαι, *fronce le sourcil ;* ὀφρυάω, *s'élève en mont.*

22. Ὄχθος, ὁ, rivage escarpé hauteur, colline. Ὄχθη, *id.* ; ὀχθέω, *supporte avec peine;* *ὀχθηρός, *montagneux, escarpé.*

23. Ὄχλος[a], ὁ, vulgus, remuement, trouble, cohue, foule[b], embar-ras. Ὀχλέω, *remue ;* ὄχλημα, ὄχλησις, *embarras;* ὀχληρός, *importun.*

ANNOTATIONS.

considérable des glandes salivaires, ainsi nommée parce qu'elle est située *près* et au-dessous de l'oreille. RR. παρά, οὖς. — c. On écrit aussi ὀτίς et οὐτίς, en latin *otis.* Genre d'oiseaux échassiers d'un naturel sauvage, bon gibier. La brièveté de leurs ailes, jointe à la pesanteur de leur corps, rend leur vol lourd et pénible; d'où leur nom d'*outarde, otis tarda.*

18. a. F. ὀφειλήσω, a. ὠφείλησα; pf. ὤφληκα; f. p. ὀφειληθήσομαι, a. p. ὠφει-λήθην, pf. p. ὠφείλημαι ou ὤφλημαι. L'a. 2 ὤφελον s'emploie avec un infinitif pour exprimer un souhait, en lat. *Utinam!*

19. a. M. rac. q. ὀφθῆναι inf. a. p. de ὄσσομαι. Ὀφθαλμός; signifie aussi *bourgeon,* comme, en français, le mot *œil.* — b. Inflammation du globe de l'œil.

20. a. D'où ORBICLÉIDE, littér. *serpent à clefs.* RR. ὄφις, κλείω. OPHIDIENS, nom donné, en zoologie, à l'ordre des reptiles qui renferme tous ceux connus vulgairement sous le nom de *serpents.* — b. Ὀφιόεις signifie, de plus, *plein de serpents,* et le féminin Ὀφιόεσσα, devenu *Ophiusa,* a été le premier nom de l'île de Rhodes, par allusion aux nombreux serpents qui l'infestaient. « C'est ainsi qu'on désigna plusieurs autres îles, qui étaient peuplées de reptiles quand les hommes en prirent possession.» (*Anach.*) L'île de Formentera, en particulier, la plus petite des Baléares, fut appelée anciennement *Ophiusa* ou *Colubraria*, à cause de ses serpents et de ses couleuvres. Pareille-

ment, l'île de Délos s'appela *Ortygie,* à cause de ses cailles (224); l'île de *Marmara* portait jadis le nom d'*Ile aux Biches* (266). V. Πίθηκος, Νεβρός. Nos cartes de géographie moderne offrent une foule de noms de villes ou de villages tirés des animaux qu'on a d'abord trouvés dans le pays ou des troupeaux qu'on y élevait. Cf. *Armentières* dans le Nord, de *armentum,* troupeau de bœufs; *Villapourçon, Porchères, Pourchères, Brebières, Chevrières, Colombières, Oueilloux;* V. Οἴς; *Vachères, Louviers, Louplande, Merles, Asnières; Asinaria,* île des États sardes; *Boves, Boiano, Bovelles, Bovines* ou *Bouvines, Bouvières,* dans différents pays; *Capraria,* île de la Méditerranée, pr. l'île aux chèvres; *Goupillières ;* V. Ἀλώπηξ; *Meilleray,* la Meilleraie. V. Μέλι, Λόκαλος. — c. Maladie qui fait tomber les cheveux et les poils. V. Ἀλώπηξ.

21. a. C'est *surcil* qu'on devrait dire. *Sourcil* rappelle le temps où l'*u* se prononçait *ou.* — b. Le latin *supercilium* a exactement les mêmes significations, et, en français, l'adjectif *sourcilleux* est, par métaphore, synonyme de haut, élevé. — c. Genre de plantes orchidées, ainsi nommées à cause des deux sépales supérieures qui sont arquées en forme de sourcil.

23. a. Éol. ὄλχος, en crétois, πόλχος. D'où OCHLOCRATIE, gouvernement du bas peuple. RR. ὄχλος, κράτος. — b. Le latin *turba* signifie pareillement tumulte et foule.

1. Ὀψέ[a], tard. Ὄψιος, ὄψιμος, *tardif, du soir*[b]; ὀψιότης, *tardiveté*; ὀψία, *le soir*; ὀψίζω, *est tardif*; ὀψισμός, *retard*.

2. Π[a], τὸ, PI, *labiale forte*[b], *vaut* quatre-vingts[c].
Π:τάριον, *instrument qui a la forme d'un* Π.

3. Παιάν, ᾶνος,ὁ, PÆAN, *médecin, hymne*[a], chant, pied de vers[b].
Παιανίζω, *chante un pæan, chante victoire*; —νικός, *du pæan*.

4. Παιπάλη, ἡ, fleur de farine, poussière très-menue, homme très-
fin. *—λα, rocailles; —λάω, est fin; —λιμος, —λώδης, fin, rusé.

5. Παιών[a], ῶνος, ὁ, PÉON, *médecin, hymne*. —ωνεῖον, *salaire du médecin*; —ώνιος, *médicinal*; —ωνία, pæonia, PIVOINE[b].

6. Παλάθη, ἡ, cabas de figues. —θον, *id*.; —θιον, —θίς, *dimin*.; —θώδης,
foulé, aplati comme un cabas de figues.

7. Παλαιστή[a],ῆ; PALESTE[b], PALME, EMPAN[c], largeur de quatre doigts.
—ίς, *id*.; —ιαῖος, long d'un palme.

8. Πάλιν, de nouveau, *a fait* PALINODIE[a], PALIMPSESTE[b].

9. Παλματίας, ὁ, vin de PALMIER. —τιανός, *id*.—10. Πάλμυς, υος, ὁ, roi.

1. *a*. M. rac. q. Ἕπομαι, suivre, venir par derrière. — *b*. Notre mot *soir* vient pareillement de *serus*, tardif.

2. *a*. Il correspond à l'hébreu *Pe* ou *Phe*, qui veut dire *bouche*. — *b*. « Tanta est cognatio Π et B quod invicem inveniuntur pro se positæ in quibusdam dictionibus, ut ambo pro ἄμφω, buxus pro πύξος, triumphus pro θρίαμβος. » Prisc. — *c*. Dans les inscriptions, π valait 5, comme lettre initiale de πέντε.

3. *a*. Cet hymne se chantait en l'honneur d'Apollon, dans le but de faire cesser un fléau public ou une maladie; de là le surnom de Pæan donné à Apollon. R. παύω. Παιάν serait donc pour παυάν. — *b*. Ce pied est composé de trois brèves et d'une longue qui peut occuper une place quelconque.

5. *a*. Ce mot à la même racine, et à peu près les mêmes significations que παιάν. —*b*. Plante renonculacée, très-vantée des anciens pour ses propriétés médicales.

7. *a*. M. rac. q. παλάμη. — *b*. Le palme grec, nommé aussi *paleste*, équivalait à environ 77 millim.; le palme romain était de 74 millim. — *c*. De *in* et *palma*. *Empan* est pour *empalme* ou *empaume*, qui se dit encore dans le peuple de certaines provinces. V. Ὀργυιά.

8. *a*. Παλινῳδία, *prim*. chant dans lequel le poëte rétracte ce qu'il a dit dans un ouvrage antérieur. RR. πάλιν, ἀδω. Aujourd'hui, ce mot se dit de tout chan-

gement brusque dans les paroles ou les actions, par lequel on loue ce qu'on avait d'abord dénigré. On appelait autrefois PALINOD un poëme en l'honneur de l'immaculée conception de la sainte Vierge, qui se composait pour un concours renouvelé tous les ans dans plusieurs académies, et particulièrement en Normandie. — *b*. Παλίμψηστος, c.-à-d. raclé de nouveau. RR. πάλιν, ψάω. On nomme ainsi les parchemins manuscrits dont on a gratté les premiers caractères, pour y substituer un autre texte. Ce grattage eut lieu surtout à l'époque où Ptolémée fit renchérir le papyrus, en défendant de l'exporter, et plus tard, lors de l'occupation de l'Égypte par les Arabes. Pour comprendre ici le sens de πάλιν, il faut savoir qu'on préparait le parchemin à recevoir l'écriture en le *grattant* et en le polissant avec l'ivoire. V. Μεμβράνα; Πάπυρος.

11. *a*. R. ἔχω. Le sens propre de ὄχος est donc *vaisseau*, avec la double signification française de *vase* et de *véhicule*. V. Ἄκατος. — *b*. On dit aussi dans ce sens ὄχος, εος. — *c*. V. Ἄχθομαι.

12. *a*. Παίζομαι ou παιοῦμαι, a. ἔπαιξα, pf. πέπαιχα, f. p. παιχθήσομαι, a. p. ἐπαίχθην, pf. πέπαιγμαι. Att. πέπαισμαι. Les Doriens disaient παίσδω, et les Lacédémoniens, παίδδω qui a la même racine que παῖς, enfant. « Sans soin du lendemain, sans souci de la veille, L'enfant *joue* et s'endort; pour *jouer* il s'é-

11. Ὄχος *a*, ὁ, ce qui contient, voiture, char *b*, bateau. Ὀχέω, *voiture, porte, souffre c; ὄχημα, voiture, monture.*

12. Παίζω *a*, joue, se moque. Παῖγμα, παιγμός, παιδιά, *jeu*; παίγνιον. *jouet; παίγνιος, παικτός, plaisant; παίκτης, joueur.*

13. Παῖς, παιδός *a*, ὁ, ἡ, **puer** *b*, enfant, esclave *c*, PAGE *d*, niais *e*. –διά, *jeu, enfance;* –δεύω, *instruit;* –δεία *f*, *éducation;* –δευτήριον, *école.*

14. Παίω *a*, **pavio** *b*, frappe, agite, expédie promptement. Παιστός, *frappé; d'où vient* ἀνάπαιστος, ANAPESTE *c*.

15. Πάλαι *a*, autrefois. –αιός, *ancien, usé;* –αιότης, *ancienneté;* –αιόω, *rend vieux, abroge;* –αίωμα, *vétusté.*

16. Παλάμη, ἡ, **palma** *a*, PAUME de la main, main, moyen. –μάομαι, *fait, intrigue b;* –μημα, *manière c, ruse d;* –μναῖος, *meurtrier e.*

17. Παλεύω, attire dans un piége, allèche, trompe, séduit. –ευμα, *amorce;* –ευτής, *oiseleur;* –εύτρια, *appeau, séductrice.*

18. Πάλη, ἡ, lutte *a*, combat, fleur de farine, poussière *b*, cendre. –λαίω, *lutter;* –λαίστρα, **palæstra**, PALESTRE *c*; –λημα, *farine.*

ANNOTATIONS.

veille. » DELILLE.

13. *a.* D'où παιδαγωγός, PÉDAGOGUE, *pr.* conducteur d'enfants, c. à d. chargé de *diriger* leur conduite et de veiller sur eux, « titre aussi noble qu'honorable, » dit Plutarque. (*Alex.*, 8). RR. παῖς, ἄγω. Aujourd'hui *pédagogue* est synonyme de PÉDANT, autre dérivé de παῖς. V. LA FON-TAINE, *L'Enfant et le Maître d'école.* — *b.* De ποῖρ, forme dial. de παῖς, d'où ve-nait aussi *por* p. *puer* dans *Marcipor, Lucipor*, esclave de Marcus, de Lucius. *Puer* a pour diminutifs *puellus, puella* et *pullus*. D'où POULAIN; POULET, qui s'em-ploie aussi comme terme de tendresse; *pullulare*, PULLULER, littér. avoir beau-coup de *petits; pusus*, petit enfant; *pu-sillus*, très-petit, etc. De *pullus* les Ita-liens ont fait *pulcino*, ROUSSIN, et le dim. *pulcinella*, en fr. POLICHINELLE, mot qui désigna d'abord un acteur napolitain cou-vert d'un masque à grand nez en *bec de poulet.* — *c.* Nous disons de même *garçon* pour *domestique*, et le latin *puer* a le même sens. — *d.* Jeune seigneur. V. Πρέσβυς. — *e.* Ital. *nidiace*, de *nidus*, nid, *pr.* qui n'a pas encore quitté le nid. Cf. *béjaune*, all. *gelbschnabel*, jeune homme inexpérimenté, par allusion au jeune oiseau dont le bec est encore jaune; *blanc-bec*, jeune imberbe sans expé-rience. — *f.* D'où CYROPÉDIE, roman historique de Xénophon sur l'éducation et la vie de Cyrus. RR. Κῦρος, παῖς.

14. *a.* Éol. παFίω, f. παιήσω, rar. παί-σω, a. ἔπαισα, pf. πέπαικα; prend σ au passif. — *b.* Battre, frapper pour niveler, d'où PAVER. — *c.* Pied des vers grecs et latins, appelé aussi *antidactyle*, parce qu'étant composé de deux brèves et d'une longue, il est *frappé au rebours* du dactyle. RR. ἀνά, παίω.

15. *a.* D'où PALÉOLOGUE, c. à d. par-lant un langage ancien, nom d'une fa-mille impériale de Constantinople; RR. πάλαι, λέγω. PALÉOGRAPHIE, science des écritures anciennes; RR. πάλαι, γράφω. PALÉONTOLOGIE, *science des êtres anciens* passés à l'état fossile; RR. πάλαι, ὤν, partic. de εἰμί, et λέγω.

16. *a.* D'où *palmes*, branche de vigne dont les rejetons sont disposés comme les doigts d'une main. *Palma* signifie encore *palmier*, arbre dont les feuilles ressem-blent à une main ouverte. D'où PAL-MYRE, ville de Syrie, bâtie par Salomon qui la nomma *Thamor*, c.-à-d. *Ville des Palmiers*, que les Grecs ont traduit en Πάλμυρα. — *b.* Pr. *manigancer*, bas lat. *maniculare;* R. *manus*. — *c.* De *manus*, main. — *d.* Pr. tour de main. — *e.* Litt. qui a les *mains* souillées d'un meurtre. 18. *a.* R. πάλλω, à cause de l'agitation du corps dans la lutte. — *b.* Avant le combat, les athlètes se couvraient de poussière. — *c.* Lieu des exercices gym-nastiques, et en général, lieu d'exercices quelconques.

1. Πάλμη[a], ή, de parma, parmula[b], PARME, sorte de bouclier.

2. Πανδοῦρα, ή, pandura, PANDORE[a], grand couteau de cuisine. Πάνδουρον, –ριον, –ρίς, id.; –ρίζω, joue de la pandore.

3. Πάνεμος, ὁ, nom d'un mois grec. — 4. Πανικός, ή, όν, PANIQUE[a].

5. Πανός, ὁ, panis, PAIN, chez les Messapiens; d'où PANIER, PANETIER[a].

6. Πάξ! pax! bien, c'est assez, PAIX.—7. Πάξ, ή, sorte de chaussure.

8. *Πάομαι[a], possède. Παός, allié par mariage; πᾶμα, possession.

9. Παπαί! papæ! ah! ah! oh! oh! oh ciel! Παπαιάξ! παπαιπαιάξ! id.

10. Πάππας, ου, ὁ, pappa, PAPA[a]. –πίας, id.; –πάζω, caresser papa, jargonner; –πος, aïeul, aigrette; παπᾶς, papa, le PAPE[b].

11. Πάπραξ, ακος, ὁ, nom d'une espèce de poisson d'eau douce.

12. *Παπταίνω, regarde de tous côtés, tourne les yeux pour voir.

13. Πάπυρος, ὁ, ή, PAPYRUS[a], PAPIER fait de papyrus, livre. –ρώδης, de papyrus, de la nature du papyrus.

14. Παρά[a], gén. de, d'auprès de; dat. auprès de, chez; acc. vers, chez, outre, plus que, contre[b]. D'où PARALLÈLE[c], PAROISSE[d], PARODIE[e].

ANNOTATIONS.

1. a. Le même que πάρμη. — b. Diminutif de parma, qu'Horace trouvait encore trop pesant, dans la déroute de Philippes, puisqu'il le jeta pour mieux courir, « relicta non bene parmula. » (Ode O sæpe.)

2. a. Instrument de musique à cordes.

4. a. C.-à-d. venant du Dieu Pan. Cet adjectif s'applique spécialement aux grandes frayeurs, aux terreurs subites, que les anciens attribuaient au dieu Pan.

5. a. Et APANAGE, revenu assigné par le souverain à ses fils puînés, pour qu'ils puissent vivre conformément à leur rang, pr. ad panem, pour la subsistance.

8. a. F. πάσομαι, a. ἐπασάμην, pf. πέπαμαι, je possède, dans le sens du présent, c. κέκτημαι. V. Κτάομαι.

10. a. Mot enfantin, comme maman, bonbon; etc. V. Νάννα. — b. Angl. pope, all. papst. « Le nom de pape qui signifie père, mais en marquant une tendresse particulière, a été longtemps commun à tous les évêques, et se donne encore aujourd'hui à tous les prêtres dans l'Église grecque. On disait également le pape Corneille, le pape Cyprien, le pape Jules et le pape Athanase. » FLEURY. Dans l'Église grecque, les prêtres se nomment papas, et chez les Russes, popes. Il faut, à ce sujet, remarquer la signification toute paternelle des titres adoptés par l'Église

pour les membres de sa hiérarchie. Après le saint-père viennent les patriarches, dont le nom réveille la même idée; puis l'évêque, ἐπίσκοπος, le gardien du troupeau, le surveillant du diocèse (289); ensuite le simple pasteur ou curé, curator, qui prend soin des ouailles. V. Μάνδρα; l'aumônier, chargé du soulagement des pauvres, etc. V. Κονέω.

13. a. Espèce de roseau du genre souchet, autrefois très-commun dans les marécages de l'Égypte. Sa tige est formée de pellicules concentriques que l'on collait les unes sur les autres, de manière à pouvoir y écrire avec l'encre. V. Πήγνυμι. L'usage du papyrus, rendu universel sous Alexandre, s'est conservé dans les actes publics et les chartes, en France, jusqu'au huitième siècle, et dans la chancellerie romaine, jusqu'au douzième.

14. a. D'où PARAGRAPHE, ϛαραγραφή, signe d'écriture destiné à séparer les diverses parties d'un ouvrage, comme chez nous le §. RR. παρά, γράφω, écrire à côté, à la marge. PARAFE, corrupt. de paragraphe, signe d'écriture accompagnant la signature. PARACLET, παράκλητος, nom du S. Esprit, pr. appelé auprès, advocatus, consolateur. RR. παρά, καλέω. — b. D'où PARAPLUIE, PARASOL, PARACHUTE, PARAVENT, PARATONNERRE, et autres mots de formation analogue, qui

15. Πάλλαξ, αχος, ὁ, ἡ, jeune garçon, jeune fille. —λαχός, *mignon;* λαχή, *concubine;* —λαχεία, —λάχισμα, *concubinage.*

16. Πάλλω[a], agite, lance, bondit. Παλμός, πάλος, *vibration, secousse;* παλτόν, *trait;* παλτός, *jeté;* *παλάσσω, *mêle, tire au sort.*

17. Παρειά, ἡ, joue, côtés du casque, bossoirs de la proue. *Παρηίς, *joue;* *παρήϊον, *bouffette de harnais, joue;* παρείας, *serpent joufflu.*

18. Παρθένος[a], ἡ, vierge; *adj.* pur. —νεύω, *est vierge;* —νεία, —νία, *virginité;* —νών,* —νεών, *appartement des jeunes filles,* PARTHÉNON[b].

19. Πᾶς[a], πᾶσα, πᾶν, tout. Πάνυ, *beaucoup;* πάντῃ, *complètement,* παντοῖος, *de toute sorte;* πάντοθε, πανταχοῦ, —χῆ, *partout.*

20. Πάσσαλος[a], ὁ, *paxillus*[b], PIEU, cheville, clou. Πάσσαξ, *id.;* πασσαλεύω, —σαλίζω, —σαλόω, —σακίζω, *attache avec une cheville.*

21. Πάσσω[a], saupoudre, jonche. Πάσμα, *poudre de senteur, remède;* παστός, *saupoudré;* —στόν, *remède en poudre, rideau du lit nuptial.*

22. Πάσχω[a], pati, souffre, PATIT. Πάθος, *souffrance,* PASSION; παθητός, *passible;* παθητικός, PASSIF, PATHÉTIQUE[b].

ANNOTATIONS.

ont l'inconvénient de n'être ni grecs ni français. — c. V. Ἄλλος. — d. V. Οἶκος. — e. V. Ἄδω.

16. a. F. παλῶ, a, ἔπηλα, pf. πέπαλκα, a. p. ἐπάλθην, pf. p. πέπαλμαι. D'où καταπέλτης, CATAPULTE, machine à lancer des traits. RR. κατά, πάλλω.

18. a. D'où PARTHÉNOPE, Παρθενωπή, m. à m. *visage de vierge,* une des sirènes, dont le corps fut trouvé sur le rivage où l'on bâtit Naples, appelée de là primitivement Parthénope. RR. Παρθένος, ὤψ. V. Νέος. — b. Temple construit au sommet de l'Acropole à Athènes, en l'honneur de Minerve, surnommée par les Grecs PARTHÉNIE, Παρθενία, la Vierge.

19. a. D'où DIAPASON, διαπασῶν, p. διὰ πασῶν χορδῶν, *par toutes les cordes.* Diapason signifiait, chez les Grecs, l'octave ou la série complète des notes musicales. Nous appelons maintenant diapason l'étendue d'une voix ou d'un instrument. C'est aussi le nom d'un petit instrument qui donne habituellement le la, et sert pour prendre l'accord. PANTHÉON, Πάνθειον, temple construit à Rome dans le champ de Mars, après la victoire d'Actium par Agrippa, gendre d'Octave, qui l'avait dédié à toutes les divinités. RR. πᾶς, θεός. C'est aujourd'hui l'église della Santa Rotunda, dédié à *tous les saints.* L'église Sainte-Geneviève de Paris,

rendue au culte par le Prince-président, fut destinée en 1791 et en 1830, sous le nom de Panthéon, à recevoir les restes des grands hommes de la France. Le premier qui en eut les honneurs fut Mirabeau. PANCARTE, placard affiché pour donner toutes sortes d'avis. RR. πᾶς, χάρτης. PANTHÉISME, erreur de ceux qui croient que tout est Dieu. RR. πᾶς, θεός.

20. a. Att. πάτταλος, de πήσσω, Att. πήττω, p. πήγνυμι, enfoncer. Cf. poteau du bas-lat. postellum, pièce de bois posée debout. D'où encore pessulus, verrou, puis par corruption, pessunus, pesnus, v. fr. pesne, enfin PÊNE, morceau de fer que la clef fait aller et venir dans la serrure pour fermer et ouvrir la porte. V. Κλείω. — b. D'où palus, PIEU, anc. paisson. Les paysans disent aussi pau, d'où PAU, ville bâtie autour d'un château dont les terres étaient bornées par trois paus. Cf. velum de vexillum.

21. a. F. πάσω, a. ἔπασα; pass. πασθήσομαι, ἐπάσθην, πέπασμαι.

22. a. F. πείσομαι, a. 2 ἔπαθον, pf. πέπονθα, pf. p. πεπάθημαι. Syll. rad. Παθ, devenue παθοχ par l'addition de σχ; mais le θ ne pouvant jamais, par principe d'euphonie, précéder le σ, a dû disparaître ici, et on a eu πασχ ou plutôt πασχ, en changeant κ en χ pour suppléer l'aspiration du θ. — b. Qui émeut les passions.

1. Παραβίας, ου, ὁ, boisson faite avec du millet et de la sarriette.
2. Παράδεισος [a], ὁ, **paradisus**, parc, jardin, verger, PARADIS [b].
3. Παρασάγγης, ου, ὁ, PARASANGE [a], *mesure de 30 stades* [b]. –γας, *id.*
4. *Πάρδακός, ή, όν, humide, mouillé, trempé, arrosé.
5. Πάρδος, ὁ, **pardus**, LÉOPARD [a], panthère. –δαλις [b], –λιον, *id.*; –λιδεύς, *jeune léopard;* *–λέη, –λῆ, peau de panthère;* –λωτός, *tacheté.*
6. Πάρμη, ἡ, *de* **parma**, petit bouclier [a]. –7. Πάρνοψ, οπος, ὁ, sauterelle.
8. *Πάρος, avant, devant, vis-à-vis de, avant de, avant que.
9. Παρών [a], ῶνος, ὁ, **paro**, brigantin, petit vaisseau de guerre.
10. Πάσσος, ὁ, *de* **passum** [a], vin fait avec du raisin séché au soleil.
11. Πάσχα [a], *ind.* τὸ, solennité de la PAQUE [b] juive ou chrétienne. –γάζω, *célèbre la pâque;* –χάλιος, **paschalis**, PASCAL [c].
12. Παταικίων, ωνος, ὁ, coquin, fripon, nom d'un fameux voleur [a].
13. Πάταικοι, οἱ, dieux tutélaires des navigateurs en Phénicie [a].
14. Πατάνη, ἡ, **patina** [a], sorte de plat *ou* d'assiette. –νον, *id.*
15. *Πατέομαι [a], goûte, mange, se nourrit de; *diffère de* πάομαι [b].

ANNOTATIONS.

2. *a.* Ce mot d'origine orientale signifie, dans la Bible et dans Xénophon, *verger*, jardin planté d'arbres fruitiers. «Paradisi *barbaricum nomen videtur, consuetudine autem in usum græcum pervenit, sicut et multa alia Persica.* » POLLUX.— *b.* Esp. *paraiso*, d'où VALPARAISO, c.-à-d. Vallée du Paradis, ville du Chili.

3. *a.* Mesure itinéraire de Perse et d'Égypte. — *b.* Le stade équivalait à 184 mètres environ.

5. *a.* Espèce du genre chat, à laquelle on a trouvé des rapports avec le lion, *leo*, et la panthère, *pardus;* angl. *pard*, all. *parder.* — *b.* D'où χαμηλοπάρδαλις, girafe, semblable au *chameau*, χάμηλος, pour la forme, et au *léopard*, πάρδος, pour le pelage.

6. *a.* Il était rond et léger, de trois pieds de diamètre, et servait à l'infanterie légère et à la cavalerie. La *parmula* était plus petite. V. Πάλμη.

9. *a.* Pr. petit vaisseau de l'île de *Paros.*

10. *a.* S. ent. *vinum*, comme avec πάσσος il faut sous-entendre οἶνος. C'est proprement le participe passé de *pando*, exposer au soleil, faire sécher.

11. *a.* Mot d'origine hébraïque qui signifie *passage.* « *Est enim phase, id est, transitus Domini* » (*Exode*). Ce mot fait allusion à la visite du Seigneur qui, la nuit où il fit mourir tous les premiers nés de l'Égypte, *passa* les maisons des Israélites marquées du sang de l'agneau. Nous donnons à la fête de la Résurrection du Sauveur le nom de *Pâques*, parce qu'elle nous rappelle son *passage* triomphant de la mort à la vie, et notre *passage* de la servitude à la liberté. D'ailleurs l'*Agneau de Dieu*, notre *Pâque*, fut immolé les jours mêmes où les Juifs mangeaient l'agneau pascal. — *b.* D'où PAQUERETTE ou petite marguerite, ou encore *bellis*, la mignonne, jolie petite plante qui s'épanouit au commencement du printemps, vers *Pâques*, et continue à fleurir presque toute l'année. Pareillement, on a donné le nom d'*alleluia* à l'espèce d'oxalis (233) qui fournit le sel d'oseille; parce qu'elle fleurit au temps de Pâques. — *c.* Le grand homme de ce nom naquit à Clermont en 1623, un an après Molière et deux ans après La Fontaine.

12. *a.* Comme nous dirions un *Cartouche*, un *Mandrin*.

13. *a.* C'étaient de petites images burlesques des divinités, peintes sur la poupe des vaisseaux.

14. *a.* R. *pateo.* Cf. PATÈNE, petit plat rond, et qui sert dans le saint sacrifice à recevoir l'hostie. V. Κύλιξ.

15. *a.* F. πάσομαι, a. ἐπασάμην, pf. πέπασμαι. — *b.* Néanmoins on rapporte ces deux verbes à une syllabe radicale commune Πα, signifiant *nourrir, faire* PAÎTRE, *pascere*, puis *posséder*, parce que la première richesse des hommes consista en troupeaux. Cette racine a formé les dérivés πανός, *panis*, πατήρ, *pater*, pr. *nourricier*, et en français, REPAS, de *repastus*, APPAT, de *ad pastum*, etc.

16. *a.* F. πατάξω.

17. *a.* Éol. βατέω, qui rattache πατέω

16. Πατάσσω[a], bat avec bruit, palpite. —ταγος, *fracas;* —ταγέω, *fait du bruit;* —γημα, *bruit, bavard, craqueur;* παταξ, *en frappant.*

17. Πατέω[a], foule aux pieds, méprise[b], marche. —τος[c], *chemin battu;* —τημα, *ce qu'on foule;* —τητήριον, *pressoir;* * —τησμός, *foulage.*

18. Πατήρ, τρός[a], ὁ, **pater, PÈRE.** —τρα, —τρίς, **PATRIE;** —τριά, *famille;* —τοιος, —τρῶος, *du père;* —τρυιός, —τρυός, *beau-père;* —τρως, *oncle[b].*

19. Παύω[a], fait cesser; —ομαι, cesse, se repose. Παῦλα, παῦσις, *cessation,* **PAUSE;** παυστήριος, —στιχός, *qui peut faire cesser.*

20. Παχύς[a], εῖα, ύ, épais, gros, gras, robuste, grossier, sot[b], riche[c]. —ύνω, *grossit;* —χυνσις, —χύτης, —χυσμός, *grosseur, épaisseur;* πάχος,

21. Πέδη[a], ἡ, pedica[b], entrave. Πεδάω[c], *entraver;* πεδητής, *qui entrave.*

22. Πεδ.λον[a], τὸ, semelle, chaussure, pied, pas, marche, rhythme.

23. *Πέδον[a], τὸ, sol, pays, demeure. Πεδανός, *bas;* πεδίον, *plaine;* * —διάς, *de plaine;* —διαιος, —δινός, —διαχός, —διάσιος, *qui habite les plaines.*

24. Πέζα[a], ἡ, cheville *ou* plante du **PIED.** Πεζός, *qui va à pied;* πεζιχός, *de pied;* —ζίτης, **PIÉTON**[b]; —ζεύω, *va à pied;* —ζῇ, *à pied.*

ANNOTATIONS.

à la même racine que βαίνω. D'où **péripatéticiens**, philosophes *promeneurs* de l'école d'Aristote. « *Qui erant cum Aristotele,* peripatetici *dicti sunt, quia disputabant* inambulantes *in Lyceo.* » Cic. RR. περί, πατέω. Nos mots *patte, patin,* etc. semblent sortis de la même souche. — 5. Pr. **met sous les pieds.** — *c.* Cf. l'angl. *path,* et l'all. *pfad,* chemin. Dans beaucoup de langues la syllabe *Pat* exprime l'action de fouler aux pieds.

18. *a.* Poét. πατέρος, dat. πατρί, poét. πάτερι, acc. πατέρα; voc. πάτερ; pl. πατέρες, πατέρων, πατράσι, πατέρας; angl. *father,* all. *vater.* D'où les mots *patro, perpetro,* p. *perpatro,* être auteur, **perpétrer;** *impetro* de *in patro,* achever, produire, parvenir à, obtenir. **Patois,** corruption de *patrius sermo,* pr. *langue du pays.* **Patron,** dans tous les sens. **Patricien,** *patricius,* descendant des *Patres* ou citoyens riches dont Romulus avait fait une classe à part. — *b.* Paternel.

19. *a.* F. παύσω, a. ἔπαυσα, pf. πέπαυκα, a. m. ἐπαύσθην ou ἐπαύθην, pf. m. πέπαυμαι, qqf. πέπαυσμαι; f. moy. παύσομαι ou πεπαύσομαι.

20. *a.* M. rac. q. πήγνυμι, figer, épaissir. D'où **pachydermes,** παχύδερμος, ordre de mammifères ainsi nommés à cause de *l'épaisseur* de leur *cuir.* Le cheval, le bœuf, le sanglier, l'éléphant et le rhinocéros en sont naturellement partie. RR. παχύς, δέρω. — *b.* Saint Jérôme a dit : « *Venter* obesus *non* subtilem *parit intellectum.* » Ce qui se traduit en français par le proverbe : « Jamais cuisinier n'a

rendu son maître savant. » L'adjectif latin *crassus* signifie de même *épais* de corps et d'esprit. Horace joue sur ce double sens de *pinguis,* II, Sat. 6, v. 14. Cicéron, de son côté, appelle les Béotiens *pingues Bœotios.* V. Βοιωτός. — *c.* Pingues terræ signifie, dans la Bible, les *puissants* de la terre, par opposition à *tenues,* les *petits,* les *pauvres.*

21. *a.* R. πούς, *pes, pedis,* pr. lien pour les pieds. — *b.* D'où vient notre mot **pièce.** Cf. *chevêtre,* décapistrum, licou; d'où *enchevêtré,* pr. qui a le *chef* pris; R. *caput.* — *c.* Le même que *impedire,* **empêcher,** de *in, pedes,* pr. enlacer les pieds, opposé à *expedire,* de *ex, pedes,* pr. dégager les pieds, tirer d'embarras, rendre facile, terminer. D'où **expédient,** moyen de se tirer d'embarras; **expéditif,** syn. de prompt, *promptus,* participe de *promere,* p. *pro emere,* tirer en avant, pr. tiré de, dégagé, dispos, expéditif.

22. *a.* M. rac. q. πούς.

23. *a.* M. rac. q. πούς. D'où ἐπίπεδον, surface unie, plan. RR. ἐπί, πέδον; παραλληλεπίπεδον, **parallélépipède,** et non *parallélipipède,* solide dont toutes les faces sont parallèles deux à deux, et dont la base est un parallélogramme. RR. παράλληλος, ἐπί, πέδον. V. Ἄλλος.

24. *a.* R. πούς. D'où **trapèze** (325). — *b.* Du lat. *pedes, peditis;* d'où le diminutif *pedito, onis,* et par contr. **pion,** la plus petite pièce au jeu d'échecs, pr. *fantassin.* De plus **pionnier,** *fantassin* travailleur qui aplanit les chemins, remue les terres.

1. Παῦρος *ᵃ*, α, ον, qui est en petit nombre, **parvus** *ᵇ*, petit, court. —ρίδιος, *id.;* —ράς, *fém.;* —ρον, —ρίδιον, **parum**, PAULUM, PEU, *un peu.*

2. Παφλάζω *ᵃ*, est en ébullition, bouillonne, bredouille. —φλασμα, *ébullition, bruit de la mer, paroles emphatiques.*

3. Πάχνη *ᵃ*, ἡ, gelée blanche. *—νήεις, couvert de gelée blanche;* —νίζει, *il gèle blanc;* —νόω, *glace, gèle, saisit d'effroi, attriste.*

4. Πείρινς, ινθος, ἡ, natte, claie, panier d'osier. Πείρινθος, *id.*

5. Πέλανος, ὁ, gâteau de fleur de farine, suc épaissi.

6. Πελαργός *ᵃ*, ὁ, cigogne, pot de terre de deux couleurs. —γιδεύς, *petit de la cigogne;* —γικός, *de la cigogne;* —γῖτις, *nom de plante.*

7. Πέλας, proche. —λάζω, *approche;* —λάστης, —λάτης, *voisin, client;* πλησίος *ᵃ*, *proche, voisin;* —σιάζω, *s'approche;* —σιασμός, *approche.*

8. Πέλεια *ᵃ*, ἡ, colombe, pigeon; *plur.* prêtresses de Dodone.

9. Πελεκάν, ᾶνος, ὁ, **pelecanus**, PÉLICAN *ᵃ*, cormoran. —κάνος, —κᾶς, *id.*

10. *ʹ* Πελεμίζω, meut, agite. — 11. Πελίνη, ἡ, mesure.

12. Πέλλα, ἡ, vase à traire le lait. Πελίχη, ἡ, *écuelle de bois.*

ANNOTATIONS.

1. a. D'où *paulus, a, um,* par le changement de ρ en *l,* comme dans *lilium,* de λείριον, etc. L'apôtre des Gentils, nommé *Saul* avant sa conversion, prit le nom de Paul, soit en souvenir du proconsul *Sergius Paulus* qu'il convertit et baptisa à Paphos, soit par le même sentiment d'humilité qui lui faisait dire: « *Ego enim sum* minimus *apostolorum.*» (2. *Cor.,* 12). — *b.* Παῦρος, s'écrivait en éolien παϜρος; en transposant le Ϝ on a παρϜος, *parvus.* De la même racine dérivent *paucus,* d'où l'ital. *poco* et le fr. PEU; *parcere,* vivre de peu, avec PARCIMONIE; *pauper,* PAUVRE. « L'homme qui a la science des noms en considère la valeur, sans se troubler de ce qu'une lettre a été ajoutée, transposée ou retranchée, ou même de ce que la vertu des noms se trouve exprimée par des lettres toutes différentes. » PLAT.

2. a. Ϝ: παφλάσσω, m. rac. q. φλάζω.

3. a. R. πήγνυμι, figer; *concretum gelu.*

6. a. RR. πελός, ἀργός, *litt.* oiseau noir-blanc. Notre cigogne blanche a les pennes des ailes noires. V. Χθών.

7. a. Pour πελάσιος. Ὁ πλησίον, avec ὤν, *étant,* sous-entendu, veut dire *le voisin, le prochain,* de *proximus,* le plus proche, superl. de *prope,* près; οἱ πλησίον, s.-ent. ὄντες, signifie les *proches,* les *parents.*

8. a. R. πελός. C'est pr. le pigeon à cravate brune. Cf. *biset,* espèce de pigeon de couleur gris d'ardoise ou *bise.* Beaucoup d'autres oiseaux, sans compter les *bêtes fauves,* ni le *grison,* ni le *rouget* (212), la *perche* (252) et l'*ablette* (18), tirent leur nom de leur coloration. Par ex. : la *fauvette,* la *rousserolle,* au plumage roux ou fauve; la *rousselette,* la *rousseline,* espèces d'alouettes de même couleur; le *pygargue* ou *cul-blanc,* espèce d'aigle à queue blanche; αἴθυια, la poule d'eau au plumage brun-foncé; V. Αἴθω; la *grive* aux plumes grivelées; c.-à-d. marquée de petites taches noires ou brunes; le *loriot,* au plumage d'or; V. Τέλλω; le *pic-vert* ou *pivert,* qui a le dessus du cou, le dos et les couvertures supérieures de la queue d'un vert olive; la *pintade* ou *peintade,* qui a le plumage moucheté et comme peint; le *verdier,* de couleur vert-jaunâtre; l'*albatros,* le plus grand des oiseaux aquatiques, vêtu de blanc, *albatus;* le *bouvreuil,* en grec πυρρούλας, qui a le ventre d'un rouge tendre; le *flammant,* de couleur rouge de flamme; le *rouge-gorge,* etc. V. Ἴκτερος.

9. a. Comme les anciens semblaient croire que le pélican déchire ses entrailles pour nourrir ses petits de sa propre substance, les chrétiens des premiers siècles ont fait de cet oiseau l'emblème mystérieux de la passion et des mérites du Sauveur dans l'eucharistie. Saint Tho-

13. Πείθω [a], persuade; —ομαι, croit, fido [b], se FIE, obéit. —θώ, persuasion; πεῖσμα, motif de CONFIANCE; πιθανός, persuasif, docile.

14. Πείκω [a], pecto, PEIGNE, tond. Πέκω, id.; πέκος, πόκος, toison [b]; πεκτέω, ποκίζω, tond; *ποκόω, couvre d'une toison.

15. Πεῖνα, ἡ, faim, besoin de manger, vif désir; d'où vient penuria. —νάω, a faim; —ναλέος, —νητικός, penetieus, affamé.

16. Πεῖρα [a], ἡ, essai, EXPÉRIENCE, ruse. —ράζω, —ράω, experior [b], essaye; —ραμα, épreuve; —ρατής, PIRATE [c]; —ρατεία, piraterie.

17. Πείρω [a], PERCE, passe. Πόρος [b], passage, expédient [c], PORE [d]; πορεύω, transporte; —ρεύομαι [e], va; —ρεία, voyage; —ρίζω, procure.

Id. Πορθμός, ὁ, passage, trajet, détroit, gorge. —μεύω, fait passer, —μεία, passage; —μεῖον, lieu de passage, bac; —μεύς, batelier.

18. Πέλαγος [a], εος, τό, pelagus, mer. —γειος, —γιος [b], —γίτης, marin, *—γῖτις, fém.; —γίζω, vogue; —γισμός, mal de mer; —γόω, inonde.

19. Πέλεκυς, εως [a], ὁ, hache. —κάω, —κίζω, coupe, abat; *—κᾶς, pivert [b]; —κημα, copeau; —κκον, —κκος, manche de hache, hache.

ANNOTATIONS.

mas a conservé cette image dans l'hymne Adoro te, où il invoque J. C. sous le titre de Pie Pelicane. V. Ἰχθύς, Φοῖνιξ.

13. a. F. πείσω, a. ἔπεισα, a. 2 ἔπιθον, pf. πέπεικα, a. p. ἐπείσθην, pf. p. πέπεισμαι; f. m. πείσομαι, a. m. ἐπείσθην, poét. ἐπιθόμην, ou πεπιθόμην, pf. m. πέπεισμαι ou πέποιθα qui s'emploie souvent dans le sens présent, j'ajoute foi. D'où PISISTRATE, c.-à-d. qui persuade l'armée, nom pr. RR. πείθω, στρατός. — b. D'où fides, FOI; fœdus, alliance, CONFÉDÉRATION; FIANÇAILLES, promesse réciproque de mariage, du verbe FIANCER, pr. engager sa foi; PERFIDE, qui manque à sa foi.

14. a. F. πέξω, a. ἔπεξα, a. p. ἐπέχθην, pf. p. πέπεγμαι; syll. rad. Πεχ. — b. Pr. laine coupée, tondue, comme toison vient de tonsa, participe de tondeo, tondre, et vellus de vellere, arracher, parce que, anciennement, on arrachait la laine au lieu de la couper.

16. a. R. πείρω, passer; pr. « via quâ conamur ad id quod cupimus pervenire. » H. ESTIEN. D'où EMPIRIQUE, ἐμπειριχός, médecin qui s'appuie uniquement sur l'expérience. — b. D'où expertus, EXPERT. Le primitif inusité est perior, EXPÉRIMENTER, d'où dérivent aussi peritus, habile, qui a l'expérience de la chose; periculum, épreuve PÉRILLEUSE. — c. Pr. qui essaye de capturer les navires par fraude.

17. a. F. περῶ, a. 1 ἔπειρα, a. 2 ἐπάρον, pf. πέπαρκα, f. p. παρήσομαι, a. p. ἐπάρην, pf. p. πέπαρμαι; syll. rad. Περ. D'où Πειραιεύς, le PIRÉE, port d'Athènes, primitivement séparé de la ville par un bras de mer qu'il fallait traverser. — b. D'où BOSPHORE, qui serait mieux écrit BOSPORE (41). — c. D'où ἄπορος, embarrassé; aporiari, être dans l'embarras, litt. être dans une impasse (Bible); RR. ἀ, πείρω. — d. On nomme pores les interstices imperceptibles qui séparent les molécules des corps, et les rendent perméables. — e. D'où ἐμπορεύομαι, fait le commerce; ἐμπόριον, marché, EMPORIUM, mot nouveau, syn. de magasin en style d'enseigne.

18. a. M. rac. q. πλάξ, uni; cf. en latin æquor de æquus, la plaine liquide. « Æquora ponti. » VIRG. « Marmora pelagi. » CAT. D'où ARCHIPEL, ou mer principale, la mer Égée des anciens, partie orientale de la Méditerranée, remarquable par le grand nombre d'îles qui la remplissent. RR. ἄρχω, πέλαγος. On a donné par analogie le nom d'archipel à toute étendue de mer parsemée d'îles. — b. D'où PÉLAGE, pr. marin, nom d'un hérésiarque du cinquième siècle et d'un roi des Asturies, au huitième siècle. V. Πόντος. PÉLAGIE, Πελαγία, nom pr.

19. a. Ou νος. — b. V. Πέλεια.

1. Πέλλα *a*, ἡ, pierre, écorce, pellis *b*, peau. Πέλα, id.

2. Πέλμα, ατος, τὸ, plante des pieds, semelle, sol, queue de fruit.
   —ματίζω, gratte, écorche le dessous du pied, ratisse.

3. Πελλός, ή, όν, brun, noir. —λιός, —λιδνός, id.; —λία, couleur livide.

4. Πέλτης, ου, ὁ, nom de poisson *a*.—5. Πέλυξ, υχος, ἡ, bassin de bois.

6. *Πέλω *a*, est, existe, a lieu, tourne, se meut en rond.

7. *Πέλωρ, ind. τὸ, prodige, monstre.—ρον, id.;—ρος, —ριος, monstrueux,
   merveilleux; —ρίς, peloris, PÉLORE, espèce d'huître très-grosse.

8. Πεμφηρίς, ίδος, ἡ, nòm d'une espèce de poisson de mer.

9. Πέμφιξ, ιγός, ἡ, bulle d'air ou d'eau, pustule, souffle. Πομφός,
   pustule; —φόλυξ, bulle, efflorescence; —λύζω, bouillonne.

10. Πεμφρηδών, όνος, ἡ, espèce d'abeille sauvage.

11. *Πένομαι *a*, travaille pour vivre, se donne du mal *b*, est pauvre.
    Πενέστης, domestique, serf; —τεία, domesticité.

12. Πέντε *a*, quinque *b*, CINQ. —τάκις, cinq fois; —ταχα, en cinq parties,
    —τάς, πεμπάς, nombre de cinq; πεμπάζω, compte sur ses cinq doigts.

ANNOTATIONS.

1. *a.* En macédonien. D'où PELLA, capitale de la Macédoine sous Philippe, bâtie sur une éminence *rocheuse*. Cf. en France, les localités des noms de *Pierre, Pierreville, Peyrat, Peyrolles, Perreux, La Roche, Roquefort;* en Allemagne, les villes du nom de *Stein*, pierre, et en Angleterre, *Stone*. V. Πέτρα. Il n'y a sur les cartes de géographie aucun nom qui ne soit significatif. V. Λόχαλος. — *b.* D'où PELISSE, robe, manteau ou mantelet doublé ou garni de fourrures. SURPLIS, *superpelliceum*, vêtement d'Église fait de toile, dont les manches se sont peu à peu transformées en deux ailes plissées et pendantes par derrière. Le nom rappelle que le surplis se mettait jadis par-dessus la fourrure appelée *aumusse*, dont les ecclésiastiques se couvraient anciennement la tête et le cou pendant les offices de la nuit, et que les chanoines portent aujourd'hui sur le bras.

4. *a.* Le même que le χοραχῖνος ou *castagnole*, quand il est salé.

6. *a.* Et πέλομαι; a. 2 ἔπλον ou ἐπλόμην; poét. p. εἰμί.

11. *a.* Point d'autres temps. — *b.* Cf. χάμνω et le latin *laborare*, qui ont aussi le double sens de *travailler* et de *souffrir*. V. Πόνος. Par suite de la déchéance originelle, le travail est devenu pour tous les hommes un châtiment et une expiation. «*Maledicta terra in opere tuo.... Spinas et tribulos germinabit tibi..... In sudore vultûs tui vesceris pane.*» (Gen., ch. 3.)

Cette sentence est portée contre tous les hommes, et nul n'a le droit de vivre oisif, pas même l'écolier. Car il a, lui aussi, une terre à défricher, un champ à ensemencer. C'est le champ de son intelligence, c'est son cœur, où la famille, la société et la religion espèrent recueillir un jour des fruits de science et de vertu. «Il y a, dit un proverbe juif, trois espèces de sœurs : celle de la maladie, celle de l'étude et celle du *travail*, qui est la meilleure de toutes.» D'ailleurs, dans le travail, tout n'est pas fatigue et souffrance. «*Quia labores manuum tuarum manducabis, beatus es et bene tibi erit.*» (Ps. 127.) «*Homo doctus in se semper divitias habet.*» PHÈDRE. «Le travail est un trésor», a dit le *Laboureur* de La Fontaine.

12. *a.* Angl. *five*, all. *fünf;* Éol. πέμπε, qui, par le changement du π en χ, a donné *quinque;* V. Λύχος. D'où πεντάπολις, PENTAPOLE, État composé de cinq villes. RR. πέντε, πόλις. Il y avait autrefois une Pentapole en Palestine, une en Afrique et une autre en Italie. PENTECÔTE, πεντηχοστή, s.-ent. ἡμέρα, le cinquantième jour. Chez les Juifs, cette fête était l'anniversaire de la réception de la loi sur le Sinaï, cinquante jours après la sortie d'Égypte. V. Πάσχα. Pour nous, la Pentecôte est l'anniversaire de la descente du Saint-Esprit, cinquante jours après la résurrection. PENTATEUQUE, πεντάτευχος, nom collectif des *cinq* premiers *livres* de la Bible écrits par Moïse, qui sont : la

13. Πέλτη *a*, ἡ, **pelta** *b*, petit bouclier, pique. —ταζω, *porte la pelte*, —ταστής, PELTASTE *c*, *fantassin armé à la légère.*

14. Πέμπω *a*, envoie, escorte. Πομπή, *envoi, inspiration, cortége* *b*, POMPE *c*;—πιος, *pompeux;* —πεια, *procession;* —πεύω, *aller en pompe.*

15. Πένης *a*, ητος, ὁ, pauvre. —νιχρός, *id.;* —νησσα, *fém.;* —νία, *pauvreté.*

16. Πενθερός, ὁ, beau-père. —ρά, *belle-mère;* —ριχός, *de beau-père.*

17. Πένθος; *a*, εος, τὸ, douleur, chagrin, deuil. —θέω, *— θείω, porte le deuil de, pleure;* —θήρης, —θητήριος, —θητικός, —θικός, —θιμος, *lugubre.*

18. Πέπλος *a*, ὁ, **peplum**, PEPLUM *ou* voile de Pallas, voile, habit. Πεπλώδης, *semblable à un voile;* *πέπλωμα, voile, robe.*

19. Πέρας *a*, ατος, τὸ, fin, but, point essentiel. *—ρατος, situé au bout,* —ραίνω, —ρατόω, *finit;* —ρασμός, *fin;* —ραντικός, *qui finit bien.*

20. Περάω *a*, passe, évite, surpasse, transporte, vend *b*. —ρασις, *trajet;* —ράσιμος; *—ρατος, qu'on peut passer;* *πέρνημι, vend.*

21. Πέρθω *a*, saccage, dévaste, ravage. Πέρσις, *saccagement;* πορθέω, *pille;* —θησις, —θημα, *ravage;* —θητής, *destructeur.*

ANNOTATIONS.

Genèse (63), l'Exode (86), le Lévitique, les Nombres, et le Deutéronome (75). RR. πέντε, τεύχω. — *b.* D'où *Quintus, Quintilianus,* QUENTIN, noms propres; V. Ὀκτώ. On disait autrefois QUINT p. *cinquième,* d'où les noms de *Charles-Quint, Sixte-Quint.* QUINTESSENCE, ce qu'il y a de plus fin et de plus pur, de *quinta essentia,* cinquième essence obtenue par cinq distillations successives.

13. *a.* Petit bouclier léger, en forme de demi-lune ou de plat à barbe, et recouvert d'une seule peau. Il était en usage chez les Thraces et chez les Amazones. Iphicrate l'introduisit chez les Grecs, et les soldats à qui il le fit porter prirent de là le nom de *peltastes,* comme nous avons en France les *lanciers,* les *carabiniers,* les *cuirassiers,* etc. « *Iphicrates Atheniensis* peltam pro parmâ fecit, (à *quo posteà peltastæ pedites appellantur), ut ad motus concursusque essent leviores.*» CORN. NEP. V. Σκῦτος, Σάττω. — *b.* D'où *peltatus,* fait en forme de bouclier, PELTÉ, épithète donnée en botanique à tout organe qui est attaché à son support par sa face inférieure, de manière à ressembler à un bouclier, comme la feuille de la *capucine.* — *c.* Les peltastes tenaient le milieu entre les soldats pesamment armés et l'infanterie légère.

14. *a.* F. πέμψω, a. ἔπεμψα, pf. πέπομφα, a. p. ἐπέμφθην, pf. p. πέπεμμαι. — *b.* D'où πομπίλος, POMPILE ou *pilote,*

en latin *nautilus,* poisson de mer qui *accompagne* les vaisseaux. — *c.* 1° Machine hydraulique, destinée à élever et à *envoyer* l'eau au-dessus de son niveau; 2° procession publique et solennelle, *pompa,* marche triomphale, nuptiale ou funéraire, etc., dans laquelle on portait, en grand *cortége,* les images des dieux et des aïeux. Par analogie, Plaute a employé le mot *pompa* dans le sens de *festin somptueux :* « *Cujus hæc ventri portatur* pompa? » « A quel estomac est destinée cette longue *file* de plats? » De là aussi est venu, selon Ménage, notre mot BOMBANCE, en latin barbare POMPANTIA. En langage religieux, *pompe,* plaisir faux et frivole. C'est en ce sens qu'on dit *les pompes de Satan.*

15. *a.* R. πένομαι.

17. *a.* M. rac. q. πάσχω, souffrir, pf. πέπονθα. D'où NÉPENTHÈS, νηπενθής, breuvage fabuleux composé par Hélène pour calmer la douleur de Télémaque. *(Odyssée.)* RR. νη, πένθος. C'est aussi un nom de plante.

18. *a.* Plur. πέπλοι et poét. πέπλα.

19. *a.* R. πείρω.

20. *a.* F. περάσω. R. πείρω, percer, pénétrer d'un pays dans un autre. — *b.* Pr. va colportant çà et là sa marchandise. V. Πωλέω.

21. *a.* F. πέρσω, â. 1 ἔπερσα, a. 2 seul us. ἔπραθον.

1. Πέπερι, εως[a], τὸ, **piper**, POIVRE. —ρίζω, en a le goût; —ριον, petit grain de poivre; —ρίς, poivrier; —ρίτης, poivré; —ρῖτις, fém.

2. Πέπτω[a], cuit, digère, mûrit[b]. Πέψις, cuisson, digestion, maturité; πέμμα, gâteau; πέπων, mûr, doux, subst. melon[c]; πόπανον, galette.

3. Πέρ, quoique, quoiqu'il en soit, du moins, certes, sans doute.

4. Πέρα[a], au delà, démesurément, au delà de, plus loin, de plus.

5. Πέρδιξ, ικος, ὁ, ἡ, perdix, PERDRIX. —δίκειος, —δικικός, de perdrix; —δικιδεύς, perdreau; —δικιάς, —δίκιον, pariétaire, pl.

6. Πέρδω[a], pedo[b], PÈTE; d'où LYCOPERDON[c] ou vesse-de-loup. Πορδή, pet; πόρδων, péteur, surnom d'un cynique; *—δάλεος, puant.

7. Περί, gén. sur, de plus que[a]; dat. autour[b], à, pour; acc. autour, vers.

8. Περιστερά, ἡ, colombe. — ρεών, colombier, verveine, pl.

9. Περίτιος, ὁ, mois macédonien correspondant à février.

10. Πέρκος, η, ον, tacheté de noir. —κνός, id.; —κάζω, noircit; —καίνω, —κνόω, tachète de noir; —κη, —κίς, perca, PERCHE[a].

11. Πέρνα, ἡ, perna, jambon. Πέρνη, id. — 12. *Πέρρα, ἡ, le soleil.

ANNOTATIONS.

1. a. Ou πέπεριος. Angl. pepper, all. pfeffer. Le poivre est une petite graine qu'on récolte sur un arbrisseau sarmenteux des îles de Java et de Sumatra, sous forme de grappes composées chacune de vingt ou trente grains. Il a donné son nom à la famille des Pipéracées.

2. a. Ou πέσσω, Att. πέττω, f. πέψω, a. ἔπεψα, a. p. ἐπέφθην, pf. p. πέπεμμαι. Syll. rad. Πεπ. D'où δυσπεψία, DYSPEPSIE, c.-à-d. digestion difficile; RR. δυς, πέπτω. Popina, endroit où l'on vend des mets préparés, tout cuits. — b. Le verbe latin coquo a aussi ces trois significations dont l'analogie est facile à saisir. Dans Pline, coquere cibos in corpore signifie digérer, m. à m. cuire les aliments à la chaleur de l'estomac; et dans Virgile, coquitur vindemia veut dire : la vendange mûrit, c.-à-d. cuit aux rayons du soleil. — c. S.-ent. σίκυος, concombre mûri, en latin pepo, d'où πέπων ou πέπονιδα, nom générique de tous les fruits charnus à une seule loge, comme le melon, le potiron, la citrouille.

4. a. M. rac. q. πέρας et πείρω; pr. en perçant, en traversant.

6. a. Ou πέρδομαι, f. παρδήσομαι, a. ἔπαρδον, pf. πέπορδα. — b. Dans perdrix, il y a un r ajouté au latin, tandis que dans pedo le ρ a disparu. V. Παῦρος. — c. Genre de champignons globuleux d'un blanc pâle, ainsi nommé parce qu'à la moindre pression son enveloppe se brise et laisse échapper avec bruit un nuage de poussière.

7. a. D'où le latin per, qui donne à beaucoup de mots le sens superlatif : ex. perabsurdus, tout à fait absurde, peracutus, très-aigu, perficio, faire complétement, parfaire; Cf. PÉRICLÈS, Περικλέης, pr. très-illustre; RR. περί, κλέος. Aucun Athénien ne mérita mieux de porter ce nom glorieux, qui est devenu dans l'histoire celui du cinquième siècle av. J. C. — b. D'où PÉRIGÉE, le point de l'orbite d'une planète où elle est à la plus petite distance de la terre. RR. περί, près, γῆ. PÉRIODE, περίοδος, primit. voyage d'exploration, voyage autour d'un pays ou du monde, puis, en astronomie, temps de la révolution d'un astre; en chronologie, circuit d'un certain nombre d'années déterminé par le retour d'un même phénomène; en rhétorique, cercle ou ensemble de plusieurs propositions qui concourent à l'expression d'une pensée, « Circuitus verborum. » Cic. PÉRIPHRASE, περίφρασις ou circonlocution; RR. περί, circùm, φράζω, loqui. PÉRITOINE, περιτόνιον, membrane qui tapisse la cavité de l'abdomen, et s'étend autour des organes qu'il contient; RR. περί, τείνω. PÉRIMÈTRE, περίμετρος, s.-ent. γραμμή, ligne, le contour d'un polygone. RR. περί, μέτρον.

10. a. Angl. pearch. Cet excellent poisson doit son nom aux bandes transversales qui ornent son dos, et à la pourpre de ses nageoires. V. Πέλεια.

13. a. R. περί, au-dessus. D'où PÉRIS-

13. Περισσός[a], ή, όν, supérieur, superflu, éminent, impair. —σεύω, est de trop, abonde, excelle; —σεία, excès; —σωμα, résidu.

14. Πετάννυμι[a], déploie, ouvre. Πέταλον, feuille, PÉTALE[b], lame; —ταλος, large; —τασος, petasus, chapeau à larges bords.

15. Πέτομαι[a], vole, s'élance. Ἵπεταμαι, id.; —τεινός, qui vole; *ποτή, vol; ἱποτάομαι, ἱπωτάομαι, vole; ποτητός, ailé, volatile[b].

16. Πηγή[a], ἡ, source, origine. —γαῖος, —γιμαῖος, qui coule d'une source; —γάζω, fait jaillir, répand, jaillit; d'où vient PÉGASE[b].

17. Πήγνυμι[a], pango[b], figo, FICHE, FIXE, FIGE, assemble. Πῆξις, congélation; πῆγμα, chose fichée; πηγάς, glace, rocher.

Id. Πάγος[c], ὁ, glaçon, colline. —γετός, gelée; —γιος, fixe; —γη, —γίς, filet[d].

18. Πηδάω[a], saute, jaillit, palpite. —δημα, —δησις, *—δηθμός, saut; —δητής, sauteur; ¹—δασα, abondant en sources[b].

19. Πηδόν, τὸ, rame, gouvernail. —δάλιον, gouvernail, manche de charrue.

20. Πηλός[a], ὁ, boue, argile, lie. —λαῖος, fangeux, fait d'argile.

21. Πήρα, ἡ, pera, sac de cuir, besace[a], sac, poche, mendicité.

ANNOTATIONS.

SOLOGIE, περισσολογία, répétition super-flue. RR. περισσός, λέγω.

14. *a.* Impf. ἐπετάννυν ou ἐπετάννυον, f. πετάσω, a. ἐπέτασα, pf. πέπτακα, f. p. πετασθήσομαι, a. p. ἐπετάσθην, pf. p. πεπέτασμαι ou πέπταμαι. — *b.* Nom donné, en botanique, aux pièces dont se compose la corolle d'une fleur. La ronce et la rose sauvage ont cinq pétales : c'est pourquoi on appelle ces plantes POLYPÉTALES; RR. πολύς, πέταλον. Le thym et la digitale sont, au contraire, MONOPÉTALES. V. Μόνος. De πέταλον vient πεταλισμός, PÉTALISME. V. Ὄστρακον.

15. *a.* Et πέταμαι, impf. ἐπετάμην, a. ἐπτόμην, d'où l'inf. πτέσθαι et le part. πτόμενος; f. πετήσομαι et πτήσομαι, a. ἐπτάμην, d'où l'inf. πτάσθαι; pf. πέπτηκα. Il confond ses temps avec Ἵπταμαι, qui a même sens syll. rad. Πτα, Πετ, la même que dans ποτάομαι, voler, et πίπτω, fondre sur, peto. — *b.* Lat. volucris, de volare, voler, comme nous disons, en français, volaille.

16. *a.* R. πήγνυμι, assembler; pr. amas d'eau qui alimente le ruisseau. — *b.* Cheval ailé, ainsi nommé parce qu'il naquit, suivant certains poëtes, près des sources de l'Océan, et selon d'autres, parce que d'un coup de pied il fit jaillir la fontaine d'Hippocrène. V. Κρήνη.

17. *a.* Impf. ἐπήγνυν ou ἐπήγνυον, f. πήξω, a. ἔπηξα, f. p. παγήσομαι ou πηγήσομαι, a. p. ἐπήχθην ou ἐπάγην, pf. p. πέπηγμαι, pf. 2 πέπηγα, je suis en-

foncé, je tiens ferme, etc., dans le sens présent. Syll. rad. Παγ. — *b.* Anc. pago; comme dans propago, PROPAGER, pr. planter en avant, multiplier par bouture. V. Ὄζος. Il signifie encore, par extens. conclure, arrêter une convention appelée de là pactum, PACTE; et ce mot pactum n'est autre que le participe passé de paciscor, formé de la même racine Pag, à laquelle il faut encore rapporter pax, PAIX, pr. arrangement, accord, d'où viennent les expressions componere pacem, rumpere pacem; pacare, PACIFIER, APAISER, d'où PAYER, ital. pagare, esp. pagar, pr. apaiser son créancier en lui comptant ce qu'il réclame, de manière qu'il tienne quitte, c.-à-d. tranquille, quietus. Pagina, PAGE, pr. bande de papyrus collé (244). COMPACTE, compactus, part. de compingo, assembler; RR. cum, pango. — *c.* Cf. le latin pagus, village, pr. assemblage de maisons; d'où pays, paysan; paganus, païen, parce que le paganisme tint plus longtemps dans les campagnes que dans les villes. — *d.* Pr. filet qu'on attache à un pieu fiché en terre.

18. *a.* F. πηδήσω, Att. πηδήσομαι, a. ἐπήδησα. — *b.* V. Πίδαξ.

20. *a.* D'où Πηλούσιον, PÉLUSE, ville de la basse Égypte, sur la bouche orientale du Nil où s'amasse beaucoup de limon. Le nom hébreu Sin avait le même sens. Cf. en France Limoux, ville de l'Aude, de limosum, limoneux.

21. *a.* V. Σάκκος.

1. Περόνη [a], ἡ, agrafe, clavette d'une roue, PÉRONÉ [b]. —νιον, —νίς, dim.; —νάω, agrafe, perce; —νητρίς, vêtement agrafé.

2. Πέρπερος, ον, **perperus** [a], léger, téméraire, fat, présomptueux. —ρεύομαι, agit légèrement; —ρεία, —ρία, légèreté, babil.

3. Πέρσης [a], ου, ὁ, PERSE, PERSÉE [b], nom d'un coup de dés. —σικός [c], PERSAN; —σικῆ, PÊCHER [d]; —σικόν, PÊCHE [e]; —σιον, id.; —σεύς, un poisson.

4. Πέρυσι, l'année dernière, autrefois. —σινός, de l'an dernier.

5. Πεσσός, ὁ, jeton. —σεύω, joue, —σεία, —σευμα, espèce de damier; —σευτής, joueur; —σευτήριος, —σευτικός, qui concerne le jeu.

6. Πέταυρον [a], τὸ, perche, échalas, poulailler, corde à danser. —ρίζω, voltige sur la corde; —ριστής, danseur de corde; *—ριστήρ, id.

7. Πέτρα [a], ἡ, **petra**, rocher. Πέτρος, PIERRE [b], quartier de rocher, **Petrus** [c]; —τραῖος, pierreux; —τρόω, PÉTRIFIE, lapide; —τρών, lieu pierreux.

8. Πεύκη, ἡ, pin, torche. *—κήεις, rempli de pins; —κινος, de pin, *—κεδανός, amer; —κέδανον, PEUCÉDANE ou queue de pourceau [a].

9. Πήγανον [a], τὸ, **peganum**, rue, pl. —νίζω, ressemble à la rue.

ANNOTATIONS.

1. a. R. πείρω, percer, comme le latin *fibula*, agrafe, contract. de *figibula*, vient de *figo*, attacher, percer. — b. L'os antérieur de la jambe, ainsi nommé parce qu'il a quelque ressemblance avec un genre d'agrafe employé par les anciens. L'os postérieur s'appelle κνήμη, tibia. V. Αὐλός.

2. a. D'où l'adverbe *perperàm*, par mégarde, à tort, mal.

3. a. D'où Περσέπολις, PERSÉPOLIS, c.-à-d., ville de Perse, capitale du royaume de Perse; RR. Πέρσης, πόλις. — b. Nom d'un héros mythologique et du dernier roi de Macédoine, qui, après la défaite de Pydna, en 168 av. J. C., fut emmené captif à Rome avec toute sa famille, devant le char de Paul Émile, son vainqueur. — c. D'où PERSIENNE, jalousie composée de lames de bois qui sont disposées en abat-jour, à la mode de Perse. — d. Le pêcher est en effet originaire de Perse: « Persica peregrina Asiæ Græciæque esse ex nomine ipso apparet, atque ex Perside advecta. » PL. — e. All. psirsche, angl. peach, lat. persicum, s.-ent. malum, pomme, fruit. D'où PERSICOT, liqueur faite avec de l'esprit de vin et des noyaux de pêche. PÊCHARD, vieil adjectif que les dictionnaires oublient, comme tant d'autres mots, et que l'usage conserve. Cheval pêchard veut dire cheval couleur de fleur de pêcher. Dans le mot français pêche, la consonne r tombe, comme dans dos, de dorsum; prou, de prora; faubourg, de foris burgus, anc. forsbourg, nom donné primit. aux maisons situées hors

d'une ville, et qu'elles ont conservé même depuis leur réunion à la ville. De même, en supprimant r dans le mot escadre, on a fait par corruption escouade, l'un et l'autre dérivant du latin squadrus, a, um, carré. La prononciation des langues va toujours s'adoucissant, et comme « l'écriture s'applique à saisir les sons plutôt qu'à garder les étymologies, c'est une des causes qui transforment les mots.» GÉNIN. Les grammairiens doivent arrêter de tous leurs efforts les envahissements du néologisme dans l'orthographe. Car, dit M. Fr. Wey : « en cherchant à peindre la parole prononcée, on aurait autant de formes orthographiques en France que la France compte de départements. » Voltaire a donc émis un paradoxe de plus quand il a dit : « L'écriture est la peinture de la voix; plus elle est ressemblante, meilleure elle est.» Voltaire aurait raison, si la prononciation était immuable comme l'écriture.

6. a. R. πετάννυμι, étendre.

7. a. D'où PÉTRA, nom de plusieurs villes anciennes bâties sur des rochers, comme chez nous La Rochelle, Rochefort, La Roche-Bernard, etc. PÉTROLE ou huile de pierre, espèce de bitume liquide, diaphane et très-inflammable, dont on trouve des sources en Angleterre et en France près de Pézenas. RR. petra, oleum. SALPÊTRE ou sel de pierre, sal petræ, nom vulgaire du nitre, parce qu'il forme des efflorescences salines sur les murs. PERSIL; V. Σέλινον. — b. D'où PERRON, anc.

10. Πηρός, ά, όν, estropié. —ρότης, *mutilation;* —ρόω, *estropie;* —ρωμά, —ρωσις, *privation de quelque membre, paralysie.*

11. Πῆχυς, εως, ὁ, coudée, bras. —χίζω, *mesure avec la coudée;* —γυαῖος, *—χυιος, *—χυος, *long d'une coudée;* —γύνομαι, *embrasse.*

12. Πιέζω[a], presse, foule, accable. Πίεσις, πιεσμός, *pression;* πίεσμα, *ce qu'on presse;* πιεστήρ, πιεστήριον, πίεστρον, *presse;* πιεστός, *pressé.*

13. Πίθος, ὁ, grand vase à vin, tonneau. —θίτης, *qui y ressemble;* —θεών, —θών, *cellier;* —θεύς, —θίας, *météore en forme de tonneau.*

14. Πικρός[a], ά, όν, amer. —ία, —ότης, *amertume;* —ίζω, *est amer;* —αίνω, —όω, *rend amer;* —ασμός, *aigreur;* —αντικός, *qui aigrit.*

15. Πιμελή[a], ἡ, graisse. —λής, *gras;* —λόω, *engraisse;* —λώδης, *gras.*

16. Πίμπρημι[a], brûle, enfle[b]; fait jaillir. Πρῆσις, *action de brûler;* πρῆσμα, πρησμός, *πρηδών, inflammation;* πρηστήρ, *qui brûle.*

17. Πίναξ, ακος, ὁ, planche, table, tablette, tableau. —νάκιον, —κίς, —κίσκιον, —κίδιον, —κίσκος, dim., *livret*[a]; —νάκωσις, *plancher.*

18. Πίνος, ὁ, saleté[a]. —ναρός, *sale;* —νάω, *est sale;* —νόω, —ναρόω. *salit.*

ANNOTATIONS.

vierron, escalier découvert fait en pierre. V. Λίθος. PIERREFITTE, latin *Petra fixa*, nom donné à plusieurs localités de France où les Druides avaient élevé leurs pierres. PERROQUET, dérivé de *Perrot*, p. *Pierrot* ou *petit Pierre.* V. Τίτυρος. Remarquez le changement très-commun de *t* ou *d* en *r* devant un autre *r*. Ex. : *vitrum*, verre; *butyrum*, beurre; *ad retro*, arrière; *putrire*, pourrir; ital. *padrino*, madrina, fr. *parrain*, marraine; *arriver*, m. à m. approcher de la rive, *ad ripam*. — c. PIERRE, nom du prince des apôtres, en hébreu *Céphas. «Tu es Simon, filius Jona, tu vocaberis Cephas, quod interpretatur Petrus.»* S. JEAN, ch. 1. Ce nom nouveau substitué à celui de *Simon*, faisait allusion au dessein de J. C. sur Pierre : *«Tu es Petrus, et super hanc* petram *œdificabo ecclesiam meam.»* S. MATTH., ch. 16. Tant il est vrai que le nom doit signifier la chose. «Dieu, dit Bossuet, ne donne point un nom sans signification. C'est pourquoi quand il change le nom à Abraham et à Jacob, il en atteste incontinent la raison, et la preuve en est évidente au nom de son fils.» V. Ἰησοῦς. De *Petrus* vient PÉTRONILLE, PÉRONNELLE ou PERRINE, nom d'une sainte que l'on croit avoir été fille du prince des apôtres. On a donné le nom de PÉTREL ou *petit Pierre*, vulg. oiseau des tempêtes, à un oiseau de haute mer qui, dans son vol rapide et lointain, effleure les vagues agitées et court sur l'eau. Son nom fait allusion à ce passage de saint Matthieu,

ch. 14 : «*Et descendens* Petrus *de navicula ambulabat super aquas, ut veniret ad Jesum.*»
8. *a.* Plante ombellifère.
9. *a.* M. rac. q. πήγνυμι, *pr.* plante à feuilles épaisses, charnues, grasses.
12. *a.* F. πιέσω.
14. *a.* D'où PICRIS, genre de chicorée sauvage d'un goût très-amer. «*Pessimum genus cum exprobratione* amaritudinis *appellavere* picrida.» PL.
15. *a.* R. πίων, gras. D'où PIMÉLODE, poisson malacoptérygien (193) dont la nageoire dorsale est dépourvue de rayons, et ressemble à une poche remplie de graisse à demi fondue.
16. *a.* Impf. ἐπίμπρην, ης, η, αμεν, ατε, ασαν, f. πρήσω, a. ἔπρησα, pf. πέπρηκα, f. p. πρησθήσομαι, a. p. ἐπρήσθην, pf. p. πέπρησμαι. Au lieu de πίμπρημι, les poëtes emploient souvent πρήθω. D'où DYTRESTE, genre d'insectes coléoptères de la famille des cantharides, dans lequel on a cru à tort reconnaître le βούπρησις des Grecs, qui, au dire de Pline, faisait *enfler*, jusqu'à en crever, les *bestiaux* qui l'avalaient. RR. βοῦς, πρήθω. — *b.* Le sens premier de πίμπρημι est souffler, *inflare*, d'où par ext. celui d'exciter la flamme, de brûler.
17. *a.* V. Γράφω, Πίσσα.
18. *a. Et homme sale*, la saleté en personne. On dit de même, en français comme en latin, d'un homme méchant dont la fréquentation est pernicieuse : «C'est une *peste*.»

1. Πηλαμύς, ύδος, ἡ, **pelamys**, PÉLAMYDE, *espèce de thon*[a], *poiss.*

2. Πήληξ, ηχος, ἡ, casque, heaume surmonté d'un plumet flottant.

3. Πῆμα[a], ατος, τὸ, mal, dommage. —μονή, —μοσύνη, *id.;* —μαίνω, *endommage, blesse, viole;* —μανσις, *tort;* —μων, *qui nuit.*

4. Πηνέλοψ, οπος, ὁ, sarcelle, millouin, *oiseau aquatique.*

5. Πήνη, ἡ, fil du tisserand, étoffe. —νίον, —νος, **panus, pannus**[a], *id.;* —νίζω, *file, tisse;* —νῆτις, *déesse des tisserands.*

6. Πηνίκη[a], ἡ, perruque, faux toupet. —κίζω, *trompe, impose.*

7. Πίδαξ[a], ακος, ἡ, source. *—δακόεις, —δακώδης, *rempli de sources;* *—δακῖτις, *de source;* *πιδύω, *fait sourdre, jaillit.*

8. Πίθηκος[a], ὁ, singe, magot, nain. *—θηξ, *—θων, *id.;* —θήκιον, *dim.*

9. Πιχέριον, τὸ, beurre. —10. Πῖλος, ὁ, *de* **pilus**[a], rang de fantassins.

11. Πῖλος, ὁ, **pileus**, feutre, bonnet, chapeau, paume[a]. —λέω, —λόω[b], *foule,* EMPILE; —λημα, *feutre;* —λησις, —λωσις, *foulage.*

12. Πίννα, ἡ, **pinna**, PINNE-marine, *sorte de coquillage.* —νικός, *de byssus* ou *de lin marin;* —νικόν, *byssus, nacre.*

ANNOTATIONS.

x. *a.* Ainsi nommé parce qu'il se plaît dans la *vase;* R. πηλός.

3. *a.* M. rac. q. πάσχω.

5. *a.* Du Dorien πανός. D'où PANNE, étoffe qui tient le milieu entre le velours et la peluche. PAN, partie d'un vêtement, etc.; PANNEAU, dimin. de *pan,* avec un sens différent. FANON, morceau de *drap* servant de *drapeau,* etc. GONFALON, anc. *gonfanon,* bannière à plusieurs fanons. RR. *cum, pannus;* GONFALONNIER, porte-gonfalon. A Florence et ailleurs, le chef de la république s'appelait *gonfalonnier.* En France, le gonfalon était plus spécialement une bannière d'église.

6. *a.* Le même que φενάκη.

7. *a.* M. rac. q. πηδάω, sauter, jaillir; pr. *fons saliens,* eau jaillissante. Cf. *scaturex,* source, de *scateo, scaturio,* sourdre; l'angl. *spring,* source, du verbe *to spring,* jaillir; l'all. *springbrunnen,* fontaine jaillissante, de *springen,* sauter, jaillir, et enfin notre français *source,* de *surgere,* s'élever, monter, d'où vient aussi le verbe *sourdre,* en parlant de l'eau. Le mot *origo,* qui signifie origine, commencement d'une chose quelconque, est un synonyme de *fons,* source, et son étymologie se rapporte tout à fait à cette signification, puisqu'il dérive de *orior,* s'élever. V. Ὄρνυμι. Dans les langues de l'Orient, le mot *source* exprime la même idée et présente la même image. « Il faut bien remarquer, dit M. de Maistre, ces

analogies entre des langues séparées par le temps et l'espace au point de n'avoir jamais pu se toucher. » Les étymologies les plus intéressantes sont celles qui reposent, non point « sur de simples conformités de mots acquis tout simplement par voie de contact et de communication, mais sur des conformités d'idées, prouvées par des synonymes de sens, différents en tout par la forme, ce qui exclut toute idée d'emprunt. »

8. *a.* D'où PYTHÉCUSE, nom donné anciennement à plusieurs îles des côtes d'Italie et d'Afrique, parce qu'on y trouvait des singes en grand nombre. V. Ὄφις.

10. *a. Pilus* est lui-même dérivé de *pilum,* PILON, javelot, et signifie pr. compagnie de soldats armés de javelots.

11. *a.* Balle à jouer, faite de laine fourrée, lat. *pila;* V. Σφαῖρα. D'où PELOTE, PELOTON; PILULE, *pilula,* pr. *boulette.* — *b.* En latin *pilare,* PILER, d'où *pilum,* PILON; *pila,* mortier à piler; PILIER, PILE; PILASTRE, colonne ou pile carrée.

13. *a.* F. πίομαι et πιοῦμαι, 2ᵉ pers. πίεσαι ou πίῃ; a. 2 ἔπιον, d'où l'impér. πίε ou πῖθι; pf. πέπωκα, f. p. ποθήσομαι, a. p. ἐπόθην, pf. p. πέπομαι; syllabes radicales Πι et Πο, qui ont passé en latin, l'une dans *Bibo,* et l'autre dans *Poto.* — *b.* Προπίνω, boire le premier; RR. πρό, πίνω. — *c.* D'où *potio,* action de boire, BOISSON; POTION, boisson médicinale; POISON, potion vénéneuse. Le mot *poison*

13. Πίνω[a], propino[b], poto[c], bibo, BOIT. Πότος, *action de boire;* πόμα, πῶμα, BOISSON, POTION; πότης, BUVEUR; ποτήριον[d], *coupe.*

id. Πιπίσκω, ABREUVE[e]. Ποτίζω, *id.;* πότιμος, ποτός, POTABLE.

14. Πιπράσκω[a], vend. *Πιπρήσκω, *id.;* πρᾶσις, *vente, mise en vente;* πράσιμος, πρατός, πρατήριος, *vénal;* —τήρ, *vendeur;* —τήριον, *marché.*

15. Πίπτω[a], tombe. *Πιτνέω, *id.;* πτωτός, πτώσιμος, *caduc;* *πέσημα, *πέσος, πτῶσις[b], *chute;* πτῶμα[c], *chute, cadavre[d].*

16. Πίσσα[a], ἡ, pix[b], POIX. —σόω, POISSE; πιττάκιον, *emplâtre, tablettes[c].*

17. Πίστις[a], εως, ἡ, fides, FOI, CONFIANCE, FIDÉLITÉ. —τός, *croyable, croyant;* —τεύω, *croit, se fie;* —τόω, *demande un gage de foi.*

18. Πίτυς, υος, ἡ, pinus, PIN. —υΐς, *pomme de pin;* —ύϊνος, *de pin;* —υΐνη, *résine de pin;* *—υόεις[a], *abondant en pins, semblable au pin.*

19. Πίων[a], ον, gras. *Πίαλος, *πῖος, *id.;* *πῖαρ, *graisse;* πιαίνω, *engraisse;* *πίασμα, πιότης, *graisse, fertilité;* πιαρός, *πιερός, *gras, fertile.*

20. Πλάγιος[a], ον, oblique, astucieux. —γιον, *obliquement;* —γιότης, *obliquité;* —γιάζω, —γιόω, *place obliquement, trompe.*

ANNOTATIONS.

était autrefois synonyme de *potion*, et, comme tel, féminin. Dans le peuple on dit encore *de la poison*. POTAGE, bouillon dans lequel on a mis des tranches de pain. — *d.* D'où POT, lat. *poculum.* POTASSE, de l'allemand *pottasche*, c.-à-d. *cendre de pot*, parce que la potasse qui provient des cendres se préparait autrefois dans des pots en fer; RR. *pott*, pot, et *asche*, cendre. — *e. Abreuver* vient de *ad bibere*, donner à boire.

14. *a.* F. περάσω, Att. περῶ, a. ἐπέρασα, pf. πέπρακα, f. p. πραθήσομαι, a. p. ἐπράθην, pf. p. πέπραμαι, f. antér. πεπράσομαι. M. rac. q. περάω, passer d'un endroit à un autre, colporter. V. Πωλέω.

15. *a.* F. πεσοῦμαι, a. ἔπεσον, qqf. ἔπεσα, pf. πέπτωκα. La conjugaison de ce verbe peut être rapportée aux deux primitifs inusités πέτω et πτόω, qui est p. πετόω, comme πίπτω est p. πιπέτω; syll. rad. Πετ, d'où le verbe latin *peto*, avec le sens premier *de fondre sur*. D'où PÉRIPÉTIE, περιπέτεια, *incident* inopiné, qui, dans le poëme épique ou dramatique, amène un dénoûment. RR. περί, πίπτω. — *b.* Πτῶσις veut dire aussi, comme le latin *casus*, terminaison, *cas*, flexion d'un mot, déclinaison, et les Grecs, comme les Latins, emploient le même mot pour les verbes et les substantifs: « *Nomina declinare et verba in primis*

pueri sciant.» QUINT. — *c.* D'où SYMPTÔME, σύμπτωμα, signe qui indique une maladie, pr. *coïncidence.* RR. σύν, πίπτω. — *d.* Pr. *corps tombé*, gisant, κοιμώμενον, selon la signification propre de *cadere*, tomber, par ext. tomber en mourant, mourir. « *Cadaver quod Latini à cadendo dixerunt; græcè πτῶμα dicitur ἀπὸ τοῦ πίπτειν, id est ab eo quod est cadere.* » S. AUG. De là cette antithèse de Tertullien, en parlant de la résurrection des morts: « *Resurgere non est nisi ejus qui cecidit.* »

16. *a.* Att. πίττα. — *b.* D'où *picea*, PESSE, faux sapin; *picéa*, nom scientifique du genre *pin*; *impicare*, EMPESER, mettre de l'EMPOIS. — *c.* Tablettes enduites de cire pour écrire. V. Γράφω.

17. *a.* M. rac. q. πείθω, persuader.

18. *a.* D'où PITYUSE, pr. abondante en pins, πιτυόεσσα, contr. πιτυοῦσσα, nom ancien de plusieurs îles de la Méditerranée, et de Salamine en particulier.

19. *a.* D'où *pinguis*, gras. APION, ἄπιων, c.-à-d. *le Maigre*, surnom donné par antithèse, à un Ptolémée, roi de Cyrène, fils naturel de Ptolémée *Physcon* ou *le Ventru*, roi d'Égypte. RR. ἀ, πίων.

20. *a.* On πλάγιος, ια, ιον. D'où PLAGIOSTOMES, famille de poissons cartilagineux, caractérisée par une bouche placée *transversalement* au-dessous du museau; ex.: le requin, la raie. RR. πλάγιος, στόμα.

1. Πινύσκω [a], inspire, instruit, rend sage, éclaire. Πινυτή, πινυτό-
της, *sagesse; intelligence;* πινυτός, *sensé.*

2. Πιπώ, οῦς, ἡ, **pipio**, petit oiseau, PIGEON [a]. Πίππος, πίπυλος, *id.;*
πιπίζω, πιππίζω, **pipio, pipito** [b], PIAULE, PIAILLE.

3. Πίσος, ὁ, **pisum** [a], POIS [b]. —σον, *id.;* —σινος, *de pois, fait avec des pois.*

4. Πιστάκη, ἡ, PISTACHIER. —χια, PISTACHES, *fruits du pistachier.*

5. Πιστική, ἡ, sorte de nard dont on faisait un parfum précieux.

6. Πίτυλος [a], ὁ, bruit de rames, tout mouvement rapide, mêlée.
—λεύω, —λίζω, *agite les rames avec bruit, s'agite.*

7. Πίτυρον [a], τὸ, son, crasse farineuse de la tête, dartre. —ρίας,
—ρίτης, *fait de son;* —ρόομαι, *se couvre d'une dartre.*

8. Πλάδος, εος, τὸ, moiteur, surabondance d'humeurs. —δάω, *est
humide;* —δαρός, *humide, fade, mou;* —δαρόω, *rend humide.*

9. *Πλάζω [a], égare, trompe. *Πλαγκτήρ, *errant, vagabond;* *πλαγκτός, *id.*

10. Πλαίσιον, τὸ, moule à briques, carré long, table carrée, châssis.

11. Πλέθρον, τὸ, PLÈTHRE [a]. —θριαῖος, *d'un plèthre;* —θρίζω, *s'étend.*

ANNOTATIONS.

1. *a.* Ou πινύσσω, f. πινύσω, a. ἐπι-
νύσθην, pf. p. πέπνυμαι. M. rac. q. πνέω.
spiro.

2. *a.* Pr. l'oiseau piaulant. Cf. *pipit*
ou *pipi*, genre de passereaux voisin des
alouettes, et dont le nom imite le cri. V.
Καχχαβίς. — *b.* Les verbes imitatifs du
bruit ou de la voix sont ordinairement
formés par redoublement. V. Γαργαίρω.
A la même racine appartient le mot PIPÉE,
qui imite le cri des petits oiseaux, et signifie une sorte de chasse dans laquelle
on contrefait la voix d'un oiseau, pour en
attirer d'autres dans des pièges ou des
gluaux.

3. *a.* D'où PISON, nom d'une illustre
famille romaine, qui fait allusion à la
culture de la fève, *faba,* d'où vient aussi
le nom de *Fabius.* Cf. *Cæpio,* CÉPION, de
cæpa ou *cæpe,* oignon; *Bulbus,* de βολβός,
oignon. V. Ἐλαία. — *b.* Cf. *poil,* de *pilus; poire,* de *pirus; voie,* de *via; ployer,*
de *plicare; étroit,* de *strictus.*

6. *a.* Est, dit-on, pour τυπίλος, de
ῥύπτω, et a le même sens que κτύπος.

7. *a.* M. rac. q. πτίσσω, piler.

9. *a.* F. πλάγξω, a. ἐπλάγξα, moy.
mixte πλάζομαι, f. πλάγξομαι, a. ἐπλάγ-
χθην; M. rac. q. πλάνη.

11. *a.* C'était tout à la fois une mesure de longueur équivalant à 100 pieds
grecs et à la sixième partie du stade, et
une mesure carrée équivalant à neuf ares
et demi, le quart d'un arpent.

12. *a.* M. rac. q. πλάζω, égarer. —
b. Astre qui se meut autour d'un autre
et emprunte sa lumière du soleil; pr.
astre errant, par opposition aux étoiles
fixes lumineuses par elles-mêmes. « *Maxi-*
*mè verò admirabiles sunt motus eorum
quæ falsò vocantur errantes. Nihil enim
errat eorum quod conservat progressus et
regressus.* » CIC.

13. *a.* D'où PLACARD, sorte d'affiche
ainsi nommée parce qu'autrefois elle se
mettait sur une *plaque.*

14. *a.* Att. πλάττω, f. πλάσω; prend σ
au passif. D'où ἔμπλαστρον, EMPLATRE,
et κατάπλασμα, CATAPLASME, pr. *enduit
qui s'applique sur un mal.* RR. ἐν,πλάσσω;
κατά, πλάσσω. PLASTRON, cuirasse ou
pièce de cuir rembourrée qu'on porte
sur la poitrine. — *b.* D'où le verbe
plasmare, employé dans la Vulgate pour
signifier *faire, créer, former.* « *Manus
tuæ, Domine, fecerunt me et plasmave-
runt me totum in circuitu.* » (*Job.,* ch. 10.)
Le mot hébreu signifie travailler avec
beaucoup d'art et d'industrie. — *c.* D'où
PLATRE, sulfate de chaux calciné et réduit en poudre, qui sert à *modeler.* V.
Γύψος. PLATRAS, débris d'ouvrages en
plâtre. — *d.* D'où PLASTIQUE, ἡ πλα-
στική, s.-ent. τέχνη, l'art du modeleur.

15. *a.* Angl. *flat,* all. *platt.* D'où PLAT,
PLATEAU; Πλάτων, PLATON, *deus philo-
sophorum,* dit Cicéron. Le nom de *Platon*
lui fut donné parce qu'il avait un grand
front et de larges épaules. — *b. Place*
publique, puis par ext., espace que peut
occuper un objet quelconque. D'où le
verbe PLACER et le substantif espagnol
placer, qui désigne, dans la Californie et
en Australie, les *places* d'où l'on tire l'or.
—*c.* Pr. le *plat* de la rame.—*d.* On disait
autrefois *plane* pour *platane.* Cet arbre
tire son nom de ses larges feuilles et de
ses rameaux étendus. Dans le livre de

12. Πλάνη*, ἦ, erreur. –νάω, *erre;* –νή*ς*, *errant;* –νήτης, *id.*, PLANÈTE*b*; –νο*ς*, *errant, vagabond, trompeur;* subst. **planus**, *hâbleur, jongleur.*

13. Πλάξ, ακός, ἦ, PLAQUE*a*, **planca**, PLANCHE, *plaine, champs,* **plaga**, PLAGE. Πλακόω, PLAQUER, *daller;* –κόεις, *aplati;* –κοῦς, **placenta**, *gâteau.*

14. Πλάσσω*a*, façonne, enduit. Πλάσμα*b*, *ouvrage façonné, fiction;* πλάστης*c*, *modeleur;* –στικός*d*, *qui concerne son art;* –στός, *façonné.*

15. Πλατύς*a*, εῖα, ύ, large. –τεῖα, **platea**, *rue large,* PLACE*b*; –τη, *rame*c*; –τος, –τύτης, *largeur;* –τόω, –τύνω, *élargit;* –τανος, PLATANE*d*.

16. Πλέκω*a*, **plecto***b*, **plico***c*, tresse, trame, PLIE. Πλέγμα, πλεκτάνη, *tresse;* πλόκος, *tresse de cheveux;* –κίζω, *enlace;* –καμο*ς*, *tresse.*

17. *Πλέος*a*, α, ον, **plenus***b*, PLEIN. Πλῆθος, –θώρα, *grande quantité;* –θω*c*, *est plein;* πίμπλημι, EMPLIT; πληθύνω, *multiplie;* πλήρης, *plein.*

18. Πλευρόν*a*, τὸ, côté. –ρά, *côte, côté;* –ρίτης, *latéral;* –ρῖτις, PLEURÉSIE*b*; –ριτικός, *qui en souffre, bon contre la pleurésie.*

19. Πλέω*a*, navigue. Πλεῦσις, πλοός*b*, *navigation;* πλοῖον, *bateau;* πλωΐζομαι, πλωτεύω, *navigue;* πλωτός, πλώϊμο*ς*, *navigable.*

ANNOTATIONS.

l'Ecclésiastique, ch. 24, la Sagesse se compare elle-même à un *platane* qui s'élève sur le bord des eaux, dans un grand chemin.

16. *a.* F. πλέξω, a. ἔπλεξα, p. πέπλεχα, f. p. πλεχθήσομαι ou πλακήσομαι, a. p. ἐπλέχθην ou ἐπλάκην, pf. f. πέπλεγμαι; angl. *to plait,* all. *flechten.* D'où *flectere,* FLÉCHIR; *reflectere,* RÉFLÉCHIR, c.-à-d. *replier* son esprit sur quelque chose. Cf. *animadvertere,* remarquer, *animum vertere ad.* On emploie souvent les deux mots séparés animum advertere, tourner son esprit vers. — *b.* D'où *amplecti* et *amplexari,* embrasser, pr. *ployer* ses bras autour. RR. *am* ou *ampfi, plecto.* Supplex, SUPPLIANT, pr. qui *fléchit* les genoux *sous* quelqu'un; *supplicium,* SUPPLICE, pr. *agenouillement* de celui qui va subir une peine; SOUPLE, pr. qui se *plie* aisément; RR. *sub, plicare. Simplex,* SIMPLE, c.-à-d. sans pli, *sine plexu* ou *plica; duplex,* DOUBLE, pr. *deux fois plié. Perplexus,* plié et replié en tous sens, compliqué, embarrassé; d'où PERPLEXITÉ, embarras, inquiétude. CIRCONFLEXE, *circumflexus,* accent *fléchi* en forme de demi-cercle, pour indiquer que la voix doit s'élever et s'abaisser successivement sur la même voyelle. RR. *circum, flecto.* — *c.* PLOYER, PLIER; d'où *complicare,* COMPLIQUER, c.-à-d, plier et replier de manière à n'y voir goutte; RR. *cum, plico. Explicare,* EXPLIQUER, c.-à-d. *déployer,* montrer ce que les plis cachaient, *ex, plico;* IMPLIQUER, *implicare,* ἐμπλέχειν, envelopper, engager dans les *plis* d'une affaire; RR. ἐν, πλέκω. De là viennent aussi le verbe EMPLOYER, c.-à-d. *faire entrer dans,* faire servir à, *appliquer*; IMPLICITE, *implicitus,*

part. de *implico, plié dans,* renfermé dans, enveloppé. EXPLICITE, *explicitus,* part. de *explico, déplié, expliqué,* clairement énoncé. *Applicare,* APPLIQUER, mettre contre, sur, *plicare, ad;* S'APPLIQUER, pr. *se plier* sur une chose, l'embrasser tout entière, en latin *incumbere,* se pencher sur.

17. *a.* En prose on dit πλέως, α, ων, gén. ω, ας, ω. D'où *pleo,* emplir, usité seulement dans les composés *repleo, compleo, impleo,* etc. SUPPLÉER, *suppleo,* pr. achever de remplir, *compléter* la mesure en sous-œuvre. RR. *sub, pleo. Amplius,* AMPLE, de ἀμπλοῦς, contr. de ἀνάπλεος, tout plein jusqu'en haut; RR. ἀνά, πλέος. *Locuples,* riche en biens fonds; RR. *locus, plenus.* REPLET, *repletus,* trop gras, gras à *pleine* peau. — *b.* Les anciens disaient aussi *plerus, a, um,* qui est resté au pluriel *plerique,* dans l'adverbe *plerumque,* etc. — *c.* D'où PLÉTHORE, πληθώρα, surabondance de sang et d'humeurs.

18. *a.* D'où vient PLÈVRE, nom donné à la membrane qui tapisse l'intérieur de la poitrine. — *b.* Inflammation de la plèvre.

19. *a.* Éol. πλεϜω, f. πλεύσομαι, où le digamma est remplacé par *v,* Dor. et Att. πλευσοῦμαι, impf. ἔπλεον, a. ἔπλευσα, pf. πέπλευκα, a. p. ἐπλεύσθην, pf. p. πέπλευσμαι. D'où PLÉIADES, πλειάδες, constellation de sept étoiles, vulg. nommée *poussinière,* par allusion à une bande de *poussins.* L'apparition des Pléiades était regardée comme le présage d'une heureuse navigation. — *b.* D'où PÉRIPLE, περίπλους, litt. *circumnavigation,* voyage par mer autour du monde ou le long des côtes d'un pays. RR. περί, πλέω.

1. Πλήμνη[a], ἡ, moyeu de roue, trou du moyeu où entre l'essieu.

2. Πλήν[a], excepté, excepté que, mais, cependant, d'ailleurs, or, or donc.
D'où πλημμελέω[b], *commet une faute;*—λής, *défectueux;*—λῶς, *à tort.*

3. Πλίσσω[a], fait une enjambée. Πλίξ, *pas, marche, empan;* πλίγμα,
enjambée, attitude des combattants en arrêt; croc-en-jambe.

4. Πόα, ἡ, herbe, gazon, feuillage. Ποία, *id.;* ποάριον, *dim.;* ποάζω,
arrache les herbes; ποιήεις, *herbeux, verdoyant, couvert de gazon.*

5. Πολέω[a], tourne, remue, habite.—λέομαι, *va et vient[b], se trouve.*
—λος, **polus,** *pivot, axe du monde,* PÔLE[c], *terre retournée.*

6. Πόλιον, τὸ, **polium,** germandrée jaunâtre, *plante vulnéraire.*

7. Πόλτος[a], ὁ, **puls,** sorte de bouillie *ou* de purée grossière, brouet.
—τάριον, —ταρίδιον, *dim.;* —τώδης. PULTACÉ.

8. Πολφός, ὁ, **pulpa**[a], pâte cuite avec de la purée, PULPE.

9. Πόπαξ! hélas! ah ciel! *cri d'indignation et de douleur.*

10. Ποπίζω[a], crie comme la huppe, fait entendre un cri de huppe.

11. Πόποι! ah! ô ciel! grands dieux[a]! *cri d'effroi, de douleur.*

ANNOTATIONS.

1. *a.* R. πλήθω, remplir. Πλήμνη signifie pr. le trou du moyeu *rempli* par l'essieu.

2. *a.* R. πλέον, de plus. Cf. *mais,* de *magis.* — *b.* Pr. chanter faux, sortir de la mesure; RR. πλήν, μέλος; puis par ext., manquer à une règle quelconque, commettre une faute. V. Ἁμαρτάνω, Ἀλιταίνω, Ἠλεός et tous les mots qui expriment les maladies de l'esprit; vous n'en trouverez pas un seul dont la signification première ne se rapporte à quelque infirmité corporelle. Sans même chercher hors du français, notre mot *faute* en est un exemple, puisqu'il veut dire *chute,* faux pas, suivant la signification du verbe *fallere,* tomber, d'où il dérive. De même notre verbe *manquer,* commettre un manquement, vient de *mancare,* dérivé lui-même de *mancus,* défectueux, imparfait, *manchot,* privé d'un membre. — Πλήν s'emploie aussi comme préposition et veut son régime au génitif.

3. *a.* Plus souvent πλίσσομαι, f. πλίξομαι.

5. *a.* F. πολήσω; poét. πολεύω, f. εύσω. On disait primitivement κολέω p. πολέω; dans le sens de faire marcher, mener; d'où βουκόλος, BOUVIER, pasteur de bœufs. RR. βοῦς, κολέω. Cf. αἰπόλος, chevrier, pasteur de chèvres. RR. αἴξ, πολέω. De βουκόλος vient BUCOLIQUE, poésie pastorale, dérivation fondée sur la primauté que les poëtes grecs donnaient aux *bouviers,* naturellement les plus riches de tous les pasteurs et supérieurs à tous les autres pour les mœurs, les habitudes et le langage.— *b.* Pr. tourner dans un lieu, *versari,* de *vertere;* par ext. séjourne, vit.— *c.* Lat. *polus.* On appelle *pôles* les deux extrémités de l'axe du monde, autour duquel la voûte céleste semble *tourner.* Cet axe est supposé traverser la terre par son centre, et les deux points de la surface terrestre qu'il rencontre ont été appelés pôles terrestres. On nomme aussi *pôles* les extrémités de l'aiguille aimantée, parce qu'elles sont toujours dirigées vers les pôles de la terre. On appelle *étoile polaire* l'étoile la plus voisine du pôle : c'est celle qui termine le timon du Petit Chariot. V. Ἄρκτος.

7. *a.* Les Grecs appelaient par dérision les Carthaginois PULTOPHAGES, c.-à-d. *mangeurs de bouillie.* RR. πόλτος, φαγεῖν.

8. *a. Pulpa* signifie prim. *chair,* partie charnue du corps des animaux; d'où *pulmentum,* p. *pulpamentum;* ce qu'on mange avec le pain.

10. *a.* R. ἔποψ, huppe.

11. *a.* Chez les Dryopes, peuple d'Épire, et chez les anciens poëtes, πόποι signifiait *dieux,* et équivalait à παπαί, *papæ!* Puis ce mot est devenu un cri d'effroi, de douleur, ce cri que toute âme pousse na-

12. Πλήσσω[a], plecto, frappe, BLESSE, étonne[b]. Πληγή, πλῆγμα, plaga[c], coup, PLAIE; πλήξ, *aiguillon;* πλῆκτρον, *fouet,* plectrum, PLECTRE[d].

13. Πλίνθος, ἡ, brique, tuile, carré long, PLINTHE[a]. —θίς, plinthis, *id.;* —θινος, *de brique;* —θεύω, *fait de la brique;* —θόω, *bâtit en briques.*

14. Πλοῦτος[a], ὁ, richesse, PLUTUS. —των, PLUTON, PLUTUS[b]; πλούσιος, *riche;* —σιάζω, —τίζω, *enrichit;* —σιάω, —τέω, *est riche.*

15. Πλύνω[a], lave[b]. Πλύσις, πλυσμός, *lavage;* πλύμα, πλύσμα, *eau sale;* πλυνός, πλυντήριον, *lavoir;* πλυντήρ, *laveur;* πλύντρον, *son salaire.*

16. Πνέω[a], souffle, respire, exhale. Πνεῦμα[b], πνεῦσις, πνοή, *souffle;* πνεύμων, πλεύμων, pulmo, POUMON; πνευστιάω, *halète;* —στης, asthmatiq.

17. Πνίγω[a], étouffe. Πνίξ, πνῖγμα, *étouffement;* πνιγηρός, *étouffant;* πνιγέα, *étuve;* πνιγεύς, *étouffoir;* *πνικτήρ, *qui étouffe.*

18. Πόθος, ὁ, désir, envie, regret, amour. *—θή, *id.;* —θέω, *désire;* —θεινός[a], —θητός, *désirable;* —θημα, —θησις, *désir, regret.*

19. Ποιέω[a], fait, crée. Ποίησις, *action,* POÉSIE; —ημα, *ouvrage[b];* —ητής, *auteur,* POETE; —ητικός, *qui peut faire,* POÉTIQUE.

ANNOTATIONS.

turellement vers la Divinité, et qui révèle chez tous les hommes la croyance en Dieu.

12. *a.* Att. πλήττω, d'où *plecto,* qu'il ne faut pas confondre avec *plecto,* plier, de πλέκω; f. πλήξω, a. ἔπληξα, pf. πέπληγα, pf. 2 poét. πέπληγα, pf. p. ἐπλήχθην, a. 2 ἐπλήγην, ou, dans le sens moral et figuré, ἐπλάγην, pf. p. πέπληγμαι. Syll. rad. Πλεγ ou Πλαγ. D'où *plango,* frapper, se frapper en signe de deuil; *planctus,* coup que l'on se donne dans la douleur. De là vient le mot français PLAINTE. — *b.* Le verbe *étonner* vient lui-même de *attonare,* frapper de la foudre; RR. *ad, tonitru.* — *c.* D'où PLAGIAIRE, auteur qui s'approprie les pensées d'autrui, par analogie avec ceux qui, chez les Romains, vendaient comme esclaves des hommes libres, et qui, pour cela, étaient punis du *fouet.* — *d.* Petite verge d'ivoire pour toucher les cordes d'un instrument.

13. *a.* Pierre plate et carrée mise à la base des colonnes et représentant une *brique* sur laquelle reposerait la colonne; par analogie, on nomme *plinthe* la bande plate qui règne en saillie au bas d'un mur.

14. *a.* R. πλέος, plein, abondant. — *b.* De même, en latin, *Dis,* gén. *Ditis,* signifie à la fois *Pluton* et *riche;* soit, selon quelques mythologues, parce que c'est du royaume de Pluton, c'est-à-dire de l'intérieur de la terre, que sont tirés les métaux précieux qui font la richesse des

hommes, soit, selon d'autres, parce que le blé, qui était la principale richesse des temps primitifs, était considéré comme un présent du dieu des enfers, l'époux de Proserpine et le gendre de *Cérès,* la déesse des *céréales.* V. Βάκχος.

15. *a.* F. πλυνῶ, a. ἔπλυνα, pf. πέπλυκα, f. p. πλυνθήσομαι, a. p. ἐπλύνθην, pf. p. πέπλυμαι. D'où APLYSIE, c.-à-d. *saleté,* ἀπλυσία, nom donné à un mollusque, qui jette, quand on veut le prendre, une liqueur infecte. RR. ἀ, πλύνω. — *b.* Surtout en parlant du linge. V. Λούω. Au fig., πλύνω signifie faire des reproches, pr. *laver la tête* à quelqu'un.

16. *a.* Éol. πνέϝω, f. πνεύσω, πνεύσομαι ou πνευσοῦμαι, a. ἔπνευσα, pf. πέπνευκα, f. p. πνευσθήσομαι, a. p. ἐπνεύσθην, pf. p. πέπνευσμαι, pf. épique πέπνυμαι, j'ai de l'intelligence, pr. je suis bien *inspiré.* V. Πινύσκω. — *b.* La machine qui sert à retirer l'air d'un récipient s'appelle machine PNEUMATIQUE, c.-à-d. *aspirante.*

17. *a.* F. πνίξω et πνιξοῦμαι, a. ἔπνιξα, pf. πέπνιγα, f. p. πνιγήσομαι, a. p. ἐπνίγην, pf. p. πέπνιγμαι; m. rac. q. πνέω.

18. *a.* D'où *Pothinus,* POTHIN, nom du premier évêque de Lyon.

19. *a.* Ποιέω diffère de πράττω, comme *facere,* faire, produire, diffère de *agere,* agir, pratiquer. — *b.* Et particulièrement POÈME, ouvrage de poésie.

1. Ποππύζω [a], siffle, appelle en sifflant, excite un cheval. —πυσμα, *sifflement, claquement de la langue et des lèvres.*

2. Πόρκης, ου, ὁ, anneau qui attache le fer de la lance au bois.

3. Πόρκος, ὁ, nasse, panier pour la pêche, **porcus** [a], PORC [b], POURCEAU.

4. Πόρτις, ιος, ὁ, ἡ, génisse, veau, jeune garçon, jeune fille. —ταξ, *id.;* —τάκιον, *petit veau, petite génisse.*

5. Πός [a], πή, πόν, qui? quel? Ποῖος, α, ον, *qui? quel?* tel; πόσε, *où?* ποσός, *combien grand?* ποτέ, *un jour;* πότερος, *lequel?* ποῦ, *où?*

6. Ποσειδῶν [a], ῶνος, ὁ, Neptune. —δεών, *le mois* POSIDÉON.

7. Ποσθία, ἡ, bouton *ou* grain d'orge qui vient sur la paupière. *—θων, jeune garçon bien constitué, gaillard, niais; *—θωνεύς, id.

8. Πότμος [a], ὁ, sort, destin, condition, destinée, sort fatal, mort.

9. *Πότνια, ἡ, femme auguste, déesse, princesse. —νιάδες, *Furies;* —νιάζομαι, —νιάω,. *invoque, supplie, déplore, se plaint.*

10. Πουγγή, ἡ, sac, bourse, poche.—γίον, *sachet porté comme talisman.*

11. Πραιτώριον, τό, *de* **prætorium** [a], PRÉTOIRE, tente du général.

ANNOTATIONS.

1. *a.* F. ποππύσω.

3. *a.* Πόρκος n'a été employé dans le sens de *porc* que très-anciennement. « Porcus græcum est nomen antiquum, sed obscuratum, quod nunc eum χοῖρον vocant.» VARR. V. Ἕλλην. De *porcus* dérive, par l'addition d'un *s* initial, *spurcus*, sale immonde, d'où *spurcitia*, saleté, mœurs ordurières. Cf. *souillure*, angl. *sully*, qui vient de *suillus*; R. *sus*. V. Χοῖρος, Σῦς, Κάπρος. — *b.* D'où PORC-ÉPIC, *porcus spicatus*, traduction du mot grec ὕστριξ, *hystrix*, pr. cochon à piquants; RR. ὓς, θρίξ. Malgré son nom, cet animal a plus de ressemblance avec le lapin qu'avec le porc.

5. *a.* Vieille forme ionienne et tout à fait inusitée, pour τίς, interrogatif ou indéfini. D'où ποῦ, *où*, *ubi? πoῖ*, *où*, *quò? πόθεν*, d'où, *unde? πῆ*, par où? *quâ?*

6. *a.* D'où POSIDONIE, Ποσειδώνια, nommée maintenant *Pæstum*, ville de Lucanie anciennement très-florissante et dont les ruines sont encore magnifiques: elle était consacrée à Neptune. POSIDONIUS, célèbre philosophe qui eut Cicéron pour disciple. Les anciens aimaient beaucoup ces noms empruntés aux divinités, et ils s'en faisaient un titre à la protection des immortels. ▪ Quelquefois, dit Anacharsis, l'enfant reçoit le nom d'une divinité auquel on donne une légère inflexion. C'est ainsi qu'*Apollonius* vient d'Apollon; *Poseidonius*, de *Poseidon* ou Neptune; *Démétrios*, de *Déméter* ou Cérès; *Athénée*, d'*Athéné* ou Minerve.»

(*Ch.* 66.) Ajoutez *Dionysius*, Denis, de Διόνυσος, Bacchus; *Ephestion*, de Ἥφαιστος, Vulcain; *Artémise*, d'Ἄρτεμις, Diane; *Saturnin*, consacré à Saturne; *Januarius*, Janvier, de *Janus;* *Zénon*, *Zénobie*, de Ζήνων ou Junon, et βίος, vie, etc. Il faut en dire autant des noms de DIOGÈNE, Διογενής, fils de Jupiter; RR. Ζεύς, γίγνομαι; DIODORE, Διόδωρος, présent de Jupiter; RR. Ζεύς, δῶρον; THÉODORET, Θεοδώρητος, donné par Dieu *ou* les dieux; RR. Θεός, δῶρον; *Apollodore, Apollinaire*, etc.

8. *a.* De πίπτω, échoir, tomber, pr. lot échu, ce qui arrive, *accidens;* R. *cado.*

11. *a.* V. Ἄρχω. Le PRÉTEUR tenait le premier rang après le consul; en son absence, il commandait l'armée, gouvernait la province et rendait la justice. Le lieu où il tenait son conseil de guerre s'appelait *Prétoire.*

12. *a.* D'où PÉCILE, ἡ ποικίλη στοά, la *galerie variée;* c'était, à Athènes, un portique orné de diverses peintures des grands maîtres. V. CORN. NÉP. *Vie de Miltiade.—* *b.* Pr. *madré.* V. Αἴολος.

13. *a.* Pr. pasteur de brebis. R. πῶυ, troupeau, et partic. troupeau de moutons. Cf. *berger*, du bas lat. *berbicarius*, rac. *vervex* ou *berbex*, brebis. — *b.* « Ce n'est pas seulement Homère qui appelle les princes *pasteurs* des peuples, c'est le Saint-Esprit. *Paître*, dans la langue sainte, c'est gouverner, et le nom du pasteur signifie le prince : tant ces choses sont unies.» Boss. Cf. ἀγός, ἡγεμών, *dux*, gé-

12. Ποικίλος, η[a], ον, varié, rusé[b]. —κιλία, variété, ruse; —κίλλω, varie, brode; —κιλεύς, —κιλτής, ouvrier en broderie.

13. Ποιμήν[a], ένος, ὁ, pasteur, roi[b]. —μαίνω, fait paître; —μνη, —μνιον, troupeau; —μενικός, —νιος, —μνίτης, pastoral; —μναῖος, de troupeau.

14. Ποινή, ἡ, pœna, PEINE. —ναῖος, —νιμος, PÉNAL; *—νάομαι, PUNIT; *—νημα, PUNITION; *—νητήρ, *—νήτωρ, qui punit; *—νῆτις, fém.

15. Πόλεμος[a], ὁ, guerre. —μιος[b], ennemi; —μικός[c], guerrier; —μέω, —μίζω, fait la guerre; —μησείω, en a envie; —μόω, excite à la guerre.

16. Πολιός[a], ά, όν, blanc, gris, blanchi par l'âge. *Πολιαίνομαι, grisonne; πολιότης, blancheur des cheveux; πολιόω, fait blanchir, grisonner.

17. Πόλις[a], εως, ἡ, ville[b], cité, État. Πολίζω, fonde une ville; πολίτης[c], citoyen; πολιτεύω, est citoyen; πολιτεία[d], gouvernement.

18. Πολύς[a], πολλή, πολύ, beaucoup de, nombreux, fréquent. Πολλάκις, souvent; πλέον, PLUS[b]; πλεονάζω[c], est trop grand, de trop, l'emporte.

19. Πόνος[a], ὁ, travail, peine, mal[b]. —νέω, travaille, souffre, a du mal; —νηρός, méchant, misérable; —ρία, méchanceté; —ρεύω, est méchant.

ANNOTATIONS.

néral, chef, pr. conducteur. V. Μάνδρα, Νέμω, Κυβερνάω, Φίλος.

15. a. Poét. πτόλεμος, d'où PTOLÉMÉE, Πτολεμαῖος, pr. guerrier, nom porté par les rois d'Égypte, successeurs d'Alexandre, de l'an 323 à l'an 30 av. J. C. PTOLÉMAÏS, nom de plusieurs villes fondées par les Ptolémées. — b. V. Ἔχθος. — c. D'où POLÉMIQUE, art de la dispute politique ou scientifique.

17. a. M. rac. q. πολύς; pr. multitude d'hommes. D'où Neapolis, NAPLES. V. Νέος. ANTIBES, Antipolis, bâtie par les Phocéens en face de Nice, d'où son nom. RR. ἀντί, πόλις. Cf. Antiparos, dans les Cyclades, située en face de Paros. GRENOBLE, Gratianopolis, ancienne ville de la Gaule, rebâtie par Gratien qui lui donna son nom. CONSTANTINOPLE, ou ville de Constantin, bâtie par cet empereur sur l'emplacement de l'ancienne Byzance. POMPEIOPOLIS, par corrupt. Pompelo, PAMPELUNE, ville d'Espagne qu'on dit avoir été fondée par Pompée. Enfin RATOPOLIS, la capitale des rats, ville moitié française et moitié grecque, fondée par La Fontaine. — b. Πόλις, civitas, se dit du lieu et des habitants, tandis que ἄστυ, urbs, ne s'entend que du lieu. Chez les Alexandrins, πόλις voulait dire Alexandrie, comme ἄστυ désignait Athènes, comme urbs signifiait Rome et conserve encore cette signification dans la bénédiction papale Urbi et Orbi. Les Grecs de Constantinople, pour dire aller à la ville,

employaient l'expression στὴν πόλιν, c.-à-d. ἐς τὴν πόλιν, dont les Turcs ont fait, par corruption, le nom de Stamboul ou Istamboul, pour désigner Constantinople. — c. D'où COSMOPOLITE (127). — d. D'où POLICE, ordre établi dans une ville pour la sûreté et la commodité des habitants. POLITIQUE, ἡ πολιτική, s.-ent. τέχνη, la science du gouvernement.

18. a. Comp. πλείων, sup. πλεῖστος. — b. Lat. plus, pl. plures, bas lat. pluriores, d'où plusiores, PLUSIEURS. D'où POLYTHÉISME, πολυθεΐα, pluralité des dieux; RR. πολύς, θεός. POLYSYLLABE, πολυσύλλαβος. V. Λαμβάνω. POLYNÉSIE; V. Νῆσος. POLYPE; V. Ἑλεδώνη. POLYEUCTE, πολύευκτος, très-désiré, nom pr. synon. de Pothin et d'Optat; RR. πολύς, εὔχομαι. V. Πόθος, Ὄσσομαι. — c. D'où PLÉONASME, πλεονασμός, surabondance de mots inutiles. Ex.: puis ensuite, au jour d'aujourd'hui. V. Ἡμέρα.

19. a. R. πένομαι, travailler. — b. Cicéron signale avec complaisance cette double signification du mot πόνος, tandis que les Latins ont deux mots, labor et dolor. Mais le grand orateur oubliait que, pour exprimer dolor, la langue grecque a ὀδύνη, λύπη, ὠδίς, ἄλγος, ἄχος, etc., et que le latin labor signifie aussi travail et souffrance. Surtout après avoir inséré dans ses livres tant de mots grecs qui n'avaient point d'équivalents latins, Cicéron avait assez mauvaise grâce à s'écrire : « O verborum inops Græcia! »

1. Πραμνεία, ή, vigne qui donnait le vin de PRAMNE[a]. —νία, *id.*

2. *Πραπίδες, αί, diaphragme, cœur, âme, esprit, pensée, prudence.

3. Πράσον[a],τὸ, **porrum**[b],POIREAU,sorte d'algue.—σιά, *jardin potager;* —σιος, —σίτης, *d'un vert clair;* —σίζω, *ressemble au poireau.*

4. *Πρηών, ῶνος[a], ὁ, roche escarpée, sommet d'une montagne.

5. Πρίασθαι[a],achète; *d'où* Πρίαμος, PRIAM[b], *le dernier roi de Troie.*

6. Πριμιχήριοι, οἱ, *de* **primicerii**[a], PRIMICIERS, premiers d'un corps.

7. Πρίν[a], auparavant, avant que, avant de; *d'où* **prior**[b], **primus.**

8. Πρῖνος, ή, yeuse,chêne-vert.Πρίνινος, *d'yeuse, fait de bois d'yeuse;* —νώδης, *dur, fort*[a], *planté d'yeuses;* —νών, *plant d'yeuses.*

9. Πρό[a],**pro**[b],devant,avant,pour[c].Πρόσω,πόρρω,**porro**,*loin en avant;* πρῶτος[d],PREMIER,PROTE[e]; —τεύω,*est le premier;* —τεία,PRIMATIE.

10. Προίξ[a], ικος, ή, don, dot. *Προῖσσομαι, mendie; προίκτης, mendiant, gueux; προῖκα, προικός, gratuitement;* —κιος, *gratuit;* —κίζω, *dote.*

11. Προλύται[a], οἱ, ceux qui avaient étudié le droit pendant cinq ans.

12. Πρόμαλος, ή, agnus-castus *ou* autre arbrisseau flexible.

ANNOTATIONS.

1. *a.* Ce vignoble était situé dans l'île d'Icare, au sud-ouest de Samos.

3. *a.* D'où *prasinus*, vert, couleur de poireau; *Prasum*, nom ancien du Cap Vert. V. Λευκός. — *b.* Le σ du mot grec a été changé en *r* comme dans *cruor*, de κρύος.

4. *a.* Ou πρηόνος, dat. pl. πρήοσι.

5. *a.* Infinit.; impf. ἐπριάμην, impér. πριάσο ou πρίω, subj. πρίωμαι, opt. πριαίμην, inf. πρίασθαι, part. πριάμενος. M. rac. q. πικράσκω. V. Ὠνέομαι. — *b.* Ce roi s'appelait d'abord Podarce. Il prit le nom de *Priam*, πρίαμος, *racheté*, quand sa sœur Hésione l'eut délivré de la captivité à laquelle il avait été réduit après la prise de Troie par Hercule.

6. *a.* Pr. les premiers inscrits, ceux dont le nom se trouve en tête sur les tablettes de cire. RR. *primus, cera.*

7. *a.* M. rac. q. πρό. — *b.* *Prior* et *primus* sont propr. le comparatif et le superlatif de l'ancien terme *pris* ou *pri*, avant, d'où sont aussi provenus *pridem*, il y a longtemps; *pridie*, la veille, le jour d'avant, *pris, die; priscus, pristinus,* antique, vieux; comme, de *antè*, avant, sont dérivés *anterior, antiquus,* ancien.

8. *a.* Cf. *robuste*, de *robur*, chêne, force.

9. *a.* D'où προφήτης, PROPHÈTE, qui annonce *d'avance*. RR. πρό, φημί. PROGRAMME, πρόγραμμα, *écrit* par lequel on fait connaître *d'avance* ce qui doit se dire ou se faire. RR. πρό, γράφω. Προλεγόμενα, PROLÉGOMÈNES, m. à m. choses *dites*

avant d'autres, synon. de PROLOGUE, πρόλογος, et de préface, *præfatio;* RR. πρό, *præ,* avant, λέγω, *fari,* dire. — *b.* D'où *pronus,* penché en avant; RR. *pro, nuo;* synon. de *propensus,* enclin à, partic. de *propendo,* pencher en avant. V. 'Πέπω. *Prosa,* PROSE, p. *prorsa,* s.-ent. *oratio,* de *prorsus, a, um,* p. *proversus,* tourné en avant, qui va en ligne droite. La prose est un langage tout *droit,* que n'arrête ni la mesure ni la rime.— *c.* Angl. *fore,* all. *vor.* V. 'Αντί. — *d.* Superlatif de πρό; le neutre πρῶτον s'emploie comme adverbe et signifie *d'abord.* Cf. en latin *primus,* superl. de *pris;* en angl. *first,* le premier, superl. de *fore,* avant; en all. *erste,* premier, superl. de *eher,* avant; *furst,* prince, superl. de *vor,* avant. Le comparatif correspondant à πρῶτος est πρότερος, et πρῶτος est lui-même une contraction de πρότατος, antérieur, supérieur. — *c.* Celui qui, dans une imprimerie, dirige, sous les ordres du maître, tous les ouvriers dont il est le *chef.*

10. *a.* Inus. au nominat. RR. πρό, ἱκνέομαι. Dans Homère, προῖκα signifie le don fait à celui qui *vient devant* vous.

11. *a.* RR. πρό, λύω. Ceux qui avaient étudié le droit quatre ans prenaient le titre de λύται, *solutores;* c.-à-dire capables de *résoudre* les questions de jurisprudence. Après la cinquième année, on les appelait, par honneur, προλύται, *præsolutores.*

13. Πόντος, ὁ, **pontus**, mer, le PONT-EUXIN[a], le royaume de PONT[b].
*—τιος[c], *marin;* *—τιάς, *de mer;* —τικός, *du Pont;* *—τίζω, *submerge.*

14. Πόρνη[a], ἡ, prostituée. —νος, *débauché;* —νεύω, *se prostitue.*

15. Πόρπη[a], ἡ, agrafe, anneau du bouclier[b]. —πάω, *agrafe, boucle.*

16. Πορφύρα[a], ἡ, **purpura**, POURPRE.—ρεος[b], *de pourpre;* —ρίζω, *l'imite;* —ρίς, *robe de pourpre;* —ρεύω, *teint en pourpre, pêche la pourpre.*

17. Ποταμός[a], ὁ, fleuve, rivière *où se plaît l'*HIPPOPOTAME[b]. —μιον, *dim.;* —μηδόν, *comme un fleuve;* —μιος, *de fleuve, de rivière.*

18. Ποῦς, ποδός[a], ὁ, **pes**[b], PIED[c], bouline. Ποδήρης, *des pieds;* —διαῖος, *long d'un pied;* —δίζω, *entrave*[d], *garrotte, mesure au pied.*

19. Πρᾶος[a], πραεῖα, πρᾶον, doux, bon. Πραΰς, *id.;* πραότης, πραΰτης, *douceur;* πραΰνω, *adoucit;* πραΰνσις, *adoucissement;* —ΰντικός, *calmant.*

20. Πράσσω[a], agit[b], fait, traite, fait payer. Πρᾶξις, *action;* πρᾶγμα[c], *chose faite;* πρακτήρ, *qui fait, receveur;* πρακτικός, *actif,* PRATIQUE[d].

21. Πρέμνον, τό, souche, tronc, fondement.—νος, *id.;* —νιον, *dim.;* —νίζω, *déracine entièrement;* *—νόθεν, *radicalement, depuis la racine.*

ANNOTATIONS.

13. *a.* D'où Προποντίς, PROPONTIDE, nom ancien de la mer de Marmara, qui indiquait sa position *devant le Pont-Euxin.* RR. πρό, πόντος. — *b.* Situé au sud du Pont-Euxin. — *c.* D'où *Pontius,* PONCE, nom illustré par Hérennius, général des Samnites, mais depuis marqué d'une tache horrible, que l'eau n'a point lavée et sur laquelle tous les siècles passeront sans l'effacer. « *Crucifixus est pro nobis sub Pontio Pilato.* » V. Πέλαγος.

14. *a.* De πέρνημι, vendre, *pr.* femme vendue. Cf. le latin *meretrix,* courtisane, de *merco,* gagner, trafiquer.

15. *a.* De πείρω, percer. — *b.* C'est à cette *boucle* ou anse que le *bouclier* doit son nom français, dérivé du bas latin *buccularium.*

16. *a.* Angl. *purple,* all. *purpur.* R. φύρω, détremper, teindre; syll. rad. Φυρ, redoublée pour renforcer l'idée du substantif. Mais, au lieu de φυρφύρα, on a dit πορφύρα, qui désigne une teinture d'une beauté supérieure. D'où PORPHYRE, nom donné par les anciens à une pierre dont la pâte rouge *pourprée* est parsemée de taches blanches. — *b.* Le nom de PORPHYRE, porté par un philosophe néoplatonicien du troisième siècle, était la traduction de son nom syriaque *Malchus,* qui signifie *roi,* pr. revêtu de la *pourpre.*

17. *a.* M. rac. q. πίνω, *poto,* boire, *pr.* cours d'eau *potable,* par opposition à l'eau salée de la mer. — *b.* V. Ἵππος.

18. *a.* Dat. plur. ποσί : all. *fuss,* angl. *foot,* pl. *feet.* D'où πόδιον, petit pied, support d'un balcon, PIÉDESTAL, en lat. *podium,* d'où le verbe barbare *appodiare,* APPUYER, *pr.* soutenir à l'aide d'un *pied.* — *b.* D'où PÉDALE, touche d'instrument qu'on fait mouvoir avec les *pieds; pedum,* houlette, bâton, *pr.* appui pour marcher, servant comme de troisième pied; *petiolus,* PÉTIOLE, le support de la feuille, *pr.* petit pied; *pediculus,* PÉDONCULE, queue du fruit, et rou, insecte parasite, dont le nom fait allusion à ses courtes pattes d'une force extraordinaire. Sa multiplication excessive produit la maladie *pédiculaire. Pedemontium,* PIÉMONT, c.-à-d. pays situé *au pied des monts.* — *c.* D'où EMPIÉTER, mettre le pied sur le terrain d'autrui, et par ext. sur ses droits. — *d.* V. Πεζῆ.

19. *a.* Gén. πραέος, είας, έος, dat. πραεῖ, είᾳ, εῖ, acc. πρᾶον, εῖαν, ον; pl. πρᾶοι ou πραεῖς, πραεῖαι, πρᾶα ou πραέα, gén. πραέων, dat. πράοις ou πραέσι; comp. πραότερος ou πράων; sup. πραότατος.

20. *a.* Att. πράττω, f. πράξω, a. ἔπραξα, pf. πέπραχα, πέπραγα, dans le sens neutre; f. m. πράξομαι, a. m. ἐπραξάμην, f. p. πραχθήσομαι ou πραγήσομαι; a. p. ἐπράχθην ou ἐπράγην, pf. m. et p. πέπραγμαι. — *b.* V. Ποιέω. — *c.* D'où PRAGMATIQUE, règlement en matière de religion. — *d.* C.-à-d. ayant l'expérience des *affaires,* d'une science, d'un art, etc. V. Θεωρός.

1. Προμένειος,ἡ,sorte de grenade.—2. Πρόξ,προκός ᵃ,ὁ,ἡ,faon,chevreuil.

3. Πρός ᵃ,gén.du côté de,au nom de;dat.près,outre;acc.vers,envers.

4. Προῦμνον,τὸ, de prunum,PRUNIER,PRUNE,PRUNELLE ᵃ.Προῦνον, id.; προῦμνος, prunus, PRUNIER, PRUNELLIER ; προύνη, προῦνος, id.

5. *Πρυλέες, οἱ, fantassins. Πρύλις, pyrrhique, sorte de danse armée.

6. Πρωΐ ᵃ, le matin, de bonne heure, à temps. Πρώην, avant-hier; πρωϊνός,πρώϊος, *πρῶος, matinal; πρωΐα, le matin; πρώϊμος,précoce.

7. Πρωκτός, ὁ, le derrière. — 8. *Πρώξ, ωκός, ἡ, goutte (de rosée).

9. Πταίρω ᵃ, éternue. Πτάρνυμαι ᵇ, id.; πταρμός, éternument; πταρμικός, qui fait éternuer. — 10. Ἀτέλας, ου, ὁ, sanglier.

11. Πτελέα, ἡ, orme, ormeau, PTÉLÉA ᵃ, ville de Thessalie. Πτελέϊνος, d'orme, fait de bois d'orme ; πτελεών, lieu planté d'ormeaux.

12. Πτέρνα ᵃ, ἡ, perna, talon, pied, base, coup de pied. —νίς, fond d'un vase ; —νίζω, frappe du pied ; —νισμός, ruade ; —νιστής, rétif.

13. *Πτήσσω ᵃ, effraye, pr. fait tomber de frayeur. Πτῆξις, action d'effrayer, effroi, consternation ᵇ ; πτηκτικός, peureux, craintif.

ANNOTATIONS.

2. a. L'île de Marmara, dans la mer à laquelle elle a donné son nom, s'appelait autrefois PROCONÈSE, c.-à-dire île des chevreuils, ou Élaphonèse, île des Biches, ou encore Neúris, île des Faons. RR. πρόξ, ἔλαφός; νεβρός et νῆσος.

3. a. Dor. προτί. Cette préposition veut dire aussi conformément à, en particulier dans le mot PROSODIE, προσῳδία, qui signifie prononciation régulière des mots, conformément à un rhythme, à l'accent et à la quantité. RR. πρός, ᾄδω. Πρός entre aussi dans le mot PROSOPOPÉE, προςωποποιΐα, qui signifie personnification « personarum ficta inductio. » QUINT. RR. πρόςωπον, ποιέω. V. Ὤψ. C'est une figure de rhétorique par laquelle l'orateur introduit dans son discours soit une personne morte, absente ou feinte, soit une chose inanimée qu'il fait parler ou agir. La première Catilinaire en offre un très-bel exemple, chap. 7.

4. a. V. Κόρη.

6. a. R. πρό, pr. lumine primo, primo mane.

9. a. F. πταρῶ, a. ἔπταρα, plus souvent ἔπταρον. — b. F. πταρήσομαι.

11. a. Il faut remarquer le grand nombre de villes qui tirent leur nom des arbres ou des autres plantes qui poussaient plus abondamment sur le sol où elles ont été bâties. V. Ὄλυνθος.

12. a. Ion. πτέρνη, et πέρνη, p. πέρνα.

13. a. F. πτήξω, a. ἔπτηξα, dans le sens neutre, a. 2 ἔπτακον, pf. ἔπτηχα, rar. ἔπτηκα, part. épiq. πεπτηώς et πεπτεώς, dans le sens de se blottir; m. rac. q. πίπτω, tomber.—b. Pr. abattement, renversement; R. sterno, abattre, renverser.

14. a. L'aoriste et le futur sont rares.

15. a. « Non-seulement les pères, dit Fleury, mais tous les vieillards avaient une grande autorité chez les Israélites et chez tous les peuples de l'antiquité. Partout on a d'abord choisi les juges des affaires particulières et les conseillers du public entre les hommes les plus âgés. De là vinrent à Rome les noms de Sénat et de Pères, et ce grand respect pour la vieillesse qu'ils avaient pris des Lacédémoniens. Les noms d'anciens ont passé par la suite en titres de dignités: du mot grec (πρεσβύτης) est venu le nom de PRÊTRE (presbyter), et du mot latin (senior), le nom de seigneur.» «Veut-on voir jusqu'où peut aller l'abus de la dérivation à force d'étendre l'acception d'un même mot à des significations dégradées de près en près? Seigneur, chef, homme considérable, vient du latin senior, c.-à-d. plus vieux. Le terme était bien appliqué dans

14. Ποέπω [a], convient, se distingue, mérite, ressemble à, paraît. *Πρεπτός, remarquable, honorable; πρεπώδης, convenable.

15. Πρέσβυς, εως, ὁ, vieillard, sénateur, député [a]. —θεύς, id.; —θύτης [b], vieillard; —θεύω, est âgé, est député; —θεία, —θευσις, députation.

16. Πρηνής [a], ές, **pronus** [b], qui penche en avant. Πρηνίζω, précipite; *—νισμός, ruine; *—νηδόν, en tombant la tête la première.

17. Πρίω [a], scie, étreint. Πρίσις, πρισμός, sciage; πρίσμα, sciure, PRISME [b]; πρίστης, scieur; πριστήρ, scie, scieur; πρίων, scie; πρίστις, scie, poiss.

18. Πρόβατον [a], τὸ, mouton. —τειος, de mouton; —τεύω, nourrit des moutons; —τεύς, berger [b]; —τικός, des moutons; —τική, porte PROBATIQUE [c].

19. Πρυμνός, ή, όν, qui est au bout. —να, poupe; —ναῖος, de la poupe; —νήσια, amarres; —νήτης, pilote, commandant, amarre.

20. Πρύτανις [a], εως, ὁ, chef, gardien, PRYTANE [b]. —νικός, de prytane; —νεύω, est chef, règne; —νεία, présidence; —νεῖον, PRYTANÉE [c].

21. Πρώρα [a], ἡ, **prora**, PROUE, front, façade, extrémité. —ράτης, —ρεύς, pilote en second; —ρατεύω, est pilote en second.

un siècle où l'âge décidait de la prééminence entre les hommes, où le plus vieux de la tribu, du canton, de la famille, était le chef des autres. Mais comme le mot *seigneur* désignait le plus considérable du canton, on a nommé ainsi, sans égard à l'âge, le possesseur d'une terre, d'un château, d'une paroisse. De là vient cette locution familière parmi nous : un *jeune seigneur*, c'est-à-dire, un *jeune vieillard*. On n'est pas choqué d'une si ridicule façon de parler, parce que la traduction du mot a laissé perdre de vue son origine et son vrai sens. Mais qui ne rirait de les voir tous deux accolés dans la même langue et d'entendre dire en latin, *juvenis senior ?* » DE BROSSES, *Mécanique des langues. Seigneur* avait pour syn. au moyen âge, *sire*, *sieur*, d'où *monsieur*. Cf. *doyen*, qui désigne à la fois le premier dignitaire et le plus âgé d'un corps; en angl. *alderman*, en all. *altermann*, termes de dignité qui signifient *pr.* homme âgé. V. Γέρων, Κεράννυμι. — *b.* D'où PRESBYTE, qui ne voit que de loin, comme les vieillards, à moins qu'il ne prenne des lunettes à verres *convexes*. V. Μύω.

16. *a.* R. πρό. — *b.* V. Πρό.

17. *a.* F. σω; prend σ au passif. — *b.* Le prisme semble en effet avoir été coupé sur tous ses côtés comme par une scie.

18. *a.* De πρό et βαίνω; *pr.* le bétail qu'un berger fait *marcher devant* lui. Cf. ἀγέλη, troupeau, et *agolum*, houlette pour *mener* le troupeau. R. ἄγω. — *b.* V. Ποιμήν. — *c.* « *Porta gregis.* » II ESDR., ch. 3. C'était une porte de la ville de Jérusalem, ainsi appelée parce que le bétail qui devait être immolé dans le temple entrait par là. Auprès de cette porte était une piscine où on lavait les animaux avant le sacrifice, et qui est appelée pour cela *probatica*, dans la Vulgate.

20. *a.* R. πρό, avant, en tête. — *b.* Un des cinquante citoyens que chacune des dix tribus envoyait tous les ans au conseil des Cinq cents ou sénat : les prytanes de chaque tribu présidaient le sénat et dirigeaient les affaires publiques pendant le temps d'une *prytanie*, c.-à-d. trente-cinq ou trente-six jours. — *c.* Dans les villes grecques, grand édifice public qui servait à tenir les audiences judiciaires, à garder les grains publics, à traiter les ambassadeurs et les grands hommes que leur pauvreté mettait à la charge de l'État. Chez nous, *prytanée* veut dire collège de boursiers.

21. *a.* R. πρό, *avant*, *devant*, *pr.* le devant du vaisseau.

1. Πτίλον[a], τὸ, duvet, aile, aigrette, feuille. —λωτός, *emplumé;* —λος, *déplumé;* subst. *chute des cils;* —λωσις, *mue, chute des cils.*

2. Πτίσσω[a], pile, égruge, monde, bat. Πτίσμα, *ce qu'on a pilé;* πτισάνη, πτίσανον[b], ptisana, *orge mondé,* TISANE[c].

3. Πτόρθος, ὁ, jeune branche, rejeton.—4. Πτύγξ, υγγός, ὁ, n. d'oiseau.

5. Πτύον, τὸ, van, mesure de blé *chez les Cypriens.* Πτυάριον, *petit van.*

6. Πτύρω[a], effraye, épouvante. Πτύρμα, πτυρμός, *frayeur, conster-nation;* πτυρτικός, *qui s'effraye facilement, ombrageux.*

7. Πύανος[a], ὁ, fève. —νον, *bouillie de fèves;* —νιος, *de fèves.*

8. Πυγή, ἡ, fesse; *d'où se tire* PYGARGUE[a]. —γαῖος, *de fesse;* —γαῖον, *croupion;* —γαῖα, *bases des colonnes;* —γηδόν, *par derrière.*

9. Πυδαρίζω, danse indécemment.—10. Πύδνα[a], ἡ, pierre, PYDNA[b].

11. Πύελος, ὁ, bassin, baignoire, urne. —λίς, *chaton d'une bague.*

12. Πυθμήν[a], ένος, ὁ, fond, base, souche, racine, radical. —μενόθεν, *totalement, tout à fait;* —μενέω, *a son nombre primitif.*

13. Πύθων, ωνος, ὁ, PYTHON[a]. —θιος, PYTHIEN; —θία, *la* PYTHIE.

ANNOTATIONS.

1. *a.* M. rac. q. πτερόν.

2. *a.* F. πτίσω, a. ἔπτισα, f. p. πτι-σθήσομαι, a. p. ἐπτίσθην, pf. p. ἔπτι-σμαι. — *b.* Nom donné par Hippocrate à la décoction aqueuse d'orge, et étendu depuis à toutes les boissons médicamen-teuses préparées par infusion. « Comme nous avons retenu les noms grecs de la plus grande partie des maladies, aussi, dit H. Estienne, avons-nous gardé un grand nombre de noms grecs de médi-caments ou remèdes, tant composés que simples, comme *emplâtre, cataplasme*(259), *clystère* (149), *tisane*, etc., et mêmes aucuns de ceux qui commencent par *dia*, comme *diaculon* (354), et des noms des herbes, comme *oseille* (233), *persil* pour *petrosil* (283), *menthe* (204), *coloquin-the* (156); semblablement des noms de fruits, comme *citron* (150), *cerise* (142), *châtaigne* (138). Et non-seulement les noms des médicaments, mais aussi de ceux qui les fournissent : car *apothicaire* vient du grec, ayant la même origine que *boutique* (321). Quant aux noms de ceux qui les ordonnent ou appliquent, nous avons pris l'un du grec, l'autre du latin : *chirurgien*, comme aussi *chirurgie*, du grec (349); *médecin* et *médecine*, du la-tin. (V. Μέδομαι). Et à propos de l'art de chirurgie, nous avons aussi pris du grec *anatomie, anatomique, anatomiste* (317). Pareillement avons-nous retenu quelques noms des instruments de chirurgiens, entre lesquels est *trépan* (328). » — *c.* Angl. *ptisan*, qu'on prononce *tisane*. Vous remarquerez que l'orthographe anglaise conserve beaucoup mieux que la nôtre l'étymologie des mots d'origine grecque ou latine. En France, jusqu'au dix-sep-tième siècle, on a écrit *ptisane*, quoiqu'on prononçât par euphonie *tisane*. Le *p* a également disparu dans *tiède*, de *tepidus;* écrit, de *scriptus; noces*, de *nuptiæ; nièce*, de *neptis; chétif*, ital. *cattivo*, mauvais, vil, misérable, dérivé du latin *captivus*, captif.

6. *a.* F. πτυρῶ, a. ἔπτυρα, a. p. ἐπτύ-ρην, pf. ἔπτυρμαι. M. rac. q. πτήσσω.

7. *a.* Vieux mot pour κύαμος.

8. *a.* Πύγαργος, c.-à-d. *cul blanc*, espèce d'aigle à queue blanche; RR. πυγή, ἀργός.

10. *a.* Vieux mot pour πέτρα. — *b.* Ville de Macédoine, près de laquelle se livra, entre Paul Émile et Persée, la ba-taille qui mit fin au royaume Macédo-nien. V. Πέτρα, Πέλλα, Πέρσης.

12. *a.* M. rac. q. βυθός, *fond*, avec changement du β en π.

13. *a.* Serpent tué par Apollon, et dont le corps infecta l'air par sa *putréfaction;* R. πύθω, pourrir. De là le surnom de PYTHIEN, donné au dieu, et le nom de PYTHIE ou PYTHONISSE, donné à la prê-tresse d'Apollon, dans la ville de Delphes qui s'appela elle-même PYTHO, Πυθώ.

14. Πταίω[a], heurte contre, se heurte, tombe, faillit, échoue. Πταῖσμα, *choc, faux pas, erreur, revers, échec, désastre;* πταισμάτιον, *dim.*

15. Πτερόν[a], τὸ, aile, plume, oiseau, voile, rame. –ρόω, *emplume;* –ρωμα, *plumage;* –ρυξ[b], *aile;* –ρύσσομαι, *bat des ailes.*

16. Πτόα[a], ἡ, ébahissement, frayeur. Πτοέω, *frappe de stupeur;* πτόησις, *stupeur;* πτοητός, πτοώδης, *effrayé, transporté;* *πτοιαλέος, craintif.*

17. Πτύσσω[a], plie, met en double. Πτύγμα, πτύξ, πτυχή[b], *pli;* πτυκτός, *plié;* πτυκτίον, *petites tablettes à écrire;* πτύξις, *pliage, pli.*

18. Πτύω[a], crache. Πτύσις, πτυσμός, *crachement;* πτύσμα, *crachat;* πτύαλον, *salive, crachat, bave;* –λίζω, *crache souvent;* –λισμός, *salivation.*

19. Πτώσσω[a], craint, mendie. Πτωχός, *craintif, pauvre;* –χεύω, *est pauvre, mendie;* –χεία, *pauvreté;* –χεῖον, *hospice;* –χίζω, *appauvrit.*

20. Πύκα[a], solidement, sagement. Πυκινός, πυκνός, *épais, prudent;* πυκάζω, πυκνόω, *épaissit;* πυκνῶς, *souvent, fortement.*

21. Πύλη[a], ἡ, porte[b]. –λαι, *gorges, défilés,* PYLES, THERMOPYLES; –λαιος, *situé aux portes;* –λόω, *garnit de portes;* –λών, *portail.*

ANNOTATIONS.

mais πύθων vient plutôt de πυνθάνομαι, et signifie serpent-devin qu'on *interroge.*

14. *a.* F. πταίσω, a. ἔπταισα, pf. ἔπταικα, a. p. ἐπταίσθην, pf. p. ἔπταισμαι; m. rac. q. πίπτω, tomber.

15. *a.* M. rac. q. ἵπταμαι, voler, d'où APTÈRE, ἄπτερος, animal dépourvu d'ailes; R. ἀ, πτερόν. NÉVROPTÈRES, insectes dont les quatre ailes ont des *nervures;* RR. νεῦρόν, πτερόν. ORTHOPTÈRES, insectes dont les ailes inférieures, de nature membraneuse, sont veinées et plissées en ligne *droite;* RR. ὀρθός, πτερόν. HÉMIPTÈRES; V. Ἥμισυς.— *b.* D'où ACANTHOPTÉRYGIENS, MALACOPTÉRYGIENS, CHONDROPTÉRYGIENS, mots formés avec le diminutif πτερύγιον, petite aile, et par anal. *nageoire.* V. Ἄκανθα, Μαλακός, Χόνδρος.

16. *a.* M. rac. q. πτήσσω.

17. *a.* F. πτύξω, a. ἔπτυξα, pf. ἔπτυχα, a. p. ἐπτύχθην, pf. p. ἔπτυγμαι.— *b.* D'où DIPTYQUES, δίπτυχα, de δίπτυχος, *plié en deux,* registres publics formés de deux tablettes qui se repliaient l'une sur l'autre, et destinés à recevoir, chez les Romains, les noms des consuls et des magistrats. Chez les chrétiens, on inscrivait sur un côté, les noms des papes, des évêques et des autres hommes éminents en vertu, pour qui l'on priait au canon de la messe; sur l'autre côté était le catalogue des morts qui devaient être recommandés dans l'office public. Quand

un registre avait plus de deux lames ou feuillets, on l'appelait POLYPTYQUE, πολύπτυχος, *à plusieurs plis,* d'où est venu ROUILLÉ, liste des biens d'un monastère, par l'intermédiaire de *polyptychum, polyplicum, politicum, polepticum, poleticum, polegium, pulegium.*

18. *a.* F. πτύσω; prend σ au passif. La racine labiale Πτυ imite le bruit des lèvres. Le latin *screare* et le français *cracher,* expriment plutôt, par leur articulation gutturale, l'action d'expectorer.

19. *a.* F. πτώξω; M. rac. q. πτήσσω.

20. *a.* M. rac. q. le verbe πτύσσω, dans lequel le τ a été ajouté à la syllabe radicale Πυγ. Le sens propre de πυκνός est *plié,* redoublé, et par suite, *serré,* compacte.

21. *a.* Pr. battant de porte, d'où au pluriel *porte,* passage, défilé, *pylæ,* PYLES, nom communément donné, dans les géographies anciennes, aux gorges des montagnes qui servaient comme de *porte,* pour passer d'un pays dans un autre. Les *pyles* les plus célèbres sont les THERMOPYLES, Θερμοπύλαι, aujourd'hui *Bocca di Lupo,* situées au pied du mont Œta, entre la Thessalie et la Locride, et ainsi appelées parce que des sources d'eau *chaude* coulent dans les environs. RR. θέρω, πύλη. — *b.* En lat. *porta,* pr. porte d'une ville ou d'un pays; θύρα est la porte de maison, en lat. *janua, ostium, fores.*

1. Πυλιάς, άδος, ἡ, sorte de marbre que l'on tirait de Pylos [a].

2. Πύνδαξ [a], ακος, ὁ, fond d'un vase, garde d'une épée.

3. Πύξος, ἡ, **buxus** [a], BUIS [b]. —ξίς, **pyxis** [c], BOITE [d]; —ξεών, *lieu planté de buis;* —ξίζω, *est jaune, est pâle comme du buis;* —ξινος, *de buis.*

4. Πύππαξ! ah ciel! ah! *sifflement pour flatter les chevaux.* Πυππάζω, *siffle les chevaux pour les flatter, flatte, caresse.*

5. Πυραμίς [a], ίδος, ἡ, PYRAMIDE, *gâteau pyramidal.* —μιδικός, *pyramidal;* —μιδόω, *donne la forme d'une pyramide.*

6. Πυρήν, ῆνος, ὁ, *noyau, pepin, grain, arête de poisson.* Πυρήνιον, *petit noyau;* πυρηνώδης, *qui a un noyau.*

7. Πυτία [a], ἡ, *premier lait, présure, mets ou gâteau fait au lait.* Πυτιάζω, *fait cailler avec de la présure.*

8. Πυτίζω [a], *crache fréquemment, salive, bave, goûte, déguste.*

9. Πυτίνη, ἡ, *bouteille garnie d'une enveloppe d'osier.*

10. Πῶμα, ατος, τὸ, *couvercle, bouchon, boisson, gobelet.* —μάζω, *couvre, bouche;* —μαστήριον, *couvercle, bouchon;* —ματίας, *sorte d'escargot.*

ANNOTATIONS.

1. *a.* Nom de plusieurs villes en Messénie et en Élide. R. πύλη.

2. *a.* M. rac. q. βυθός et πυθμήν, avec changement du β en π.

3. *a.* Ici, au contraire, c'est le π qui se change en 6. Rien de plus naturel que ces permutations entre consonnes de même organe. De *buxus* est venu *buxola*, *bussola*, BOUSSOLE, pr. la *boîte* où l'aiguille aimantée est renfermée. — *b.* Arbrisseau toujours vert qui, à l'état sauvage, forme des massifs entiers; d'où est venu le nom de BUISSON, donné à tous les arbrisseaux ou arbustes très-rameux, épineux ou non; comme en latin, la ronce, *rubus*, a donné son nom au buisson, *rubetum.* — *c.* D'où PYXIDE, ou vulg. *boîte à savonnette*, nom donné, en botanique, à tout fruit simple s'ouvrant en deux valves superposées, comme les deux parties d'une boîte; ex.: le fruit du plantain. — *d.* Contract. du bas lat. *buxeta*, dimin. de *buxula*, *buxa*; v. fr. *bouette.* La *boîte* est donc pr. un ouvrage en *buis*, comme le *boisseau* est une mesure en *bois*, comme la *futaille* est un vaisseau en bois, conformément à la racine *fustis*, bâton, pièce de bois, *fût.* Le buis est en effet un bois très-propre aux ouvrages de tour, à la confection des boîtes, etc. Cf. l'all. *buchs*, buis, et *büchse*, boîte, et l'angl. *box*, qui signifie buis et boîte. De boîte dérive BOITEUX, qui *boîte*, c.-à-d. qui a un os *déboîté* ou *disloque*, pr. mis hors de sa boîte naturelle, hors de sa place, *dis*, *loco.*

5. *a.* Ce mot est vraisemblablement d'origine égyptienne, et les étymologistes grecs se sont mépris en le faisant dériver de la racine πῦρ, feu. La même erreur se reproduit, pour une foule d'étymologies, chez les écrivains grecs, qui ne tenaient nul compte des langues étrangères. D'après eux, le grec était la plus ancienne langue du monde et la langue des dieux dans l'Olympe. « Nous n'enseignons pas à nos élèves les langues étrangères, disaient-ils, soit par mépris pour les autres nations, soit parce qu'ils n'ont pas trop de temps pour apprendre la nôtre. » (*Anach.*) Mais, sans remonter plus haut, nous savons que « la Grèce et l'Italie ont été originairement peuplées par une race commune, les Pélasges, dont l'idiome peut être considéré comme la souche du grec et du latin. La première de ces deux langues n'est point, en effet, la mère de l'autre. Ce sont simplement deux sœurs; et si l'on devait leur assigner un âge différent, le latin aurait des droits à être regardé comme l'aîné. Le dialecte le plus ancien de l'idiome hellénique, celui des Éoliens, ressemble au latin, bien plus que les dialectes plus récents du grec. » (*Revue des Deux-Mondes*, mai 1857.)

7. *a.* R. πῦον, pus.

8. *a.* F. σω; m. rac. q. πτύω, cracher.

11. *a.* F. πεύσομαι, a. 2 ἐπυθόμην, pf. πέπυσμαι; syll. rad. Πυθ. Homère emploie la forme πεύθομαι.

12. *a.* M. rac. q. πτύσσω, plier, ser-

11. Πυνθάνομαι[a], apprend, s'informe de. Πεῦσις, πύσμα, πύστις, *question;* πεύστης, *questionneur;* πευστικός, *interrogatif;* πευθήν, *espion.*

12. Πύξ, du poing. Πυγμή[a], **pugnus**, POING[b], PUGILAT[c], *coudée*[d]; πυγών, *coudée;* πυκτεύω, **pugno**[e], *combat;*—της, BOXEUR[f]; πυγμαῖος, PYGMÉE[g]

13. Πῦον[a], τὸ, **pus**[b], PUS. Πῦος, *premier lait;* πυόω, *fait* SUPPURER, *fait aboutir;* πύθω, **putrefacio**, PUTRÉFIE, POURRIT; **puteo**, PUER *en vient.*

14. Πῦρ[a], πυρός, τὸ, feu. —ρα, **pyra**, *bûcher*[b]; —ρεύω, —ρόω, **uro**[c], BRULE; —ρεῖον, *brasier;* —ρετός[d], *fièvre;* πυρρός[e], *roux*, PYRRHUS[f].

Id. Πυρσός[g], ὁ, torche allumée. —σόω, *allume;* —σεία, *signaux de feu;* —σεύω, *donne des signaux par le feu, éclaire, allume;* πυρσός, *roux.*

15. Πύργος[a], ὁ, tour, rempart. *—γηδόν, en forme de tour;* *—γινος, de tour;* *—γήρης, environné de tours;* —γόω, *flanque de tours;* —γωμα, *tour.*

16. Πυρός, ὁ, blé, froment. —ρινος, *de blé;* —ρίτης, *fait de froment;* πύρνος, *pain;* πύρνα, *aliments;* πυρναῖος, *jaune;* πυραμοῦς, *gâteau.*

17. Πώγων[a], ωνος, ὁ, barbe, *vous rappelle* CONSTANTIN-POGONAT[b] ou *le barbu.* —γωνιαῖος, —νίας, —νιάτης, —νίτης, *barbu.*

ANNOTATIONS.

rer, *pr.* le poing serré. — *b.* V. fr. *poingneis;* d'où EMPOIGNER. — *c.* Combat à coups de poings. « Pugil *dictus est à* pugnâ *et* pugna *à* puguo. *Veteres namque antè usum ferri et armorum,* pugnis *et* calcibus *et* morsibus corporumque luctatione certabant. » DONAT. — *d.* V. ᾿Οργυιά. — *e.* D'où *repiguare*, être opposé à, RÉPUGNER, avoir de la RÉPUGNANCE; *pr.* repousser de la *main.* — *f.* De l'anglais *box,* coup de poing, BOXE, dérivé lui-même de πύξ. — *g.* Race d'hommes fabuleux qui n'avaient, dit-on, qu'une coudée de haut. La taille du Petit *Poucet* était encore beaucoup plus courte, comme l'indique son nom. *Tom Pouce* est le géant des *Poucets.*

13. *a.* M. rac. q. πύθω; pr. *sang pourri.* — *b.* Gén. *puris;* d'où *suppurare*, SUP-PURER, rendre du pus, être PURULENT; *pustula*, PUSTULE, tumeur qui suppure.

14. *a.* Pl. πυρά, ῶν, οἷς; all. *feuer,* angl. *fire.* D'où PYROÏS, πυρόεις, pr. *brûlant,* nom d'un des chevaux du soleil. V. Αἴθω. EMPYRÉE, les espaces supérieurs où brillent et se meuvent les *feux* célestes. RR. ἐν, πῦρ. — *b.* M. rac. q. *bûche;* V. Βόσκω.— *c.* Prim. *buro,* pus *busium,* tombeau, BUSTE, portrait en relief et à mi-corps ornement des tombeaux. D'*uro* vient *peruro,* d'où *perusto,* puis *perustulo,* d'où le français *brusler,* BRÛLER. V. Βίῤῥη. — *d.* Comme *febris,* fièvre, se rattache à *ferveo,* être brûlant. — *e.* Dor. πύῤῥιχος, *roux,* qui a passé dans le français BOUR-

RIQUE, syn. de *grison, roussin,* et dans PERRUQUE, *pr.* coiffure en faux cheveux blonds. — *f.* Le fils d'Achille, ainsi nommé à cause de ses cheveux blonds. *Burrhus* a la même étymologie. D'où PYRRHIQUE, πυῤῥίχη, s.-ent. ὄρχησις, danse inventée, dit-on, par *Pyrrhus,* et accompagnée d'une chanson dans laquelle on employait le pied de vers nommé de là *pyrrhique.* Ce pied était formé de deux brèves : *Děŭs, bŏnă.* — *g.* Pl. πυρσοί et πυρσά.

15. *a.* D'où *burgus,* château fort, et puis BOURG élevé auprès et sous la protection du château. De là tant de noms de villes composés du mot *bourg* : *Strasbourg, Augsbourg, Magdebourg, Saint-Pétersbourg, Bourg-en-Bresse; Burgos,* capitale de la *Castille,* le pays des *châteaux.* Il faut reconnaître la même origine à toutes les localités des noms de *Beaufort, Montfort, Rochefort,* etc.; *La Ferté,* de *firmitas,* petite forteresse, et à toutes ces villes dont le nom dérive du mot latin *castrum* ou *castellum,* château : *Castel-Sarazin, Châteauroux, Castres, Châtellerault, Castiglione, Châtillon, Cateau-Cambrésis, Cassel,* etc. Cf. l'angl. *burgh, borough,* bourg, et l'all. *burg,* fort, d'où plusieurs lexicographes ont tiré notre mot *bourg.*

17. *a.* R. πείκω. D'où TRAGOPOGON, τραγοπώγων, *barbe de bouc,* nom scientifique du *salsifis* et de la *scorsonère,* par allusion à leur aigrette plumeuse. — *b.* Empereur d'Orient, de 668 à 685.

1. Πῶρος, ὁ, **porus**, sorte de tuf blanc et poreux, callosité. —ρόω, *pétrifie, endurcit, rend calleux;* —ρώδης, *dur, calleux.*

2. *Πωρητύς, ύος, ἡ, misère, affliction.—3.* Πῶῦ *ᵃ*, πῶεος, τὸ, troupeau.

4. Πῶϋγξ, ϋγγος, ἡ, espèce de plongeon, *oiseau aquatique.*

5. P *ᵃ*, RHÔ, *linguale roulante, vaut* cent.
Ῥωταχίζω, *répète souvent le* ρ.

6. Ῥᾶ, *ind.* τὸ, **rhabarbarum**, RHUBARBE, racine des bords du RHA *ᵃ*.

7. Ῥάδαμνος, ὁ, rejeton, jeune branche, jeune arbrisseau.

8. Ῥαδινός, ή, όν, tendre, délicat, faible, mince, flexible.

9. *Ῥάδιξ, ιχος, ἡ, branche, baguette; *d'où* radix, RACINE *ᵃ*, RACE.

10. Ῥάζω *ᵃ*, gronde, aboie, crie, déblatère contre quelqu'un.

11. *Ῥάθαγος, ὁ, claquement, fracas. —γέω, *fait grand bruit, retentit.*

12. *Ῥαθάμιγξ *ᵃ*, μιγγος, ἡ, goutte d'eau, éclaboussure, étincelle. —μίς, *id.;* —μίζω, *asperge, éclabousse.*

13. Ῥαιβός *ᵃ*, ή, όν, tortu, qui a les pieds tournés en dedans, cagneux. —6ηδόν, *tortueusement;* —6ότης, *courbure;* —6όω, *courbe, rend tortu.*

ANNOTATIONS.

3. *a.* R. πάομαι, posséder. Cf. κτῆνος, dérivé de κτάομαι.

5. *a.* En hébreu *resch*, qui signifie *tête*. Les Latins appelaient le R *littera hirriens*, lettre grondante, ou *lettre canine*, pour cette raison que donne le poëte Lucile : « *Irritata* canis *quod* RR *quam plurima dicat.* » L'articulation du R est l'effet du trémoussement très-vif de la langue dans toute sa longueur, et ceux qui ont le filet de la langue trop court ne peuvent rendre cette articulation avec justesse. Les enfants, par exemple, qui ne sont pas encore habitués à ces vibrations longitudinales de la langue, en élèvent d'abord la pointe vers les dents supérieures et ne vont pas plus loin ; aussi font-ils entendre un *l* au lieu du *r*. Démosthène était né avec un vice d'organe qui l'empêchait de bien prononcer le ρ, première lettre du mot ῥητορική, art de la parole, cet art même dans lequel il devait s'immortaliser. Il prit à tâche de corriger ce défaut et il le corrigea. Les Éoliens changent souvent ς en ρ à la fin des mots, et disent παῖρ, ἵππορ, οὗτορ, μάρτυρ pour παῖς, ἵππος, οὗτος, μάρτυς ; d'où vient qu'en latin on trouve *arbor* et *arbos*, *honor* et *honos*, etc. Le même changement se remarque aussi au milieu des mots. « S *pro* R *litterâ sæpe antiqui posuerunt, ut* majosibus, meliosibus, lasibus, fesiis, *pro* majoribus, melioribus,

laribus, feriis. » FEST. Cette permutation a été observée dans le patois du centre de la France par M. le comte Jaubert, qui donne comme exemple, entre beaucoup d'autres, le mot *bourier*, syn. de fétu, ordure, et passé dans la langue populaire à la place de *bousier*. Quoique *r* étymologique ait été généralement conservé dans la prononciation parisienne, il est resté de ce croisement de sons le mot *chaise*, à côté de *chaire*, seul dérivé de *cathedra*, par l'intermédiaire du vieux français *chacre*. V. *le Journal des Savants*, nov. 1857. V. Ἕδρα.

6. *a.* Le Volga était appelé *Rha* par les anciens. « *Amnis in cujus superciliis* (241) *quædam vegetabilis ejusdem generis gignitur radix proficiens ad usus multiplices medelarum* » AMMIEN MARCELLIN.

9. *a.* Notre mot RACINE provient plutôt du diminutif latin *radicina* syncopé. De *racine* vient naturellement le mot RACE, qui, avant de signifier *lignée, descendance,* a voulu dire la *souche* d'où naissent les branches de la famille. « *Egredietur* virga de *radice Jesse*, » dit le prophète Isaïe, en parlant de la sainte Vierge. V. Ὄζος, Ῥίζα. De *radix*, racine, partie inférieure de la plante, dérive aussi le mot RACAILLE, qui désigne le bas-fond de la société, la lie du peuple. De *abradicare*, employé en bas latin pour *eradicare*, déraciner, nous avons fait ARRACHER, syn. de *extirper* pr.

14. Πωλέω[a], colporte, vend; *-έομαι, tourne, va, vient. -λησις, *vente*, -λημα, *marchandise*; -λητής, *marchand*[b]; -λητήριον, *marché*.

15. Πῶλος, ὁ, ἡ, poulain, coursier, ânon, garçon, fille. -λίον, *dim.*; -λεύω, *dresse de jeunes chevaux*; -λευμα, *cheval bien dressé*.

16. Ῥαβδός[a], ἡ, baguette, gluau, javelot[b], dard, raie. -δεύω, -δίζω, *bat de verges*; -δωσις, *rayure*.

17. Ῥᾴδιος[a], α, ον, facile, léger. Ῥαΐζω, se porte mieux; ῥαστώνη, *facilité, grâce, indolence*; ῥαστωνεύω, *est indolent*.

18. Ῥαίνω[a], arrose, répand. Ῥανίς, *goutte, pluie, rosée*; ῥάσμα, *aspersion*; *ῥαντήρ, qui arrose*; ῥαντός, *arrosé*; ῥαντίζω, *arrose*.

19. Ῥαίω[a], brise, fait échouer, détruit. *Ῥάϊστος, *brisé, détruit*; ῥαιστήρ, *marteau, fléau*; adj. *destructif*; * -τήριος, *destructeur, de marteau*.

20. Ῥάμνος, ἡ, **rhamnus**, nerprun épineux, arbrisseau, aubépine.

21. Ῥαπίς, ίδος, ἡ, verge. Ῥαπίζω, *bat de verges, soufflette*.

22. Ῥάπτω[a], coud. Ῥάμμα, ῥαφή, ῥάψις, *couture, suture*; ῥάπτης, ῥαφεύς, *couturier*; ῥάπτρια, *couturière*; ῥαφίς, *aiguille*.

ANNOTATIONS.

arracher la souche, *ex, stirps*.

10. *a*. Sans autre temps. Toute la signification de ce verbe est dans la consonne ρ qui imite, par son mode d'articulation, le grognement du chien. Il en est de même dans le verbe latin *rabo* ou *rabio*, être furieux, enragé, d'où *rabies*, rage.

12. *a*. M. rac. q. ῥαίνω et ῥέω.

13. *a*. R. ῥαίω, briser.

14. *a*. F. ἥσω. Πωλέω a été primitivement synonyme de πολέω, tourner, circuler, puis s'en est séparé, en gardant exclusivement le sens de vendre, *pr.* colporter, *aller çà et là* offrir sa marchandise. V. Πέραω, Ὁδός. — *b*. D'où βιβλιοπώλης, *bibliopola*, marchand de livres, libraire. RR. βίβλος, πωλέω. Φαρμακοπώλης, *pharmacopola*, marchand de drogues, *pharmacien*. RR. φάρμακον, πωλέω. Μονοπώλιον, **monopole**, privilége que possède un individu, ou une compagnie, ou un gouvernement, de *vendre* ou d'exploiter *seul*, à l'exclusion de tous les autres, une chose déterminée, comme les poudres, le tabac, un chemin de fer. RR. μόνος, πωλέω. Ce fut Tibère qui, dans un discours au sénat, donna droit de cité au mot *monopolium*, et encore usa-t-il de ménagement pour ne pas effaroucher ses auditeurs; tant les Latins tenaient à préserver leur langue de tout

alliage étranger. « Monopolium *nominaturus prius veniam postulavit, quod sibi verbo peregrino utendum esset.* » SUÉT.

16. *a*. D'où **rabdomancie**, divination opérée au moyen d'une baguette, art de faire jouer la baguette divinatoire. RR. ῥαβδός, μάντις. — *b. Pr.* la hampe du javelot; cf. δόρυ, bois de la lance.

17. *a*. Comp. ῥάων, rar. ῥαδιώτερος, ῥαδιέστερος; sup. ῥᾷστος.

18. *a*. F. ῥανῶ, a. ἔρρανα, pf. ἔρραγκα, f. p. ῥανθήσομαι, a. p. ἐρράνθην, pf. p. ἔρρασμαι. R. ῥέω, couler.

19. *a*. F. ῥαίσω, a. ἔρραισα, f. p. ῥαισθήσομαι, a. p. ἐρραίσθην, pf. p. ἔρραισμαι.

22. *a*. F. ῥάψω, a. ἔρραψα, pf. ἔρραφα, a. p. ἐρράφθην ou ἐρράφην, pf. p. ἔρραμμαι. D'où ῥαψῳδός, **rhapsode**, nom donné, en Grèce, à une école de poëtes «qu'on chargeait de composer ou d'arranger les hymnes qui devaient accompagner les solennités politiques ou religieuses; de ῥάπτειν ῷδήν, *m. à m.* ourdir une chanson. » SCHOELL. **Rhapsodie**, ῥαψῳδία, *pr.* chant cousu. Les anciens désignaient ainsi les morceaux détachés des poésies d'Homère, que les *rhapsodes* cousaient ensemble, et qu'ils allaient chanter de ville en ville. *Rhapsodie* signifie maintenant un ramas de vers ou de prose sans suite, nonobstant les *coutures*. Syll. rad. Ραφ.

1. Ῥάμφος, εος, τὸ, bec crochu des oiseaux de proie. –φώδης, *qui y ressemble;*–νίς, *hache recourbée;*–φή, ῥομφαία, rumpia, ROMPHÉE[a].

2. Ῥάξ, ῥαγός, ἡ, **racemus**, grain de RAISIN, petite araignée. Ῥαγίζω, *cueille des grains de raisin, mange grain à grain.*

3. Ῥάπυς, υος, ἡ, **rapum, rapa,** RAVE[a] *ou* navet.

4. Ῥάφανος[a], ὁ, **raphanus,** rave, chou, RAIFORT. –νίς, *rave, radis[b];* –νιδόω, *punit du supplice de la rave.*

5. Ῥία, facilement, aisément, dans le bonheur. Ῥεῖα, *id.*

6. Ῥέγκω[a], roncho, ronchizo, RONFLE. Ῥέγχω, ῥογχιάω, ῥογχάζω, *id.;* *ῥέγκος, ῥέγξις, *ῥέγχος, ῥόγκος, ῥῆχος, *ronflement;* ῥεγχώδης, *ronflant.*

7. Ῥέδη, ἡ, *de* **rheda**[a], espèce de chariot; *d'où* **veredus**[b], *cheval.*

8. *Ῥέζω[a], fait, immole, sacrifie[b]. *Ῥέκτης, *faiseur, homme actif;* ῥεκτήριος, *agissant, actif;* ῥεκτός, *fait, exécuté.*

9. *Ῥέθος, εος, τὸ, membre, corps, peau du corps, visage, figure.

10. *Ῥῆγος[a], εος, τὸ, laine teinte, étoffe de couleur, couverture.

11. Ῥῆμος, ὁ, *de* **remus**, pelle à enfourner, *en forme de* RAME.

ANNOTATIONS.

1. *a.* Épée des Thraces, longue, étroite et tranchante.

3. *a.* Le ρ et le ν sont deux labiales qui se permutent tout naturellement. Cf. pauvre, de *pauper;* savoir, de *sapere;* prévôt, de *præpositus;* civet, de *cepa*, cive, oignon; crever, de *crepare;* corvette, de *corbita*, dérivé de *corbis*, corbeille; rive, de *ripa*, d'où le verbe *river*, qui signifie prim. *border.* River un clou, c'est y faire un *rebord*, une tête, en le refoulant.

4. *a.* M. rac. q. ῥάπυς. — *b.* M. rac. q. *radix.* V. Ῥάδιξ.

6. *a.* F. ῥέγξω; plus souvent au moyen ῥέγχομαι ou ῥέγκομαι, f. ῥέγξομαι. C'est à la consonne radicale ρ que ce verbe doit sa signification; il y a là une onomatopée évidente. V. Ὄνομα, Ῥοῖζος.

7. *a.* Mot gaulois latinisé, comme tous ceux que les Romains empruntaient aux langues des barbares. V. Σάγος. — *b.* Contract. de *veho-rheda*, traîner un chariot; cheval de poste ou de voyage. D'où *veredarius*, courrier, postillon; *epirhedium*, traits, attelage, voiture; mot hybride composé de deux éléments étrangers l'un à l'autre. « Epirhedium *ex duobus peregrinis, nam quùm sit præpositio* ἐπί *græca,* rheda *gallicum; nec Græcus tamen, nec Gallus utitur composito; Romani suum ex utroque alieno fecerunt.* » QUINT. V. Ὕβρις.

8. *a.* Béot. ῥέδδω; f. ῥέξω, a. ἔρρεξα, pf. ἔοργα, a. p. ἐρρέχθην; il confond ses temps avec ἔρδω. — *b.* De même, en latin,

les verbes *operari* et *facere* ont aussi le sens d'accomplir un acte religieux, de sacrifier: Hor., Ode X, liv. II; Virg., Égl. 3, v. 73; Tac., Ann., liv. II, ch. 14. Dans le style liturgique, *actio* signifie le sacrifice proprement dit, *l'action* par excellence: « Sacrificium *dicitur ex hoc quod homo* facit *aliquid* sacrum. » S. THOMAS. Enfin le mot *liturgie* lui-même veut dire *action publique.* V. Λαός.

10. *a.* Et ῥέγος; R. ῥήζω p. ῥέζω, dans le sens de *teindre.*

12. *a.* F. ῥάξω, a. ἔρραξα, pf. p. ἔρραγμαι. Syll. rad. Ῥαγ. la même que dans ῥήγνυμι, *frango*, et ἀράσσω. — *b.* D'où CATARACTE, καταρράκτης, grande chute d'eau. RR. κατά, ῥάσσω. La plus belle est celle du Niagara, dans l'Amérique du Nord.

13. *a.* M. rac. q. ῥάσσω ou ῥήγνυμι. La colonne vertébrale a été désignée par le nom de *rachis*, à cause de son *fractionnement* en 24 pièces emboîtées les unes dans les autres, et nommées *vertèbres*, de *vertere*, tourner, parce que c'est par le moyen des *vertèbres* que le corps se *tourne.* — *b.* Avec toutes les significations du latin *dorsum*, qui se dit de la nervure médiane d'une feuille et de la crête d'une montagne; comme on emploie les mots *côte* et *flanc* pour désigner le penchant d'une colline, comme on dit les *côtes* d'une feuille. — *c.* Maladie de l'épine dorsale. — *d.* Pr. *brisant*, contre lequel la mer se *brise.*

12. Ῥάσσω[a], heurte, brise, tombe avec fracas. Ῥᾶξις, *choc;* ᾽ῥακτός[b], *escarpé;* ᾽ῥακτήριος, *bruyant;* ῥάγδην, *brusquement;* —δαῖος, *violent.*

13. Ῥάχις [a], εως, ἡ, épine du dos, dos[b]. —χῖτις, RACHITISME[c]; —χος, *buisson, rejeton;* —χη, *rejeton;* —χία, *rocher[d], bruit des flots.*

14. Ῥέμβω[a], fait tourner, inquiète. —βάζω, —βεύω, *erre[b], est inquiet[c];* —βος, *errant;* —βός, *égarement;* ῥόμβος, *toupie, turbot[d],* RHOMBE.

15. Ῥέπω[a], penche. Ῥοπή, *abaissement, impulsion;* ῥοπικός, *enclin à;* ῥόπαλον[b], ῥόπτρον, *massue, bâton gros par un bout.*

16. Ῥέω[a], coule. Ῥεῦσις, ῥοῦς, ῥύσις, *écoulement;* ῥευστός, *fluide;* ῥοή, ῥύαξ, *courant;* ῥεῦμα, *ruisseau, cours,* RHUME[b], RHUMATISME[c].

17. Ῥέω[a], dit, parle. Ῥῆμα, *parole, verbe[b];* ῥητός, *dit, connu;* ῥήτωρ[c], *orateur,* RHÉTEUR; ῥητορεύω, *discourt;* ῥήτρα, *parole.*

18. Ῥήγνυμι[a], frango[b], rompt. Ῥῆγμα, ῥῆξις, *rupture, crevasse;* ᾽ῥηγμίν, *id.,rivage[c];* ῥάκος, *lambeau;* ῥωγή, ῥωγμός, —μή, ῥώξ, FRACTURE, *fente.*

19. Ῥίζα, ἡ, racine, fondement, souche [a]. Ῥιζηδόν, *comme des racines;* ῥιζικός, *radical;* ῥιζόω, *enracine;* ῥιζώδης, *de racine.*

ANNOTATIONS.

14. *a.* Sans futur. — *b.* Notre verbe *rôder* vient pareillement du latin *rotare,* faire tourner, au neutre, *circuler,* faire une tournée. — *c.* Comme quelqu'un qui a perdu son chemin. V. Ἄλη. — *d.* Poisson de la famille des *pleuronectes* (259), en forme de *rhombe* ou de losange. Les gastronomes romains et l'empereur Domitien surtout avaient un appétit prononcé pour le *turbot.* V. JUVÉNAL, *Sat.* IV.

15. *a.* F. ῥέψω, a. ἔρρεψα. — *b.* Bâton plus gros d'un bout, et qui, suspendu par son milieu, *penche* naturellement d'un côté. Notre mot *massue,* de *massa,* masse, indique également un bâton dont le plus gros bout est *prépondérant.* Remarquez d'ailleurs que nos verbes *peser* et *pencher* dérivent tous deux du verbe latin *pendere,* être suspendu, pendre.

16. *a.* Éol. ῥέFω, f. ῥεύσω, ῥεύσομαι ou ῥυήσομαι, a. ἐρρεύσα ou mieux ἐρρύην, pf. ἐρρύηκα. D'où DIARRHÉE, CATARRHE. V. Διά, Κατά. — *b.* Fluxion ou *écoulement* produit par l'inflammation de la membrane muqueuse qui tapisse l'intérieur du nez ou des bronches. — *c.* Ῥευματισμός, douleur inflammatoire des muscles et des articulations, ainsi nommée parce que les anciens médecins, qui attribuaient toutes les maladies à l'altération des humeurs, considéraient le rhumatisme comme l'effet d'une sérosité âcre qui se jetait sur les parties sensibles, comme ils nommaient *goutte* une maladie analogue

au rhumatisme, et qu'ils croyaient produite par le dépôt d'une *goutte* de quelque humeur âcre dans les articulations.

17. *a.* Présent inusité, d'où dérivent le pf. εἴρηκα, le f. p. εἰρήσομαι, l'a. p. ἐρρήθην et ἐρρέθην, et le pf. p. εἴρημαι. syll. rad. Ῥε; le parf. vient de Ἐϱῶ, syll. rad. Ἐϱ. — *b. Verbum,* le *mot* par excellence, qui, en unissant l'attribut au sujet, donne la vie au discours. «Tant que le *verbe* ne paraît pas dans le phrase, dit Plutarque, l'homme ne parla pas, il bruit. — *c.* D'où RHÉTORIQUE. ἡ ῥητορική, s.-ent. τέχνη, l'art de bien parler. «Rhetorice *nomen vis loquendi dedit.*» QUINT.

18. *a.* Et ῥηγνύω, f. ῥήξω, a. ἔρρηξα. pf. ἔρρηχα, f. p ῥηχθήσομαι ou ῥαγησομαι, a. p. ἐρρήχθην ou ἐρράγην, pf. p. ἔρρηγμαι ou plus souvent ἔρρωγα; syll. rad. Ῥαγ. Cf. l'angl. *to break,* l'all. *brechen,* rompre, d'où *brèche.* Justin voit dans le nom de *Rhegium* ou *Reggio* ville d'Italie, située sur le golfe de Messine, un souvenir du choc violent qui *sépara* la Sicile de l'Italie. — *b.* Pour *frago,* où le F remplace l'esprit rude de ῥήγνυμι, Éol. Fρήγνυμι, poét. ῥαγόω, FRACASSER. D'où *fragor,* FRACAS, bruit d'une chose qui se rompt; *infringere,* d'où ENFREINDRE, commettre une INFRACTION. — *c.* Pr. *brisant,* contre lequel les flots viennent se briser. V. Ἀκτή, Ῥάχις.

19. *a.* V. Ὄζος, Κάρρω, Ὠμός.

1. Ῥήν, ῥηνός, ὁ, ἡ, agneau, jeune brebis. Ῥηνικός, d'agneau; ῥή-νιξ, ῥῆνις, peau de brebis ou d'agneau. — 2. Ῥηπαί, αἱ, pilotis.

3. Ῥητίνη[a], ἡ, resina, RÉSINE, gomme. —νίζω, est résineux, sent la résine; —νόω, enduit de résine; —νώδης, résineux.

4. Ῥιγέω[a], rigeo[b], frigeo[c], frissonne, est saisi d'horreur, craint, est FROID. —γος, frigus, FROID, fièvre[d]; —γηλός, qui frissonne, terrible.

5. Ῥίζις, ιος, ὁ, nom d'un animal d'Éthiopie semblable au taureau.

6. Ῥινός, ἡ, ὁ, cuir, bouclier. —7. Ῥίον, τὸ, sommet d'un mont, cap, golfe.

8. Ῥίσκος, ὁ, coffre. —9. Ῥόγος, ὁ, meule de blé, grenier, grange.

10. Ῥοά, ἡ, grenade, grenadier. *Ῥοιή, id.; ῥοίδιον, ῥοιδάριον, dim.; ῥοίσκοι, grenades que le grand-prêtre portait à sa robe.

11. Ῥοδάκινον[a], τὸ, de duracinum, brugnon, sorte de pêche.

12. Ῥόδος, ὁ, RHODES[a]. —δία, chaussures faites à la mode de Rhodes[b]; —δωνες[c], vents qui soufflaient de Rhodes à Alexandrie.

13. Ῥόμοξ, οκος, ὁ, ver du bois. —14. Ῥοῦς, οῦ, ὁ, ἡ, rhus, RHUS ou sumac[a].

15. Ῥούσιος, ὁ, de russeus, russus, ROUX; d'où ROUSSEAU[a]. —σίζω, est roux.

ANNOTATIONS.

3. a. R. ῥέω, couler. Cf. μύρον, parfum, encens, de μύρω, couler; σταχτή, parfum, de στάζω, couler goutte à goutte; gutta, essence de myrrhe, gomme en larmes, d'où en français gutte, gutta-percha, espèce de gomme-résine qui coule de certains arbres des îles de la Sonde. Isidore pense que le mot ῥητίνη vient d'une racine étrangère.

4. a. F. ῥιγήσω, a. ἐῤῥίγησα, pf. dans le sens présent, ἔῤῥιγα, plqpf. ἐῤῥίγειν, dans le sens de l'imparfait. En prose, on dit mieux ῥιγόω. — b. D'où rigidus, RIGIDE, ROIDE OU RAIDE, RIGOUREUX. — c. Avec l'addition du digamma provenant de l'orthographe éolienne Φριγέω, comme dans frango, de ῥήγνυμι. Le froid engourdit, raidit, et c'est cet effet sensible que la langue exprime, au lieu de l'agent lui-même qui échappe à l'observation directe. Rien n'est plus naturel que ce procédé dont les applications se voient à chaque page du dictionnaire. Il faut observer et admirer le talent des peuples anciens, des peuples enfants, pour former ces mots si simples et si justes que Sénèque appelle efficacissimæ notæ, signes les plus expressifs. Cf. notre verbe grelotter. — d. Il y a du frisson dans toutes les fièvres.

9. a. M. rac. q. rogus, tas de bois, bûcher funèbre.

11. a. Il y a eu transposition entre les deux premières consonnes : cf. parvus, de πχῦρος; pour, de pro, forma, de μορφή.

V. Μετά.

12. a. R. Ῥόδον. L'île de Rhodes, ainsi nommée du parfum de ses roses, s'appela d'abord Ophiusa, l'île aux serpents (241). « Remarque générale. Quantité de lieux, lors de leur découverte, reçurent leurs noms des animaux, des arbres, des plantes et des fleurs qui s'y trouvaient en abondance. On disait : je vais au pays des cailles, des cyprès, des lauriers, etc. » (Anach.) Nous avons de même, en France, les communes de Rosières, les Rosières, Rosiers, etc. V. Ὄλυνθος, Ὄρτυξ. — b. Les chaussures des Grecs étaient très-variées quant à la matière et à la façon, si l'on en juge par tous les noms qu'elles portent. Il y avait les chaussures de Rhodes, d'Argos, d'Amycles, de Sicyone, de Chio, de Lacédémone, etc. Elles étaient faites de cuir, d'étoffe, d'écorce d'arbre, et s'attachaient sous la plante des pieds avec des courroies. V. Σάνδαλον. — c. V. Θηβάναι.

14. a. Arbre et arbrisseau qui fournit aux arts plusieurs substances très-utiles.

15. a. Les noms d'hommes tirés de la coloration des cheveux, de la barbe ou du visage sont très-communs. En hébreu, Edom, le même qu'Esaü, voulait dire le roux; Laban, le blanc. Cf. en grec Pyrrhus, Burrhus, Porphyre, πορφύρεος, rouge (265), Mélanie (199) : en latin, Flavus, Flavius, Flavianus, blond; Ænobarbus, barbe rouge ou rousse, couleur

16. Ῥικνός [a], ή, όν, desséché, ridé, décrépit, voûté. —νώδης, id.; —νόομαι, se ride, se courbe; —νότης, décrépitude.

17. Ῥίνη, ἡ, lime, auge, poisson dont la peau sert à polir le bois. Ῥινάω, —νέω, —νίζω, limer; —νημα, —νισμα, limaille.

18. Ῥίπτω [a], jette, précipite. Ῥίμμα, ῥιπή, ῥιφή, ῥίψις, jet; ῥιπίς, éventail; ῥιπίζω, évente; ῥῖπος, claie, natte; ῥίψ, id.

19. Ῥίς [a], ῥινός, ή, nez, bec, museau, groin. Ῥίν, id.; ῥινάριον, petit nez; ῥινωτηρία, sorte de bec à la poupe d'un navire.

20. Ῥόδον [a], τό, rosa [b], ROSE. —δειος, —δινος, de roses; —δωνιά, rosier; —δεών, —διών, lieu planté de roses; —δίς, pommade de roses.

21. Ῥόθος [a], ό, bruit des vagues ou des rames. —θίας, —θιος, bruyant, violent; —θέω, fait un bruit de vagues; —θιάζω, rame avec bruit.

22. Ῥοῖζος, ό, grincement, sifflement, grondement, impétuosité. —ζέω, grince, siffle, grogne, gronde; —ζημα, —ζησις, sifflement.

23. Ῥοφέω [a], sorbeo [b], avale, ABSORBE, engloutit. —φημα, breuvage; —φησις, action d'avaler; —φητός, avalé, englouti.

ANNOTATIONS.

d'airain; RR. æneus ou ahenus d'airain, et barba; Rutilius, roux, etc.; chez nous, Lebrun, Lenoir, Legris, Blanchard, Rubens, Chenu, de canutus, gris blanc, enfin Barbe-Bleue. V. Ἀμαυρός, Ἀλφός.

16. a. R. ῥιγέω, raidir, pr. raidi par le froid.

18. a. F. ῥίψω, a. ἔρριψα, pf. ἔρριφα, f. p. ῥιφθήσομαι ou ῥιφήσομαι, a. p. ἐρρίφθην ou ἐρρίφην, pf. p. ἔρριμμαι.

19. a. De la racine ῥέω, couler, parce que, dit le grammairien Eustathe, c'est par les narines que les humeurs cérébrales ont leur écoulement. Cf. le latin nasus, dérivé de νάω, couler, d'après Vossius.

20. a. Éol. βρόδον. Le ῥ initial prend toujours l'esprit rude, parce que, de sa nature, cette consonne se prononce avec une saccade ou aspiration que les anciens marquaient par le digamma, comme dans Ϝρήγνυμι, frango, Ϝριγέω, frigeo, p. ῥήγνυμι, ῥιγέω. Ce digamma, qui fut remplacé devant les voyelles par d'autres signes équivalents, tantôt par un β, comme dans βία, de Ϝίς ou ἴς, force, tantôt par υ, comme dans ναῦς, navis, p. ναϜς, n'a laissé de son emploi devant le ῥ que des traces fort rares. Cependant le β que les Éoliens et les Doriens mettent devant ῥόδον, ῥυτήρ, ῥάκος en écrivant βρόδον, βρυτήρ, βράκος, etc., est un reste de l'ancienne orthographe et de l'ancienne prononciation. De ῥόδον vient Ῥόδος, RHODES (276). —b. D'où ROSAS ou ROSES,

lat. Rhoda, ville d'Espagne fondée par une colonie rhodienne. Rosarium, ROSAIRE, nom donné au chapelet de quinze dizaines qui imite la couronne de roses, appelée autrefois chapel ou chapelet; que portaient les jeunes filles, et dont on fit dans la suite un ornement pour les images de la Vierge. De là le nom de corona, que le chapelet porte encore en italien! (Martyrs, IV.) V. Κεφαλή.

21. a. Remarquez la lettre ῥ, qui donne à ce mot et au suivant leur signification de bruit et de mouvement. « L'auteur des noms, dit Platon, a trouvé dans la lettre ῥ un instrument pour rendre le mouvement, à cause de la mobilité de cette lettre. Aussi s'en est-il servi souvent à cette fin. Il a d'abord imité le mouvement au moyen de cette lettre, dans les mots qui expriment l'action de rouler, de broyer, de tournoyer, etc. Il avait remarqué, en effet, que c'est la lettre qui oblige la langue à se mouvoir et à vibrer le plus rapidement; et c'est pour cette raison qu'il a dû l'employer à l'expression de semblables idées. » (Cratyle.) Cf. le verbe σίζειν, imitatif du son de la sifflante ς; et le substantif βόμβος où la labiale β est répétée avec intention.

23. a. F. ῥοφήσω, Att. ῥοφήσομαι, a. ἐρρόφησα, etc.—b. D'où SORBET, boisson à demi-glacée, dans laquelle entrent des jus de fruits, du sucre et une liqueur.

1. Ῥόχθος[a], ὁ, bruit des flots qui se brisent, toute espèce de bruit. —θέω, —θίζω, *fait un bruit semblable à celui des flots.*

2. Ῥυκάνη, ἡ, runcina[a], rabot, varlope. —νάω[b], —νίζω, *rabote.*

3. Ῥυνδάκη, ἡ, nom d'un oiseau des Indes.— 4. Ῥυτή, ἡ, ruta, RUE.

5. Ῥύτρος, εος, τὸ, plante épineuse, espèce d'échinops.

6. Ῥωβίδας, α, ὁ, garçon d'un an *ou* dans sa première année.

7. Ῥώθων, ωνος, ὁ, narine; *plus usité au pluriel* ῥώθωνες.

8. Ῥώομαι[a], s'agite violemment, court, se hâte, s'empresse.

9. Ῥῶπες, αἱ, broussailles. —πός, *id.;* —πεῖον, —πήϊον, *lieu couvert de broussailles;* —πος, *menu bois, pacotille;* —πικός, *vil.*

10. Σ[a], SIGMA, *dentale* sifflante, *vaut* deux cents.
Σίγμα, *table demi-circulaire*[b], *croissant.*

11. Σαβανον, τὸ, toile grossière pour s'essuyer dans le bain.

12. Σάββατον, τὸ, SABBAT[a], repos. —τίζω, *observe* ou *célèbre le sabbat;* —τεῖον, *lieu du sabbat;* —τικός, SABBATIQUE[b], *judaïque.*

13. Σαβοῖ[a]! cri des bacchantes. —βάζω, *crie, bouleverse, casse.*

ANNOTATIONS.

1. *a.* De ῥόθος, comme μόχθος vient de μόθος.

2. *a.* Instrument à crochet, sarcloir, d'où vient RONCE, ital. *ronca.— b.* Lat. *runcare.*

8. *a.* Γ. ῥώσομαι, a. ἐρρωσάμην.

10. *a.* *Sibilans littera,* comme l'appellent les Latins, la *lettre sifflante,* correspondant au *samech* hébraïque. La plus ancienne forme du Σ était celle d'un arc scythe, d'où est venue sa forme classique actuelle Σ. Le Σ eut aussi, à l'origine, la forme d'un hémicycle c, ᴐ, que les Doriens nommaient *san* au lieu de *sigma.* Le nom et la figure du *san* se retrouvent dans le *sampi* Ϡ, signe de numération valant 900 et formé d'un *san* ᴐ et d'un π. Selon d'autres, le *san* répondait, dans le grec primitif, au *shin* des Hébreux, comme le *sigma* répond au *samech.* Il faut aussi distinguer le Σ d'un autre caractère, ϛ, originairement employé comme signe numérique pour marquer 6, et qui plus tard servit dans les manuscrits et les anciennes éditions comme une forme abrégée de ΣΤ. Il y a donc dans l'alphabet grec, y compris le *cappa* (158), trois caractères qui autrefois représentaient des consonnes et n'ont conservé qu'une signification numérique. Le premier, ϛ', appartient à la série des unités simples et vaut 6; le deuxième, ϟ', appartient à la série des dizaines et marque 90; le troisième Ϡ', fait partie de la série des centaines et vaut 900. Par conséquent, ϛ vaut 6,000; ϟ vaut 90,000, et Ϡ

vaut 900,000. V. A. Le *S* latin remplace par son sifflement l'aspiration grecque dans beaucoup de mots : ἕξ, *Sex;* ὑπό, *Sub;* ἵστημι, *Sisto;* ἑπτά, *Septem,* d'où le bas latin *septimana,* SEMAINE. Le son de *s* représentait si exactement l'aspiration, que les Béotiens écrivaient H pour S dans le corps des mots: *muha* p. *musa,* « *Propter cognationem litteræ* s *cum* h, » dit Priscien. Les Latins rejetaient souvent la consonne *s* qui revient plus fréquemment que toutes les autres; ils écrivaient *dignu', omnibu',* p. *dignus, omnibus.* D'autres affectaient de la mettre partout. Pour en adoucir le son, les Français la prononcent z, entre deux voyelles, même dans les mots latins, quoique les Romains la fissent toujours dure. — *b.* Ressemblant à l'ancien Σίγμα, qui était en forme de C ou de croissant.

12. *a.* En hébreu *schabath,* qui signifie repos. « *Sabbatum est requies sancta Domino; omnis qui fecerit opus in hâc die, morietur.» (Ex.,* ch. 31.) L'observance du sabbat fut établie dès l'origine du monde, en mémoire du repos de Dieu après la création de l'univers. Le Décalogue ne fit que confirmer cette institution primitive. «Dieu eut pitié dès lors du genre humain, dit Bossuet, et en lui donnant un jour de relâche, il montra en quelque façon combien, touché de compassion, il modérait la sentence du perpétuel travail qu'il nous avait imposé.» V. Πένομαι. Le sabbat commençait le vendredi,

14. Ῥύγχος, εος, τὸ, groin, bec, museau, nez; *d'où* ORNITHORHYNQUE[a].

15. Ῥυθμός, ὁ, rhythmus, RHYTHME, cadence, chant, mesure; *d'où vient* RIME[a]. —μίζω, *cadencer, régler;* —μικός, *rhythmique, musicien.*

16. Ῥύομαι[a], *tire, sauve.* Ῥῦμα, *tirage;* ῥυμός, *traînée;* ῥύσις, *salut;* ῥύσιος, ῥύστης, *sauveur;* ῥυσός, *ridé;* ῥυτίς, *ride;* ῥυτήρ, *bride.*

17. Ῥύπτω, *nettoie.* Ῥυπτικός, *propre à nettoyer;* ῥύπος, *saleté;* —παρός, *sale;* —παρία, *saleté;* —πάω, *est sale;* —πόω, *salit.*

18. Ῥώννυμι[a], *fortifie.* * Ῥῶμα, ῥῶσις, *force;* ῥώμη, *force,* ROME[b]; ῥωμαλέος, *fort;* ῥῶσταξ, *appui;* ῥωστικός, *fortifiant.*

19. Σαγήνη, ἡ, sagena, SEINE, filet. —νεύω, *pêcher;* —νευτής, *pêcheur au filet, à la seine;* —νεία, *pêche.*

20. Σάγαρις, εως, ἡ, sorte de hache, dague, épée, lancette.

21. Σαθρός, ά, όν, pourri, vieux, faible. —ότης, *pourriture, vétusté;* —όω, *fait pourrir, affaiblit, gâte;* —ωμα, *pourriture.*

22 Σαίρω[a], balaye, nettoie, sarcle, grince les dents. Σαρμός, *ordures;* σάρος, *balai, balayures;* σαρόω, *balaye;* σάρωθρον, *balai.*

ANNOTATIONS.

au coucher du soleil, et finissait le lendemain, à pareille heure. V. Σκευή. Ce jour-là, un juif ne pouvait pas aller à plus de six cents pas loin de la ville: c'était ce qu'on appelait *iter sabbati.* La substitution du dimanche au samedi comme jour de repos et de prière chez les chrétiens, en mémoire de la résurrection du Sauveur, est considérée comme d'institution apostolique. Les païens consacraient le samedi à Saturne, et on donne même le mot *samedi* comme une corruption de *Saturni dies.* Du reste, si l'on excepte le dimanche, *dominica dies,* que les païens appelaient *jour du soleil,* tous les jours de la semaine ont conservé chez nous le nom de la planète à laquelle ils étaient consacrés, savoir: le lundi, *Lunæ dies,* à la *lune;* le mardi, *Martis dies,* à *Mars;* le mercredi, *Mercurii dies,* à *Mercure;* le jeudi, *Jovis dies,* à *Jupiter;* et le vendredi, *Veneris dies,* à *Vénus.* Le mot *sabbat* est quelquefois synonyme de *grand bruit;* par allusion à l'assemblée nocturne et bruyante que, suivant une croyance ancienne et superstitieuse, les sorciers tenaient le *samedi* sous la présidence du diable. — *b.* Outre le sabbat du septième jour, les Juifs célébraient tous les sept ans l'année dite *sabbatique,* pendant laquelle on laissait la terre sans culture et on abandonnait les fruits aux pauvres, aux orphelins et aux étrangers.

13. *a.* Ou Σαβάζιος, *Sabazius,* un des noms sous lesquels on adorait Bacchus.

14. *a.* Mammifère de la Nouvelle-Hollande, ainsi appelé parce qu'il a une sorte de *bec* analogue à celui du canard. RR. ὄρνις, ῥύγχος. OXYRRHYNQUE, ville d'Égypte, ainsi nommée, parce qu'elle était consacrée à un poisson au *bec pointu;* RR. ὀξύς, ῥύγχος. V. Κροκόδειλος.

15. *a.* La rime est le retour du même son à la fin de deux ou plusieurs vers. Elle remplace le *rhythme* des Grecs et des Latins, mais sans avoir les mêmes agréments. Anciennement on écrivait *ryme.*

16. *a.* F. ῥύσομαι, a. ἐῤῥυσάμην, a. p. ἐῤῥύσθην dans le sens passif; c'est le même verbe que ἐρύομαι.

18. *a.* Εἰ ῥώννυω, f. ῥώσω, a. ἔῤῥωσα, pf. ἔῤῥωκα, f. p. ῥωσθήσομαι, a. p. ἐῤῥώσθην, pf. p. ἔῤῥωμαι, *confirmor.* — *b.* « Il y a désaccord entre les écrivains, et sur l'auteur du nom de *Rome,* et sur les causes qui l'ont fait donner à la ville. On dit que les Pélasges, après avoir dompté une foule de nations, se fixèrent en ce lieu, et qu'ils donnèrent à leur ville le nom de *Rome,* à raison de la *force* de leurs armes. » PLUT. Burnouf et d'autres savants doutent de cette étymologie; mais Plutarque en rapporte plusieurs autres, et, à ce propos, son érudition surabonde. (*Romulus.*)

22. *a.* F. σαρῶ, a. ἔσηρα, pf. σέσηρα, qui s'emploie souvent comme un présent dans le sens de *grincer des dents.*

1. Σαϐρίας, ου, ὁ, sorte de vase à boire. Σαμϐρίας, *id.*

2. Σαγάπηνον, τὸ, assa-fœtida, *suc de la férule.* –νος, *id.*

3. Σαγματογήνη, ἡ, étoffe indienne. Σαγματογίνη, *id.*

4. Σάγος [a], ὁ, sagum, SAIE, SAYON [b], casaque des soldats barbares.

5. Σαθέριον, τὸ, loutre *ou* castor. — **6.** *Σάθων, ωνος, ὁ, garçon.

7. Σαίνω [a], agite, trouble, remue la queue, flatte, caresse.

8. Σάκκος, ὁ, saccus, grosse étoffe de crin, SAC [a], chausse. –κεύω, –κίζω, –κελίζω, coule, *clarifie;* –κινος, de sac.

9. Σάκχαρ, αρος, τὸ, saccharum, SUCRE [a]. Σάκχαρι, σάκχαρον, *id.*

10. *Σαλαΐζω [a], se lamente, est troublé. –λαϊσμός, *lamentation.*

11. Σαλάκων, ωνος, ὁ, homme vain, fastueux, mou, efféminé. –ωνεία, *mollesse, faste;* –ωνεύω, *tranche du seigneur, est prodigue.*

12. Σαλαμάνδρα, ἡ, SALAMANDRE [a], *espèce de lézard.*

13. Σαλάμϐη, ἡ, trou pour faire sortir la fumée.

14. Σαλμακίς, ίδος, ἡ, courtisane.—**15.** Σάλπη, ἡ, salpa, SAUPE, *poiss.*

16. Σάμαινα, ἡ, bateau *ou* pirogue de l'île de SAMOS.

ANNOTATIONS.

4. *a.* Rac. celtique. La langue celtique était la plus ancienne des langues parlées sur le sol de la Gaule, au nord de la Loire. Mais elle avait presque disparu au quatrième siècle devant la langue latine imposée par les Romains, maîtres du pays depuis César. A cette époque le latin se parlait par toute la Gaule, excepté en Bretagne où le celtique s'était maintenu dans quelques contrées, et dans les pays basques où l'idiome des Ibères survivait. Il n'a donc passé dans notre langue française qu'un nombre de mots celtiques relativement très-petit. On a compté dans les 571 mots qui composent les trois premiers monuments du vocabulaire français antérieur au douzième siècle, 516 mots latins, 35 germaniques et seulement 7 venus du celtique, le reste grec ou venu du grec par l'intermédiaire du latin. Si l'on en jugeait par ces chiffres, le celtique ne serait entré que pour un quatre-vingt-deuxième environ dans la formation de notre dictionnaire primitif, et la langue germanique, apportée par les Francs au cinquième siècle, pour un quinzième; tout le reste aurait appartenu à l'élément latin. V. DE CHEVALLET, *Orig. et form. de la lang. franç.* — *b.* Les Romains empruntèrent ce vêtement aux Germains, et il devint chez eux l'emblème de la guerre, comme la toge était celui de la paix. *Saga ponere* signifiait déposer les armes.

7. *a.* F. σανῶ; a. ἔσηνα dor ἔσανα, m., rac. q. σείω: σαίνω se dit *pr.* du chien qui caresse son maître avec la queue. V. Κύων.

8. *a.* D'où *bissaccium*, BISSAC et BESACE, c.-à-d. *double sac.* RR. *bis, saccus.* On retrouve le mot *sac* dans un grand nombre de langues, et par une raison bien simple, disent très-sérieusement certains étymologistes qui ne doutent de rien : c'est que dans la dispersion des hommes, à Babel, malgré la confusion des langues, personne n'oublia son *bissac!!* V. *Card.* WISEMAN, *Science et Religion révélée,* 1er discours.

9. *a.* Ce furent les expéditions d'Alexandre qui firent connaître le sucre en Europe. « *Saccharum et Arabia fert, sed laudatius India. Est autem mel in arundineto collectum, candidum ad medicinæ tantum usum.* » PL. Sous Henri IV, le sucre se vendait encore à l'once et chez les apothicaires seulement.

10. *a.* F. σαλαΐσω.

12. *a.* On reconnaît les constructions de François Ier et les monuments de son règne à la salamandre que ce prince portait dans son blason.

17. *a.* Il faut rapprocher σάλος de ἅλς, *mer,* en remarquant l'addition du σ initial, déjà signalé dans la formation des mots *sal, sel,* etc. V. Σ.

19. *a.* La sandale a été la chaussure primitive de tous les peuples, parce qu'elle est la plus simple. Elle fut particulièrement en usage chez les Israélites. Or, il était impossible de marcher avec les sandales sans amasser de la poussière; et

17. Σάλος*a*, ὁ, salum, agitation des flots. —λεύω, *est agité;* —λάσσω, *meut;*[*]—λάγη, *agitation, trouble, bruit;*[*]—λαγέω, *heurte avec bruit.*

18. Σάλπιγξ, ιγγος, ἡ, trompette. —πίζω, *sonne de la trompette;* —πισμα, *son de trompette;* —πιγκτής, —πιστής, *le trompette.*

19. Σάνδαλον, τὸ, sandalium, SANDALE*a*. —λιον, *id.;* —λόω, *chausser.*

20. Σανίς, ίδος, ἡ, planche, plancher. —νίδιον, *dim.;* —νιδόω, *planchéie.*

21. Σάρξ*a*, σαρχός, ἡ, chair, corps. Σαρχικός, —κινος, *de chair;* —χόω, *change en chair;* —κάζω, *tire les chairs, raille;* —κασμός, *dérision*, SARCASME*b*.

22. Σατράπης, ου, ὁ, SATRAPE*a*, *gouverneur de province en Perse.* —πεία, [*]—πηΐη, SATRAPIE; —πεύω, *est satrape, gouverne.*

23. Σάττω*a*, charge. Σάγη, σάγμα, *bât, somme, tas, étui;* σάξις, *charge;* σακτός, *entassé;* σάκτας, [*]σακτήρ, sac; σάκος*b*, *bouclier.*

24. Σαφής*a*, ές, clair, évident, certain. —φα, —φῶς, *clairement;* —φήνεια, *clarté;* —φηνίζω, *rend clair*[*b*]; —νισμός, *éclaircissement.*

25. Σβέννυμι*a*, éteint, *d'où vient* ASBESTE*b*. Σβέσις, *extinction;* σβεστήρ, *qui éteint;* σβεστήριος, σβεστικός, *propre à éteindre.*

ANNOTATIONS.

de là vient que l'Écriture parle si souvent de laver les pieds, en rentrant dans la maison, en se mettant à table et en se couchant. (*Genèse*, ch. 18.) Cf. Πέδιλον, κρηπίς, en latin *solea*, et tous les noms de chaussures anciennes : le sens premier est toujours *semelle* ou sandale attachée sous le pied, ὑπόδημα; RR. ὑπό, δέω, sous, lier. Cf. *soulier,* de *sub ligatus,* lié sous.

21. *a.* Σάρξ est la chair de l'animal vivant ou mort; κρέας est la chair de la bête tuée et dont on se nourrit, la viande. D'où CERCUEIL, autrefois *sarcueil,* en patois *sarqueu,* sorte de coffre où l'on dépose le corps d'un mort. SARCOPHAGE, sorte de tombeau dans lequel les anciens mettaient les corps qu'ils ne voulaient pas brûler. Ce nom vient de ce que, dans l'origine, la pierre dont on faisait ces tombeaux avait la propriété de *consumer les chairs.* RR. σάρξ, φαγεῖν. Maintenant, *sarcophage* est employé quelquefois et par abus, comme synonyme de *cénotaphe.* V. Κενός. SARCOCARPE, nom donné, en botanique, à la *partie charnue du fruit.* RR. σάρξ, καρπός. SARGUE, poisson charnu et épais. Cf. *pingouin,* oiseau de mer; de *pinguis,* gras. — *b.* Ironie mordante, mot piquant, raillerie acérée, lardon qui déchire; «*jocus mordens,*» Juv. La même idée se trouve exprimée en latin par le mot *contemptus,* dérivé de *contemnere, cum, temnere,* qui n'est autre que le verb grec τέμνω, *entamer.*

22. *a.* Les Satrapes étaient, chez les Perses, des gouverneurs de provinces, sortes de pachas qui exerçaient un pouvoir presque souverain. Le mot est d'origine orientale et signifie étymologiquement *provinciæ custos.*

23. *a.* F. σάξω, a. ἔσαξα, a. p. ἐσάχθην, pf. p. σέσαγμαι; syll. rad. Σαγ. —*b.* D'où Εὐρυσάχης, EURYSACE. V. Εὐρύς.

24. *a.* Et poét. σαφηνής, dont les anatomistes ont fait le nom de SAPHÈNE, qu'ils donnent à deux veines de la jambe *manifestes* à la vue et au toucher. — *b.* Dans toute langue, ce qui est expliqué et mis à la portée de l'intelligence, s'appelle *clair,* c.-à-d. bien éclairé, facile à voir, *évident.* Rapprochez cette observation de celles auxquelles donnent lieu les verbes *dire* (71), *parler* (43), *savoir* (85), *apprendre* (71), etc., et admirez comment, dans une langue bien faite, l'analogie des mots correspond à l'analogie des idées.

25. *a.* Et σβεννύω, f. σβέσω, a. ἔσβεσα, pf. ἔσβεκα, a. p. ἐσβέσθην ou ἔσβην, pf. p. ἔσβεσμαι ou ἔσβηκα. — *b.* C.-à-d. *inextinguible,* et, *par ext.* qui dure longtemps, qui ne s'use point, indestructible; R. à σβέννυμι. C'est un minéral fibreux, de même nature que l'amiante et employé aux mêmes usages, mais d'une structure plus raide. V. Μιαίνω. On en faisait aussi des serviettes, qu'on jetait dans le feu quand elles étaient grasses et sales, pour les purifier et les blanchir.

1. Σάμαξ, αχος, ὁ, natte de jonc, butome *ou* jonc fleuri.

2. Σαμάρδαχος, ὁ, charlatan. — 3. Σάμος, ὁ, SAMOS, *prim.* dune[a].

4. Σαμβύχη, ἡ, SAMBUQUE, *instrument à cordes*[a] *et machine de guerre.*
   —χίζω, *joue de la sambuque;* —χιστής, —χίστρια, *qui en joue.*

5. Σάμψυχον, τὸ, marjolaine, *pl.* —χίζω, *sent la marjolaine.*

6. Σανδαράκη[a], ἡ, arsenic rouge, sorte de vermillon. —χίζω, *en a
   la couleur;* —χινος, *d'arsenic rouge, peint en vermillon.*

7. Σάνδυξ, υχος, ἡ, sorte de vermillon, couleur de chair, incarnat.

8. Σάνταλον, τὸ, SANTAL[a], *bois d'Inde.* —9. Σαντόνιον, τὸ, absinthe, *pl.*

10. Σαπέρδης, ου, ὁ, saperda, poisson salé du Pont-Euxin.

11. Σαπήριον, τὸ, sorte de loutre. —ρινος, *fait de peau de loutre.*

12. Σάπφειρος[a], ἡ, SAPHIR, pierre précieuse. —ρινος, *de saphir.*

13. Σαπφικός, ή, όν, de SAPHO[a], SAPHIQUE, à la manière de Sapho.

14. Σάπων[a], ωνος, ὁ, sapo, SAVON[b]. —ώνιον, *petit morceau de savon.*

15. Σαράβαρα, τὰ, haut de chausses oriental. Σαράβαλλα, *id.*

16. Σάραπις, ιδος, ὁ, ἡ, le dieu SÉRAPIS[a], vêtement persan.

ANNOTATIONS.

3. a. De la racine celtique *dun*, lieu élevé, colline. *Samos* signifie donc pr. ville des dunes, et a pour synonymes *Dun*, ville sur la Meuse; *Dunkerque*, c.-à-d. *église des Dunes*, en flamand; *Autun*, de *Augustodunum*, pr. *colline d'Auguste*; etc.

4. a. Le nom de *sambuque* paraît avoir désigné, tantôt une espèce de flûte en bois de sureau, *sambucus*, tantôt une sorte de harpe à quatre cordes. « Sambuca *organi dicitur genus; per similitudinem etiam machinam appellarunt quâ urbes expugnant. Ut in organo chordæ, sic in machinâ funes intenduntur.* » FEST. Végèce, écrivain latin du quatrième siècle, auteur d'un traité de l'art militaire, décrit ainsi le jeu de la sambuque : « *Quemadmodum in cithara chordæ sunt, ita in trabe, quæ juxta turrim ponitur, funes sunt, qui pontem de superiore parte trochleis laxant, ut descendat ad murum, statimque de turri exeunt bellatores, et per eum transeuntes mœnia urbis invadunt.* » M. Dureau de La Malle fait, sur l'art de la guerre en Grèce, l'observation suivante : « Les Grecs, qui ont poussé si loin la poésie, l'histoire, l'éloquence, la sculpture, la peinture, enfin tous les arts du domaine de l'imagination et de l'imitation, sont restés longtemps, pour les arts mécaniques, et entre autres pour les sciences applicables au génie militaire, fort au-dessous des peuples orientaux qu'ils qualifiaient du nom méprisant de

barbares. Ce n'est au plus tôt que sous Alexandre et ses successeurs, lorsque les victoires du conquérant ont établi les Grecs au cœur de l'Asie, qu'on les voit employer, pour l'attaque des places, ce système complet de mines, de tranchées, d'*agger*, de tours mouvantes, d'hélépoles, de tortues, de béliers, de machines de jet, à tir droit ou courbe, qui existe chez les Hébreux et les Assyriens plus de 600 ans av. J. C. » (*Mém. de l'Acad. des inscr.*).

6. a. D'où SANDARAQUE, résine qui découle d'un genévrier d'Arabie. Rac. étrangère.

8. a. Le juste, dit un proverbe indien, doit imiter le bois du *santal*, qui parfume la hache dont on le frappe.

12. a. De l'hébreu *sappir* qui signifie *brillant*. Cf. *mica*, substance minérale brillante, feuilletée et écailleuse, du verbe *micare*, briller.

13. a. Femme poëte de Lesbos, qui fut surnommée la dixième Muse et inventa le vers saphique.

14. a. Racine celtique ou germanique. — **b.** V. Ψάπυς.

16. a. Ou Σέραπις, une des principales divinités de l'Égypte, dont le culte, introduit à Rome sous l'empereur Alexandre Sévère, fut interdit par le sénat comme trop licencieux.

17. a. Ou plus souvent σέβομαι; f. σέψομαι, a. ἐσεψάμην, rare ainsi que le

17. Σέβω[a], vénère. –βάζομαι, *–βίζω, id.; –βας, vénération; –βασις, –βασμός, culte; –βάσμιος, –βαστός, vénéré, auguste[b].

18. Σειρά[a], ἡ, series, tresse, corde, chaîne, enchaînement, SÉRIE. –ράς, id.; –ραῖος, de trait; –ράζω, lie, tire avec une corde.

19. Σείω[a], remue, évente, intrigue. Σεῖσις, σεῖσμα, σεισμός, secousse; σεῖστρον, SISTRE[b]; σήθω, tamiser; σῆστρον, tamis[c].

20. Σέλας, αος[a], τὸ, éclat. *Σελαγέω, *–λάσσομαι, *–λάω, brille, éclaire, *–λάγισμα, *–λασμα; *–λασμός, éclat, lumière.

Id. Σελήνη[b], ἡ, lune. –νίτης, –νῖτις, de lune, SÉLÉNITE; –ναῖος, –νιακός, lunaire; –νιάζομαι, –νιάω, est lunatique.

21. Σέλινον[a], τὸ, ache, petroselinum[b], PERSIL. –νινος, de persil.

22. Σελίς, ίδος, ἡ, interligne, page. –ίδιον, petite page; –ίδωμα, espace entre deux rangs de rameurs, interligne, page.

23. Σέλμα, ατος, τὸ, espace entre les rangs de rameurs, charpente.

24. Σεμνός[a], ή, όν, respectable, pieux, beau, fier. –νότης, sainteté, –νόω, honore; –νωμα, dignité; –νύνω, se vante.

ANNOTATIONS.

futur. D'où εὐσεβής, pieux; EUSÈBE, nom illustré par plusieurs saints et par un célèbre évêque de Césarée, en Palestine, au quatrième siècle, surnommé le Père de l'histoire ecclésiastique. RR. εὖ, σέβω. — b. Surnom des empereurs de Rome; les impératrices prenaient le titre d'Augusta, en grec Σεβαστή. D'où vint le nom de Sébaste, synon. de Cæsarea, Césarée, et d'Augusta, donné à plusieurs villes, en l'honneur d'Auguste. Samarie relevée de ses ruines par Hérode fut appelée Sébaste. D'où aussi SÉBASTOPOL, pr. ville auguste; RR. σεβαστή, πόλις. SÉBASTIEN, pr. qui est de Sébaste. V. Βάτταλος.

18. a. R. εἴρω, nouer, enfiler. Σειρά est pour εἴρα. V. Σ.

19. a. F σείσω, a. ἔσεισα, pf. σέσεικα, f. p. σεισθήσομαι, a. p. ἐσείσθην, pf. p. σέσεισμαι; impers. ἔσεισε, il y eut un tremblement de terre. M. rac. q. σαίνω. — b. Instrument de percussion dont les Égyptiens se servaient dans les fêtes de leur déesse Isis, et dans les marches guerrières. Il consistait en une lame de métal sonore, taillée en ovale, qui était percée de trous pour y poser des baguettes métalliques, sur lesquelles on frappait pour en tirer des sons. Généralement les noms grecs des instruments de musique indiquent la manière dont ces instruments sont mis en vibration. Le nom du tambour, τύμπανον, se tire du verbe τύπτω,

battre; le nom de la harpe, ψαλτήριον, du verbe ψάλλω, toucher; celui de la flûte, αὐλός, du verbe ἄημι, souffler. Quelquefois aussi, le nom de l'instrument nous en rappelle la forme. — c. Ici encore, le mot ancien, le mot grec l'emporte sur le terme moderne, sur le mot français. Σῆστρον montre le tamis en mouvement; notre mot tamis indique seulement la matière dont il est fait. V. Ἵστημι. Il en est de même de notre mot sas, corrupt. de seta, soie, crin.

20. a. Dat. σελαΐ, σελᾳ, acc. σέλας, au pl., qqf. σέλα. — b. Principalement la pleine lune dans tout son éclat. R. σέλας. Cf. lune, p. lucina, de lux; Phébé, de φῶς. Ἥλιος, soleil, a la même racine que σέλας, le σ ayant été changé en esprit rude dans ἥλιος pour σήλιος. Cette analogie est toute naturelle, puisque la lune emprunte sa lumière du soleil. V. Φοῖβος.

21. a. D'où SÉLINONTE, ancienne ville de Sicile, ainsi nommée du persil qui y croissait en abondance. V. Ῥόδον. — b. Litt. ache des pierres; RR. πέτρα, σέλινον.

24. a. De σέβω; σεμνός est pour σεβνός par suite du changement euphonique de β en μ devant ν qui demandait à être précédée d'une forte. D'où SEMNOPITHÈQUE, genre de singes de l'ancien continent, remarquables par la gravité de leur maintien et la douceur de leurs mœurs. RR. σεμνός, πίθηκος.

1. Σαργάνη, ἡ, corbéille, panier, filet pour pêcher, lien d'osier.

2. Σάργος, ὁ, **sargus**, SARGE OU SARGUE, *poisson de mer*.

3. Σαρδώ[a], οῦς, ἡ, l'île de SARDAIGNE. —δῷος, *de Sardaigne;* —δάνιος, SARDONIQUE[b]; —δα, SARDE; *poisson;* —δίνη, SARDINE[c].

4. Σαρδών, όνος, ἡ, bord supérieur d'un filet pour la chasse.

5. Σάρι, τὸ, SARI, *pl.* — 6. Σάρισσα[a], ἡ, SARISSE, *longue pique.*

7. Σάρπος, ὁ, caisse de bois, baraque en bois. —πίον, *dim.*

8. Σατίνη, ἡ, char, litière. — 9. Σάτον[a], τὸ, mesure hébraïque[b].

10. Σάτυρος, ὁ, **satyrus**, SATYRE[a], singe à longue queue. —ριάω, —ρίζω, *est lascif comme un satyre, se moque.*

11. Σαῦλος, η, ον, sec, fragile, lent, mou. Σαυχός, *id.;* σαυλόομαι, *est mou;* —λωμα, attitude molle, démarche efféminée.

12. Σαύνιον, τὸ, sorte de javelot. —νιάζω, *lance le javelot.*

13. Σαύρα[a], ἡ, lézard, SAURUS; *poiss.,* espèce de cresson. *—ρος, id.;* —ρίτης, —ρῖτις, *de lézard;* —ρίδιον, *sorte de cresson.*

14. Σαυρωτήρ, ῆρος, ὁ, bout de lance, fer pointu, pique, lance.

ANNOTATIONS.

3. *a.* On fait dériver le nom de la *Sardaigne* de la racine orientale *sarad*, plante du pied, parce qu'on a trouvé de là ressemblance entre le contour de cette île et un pied humain. « *Humanæ speciem plantæ sinuosa figurat insula;* Sardiniam *veteres dixére coloni.* » CLAUDIEN. C'est pour la même raison qu'elle fut d'abord appelée *Sandaliotis* ou *Ichnusa,* c.-à-d. île ayant la forme d'une *sandale* ou d'une *trace* de pied. V. Ἴχνος. — *b.* Il croît en Sardaigne une espèce de renoncule appelée *sardonie*, dont la racine cause, dit-on, à ceux qui en mangent, des convulsions de la face semblables à celles du rire, d'où est venue l'expression de *rire sardonique*, pour signifier un rire convulsif, un rire forcé ou amer. — *c.* La *sardine* abonde surtout dans les parages de la *Sardaigne;* d'où son nom. V. Φασιανός.

6. *a.* C'était une longue lance portée par les soldats de la phalange macédonienne, et qui empêchait l'ennemi d'approcher. Cette arme avait quelquefois jusqu'à cinq mètres de longueur. Pour en comprendre l'usage, il faut se représenter la phalange comme composée d'environ quatre mille hommes, rangés en bataille sur huit ou seize de profondeur. Les soldats des rangs intérieurs plaçaient leurs piques sur les épaules de ceux qui se trouvaient devant eux, de manière à opposer à l'ennemi un buisson d'acier impénétrable, ou à produire un choc irrésistible. « *Cujus confertæ, et intentis horrentis hastis intolerabiles vires sunt,* » dit Tite-Live, en parlant de la phalange, et nous lisons dans le récit de la bataille de Pydna par Plutarque, que la seule vue de ce corps d'armée fit trembler le consul Paul Émile, qui disait n'avoir jamais assisté à un spectacle plus terrible, et parlait souvent de l'impression qu'il en avait ressentie. Il parvint toutefois à entamer la phalange, en pénétrant par les ouvertures et les intervalles qu'un grand corps de bataille présente toujours à l'ennemi.

9. *a.* Rac. syriaque. *sato.* — *b.* Pour les choses sèches. Elle équivalait à 9 litres 486 mill., c.-à-d. au tiers de l'*éphi*, et revenait, à peu près, au boisseau romain, *modius.* Trois *sats* étaient la mesure ordinaire d'une fournée de pain. MATTH., ch. 13.

10. *a.* Le mot *satyre* désignait aussi une espèce de poëme dramatique particulier aux Grecs, et ainsi nommé, parce que les personnages du chœur étaient ordinairement des Satyres, c.-à-d. des divinités champêtres sous la forme de petits hommes velus, avec des pieds de chèvre, qui se livraient, dans les fêtes de Bacchus, à toutes

15. Σηκός, ὁ, parc, étable, habitation, cage, poids. —κάζω, clore; —κίς, —κύλη, esclave de l'intérieur; —κόω, pèse; —κωμα, poids.

16. Σῆμα[a], ατος, τὸ, signe, monument. —μεῖον, id., —μαία, enseigne; —μαίνω, fait signe; —μανσις, indication; —μειόω, note.

17. Σήπω[a], putréfie. Σηπεδών, σῆψις, corruption; σήψ, seps, SEPS[b], σηπία, sepia, SÈCHE[c], SÉPIA; σαπρός, pourri; σαπρύνω, pourrit.

18. Σθένω[a], est fort, est puissant, peut; d'où DÉMOSTHÈNE[b]. *—νος, force, puissance; —νόω, fortifie; *—ναρός, fort; puissant.

19. Σιαγών, όνος, ἡ, mâchoire, joue. —γόνιον, petite mâchoire.

20. Σίαλον[a], τὸ, salive, bave, graisse molle. —λίζω, saliver; —λικός, de salive; —λόω, engraisse; —λος, porc gras, gros homme.

21. Σιγή[a], ἡ, silence. Σιγάω[b], se tait; σῖγα, σιγῆ, en silence; σιγάζω, fait taire; —γηλός, *—γαλέος[c], silencieux; *—γαλόεις, beau[d].

22. Σίδηρος[a], ὁ, fer. —ριον, morceau de fer; —ρεος, —ρίτης, —ρῖτις, de fer; —ρεύω, forger; —ρεύς, forgeron; —ρεῖον, forge; —ρόω, ferrer.

23. Σίμβλος, ὁ, ruche, essaim. *—λη, id.; —λεύω, recueille un essaim.

ANNOTATIONS.

sortes de bouffonneries et de désordres. V. Βάκχος.

13. a. D'où vient le nom de SAURIENS, donné à un ordre de la classe des reptiles qui a pour type le lézard.

16. a. En prose, on emploie de préférence σημεῖον. D'où vient SÉMÉIOLOGIE ou SÉMÉIOTIQUE, ἡ σημειωτική, s.-ent. τέχνη, branche de la médecine qui a pour objet les signes des maladies. SÉMAPHORE, c.-à-d. porte-signaux, sorte de télégraphe établi sur les côtes, pour faire connaître l'arrivée, les manœuvres des bâtiments venant du large ou croisant devant les ports. RR. σῆμα, φέρω.

17. a. F. σήψω, a. ἔσηψα, f. p. mixte σαπήσομαι, a. 2 ἐσάπην, pf. 2 σέσηπα. D'où SEPTIQUE, σηπτικός, qui se dit des substances engendrant la putréfaction; ANTISEPTIQUE, en parlant des remèdes qui arrêtent la putréfaction; RR. ἀντί, σήπω. — b. Genre de reptiles voisin de l'orvet, que le vulgaire regarde à tort comme très-venimeux, d'où son nom. — c. Genre de mollusques nus, qui se dérobent à la poursuite des poissons en jetant autour d'eux une liqueur noire. On fait de cette liqueur une encre qui sert, en peinture, sous le nom de SÉPIA, au même usage que l'encre de Chine.

D'où vient que les Allemands appellent la sèche tintfish, c.-à-d. poisson à encre.

18. a. Point d'autres temps que l'imparfait. — b. Δημοσθένης, le prince des orateurs grecs, qui fut pendant trente ans le rempart d'Athènes et la force du peuple. RR. δῆμος, σθένω. CALLISTHÈNE, Καλλισθένης, pr. doué d'une grande force, nom pr.; RR. καλός, σθένω. MÉGASTHÈNE, μεγασθενής, même sens; nom d'un historien grec du troisième siècle, auteur d'une histoire des Indes. RR. μέγας, σθένω.

20. a. D'où SIALAGOGUE, qui se dit des substances provoquant la salivation. RR. σίαλον, ἄγω.

21. a. M. rac. q. σίζω, pf. σέσιγα, pris dans le sens de faire st, pour imposer silence. — b. F. σιγήσω ou mieux σιγήσομαι, a. ἐσίγησα. Σιγάω a pour correspondant latin tacere, être taciturne, tandis que σιωπάω répond à silere, se tenir silencieux. — c. Le dieu du silence s'appelait SIGALION. On le représentait avec le doigt index sur les lèvres. — d. Pr. si beau, si brillant, qu'on en reste muet d'étonnement.

22. a. Plur. poét. σίδηρα. D'où SIDÉRITE, vulg. crapaudine, plante labiée qui se trouve surtout à l'Ile de Fer, une des Canaries.

1. Σεβένιον, τὸ, spathe *ou* enveloppe du fruit dans le palmier.

2. Σειρήν, ῆνος, ἡ, **siren**, SIRÈNE [a], abeille sauvage, SERIN.

3. Σειρός [a], ά, όν, chaud, brûlant. —ρά, *habit d'été;* —ριος, *chaud*, subst. SIRIUS [b]; —ριάω, *éclaire, brûle;* —ρινος, *d'été;* * —ιόεις, *chaud, brûlant.*

4. Σέλαχος [a], εος, τὸ, toute espèce de poisson cartilagineux.

5. Σελευκίς, ίδος, ἡ, coupe [a], chaussure de SÉLEUCIE, grive.

6. Σελινουσία, ἡ, espèce de chou frisé de SÉLINONTE [a].

7. Σέλλα, ἡ, *de* **sella** [a], SIÉGE. — 8. Σελλοί, οἱ, prêtres de Jupiter.

9. Σεμίδαλις, εως, ἡ, fleur de farine. — 10. Σέρις, εως [a], ἡ, chicorée.

11. Σέριφος, ἡ, espèce de sauterelle. —φιον, *absinthe marine.*

12. Σέρφος, ὁ, moucheron, petit insecte ailé, fourmi ailée.

13. Σέσελι, εως, τὸ, SESELI, *pl.* — 14. Σεσέρινος, ὁ, poisson de mer.

15. Σεῦτλον [a], τὸ, bette. —τλίον, —τλίς, petite feuille de bette.

16. *Σεύω [a], meut, lance, poursuit. *Σοῦς, *élan;* σῶτρον, *jante de roue;* σεῦδαι, *espèce de satyres ou de démons.*

17. Σημύδα, ἡ, bouleau. — 18. Σήρ, σηρός, SÈRE [a], *ver à soie;* —ρικόν [b], *soie.*

ANNOTATIONS.

2. *a.* Nymphe des bords de la mer. « Je suis, dit l'une d'elles, dans le *Purgatoire* de Danté, ch. 19, je suis la douce *sirène* qui détourne les navigateurs au milieu des mers, tant ils prennent de plaisir à m'entendre. Je fis perdre à Ulysse, par mes doux chants, le chemin véritable, et celui qui s'arrête auprès de moi, me fuit rarement, tant est puissante la force de mes enchantements. »

3. *a.* R. σείρ, le soleil, vieux mot tombé en désuétude. — *b.* L'étoile la plus brillante du ciel, appelée aussi *Canicule* ou *étoile du chien*, parce qu'elle fait partie de la constellation du *Grand Chien*, avec laquelle le soleil est censé se lever du 24 juillet au 26 août, époque la plus *chaude* de l'année.

4. *a.* Les naturalistes ont tiré de là le nom de SÉLACIENS, qu'ils donnent à une famille de poissons cartilagineux, comprenant la *raie*, le *requin*, etc. V. Χόνδρος.

5. *a.* Pr. coupe du roi *Seleucus*.

6. *a.* V. Σέλινον

7. *a.* Contracté de **sedula**, diminutif de **sedes**, dérivé lui-même de la racine ἕζομαι, **sedeo**, s'asseoir. D'où, en français, SELLE, SELLETTE, SELLIER.

10. *a.* Ou σέριδος.

15. *a.* Ou τεῦτλον.

16. *a.* Impf. m. et p. ἐσσυόμην ou ἐσσευόμην, a. ἔσσευα, a. moy. ἐσσεύάμην, a. p. ἐσσύθην, pf. p. ἔσσυμαι; m. rac. q. σείω.

18. *a.* Les Sères étaient un peuple de l'Inde au delà du Gange, sans doute les Chinois ou les Siamois. C'est de leur pays que fut apportée la *soie*, appelée de là par les Latins **materies serica** ou **sericum**, et qui fut regardée longtemps comme une matière végétale analogue au coton. — *b.* **Sericum**, d'où vient SERGE, étoffe légère et croisée, qqf. en *soie*, le plus souvent en laine.

19. *a.* R. νᾶπυ. — *b.* Le changement de *p* en ν est très-fréquent. V. Ῥάπυς. — *c.* D'où σιναπισμός, SINAPISME, médicament topique préparé avec de la farine de moutarde, et appliqué sous forme de cataplasme.

20. *a.* Pr. tissu de *Sidon*, ou peut-être, tissu de l'*Inde;* R. Σινδός p. Ἰνδός, Inde.

21. *a.* F. σινοῦμαι, a. ἐσινάμην, a. p. ἐσινθην, pf. σέσιμμαι. On trouve aussi, en poésie, σινόω, d'où vient SINON, Σίνων, *pr.* nuisible, malfaisant, nom du Grec qui, par ses artifices, persuada aux Troyens d'introduire dans leur ville le cheval de bois rempli de soldats ennemis.

22. *a.* Plur. σῖτα, aliments. D'où PARASITE, παράσιτος, *pr.* préposé aux vivres. RR. παρά, *auprès.* et σῖτος. Ce mot

19. Σίναπι[a], εως, τὸ, sinapis, SÉNEVÉ[b], grain de moutarde. —πυ, *id.*;
— πιον, —πίδιον, *dim.*; —πίζω[c], SINAPISER; —πινος, *de sénevé.*

20. Σινδών[a], όνος, ἡ, sindon, étoffe fine, robe, linceul. —δόνη, *id.*;
—δόνιον, —δονίσκη, *dim.*; —δονίτης, *qui porte un fin tissu.*

21. Σίνομαι[a], nuit, blesse. Σίνος, *dommage, vice;* —νις, *voleur;*
—ναρός, *nuisible;* *σίντης, dévastateur, destructeur.*

22. Σῖτος[a], ὁ, blé, pain. —τία, *vivres;* —τηρός, —τινος, *de blé;* —τηρά,
vivres; —τεύω, —τέω, —τίζω, *nourrit;* —τεία, *action de nourrir.*

23. Σιωπή, ἡ, silence. —πῇ, *en silence;* —πάω[a], *se tait, est calme,*
tait; —πηλός, —πηρός, *silencieux, taciturne, tranquille.*

24. Σκάζω[a], boite, cloche, est inégal. —ζων, *boiteux,* SCAZON[b]; σκα-
ληνός, *oblique,* SCALÈNE[c]; σκάνδαλον, *piége,* SCANDALE[d].

25. Σκαιός[a], scævus, gauche, sinistre[b], maladroit, sot; *d'où vient*
SCÉVOLA[c]. Σκαιά, *la main gauche;* —ιότης, *gaucherie, sottise.*

26. Σκαίρω[a], saute, trépigne, danse. Σκιρτάω, *id.*; σκαρίζω, *bondit,*
palpite; σκαρθμός, σκαρισμός, *saut;* σκάρος, scarus, SCARE[b].

ANNOTATIONS.

désigna d'abord un inspecteur des blés, particulièrement du blé sacré offert aux dieux ou recueilli sur les terres de leurs temples. Cette dignité, d'abord très-considérée, dégénéra, et les poëtes comiques rendirent les parasites ridicules, en leur faisant jouer un rôle plat et bouffon. Maintenant ce mot désigne, avec mépris, celui qui fait métier de manger à la table d'autrui, popul. un *écumeur de marmites.* V. Λέμβος. De même, chez nous, les noms de certaines professions sont devenues des termes de dénigrement. Par exemple : de *coquister*, corruption de *coquus*, cuisinier on a fait *cuistre*, qui signifia d'abord *valet de cuisine* dans un collége, puis *pédant, ignorant.* Cf. les dénominations populaires de *gabelou*, *rat de cave*, de *fesse-mathieu*, qui rappellent celle de *publicain* ou receveur des deniers *publics*, laquelle était très-honorée à Rome, mais qui, chez les Juifs impatients de la domination romaine, était synonyme d'usurier et d'homme perdu de crimes. *Fesse-mathieu*, usurier, est pour *fait saint Mathieu*, c.-à-d. fait comme saint Mathieu, avant sa conversion.

23. *a.* F. ἥσω ou ἥσομαι, a. ἐσιώπησα, etc. D'où ἀποσιώπησις, APOSIOPÈSE ou *réticence*, figure de rhétorique par laquelle on suspend brusquement l'expression d'une pensée pour passer à une autre, mais en laissant deviner ce qu'on *tait.* RR. ἀπό, σιωπή. Ex. *Quos ego... (En. I.)*

24. *a.* F. σκάσω, a. ἔσκασα. — *b.* On appelle vers SCAZON, ou *choliambe*, un vers iambique qui finit par un spondée, au lieu d'un iambe, et semble *boiter* comme un corps humain porté sur une jambe postiche. — *c.* SCALÈNE se dit, en géométrie, d'un triangle dont les trois côtés sont inégaux. — *d.* Pr. obstacle qui fait *trébucher*, qui cause ou peut causer une chute; dans le sens théologique, occasion de faute. «Scandalum apud Græcos ex offensione et ruinâ nomen accepit.» S. JÉR. V. Σκῶλος. De σκάνδαλον ou σκανδάληθρον vient aussi notre mot ESCLANDRE.

25. *a.* Éol. σκαιϜος. D'où vient le nom de *Portes Scées*, Σκαιαὶ Πύλαι, donné aux portes situées vers la partie *occidentale* de Troie, par l'une desquelles le cheval de bois fut introduit dans la ville. — *b.* V. Λαιός. — *c.* Contraction de *scæva vola*, main gauche, *pr.* qui n'a plus que la main gauche; surnom donné au Romain Mucius, en mémoire du courage héroïque avec lequel il laissa brûler sur un brasier sa main droite qui avait manqué le roi d'Étrurie Porsenna, partisan des Tarquins.

26. *a.* F. σκάρω. — *b.* Poisson très-recherché des Romains.

1. Σής, σητός[a], ὁ, ver, teigne qui ronge les habits et les livres.

2. Σησάμη, ἡ, SÉSAME, pl. —μῆ, —μίς, *gâteau de sésame ;* —μον, —μος, *graine de sésame ;* —μοῦς, *galette de sésame.*

3. Σιβύλλα, ἡ, sibylla, SIBYLLE. —λειος, —λιακός, *de sibylle ;* —λαίνω, —λίζω, *prédit ;* —λιστής, *devin ;* *—λιάω ; radote.*

4. Σιβύνη, ἡ, sibyna, épieu, javelot. —νος, —νον, —νης, *id. ;* —νιον, *dim.*

5. Σίγλαι, αἱ, *de sigla[a],* SIGLES. — 6. Σίγλος, ὁ, siclus, SICLE[a].

7. *Σιδεύνας, α, ὁ, jeune homme de quinze à seize ans.

8. Σίδη, ἡ, grenade, nénuphar blanc. —διον, *écorce de grenade.*

9. Σίζω[a], siffle, frémit comme un fer chaud qu'on plonge dans l'eau. —Σίξις, σισμός, *sifflement, frémissement ;* σίττα! σίττε! SITT! *cri.*

10. Σικάριος[a], ὁ, *de sicarius,* SICAIRE, satellite, assassin.

11. Σικελίζω, est *ou* agit de mauvaise foi, *comme les* SICILIENS[a].

12. Σίκερα[a], ἡ, sicera, boisson fermentée, *bière ou autre.*

13. Σίκιννις, ιδος, ἡ, sicinnium, sorte de danse satyrique[a]. —νίζω, *exécute cette danse ;* —νιστής, *qui l'exécute[b].*

ANNOTATIONS.

1. *a.* Dat. σητί, acc. σέα et σῆτα ; pl. σέες et σῆτες, gén. σεῶν et σητῶν, dat. σησί, acc. σέας et σῆτας.

5. *a.* Contract. de *sigilla,* plur. de *sigillum,* SCEAU, dimin. de *signum,* SIGNE, marque. Ce sont des lettres uniques exprimant des mots entiers, comme *D. O. M.,* pour *Deo Optimo Maximo.* On les employait chez les Hébreux, et, au moyen âge, on en faisait grand usage dans la transcription des manuscrits. Les sigles les plus vulgaires étaient, chez les Romains, *S. P. Q. R., Senatus PopulusQue Romanus; A.D.K., Ante Diem Kalendarum; A. P. U. C., Anno Post Urbem Conditam.* V. Πόλις. On trouve assez souvent au commencement des lettres de Cicéron, *S. V. G. V.,* qui signifiaient *Si Vales, Gaudeo Valde;* ou bien *S. V. B. E. E. Q. V.* c.-à-d. *Si Vales, Bene Est, Ego Quoque Valeo.* L'empereur d'Allemagne Frédéric III, dont le règne ne fut remarquable que par sa longueur (de 1440 à 1493), avait pris pour devise les cinq voyelles A. E. I. O. U., qui voulaient dire modestement: *Austriæ Est Imperare Orbi Universo.*

6. *a.* Le *sicle* était tout à la fois un poids et une monnaie asiatiques. Son nom vient de l'hébreu *shekel,* qui dérive du verbe *sakal,* tenir suspendu, peser. V. Λίτρα. Comme poids, le *sicle* équivalait à 4 drachmes ou 9 grammes 3 décigram-

mes et demi; le *sicle* monnaie valait aussi 4 drachmes, faisant 2 fr. 6 cent. Mais pendant très-longtemps cette monnaie consista, comme chez tous les peuples anciens, en un poids d'or ou d'argent, égal à 20 *fèves.* Ce fut Simon Machabée qui obtint du roi de Syrie, Antiochus Sidètes, l'autorisation de frapper, pour l'usage du peuple juif, la première monnaie légale, qui continua de s'appeler *sicle,* et fut employée jusqu'au temps où les Grecs soumirent la Judée.

9. *a.* F. σίξω, a. ἔσιξα, pf. σέσιγα, dans le sens présent; syll. rad. Σιγ.

10. *a.* R. *sica,* poignard.

11. *a.* V. Λεσβιάς.

12. *a.* Tout breuvage capable d'enivrer; R. hébraïque *shacar,* s'enivrer. De *sicera* on a fait CIDRE, autrefois *sidre.*

13. *a.* Danse inventée par un certain Σίκιννος. Cf. *bolero,* danse espagnole due au danseur Boléro. — *b.* Les gens riches faisaient danser la *sicinnis* aux funérailles par des danseurs à gages. V. Καρπαία.

14. *a.* F. σκαλῶ, a. ἔσκηλα ; m. rac. q. ξέω, avec changement de χς en σκ. — *b. Pr.* morceau de bois *écorcé,* cheville qui retient l'anneau de l'aviron, par ext. rame. Cf. ξύλον; de ξύω.

15. *a.* F. σκάψω, a. ἔσκαψα, pf. ἔσκαφα, f. p. σκαφθήσομαι ou σκαφήσομαι, a. p. ἐσκάφθην, a. 2 ἐσκάφην, pf. p.

14. Σκάλλω[a], gratte, sarcle, fouit. Σκάλσις, *action de fouir;*—λις, *sarcloir;* σκαλεύω, —λιδεύω, —λίζω, *sarcle;*—λεία, *sarclage;* σκαλμός[b], *rame.*

15. Σκάπτω[a], scabo[b], creuse, enfouit. Σκάμμα, σκάφος, *fosse;* σκαφεύω, *creuse;*—φεῖον, *bêche;*—φη, scapha[c], *corps creusé, vase*[d], *canot.*

16. Σκάριφος, ὁ, poinçon pour dessiner, style, tout objet pointu. —φάομαι, *gratte, esquisse,* SCARIFIE[a]; —φημα, *esquisse.*

17. Σκεδάννυμι[a], disperse, dissipe. Σκεδάζω, *σκίδναμαι, id.;* σκέδασις, σκέδασμός, *action de disperser;* σκεδαστός, *dispersé.*

18. Σκέλλω[a], sèche. Σκελετός, *desséché;* subst. SQUELETTE[b]; σκλῆμα, *dessèchement;* σκληρός[c], *dur, sec;* σκληριάω, *est dur;* σκληρόω, *durcit.*

19. Σκέλος[a], εος, τὸ, jambe, os de la jambe. Σκελέαι, *sorte de caleçon;* σκελίς, σχελίς, *jambon;* σκελλός, *qui a les jambes tortues.*

20. Σκέπτομαι[a], examine, réfléchit. Σκέμμα, σκέψις, *méditation, examen réfléchi;* σκεπτήριος, σκεπτικός, *qui examine,* SCEPTIQUE[b].

Id. Σκοπός, ὁ, scopus[c], but, observateur[d]. —πή, —πιά, *observatoire*[e]; —πεύω, —πέω, *examine;*—πιάω, *épie;*—πελος[f], scopulus, *rocher.*

ANNOTATIONS.

ἔσκαμμαι, gratter, creuser en grattant.— b. D'où scabies, gale, gratelle; SCABIEUSE, plante qui passait jadis pour guérir de la gale; scabrosus, raboteux, rude, SCABREUX, où l'on passe difficilement. — c. D'où PYROSCAPHE, syn. de bateau à vapeur, pr. bateau à feu; RR. πῦρ, σκάπτω. — d. Cf. notre mot creuset, vase creux, pour fondre les métaux, etc.

16. a. C.-à-d., en termes de chirurgie, fait des incisions à la peau.

17. a. F. σκεδάσω, Att. σκεδῶ, a. ἐσκέδασα, pf. ἐσκέδακα, a. p. ἐσκεδάσθην, pf. p. ἐσκέδασμαι.

18. a. F. σκελῶ, a. ἔσκηλα; moy. mixte: f. σκλήσομαι, a. ἔσκλην, pf. ἔσκληκα. — b. Cadavre desséché dont il ne reste plus que les os, qui sont, dans le corps humain, au nombre d'environ 250. — c. D'où SCLÉROTIQUE, nom technique du blanc de l'œil, ainsi désigné parce qu'il est formé par une membrane dure.

19. a. D'où ISOCÈLE, ἰσοσκελής, pr. ayant les jambes égales; en parlant d'un triangle qui a deux côtés égaux. RR. ἴσος, σκέλος. V. Σκάζω.

20. a. F. σκέψομαι, a. ἐσκεψάμην, pf. ἔσκεμμαι. Syll. rad. Σκεπ.— b. Nom usurpé par ceux qui affectent de douter de tout. En examinant et en réfléchissant un peu plus encore, ils découvriraient

que le SCEPTICISME est absurde, monstrueux. On appelle aussi ces gens-là Pyrrhoniens, du Grec Pyrrhon qui inventa le doute universel. — c. Pr. l'endroit où l'on vise. Cf. le français mire, de mirari, regarder, mirer. — d. Cf. le français vedette, de videre, voir. De σκοπός vient episcopus, ἐπίσκοπος, ÉVÊQUE, pr. surveillant, gardien. « Episcopus indè appellatur, quia superintendit, quia intendendo curat. » S. Aug. RR. ἐπί, σκέπτομαι. Cf. tutor, tuteur, et tutus, protégé, sûr, de tutari ou tueri, regarder, pr. garder, défendre du regard. V. Φρουρός. L'étymologie du mot episcopus nous rappelle qu'à l'époque où les barbares se ruèrent sur l'empire romain, les évêques devinrent, sous le titre officiel de defensores, les chefs des cités et les protecteurs des peuples. De episcopus dérivent encore l'angl. bishop, l'all. bischof, l'ital. vescovo et le fr. évêque, tous ces mots ne différant, à y bien regarder, que par la suppression de l'e initial et la substitution, soit d'une labiale à une autre, soit de u à v. — e. Lat. specula. Cf. belvédère, de l'ital. belvedere, pr. belle vue, terrasse culminante, d'où l'on voit au loin. — f. Prim cime élevée d'un rocher, d'où la vue s'étend au loin. De scopulus vient, par corruption, l'ital. scoglio, d'où ÉCUEIL.

1. Σίκυος, ὁ, concombre. —νον, *sa graine*; —υών, *couche de concombres*, SICYONE[a]; —ύα, *courge, ventouse*; —υώνη, —υωνία, *coloquinte*.

2. Σικχός, ή, όν, dégoûté, chagrin. —χαίνω, *éprouve du dégoût*; —χαντός, *fastidieux*; —χασία, *manque d'appétit, aversion*.

3. Σίλιγνις, εως, ή, siligo, fleur de farine de froment.

4. Σιλλός[a], ὁ, silus, camus. Σίλλος, siltus, SILLE[b] ou *satire*.

5. Σίλλυβος, ὁ, sillybus, frange, étiquette de livre.

6. Σιλόδουροι, οἱ, *de* soldurii[a], soldats gaulois dévoués à un chef.

7. Σίλουρος, ὁ, silurus, SILURE[a]. *—ρισμός, *régal de poisson*[b].

8. Σίλυβον, τὸ, silybum, SILYBE *ou* chardon-marie, *pl.*

9. Σίλφη, ή, blatte, teigne, mite, ver qui ronge les livres.

10. Σίλφιον, τὸ, SILPHIUM, *plante d'Asie qui donne l'assa-fœtida* ou *laser*. —φιωτός, *apprêté avec de l'assa-fœtida*.

11. Σιμικίνθιον, τὸ, *de* semicinctium[a], tablier. Σημικίνθιον, *id.*

12. Σιμίκιον[a], τὸ, instrument de musique à trente-cinq cordes.

13. Σιμός, ή, όν, simus, camus; *d'où* simius[a], SINGE. —μόω, *aplatit*.

ANNOTATIONS.

1. *a.* Capitale de la *Sicyonie*, au nord du Péloponèse. V. Σέλινον.

4. *a.* Qui a le nez épaté comme les satyres. D'où SILO, surnom dans la famille des *Sergius*, qui équivaut à notre français *Camus*. Les Latins avaient encore d'autres noms tirés de la forme du nez, comme *Naso, Nasica*, pr. qui a un grand nez; *Aquilius, Corvus, Corvinus*, qui a le nez en bec d'aigle, *aquila*, ou de corbeau, *corvus*. — *b.* Nom donné par les Grecs à des poëmes mordants du même genre que la satire des Romains.

6. *a.* Mot gaulois latinisé. V. Σάγος. « On peut reconnaître dans le latin deux éléments, l'un d'origine italienne et locale, l'autre de dérivation grecque. C'est aux dialectes éolien et dorien qu'il a été fait le plus d'emprunts, et Denys d'Halicarnasse a pu dire que les Romains parlaient une langue ni tout à fait barbare ni tout à fait grecque. Tout ce qui n'est pas, dans le latin, d'origine grecque ou pélasgique, vient des Celtes, des Sicules, des Ombriens, des Osques. Les mots qui expriment les relations de famille, les usages et les instruments d'agriculture, sont analogues au grec, tandis que les termes de guerre ou de chasse paraissent étrangers.» CANTU, *Hist. univ.*, t. II.

7. *a.* Genre de poissons voisin de l'esturgeon; c'est le plus grand des poissons d'eau douce, et on l'appelle, pour cette raison, *baleine des rivières*.—*b.* V. Κίχλη.

11. *a.* Pr. demi-ceinture, ceinture étroite. RR. semis, cingere.

12. *a.* Rac. inconnue, disent les dictionnaires. C'est sans doute un mot étranger auquel il faut appliquer ce principe posé par Platon, dans le *Cratyle* : « J'imagine que les Grecs, et surtout ceux qui habitent des contrées soumises à la domination des barbares, ont emprunté à ces peuples beaucoup de mots. On s'exposerait à bien des difficultés, si l'on voulait interpréter de tels mots à l'aide de la langue grecque, et non pas d'après la langue à laquelle ils appartiennent. » La vérité de cette observation se confirme à chaque page du dictionnaire, où vous voyez, à la fin d'un ou de plusieurs articles: R. hébraïque ; R. indienne. C'est pour ne pas avoir tenu compte de ces origines étrangères, que les anciens et Platon lui-même ont commis tant d'erreurs étymologiques. Quant au mot σιμίκιον, on lit dans les *Analogiæ græcæ* de Lenuép : « *Appellationes in re sacra solemnes, in re nummaria, instrumentorum musicorum, nauticorum, cum eorum usu receptæ fuerunt a Græcis; nomina quoque plantarum et stirpium. Par atque eadem ratio hodiedum est in linguis : merces quæ ex Indis per Hollandos fuere communicatæ servant suas patrnas appellationes.* »

13. *a.* Ainsi nommé à cause de son nez épaté; comme La Fontaine appelle

14. Σκέπω[a], abrite, enveloppe. Σκεπάζω, id. ; σκέπη, abri; σκεπασις, —πασμα, —παστρον, *—πας, abri; *—πανός, —παστός, couvert.

15. Σκεῦος, εος, τὸ, meuble, vase, instrument, costume, harnais, agrès. Σκευή[a], appareil; σκευάζω, prépare, équipe; σκευασία, apprêt.

16. Σκηνή[a], ἡ, tente, SCÈNE[b]. —νος, tente; —νάω, —νέω, —νόω, campe, habile; —νικός, SCÉNIQUE; — νωμα, tente, demeure.

17. Σκήπτω[a], appuie, s'appuie. —πτός, éclair, fléau; σκῆψις, prétexte; σκῆπτρον, bâton[b], SCEPTRE[c]; —πων[d], —πάνιον, scipio[e], bâton.

18. Σκιά[a], ἡ, ombre[b]. Σκιάδιον, ombrelle; σκιάς, pavillon; σκιάζω, σκιάω, ombrager; σκιασμα, σκιασμός, ombrage; σκιερός, σκιωτός, ombragé.

19. Σκῖρος, ὁ, morceau de pierre, tout corps dur, SQUIRRE[a]. Σκίρρος, id.; σκιρρός, dur, durci;—ρόω, durcit;—ρώδης, dur;—ρωμα, squirre.

20. Σκολιός, ά, όν, oblique, astucieux[a]. —λιόν, chanson de table[b]; —λιότης, obliquité; —λιάζω, est tortu; —λιόω, rend tortu.

21. Σκόλοψ, οπος, ὁ, pieu, broche, pal, croix, palissade. —λοπίζω, crucifie, empale, attache à un pieu.

ANNOTATIONS.

la belette, la dame au nez pointu, et le vautour, l'oiseau au bec retors, etc.

14. a. Point d'autres temps que l'imparfait.

15. a. D'où parasceve, παρασκευή, préparation. Comme la loi défendait aux Juifs de préparer leurs aliments le jour du sabbat, ils avaient soin d'y pourvoir le vendredi, qu'ils nommaient, pour cette raison, parasceve, c.-à-d. jour des préparatifs. RR. παρά, σκεῦος. Dans le désert, la manne ne tombait point le samedi, et les Hébreux devaient en recueillir et en préparer une double mesure le vendredi, pour les deux jours. Saint Jean désigne le vendredi où Jésus-Christ fut mis à mort par les mots parasceve Paschæ, et dans saint Matthieu, le jour du sabbat ou du samedi est appelé dies quæ est post parasceven.

16. a. R. σκιά; pr. endroit couvert, ombragé. — b. Partie du théâtre couverte en forme de tente, où jouent les acteurs. En se reportant à l'origine des représentations scéniques, on peut croire qu'elles eurent d'abord lieu sous des tentes ou des abris de feuillage. « Quas tulerant, nemorosa palatia, frondes simpliciter positæ, scena sine arte fuit. Ov.

17. a. F. σκίψω, a. ἔσκηψα, pf. rare ἔσκηφα, a. p. ἐσκήφθην, pf. p. ἔσκημμαι. — b. Pr. appui pour la marche. V. Βάκτρον, Πούς. — c. Le sceptre n'était

autrefois qu'un bâton d'appui porté par les rois et les généraux, et qui est devenu un insigne du commandement, comme aujourd'hui encore le bâton pastoral, le bâton de maréchal, etc. V. Ποιμήν. — d. D'où scapus, tige, tronc. — e. Nom illustre dans l'histoire romaine : « Non aliter dicti Scipiones, nisi quod Cornelius, qui patrem lumine carentem pro baculo regebat, Scipio cognominatus, nomen e cognomine posteris dedit. » MACR.

18. a. D'où sciurus, ÉCUREUIL. V. Οὐρά. ASCIENS, c.-à-d. sans ombre, habitants de la zone torride, qui, pendant certains temps de l'année, n'ont point d'ombre à midi, parce que le soleil, à ce moment de la journée, darde verticalement au-dessus de leur tête, vertex. RR. ά, σκιά. AMPHISCIENS, peuples situés entre les tropiques, et qui ont leur ombre tantôt au midi, tantôt au nord, de sorte qu'elle semble tourner autour d'eux. RR. ἀμφί, σκιά. — b. De même que le latin umbra, Σκιά signifie métaph. convive non invité. V. Λέμβος.

19. a. Tumeur dure et sans douleur.

20. a. Pr. qui prend des détours, qui ne va pas le droit chemin. — b. « Carmen seu canticum convivale, quod dictum putatur ex eo quod à primo cæptum non a proximo, sed flexuoso circuitu ultro citroque exciperetur » H. ESTIENNE. V. Αἴσακος.

1. Σινίον, τὸ, crible. —νιάζω, *passe au crible;* —νίασμα, *ordure, déchet.*

2. Σινωπίς[a], (ὅος, ἡ, rouge minéral qu'on tirait de SINOPE[b]. —πίζω, *est lascif comme les habitants de Sinope.*

3. Σίον, τὸ, SIUM[a].—4. Σίπαρος, ὁ, *de* suppara, voile de perroquet.

5. Σιπύη,ἡ,huche.—πυίς,*dim.*—6.Σίραιον,τὸ,siræum,vin cuit.—ραιος,*id.*

7. Σιρός, ὁ, sirus, SILO, *fosse pour le blé.*—8. Σισάριον, τὸ, collier.

9. Σίσαρον,τὸ,siser,chervis,*pl.*—10.Σισόη,ἡ, cheveux coupés en rond.

11. Σισύμβριον, τὸ, SISYMBRE, *pl.,* cresson, menthe sauvage.

12. Σίσυρα, ἡ, sisurna, fourrure grossière, couverture, manteau.

13. Σισυρίγγιον, τὸ, espèce d'iris. —14. Σισυφίζω, agit en coquin[a].

15. Σίσων, ονος, ὁ, sison, *pl.*—16. Σίτλα, ἡ, *de* situla, SEAU, SEILLE[a].

17. Σίττυβον, τὸ, vase de terre, écuelle. Σίττυβος, *id.*

18. *Σιφλός,ή,όν, vide,difforme,affamé,défectueux.Σιφνός,*id.;* σιφνόω, vide, estropie; *—νιάζω, *montre du doigt;* σιφνεύς, *taupe[a].*

19. Σίφων, ωνος, ὁ, sipho, SIPHON[a], tuyau, pompe. —φωνίζω, pomper.

20. Σκαλάθιον, τὸ, pieu rond qui soutient un échafaudage.

ANNOTATIONS.

2. *a.* Ou Σινωπικὴ μῖλτος, *vermillon de Sinope,* ocre rouge que les anciens employaient en médecine et en peinture. Les peintres disent de même : *terre d'Ombre,* c.-à-d. *d'Ombrie, terre de Sienne, terre de Vérone,* etc., pour désigner les lieux d'où ils tirent ces différentes matières. V. Καλαυρῖτις. — *b.* Ville considérable sur le Pont-Euxin ; capitale du royaume de Pont sous Mithridate, patrie de Diogène le Cynique. V. Λεσβιάς.

3. *a.* Plante ombellifère, nommée aussi *berle, ache d'eau,* etc.

14. *a.* R. Σίσυφος, SISYPHE, nom d'un fameux brigand, condamné dans les enfers à rouler continuellement au sommet d'une montagne une grosse roche qui en retombait toujours.

16. *a.* Le t du mot latin a disparu en français, comme dans *père, mère,* de *pater, mater;* *chaire,* de *cathedra; puer,* de *putere; muer,* de *mutare; mûr,* de *maturus; vœu,* de *votum; douer,* de *dotare; naif,* de *nativus; rond,* de *rotundus,* etc.

18. *a.* Pr. *aveugle;* les yeux de la taupe sont si petits qu'on a cru longtemps que cet animal en était dépourvu. Étant destinée à vivre sous terre, la taupe n'avait besoin d'yeux que pour s'apercevoir de la lumière quand elle s'approche trop de la surface du sol, et ses organes visuels, quoique d'une extrême petitesse, suffisent à remplir cette fin.

19. *a.* Tuyau recourbé dont les branches sont d'inégale grandeur, et qui sert à transvaser les liquides.

21. *a.* 1° Genre d'arachnides très-redouté pour son dard qui verse dans la plaie une liqueur venimeuse. 2° Le huitième signe du zodiaque, regardé par les anciens comme très-funeste. 3° Espèce de baliste ou grande arbalète qui *lançait* des traits, sans doute par un mouvement analogue à celui du scorpion quand il lance son dard. « *Scorpiones dicebant quas nunc manubalistas vocant, ideo sic nuncupati, quod parvis subtilibusque spiculis insérant mortem.* » VÉGÈCE. Presque toutes les machines de guerre ou autres, tant anciennes que modernes, ont emprunté leurs noms à certains animaux dont elles imitaient la forme ou les mouvements. Cf. κριός, *bélier;* χέλυς, *tortue;* γέρανος, *grue;* κόραξ, *corvus,* corbeau ; *merula,* merle, machine hydraulique qui rendait des sons comme un merle; et chez nous, le *chevalet,* lat. *equuleus,* monté sur ses quatre pieds; la *chèvre;* ὄνος, le *cabestan,* de l'espagnol *cabre stante,* chè-

21. Σκορπίος, ὁ, scorpius, SCORPION [a], machine à lancer des dards, sorte de genêt. —πιαίνομαι, —πιόομαι, s'irrite; —πίζω, disperse.

22. Σκότος [a], ὁ, obscurité. —τία, id., endroit obscur, SCOTIE [b]; —ταῖος, —τεινός, —τιος, obscur; —τίζω, τόω, obscurcit; —τωμα, vertige.

23. Σκύζομαι [a], grogne. *Σκυδμαίνω, s'irrite; σκυθρος, triste, chagrin.

24. Σκύλλω [a], écorche, déchire, tourmente. Σκύλμα, peau écorchée; σκύλον, σκύλος, dépouille; —λάω, —λεύω, dépouiller; σκύλλα, SCYLLA [b].

25. Σκυτάλη [a], ἡ, scytala, lanière de cuir, bâton, massue, SCYTALE, message [b], serpent. —λον, massue; —λόω, frappe d'un bâton.

26. Σκῦτος [a], εος, τὸ, cuir, soutica, lanière de cuir. —τόω, couvre de cuir; —τεύς, cordonnier; —τεῖον, son atelier; —τεύω, est cordonnier.

27. Σκύφος, ὁ, seyphus, coupe, vase à boire. —φωμα, id.; —φίον, dim.

28. Σκώληξ, ηκος, ὁ, ver. —λήκιον, dim.; —ληκιάω, engendre des vers; —ληκίασις, corruption; —ληκίτης, semblable à un ver.

29. Σκώπτω [a], raille, plaisante. Σκῶμμα, σκῶψις, soomma, raillerie; σκώπτης, σκωπτόλης, railleur; σκώπτρια, fém.; σκωπτικός, caustique.

ANNOTATIONS.

vre debout; l'épervier, qui fond sur le poisson, comme l'oiseau de ce nom sur un passereau; le chat, machine de guerre du moyen âge, qui consistait en une galerie mobile destinée à rapprocher les ennemis de la place assiégée. Elle était formée d'une charpente légère, protégée par un toit de planches et de claies, et sur les flancs, par un tissu d'osier. On la faisait avancer sur des rouleaux, sans bruit et avec la circonspection d'un chat. Ajoutez le bec d'âne, le bec de corbin, c.-à-d. de corbeau, le bec de cane, le bec de cygne, le bec de grue, espèces de pinces ressemblant à un bec d'animal; le serpentin des distillateurs, le mouton, le goujon, le poulain, etc.

22. a. Ou σκότος, εος; m. rac. q. σκιά, ombre. — b. Moulure ronde en creux, qui orne la base de la colonne corinthienne.

23. a. Sans futur.

24. a. F. σκυλῶ, a. ἔσκυλα, pf. p. ἔσκυλμαι. — b. Nymphe sicilienne, changée par la magicienne Circé en un monstre marin qui, d'après la Fable, a donné son nom à l'écueil situé sur la côte d'Italie, vis-à-vis du rocher de Charybde, également redouté des navigateurs anciens,

d'où le proverbe : « Tomber de Charybde en Scylla. » V. Χάρυβδις.

25. a. R. σχύτος. — b. A Lacédémone, quand un général partait pour une expédition, les éphores lui remettaient un rouleau de bois parfaitement égal en longueur et en grosseur à un autre rouleau qu'ils conservaient. Si on avait des ordres à donner aux troupes, on roulait sur ce bâton une bande de cuir ou de parchemin appelée SCYTALE, sur laquelle on écrivait en travers. Cette bande était envoyée au général, qui l'appliquait autour de son rouleau et lisait.

26. a. D'où scutum, bouclier ordinairement fait de bois de saule ou d'osier tressé, recouvert de plusieurs peaux de bœuf et garni de lames de métal. Le nom français bouclier, dérivé du bas latin buccularium, fait allusion à la boucle qui servait à porter cette arme défensive. V. Ἰτέα, Σάττω. Écu, v. fr. escu, dimin. écusson, bouclier des chevaliers, orné de leurs armoiries. Écuyer, gentilhomme qui portait l'écu du chevalier. Notre écu monnaie fut ainsi nommé, parce qu'il portait sur le revers l'écu armorié des rois de France.

29. a. F. ψω, ψομαι, etc., régulièrem.

1. *Σκαλαθύρω, prend ses ébats. Σκαλαθυρμάτιον, *jeu d'esprit.*

2. Σκαμμώνιον, τὸ, SCAMMONIUM [a]. —νία, *id.* —3. Σκάνδιξ, ικος, ὁ, SCANDIX [a].

4. Σκάπερδα, ἡ, jeu des jeunes gens dans les fêtes de Bacchus [a].

5. Σκαῦρος, ὁ, scaurus [a], qui a les talons gros et saillants, pied-bot.

6. Σκεθρός, ά, όν, exact, soigneux, parfait. —θρῶς, *exactement.*

7. Σκείρων, ωνος, ὁ, vent de N.-O., vent des monts SCIRONIENS [a].

8. Σκέπαρνον, τὸ, hache à deux tranchants, sorte de bandage. —νος, *bandage ;* —νίζω, *fend, coupe* ou *taille avec la cognée.*

9. Σκίγγος, ὁ, scincus, SCINQUE, sorte de lézard d'Égypte. Σκίγχος, *id.*

10. Σκίλλα, ἡ, scilla, SCILLE ou oignon marin. —λίτης, *de scille.*

11. Σκιμαλίζω, donne une chiquenaude, fouille, explore.

12. Σκινδαψός, ὁ, instrument à quatre cordes, nom d'une plante.

13. Σκινθαρίζω, donne une chiquenaude. —14. Σκινθός, ὁ, plongeur

15. Σκνίψ [a], πός, ὁ, ἡ, ver. —16. Σκόλλυς, υος, ὁ, coupe de cheveux en touffe.

17. Σχολόπενδρα, ἡ, scolopendra, SCOLOPENDRE ou mille-pieds. —δρειος, *de scolopendre ;* —δριον, SCOLOPENDRIUM, vulg. *langue de cerf, pl.*

ANNOTATIONS.

2. *a.* Gomme-résine employée comme purgatif.

3. Nom latin du cerfeuil.

4. *a.* Dans ce jeu, deux jeunes gens tenaient les deux bouts d'une corde passée dans un trou fait à une poutre, et cherchaient à s'enlever mutuellement.

5. *a.* Surnom. A Rome surtout, rien n'est plus ordinaire que les sobriquets tirés des difformités du corps ou du visage. Cf. *Valgus,* qui a les jambes tournées en dehors, *bancal; Varus,* qui a les jambes tournées en dedans, *cagneux; Plautus, Plancus,* qui a les pieds très-plats; *Pansa,* qui a les pieds très-larges; *Sura,* qui a de gros mollets; *Claudius,* qui cloche, boiteux, de *claudico; Strabo,* qui louche; *Pœtus,* qui cligne des yeux; *Flaccus,* qui a de longues oreilles; *Labeo, Labienus,* qui a de grosses lèvres, lippu, comme *Chilon* (347); *Capito,* qui a une grosse tête, R. *caput; Fronto,* qui a un large front, comme *Platon* (259); Μαχρόχειρ, *Longimanus,* à la longue main, surnom d'Artaxerxe I; *Crassus, Legras, Legros; Macer, Macrin, Maigret; Cocles,* le borgne; *Nævius,* marqué au visage ou sur le corps; *Calvus,* chauve, d'où *Calvinus, Chauvin, Calvin ; Cæcinus, Cæcilius, Cæcilia, Cécile,* de *cæcus,* aveugle. V. Ἰλόη.

7. *a.* Les monts *Scironiens,* en Attique, servaient de retraite à un brigand nommé *Scîron.* V. Θηδάνας.

15. *a.* Le même que σκνίψ. La sifflante ς était une lettre mobile, une espèce de signe d'aspiration qui s'ajoutait ou se retranchait devant une autre consonne, suivant le caprice des différents peuples de la Grèce ou des colonies. On disait indifféremment, selon les localités, σμάραγδος ou μάραγδος, émeraude, μιχρός ou attiquement σμιχρός, petit, μύῤῥα ou σμύρνα, *myrrha,* myrrhe. Ces modifications et toutes celles que subit l'orthographe des langues, ont leur raison dans le souverain empire de l'oreille, « *Cujus est judicium superbissimum,* » dit Cicéron. Cet empire s'exerce directement et tout d'abord sur la prononciation, plus tard sur l'écriture. Ainsi, dans les exemples ci-dessus, on a d'abord cessé de prononcer le *s* initial, qu'on trouvait sans doute peu harmonieux, puis on a cessé de l'écrire.

19. *a.* F. σμήσω; les autres temps sont empruntés à σμήχω, f. σμήξω, etc. — *b.* Terre à foulon qui sert à *nettoyer* la laine.

21. *a.* Marteau pour piquer les pierres. Cette opération s'appelle SMILLER. — *b.* Arbre à feuille *lancéolées.* — *c.* Ou *salsepareille,* plante voisine de l'asperge et

18. Σκώρ, σκατός, τὸ, excrément. Σκωρία, SCORIE, écume du métal.

19. Σμάω[a], essuie. Σμήχω, id.; σμῆγμα, σμῆμα, σμῆξις, frottement; σμήκτης, dégraisseur; σμηκτίς, σμηκτρίς, argile SMECTIQUE[b].

20. Σμῆνος, εος, τὸ, essaim. —νηδόν, comme un essaim; —νών, ruche.

21. Σμίλη, ἡ, ciseau, SMILLE[a], tranchet, scalpel, canif. —λίον, lancette; —λεύω, entailler; —λευμα, entaille; —λαξ, if[b], SMILAX[c].

22. Σοβέω[a], remue, chasse, est fier. —βάς, lascive, subst. bacchante; —βη, queue de cheval; —βαρός, violent, impétueux, fier; —ρεύομαι, est fier.

23. *Σόος, ον[a], sanus[b], SAIN. Σώζω, sauver; σωστός, sauvé; σῶστρον, rançon; σωτήρ[c], sauveur; —τήριος, salutaire; —τηρία, —τήριον, salut.

24. Σοφός, ή, όν, sage. —φία[a], sagesse, science; —φίζομαι, s'ingénie; —φισμα, expédient[b]; —φιστής, homme habile, SOPHISTE[c].

25. Σπάθη, ἡ, spatha, outil de tisserand, SPATULE[a], ÉPÉE[b], SPATHE[c]. —θάω, serre le tissu, prodigue[d]; —θημα, profusion, débauche.

Id. Σπατάλη[e], ἡ, mollesse. —ταλάω, se plonge dans la mollesse.

26. Σπαίρω, palpite, se débat en expirant. Ἀσπαίρω[a], id.

ANNOTATIONS.

à tige épineuse, d'où son nom.

22. a. M. rac. q. σεύω, mouvoir.

23. a. Att. σῶς, σῶς, σῶν, acc. σῶν, pl. σῷ ou σῶοι ou σῶς pour σῶες, acc. σῶς ou σῶους, neutre σῶα, rar. σᾶ; poétique σάος, ος, ον; comp. σαώτερος, d'où sanus, comme plenus, de πλέος. — b. D'où sanitas, SANTÉ; insanus, fou, pr. mal sain, malade de l'esprit. — c. D'où le surnom de SOTER, donné à plusieurs princes, et en particulier à Ptolémée Lagus, roi d'Égypte, pour avoir défendu les Rhodiens assiégés par Démétrius.

24. a. D'où SOPHIE, sainte veuve romaine à qui Justin et Justinien dédièrent l'église Sainte-Sophie, à Constantinople. Φιλόσοφος, PHILOSOPHE, pr. ami de la sagesse. « Nil aliud est philosophia, si interpretari velis, quam studium sapientiæ. » CIC. Bossuet a complété cette définition en disant : « La sagesse consiste à connaître Dieu et à se connaître soi-même. » Les premiers philosophes s'étaient appelés Σοφοί, Sages; Pythagore, trouvant cette dénomination trop ambitieuse pour des hommes qui cherchaient la sagesse, y substitua celle de φιλόσοφοι; RR. φίλος, σοφός. — b. Et de plus sophisme, raisonnement captieux. — c. Ce mot, d'abord synonyme de σοφός, sage, savant, philosophe, signifie maintenant imposteur. Il y a eu, chez les Grecs, une école de sophistes qui s'exerçaient à soutenir le pour et le contre sur toutes sortes de questions, et à résoudre des jeux de mots.

25. a. R. σπάω, étendre; instrument de pharmacie pour étendre les onguents. En zoologie, genre d'oiseaux échassiers voisins des hérons et dont le bec a la forme aplatie d'une spatule. — b. En ital. spada, d'où spadone, fr. ESPADON, large épée de deux à trois mètres de long, en usage au quatorzième et au quinzième siècle. Ceux qui en jouaient avec adresse s'appelaient SPADASSINS, maintenant syn. de ferrailleur. En zoologie, on appelle espadon ou épée de mer, sabre, poisson empereur, un genre de poissons dont la tête est armée d'une lame plate, tranchante des deux côtés et terminée par une pointe aiguë. — c. Enveloppe des fleurs de l'oignon, du narcisse, du palmier, etc. — d. La σπάθη servait au tisserand pour serrer le tissu, et plus il serrait, plus il dépensait de fil; c'est de là que le verbe σπαθάω a pris le sens de dépenser inutilement, de consumer en débauches. — e. Le θ de σπαθάω s'est changé en τ.

26. a. F. ἀσπαρῶ. L'α initial est augmentatif.

1. Σχολύπτω[a], dépouille, pèle, déchire. —λυθρος, bas[b], subst. *tabouret[c]; —λυμος, sorte d'artichaut ou de chardon comestible[d].

2. Σκόμϐρος, ὁ, scomber, SCOMBRE *ou* maquereau, *poisson.*

3. Σκορδινάομαι[a], s'étend en baillant.[*]—νέομαι, *id.;* —νημα, *baillement.*

4. Σκόροδον, τὸ, ail. Σκόρδον, *id.;* σκόρδιον, SCORDIUM[a], *germandrée, pl.;* σκοροδών, *plant d'aulx;*[*] —δίζω, *emplit d'ail, nourrit d'ail, sent l'ail.*

5. Σκύϐαλον, τὸ, ordure, fumier, excréments. —λίζω, *méprise, rejette;* —λισμα, *chose vile;* —λισμός, *mépris;* —λικός, *vil, qu'on rejette.*

6. Σκύθης, ου, ὁ, SCYTHE, soldat du guet[a], archer[b], homme grossier[c]. —θίζω, *s'enivre[d], se rase la tête comme un Scythe.*

7. Σκύθραξ, ακος, ὁ, adolescent, *chez les Lacédémoniens.*

8. Σκύλαξ, ακος, ὁ, jeune chien, petit d'animal, chien de chasse.

9. Σκύλλαρος, ὁ, espèce de crabe. Κύλλαρος, *id.*

10. Σκύμνος, ὁ, ἡ, lionceau, petit d'animal. —νεύω, *nourrit ses lionceaux.*

11. Σκύνιον, τὸ, sourcil, peau des sourcils. —12. Σκύριον, τὸ, millepertuis.

13. Σκῶλος, ὁ, pieu, bâton pointu. —λον, *obstacle[a], piége, scandale[b].*

ANNOTATIONS.

1. *a.* F. σκολύψω. — *b. Pr.* coupé, rogné, écourté. — *c.* Siége à pieds fort bas. — *d.* Ainsi nommé à cause des *piquants* dont cette plante est armée.

3. *a.* F. σκορδινήσομαι.

4. *a.* Le médicament appelé DIASCORDIUM a pour base les feuilles du *scordium.*

6. *a.* La ville d'Athènes entretenait une garde scythe pour prêter main-forte aux magistrats chargés de la police nocturne, pour exécuter les jugements des tribunaux et maintenir le bon ordre dans les assemblées générales ou dans les cérémonies publiques. (*Anach.*) — *b.* Que les Scythes fussent excellents archers, c'est ce qui résulte des singuliers présents offerts par eux à Darius, lorsque ce prince s'avançait pour conquérir leur pays, et surtout de la signification donnée par le héraut de l'ambassade à l'*oiseau*, à la *souris*, à la *grenouille* et à la *flèche.* — *c.* En rapprochant cette épithète du portrait que certains historiens ont fait des Scythes, sous le rapport du caractère et des mœurs, on est tenté de croire que Justin, Horace et Homère lui-même ont prêté à cette nation des vertus qu'elle n'avait point. Strabon, après avoir beaucoup loué la simplicité et la frugalité des anciens Scythes, avoue que le commerce qu'ils avaient eu dans les derniers temps avec les autres peuples, avait substitué à ces vertus des vices tout contraires, et il ne dissimule pas que c'est aux Romains et aux Grecs que les Scythes durent ce funeste changement. V. ROLLIN, *Hist. anc.* — *d.* «Il aiment le vin, au point que pour dire: boire à l'excès, on dit: *boire comme un Scythe.*» (*Anach.*)

13. *a. Pr.* bâton mis en travers sur la route, *embarras* qui *barre* le chemin, *entrave.* V. Βορά. Nous disons en français: mettre des *bâtons* dans les roues. — *b.* Le scandale est proprement une pierre que l'on met dans le chemin pour faire tomber quelqu'un, *offendiculum:* V. Σκάζω.

15. *a.* F. σπαράξω; R. σπάω, tirailler, mettre en pièces.

16. *a.* Plante aquatique dont les feuilles sont longues et minces comme du *ruban.*

17. *a.* F. σπαργήσω.

18. *a.* F. σπάσω, a. ἔσπασα, pf. ἔσπακα, a. p. ἐσπάσθην, pf. p. ἔσπασμαι. Cf. l'angl. *to span*, l'all. *spannen*, étendre, tirer. D'où ÉPISPASTIQUE, ἐπισπαστικός, substance qui, appliquée sur la peau, y *attire* les humeurs aqueuses, en telle abondance que l'épiderme se détache. RR. ἐπί, σπάω. — *b. Pr.* branche *arra-*

14. Σπανός, ή, όν, rare, chétif, manquant de. —νιος, *rare, précieux;* —νις, —νιότης, *rareté, manque;* —νίζω, *manque de, est rare.*

15. Σπαράσσω[a], déchire. —ραξις, —ραγμός, *déchirement, convulsion;* —ραγμα, *lambeau;* —ραγματώδης, *déchirant, convulsif.*

16. Σπάργανον, τὸ, lange, maillot, haillons. —νόω, —νίζω, *emmaillotte, enveloppe;* —νωμα, *lange;* —νιον, SPARGANIUM OU *rubanier*[a].

17. Σπαργάω[a], est gonflé de sève, de lait, etc., est passionné, désire. Σπαργή, *gonflement des mamelles pleines de lait, désir violent.*

18. Σπάω[a], tire, tiraille, arrache. Σπάδιξ[b], *branche,* adj. *rouge*[c]; σπάσμα, σπασμός, σπαδών, *tiraillement, convulsion,* SPASME[d].

19. Σπεῖρα, ἥ, spira, SPIRALE[a], entortillement, tresse, câble[b]. —ράω, —ρόω, *tourne en spirale;* σπυρίς, *corbeille, panier.*

20. Σπείρω[a], spargo[b], sème, DISPERSE. Σπέρμα[c], *semence;* —ματόω, *sème;* σπάρτος, SPARTE[d] ou *genêt;* —τη, *corde de sparte,* SPARTE[e].

Id. Σπορά, ἥ, semence[f]. —ρος, *id.;* —ρεύς, —ρευτής, *semeur;* —ρητός, *semé;* —ράς, —ραδικός, ÉPARS; —ράδες, SPORADES[g]; —ριμα, *semailles.*

ANNOTATIONS.

chéo de l'arbre. Cf. κλών, κλάδος, de κλάω, briser; σχίσμα, scion, de σχίζω, feudre. Σπάδιξ signifie particulièrement branche de palmier, d'où le nom de SPADICE donné à l'inflorescence de cet arbre. —c. Par analogie avec le fruit du palmier, qui est rouge. V. Φοῖνιξ. —d. D'où ANTISPASMODIQUES, remèdes propres à combattre les spasmes. RR. ἀντί, σπάω. PAMER et PAMOISON ont la même racine, moins le σ initial.

19. a. Ligne courbe qui s'écarte toujours de plus en plus du point autour duquel elle fait une ou plusieurs révolutions nommées SPIRES. Un ressort de montre et la corde enroulée sur une toupie décrivent des spirales. V. Ἑλίσσω. —b. De plus, corps de troupes, pr. *peloton.* V. Ὕλη, Οὐλαμός.

20. a. F. σπερῶ, a. ἔσπειρα, imp. ἔσπειρον, pf. ἔσπαρκα, f. p. σπαρήσομαι, a. p. ἐσπάρην, pf. p. ἔσπαρμαι. —b. D'où ÉPARPILLER, ASPERGER, etc. *Spargo* se rapporte à la forme a. 2 ἔσπαρον, comme *maneo* vient de μένω, et *carere,* carder, de κείρω. —c. D'où PÉRISPERME, ce qui est *autour de la graine.* Les botanistes appliquent ce nom à la substance charnue et souvent farineuse qui enveloppe l'embryon des plantes, et sert à sa nourriture pendant la germination. RR. περί, σπέρμα. On l'appelle aussi ENDOSPERME, c.-à-d. enveloppe intérieure de la graine, ἔνδον, σπέρμα, par opposition à ÉPISPERME qui en est la pellicule extérieure. RR. ἐπί, σπέρμα. — d. Où SPART, plante graminée dont les feuilles servent à fabriquer des nattes, des cordes, des corbeilles et autres ouvrages connus dans le commerce sous le nom de SPARTERIE. Avec l'accent sur la dernière syllabe, σπαρτός signifie *semé,* ÉPARS, *sparsus.* Le pluriel σπαρτοί, SPARTES, est un synonyme mythologique de *Thébains,* parce que, selon la Fable, les fondateurs de Thèbes étaient nés des dents d'un dragon *semées* par Cadmus. —e. Capitale de la Laconie, bâtie dans un lieu où le *sparte* abondait. V. Ῥόδος. Quelques traditions attribuaient la fondation de *Sparte* à *Sparton,* frère ou fils de Phoronée, vers 1880. — f. Métaph. *postérité.* Cf. le latin *semen,* d'où *seminarium,* pépinière et *séminaire.* V. Ὄχος. D'où SPORES, corpuscules reproducteurs des plantes cryptogames. V. Κρύπτω. — g. Iles de l'Archipel, ainsi nommées parce qu'elles sont ÉPARSES, *éparpillées* à la surface des flots.

1. ˚Σχωλύπτομαι[a], traîne en roulant. —2. Σκωπαῖος, ὁ, bouffon, nain.

3. Σμάραγδος, ὁ, ἡ, smaragdus, ÉMERAUDE[a]. —δίζω, ressemble à l'é-
meraude; —διον, dim.; —δειος, —δινος, —δῖτις, d'émeraude.

4. *Σμαραγέω, fait grand bruit, retentit.*—γίζω, id.;*—γή, bruit, fracas.

5. Σμαρίς, ίδος, ἡ, smaris, SMARIDE ou picarel, petit poisson.

6. *Σμερδαλέος, α, ον, terrible. —λέα, —λέον, —λέως, terriblement.

7. ˚Σμίνθος, ὁ, rat, souris. —θη, SMINTHE[a]; —θεύς, Apollon SMINTHIEN.

8. Σμινύη, ἡ, sorte de pioche, hoyau, sarcloir, hache. *—νυός, id.

9. Σμύρις[a], ιδος, ἡ, smyris, ÉMERI, terre qui sert à polir. —ρίζω, polit avec de l'émeri; —ρισμα, objet poli.

10. Σμύρνα, ἡ, MYRRHE, SMYRNE[a].—νινος, de myrrhe;—νιον, SMYRNIUM, pl.

11. Σμύχω[a], mine, consume à petit feu. *Σμυγερός, misérable.

12. Σμῶδιξ[a], ιγγος, ἡ, tumeur, contusion. Σμωδικός, qui les guérit.

13. Σμώχω[a], frotte, bat. —14. Σόγχος, ὁ, sonchus, laiteron, pl. —χος, id.

15. Σόλοικος, ον[a], fautif, grossier. —κία, faute contre la grammaire;
—κίζω, parle mal; —κισμός, SOLÉCISME[b], faute, maladresse.

ANNOTATIONS.

1. a. F. σκωλύψομαι.

3. a. Pierre précieuse d'une belle couleur verte. Il y a dans notre manière
d'écrire ce mot et tous ceux qui lui ressemblent, une double faute, en ce que
nous retranchons le σ, qui est une consonne radicale, pour y substituer la voyelle
insignifiante e. Ceci est venu sans doute
du besoin d'adoucir la prononciation des
deux consonnes consécutives σμ. On
aura donc forcé le son de la sifflante,
jusqu'à faire entendre ess, en lui donnant
la voyelle e pour point d'appui. En écrivant d'après cette prononciation, on aura
eu esmeraude. Plus tard, et toujours par
raison d'euphonie, le son de s s'est affai-
bli et a fini par s'éteindre, comme dans
tête, apôtre, autrefois écrits et prononcés
teste, apostre. L'écriture a donc supprimé
cet s, et on a eu émeraude, où l'e, de
muet qu'il était d'abord, a dû devenir
sensible et prendre l'accent. Mais pourquoi n'a-t-on pas prononcé et écrit de
même épace, étomac, de spatium, stomachus? Pourquoi dit-on étude, estomac,
et studieux, stomachique, au lieu de étu-
dieux, estomachique? Parce que notre
langue n'a pas été formée d'après les règles de l'analogie, mais selon les fantaisies
de l'oreille. Le peuple qui dit encore
esquelette, escorpion, est du moins conséquent avec lui-même.

7. a. Ville de la Troade.

9. a. R. σμάω, frotter.

10. a. Pr. ville de la myrrhe, ville
des aromates. «Des deux villes qui portent le nom des plantes dont l'odeur est
la plus suave, Ios (125) et Smyrne, l'une,
dit-on, fut le berceau d'Homère, et l'autre,
son tombeau.» PLUT. V. 'Ρόδον.

11. a. F. σμύξω, a. ἔσμυξα, a. p.
ἐσμύχθην οὖ ἐσμύγην, pf. p. ἔσμυγμαι.

12. a. De σμώχω, battre. Cf. contusion,
de contundere, écraser.

13. a. F. σμώξω; m. rac. q. σμάω,
σμήχω.

15. a. R. Σόλοι, SOLES, nom d'une
colonie de Rhodiens en Cilicie, où l'on
parlait un mauvais patois. — b. Faute
contre la grammaire. «Solecismus est
impar et inconveniens compositura par-
tium orationis.» A. GELLE. Molière en
offre un plaisant exemple, quand il fait
dire par le Médecin malgré lui, dans une
consultation en latin à un brave homme
qui en est tout ébahi : «Estne oratio
latinas? Etiam, oui. Quare, pourquoi?
Quia substantivo et adjectivum concordat
in generi, numerum et casus!!» Le solécisme, qui est une faute de syntaxe, diffère donc du barbarisme, qui est une
faute contre le dictionnaire, une faute de
mot; «Vitium quod fit in singulis verbis.»
QUINT. L'un et l'autre sont détestables.
«Prima barbarismi ac soloecismi fœditas
absit.» Id.

16. Σπένδω[a], verse, fait des libations; *moy.* spondeo[b], traite, conclut[c].
Σπονδή, *libation, traité;* —δεῖον, —δίον, *coupe;* —δεῖος[d], *des libations.*

17. Σπέος, σπέεος, τὸ, speous, caverne. Σπήλαιον, —λυγξ, spelunea, *id.*

18. Σπεύδω[a], hâte, se hâte, s'applique à. Σπευστικός, *hâtif;* σπουδή, *soin,* ÉTUDE[b]; —δάζω, *s'applique;* —δαῖος, *soigneux, vertueux.*

19. Σπίλος, ὁ, tache, 'montagne, rocher. —λόω, *tacher;* —λωμα, *tache;* —λωτός, *taché;* —λάς, *roc, écueil, terre à détacher, glaise.*

20. Σπινθήρ, ῆρος, ὁ, étincelle. '—θάριγξ, —ρις, *id.;* —θηρίζω, *étinceler.*

21. Σπλάγχνον[a], τὸ, entrailles, compassion[b], tendresse. —νεύω, *ouvre les entrailles;* —νικός, *d'entrailles;* —νίζομαι, *est ému de compassion.*

22. Σπλήν[a], ηνός, ὁ, splen, rate. Σπληνιάω, σπληνίζομαι, *en souffre,* σπλήνιον, *bandage,* ASPLÉNIUM[b]; σπληνόω, *entoure d'un bandage.*

23. Σποδός, ἡ, cendre, scorie des métaux. —διά, *cendre;* —δίον, *scorie,* —δίζω, *couvre de cendres;* —δόω, *réduit en cendres;* —δέω, *balaye.*

24. Στάζω[a], fait dégoutter, dégoutte. Στακτός[b], *distillé, liquide;* 'στάγμα, σταγών, *goutte;* σταλάζω[c], *distille;* —λαγμα, *goutte.*

16. *a.* F. σπείσω, a. ἔσπεισα, pf. ἔσπεικα, f. p. σπεισθήσομαι, a. p. ἐσπείσθην, pf. p. ἔσπεισμαι. — *b. Spondere* a signifié d'abord *promettre avec des libations,* puis promettre seulement de bouche, sans libations, et enfin simplement *dire.* D'où *respondere,* RÉPONDRE, *re, spondeo,* prim. *promettre à son tour. 'Sponsus, sponsa,* ÉPOUX, ÉPOUSE, pr. *promis;* fiancée (249). SPONTANÉMENT, *sponte suâ,* de soi-même, par son propre engagement. — *c.* Pr. *Consacrer par des libations* un contrat, un traité; les anciens n'en concluaient aucun sans offrir aux dieux quelque sacrifice de vin ou d'animaux. De là sont venues les expressions latines *fœdus percutere, icere, ferire,* litt. *frapper* un traité, c. à-d. une victime en confirmation d'un traité, et en grec, l'expression τέμνειν ὅρκια, confirmer des serments par un sacrifice. En Orient, dès la plus haute antiquité, quand on faisait un contrat, on mangeait et on buvait ensemble, comme aujourd'hui encore on va boire le *vin du marché.* — *d.* Subst. SPONDÉE, pied de deux syllabes longues, en usage dans les chants qui accompagnaient les *libations.*

18. *a.* F. σπεύσω, qqf. σπεύσομαι, a. ἔσπευσα, pf. ἔσπευκα, pf. p. ἔσπευσμαι. Angl. *to speed,* all. *spuden.* — *b.* Lat. *studium* p. *spudium.*

21. *a.* La partie de l'anatomie qui traite des viscères se nomme SPLANCHNOLOGIE; RR. σπλάγχνον, λέγω. — *b.* Dans toutes les langues, le mot *entrailles* signifie métaph. sentiments intimes, et surtout sympathie, pitié. V. le cantique *Benedictus.*

22. *a.* D'où SPLEEN, mot anglais passé en français pour signifier la mélancolie portée jusqu'au dégoût de la vie, et dont on a longtemps placé le siège dans la rate. — *b.* Genre de fougères auxquelles on attribuait des propriétés contre les affections de la rate.

24. *a.* F. στάξω, a. ἔσταξα, a. p. ἐστάχθην ou ἐστάγην, pf. p. ἔσταγμαι. — *b.* D'où le féminin στακτή, pris substantivement, avec σμύρνα s.-ent., *essence de myrrhe,* pr. *goutte* de parfum. V. Ῥητίνη. — *c.* D'où STALACTITE, concrétion pierreuse qui se forme à la voûte des cavités souterraines, par l'infiltration lente et continue des eaux, et qui ressemble à un glaçon pendant au toit d'une maison. Quand l'eau qui produit les stalactites tombe sur le sol sans avoir déposé toute la matière calcaire qu'elle tenait en dissolution, il se forme alors et perpendiculairement au-dessous des stalactites, des espèces de mamelons nommés STALAGMITES, qui grandissent peu à peu, et souvent de manière à constituer, en se réunissant aux stalactites, des colonnes naturelles très-curieuses à voir.

1. Σόλος, ὁ, masse de fer, toute masse compacte, disque.

2. Σομφός, ή, όν, poreux, vide, tendre, mou, creux, sourd, obscur.

3. Σορός, ή, urne cinéraire, cercueil, vieille personne.

4. Σοῦβος, ὁ, espèce d'antilope, quadrupède inconnu.

5. Σουδάριον, τὸ, *de* sudarium, SUAIRE[a], linceul dont on couvre le mort.

6. Σοῦσον[a], τὸ, lis, *plur.* Σοῦσα, *la ville de* SUSE[b]. –σινος, *de lis*.

7. Σούχιον, τὸ, *de* succinum[a], SUCCIN *ou* ambre jaune.

8. Σπάδων, ωνος[a], ὁ, spado, eunuque; *d'où* spadonius, *stérile*.

9. Σπαθαρίσκος, ὁ, voile à l'usage des femmes, en Orient.

10. Σπάλαξ, ακος, ὁ, taupe. Ἀσπάλαξ, *id.*; –ακία, *maladie des yeux*.

11. Σπαλίων, ωνος, ὁ, claie pour couvrir les travailleurs dans un siége.

12. Σπάξ, σπακός, ὁ, ή, chien. R. *pers.* —13. Σπάρος, ὁ, sparus, SPARE, *poiss.*

14. Σπάταγγος, ὁ, hérisson de mer. —15. Σπατίλη, ή, excrément liquide.

16. Σπεκουλάτωρ[a], τορος, ὁ, garde, soldat. — 17. Σπέλεθος, ὁ, excrément.

18. *Σπέρχω[a], pousse violemment, se hâte, est plein d'ardeur, hâte, presse. *Σπέρδην, *à la hâte;* σπερχνός, *impétueux c. le* SPERCHIUS[b].

ANNOTATIONS.

5. *a. Pr.* mouchoir pour la *sueur*; de *sudare*, SUER, qui lui-même dérive de ὕδωρ, eau.

6. *a.* De l'hébreu *sousa* qui signifie lis, et SUSE, pr. *ville des lis*. D'où SU-ZANNE, *pr.* belle, pure, candide comme un lys. Cf. *Sélinonte*, ville du persil (283); *Sicyone*, ville des concombres (290); *Smyrne*, ville des aromates (298); *Rhodes*, l'île des roses (276); *Olivet, Oliva*, ville des oliviers (89); *Bruyères, Fougères, Fougerolles*, etc. V. *Ὄλυνθος. — b.* Grande ville d'Asie dans l'antiquité; les rois de Perse y avaient leur résidence d'été.

7. *a.* De *succus*, SUC, parce que les anciens ont longtemps pris l'ambre pour un *suc* végétal. *Succus* dérive lui-même de *sugo*, SUCER, d'où *exsugo*, *sucer* entièrement, ESSUYER.

8. *a.* Et οντος.

16. *a.* Du latin *speculator*, observateur, éclaireur, ESPION; R. *specio*, regarder, ÉPIER. D'où encore *speculari*, guetter, SPÉCULER; *spectrum*, vision, SPECTRE; FRONTISPICE, façade d'un édifice exposée à la *vue*, de *frons* et *specio*; *speculum*, miroir, de *mirari*, regarder; *despicere*, regarder d'en haut, de sa hauteur, mé-

priser; *exspectare*, attendre. V. Βλέπω.

18. *a. F.* σπέρξω, a. ἔσπερξα, a. p. ἐσπέρχθην. D'où POLYSPERCHON, πολυσπερχής, c.-à-d. *très-diligent*, nom d'un fameux général d'Alexandre, qui fut régent du royaume de Macédoine après Antipater. RR. πολύ, σπέρχω. — *b.* Fleuve de la Thessalie méridionale, ainsi nommé à cause de la *rapidité* de son cours : «*Ferit amne citato Maliacas* Sperchius *undas*.» LUCAIN. Il y a en Amérique un affluent du Missouri, appelé *Rapide* pour la même raison. Le nom de *Fontarabie*, ville d'Espagne, est une dérivation corrompue du nom latin *Fons rapidus*, fontaine rapide.

20. *a.* R. ἵστημι, être debout, dressé, *stare*. D'où STAUROLITHE, c.-à-d. *pierre de croix*, pierre grisâtre dont les cristaux se réunissent quatre à quatre en forme de croix. RR. σταυρός, λίθος.

21. *a. Vulg. herbe aux pouilleux* ou *mort aux poux*, espèce de pied d'alouette, ainsi nommée à cause de la disposition de ses fleurs; RR. σταφίς, ἄγριος, pr. *grappe sauvage*.

22. *a.* D'où EUSTACHE, εὔσταχυς, nom pr., *litt.* chargé de beaux épis, de fruits abondants. RR. εὖ, στάχυς. Cf. Poly-

19. Στάμνος, ὁ, ἡ, vase de terre à mettre du vin, pot, urne.

20. Σταυρός[a], ὁ, pieu, pal, poteau pour attacher les criminels, croix.
—ρόω, *garnit de pieux, attache au poteau, crucifie.*

21. Σταφίς, ίδος, ἡ, raisin cuit au soleil, STAPHISAIGRE[a], pl. —φιδόω,
fait cuire des raisins au soleil; —φυλή, —φυλίς, *grappe.*

22. Στάχυς[a], υος, ὁ, épi, fils, rejeton[b], épi de la vierge[c], STACHYS[d].
—χυηρός, —χύϊνος, *d'épi;* —χυόω, *forme ou dispose en épi.*

23. Στέαρ[a], ατος, τὸ, graisse compacte, suif, lard. —άτινος, —ατίτης,
de graisse; —ατόω, *convertit en graisse, engraisse.*

24. Στέγω[a], tego[b], couvre, protége. —γη, —γος, TOIT; —γνός, *couvert,
serré;* —γνόω, —γάζω, *couvre;* —γασμα, —γαστρίς, —γαστρον, *couverture.*

25. Στείβω[a], stipo[b], foule. Στίβος, *chemin[c], piste[d];* στιβάς, *lit d'herbes;* στιβαρός, *épais;* στιβεύω, *parcourt;* στοιβή, *herbe à matelas.*

26. Στείχω[a], marche en ordre, va. Στιχός, *rang, rangée, ligne, vers[b];*
στιχήρης, —ρός, *disposé par lignes;* στιχάω, *marche en rang.*

Id. Στοῖχος, ὁ, rangée.—χέω, *est aligné;* —χίζω, *aligne;* —χεῖον, *élément.*

carpe, πολύχαρπος (137) et *Ephrem*, nom hébreu qui se traduit en latin par *Fru-gifer.* Quelqu'un a laissé le nom d'EUSTA-CHE à un couteau de son invention, dont le manche est ordinairement de bois et dont la lame n'est pas assujettie par un ressort. V. Ἰχέσιον. — *b.* V. Ὄζος. — *c.* Étoile de première grandeur dans la constellation de la Vierge. — *d.* Vulg. *épiaire*, genre de plantes labiées.

23. *a.* Ou στητός, dat. στέατι ou στητί, acc. στέαρ. On appelle *bougie* STÉARIQUE la chandelle que l'on fabrique avec une substance particulière retirée du suif par un procédé chimique, et qu'on nomme *acide stéarique.* Suivant la dérivation, c'est *stéatique* qu'on devrait dire. Quant au mot *bougie* lui-même, Ménage l'explique par le nom de *Bougie*, ville d'Afrique, d'où la France tirait autrefois beaucoup de cire. V. Ἀαρισσαῖος.

24. *a.* F. στέξω, a. ἔστεξα; cf. l'angl. to deck, l'all. *decken.* — *b.* D'où *tectum*, toit; *tegula*, TUILE; *tugurium*, anc. *tegurium*, chaumière, pr. *toit de chaume.* *Toga*, couverture, TOGE. *Texere*, TISSER, pr. *croiser les fils de manière qu'ils se recouvrent; textus*, tissé, subst. TISSU et TEXTE; *tela* p. *texela*, TOILE, pr. *tissu;*

TOILETTE, *toile* étendue sur une table pour recevoir tous les objets servant à la parure, et par ext. *parure. Protego*, PRO-TÉGER, pr. *couvrir devant*, comme avec un bouclier, *tegere pro*, mettre à couvert. Il faut remarquer, dans le verbe latin *tego* et dans tous ses dérivés, la suppression du *s* initial. Cf. *fallo*, de σφάλλω, faire tomber; *pâmer*, de σπάω, tirailler; *tamis*, de *stamen*, étamine. V. Σ.

25. *a.* F. στείψω, a. 2 ἔστιβον, pf. p. ἐστίβημαι; syll. rad. Στιβ. — *b.* D'où CONSTIPATION, resserrement de ventre, opposé à *diarrhée.* V. Διά. — *c.* Pr. *che-min battu.* Cf. *chaussée*, de *calcare* (132); τρίβος, de τρίβω (327); πάτος, de πα-τέω (247); *callis*, sentier *foulé* par le pied des troupeaux; R. *callum.* « Callis *est iter inter montes angustum et tritum*, callo *pecudum perduratum.* » SERV. — *d.* Marque du chemin par où un animal a passé, pr. *chemin foulé, semita pista*, de *pisare* ou *pisere*, piler. V. Ἡμισυς.

26. *a.* F. στείξω, a. 2 ἔστιχον, syll. rad. Στιχ. — *b.* D'où ἡμίστιχος, HÉMISTI-CHE, *moitié de vers;* RR. ἥμισυς, στείχω. DISTIQUE; δίστιχον, *deux vers renfer-mant un sens complet;* RR. δίς, στείχω. ACROSTICHE. V. Ἄχρος.

1. *Σπιδής, ές, ample, étendu. Σπίδιος, σπιδόεις, id.; σπιδόθεν, de loin.

2. Σπίζω[a], gazouille. —ζα[b], PINSON; —ζίτης, petit oiseau de proie; σπίνος, pinson, sorte d'alun; σπίνη, nom de poisson.

3. Σπιθαμή, ή, empan, palme.—μαῖος,—μιαῖος,—μώδης, long d'un empan.

4. Σπινός, ή, όν, maigre.—5. Σπλεκόω, cohabite.—6. *Σπληδός, δ, cendre.

7. Σπόγγος[a], δ, spongus, ÉPONGE[b].—γιά, spongia, id.;—γάριον,—γίον, dim.; —γεύς, pêcheur d'éponges; —γίζω, éponger; —γώδης, SPONGIEUX.

8. Σπολεύς, έως, δ, sorte de pain, espèce de pâtisserie.

9. Σπόλια, τά, la laine des pieds des moutons. Cf. spolia, DÉPOUILLES.

10. Σπόνδυλος, δ, spondylus, vertèbre, surtout la seconde du cou. Σφόνδυλος, id.; —λειον, berce, pl.; —λη, nom d'un insecte.

11. Σπύραθος, δ, ή, crotte de chèvre, de brebis. —θία, —θιον, dim.; —θώδης, semblable aux crottes de chèvre ou de brebis.

12. Στχθεύω, chauffe ou cuit à petit feu. —θευσις, cuisson lente; —θευτός, cuit à petit feu, brûlé lentement.

13. Σταῖς, σταιτός, τό, pâte faite avec de la farine de froment.

ANNOTATIONS.

2. a. Sans futur. — b. Pr. oiseau gazouillant; cf. ἀηδών, rossignol, pr. chanteur; balans, brebis, pr. bêlante, etc. V. Καχχαβίς.

7. a. Att. σφόγγος; d'où le latin, fungus, champignon, plante cryptogame dont la substance molle et charnue présente quelque analogie avec l'éponge. Il y a certains insectes coléoptères qui vivent sur les champignons des vieux arbres; on les a nommés pour cette raison fongicoles; RR. fungus, colere, habiter. Les médecins appellent FONGOSITÉS des végétations charnues, spongieuses, en forme de champignons, qui se développent souvent à la surface des plaies ou des ulcères. — b. De spongus on est arrivé à notre mot éponge, par l'intermédiaire de esponge qui se disait et s'écrivait autrefois, et qu'on eût bien dû conserver, à défaut de sponge; forme primitive et vraie du mot. V. Σμάραγδος. C'est en effet une prétention chimérique de vouloir mener l'écriture parallèlement avec la parole. On ne peut pas faire qu'une langue parlée ne change point : l'expression de la pensée par la voix est nécessairement variable, parce qu'elle est passagère et dépendante de la multitude; verba volant. Il n'est pas plus possible de fixer les paroles que de fixer la mobilité de l'air

qui en est le véhicule. « Nascuntur enim, dit Sénèque, in re fugaci et mutabili; quomodò potest in aere aliquid idem diù permanere ? » Mais l'expression de la parole par l'écriture est permanente et offre aux yeux une image durable; scripta manent. Écrire comme on parle, c'est vouloir donner de la stabilité à ce qui, de sa nature, est variable, et de la mobilité à ce qui est essentiellement permanent. Si l'orthographe est moins sujette que la voix à subir des changements de forme, elle devient par-là même dépositaire et témoin de l'ancienne prononciation des mots, et facilite ainsi la connaissance des étymologies. Ces réflexions sont empruntées au grammairien Beauzée qui, ailleurs, se montre chaud partisan de l'orthographe progressive, défendue aussi par Dumarsais, Jaucourt, Voltaire, Girard, l'abbé de Saint-Pierre. « Lors même qu'on ne retrouve plus rien dans le son, on retrouve tout dans la figure avec un peu d'attention. » DE BROSSES.

14. a. F. στελῶ, a. ἔστειλα, pf. ἔσταλκα, plqpf. ἐστάλκειν, f. p. σταλήσομαι, a. p. ἐστάλην, pf. p. ἔσταλμαι. D'où DIASTOLE, διαστολή, dilatation du cœur et des artères pour livrer passage au sang. RR. διά, στέλλω. SYSTOLE, contraction de ces mêmes organes pour donner l'impulsion

14. Στέλλω[a], équipe, revêt, envoie, arrête[b]. Στέλμα, *ceinture;* σταλτικός, *astringent;* στόλος, *expédition militaire, flotte, parure.*

Id. Στολή, ή, stola[c], habit, robe longue. —λίς, *dim., pli;* —λίζω, *vêt.*

15. Στενός[a], ή, όν, étroit. *Στείνω, στενόω, *resserre;* στένωμα, *lieu étroit.*

16. Στένω[a], gémit[b]. —νάζω, *id.;* —ναγμα, —ναγμός, *gémissement;* στόνος, *στόναχος, *gémissement, sanglot;* *στονόεις, *gémissant.*

17. Στέργω[a], aime. Στέρξις, στοργή, *amour, tendresse;* στερχτός, *aimé.*

18. Στερεός[a], ά, όν, ferme, dur, solide. —ριφος, *id.;* —ρεότης, *solidité;* —ρεόω, *rend solide;* —ρέωμα, *appui, firmament.*

19. Στερέω[a], prive. —ρίσκω, *id.;* —ρησις, *privation;* —ρητικός, *privatif.*

20. Στέρνον, τὸ, STERNUM, le devant de la poitrine, sein, milieu, cœur.

21. Στέφω[a], couronner. Στέμμα, στεφάνη, —νίς, —νος[b], *couronne;* —φανίζω, —νόω, *couronner;* στεμματόω, *orne de bandelettes.*

22. Στῆθος[a], εος, τὸ, poitrine. —θικός, *pectoral, de la poitrine.*

23. Στήλη[a], ή, colonne, STÈLE[b]. —λίς, *petit mât;* —λίτης, *de colonne;* —λιτεύω, *inscrit sur une colonne, dégrade, publie.*

ANNOTATIONS.

au sang. RR. σύν, στέλλω. *Epistola,* ἐπιστολή, lettre, ÉPITRE, angl. *epistle,* all. *epistel,* pr. *missive, message,* de *mittere,* envoyer. RR. ἐπί, *vers;* στέλλω. Ἀπόστολος, *apostolus,* envoyé. APÔTRE, angl. *apostle,* all. *apostel,* pr. *messager, missus:* « *Et elegit duodecim ex ipsis quos et apostolos nominavit.* » S. LUC : « *Et misit eos binos et binos.* » *Id.* RR. ἀπό, στέλλω.—*b.* De plus, *plie, supprime,* particulièrement au moyen. D'où, en latin, *stolo,* rejeton inutile, surnom du tribun Licinius, qui avait fait réduire les terres particulières à 500 jugères, pour qu'on pût les mieux cultiver et en extirper les *rejetons* inutiles. — *c.* D'où ÉTOLE. Remarquez que les noms des habits sacrés ou religieux désignent des vêtements portés par tout le monde dans les premiers siècles, et qui ne paraissent singuliers de notre temps, que parce que les modes ont changé. « L'*étole* était un manteau commun même aux femmes. La *chasuble* était un habit vulgaire du temps de saint Augustin. La *dalmatique* se portait à Rome du temps de l'empereur Valérien. L'*aube,* c.-à-d. la robe *blanche* de laine ou de lin, était également portée par les citoyens romains. » FLEURY.

15. *a.* Ion. στεινός. D'où STÉNOGRAPHIE, écriture *resserrée,* abrégée et ren-

due aussi rapide que la parole. RR. στενός, γράφω. Chez les Grecs, les sténographes se nommaient *tachygraphes*(315). et chez les Latins, *cursores* ou *notarii,* parce qu'ils employaient des *signes* ou *notes* particulières, *notæ,* d'où est venu notre mot *notaire.*

16. *a.* N'a que l'imparfait. — *b.* Prim. resserre, puis *gémit,* par suite d'une *oppression;* m. rac, q. στένος.

17. *a.* F. στέρξω, a. ἔστερξα, pf. 2 ἔστοργα, a. p. ἐστέρχθην, pf. p. ἔστεργμαι.

18. *a.* D'où STÈRE, ou *mètre cube,* mesure pour le bois de chauffage. En géométrie, *cube* est synon. de *solide.* STÉRÉOSCOPE, instrument d'optique, à l'aide duquel des images planes apparaissent en *relief.* RR. στερεός, σκέπτομαι. V. Τύπος.

19. *a.* F. στερήσω, poét. στερέσω, a. ἐστέρησα, poét. ἐστέρεσα, pf. ἐστέρηκα.

21. *a.* F. στέψω, a. ἔστεψα, pf. ἔστεφα, a. p. ἐστέφθην, pf. p. ἔστεμμαι. — *b.* D'où *Stephanus,* ÉTIENNE, anc. ÉSTIENNE, nom du premier martyr.

22. *a.* D'où STÉTHOSCOPE, instrument pour *ausculter* la poitrine des malades; RR. στῆθος, σκέπτομαι.

23. *a.* R. ἵστημι, *stare,* être debout. — *b.* Terme d'archéologie synon. de *colonne, pilier.*

1 Σταλίς[a], ίδος, ή, pieu *ou* fourche à tenir les filets des chasseurs.

2. Σταμίν[a], ίνος, ή, poutre qui forme la membrure du vaisseau.

3 Στατήρ[a], ῆρος, ό, **stater**, STATÈRE, *poids*[b] *et monnaie des anciens*[c]. —τηριαῖος, *du poids ou de la valeur d'un statère.*

4. Στεῖρα, ή, carène d'un vaisseau, manière d'arranger ses cheveux.

5. Στεῖρα[a], ή, **sterilis**, STÉRILE. —ρόω, *rend stérile;* —ρεύω, *l'est.*

6. Στελεόν[a], τό, manche de cognée, rouleau pour étendre la pâte. *—λειόω, garnit d'un manche;* *—λεή, trou où s'insère le manche.*

7. Στελεφοῦρος, ό, sorte de plantain à feuilles étroites.

8. Στέλεχος, εος, τό, tige, tronc, souche, bûche. —χιαῖος, *qui en a la forme;* —χόω, *pousse comme une tige;* *—χηδόν, en forme de tronc.*

9. Στελίς, ίδος, ή, loranthe, espèce de gui, *plante parasite.*

10. Στέμβω[a], remue, presse, insulte[b]. Στέμφυλον, *marc de raisin;* στεμφυλίτης, *fait avec du marc de raisin;* —φυλῖτις, *fém.*

11. Στήνια, τά, les STÉNIES, fêtes en l'honneur du retour de Cérès. —νιόω, *insulter, comme faisaient les femmes dans les sténies*[a].

ANNOTATIONS.

1. a. R. ἵστημι, *stare.*

2. a. R. ἵστημι, *stare.*

3. a. R. ἵστημι, peser, pr. *dresser la balance.* — b. D'où *statera*, balance, joug. Cf. ζυγός, qui signifie également *joug* et *balance.* Cependant la *statère* n'était pas de même forme que la balance, *bilanx.* Elle n'avait qu'un seul plateau ou crochet attaché au bras le plus court du fléau. Le long de l'autre bras glissait un poids invariable qui, par sa position, indiquait le poids correspondant de la marchandise suspendue au crochet ou placée dans le bassin. En un mot, c'était notre *romaine,* telle que les Romains nous l'ont transmise. Ce mot *statera* fait penser à la dernière nuit de Babylone et à la sinistre *pesée* qui décida de son sort. (*Daniel*, ch. 5). La comparaison de Balthasar avec une pièce de monnaie trouvée trop légère n'est pas seulement une belle image; c'est encore un trait de mœurs. V. Λίτρα.— c. Le statère attique valait 4 drachmes, c.-à-d. en monnaie d'argent, 3 fr. 80 cent., et en monnaie d'or, à peu près 20 francs. En Perse, le statère s'appelait *darique* (70). Chez les Juifs, le statère paraît avoir été le même que le *sicle* (288). C'est avec un statère que J. C. paya le tribut pour lui et pour Pierre.

5. a. Fém. de l'adjectif très-rare στεῖρος, le même, quant à la racine, que στερεός, *dur,* et, en parlant de la terre, *qui n'ouvre pas son sein et ne donne aucun* fruit. De la terre, cet adjectif a été transporté à la femme qui n'enfante pas.

6. a. Et στελειόν, στειλεά, στελειά, στειλεά, στελεός, στειλεόν, στελειόν.

10. a. Ou ὑτέμφω. sans futur. — b. Cf. πατέω qui signifie également *fouler aux pieds,* et par analogie, insulter, *insultare,* p. *in saltare,* sauter, bondir sur un ennemi terrassé. V. *Homélie pour Eutrope,* 5. « L'étymologie donne à chaque mot une énergie étonnante, puisqu'il devient par elle une vive peinture de la chose qu'il désigne. Ce n'est que l'ignorance où nous sommes de l'origine d'un mot, qui fait que nous n'apercevons nul rapport entre lui et son objet, qu'il nous paraît par conséquent froid, indifférent, et qu'il n'exerce que notre mémoire. L'étymologie, en nous ramenant à l'origine des mots, et en nous remettant dans l'état primitif où se trouvaient leurs inventeurs, devient une description vive et exacte des choses désignées par ces mots; on voit qu'ils furent faits pour elles, qu'on ne pouvait mieux choisir; notre esprit saisit ces rapports, notre raison les approuve, et on retient sans peine ces mots qui étaient un poids accablant, lorsqu'on s'en occupait machinalement.» COURT DE GÉBELIN, *Monde primitif.*

11. a. Ces bouffonneries publiques étaient ce qu'il y avait de moins déshonnête dans les fêtes de Cérès. «Qui oserait raconter, dit Bossuet, les cérémonies des dieux immortels et leurs mystères impurs?»

12. Στηρίζω [a], affermit, appuie, plante, attache. —ριγμα, *appui;* —ριγμός, *action d'appuyer;* —ριγξ, *pieu fourchu pour soutenir.*

13. Στίζω [a], pique, STIGMATISE. Στίγμα, *piqûre,* STIGMATE [b]; στιγμή, *point* [c]; στιγεύς, *celui qui pique;* στιγών, στιγματίας, *marqué.*

14. Στλεγγίς, ίδος, ἡ, étrille [a], strigile, brosse pour le bain, épée. Στελγίς, *id.;* στλεγγίζω, στελγίζω, *étrille, frotte avec la brosse.*

15. Στοά [a], ἡ, portique, l'école de Zénon. Στωΐδιον, *dim.;* στωϊκός, *du Portique* [b], STOÏCIEN, STOÏQUE ; στωϊκεύομαι, *fait le stoïcien.*

16. Στόμα [a], ατος, τὸ, bouche, tranchant. —μιον, *dim.;* —ματικός, *de la bouche;* —μόω, *ouvre, ferme la bouche, range, trempe, fortifie.*

Id. Στόμαχος [b], ὁ, **stomachus**, orifice de l'ESTOMAC, estomac, orifice. —χικός, STOMACHIQUE, *qui a mal à l'estomac.*

17. Στορέννυμι [a], **sterno** [b], couche, étend, couvre. Στρώννυμι [c], *id.;* στρῶμα [d], *tapisserie, lit, couverture;* στρωμνή, *id.;* στρωτός, *couvert.*

18. Στοχάζομαι [a], vise à, conjecture, s'occupe de, atteint. —χασμός, *action de viser, conjecture;* —χασις, *id., but;* —χασμα, *but.*

ANNOTATIONS.

12. *a.* F. ξω, etc.; m. rac. q. στερεός.

13. *a.* F. στίξω, etc. D'où *stimulus,* aiguillon, STIMULANT; *instinguo* et *instigo,* pousser, être INSTIGATEUR; *instinctus,* INSTINCT, pr. *instigation.* « Le mot d'instinct, en général, signifie impulsion. Il est opposé à choix. » Boss. C'est à l'occasion du mot *instinct* que l'illustre auteur du *Traité de la connaissance de Dieu et de soi-même* a écrit, «qu'il n'est pas bon de s'accoutumer à dire des mots qu'on n'entende pas,» et ce principe devrait servir d'épigraphe à tous les livres classiques, depuis les Fables de La Fontaine jusqu'à la Logique de Port-Royal. Combien d'écoliers répètent pendant dix ans des mots qu'ils n'entendent pas! *Distinguo,* DISTINGUER, *pr.* séparer par des points, marquer d'un signe ; *distinctus,* DISTINGUÉ, syn. de *signalé, insigne,* marqué d'un signe, *insignis. Exstinguo,* ÉTEINDRE, *pr.* effacer des signes en grattant. *Præstinguo,* obscurcir, éclipser, d'où *præstigia,* faux éclat, PRESTIGES. — *b.* Syn. de *marque, cicatrice, flétrissure.* — *c.* Cf. le lat. *punctum,* point, de *pungo,* piquer.

14. *a.* De *stringo,* serrer, racler, pr. *racloir,* lat. *strigil.*

15. *a.* Pr. *colonne,* R. ἵστημι *stare.* Ces philosophes, qui affectaient une morale austère, tiraient leur nom du *Portique* d'Athènes, appelé aussi *Pécile,* où Zénon, leur fondateur, donnait ses leçons. V. Λύ-

χος, Ἀκαδημία, Ποικίλος.

16. *a.* D'où STOMATES, nom donné, en botanique, aux pores que présente l'épiderme des plantes et qui servent à leur respiration. CHRYSOSTOME, χρυσόστομος, c.-à-d. *bouche d'or,* surnom donné à saint Jean, archevêque de Constantinople au quatrième siècle, à cause de son éloquence qui l'a fait appeler aussi l'*Homère des orateurs.* RR. χρυσός, στόμα. — *b.* Στόμαχος vient de στόμα, et répond à notre mot *orifice,* dérivé lui-même de *os, oris,* bouche; puis il a désigné en particulier l'orifice supérieur de l'estomac, nommé aussi *cardia,* et, par extension, l'estomac lui-même. V. Καρδία.

17. *a.* F. στορέσω, a. ἐστόρεσα, pf. ἐστόρεχα, a. p. ἐστορέσθην, pf. p. ἐστόρεσμαι; syll. rad. Στορ ou Στρο. D'où *storea,* natte, STORE, rideau de fenêtre. — *b.* D'où CONSTERNATION, PROSTRATION. *Strata viarum,* chaussée, pavé des rues, angl. *street,* all. *strasse. Strages,* ruine, carnage, *pr.* abatis. V. Κλάω. — *c.* Ou στρώννύω, f. στρώσω, pf. p. ἐστρωμαι. — *d.* D'où STROMATES, titre de plusieurs ouvrages composés de sujets divers, par analogie avec une étoffe faite de différents fils. Les *Stromates* de saint Clément d'Alexandrie sont surtout célèbres. C'est un recueil de matières philosophiques, théologiques et historiques.

18. *a.* F. στοχάσομαι; m. rac. q. στελχω, *pr.* tendre *droit* au but.

1. Στία, ἡ, petite pierre, caillou roulé par les eaux. Στεία, *id.*, στιώδης, *plein de petits cailloux, dur, raboteux.*

2. Στίβι, *ind.* τὸ, STIBIUM, oxide noir d'antimoine[a]. Στίμμι, **εως,** *id.;* στιβίζω, στιμμίζω, *peint avec du noir d'antimoine.*

3. Στίλβω[a], brille, scintille. —ϐων, *la planète Mercure*[b]; —ϐόω, *rend brillant;* στιλπνός, *brillant;* στίλϐη, στίλψις, *éclat.*

4. Στίλη, ἡ, petite monnaie, goutte d'eau.—**5.** Στίλπων, ωνος, ὁ, nain.

6. Στόμφος, ὁ, grand bruit de paroles, forfanterie; *adj.* bavard. —φάζω, *parle avec emphase, bavarde;* —φαξ, *bavard.*

7. Στόρθυγξ, υγγος, ἡ, pointe d'une lance, pointe. *Στόρθη, id.*

8. *Στρεύγω[a], tord, exprime goutte à goutte, consume, tourmente[b].*

Id. Στραγγός, ή, όν, tors, tordu, méchant[c].—γάλη, *lacet*[d]; —γαλιά, *corde torse*[e]; —γαλίζω, —γαλόω, *tord, serre, étrangle*[f]; —γαλιώδης, *tors.*

Id. Στράγξ, γγός, ἡ, goutte. —γίς, *id.;* —γεύω[g], —γίζω, *exprime;* —γεία, *lenteur;* —γεῖον, *instrument de chirurgie.*

9. Στρηνής, ές, fort, vif, aigu, clair. —νές[a], *avec un son perçant.*

ANNOTATIONS.

2. *a.* L'antimoine est un métal blanc, bleuâtre, brillant, lamelleux, de propriétés analogues à celles de l'arsenic. On en attribue la découverte comme métal à Basile Valentin, moine du quinzième siècle, qui l'appela, dit-on, *antimoine,* c.-à-d. *contraire aux moines,* parce qu'ayant voulu en faire usage pour purger les religieux de son couvent, il les empoisonna tous. Les anciens ne connaissaient que le sulfure d'antimoine, qu'ils faisaient entrer dans la composition du fard. Ce fut avec de l'antimoine que Jézabel se peignit les yeux pour paraître devant Jéhu. (*Rois,* 4, ch. xi). Déjà longtemps auparavant, Job en reprochait l'abus à une de ses filles. Les femmes grecques et romaines s'en servirent à l'imitation des Asiatiques. V. Κροκόδειλος.

3. *a.* F. στιλψω, a. ἔστιλψα. — *b.* Pr. *la brillante.* Les anciens mettaient chaque planète sous la conduite d'une divinité.

8. *a.* Sans futur. — *b. Tourment* vient du latin *tormentum,* dérivé lui-même de *torqueo;* tordre; d'où dérive aussi *torturer,* pr. *tordre* les membres. « Je ne doute pas, dit Locke, que si nous pouvions conduire tous les mots jusqu'à leur source, nous ne trouvassions que, dans toutes les langues, les mots qu'on emploie pour signifier des choses qui ne tombent pas sous les sens, ont tiré leur première origine d'idées sensibles. » V. Στέμφω. —

c. Pr. qui n'est pas droit, opposé à εὐθύς, comme en français, *tort,* de *tortum* est opposé à *droit,* raison, en lat. *rectum.* — *d.* Angl. *string,* all. *strang.* — *e.* Cf. le français *torsade.*—*f.* Angl. *to strangle,* lat. *strangulare,* d'où *strangulatio,* qui a passé dans les deux mots ÉTRANGLEMENT, STRANGULATION. A propos de ces deux dérivés, il faut remarquer que notre langue française s'est formée d'après un double procédé : l'un, irréfléchi et populaire, qui a souvent défiguré le mot latin original; l'autre, savant et régulier, qui se borne presque toujours à transcrire le mot latin, en accommodant la terminaison aux règles de la grammaire française. C'est ainsi que du latin *potio* on a fait *poison* et *potion,* de *parabola, parole* et *parabole,* etc. V. EGGER, *Grammaire comparée.* — *g.* A la même racine appartient le verbe latin *stringo,* ÉTREINDRE, d'où *strictus;* STRICT, ÉTRIQUÉ, ÉTROIT, v. fr. *stroite.*

9. *a.* V. Ἀτρεκής.

10. *a.* D'où STRATÉGIE, στρατηγία, science des mouvements d'une armée, pr. conduite d'une armée; RR. στρατός, ἄγω. STRATAGÈME, στρατήγημα, ruse de guerre, pr. manœuvre militaire; RR. στρατός, ἄγω.

11. *a.* F. στρέψω, a. ἔστρεψα, pf. ἔστροφα, a. p. ἐστρέφθην ou ἐστράφην, pf. p. ἔστραμμαι. M. rac. q. τρέπω, tourner. — *b.* Pr. qui *tourne* les yeux de tra-

10. Στρατός[a], ὁ, armée. —τιά, id.; —τιώτης, soldat; —τεύω, est soldat; —τεία, campagne; —τευσις, expédition militaire;—τευμα, troupes.

11. Στρέφω[a], tourne. Στρέμμα, chose tordue; στρεβλός, tordu; -βλόω, tord; στραβός, **strabus**[b], louche; —βίζω, loucher; —βισμός, regard louche.

Id. Στροφή, ἡ, retour, STROPHE[c]. -φέω, tourne; -φος, cordon[d]; -φιγξ, pivot; *στρόβος, στρόμβος[e], tourbillon; στροβέω, tourne; στρόβιλος, toupie.

12. Στρογγύλος[a], η, ον, rond. —γυλαίνω; —γυλίζω, —γύλλω, —γυλόω, arrondit; —γυλότης, rondeur; —γύλευμα, —γυλμα, corps arrondi.

13. Στυγέω[a], hait, a en horreur. Στύξ, froid glacial, horreur, STYX[b]; στύγημα, haine; —γερός, —γνός, odieux, triste; —γνόω, attriste.

14. Στῦλος[a], ὁ, colonne[b], soutien, **stylus**, STYLET, STYLE[c]. —λίς, dim.; —λίτης, placé sur une colonne, STYLITE[d]; —λόω, soutient.

15. Στύπη, ἡ, **stupa**, ÉTOUPE, lin brut. Στυπεῖον, στύππη, id.; στύπειος, —πινος, d'étoupe; *—παξ, marchand d'étoupes.

16. Στύφω[a], resserre, épaissit. Στυπτικός, astringent, STYPTIQUE[b]; στυφός, —φρός; *—φνός, épais, dur; —φότης, densité; στύψις, resserrement.

ANNOTATIONS.

vers; d'où STRABISME, difformité de celui qui louche; STRABON, c.-à-d. louchant, nom pr. — c. Partie d'une ode. Dans les tragédies grecques, la strophe était un chant exécuté par le chœur en tournant vers la droite du théâtre, de l'est à l'ouest; le chant exécuté dans le mouvement contraire, se nommait ANTISTROPHE, ἀντιστροφή. RR. ἀντί, στρέφω. L'épode; ἐπωδή, pr. chant en sus, s'exécutait au milieu de la scène. RR. ἐπί, ᾄδω. De στροφή sont formés les mots APOSTROPHE (28), CATASTROPHE (138). — d. De plus, colique qui roule les intestins, pr. celle qu'on nomme volvulus, de volvere, rouler. — e. D'où TROMBE, masse de vapeur ou d'eau enlevée par un tourbillon et tournant sur elle-même très-rapidement, de manière à tout renverser sur son passage; TROMPE, instrument de cuivre tourné en cercle, dont on se sert à la chasse, museau allongé de l'éléphant qui le tourne et le recourbe à sa volonté; TROMPETTE, ital. tromba, dont l'augmentatif trombone nous a donné TROMBONE et TROMBLON, gros fusil très-court, dont le canon s'évase en forme de trompette.

12. a. D'où STRONGYLE ou STROMBOLI, une des îles Éoliennes, ainsi nommée à cause de sa forme circulaire. Naxos s'appelait anciennement Strongyle.

13. a. F. στυγήσω, a. ἔστυξα ou ἔστυγον. — b. Il y avait en Arcadie une fon-

taine dont l'eau glaciale était mortelle, et qui avait reçu, pour cette raison, le nom de Styx. Les poëtes en ont fait un fleuve des enfers aux eaux stagnantes. « Ce marais fétide entoure la cité des douleurs.» DANTE. Milton l'appelle le fleuve de la haine, le Styx abhorré.

14. a. R. ἵστημι, stare, être debout. — b. D'où PÉRISTYLE, περίστυλον, galerie de colonnes autour d'un édifice ou d'une place; RR. περί, στῦλος. — c. Angl. style, all. styll; poinçon dont se servaient les anciens pour écrire sur des tablettes enduites de cire. Avec l'autre bout, qui était plat, ils effaçaient l'écriture, et de là cette expression d'Horace : « Sæpe stylum vertas, » pour dire, effacez, corrigez souvent en retournant le stylet. Le quatrième livre des Rois, ch. 21, offre une belle allusion à cet usage : « Amenez-moi Jérusalem, dit le Seigneur offensé, je la perdrai, je l'effacerai, comme on efface une écriture dont on ne veut pas qu'il reste aucun trait; je passerai et repasserai un stylet de fer sur son visage. » Plus tard, style a signifié, par métaphore, manière d'écrire, et notre mot plume a quelquefois le même sens. V. Πίσσα, Χαράττω. — d. Nom donné aux anachorètes (335) qui vivaient par pénitence sur des colonnes.

16. a. F. στύψω. — b. Se dit des substances qui resserrent la peau et arrêtent le sang.

1. Στρῆνος, εος, τὸ, vigueur, excès, ébat, joie, mollesse, passion. —νιάω, s'ébat, se réjouit, est emporté, vit dans le luxe.

2. Στριβιλικίγξ, un zeste, un rien.—3. Στρίγξ[a], γγός, ἡ, STRIX[b], effraie.

4. Στριφνός[a], ή, όν, dur, ferme; subst. chair nerveuse, force, nerf.

5. Στρουθός, ὁ, ἡ, moineau, struthio, AUTRUCHE[a], herbe à foulon. —θιον, herbe à foulon; —θίζω, nettoie; —θίων, autruche.

6. Στρυμονίας, ου, ὁ, vent de la Thrace, des bords du STRYMON[a]

7. Στρυφνός[a], ή, όν, dur, ferme, astringent, âpre. —νόω, rend acerbe.

8. Στρύχνος[a], ὁ, morelle noire, pl., nom de diverses autres plantes.

9. Στύπος, εος, τὸ, stipes, souche, tronc, STIPE[a], tronc coupé, bûche.

10. Στύραξ, ακος, ὁ, bout de la lance, pique, STYRAX[a], gomme, résine. —ράκινος, de styrax; —ρακίζω, ressemble au styrax.

11. Στύω[a], érige. —12. Σύ, σοῦ, σοί, σέ, tu[a], tui[b], tibi, te, TU, TOI[c], TE.

13. Συαγρίς, ίδος, ἡ, nom d'une espèce de poisson de mer.

14. Σύβαρις, ιδος[a], ἡ, sybaris[b], luxe, mollesse. —ρίζω, vit dans le luxe; —ρίτης, SYBARITE; —ριτικός, efféminé.

ANNOTATIONS.

3. a. R. στρίζω p. τρίζω, crier. — b. Chez les anciens, la superstition populaire faisait du strix un être chimérique qui sortait des tombeaux pour sucer le sang des vivants et surtout des petits enfants, comme font encore les vampires, selon la croyance de certains peuples. Le mot vampire signifie sangsue, en langue esclavonne.

4. a. M. rac. q. στρυφνός.

5. a. Le nom propre de l'autruche, en grec, est στρουθοκάμηλος, oiseau chameau, à cause des rapports de ressemblance qu'on lui trouvait avec le chameau, pour la longueur de son cou et de ses jambes; RR. στρουθός, κάμηλος. L'autruche ne vole pas, mais court plus vite que le meilleur cheval : « Deridet equum et ascensorem ejus. » (Job., ch. 39). Cet oiseau pond sur le sable et laisse au soleil, du moins dans les pays les plus chauds, le soin de faire éclore ses petits. D'où vient que Jérémie lui compare le peuple juif devenu cruel comme les mères qui abandonnent leurs petits enfants : « Filia populi mei crudelis quasi struthio in deserto. »

6. a. Fleuve de Thrace. Ce fut sur ses rives qu'Orphée alla pleurer Eurydice. « Rupe sub aeriâ, deserti ad Strymonis undam. » (Géorg., liv. 4.) V. Θηβάνας. A l'embouchure du Strymon s'élevait Amphipolis, ville ainsi nommée parce que le fleuve l'entourait presque entièrement; RR. ἀμφί, πόλις.

7. a. M. rac. q. στύφω, resserre, épaissit.

8. a. Les botanistes appellent στάχχηνος un genre d'arbres et d'arbustes grimpants, dont les fruits renferment une substance très-vénéneuse nommée STRYCHNINE. La noix vomique est la graine d'une strychnos de l'Inde.

9. a. Nom donné, en botanique, à la tige du palmier et des autres plantes monocotylédones ligneuses.

10. a. Arbre de Grèce et de Syrie, qui donnait une gomme employée comme parfum, et dont le bois très-dur servait à faire des lances et des javelots. V. Δόρυ.

11. a. F. στύσω, pf. ἔστυκα; m. rac. q. ἵστημι, stare.

12. a. Les Éoliens et les Doriens disaient aussi τύ. On trouve d'ailleurs la dentale t ou d comme caractéristique de la seconde personne dans le sanscrit tuam, toi, dans l'hébreu atta, dans l'anglais thou et dans l'all. du. — b. D'où vient tuus, TON, le TIEN. — c. De tu, toi, on a fait le verbe TUTOYER, pr. dire tu, toi à quelqu'un, être à tu et à toi avec lui.

14. a. Ou ιος. — b. Grande ville de l'Italie méridionale. La mollesse de ses habitants était proverbiale.

15. a. D'où SYCOMORE; V. Μόρον. SYCOPHANTE, συκοφάντης, pr. dénonciateur de figues, nom donné, à Athènes, aux

15. Σῦκον[a], τὸ, figue. fic ou tumeur. —κῆ, figuier —κάς, jeune figuier; —κάζω, cueille des figues; —κίζω, —κόω, nourrit de figues.

16. Σύλη, ἡ, proie, dépouille, butin.—λάω,[*]—λεύω,—λέω, dépouille, pille, saisit; —ληমα, dépouille; —λησις, pillage; —λήτης, spoliateur.

17. Σῦριγξ, γγος[a], ἡ, flûte, pipeau, tuyau[b]. —ρίζω[c], siffle, joue de la flûte;—ριγμα, —ριγμός, —ρισμα, —ρισμός, sifflement;—ριγγίας, creux.

18. Σύρω[a], traîne, balaye. Σύρτις, συρμός, traînée; σύρτις, SYRTE[b]; —της, corde pour tirer; σύρδην, en traînant; συρμαΐζω, purge.

19. Σῦς, συός, ὁ, ἡ, sus[a], porc, sanglier, truie. Σύαινα, truie; σύϊνος, suillus, de porc; συηνίς,—νός, sale;—νέω, est sale, se SOUILLE[b]; συήλη, bauge.

20. Σφάζω[a], égorge. Σφαγή, action d'égorger; σφάγιον, victime; σφαγίς, φάσγανον[b], couteau[c]; σφαγεύς, meurtrier; σφαγιάζω, immole.

21. Σφάλλω[a], fallo[b], fait tomber, trompe. Σφάλμα, FAUX pas, malheur, FAUTE[c]; σφαλερός, glissant; σφαλός, σφαλλός, entraves, disque.

22. Σφενδόνη, ἡ, fronde, bandeau, cordon, voûte, chaton de bague. —νάω, —νίζω, lance avec la fronde; —νήτης, frondeur.

ANNOTATIONS.

dénonciateurs de ceux qui exportaient des figues par contrebande. Plus tard, quand ces délations eurent dégénéré en calomnies, le mot *sycophante* prit la signification d'*imposteur*, qu'il a conservée depuis. RR. σῦκον, φαίνω.

16. *a.* D'où *asylum*, ASYLE, ἄσυλον, neutre de l'adj. ἄσυλος, inviolable, *pr.* lieu qui n'est point ou ne peut être *pillé*. RR. α, σύλη.

17. *a.* D'où SYRINGA, vulg. SERINGAT, joli arbrisseau de jardin, ainsi nommé parce que ses rameaux sont tubulés. — *b.* Tuyau de toutes sortes, y compris la SERINGUE. — *c.* Poét. συρίσσω, Att. συρίττω, Dor. συρίσδω.

18. *a.* συρῶ, a. ἔσυρα, pf. σέσυρκα, a. p. ἐσύρθην ou ἐσύρην, pf. p. σέσυρμαι. — *b.* Banc de sable mobile, où les vaisseaux sont *attirés* par le courant. Il y en avait deux très-dangereux sur la côte d'Afrique : «*Barbaras Syrtes, ubi maura semper æstuat unda.*» HOR. «*Duo sunt sinus prope in extrema Africa, impares magnitudine, pari natura. Ubi mare magnum esse et sævire ventis cæpit, limum arenamque et saxa ingentia fluctus trahunt; syrtes ab tractu nominatæ.*» SALL., Jug., ch. 77.

19. *a.* Le même que ὗς, dont l'esprit rude est remplacé par ς. Angl. *sow, swine*, all. *sau, schwein*. D'où MARSOUIN, cor-

rupt. de *maris sus*, cochon de mer, all. *meer schwein*, genre de cétacés voisins des dauphins; il tire son nom de la couche épaisse de lard qui enveloppe toutes les parties de son corps. V. Φώκη. — *b.* Litt. aime le bourbier. «*Amica luto sus*,» a dit Horace.

20. *a.* Att. σφάττω, f. σφάξω, a. ἔσφαξα, f. p. σφαγθήσομαι ou σφαγήσομαι, a. p. ἐσφάχθην ou ἐσφάγην, pf. p. ἔσφαγμαι; syll. rad. Σφαγ. — *b.* Il y a dans ce mot une transposition des deux premières consonnes radicales. — *c.* De plus *glaicul*. V. Ξίφος.

21. *a.* F. σφαλῶ, a. ἔσφηλα, a. p. ἐσφάλην, pf. p. ἔσφαλμαι. Angl. *to fall*, all. *fallen*, tomber. Au passif, σφάλλω signifie *trébucher, tomber dans une faute*, FAILLIR, être privé de, manquer, angl. *to fail*, all. *fehlen*. — *b.* D'où *falsus*, FAUX, FALSIFIÉ; *refellere*, p. *refallere*, réfuter une *fausseté*; *fallax*, FALLACIEUX; DÉFAILLIR, manquer; FALLOIR, c.-à-d. *faire défaut*, manquer, comme dans cette expression : *il me* FAUT *un habit*. On trouve dans Joinville : «*rien n'y faut*,» pour «rien n'y manque.» D'où encore *faufiler*, coudre avec un *faux* fil, en attendant la couture définitive. FAILLITE, état d'un commerçant qui fait défaut, qui *manque* à ses engagements. — *c.* Pr. *chute*. V. Πλήν, Σκάζω.

1. Σύν[a], *dat.* avec, du côté de, en faveur de, avec l'aide de Ex. :
SYMPATHIE[b], SYMPHONIE[c], SYNODE[d], SYNONYME[e], SYNTAXE[f].

2. Σῦφαρ, *ind.* τὸ, vieille peau des serpents *ou* des insectes, vieillard.

3. Σφάγνος, ὁ, espèce de lichen qui pend aux branches des arbres.

4. Σφαδάζω, s'agite, palpite, trépigne d'impatience. —δασμα, —δα-
σμός, ὁ, *mouvement convulsif, trépignement, agonie.*

5. Σφαῖρα, ἡ, sphœra, globe, boule, SPHÈRE[a], paume[b], ceste. —ρόω,
arrondit; —ρίζω, *joue à la paume;* —ρικός, —ρίτης, SPHÉRIQUE.

6. Σφάκελος, ὁ, gangrène sèche *ou* SPHACÈLE[a]. —λίας, *gangrené;*
—λίζω, *dégénère en gangrène sèche, se carie.*

7. Σφάκος, ὁ, sauge, espèce de lichen qui vient sur les arbres.

8. Σφάραγος, ὁ, bruit, gargouillement, bruit qu'on fait avec le gosier. —γέω, *fait du bruit, bouillonne;* —γίζω, *agite avec bruit.*

9. *Σφέλας, ατος, τὸ, bloc de bois creux, base d'une statue, banc.

10. Σφέλμα, ατος, τὸ, chaton *ou* fleur pendante de l'yeuse.

11. Σφένδαμνος, ἡ, érable. —νινος, *de bois d'érable, solide[a], dur.*

ANNOTATIONS.

1. *a.* Att. ξύν. — *b.* Συμπάθεια, con-
formité d'humeur et d'affections, lat.
compassio; RR. σύν, πάσχω. — *c.*
Συμφωνία, concert, *pr.* accord de voix;
RR. σύν, φωνή. — *d.* Σύνοδος, assemblée
des prêtres d'un diocèse, convoquée par
les supérieurs ecclésiastiques; RR. σύν,
ὁδός. Cf. *comitium, comice; cœtus,* assemblée; RR. *cum, ire; conventus, con-*
gressus, réunion, *congrès,* de *cum* et *venio*
ou *gradior.* — *e.* Συνώνυμος, *mot* qui a la
même signification qu'un autre mot, ou
une signification presque semblable. «Car,
dit Fénelon, quand on examine de près
la signification des termes, on remarque
qu'il n'y en a presque point qui soient
synonymes entre eux. » RR. σύν, ὄνομα.
Ex. : πορεύεσθαι et βαδίζειν, marcher;
ensis et *gladius,* glaive et épée. « Chez
plusieurs, *savant* et *pédant* sont synonymes. » LA BR. V. Παῖς. — *f.* V. Τάσσω.
De plus SYLLOGISME, συλλογισμός, réunion
de trois propositions, dont les deux premières, appelées prémisses, servent à démontrer la troisième, appelée conclusion.
Ex.: Ce qui est bon est aimable, or Dieu
est bon, donc Dieu est aimable. RR. σύν,
λέγω. SYMÉTRIE, συμμετρία, rapport de
mesure, juste proportion entre les parties d'un tout; RR. σύν, μέτρον. SYSTÈME,
σύστημα, assemblage de plusieurs choses

en un tout; RR. σύν, ἵστημι. SYZYGIE,
συζυγία, *conjonction* de deux planètes;
RR. σύν, ζεύγνυμι. SYMBOLE; σύμβολον,
signe, de συμβάλλω, comparer, confronter,
rapprocher. Ainsi le laurier est le symbole de la victoire, et le *Credo* est le symbole des chrétiens, leur *signe* de ral-
liement. Le serpent que l'ibis tient dans
son bec sur les monuments égyptiens, est
le symbole de la destruction que fait cet
oiseau des reptiles nuisibles au pays (122).
SYLLEPSE, σύλληψις, *pr. compréhension,*
figure de grammaire qui règle l'accord
des mots, non d'après les principes gram-
maticaux, mais d'après un rapport conçu
par l'esprit. Ainsi on dit bien: *turbaruunt,*
parce que dans le mot *turba,* foule, l'esprit *comprend* l'idée de pluralité, qui
s'ajoute à celle de *masse* et admet le verbe
au pluriel. RR. σύν, λαμβάνω.

5. *a.* D'où ATMOSPHÈRE, nom donné à
la couche d'air qui forme autour du globe
terrestre une sphère concentrique, épaisse
de quinze à vingt lieues. RR. ἀτμός, σφαῖρα. V. Ὀξύς, Ζάω. — *b.* Ou *balle à jouer.*
Ce nom de *paume* lui est venu de ce
qu'autrefois, avant l'usage de la raquette,
les joueurs se renvoyaient la balle avec
la *paume* de la main.

6. *a.* Sorte de gangrène qui occupe
toute l'épaisseur d'un membre.

12. Σφήν *a*, ηνός, ὁ, coin pour fendre. —νόω, *fend avec un coin, bouche;* —νωμα, *ce qu'on fend avec un coin;* —νωσις, *action de fendre.*

13. Σφήξ, ηκός, ὁ, guêpe. Σφήκειος, *de guêpe;* —κεῖον,—κιά,—κών, *guêpier;* —κίον, *gâteau des guêpes;*—κισμός, *bourdonnement;*—κόω, *rétrécit.*

14. Σφίγγω *a*, serre. Σφιγγίον, *bracelet;* σφίγμα, *ce qu'on serre;* σφιγμός, σφίγξις, *action de serrer;* σφιγκτήρ *b*, *lien qui serre;* Σφίγξ, SPHINX *c*.

15. Σφοδρός, ά, όν, fort, violent, impétueux. —δρα, *beaucoup;*—δρῶς, *violemment;* —δρότης, *violence;* —δρύνω, *rend violent, devient violent.*

16. Σφραγίς, ιδος, ἡ, cachet, anneau *a*. —γίζω, *scelle;* —γιστός, *scellé;* —γισμα, *empreinte;* —γιστήρ, —γιστήριον, *sceau;* —γιστής, *qui scelle.*

17. Σφύζω *a*, palpite, bouillonne, bat avec force, désire. Σφύγμα, σφυγμός, σφυγμή, σφύξις *b*, *palpitation, pouls, violent désir.*

18. Σφῦρα, ἡ, marteau, houe, cheville du pied.—ριον, *dim.;*—ραινα, SPHYRÈNE *a*; —ρόν, *cheville du pied;* —ρωτός, *travaillé avec le marteau.*

19. Σχάζω *a*, ouvre, scarifie, relâche, cesse, s'ouvre, cède. Σχάω, *ouvre;* σχάσις, *scarification;* σχαστήριον, *lancette, bistouri.*

ANNOTATIONS.

11. *a*. Cf. en latin, *robur,* anc. *robus,* chêne, *rouvre,* par ext. *solidité,* force; d'où *robustus,* fort, dur, solide, pr. fait de chêne, *fort* comme le chêne. V. Πρῖνος.

12. *a*. D'où SPHÉNOÏDE, σφηνοειδής, nom donné, en anatomie, à l'os impair, placé comme un *coin* à la base du crâne et concourant à former les fosses nasales et les orbites des yeux. RR. σφήν, Ἰδ.

14. *a*. F. σφίγξω, a. ἐσφιγξα, a. p. ἐσφίγχθην, pf. p. ἐσφιγμαι, ιγξαι, ιγχται.
— *b*. En anatomie, on donne le nom de SPHINCTER à certains muscles annulaires, soumis à l'influence de la volonté, et qui servent à *resserrer* ou à ouvrir les orifices naturels, par exemple, les lèvres. — *c*. Monstre fabuleux qui habitait sur un rocher près de Thèbes. De là il se jetait sur les voyageurs et leur proposait des questions énigmatiques. « *Dicta* Sphinx, selon Lactance, *quod ità* stringeret *homines suis quæstionibus, ut se expedire non possent.* » Mais le véritable sens du mot *sphinx* est *meurtrier, étrangleur,* parce que ce monstre étouffait tous ceux qui ne pouvaient deviner ses énigmes. La plus ordinaire était celle-ci : « Quel est l'animal qui a quatre pieds le matin, deux à midi et trois le soir? » OEdipe trouva enfin le mot, et le Sphinx pris de désespoir se précipita de son rocher et se tua.

16. *a*. De tout temps l'anneau a servi de cachet. Aussi l'Écriture en fait-elle un des attributs de l'autorité souveraine, qui se transmettait par l'anneau. On le voit dans l'histoire de Joseph, à qui Pharaon remit le sien, en lui conférant une puissance absolue sur l'Égypte. Alexandre laissa pareillement son anneau à Perdiccas pour le désigner son successeur; et Auguste, dans une grave maladie, donna le sien à Agrippa, son favori. L'anneau du pêcheur, avec lequel le pape scelle ses brefs, et dont Clément IV fait le premier mention au treizième siècle, est ainsi nommé parce qu'il représente le pêcheur Pierre dans une barque, jetant ses filets. Le sceau des bulles représente, d'un côté, les têtes de saint Pierre et de saint Paul, et porte, de l'autre côté, le nom du pape. C'est de la forme ronde de ce sceau que vient le nom de *bulle,* donné à l'acte qui en est scellé.

17. *a*. F. σφύξω. — *b*. D'où ASPHYXIE, ἀσφυξία, *privation* subite *du pouls* et état de mort apparente; RR. ἀ, σφύζω.

18. *a*. Petit poisson de mer.

19. *a*. F. σχάσω, a. ἔσχασα, a. p. ἐσχάσθην, pf. p. ἐσχασμαι.

1. *Σφήττιος, ον, aigre, piquant, médisant comme les SPHETTES[a].

2. Σφριγάω[a], est plein de suc, de sève, de force, d'orgueil, désire —γανός, gonflé, plein de santé, orgueilleux[b]; —γος, plénitude.

3. Σφῶϊ, vos, VOUS deux. Σφωΐτερος, vester, VOTRE, à vous, à eux deux.

4. Σχαδών, όνος, ὁ, larve d'abeille ou de guêpe, coup de dés.

5. Σχαλίς[a], ίδος, ἡ, pieu fourchu pour soutenir les filets, hoyau. —λιδόω, tend ses filets; —λίδωμα, pieu fourchu qui les soutient.

6. Σχεδόν[a], de près, presque, peut-être, —διος, proche, improvisé; —διάζω, fait à la hâte; —δία, vaisseau léger[b]; —διον[c], tablettes[d]

7. Σχῖνος, ἡ, schinus, lentisque, cure-dents, oignon marin[a].

8. *Σῶχος, ὁ, puissant, fort. —χέω, a la force, est capable de.

9. Σωλήν[a], ῆνος, ὁ, canal, tuyau, SOLEN ou manche de couteau[b]. —ήνιον, petit tuyau; —ηνόω, creuse en forme de canal.

10. Σῶρυ, εως, τὸ, sorte de minerai.—11. Σῶς, σωδός, ἡ, nom d'oiseau.

12. T, TAU[a], dentale forte, vaut trois cents.

13. Ταβελλίων, ωνος, ὁ, de tabellio, TABELLION[a], notaire.

ANNOTATIONS.

1. a. R. Σφηττοί, nom d'un bourg de l'Attique, dont les habitants avaient l'esprit caustique.

2. a. F. σφριγήσω. — b. L'orgueil est encore ici représenté comme une vaine bouffissure, qui fait penser au geai de Phèdre, paré des plumes du paon. « Tumens inani graculus superbiâ,» et à la chétive pécore de La Fontaine, qui veut s'enfler grosse comme un bœuf. V. Ὄγκος.

5. a. Le même que σταλίς.

6. a. R. σχεῖν, inf a. 2, d'ἔχω ou ἴσχω, tenir. De près se dit, en latin, cominus, c-à-d. à la main, cum manu. — b. Radeau construit à la hâte. — c. Ce dérivé se rapporte mieux au substantif σχίδη, éclat de bois, planchette; d'où σχέδη, tablette, page; R. σχίζω, fendre. — d. Eu latin scheda, dimin. schedula, d'où CÉDULE, billet, obligation souscrite.

7. a. Périclès portait le sobriquet de Tête d'oignon marin, σχινοκέφαλος, parce qu'il avait la tête un peu allongée et mal proportionnée. RR. σχῖνος, κεφαλή.

9. a. D'où SOLÉNOÏDE, de σωληνοειδής, appareil de physique composé d'un fil roulé en hélice autour d'un tube de carton, et à travers lequel on fait passer un courant électrique qui lui communique les propriétés d'un aimant. RR. σωλήν,

18. — b. Ou couteau de saint Jacques, genre de mollusques dont la coquille bivalve forme un véritable canal.

12. a. En hébreu Tav, qui signifie signe, marque. D est la douce correspondante, et souvent l'une se met pour l'autre. Ex.: tunc, donc; male aptus, malade; granatum, grenade; rotare, rôder; cogitare, ital. coitare, cuitare, v. fr. cuider, synon. de penser, croire, d'où le substantif outrecuidance, synon. de présomption, témérité. T prend le son de s ou c doux dans action, de actio; chanson, de cantio; cuisson, de coctio; noces, de nuptiæ, etc., où l'on voit la bizarrerie de notre orthographe qui écrit le même son de quatre manières différentes: assis, farci, persil, Nigritie. Par une autre bizarrerie T s'est changé en s doux ou z dans tison, de titio; poison, de potio; buse, de buteo, etc. Le T se change aussi quelquefois en c dur. Ainsi les Doriens disaient πόκα p. πότε; ὅκα p. ὅτε. De même chez nous, les paysans disent amikié p. amitié; moikié p. moitié; casequière p. casetière, etc. V. Τρέμω.

13. a. Nom donné, au moyen âge, à des fonctionnaires chargés de rédiger tous les contrats des citoyens. Pendant la féodalité, chaque seigneur eut son ta-

14. Σχέτλιος *a*, α, ον. misérable, pauvre, méchant, dur, indigne.
τλιάζω, *se plaint, s'indigne;* —τλιασμός, *plainte, indignation.*

15. Σχῆμα *a*, ατος, τὸ, forme, aspect, vêtement, beauté, geste, figure. —ματίζω, *figure, orne;* —μάτιον, *petite figure.*

16. Σχίζω *a*, scindo, fend, sépare. Σχίσμα, *chose fendue,* SCION *b*, SCISSION, SCHISME *c*; σχίδαξ, σχίδη, σχίζα, *éclat de bois;* σχιστός, *fendu d*.

17. Σχοῖνος *a*, ὁ, ἡ, jonc, corbeille, natte, corde de jonc, SCHÈNE *b* ou arpent. —νιά, —νίον, *corde de jonc;* —νίζω, *mesure au cordeau.*

18. Σχολή, ἡ, loisir, étude, schola, ÉCOLE *a*.—λαῖος, *oisif;* —λάζω, *vaque;* —λαστικός, *oisif, studieux;* —λεῖον, *école;* —λιον *b*, *commentaire.*

19. Σῶμα, ατος, τὸ, corps. —ματεῖον, *corporation;* —μάτιον, *petit corps;* —ματότης, *nature corporelle;* —ματόω, *donne du corps à.*

20. Σωρός, ὁ, monceau, charge. —ρεύω, *entasse;* —ραχός, *cabas de figues;* —ρείτης, —ρικός, *de monceau;* —ρίτης, *id.,* SORITE *a*.

21. Ταινία *a*, ἡ, tænia, bande, TÉNIA *b* ou ver solitaire.
—νιάζω, —νιόω, *ceint d'un bandeau, orne de rubans.*

ANNOTATIONS.

bellion. R. *tabella*, TABLETTE à écrire, contrat.

14. *a.* R. σχέθω qui dérive de σχεῖν, inf. a. 2 de ἔχω, supporter, pr. *sustinens, sufferens,* qui souffre. V. Τάλας.

15. *a.* R. ἔχω, *se tenir;* pr. tenue, contenance, maintien, etc. Cf. en latin *habitus,* tenue et *habit,* de *habere,* dans le sens neutre de *se tenir,* en sous-entendant *se;* d'où vient encore *habitudo,* état ordinaire du corps, *attitude,* puis au moral, *habitude.* Cf. coutume, de *costume.*

16. *a.* F. σχίσω, etc. Régulièrement la syllabe radicale est Σχιδ, qui dans le latin *scindo* est renforcée d'un *n,* comme dans σκάνδαλον, de σχάζω. — *b.* Pr. branche, baguette *détachée* de la souche. Cf. *sarmentum,* sarment, branche, de *sarpo,* tailler. V. Κλάδος. — *c.* Séparation du corps et de la communion d'une religion. L'Église grecque est SCHISMATIQUE depuis le onzième siècle. —*d.* De plus SCHISTE, roche SCHISTEUSE, s. ent. λίθος, toute pierre qui se *sépare* en lames, comme l'ardoise.

17. *a.* D'où *schœnus,* vulg. CHOIN, nom d'une plante de marais. — *b.* Pr. Cordeau d'arpenteur fait de *jonc* Le *schène* était aussi, chez les Égyptiens, une mesure itinéraire de 60 ou 30 stades.

18. *a.* Angl. *school,* all. *schule;* pr.

loisir consacré à l'étude. « *Graio schola nomine dicta est, justa laboribus tribuantur ut otia musis.* » AUS. « *Scholæ dictæ sunt non ab otio ac vacatione animi; sed quod cæteris rebus omissis, vacare liberalibus studiis pueri debent.* » FEST. — *b.* D'où SCHOLIE, qui désigne en littérature, une note de grammaire ou de critique, un long commentaire explicatif sur un ancien auteur; pr. *commentarius vacuo quasi tempore factus.* De même, dans Ovide, *otia* signifie des poèmes faits dans les moments de *loisir.* Les auteurs de ces commentaires s'appellent SCHOLIASTES, σχολιασταί. En géométrie, le SCHOLIE est une remarque qui a rapport à une proposition précédente.

20. *a.* Lat. *acervus,* amas ou série de propositions, dont la seconde a pour sujet l'attribut de la première, la troisième pour sujet l'attribut de la seconde, et ainsi de suite jusqu'à la conclusion. Ex.: L'avare est rempli de désirs; celui qui désire beaucoup manque de beaucoup; celui qui manque de beaucoup est misérable; donc l'avare est misérable.

21. *a.* R. τείνω, étendre. — *b.* Ainsi nommé parce qu'il est long et aplati comme un *ruban.*

1. Ταϐερνεῖον, τὸ, *de* taberna [a], boutique, auberge, TAVERNE.

2. Τάϐλα, ἡ, *de* tabula [a], TABLE, ais, planche pour jouer aux dés. —ϐλίζω, *joue aux dés;* —ϐλιστήριον, *lieu où l'on joue aux dés.*

3. Ταγγή [a], ἡ, rance, mauvaise odeur. —γίζω, *devient rance.*

4. Τάλαρος, ὁ, corbeille de fileuse, panier, éclisse, cage.

5. Τάλας [a], αινα, αν, malheureux, misérable, triste, pénible. *Ταλαός, malheureux;* ταλανίζω, *plaint;* —νισμός, *plainte.*

6. *Ταλασήϊος, α, ον, relatif au travail de la laine. —σιον, *tâche.*

7. Τᾶλις, ιδος, ἡ, fille nubile ou déjà fiancée.

8. Τάμισος, ὁ, présure [a] *ou* cailleau pour faire cailler le lait.

9. *Τανταλίζω [a], agite, ébranle, tremble, vacille. —λεύω, *id.;* —λεία, *suspension d'une pierre branlante sur un criminel.*

10. Τάξος, ὁ, *de* taxus, if, lance [a]. — 11. Τάρανδος, ὁ; tarandus, renne.

12. Ταραντινίδιον, τὸ, vêtement fin des femmes de TARENTE [a].

13. *Τάρϐος [a], εος, τὸ, peur, effroi, épouvante. —ϐοσύνη, *id.;* —ϐέω, *a peur;* —ϐαλέος, *timide, effrayé, terrible;* —ϐόσυνος, *terrifié.*

ANNOTATIONS.

1. *a.* M. rac. q. *tabula,* pr. *maison en planches.* D'où *tabernaculum,* tente, baraque militaire, puis TABERNACLE. *Contubernium,* p. *contabernium,* habitation sous la même tente, camaraderie; RR. *cum,* taberna. V. Καμάρα. Le pluriel *Tabernæ,* les auberges, a été le nom de plusieurs villes, dont l'une s'appelle maintenant SAVERNE, dans le département du Bas-Rhin. Il y a aussi, dans le département du Var, une commune nommée *les Tavernes.* Cf. *Bonnétable,* de *bonum stabulum,* pr. bon gîte, bonne étape, dans le département de la Sarthe; *Stavelot,* de *stabulum,* en Belgique.

2. *a.* D'où TABLIER. TABOURET, bas lat. *tabulétum.* ENTABLEMENT, dernière assise de pierres qui couronne le mur d'un bâtiment et soutient la charpente.

3. *a.* R. τήκω, consumer, corrompre.

5. *a.* R. ταλάω, le même que τλῆναι, supporter, pr. *sufferens,* souffrant, qui porte le poids de la douleur, qui est accablé par la souffrance et le malheur; RR. sub, fero. V. Σχέτλιος, Ἄχθομαι. Le peuple dit quelquefois, avec une poétique énergie, en parlant d'une charge difficile à porter: *elle est* lourde *comme le* malheur.

8. *a.* Masse figée de lait aigri, qui se trouve dans le quatrième estomac ou la caillette du veau et des jeunes ruminants, à l'âge où ils sont encore nourris de lait.

On s'en sert dans la fabrication des fromages, pour faire cailler le lait.

9. *a.* R. Τάνταλος, par allusion au supplice de Tantale, que Cicéron, après Euripide, Pindare et Platon, représente placé dans les enfers, au-dessous d'une roche branlante dont la chute menace à chaque instant sa tête.

10. *a.* Pr. bois de lance fait d'une branche d'if. V. Ῥάϐδος.

12. *a.* Riche et puissante ville de la grande Grèce. On a toujours donné aux tissus le nom des localités où ils furent fabriqués d'abord. Cf. *indienne,* pr. étoffe de l'Inde; *rouennerie,* tissu de Rouen; *circassienne,* étoffe de Circassie; *mousseline,* tissée à Mossoul; *cachemire,* fabriqué dans le royaume de Cachemire; *padou,* ruban moitié fil et moitié soie, fabriqué d'abord à *Padoue,* en Italie, la patrie de l'historien Tite-Live. On dit de même du *gros de Naples,* pour désigner une étoffe de soie épaisse, tissée d'abord à Naples; de la *levantine,* de la *gaze,* de l'*alépine,* du *calicot,* du *tulle,* du *damas,* de la *malines,* une *valenciennes,* du *barège,* du *madapolam,* de la *florence,* du *guingamp,* du *nankin,* du *point d'Alençon,* etc., pour désigner des dentelles ou des tissus quelconques, fabriqués à Alençon, à Nankin, à Guingamp, à Florence, à Madapolam, à Baréges, à Valenciennes,

14. Τάλαντον[a], τὸ, balance, **talentum**, poids, somme pesée, TALENT[b].
—τιαῖος, *du poids* ou *de la valeur d'un talent;* —τόω, *pèse.*

15. Ταμίας[a], ου, ὁ, intendant, trésorier, questeur.—μιεύω, *est intendant;*
—μιακός, *fiscal;* —μιεία, *intendance;* —μιεῖον, —μεῖον, *trésor public.*

16. Ταπεινός[a], ή, όν, bas, humble, vil. —νότης, *abaissement, humilité;*
—νόω, *abaisse, abat;* —νωσις, *humiliation, bassesse.*

17. Τάπης[a], ητος, ὁ, **tapes, tapetum**, TAPIS. —πήτιον, *dim.;* ταπίς, *id.*

18. Ταράσσω[a], troubler. —αγμα, —αγμός, —αξις[b], —αχή, *trouble,*
tumulte, sédition; —ραχτής, —ραξίας[c], *perturbateur.*

19. Τάριχος, ὁ, salaison, momie.—χεύω, *sale, fume, embaume un mort;*
—χευτός, —χηρός, *salé;* —χεῖον, *lieu où l'on embaume les corps.*

20. Τάσσω[a], range, ordonne. Τάξις[b], *rang;* τάγμα, *ordre, légion;*
ταγός, *chef;* ταγεύω, *est chef;* ταγεία, *ordre;* τακτικός[c], TACTICIEN[d].

21. Ταῦρος[a], ὁ, **taurus**, TAUREAU, le TAURUS.—ρεια, —ρῆ, *peau de taureau.*

22. Ταχύς[a], εῖα, ύ, prompt, rapide. —χος, —χυτής, *vitesse;* —χέως, *vite,*
bientôt; —χα, *vite, peut-être;* —χινός, *prompt;* —χύνω, *hâte, se hâte.*

ANNOTATIONS.

à Malines, à Damas, à Tulle, à Calicut, à Alep, à Gaza, dans le Levant, etc. Enfin, notre mot *hermine* dérive de *hermin* ou *arménien* et signifie pr. *rat d'Arménie*, et par ext., la blanche fourrure que ce joli petit animal fournit au commerce. V. Θήρατον.

13. *a.* De la syllabe radicale Ταρ, qu'on retrouve doublée dans Τάρταρος.

14. *a.* R. τλῆναι ou ταλάω, porter, tenir suspendu. Cf. *pondus*, poids, de *pendere*, suspendre à la balance, peser. — *b.* Le talent attique valait 60 mines, c.-à-d. en poids 26 kilogrammes, et en monnaie environ 5,560 fr. V. Λίτρα.

15. *a.* R. τέμνω, partager, distribuer.

16. *a.* R. τάπος p. δάπος ou δάπεδον, le sol, la terre. Cf. *humilis*, humble, de *humus*, la terre; *bas, basse,* de βάσις, base, *pr.* le sol sur lequel le pied s'appuie.

17. *a.* Angl. *tapet,* all. *teppich;* m. rac. q. ταπεινός, bas, et δάπεδον, la *terre* sur laquelle on étend le tapis.

18. *a.* F. ξω, etc. On en fait venir le parfait irrégulier et poét. τέτρηχα, qui signifierait, dans le sens du présent, *je suis agité, je suis hérissé.* V. Τραχύς.—*b.* D'où ATARAXIE, ἀταραξία, pr. *exemption de trouble,* sorte d'insensibilité à laquelle les stoïciens (245) et les pyrrhoniens (233) aspiraient par tous les efforts de leur raison,

comme à la parfaite sagesse et au souverain bien. Philosophie contre nature, qui trouve sa condamnation, même en dehors du christianisme, dans ce vers admirable du chantre de Didon : *Haud ignara mali miseris succurrere disco.* Que deviendrions-nous si nous étions réduits à nous passer d'amour, de charité et de dévouement? — *c.* D'où *taraxacum,* c.-à-d. *remuant,* nom latin du *pissenlit,* qui fait allusion aux propriétés fébrifuges et dépuratives de son suc laiteux.

20. *a.* Att. τάττω, f. τάξω, a. ἔταξα, pf. τέταχα, f. p. ταχθήσομαι ou ταγήσομαι, a. ἐτάχθην, ἐτάγην, pf. p. τέταγμαι. — *b.* D'où SYNTAXE, σύνταξις, c.-à-d. *arrangement,* partie de la grammaire qui traite de la *construction* des mots. RR. σύν, τάσσω. — *c.* D'où TACTIQUE, ἡ τακτική, s.-ent. τέχνη, *pr.* art de ranger les troupes et de les faire manœuvrer.— *d.* Celui qui entend bien la *tactique.*

21. *a.* Cette racine se retrouve dans l'hébreu et le sanscrit. V. Οἴς.

22. *a.* Comp. ταχύτερος, poét. ταχίων, θάσσων ou θάττων, sup. ταχύτατος et τάχιστος. D'où TACHYGRAPHIE, ταχυγράφος, c.-à-d. *qui écrit rapidement,* nom donné par les Grecs à leurs *sténographes.* RR. ταχύς, γράφω. V. Στενός.

1.ᵉ Τάργανον, τὸ, vin sûr *ou* éventé, vinaigre, piquette. –νόω, *évente,
aigrit, en parlant du vin et des liqueurs.*

2. Τάρταρος*ᵃ*, ὁ, **tartarus**, TARTARE*ᵇ*, les enfers, abîme. –ρόω, *précipite dans le Tartare;* –ρίζω, *tremble de froid, frissonne.*

3. *Ταρφύς, εῖα, ύ, épais, dru, serré, nombreux, fréquent, abondant.
–φειός, id.;* –φέα, *fréquemment;* –φος, *épaisseur (d'une forêt).*

4. *Ταρχύω*ᵃ*, ensevelit, rend les derniers devoirs.* –χέω, *id.;* –χεα, –χύ-
ματα, *obsèques, funérailles, derniers devoirs;* –χάνιος, *funéraire.*

5. Τατύρας, ου, ὁ, nom oriental du faisan. Τατύρος, *id.*

6. Ταώς*ᵃ*, ώ, ὁ, pavo*ᵇ*, ΡΑΟΝ*ᶜ*, sorte de poisson*ᵈ*. Ταῶν, *id.*

7. Τέ, et, se place, comme que, toujours après un mot.

8. *Τείρω*ᵃ*, **tero***ᵇ*, use en frottant, TRITURE, mine, tourmente*ᶜ*. Τέ-
ρην*ᵈ*, friable, frêle*ᵉ*, tendre, délicat; τέρεμνος, –μων, tendre.*

9. Τελαμών*ᵃ*, ῶνος, ὁ, bandelette, baudrier, ceinturon, livre, TÉLAMON*ᵇ*.
–μωνίαι, *courroie autour des flancs d'un chien;* –μωνίζω, *bander.*

10. Τέλλη, ἡ, nom d'une sorte de coquillage. Τελλίνη, *id.*

ANNOTATIONS.

2. *a.* Pl. τὰ τάρταρα. Le pluriel est pareillement neutre en latin; on dit *tartara*, comme *pergama*, de *pergamus*, *carbasa*, lin, de *carbasus*. — *b.* Le Tartare était, d'après les croyances mythologiques, la prison la plus profonde des *enfers*, qui étaient placés par les anciens dans les parties *inférieures* de la terre, *infra*, et divisés en quatre régions : l'Érèbe, l'enfer des criminels, le Tartare, servant de prison aux dieux et aux grands coupables, enfin les champs Élysées. Notre mot *enfer*, traduit du latin *infernus*, ne désigne pas autre chose que le lieu où souffrent les damnés, sans en indiquer l'emplacement, la révélation ne nous ayant rien appris sur ce point.

4. *a.* F. ύσω. M. rac. q. τάριχος, momie embaumée.

6. *a.* Éol. ταϜώς, pl. ταώ ου ταοί, 2ᵉ déclinaison. On dit aussi ταών, pl. ταῶνες ου ταῶς. — *b.* Le changement de *τ* en *p* est une imitation du dialecte éolien, qui met aussi πέμπε p. πέντε; πέσσυρες p. τέσσαρες. De *pavo* vient le verbe *se pavoner*, et du français *paon* on a fait le verbe *se panader.* V. Αὐγήν. — *c.* Comme le paon était chez les anciens le symbole de l'apothéose des impératrices, les premiers chrétiens l'adoptèrent pour emblème d'immortalité et le mirent sur leurs monuments. Le christianisme a tout purifié, tout régénéré : les mœurs, les institutions sociales et religieuses, les symboles, les temples, la langue elle-même.

V. Ὀνίνημι, Ἔλεος, Ἰχθύς, Βασιλεύς, Κοιμάω. — *d.* V. Φώκη.

8. *a.* Sans autres temps que l'imparfait. Angl. *to tear*, all. *zehren*. — *b.* D'où *deterere; conterere*, broyer, briser; DÉTRIMENT, *detrimentum;* pr. ce qu'on enlève en *frottant*, déchet, perte; DÉTRITUS, *débris* provenant de la décomposition des animaux et des végétaux; CONTRITION, pr. *brisement* de cœur; *triticum*, pr. blé *battu* sous les pieds des bœufs; *tribulum*, pour *teribulum*, machine à battre le blé; *tribulare*, pr. battre le blé, fouler les épis, et met ph. affliger, causer des *tribulations.* V. Τιτραίνω. — *c.* L'action de battre le blé avec le *fléau*, *flagellum*, a fourni à notre langue un mot très-expressif; c'est le mot *fléau* lui-même, employé dans le sens de grande calamité ou d'instrument de la colère divine. — *d.* Pr. facile à broyer. — *e.* Du latin *fragilis*, facile à briser; R. *frango.*

9. *a.* R. τλῆναι, supporter; bande d'étoffe ou de buffle mise en écharpe et servant à *porter* l'épée ou le sabre. V. Ἀορτήρ. — *b.* Ou ATLANTE, en termes d'architecture; figures d'hommes servant, comme les caryatides, à *supporter* des corniches et des entablements. V. Τλῆναι.

11. *a.* F. τέγξω, a. ἔτεγξα, f. τεγχθήσομαι, a. p. ἐτέγχθην, pf. p. τέτεγμαι, εγξαι, εγχται, etc. — *b.* Mouiller et ramollir dérivent naturellement du même verbe latin *mollire*, parce que l'eau *ramollit* les corps qu'elle pénètre.

11. Τέγγω *a*, tingo, trempe, mouille, TEINT, farde, fond, amollit *b*.
    Τέγξις, *action d'humecter;* τεγκτός, *mouillé, trempé, teint, amolli.*

12. Τείνω *a*, tendo *b*, TEND, dirige, s'efforce.* Τανύω, *id.;* τάσις, TENSION;
    τίνων, TENDON *c*; τόνος, *tension,* TON *d*; τονόω, *donne du ton.*

13. Τεῖχος *a*, εος, τὸ, rempart.—χίζω, *bâtit un rempart;*—χισμα, *rempart;*
    —χιστής, *constructeur de remparts;*—χεις, χίρης, *entouré de murs.*

14. Τέκμαρ, *ind.* τὸ, borne, fin, marque, signe, témoignage.—μωρ, *id.;*
    —μήριον, *signe;*—μαίρω,—μηριόω, *indique;*—μαρσις, *indication.*

15. Τέλος *a*, εος, τὸ, fin, fonction, impôt, frais.—λειος, *parfait;*—λειόω,—λέω,
    finit;—λετή, *fin, rite;*—λευτή, *fin;*—τάω, *finit, meurt;*—ταῖος, *final.*

16. Τέμνω *a*, coupe, immole, conclut, traverse.* Τμήσσω *b*, τμήγω, *id.;*
    τέμαχος, *morceau;* τέμενος *c, lieu sacré,* TEMPLE; τμῆμα, *coupure.*

Id. Τόμος *d*, ὁ, tomus, morceau, TOME *e*.—μή *f*, *coupure;*—μίς, *ciseaux;*
    —μός, *coupant;*—μεύς, *coupeur;*—μεῖον, *scalpel;*—μιχός *g*, *tranchant.*

17. Τέρας, ατος, τὸ, signe, prodige, présage. *—ράζω, *prédit;*—ράστιος,
    —ρατικός, *prodigieux;*—ρατεύομαι, *fait des prodiges.*

ANNOTATIONS.

12. *a.* F. τενῶ, a. ἔτεινα, pf. τέτακα, f. p. τοθήσομαι, a. p. ἐτάθην, pf. p. τέταμαι; syll. rad. Τεν. Angl. *to tend,* all. *dehnen.* Pour τείνω les poëtes mettent qqf. τιταίνω. D'où *tenuis,* TÉNU, pr. *étendu,* aminci, effilé par la *tension;* *attenuare,* ATTÉNUER; *extenuare,* EXTÉNUER, pr. rendre *ténu,* affaiblir en allongeant; PÉRITOINE (252).— *b.* D'où *tentorium,* TENTE, pr. *toile tendue;* TOISE, ital. *teso,* du lat. *tensum,* pr. *cordeau tendu; ostendere,* montrer, p. ob *tendere,* pr. *étendre* devant quelqu'un, étaler; ENTENDRE, pr. *tendre* son oreille ou son esprit *sur* ou *vers* quelque chose, *tendere in;* ATTENDRE, pr. *tendre,* diriger ses regards ou ses désirs *vers* un objet, *tendere ad;* V. Βλέπω. INTENTION, « le regard de l'âme.» Boss. — *c.* Cordon fibreux qui se *tend* dans les mouvements du corps.— *d.* Le *ton* musical dépend, dans les instruments, de la *tension* des cordes, des membranes ou des colonnes d'air mises en vibration, et dans la voix, de la *tension* des muscles du larynx.

13. *a.* R. τεύχω, construire.

15. *a.* R. τέλλω, accomplir. D'où ATÈLE, ἀτελής, *imparfait,* nom donné à un genre de singes d'Amérique, dépourvus de pouces aux membres antérieurs. RR. ἀ, τέλος.

16. *a.* F. τεμῶ, a. 2 ἔταμον, Att. ἔτεμον, pf. τέτμηκα, f. p. τμηθήσομαι, a. p. ἐτμήθην, a. 2 ἐτάμην, pf. p. τέτμημαι; syll. rad. Τεμ. D'où *temno, contemno,* déchirer, mépriser. V. Σάρξ. *Tempus,*

TEMPS, pr. la durée *divisible,* mesurée; plur. *tempora,* qui désigne aussi les TEMPES. V. Καιρός. *Temperare,* combiner dans une juste mesure, TEMPÉRER, d'où vient TREMPER, pr. *tempérer* la chaleur du fer ou du vin au moyen de l'eau. V. Κεράννυμι.— *b.* D'où TMÈSE, τμῆσις, figure de langage qui consiste à *couper* en deux un mot composé et à placer entre ces deux parties un ou plusieurs autres mots. Ex.: *super unus eram,* p. *supereram unus,* je restais seul. — *c.* *Templum,* pr. *tempulum,* pr. espace libre du ciel que les augures circonscrivaient et *subdivisaient* en traçant des signes dans l'air avec un bâton, pour y observer ensuite le vol des oiseaux. De là le verbe *contemplari,* CONTEMPLER, synon. de *regarder.* Par extension, *templum* a désigné tout lieu *consacré.* — *d.* D'où ATOME, ἄτομος, particule de matière indivisible, *insécable,* tant elle est petite; RR. ἀ, τέμνω. Ἔντομον, *insecte,* du latin *insectus,* divisé, pr. animal dont le corps est *divisé* en trois parties : la tête, le corselet et l'abdomen. RR. ἐν, *in,* τέμνω, *secare.* ENTOMOLOGIE, *science des insectes.* RR. ἔντομον, λέγω. — *e.* Pr. *section* d'un ouvrage; V. Ὀπάω. — *f.* D'où ÉPITOME, ἐπιτομή, abrégé d'un livre; RR. ἐπί, τέμνω. Cf. *précis,* de *præcido,* couper.— *g.* D'où ANATOMIE, ἡ ἀνατομική, s. ent. τέχνη, science qui étudie les corps organisés en les *disséquant.* RR. ἀνά, en long, τέμνω. V. Πτίσσω.

1. Ͳέλλω[a], fait naître, accomplit, se lève; *d'où vient* ANATOLIE[b].

2. Τέλμα, ατος, τὸ, mare, bourbier, marais, ciment. —μίς, *boue d'une mare;* —ματιαῖος, *qui aime les bourbiers;* —ματόω, *rend bourbeux.*

3. Τελχίν, ῖνος, ὁ, sorcier, méchant com. un TELCHINIEN[a], chicaneur[b].

4. Τέμπεα, έων, τὰ, riches vallées, défilés, TEMPÉ[a]. —πικός, *de Tempé.*

5. Τέναγος, εος, τὸ, gué, fond humide et vaseux. —γίζω, *a peu d'eau;* —γόω, *met presque à sec, rend fangeux;* —γώδης, *qui a peu d'eau.*

6. Ͳένδω[a], mange, suce, lèche avec friandise. Τένθω, *id.;* τενθεία, *friandise;* —θης, *friand, gourmand;* —θεύω, *aime les bons morceaux.*

7. Τενθρήνη, ἡ, sorte d'abeille sauvage. Τενθρηδών, *id.;* —νιον, *guêpier;* —νιώδης, —νώδης, *alvéolé, criblé de trous comme un guêpier.*

8. Τερέβινθος, ἡ, TÉRÉBINTHE[a] *ou* pistachier sauvage. —θίνη, TÉRÉBENTHINE; —θίζω, *a l'odeur de la térébenthine.*

9. Ͳέρεμνον, τὸ, toit, toiture, maison, séjour, demeure. —νος, *ferme.*

10. Τερετίζω, gazouille, siffle, chante, fredonne, babille. —τισμα, —τισμός, *gazouillement, chant, prélude, fredon, chuchotement.*

ANNOTATIONS.

1. *a.* F. τελῶ, a. ἔτειλα, pf. τέταλκα, f. p. ταλθήσομαι, a. p. ἐτάλθην, pf. p. τέταλμαι. — *b.* Ἀνατολή, lever d'un astre, pr. *Levant,* Orient, *Oriens,* nom donné par les Grecs à la partie occidentale de l'Asie Mineure, parce que le soleil se *lève* de ce côté pour les habitants de la Grèce. RR. ἀνά, τέλλω. L'*Anatolie* rappelle naturellement l'*Hespérie.* V. Ἑσπέρα. C'est à tort qu'on a écrit et qu'on écrit encore *la Natolie,* comme si l'n initial d'*Anatolie* appartenait à l'article. La même faute s'est reproduite dans *la boutique,* p. *l'aboutique; la Pouille,* p. *l'Apouille,* de *Apulia,* contrée du sud de l'Italie; *la Guienne,* p. *l'Aguienne,* de *Aquitania,* Aquitaine, *pr.* pays des eaux; *aquæ,* c.-à-d. pays des *sources minérales,* ou plutôt pays *maritime.* On aura dit par corruption *Quitaine, Quiaine, Guiaine,* et enfin *Guienne.* Par une erreur d'un autre genre, fondée sur notre ancienne écriture, qui jusqu'au seizième siècle se passa de l'apostrophe entre l'article et le nom, l'article s'est trouvé attaché à certains mots de manière à ne faire qu'un avec eux. C'est ce qui est arrivé pour le nom de *Lille,* anc. *l'Isle,* ainsi nommée à cause des petites rivières qui environnent cette ville; dans *lendemain,* qui n'est autre que *demain,* auquel on a ajouté successivement la préposition *en* et l'article *le;* dans *lierre* p. *l'hierre,* de *hedera;* dans *loriot* p. *l'oriot,* pr. *l'oiseau d'or,* au plumage d'or, *aureolus.* V. Πέλεια, Ἄμβη. De ἀνατολή on a fait un nom d'homme, ANATOLE. Ce n'est pas le seul substantif abstrait devenu nom propre. Cf. *Sophie,* de σοφία, sagesse; *Zoé,* de ζωή, vie; *Euphrasie,* de εὐφρασία, joie; *Euphrosine,* de εὐφροσύνη, plaisir; *Eudoxie,* de εὐδοξία, bonne renommée.

3. *a.* Nom des plus anciens habitants des îles de Crète, de Rhodes et de Chypre, qui passaient pour méchants et sorciers. — *b.* Ici se présente la fameuse épithète γλισχραντιλογεξεπίτριπτος, donnée par le poëte comique Aristophane aux Chicaneaux de son temps. Elle signifie *rompu à la contradiction, subtil à prendre les échappatoires.* RR. γλίσχρος, ἀντί, λέγω, ἐξ, ἐπί, τρίβω.

4. *a.* Vallon de la Thessalie, pr. la *vallée* par excellence, comme *Némée* est le *bois* par excellence. V. Νέμω. De même, nous avons en France *Vallon, Laval,* etc., de *vallis,* vallée.

6. *a.* Ou τένθω, sans futur.

8. *a.* Espèce d'arbre du genre pistachier, d'où découle le sucrésineux nommé *térébenthine.*

11. *a.* D'où EXTERMINER, *exterminare,*

11. Τέρμα,ατος,τὸ, **terminus**[a], borne, TERME[b], fin.*—μων, *terme;* *—μιος, *final;** —ματίζω, —τόω, *borne;* —μιεύς, *dieu des bornes.*

12. Τέρπω[a], réjouit, rassasie. Τερπνός, *charmant, doux, agréable;* —πνόν, *plaisir, agrément;* —πνότης, *τερπωλή, τέρψις*[b], *charme.*

13. Τεύχω[a], fabrique. Τεῦξις, *fabrication;* τεῦγμα, *ouvrage;* τευκτός, τυκτός, *fabriqué;* τεῦχος, *meuble, outil, vase, arme, livre*[b].

Id. Τέκτων[c],ονος,ὁ, ouvrier en bois, constructeur, charpentier, artisan.

14. Τέφρα,ἡ, cendre. —φραῖος,—φρας,—φρός, *cendré;* —φρινος, *de cendre;* —φρίζω, *est cendré;* —φρόω, *réduit en cendres;* —φρωσις, *incinération.*

15. Τέχνη[a],ἡ, art, science, métier, expédient. —νικός, *concernant un art,* TECHNIQUE[b]; —νάζω, —νάομαι, *fabrique;* —ναστής, —νίτης, *artiste.*

16. Τήθη[a],ἡ, nourrice, grand'mère, vieille. —θίς, *tante;** —θέλης[b], *niais.*

17. Τήκω[a], fond, dissout, consume. Τηκτός, τακερός, *fondu;* τῆξις, τη-κεδών, *fusion;* τηκτικός, *τηκεδανός, *fondant;* τήγανον, *poéle à frire.*

18. Τηρέω[a], observe, surveille, conserve. *—ρός, *gardien;* —ρησις, *observation, garde, défense;* *—ρήμων, —ρητής, *conservateur.*

ANNOTATIONS.

pr. *faire sortir des frontières, ex, terminus,* chasser, par ext. faire disparaître, faire périr.— *b.* Les bornes des champs étaient transformées, chez les Romains, en autant d'images d'une divinité particulière appelée *Terminus,* Terme, à qui ils confiaient la garde des propriétés. Pour mieux marquer que ce dieu ne changeait jamais de place, on le représentait sans pieds et sans mains, quoiqu'il portât une tête humaine. La Fable raconte même que, Tarquin le Superbe ayant voulu élever un temple à Jupiter sur le Capitole, tous les dieux cédèrent la place qu'ils y occupaient, à l'exception du dieu Terme: « Terminus, *ut veteres memorant, restitit, et magno cum Jove templa tenet.*» Tant la propriété était chose sacrée chez les Romains.

12. *à.* F. τέρψω, a. ἔτερψα. D'où TER-PANDRE, pr. *qui charme les hommes,* nom d'un musicien et poëte célèbre; RR. τέρπω, ἀνήρ. EUTERPE, εὐτερπής, pr. agréable, amusant; nom donné à la Muse de la musique; RR. εὖ, τέρπω. — *b.* D'où TERPSICHORE, τερψιχόρα, c.-à-d. *qui aime la danse,* nom de la muse qui présidait à la danse; RR. τέρπω, χορός. Les fonctions d'*Euterpe* et de *Terpsichore* sont indiquées dans les deux vers suivants d'Au-

sone : *Docliloquis calamos* Euterpe *flatibus urget;* Terpsichore *affectus citharis movet, imperat, auget.*

13. *a.* F. τεύξω, a. ἔτευξα ép. τεῦξα, a. 2 ἔτυχον ou. τέτυχον, a. p. ἐτύχθην, pf. p. τέτυγμαι ou τέτευχα, souvent avec le sens présent d'*être,* plqpf. ἐτετεύγμην ou ἐτετεύχειν, j'étais; syll. rad. Τεχ. Cf. τίκτω, produire.— *b.* D'où PENTATEUQUE; V. Πέντε. — *c.* D'où ARCHITECTE, ἀρχιτέκτων, pr. chef des ouvriers constructeurs, *constructeur en chef.* V. Ἄρχω.

15. *a.* R. τεύχω, fabriquer. « Les arts diffèrent d'avec les sciences, en ce qu'ils nous font *produire* quelque *ouvrage* sensible, au lieu que les sciences exercent seulement ou réglent les opérations intellectuelles. » Boss. Le sens du mot *art* se voit mieux dans ses dérivés *artifex, artisan, artiste.* — *b.* D'où POLYTECHNIQUE, nom d'une célèbre école de Paris, dont les élèves se préparent, par l'étude de *plusieurs sciences* et de *plusieurs arts,* à remplir des services publics. RR. πολύς; T.

16. *a.* R. θάομαι, sucer, allaiter.— *b. Pr.* enfant élevé par sa grand'mère.

17. *a.* F. τήξω, a. ἔτηξα, a. 2 ἔταχον, pf. τέτηχα, a. 2 p. ἐτάχην, pf. p. τέτηγμαι ou τέτηχα, je fonds, je me consume.

18. *a.* F. τηρήσω.

1. Τέρθρον, τὸ, bout de l'antenne, sommité. —θριος, *câble attaché au bout de la vergue;* —θρωτήρ, *extrémité de la proue* ou *de la poupe.*

2. Τερμέριον, τὸ, mal de TERMÉRUS, mal qui retombe sur son auteur[a].

3. Τέρμινθος[a], ἡ, TÉRÉBINTHE. *—θινος, de térébinthe;* *—θίς, fém.*

4. Τέρσω[a], sèche, essuie,. —σαίνω, *id.;* —σιά, *claie;* —σήεις, *sec, dur;* ταρσός, ταῤῥός, *claie*[b]*;* ταρσόω, *fait sécher, garnit d'une claie.*

5. Τέσσαρες[a], α, QUATRE. Τετράκις, *quatre fois;* τέταρτος, *quatrième;* τετράς[b], *nombre de quatre;* τετράδυμος, *quadruple, mis en quatre.*

6. Τετράζω, caquette, glousse comme une poule qui pond. Τέτραξ, TÉTRAS[a], *coq de bruyère, gélinotte.*

7. Τέττιξ[a], ιγος, ὁ, cigale. —τιγώδης, *de l'espèce des cigales.*

8. Τευθίς, ίδος, ἡ, calmar ou sèche[a], *espèce de polype.* —θος, *autre espèce de calmar* ou *de sèche.*

9. Τεύκριον, τὸ, TEUCRIUM, germandrée jaune, *pr.* plante de TEUCER[a].

10. Τευτάζω[a], s'arrête longtemps à une même chose, s'occupe. —τασμός, *assiduité, persévérance, application, temporisation.*

ANNOTATIONS.

2. *a.* Par allusion au brigand *Termérus* qui brisait la tête de ses victimes, et à qui Hercule fit subir le même supplice.

3. *a.* Attique et poét. pour τερέβινθος.

4. *a.* F. τέρσω, a. ἔτερσα. — *b.* Tout ce qui a la contexture d'une claie s'appelle ταρσός, d'où les anatomistes ont fait le mot TARSE, pour désigner la partie postérieure du pied, composée de sept os enclavés les uns dans les autres comme les brins d'osier dont une *claie* est faite.

5. *a.* Att. τέτταρες, Éol. πέσσυρες ou πίσυρες, d'où le latin *quattuor.* De τέσσαρες les Latins ont fait *tessera,* carré, pièce carrée. Dans le langage militaire, « on appelait *tessera* une planchette *carrée,* sur laquelle le mot d'ordre était écrit, et qui, des tribuns ou du commandant d'un corps passait successivement à tous les centurions, jusqu'à ce qu'elle revînt à celui qui l'avait donnée. Les soldats chargés de la faire circuler étaient nommés *Tesserarii.* On se servait quelquefois de la *tessère* pour donner, non pas un simple mot, mais un ordre ou un avis pour lequel on ne voulait pas employer la voix. » BURNOUF. Il y avait aussi la *tessère* hospitalière. Quand deux amis voulaient se reconnaître plus tard, ils traçaient des signes particuliers sur une *tessère* qu'on rompait en deux et dont chacun gardait la moitié. V. Δέλτος. Nous avons aussi des mots tirés de la forme *carrée* des objets qu'ils désignent. Ex. : *cadran,* de *quadrans,* parce que sa forme était pri-

mitivement *carrée; cadre,* de *quadrum; carrelet,* filet *carré* à mailles *carrées, équerre,* instrument qui a deux côtés à angle droit, en *carré; escadre, escadron,* etc. — *b.* D'où TÉTRADYNAME. Examinez la fleur du chou, vous y trouverez six étamines, dont *quatre* sont plus grandes, plus *fortes* que les deux autres. De là vient qu'on appelle ces sortes de plantes *tétradynames;* RR. τέσσαρες, δύναμαι. TÉTRAÈDRE. En géométrie, la pyramide triangulaire s'appelle *tétraèdre,* parce que la surface de ce solide est formée de *quatre* triangles ou *bases;* RR. τέσσαρες, ἕδρα. TÉTRARCHIE; τετραρχία, petite souveraineté formée du *quart* d'un royaume; RR. τέσσαρες, ἄρχω. On appelait aussi quelquefois *tétrarque* un simple gouverneur ou seigneur de quelque contrée.

6. *a.* Genre de gallinacés de la taille du paon.

7. *a.* D'où TETTIGONE ou *cicadelle,* insecte différent de la cigale en ce qu'il ne chante point.

8. *a.* V. Σήπω.

9. *a.* Héros mythologique.

10. *a.* F. τευτάσω. R. ταυτό p. τὸ αὐτό, la même chose.

11. *a.* Poét. et Att. τιθασός. R. τίτθη, nourrice.

12. *a.* F. θήσω, a. ἔθηκα, a. 2 ἔθην, pf. τέθεικα; moy. τίθεμαι, f. θήσομαι, a. ἐθηκάμην, a. 2 ἐθέμην, f. p. τεθήσομαι, a. p. ἐτέθην, pf. p. τέθειμαι; syll. rad.

11. Τιθασσός *a*, ή, όν, apprivoisé, cultive, doux, domestique. —σεύω,
—σω, apprivoise; —σεία, apprivoisement, etat de culture.

12. Τίθημι *a*, pose. Θέμα, dépôt, proposition, THÈME *b*, THESE *c*; θέσις *d*
action de poser, thèse; θετός, posé; θήκη *e*, coffre; θημών, tas.

13. Τίκτω *a*, enfante, met bas. Τέκνον, 'τέκος, enfant; τεκνίον, dim.

Id. Τόκος, ό, intérêt *b*, enfantement, enfant. —κάς, qui a mis bas;
—κάω, est en mal d'enfant; ' —κεύς, père; —κίζω, prête, fait valoir.

14. Τίλλω *a*, arrache brin à brin, pique, critique, d'où TILLER *b*. Τι-
λαί, duvet; τίλμα, brin; τίλοι, poils des cils; τιλτόν, charpie.

15. Τινάσσω *a*, secoue, ébranle, brandit. —ναγμα, —ναγμός, secousse. '

16. Τίτθη *a*, ή, mamelle, nourrice. Τιτθός, 'τιτθή, id.; τιτθίον, mamelon;
τιθήνη, nourrice; —νός, nourricier; —νεύω, nourrit; τιτθεύω, id.

17. Τιτραίνω *a*, TROUER, percer. Τέρετρον, terebra, TARIÈRE; τρῆμα, TROU,
TRÉMA *b*, point du dé; —ματίζω, joue; τρῆσις, perforation; τρητός, troué.

Id. Τορός, ά, όν, perçant. —ρεύω, cisèle, polit; —ρεύς, —ρος, ciseau, burin;
τόρμος, écrou; τόρνος, tornus *c*, TOUR; —νεύω, TOURNE, est TOURNEUR.

ANNOTATIONS.

Θε. — *b*. Thème se dit, en général, de tout sujet ou proposition que l'on entreprend de prouver ou d'éclaircir. En grammaire, ce mot signifie; 1° le radical primitif d'un verbe qu'on suppose être la souche d'où sortent toutes les formes de la conjugaison, par exemple: Θε dans τίθημι, Λαβ dans λαμβάνω; 2° un morceau à traduire d'une langue connue dans une autre langue qu'on apprend. De θέμα vient encore ANATHÈME, ἀνάθημα, offrande, c.-à-d. chose élevée vers le ciel, par ext. chose dévouée, maudite, objet de malédiction. RR. ἀνά, en haut, τίθημι. V. Ἀρά. Cette étymologie rappelle celles de notre mot autel, lat. altare, pr. table élevée, et du synon. latin ara, de αἴρω, élever. — *c*. Proposition mise en avant avec intention de la défendre, si elle est attaquée. — *d*. D'où SYNTHÈSE, σύνθεσις, ou composition, opération par laquelle on réunit en un tout des parties séparées; méthode qui procède du simple au composé, en sens contraire de l'analyse; RR. σύν, τίθημι. PARENTHÈSE, παρένθεσις ou interposition, mots insérés dans une phrase où ils forment un sens à part; RR. παρά, à côté, ἐν, dans, τίθημι. HYPOTHÈSE, ὑπόθεσις, ou supposition; RR. ὑπό, τίθημι, mettre dessous, sub, ponere. — *e*. D'où BIBLIOTHÈQUE (47). HYPOTHÈQUE, ὑποθήκη, pr. support, garantie d'une obligation; c'est un gage que le débiteur donne sur ses biens à son créancier; RR. ὑπό, τίθημι. BOUTIQUE, pr. dépôt, ἀπο-

θήκη, lat. apotheca, esp. botica; RR. ἀπό, τίθημι. APOTHICAIRE, celui qui tient magasin ou boutique de remèdes.

13. *a*. F. τέξω ou τέξομαι, a. 2 ἔτεχον, pf. τέτοκα, a. p. ἐτέχθην, pf. p. τέτεγμαι, rar. τέτογμαι; syll. rad. Τεκ. Cf. τεύχω, produire. — *b*. Litt. le produit du capital. Les grammairiens latins dérivent de même fœnus ou fenus, fenoris, de l'inusité feo, d'où vient aussi fetus, production, petit, enfant. « Fenus ab eo dictum est quod pecuniam pariat, increscenti tempore, quasi fetus aut fetura, nam et graecè τόκος dicitur ἀπὸ τοῦ τίκτειν.» NONIUS.

14. *a*. F. τιλῶ. — *b*. Détacher avec la main le filament du chanvre.

15. *a*. F. τινάξω.

16. *a*. Angl. teat. R. θάομαι, allaiter.

17. *a*. Att. τετραίνω, f. τετρανῶ, poét. τρήσω, a. ἐτέτρηνα ou ἐτέτρανα, poét. τέτρηνα, qqf. ἔτρησα, a. 2 ἔτορον, pf. τέτρηκα, pf. p. τέτρημαι. M. rac. q. τείρω, user en frottant. D'où encore l'adjectif latin teres, arrondi, poli, et notre verbe TARAUDER, percer une pièce de métal ou de bois, pour y mettre une vis. — *b*. Les deux points du tréma paraissent comme deux petits trous au-dessus des voyelles e, i, u. Cf. point; lat. punctum, pr. trou. V. Κεντέω, Ἀκμή. — *c*. D'où TOURNOIS, exercice militaire où les chevaliers tournaient dans une enceinte, en courant l'un sur l'autre pour rompre la lance.

1 Τήβεννα [a], ἡ, habit des riches à Argos, toge des Romains [b].

2. Τῆθος, εος, τὸ, coquillage, huître, moule.—θυα, *endroits vaseux.*

3. *Τῆλε [a], loin, au loin, de loin. Τηλόθι, τηλοῦ, *id.*; τηλόθεν, *de loin;* τηλόσε, *au loin;* τηλότερος, *plus éloigné;* τήλιστος, *très-éloigné.*

4. Τηλέφιον, τὸ, TÉLÉPHIUM [a], sorte de sédum, plante grasse.

5. Τηλία, ἡ, planche pour étaler le pain, pour jouer aux dés, crible.

6. Τῆλις, ιδος [a], ἡ, fenugrec. Τήλινον, *sorte de parfum.*

7. Τήνελλα [a], tra la la, chant de victoire. *Τήνελλος, *vainqueur.*

8. Τήνιοι, οἱ, amandes douces qu'on récoltait dans l'île de TÉNOS [a]

9. *Τητάω [a], prive.—10. Τιάρα [a], ἡ, tiara, TIARE, turban des Perses.

11. *Τιβήν, ηνος, ὁ, trépied. — 12. Τίγρις, ιδος [a], ἡ, tigris, TIGRE.

13. Τίλλων, ωνος, ὁ, tanche, *poisson d'eau douce.* Τίλων, *id.*

14. Τίλος, ὁ, excrément liquide.—λάω, *rend des excréments liquides.*

15. Τιμώνιον, τὸ, boudoir, *rappelle le célèbre boudeur* TIMON [a].

16. Τινθός, ἡ, όν, chaud, brûlant, bouillant ; *subst.* chaleur brûlante.

17. Τίς, τί, qui? quelque [a], un. *Τίη [b], *pourquoi?* *τίζω, *demande qui? quoi?*

ANNOTATIONS.

1. *a.* Vêtement porté d'abord par un certain Arcadien du nom de *Tébennus.* — *b.* Les Romains qui briguaient une charge avaient l'usage de porter un habit *blanc* pendant deux ans, avant de solliciter les suffrages du peuple. On les appelait alors *candidati,* de *candidus,* blanc, d'où nous est venu le mot *candidat,* synon. d'aspirant. Ce vêtement blanc est désigné dans les auteurs grecs sous le nom de τήβεννα λαμπρά, *pr.* toge éclatante de blancheur.

3. *a.* D'où *telum,* trait, projectile. « Telum *dictum ab eo quod in* longinquum *mittatur.* » FLACCUS. V. Μάχομαι. TÉLÉGRAPHE; RR. τῆλε, γράφω; appareil au moyen duquel on transmet *au loin* et instantanément des nouvelles ou des ordres; à l'aide de signaux qui répondent à des lettres de l'alphabet, à des mots ou à des chiffres. Les anciens et particulièrement les Chinois paraissent avoir employé le télégraphe aérien. Les Perses, outre leurs services de courriers, ἄγγαροι, faisaient encore passer des nouvelles d'une extrémité du royaume à l'autre, au moyen de feux allumés de distance en distance. Dans l'*Agamemnon* d'Eschyle, Clytemnestre annonce au chœur que Troie a été prise par les Grecs dans la nuit précédente, et explique comment cette nouvelle a pu franchir en si peu de temps la distance d'Argos à Troie, au moyen des signaux par le feu. TÉLESCOPE, τηλεσκό-πος, *qui regarde de loin,* instrument d'astronomie qui sert à observer les objets éloignés; RR. τῆλε, σκέπτομαι. TÉLÉMAQUE; le héros du poème de Fénelon. V. Μάχομαι.

4. *a.* Ainsi nommée en l'honneur de TÉLÈPHE, héros fabuleux qui fut blessé au siége de Troie par la lance d'Achille, et fut guéri par la rouille de cette même lance. V. Γεντιανή.

6. *a.* Ου εως.

7. *a.* Mot vide de sens, qui servait de refrain, principalement dans les chants de victoire.

8. *a.* Ile de la mer Égée, une des Cyclades. V. Κυδωνέα.

9. *a.* F. τητήσω.

10. *a.* Racine orientale. C'était primitivement un bonnet de feutre pointu par le haut, que les princes et les prêtres portaient comme symbole d'autorité, chez les Mèdes et les Perses. Les rois se distinguaient en portant la pointe droite. La tiare du pape est une espèce de bonnet orné de trois couronnes.

12. *a.* Ου ιος, acc. τίγριν, pl. τίγριδες ου τίγρεις, τιγρίδων ου τιγρέων, τίγρεσι, τίγρῑας ου τίγρεις.

15. *a.* Τίμων, misanthrope athénien.

17. *a.* Τίς interrogatif se distingue de τὶς indéfini par l'accentuation. — *b.* Poët. pour τί, lat. *quid,* fr. *que,* synon. de *pourquoi?* Ex. : Que tardez-vous? *Quid* ou *Cur moraris?* Cur est lui-même pour

18. Τιτρώσκω[a], blesse. Τρώω, id.; *τρώμη, τρῶσις, *τρωσμός, τραῦμα, blessure; τραυματίζω, blesse; τραυματίας, τρωτός, blessé.

19. Τίω[a], estime, honore, paye. Τίνω, paye, expie, subit[b]; τίσις[c], payement, plur. représailles, punition, Furies; τιταίνω, venge.

Id. Τιμή, ἡ, prix, ESTIME, honneur, cens. —μάω, estime, honore[d]; —μημα, prix; —μητεύω, est censeur; —μιος, précieux; —μιότης, valeur.

20. Τλῆναι[a], tollo, tolero, supporte, souffre[b]. Τλήμων, τλητικός, patient; τλημοσύνη, τλῆσις, patience; *τλητός, supporté.

21. Τοῖχος[a], ὁ, mur, flanc ou bord d'un vaisseau.—χίον, dim.;—χόω, change en muraille;—χίζω, penche d'un côté, en parlant d'un vaisseau.

22. Τόλμα[a], ἡ, assurance, hardiesse, audace.—μάω, ose;—μηρός, *hardi; —μημα, action hardie; —μησις, hardiesse; —μητής, homme hardi.

23. Τόξον, τὸ, arc. —ξικός, d'arc; —ξικόν[a], TOXIQUE ou poison; —ξότης, archer;—ξόω, arquer;—ξάζομαι, tire de l'arc;*—ξοσύνη, art d'en tirer.

24. Τόπος[a], ὁ, lieu, pays, village, sujet. —πικός, local, TOPIQUE[b]; —πίτης, habitant d'un village; —πάζω, conjecturer.

ANNOTATIONS.

quor ou quar, anciennes formes de quare, qua re, pour quelle chose?

18. a. F. τρώσω, a. ἔτρωσα, pf. τέτρωχα, f. p. τρωθήσομαι, a. p. ἐτρώθην, pf. p. τέτρωμαι. La syllabe radicale est Τορ, la même, à la voyelle près, que Τερ dans τείρω et τιτραίνω, faire un trou; confodere. V. Βιβρώσκω.

19. a. F. τίσω, a. ἔτισα, pf. p. τέτιμαι. D'où Ἴτος, Τιτος, synon. d'Honoré, nom pr. Ce verbe a plusieurs temps communs avec τίνω, qui en diffère au passif τισθήσομαι, ἐτίσθην, τέτισμαι. — b. Remarquez l'analogie de ces diverses significations : le sens premier du verbe estimer n'est pas honorer, mais bien évaluer à prix d'argent, comme on le voit par la racine æs, æris, du latin æstimare, æs τιμάω; d'où est venu à ce verbe le sens de payer, puis de subir la peine d'une faute, comme on dit en latin, dare pœnas ou solvere pœnas, pr. payer des peines. Nous disons de même la payer; le payer, dans le sens de être puni de quelque chose. — c. D'où Tisiphone, celle des Furies qui vengeait les meurtres; RR. τίνω, φόνος. V. Μεγαίρω. - d. D'où Théotime, θεότιμος, et Timothée, τιμόθεος, c.-à-d. honorant ou craignant Dieu, nom pr. RR. θεός, τίω.

20. a. inf. a. 2 du prés. inus. τλάω ou τλήμι, remplacé par le parfait τέτληχα, impér. τέτλαθι, opt. τετλαίην, inf. τετλάναι, f. τλήσομαι, a. 2 impér. τλῆθι, opt. τλαίην, subj. τλῶ. — b. D'où Atlas, ἄτλας, αντος, pr. qui ne peut supporter, qui souffre; nom d'un roi de Mauritanie qui prit le parti des Titans contre Jupiter, et fut condamné par ce dieu à porter le ciel sur ses épaules; RR. ἀ, τλάω. Atlante ou Télamon, du génitif ἄτλαντος, figure d'Atlas ou d'Hercule supportant une corniche. Atlas, qui signifie, 1° un recueil de cartes géographiques, qui, en quelque sorte, porte le monde; 2° la première vertèbre du cou qui supporte la tête. Les anciens croyaient que les montagnes du nord de l'Afrique étaient les plus hautes de la terre et qu'elles portaient le ciel, d'où leur vint le nom d'Atlas. L'Océan qui baigne l'Afrique à l'ouest a pris de là le nom d'Atlantique.

21. a. R. τεύχω, construire.

22. a. La seule racine féminine en μα. R. τλῆναι, supporter, oser; cf. le latin sustineo, soutenir, oser.

23. a. S.-ent. φάρμακον, drogue, pr. poison dans lequel on trempait les flèches.

24. a. D'où τοπογραφία, TOPOGRAPHIE, description d'un lieu. RR. τόπος, γραφω. Utopie; V. Οὐ. - b. En médecine, on donne le nom de topique à tout médicament local extérieur. En rhétorique, le mot topiques désigne des traités sur les lieux communs.

1. Τισιγίτης, ου, ὁ, sorte de vase, *en langue persane.*

2. Τιτάν, ᾶνος, ὁ, TITAN [a], homme sauvage et débauché [b].

3. Τίτανος [a], ἡ, chaux, marne, toute terre calcaire, plâtre. —νόω, *enduire de chaux, plâtrer;* —νωτός, *enduit de chaux, plâtré.*

4. Τιτίζω [a], piaille, piaule, crie comme les petits oiseaux.

5. Τίτλος, ὁ, *de* titulus, inscription, écriteau, TITRE [a] de loi.

6. Τιττυβίζω [a], glousse comme les perdrix, piaille, crie.

7. Τίτυρος, ὁ, bouc, bélier, jeune berger, chalumeau, singe, TITYRE [a]. —ρινος, *pastoral;* —ριστής, *joueur de chalumeau.*

8. Τιτύσκομαι [a], fait, prépare, machine, vise à, conjecture.

9. Τῖφος, εος, τὸ, marais, étang. —φιος, *de marais, de marécage;* —φη, *espèce de blé, tipule* ou *araignée d'eau.*

10. Τίφυον, τὸ, narcisse de Perse. — **11.** Τίφυς [a], υος, ὁ, cauchemar.

12. Τοί, certes, vraiment, mais en effet.—**13.** Τοῖος [a], tel; τοίως, *ainsi* [b].

14. Τολύπη, ἡ, peloton de laine, sorte de gâteau, sorte de courge. —πεύω, *amasse, pelotonne;* —πευμα, *peloton.*

ANNOTATIONS.

2. *a.* Héros mythologique de mœurs corrompues et féroces. — *b.* V. Βάτταλος.

3. *a.* R. τιταίνω ou τείνω, étendre ; *pr.* matière facile à étendre. Cf. *plâtre,* de πλάσσω, enduire.

4. *a.* F. τιτίσω. Remarquez le redoublement de la syllabe radicale Τι. V. Κάχκαβις, Γάργαιρω.

5. *a.* Il y a un changement de *l* en *r* dans le passage du mot latin en français, comme dans *écurie,* de *equile; navire,* de *navilium; rossignol,* de *luscinia; orme,* de *ulmus; chapitre,* de *capitulum; hurler,* de *ululare,* tandis que *r* s'est changé en *l* dans *crible,* de *cribrum; soûler,* de *saturare; lilium,* de λείριον. V. Γλάμη.

6. *a.* Ou τιτυβίζω, f. ίσω ; même remarque que pour τιτίζω.

7. *a.* Nom de berger dans Théocrite et Virgile, par allusion au chalumeau ou au bélier. En effet, il y a, dans toutes les langues, des noms propres empruntés aux animaux et donnés d'abord comme sobriquets, sans doute parce qu'à l'origine, on a remarqué une similitude de mœurs, une analogie quelconque entre certaine personne et l'espèce dont on lui appliquait le nom. Cf. *Dracon,* de δράκων, dragon; *Verres,* verrat; *Léon,* lion; *Brutus,* brute; *Catulus, Catulle,* de *catulus,* jeune chien; *Capella,* chèvre; *Corvus,* corbeau; *Asina,* ânesse; *Aper,* sanglier; *Ursus,* ours; *Lupus,* loup; *Ursule,* petite ourse; *Merula,* merle; *Mus,* rat; *Laerte,* fourmi; *Laius,* grive; *Muræna* (212); *Scrofa,* truie; et chez nous, *Corneille, Poussin, Poisson, Lacaille, Lebœuf, Goujon, Chevreau,* etc. En anglais, *Fox,* renard; en allemand, *Wolf,* loup, etc.; en hébreu, *Caleb,* chien; *Coré,* corbeau; *Séphora,* poule; *Débora,* abeille; *Rachel,* brebis; *Tabitha,* chèvre, etc. En retour, on a donné des noms de personnes à certains animaux. Parmi les oiseaux seulement, il y a le *Grand duc,* le *Cardinal,* le *Messager,* le *Secrétaire,* le *Pape,* le *Chevalier,* le *Roitelet,* le *Martin,* le *Martinet,* le *Pierrot,* le *Perroquet* ou *Jacquot,* qui s'appelait autrefois *Papegai* ou *Papegault,* le *Sansonnet,* dim. de *Samson;* la pie *Margot,* abréviation familière de *Marguerite.* Parmi les quadrupèdes, le *Renard* (138), le singe *Bertrand, Martin* l'âne. Parmi les crustacés, le *Bernard l'hermite,* appelé aussi *Diogène,* à cause de ses habitudes et de la forme de sa coquille. On dit encore, dans certains pays, un *Colas* pour un corbeau; un *Fouquet* pour un écureuil; un *Richard,* par corrupt. *Ricard,* pour un geai.

8. *a.* Sans futur.

11. *a.* Le pilote du navire Argo s'appelait Τίφυς, TIPHYS.

13. *a.* R. ὁ, ἡ, τό, dans le sens démonstratif. — *b.* Pr. de cette façon.

15. *a.* De τραγεῖν, a. 2 de τρώγω, brouter, à cause de la *voracité* de cet

15. Τράγος *a*, ὁ, bouc, odeur de bouc, TRAGUS. —γῆ, *peau de bouc;* —γειος, —γικός, *de bouc,* TRAGIQUE; —γαινα, *chèvre stérile.*

16. Τράπεζα *a*, ἡ, table. —ζιον, *dim.;* —ζεύς, *commensal, parasite;* *—ζήεις, *de table;*—ζόω, *sert la table;*—ζίτης, *changeur;*—ζιτεύω, *est changeur.*

17. Τραυλός, ή, όν, bègue. —λίζω, *bégaye;* —λισμός, —λότης, *bégayement.*

18. Τράχηλος, ὁ, cou, nuque. —λιαίος, *du cou;* —λιάω *a*, *porte le cou droit;* —λια, *basses viandes;* —λίζω, *renverse la tête en arrière.*

19. Τραχύς *a*, εῖα, ύ, rude. —χύτης *b*, *rudesse, âpreté;* —χύνω *c*, *rend rude, rend fier, irrite;* —χυσμα, *aspérité;* —χών *d*, *endroit rocailleux.*

-20. *Τρέω *a*, tremble, craint. Τρῆρος, *peureux;* τρήρων, *timide, colombe.*

Id. Τρέμω *b*, tremo *c*, TREMBLE *d*, *est agité,* CRAINT *e*. Τρόμος, *tremblement, crainte;* τρομερός, τρομώδης, *tremblant,* τρομέω, *τετρεμαίνω, *tremble.*

21. Τρέπω *a*, tourne. Τρεπτός, *tourné;* τρεπτικός, *propre à tourner;* τραπέω, *foule le raisin;* *τράπηξ, *pieu, épieu, pique, rame.*

Id. Τρόπος, ὁ, tournure, caractère, mœurs *b*, TROPE *c*.—παιον, TROPHÉE *d*; —πή, *tour, fuite,* TROPIQUE *e*, *solstice;* —πόω *f*, *met en fuite.*

animal. V. Κάπρος. D'où TRAGÉDIE, τρα-γῳδία, *chant du bouc.* La tragédie ne fut, à l'origine, qu'un chant accompagné de danses en l'honneur de Bacchus, et dont l'auteur recevait en prix un bouc qu'on immolait à ce dieu. RR. τράγος, ᾄδω.

16. *a.* Pour τετράπεζα, *pr.* table à quatre pieds; RR. τέσσαρες, πέζα. Cf. le français *trépied,* table ou siège à trois pieds. D'où TRAPÈZE, polygone à *quatre côtés* dont deux seulement sont parallèles. Trapezus, TRÉBIZONDE, ville turque sur la mer Noire, ainsi nommée à cause de sa forme quadrangulaire.

18. *a.* Fig. *se rengorge, est fier;* image tirée du cheval. « *Ambulare collo extento,* » comme parle Isaïe. V. Ταώς. Αὐχήν et cf. Λόφος, *cou, hauteur.*

19. *a.* Se rattache au verbe ταράσσω, *troubler, agiter,* par le parfait irrég. τέτρηχα. De là vient TRACHÉE-*artère* en latin, *aspera arteria,* conduit par où l'air qu'on respire est porté dans les poumons. « Trachée-artère et *âpre artère,* c'est la même chose. Elle est ainsi appelée à cause qu'étant composée de divers anneaux, le passage n'en est pas uni. » Boss. — *b.* D'où TRACHYTE, espèce de roche rude au toucher. — *c.* Cf. *exasperare,* rendre rude, EXASPÉRER, de *asper,* rude au toucher, et par ext. rude de caractère, *bourru;* l'opposé est *lenire,* adoucir, de *lenis,*

doux au toucher. — *d.* D'où Τραχωνῖτις, TRACHONITE ou TRACHONITIDE, partie de la Judée, ainsi nommée parce qu'elle était *âpre* et montagneuse.

20. *a.* F. τρέσω, a. ἔτρεσα. — *b.* N'a que l'imparfait. — *c.* D'où TRÉMOUSSER, s'agiter d'un mouvement vif et irrégulier. — *d.* De *tremulare,* ital. *tremolare.* — *e.* V. fr. *crémer, cremir,* puis craindre. V. T.

21. *a.* F. τρέψω, a. ἔτρεψα; a. 2 ἔτραπον, pf. τέτροφα et τέτραφα, f. p. τρεφθήσομαι ou τραπήσομαι, a. p. ἐθρέφθην ou ἐτράπην, pf. p. τέθραμμαι. D'où ATROPOS; V. Λαγχάνω. Isaïe compare de même la vie humaine au fil du tisserand : « *Præcisa est velut a texente vita mea.* » Chap. 38. — *b.* D'où EUTROPE, εὔτροπος, *pr.* qui a un bon naturel; nom d'un célèbre ministre de l'empereur Arcadius et du premier évêque de Saintes. RR. εὖ, τρέπω. — *c.* Terme employé dans un sens détourné, par exemple, quand Voltaire a dit : « Tel *brille* au second rang, qui *s'éclipse* au premier. » — *d.* Monument de victoire élevé avec les dépouilles d'un ennemi en *fuite.* — *e.* Nom donné à deux cercles de la sphère parallèles à l'équateur, et entre lesquels s'opère le mouvement annuel du soleil, qui semble aller de l'un à l'autre, comme en se *retournant.* — *f.* Pr. faire tourner le dos, « *vertere in fugam.* » T.-LIVE.

1. Τονθορύζω, fait le bruit d'une eau qui bout, gronde, murmure. Τονθορίζω, τονθρύζω, *id.*; τονθρυστής, *grondeur, qui murmure.*

2. Τοπάζιον, τὸ, **topazion**, TOPAZE[a]. Τοπάζιος, τόπαζος, *id.*

3. Τόργος, ὁ, vautour.—4. Τορδύλιον, τὸ, TORDYLIUM, *pl.* Τόρδυλον, *id.*

5. Τοροτίγξ, cri d'oiseau. — 6. Τοφιών[a], ῶνος, ὁ, carrière de TUF.

7. Τραχτόν, τὸ, *de* **extractum**[a], cire blanche, cire vierge. Τραχτός, *id.*; —ταίζω, *rend blanc comme la cire*; —τωμα, *emplâtre de cire.*

8. Τράμπις, ιδος, ἡ, barque, vaisseau, navire.

9. Τρανής[a], ές, perçant, clair[b]. —νός, *id.*; —νόω, *rend clair, éclaircit.*

10. Τρεῖς[a], τρία, **tres**, **tria**, TROIS. Τρίς, *trois fois*; τρίτος[b], *troisième*; τριάς, *nombre de trois*, TRINITÉ; τρισσός[c], TRIPLE; τρίαινα, TRIDENT.

11. Τρίγλα, ἡ, TRIGLE, mulet de mer, rouget.—12. Τριγλίζω, ricane.

13. Τριτώ, οῦς, ἡ, tête, *en béotien.* Τριτωνίς, *surnom de Minerve*[a].

14. Τρούλλιον, τὸ, *de* **trulla**, TRUELLE *ou* cuiller.

15. Τρόχιλος[a], ὁ, **trochilus**, roitelet, TROCHILE[b], nacelle.

16. Τρυβλίον, τὸ, **tryblium**, plat, écuelle, coupe, vase à boire.

ANNOTATIONS.

2. *a.* Pierre précieuse, ordinairement d'une belle couleur jaune d'or, qui se trouve en Bohème, en Saxe, en Sibérie et surtout au Brésil.

6. *a.* Du latin *tophus, tuf* ou *tuffeau.*

7. *a.* Pr. cire *tirée*, étendue par la *traction*; *cera tracta, quæ tractione eo devenit ut alba evadat.* De *extraho*, extraire; R. *traho*, d'où sont formés les verbes TRAIRE, TRAÎNER et TIRER, ainsi que le verbe TRÉFILER, *trahere filum*, pr. *tirer du fil*, faire passer un barreau de métal par une filière.

9. *a.* R. τιτραίνω, percer. Cet adjectif, comme beaucoup d'autres, n'a qu'une terminaison pour le masculin et le féminin. Ceci se rencontre plus souvent encore en latin. Ex.: *Viridis*, vert, verte; *vetus*, vieux, vieille; *amans*, aimant, aimante. Dans l'ancien français, tous les adjectifs et les participes en *ant* ne distinguaient pas plus le masculin du féminin que ne l'avaient fait les adjectifs latins de la troisième déclinaison, dont ils dérivaient. Il nous en est resté *grand' mère*, *grand' route*, etc., auxquels l'ignorance de l'origine de ces locutions a fait ajouter une apostrophe, pour figurer une apocope (157) qui n'existe pas. Ils n'étaient pas pour cela invariables, car ils prenaient le pluriel. (*Revue de l'instruct. publ.*, 1858.) — *b.* En parlant de la vue et de la voix. L'adjectif Ὀξύς, *aigu*, signifie de même clair, sonore, pr. perçant comme tout ce qui est aigu.

10. *a.* TRIPOLI, nom donné à plusieurs anciennes cités composées de *trois* petites villes. RR. τρεῖς, πόλις. V. Κιμωλία. TRIBU, prim. la *troisième* partie du peuple romain, divisé par Romulus en *trois* tribus. TRIBUN, magistrat romain chargé des intérêts de la tribu. TRIBUNAL, pr. siège sur lequel le *tribun* rendait la justice. TRIBUNE, lieu élevé comme un *tribunal*, d'où les orateurs haranguaient le peuple. TRIANGLE, τρίγωνον, figure à *trois angles*; RR. τρεῖς, γωνία. TRIGONOMÉTRIE, branche de la géométrie qui a pour objet la *mesure des triangles*; RR. τρεῖς, γωνία, μέτρον. TRIO, TRIOLET. TRÈFLE, τρίφυλλον, *trifolium*, pr. plante à *trois feuilles*. TRIVIAL, *trivialis*, de *trivium*, carrefour, qui se dit des pensées et des expressions très-communes, qu'on entend à tous les coins de rues; RR. tres, via, pr. rencontre de *trois chemins*; d'où TRÉVOUX, ville de l'Ain, où *trois routes* se croisaient. — *b.* En dialecte dorien τέρτος, d'où *tertius*, et TIERS, pr. TIERCE partie, *tertia pars*; TIERCELET, nom donné au mâle de plusieurs oiseaux de proie, parce qu'il est d'environ un *tiers* moins grand que la femelle. — *c.* D'où TRESSE, tissu plat, pr. cordon fait de *trois* fils. — *d.* Fourche à *trois dents* que les poètes donnent pour sceptre à Neptune.

17. Τρέφω[a], nourrit. Θρέμμα[b], nourrisson ; θρεπτικός, alimentaire ; Ἀθρεπτήρ, nourricier; θρέπτρα, pension ; θρέψις, action de nourrir.

Id. Τροφή[c], ἡ, nourriture. Τροφός, τρόφιμος, Ἀτραφερός, nourrissant; τροφεύς, nourricier; τροφεύω, nourrit; Ἀτρόφις, bien nourri, adulte[d].

18. Τρέχω[a], court. Θρεκτός, couru; θρεκτικός, agile à la course.

Id. Τρόχος, ὁ, course en rond. Τροχός, roue;—χάζω, court;—χαλός[b], arrondi; —χαλία, TREUIL[c], poulie;—χαῖος, courant, subst. TROCHÉE[d].

19. Τρίβω[a], frotte, broie, use. —βή[b], broiement, exercice;—βων, usé; —βος, chemin battu[c] ; —βακός, grossier; τριβεύς, τρίπτης; frotteur.

20. Τρίζω[a], pousse un cri aigu, grince. Τριγμός, τρισμός[b], cri aigu.

21. Τρύγη, ἡ, sécheresse, récolte, vendange. Τρύξ, lie de vin ; τρυγάω, récolte, vendange ; —γητός, récolte ; —γητής, vendangeur.

22. Τρύζω[a], roucoule. Τρυσμός, murmure ; τρυγών, tourterelle[b].

23. Τρυτάνη, ἡ, trutina[a], balance. —νεύω, pèse, balance.

24. Τρώγω[a], mange.Τρωγάλια, τράγημα, friandises, DRAGÉES; τρωκτός, τρώξιμος, mangeable; τρῶξις, action de manger; τρώγλη[b], trou.

ANNOTATIONS.

13. a. Ainsi appelée parce que, suivant les poëtes, elle sortit tout armée de la tête de Jupiter.

15. a. Les ailes du roitelet battent d'un mouvement si vif, que les vibrations en échappent à l'œil. R. τρέχω ou τρόχος. — b. Terme d'architecture qui désigne une partie de la base d'une colonne.

17. a. F. θρέψω, a. ἔθρεψα, pf. Ἀτέτροφα; f. p. τρεφθήσομαι ou mieux τραφήσομαι, a. p. ἐτρέφθην ou mieux ἐτράφην, pf. p. τέτραμμαι. Remarquez au futur le θ qui remplace l'aspiration du φ et qui sert d'ailleurs à distinguer ce futur de celui de τρέπω. V. Θάπτω. — b. Cf. alummus, de alere, nourrir. — c. D'où ATROPHIE, ἀτροφία, manque de nourriture, amaigrissement, dépérissement. RR. ἀ, τρέφω. — d. V. Ἀλδαίνω.

18. a. F. θρέξομαι ou δραμοῦμαι, a. ἔδραμον, rar. ἔθρεξα, pf. δεδράμηκα, poët. δέδρομα, pf. p. δεδράμημαι. V. Δραμεῖν, Ὁράω. — b. Cf. rotundus, rond, de rota, roue. — c. Cylindre autour duquel s'enroule une corde qui sert à élever ou à tirer des fardeaux. — d. Pied est composé d'une longue et d'une brève, qui imprime au vers un mouvement rapide. Ex. : τύπτε, φύλλα, arma, tolle.

19. a. F. τρίψω, a. ἔτριψα, pf. τέτριφα, a. p. ἐτρίφθην, a. 2 ἐτρίβην, pf. p. τέτριμμαι. — b. D'où DIATRIBE, διατριβή, exercice d'esprit, et par ext. critique amère et violente. Le mot signifie pr.

action ou moyen d'user, d'employer le temps; RR. διά, τρίβω. — c. V. Στείβω.

20. a. F. τρίσω ou τρίξω, pf. τέτριγα. Les Doriens disaient τρίσδω, d'où, en transposant, les Latins ont fait strido et strideo, rendre un son aigu, STRIDENT. — b. D'où TRISME, angl. trism, resserrement convulsif des mâchoires avec grincement des dents.

22. a. F. τρύσω. — b. V. Κακκαβίς.

23. a. La trutina était, chez les Romains, la balance commune dont se servait le peuple; la statera était la balance délicate dont les orfèvres faisaient usage, le trébuchet, qu'un rien fait trébucher. L'α de τρυτάνη s'est changé en i dans trutina, comme dans machina, de μηχανή; patina, de πατάνη, plat; buccina, de βυχάνη, trompette; gisant, de jacens; regimber, de gamba, jambe; difficilis, p. dis-facilis, pénible à faire, etc.

24. a. F. τρώξομαι, a. ἔτραγον, rar. ἔτρωξα, a. p. ἐτρώχθην, pf. p. τέτρωγμαι. M. rac. q. τείρω, broyer. — b. D'où TROGLODYTE, τρωγλοδύτης; les anciens appelaient de ce nom certains peuples de l'Afrique orientale, qui habitaient dans des cavernes. « Troglodytæ specus subeunt, alunturque serpentibus.» P. MÉLA. Les naturalistes nomment troglodytes un genre de passereaux qui vit, l'été, dans les bois sombres, et l'hiver, dans les trous de murailles; RR. τρώγω, δύνω.

1. Τρύγγας, ου, ὁ, nom d'oiseau. — **2.** Τρυγονάω, gratte à la porte[a].

3. Τρῦπα[a], ἡ, TROU. —πάω, TROUER; —πανον, —πάνη, tarière, TRÉPAN[b].

4. Τρύχω[a], use en frottant, épuise, tourmente. —χόω, id.; —χος, haillon; —χηρός, —χινος, déguenillé; τρύχωσις, τρύσις, fatigue.

5. Τύβαρις, ιος, ὁ, persil confit dans du vinaigre, chez les Doriens.

6. Τύκος, ὁ, pic, marteau de tailleur de pierres. —κίζω, taille; —κισμα, ouvrage fait en pierres de taille, édifice.

7. Τυλάς, άδος, ὁ, sorte de grive, autrement nommée ἰλλάς.

8. Τύλος, ὁ, cal, durillon, bosse, cheville. —λόω, rend calleux; [*]—λόεις, —λώδης, —λωτός, calleux; —λη, matelas, durillon; —λία, id.

9. Τύντλος, ὁ, boue, bourbier, gâchis, trouble. —τλώδης, crotté, embrouillé; —τλάζω, barbotte, fouille la terre, traîne dans la boue.

10. Τύρβη[a], ἡ, turba[b], TROUBLE, désordre. Σύρβη, id.; —βάζω, troubler.

11. [*]Τύρρις, ιος, ἡ, turris[a], TOUR, château fort. Τύρσις, id.; τυρρίδιον, dim.

12. [*]Τυτθός, ή, όν, petit, jeune, encore faible. Τυννός, id.

13. Τωθάζω[a], raille, critique. —θασμός, raillerie; —θαστής, railleur.

ANNOTATIONS.

2. a. « A la porte des chambres ou du cabinet du roi, c'est bêtise et manque de respect de heurter; il faut gratter.» Civilité des honnêtes gens, par Ant. de Courtin, 1671.

3. a. M. rac. q. τείρω et τιτραίνω. — b. Instrument de chirurgie pour percer les os du crâne.

4. a. F. τρύσω et τρύξω, a. ἔτρυσα, pf. p. τέτρυμαι ou τετρύχωμαι, de τρύω et τρυχόω; m. rac. q. τείρω.

10. a. Εἰ σύρβη; R. σύρω, entraîner violemment, tumultueusement; ou peut-être m. rac. q. θόρυβος, trouble. — b. Turba signifie trouble, confusion, et tourbe, troupe, multitude, foule, deux choses inséparables qu'on retrouve dans ὄχλος. De turba, troupe, ital. truppa, est venu le bas lat. troppus ou troppum, signifiant aussi foule, multitude, et par suite abondance, excès, TROP, ital. tropo. Cf. beaucoup, de bella copia, belle quantité. V. Καλός. De turba dérivent turbare, TROUBLER; turbulentus, troublé, qui trouble, TURBULENT, PERTURBATEUR; turbo, TOURBILLON, et par ext. tout objet de forme ronde, tourniquet, toupie, etc.; TURBINE, roue horizontale tournant sous l'eau et mise en mouvement par une chute d'eau ou par le simple effet du courant.

11. a. D'où TORQUEMADA, corrupt. de turris cremata, tour brûlée, ville d'Espagne située dans la Vieille-Castille, le pays des tours et des châteaux. V. Πύργος. Le nom de Thomas de Torquemada est célèbre dans l'histoire de l'inquisition espagnole.

13. a. F. τωθάσω ou άσομαι, etc., régul.

14. a. F. τεύξομαι, a. ἔτυχον, rare et poët. ἐτύχησα, pf. τετύχηκα. — b. D'où εὐτυχής, heureux, fortuné; EUTYCHÈS, célèbre hérésiarque grec du cinquième siècle, contemporain de Nestorius. RR. εὖ, τύχη. Il était archimandrite d'un monastère voisin de Constantinople. V. Μάνδρα. Son erreur consistait à ne reconnaître en J. C. que la seule nature divine. D'où le nom de Monophysites donné à ses disciples, outre celui d'Eutychéens; RR. μόνος, φύσις. Eutychès fut condamné par le concile général de Chalcédoine, tenu en 451. Les mêmes racines ont formé le nom d'EUTYCHIUS, saint enfant martyr à Rome. Son nom est synonyme de Félix, de Prosper, de Macaire, de Faustus et de Fortunat. — c. La ville d'AGDE fut d'abord appelée par les Marseillais, qui la fondèrent, Ἀγαθή Τύχη, c.-à-d. bonne fortune; plus tard on abrégea, et le nom se réduisit à Ἀγαθή, lat. Agatha, d'où

14. Τυγχάνω[a], est, se trouve, atteint, obtient. Τεῦξις, *obtention;* τύχη[b], *fortune;*—χαιος,—χηρός,—χικός[c], *fortuit;*—χαίως, *par hasard.*

15. Τύμβος[a], ὁ, tumba, TOMBE, lieu où un corps mort a été brûlé. —θεύω, *ensevelit;*—θευμα, TOMBEAU, *corps mort;*—θευσις, *sépulture.*

16. Τύπτω[a], frappe. Τύμμα, *τυπή, coup;* τυπάς, τυπίς, *maillet;* τύμπανον[b], *tambour,* TYMPAN[c]; τυμπανίζω, *bat du tambour, fustige.*

Id. Τύπος, ὁ, typus, empreinte, modèle, forme, TYPE[d], bruit fait en frappant.—πικός, *qui sert de modèle;*—πόω,*—πάζω, *empreint, façonne.*

17. Τύραννος, ὁ, tyrannus, maître absolu, roi, usurpateur, TYRAN[a]. —νίς, TYRANNIE;—νέω, *est roi;*—νιάω,—νησείω, *a des goûts de tyran.*

18. Τυρός, ὁ, fromage; *d'où vient* butyrum[a], BEURRE. Τυρίδιον, *dim.;* —ροῦς, *gâteau de fromage;*—ρεύω,—ρέω,—ρόω, *réduit en fromage.*

19. Τυφλός, ή, όν, aveugle, invisible, caché, sourd, émoussé. —φλότης, *cécité;*—φλόω, *rend aveugle;*—φλώττω, *est aveugle.*

20. Τύφω[a], enfume, allume. Θύψις, *action de brûler;* τῦφος, *fumée,* vapeur, orgueil[b], stupeur[c]; τυφόω, *enfume, enorgueillit*[d].

ANNOTATIONS.

AGDE. —D'où TYCHIQUE, compagnon de saint Paul. Ce nom fait sans doute allusion à quelque bonne rencontre, *buona ventura,* comme celle qui changea le nom de Jean de Fidanza en celui de *Bonaventure.* La meilleure rencontre que Tychique ait faite fut celle de saint Paul.

15. *a.* R. τύφω, brûler.

16. *a.* F. τύψω, Att. τυπτήσω, a. ἔτυψα, Att. ἐτύπτησα, a. 2 ἔτυπον. pf. τέτυφα, Att. τετύπτηκα, f. p. τυφθήσομαι ou τυπήσομαι, a. p. ἐτύφθην ou ἐτύπην, pf. p. τέτυμμαι, Att. τετύπτημαι. — *b.* D'où TIMBALE, caisse de cuivre à l'usage de la cavalerie. TIMBRE, cloche immobile *frappée* par un marteau. *Timbre* signifie aussi le cachet public *imprimé* par l'État sur certains papiers. — *c.* Le *tambour* de l'oreille. C'est, dit Bossuet, «cette peau aussi délicate que bien tendue, qui, par le mouvement d'un petit marteau d'une fabrique extraordinairement délicate, reçoit le battement de l'air et le fait passer par les nerfs jusqu'au dedans du cerveau.» — *d.* D'où TYPOGRAPHE, synon. d'imprimerie, *pr.* écriture en caractères *types;* RR. τύπος, γράφω. STÉRÉOTYPE, qui se dit des livres *imprimés* avec des planches solides; RR. στερεός, τύπτω. DAGUERRÉOTYPE, appareil inventé par *Daguerre,*

au moyen duquel on *imprime* sur une plaque argentée les images de la chambre obscure. V. Φῶς.

17. *a.* Le mot *tyran,* non plus que le mot *despote,* n'avait pas, à l'origine, une signification odieuse. «*Apud veteres inter regem et tyrannum nulla discretio erat.*» ISID. «*Tyrannus autem à rege distat factis, non nomine.*» SÉN. Le sens mauvais de τύραννος date surtout d'Aristote, qui définit la *tyrannie* : «le pouvoir d'un seul exercé à son profit.» Mais il n'est nullement de l'essence du pouvoir tyrannique d'être exercé par un seul, témoin les trente tyrans d'Athènes, etc. La vraie notion du *tyran* nous est donnée par Sénèque, quand il dit : «*Illo exsecrabili versu utitur : Oderint dum metuant.*» *De Clem.* lib. I.

18. *a.* Angl. et all. *butter;* en grec βούτυρον, *pr. fromage de vache;* RR. βοῦς, τυρός.

20. *a.* F. θύψω, a. ἔθυψα, a. 2 p. ἐτύφην, pf. p. τέθυμμαι. Remarquez au futur le changement euphonique de τ en θ, comme dans τρέχω. — *b.* V. Ὄγχος. — *c.* D'où vient TYPHUS, fièvre continue caractérisée par la *stupeur* et le délire. — *d.* Pr. faire monter à la tête les *fumées* de l'orgueil

1. Υ[a], UPSILON, *vaut* quatre cents, *et* ͵υ quatre mille.
Ὕ! HU, son que l'on fait entendre en flairant.

2. Ὑάκινθος, ὁ, ἡ, **hyacinthus**, JACINTHE[a], HYACINTHE[b], couleur violette[c]. —θινος, *de jacinthe;* —θίζω, *est bleuâtre, violet*

3. Ὑϐός[a], ἡ, όν, courbé, bossu. Ὕϐος, **gibbus**, *bosse, callosité,* GIBBOSITÉ; ὑϐόω, *rend bossu, courbe.* — 4. Ὕϐνον, τὸ, truffe.

5. *†Ὕδω[a], chante en vers, loue, célèbre. Ὑδέω, ὑδείω, *id.;* ὕμνος[b], **hymnus**, HYMNE; ὑμνέω, *chante;* ὑμνήσιος, *digne d'être chanté.*

6. Ὕθλος, ὁ, propos futile, baliverne, sornette, babil. Ὑθλέω, *badine, babille;* ὕθλημα, *badinage, baliverne, babil.*

7. Ὑμήν, ένος[a], ὁ, membrane, pellicule, voile, HYMEN. Ὑμέναιος, *chant nuptial,* HYMÉNÉE; ὑμεναιόω, *épouse.*

8. Ὕνις, εως, ἡ, soc de charrue, coutre. Ὕννις, ὕνη, ὕννη, *id.*

9. Ὕπαρ[a], *ind.* τὸ, vision qu'on a étant éveillé, réalité.

10. Ὑπέρ[a], **super**, SUR; *acc.* AU-DESSUS, PAR-DESSUS[b]; *gén.* id., pour, au lieu de. Ὑπέρα, *corde attachée aux deux bouts de la vergue.*

ANNOTATIONS

1. *a.* On reconnaît dans ce caractère le type de notre Y, que les Latins ont emprunté, ainsi que le Z, à l'alphabet grec, et qui a passé en français sous le nom d'*i grec*. Mais on a introduit l'*y* dans l'orthographe de beaucoup de mots où son origine n'est aucunement grecque, par exemple, dans les verbes *effrayer, tutoyer*. V. Θύμος. En Grèce, le caractère Υ servit primitivement comme signe d'aspiration analogue au digamma. C'était, par conséquent, une demi-voyelle. En tant que voyelle proprement dite il fut distingué par le nom d'*upsilon*, c.-à-d. *u doux*, non aspiré, qu'il a conservé même après que le digamma eut disparu de l'écriture. V. Ψιλός. Pareillement en latin, la lettre U a servi comme demi-voyelle représentant le digamma grec, F, par exemple, dans *video;* de ἰδεῖν, et en même temps comme voyelle, mais sans être distinguée par un signe particulier. «*Habebat F littera hunc sonum quem nunc habet U loco consonantis posita.*» PRISC. Ce n'est que depuis fort peu de temps que le *v* diffère de l'*u* dans nos livres français. Comme voyelle, *u* avait, chez les Latins, le son de *ou*, qui a passé en français dans beaucoup de mots dérivés du latin : *sourd,* de *surdus; outre,* de *uter,* etc.

2. *a.* Plante liliacée. — *b.* Pierre précieuse de couleur variée. — *c.* La plupart des noms de couleurs sont empruntés aux fleurs ou aux fruits. Cf. *orangé, rose, amarante, indigo, violet, ponceau, marron, châtain.*

3. *a.* Même sens et même racine que κυφός, de κύπτω, courber; l'esprit rude remplace le κ initial.

5. *a.* Sans futur. — *b.* D'où Πολύμνια, POLYMNIE, *pr.* la déesse aux *hymnes nombreux;* nom de la Muse qui présidait à la poésie lyrique et au dithyrambe (119); RR. πολύς, ὕδω.

7. *a.* D'où HYMÉNOPTÈRES, ordre d'insectes caractérisé par quatre *ailes membraneuses;* il comprend les *fourmis,* les *abeilles,* etc. RR. ὑμήν, πτερόν.

9. *a.* Ὕπαρ, s.-ent. κατά, forme une locution adverbiale qui signifie *étant bien éveillé.*

10. *a.* Angl. *over,* all. *uber.* D'où HYPERBOLE, ὑπερϐολή, figure de rhétorique familière aux Gascons, qui consiste à exagérer les choses pour faire plus d'impression. Quintilien la définit : «*Decens veri superjectio.*» RR. ὑπέρ, super, βάλλω, *jacio, pr.* jeter au-delà, dépasser le but. Cf. nos verbes *outrer,* c.-à-d. aller au delà, *outre, ultrà; exagérer, exaggerare,* c.-à-d. *élever le tas plus haut* qu'il ne faut. RR. *ex, agger.* — *b.* Dessus vient de *desuper.* V. Ὕπατος.

11. *a.* Qui se dit du cristal de roche pur, incolore, transparent. — *b.* Réciproquement en latin, *vitrum,* verre, dérive

11. Ὕαλος, ἡ, ὁ, verre. —λινος, de verre, HYALIN[a]; —λεος, *—λόεις, transparent[b]; —λίτης, vitreux; —λόω, vitrifie.

12. Ὕϐρις[a], εως, ἡ, outrage[b]. Ὑϐρίζω, est insolent, insulte; ὕϐρισμα, ὑϐρισμός, outrage; ὑϐριστής, celui qui outrage.

13. Ὑγιής[a], ές, sain, entier. Ὑγιαίνω, se porte bien[b]; ὑγίεια, santé[c]; ὑγιεινός, ὑγιηρός, sain; ὑγιάζω, ὑγιόω, guérit; ὑγιῶς, sainement.

14. Ὑγρός[a], ά, όν, humide, flexible, mou. Ὑγράζω, est humide; ὑγραίνω, ὑγρώσσω, humecte; ὑγρασία, ὑγρότης, humidité.

15. Ὕδωρ[a], ὕδατος, τό, eau, SUEUR[b]. *Ὕδος, id.; ὑδραῖος, aquatique; ὑδρηλός, ὑδάτινος, ὑδαρής[c], aqueux; ὑδρεύω, puise de l'eau.

16. Ὑιός[a], ὁ, fils. Ὑιάφιον, *ὑίδιον, jeune fils; υἱότης, qualité de fils; ὑϊδοῦς, υἱωνεύς, υἱωνός, fils du fils; ὑϊδῆ, υἱωνή, fille du fils.

17. *Ὑλάω[a], aboie. Ὑλακτέω, *ὑλακάω, id.; ὑλακτιάω, en a envie; ὕλαγμα, ὑλαγμός, ὑλακή, aboiement; ὑλακτικός, aboyant.

18. Ὕλη[a], ἡ, SYLVA[b], bois, forêt, matière[c], résidu, lie. Ὑλαῖος, de bois; ὑλάζομαι, ramasse du bois; ὑλικός, matériel; ὑλίζω, purifie.

ANNOTATIONS.

de videre, voir, et signifie pr. corps transparent.

12. a. R. ὑπέρ, au delà des convenances ou du droit. Cf. outrage, de ultra, agere, dépasser les bornes.—b. D'où HYBRIDE, qui se dit d'un être né de deux individus d'espèces différentes, par une violation des lois naturelles.

13. a. Régulier moins l'acc. sing. ὑγία, l'acc. pl. ὑγίας, le pl. neutre ὑγία; comp. ὑγιέστερος et ὑγιώτερος, sup. ὑγιέστατος. —b. D'où HYGIÈNE, partie de la médecine qui a pour objet la conservation de la santé. — c. Et HYGIE, déesse de la santé.

14. a. M. rac. q. ὕδωρ. D'où HYGROMÈTRE, instrument de physique qui sert à mesurer le degré d'humidité de l'air. Il consiste en un cheveu tendu par un petit poids, et qui s'allonge ou se raccourcit suivant que l'air devient plus humide ou plus sec. RR. ὑγρός, μέτρον.

15. a. R. ὕω, pleuvoir. D'où hydria, cruche à eau, HYDRE, nom donné par les anciens aux serpents aquatiques, et spécialement au monstre à plusieurs têtes du lac de Lerne. Par analogie avec les têtes renaissantes de l'hydre fabuleuse, on a nommé hydre un genre de polypes qui, étant coupé par morceaux, peut se reproduire en autant d'animaux semblables au premier. HYDROPISIE, ὕδρωψ, pr. apparence aqueuse; amas d'eau qui se forme dans une cavité du corps. RR. ὕδωρ, ὤψ. V. Ἀσκός. HYDROGÈNE, pr. engendrant l'eau, gaz simple, incolore, inflammable, quatorze fois plus léger que l'air, et ainsi nommé, parce qu'en brûlant dans l'air il produit de la vapeur d'eau. RR. ὕδωρ, γίγνομαι. — b. Latin sudor, d'où aussi suinter. V. Σουδάριον. — c. Et ὑδρόεις, gén. όεντος, contract. ὑδροῦς, gén. οῦντος; d'où Hydrus ou Hydruntum, nom latin de la ville d'OTRANTE, en Calabre; pr. ville aquatique. HYDROGRAPHIE, partie de la géographie qui décrit les eaux, les mers. RR. ὕδωρ, γράφω.

16. a. Les Attiques déclinent ainsi : gén. υἱέος, dat. υἱεῖ, pl. υἱεῖς, υἱέων, υἱέσι, υἱεῖς, duel υἱέε, υἱέοιν. Les poëtes déclinent souvent : gén. υἷος, dat. υἷι, ac. υἷα, pl. υἷες, υἷῶν, υἷάσι, υἷας.

17. a. Sans futur. Angl. to howl, all. heulen. D'où ὕλαξ, ὑλακτητής, aboyeur; HYLAX, nom de chien.

18. a. Eol. ὑλϜη, lat. sylva, par la substitution de s à l'esprit rude de ὑ. — b. D'où sylvaticus, de forêt, SAUVAGE, ital. selvaggio, v. fr. salvage; sylvanus, SYLVAIN; n. pr. Sylvestris, de forêt; SYLVESTRE, n. pr.—c. Comme le bois fut la première et la plus commune espèce de matériaux dont on fit usage, le mot ὕλη exprima la matière en général. Réciproquement, le latin materia signifie bois de construction. V. Μήτηρ.

1. ῞Υπερος, ὁ, pilon à mortier, marteau de porte, massue. --ρον, id.; plur. ὕπερα, chenilles arpenteuses, dans Aristote.

2. Ὑπό[a], sub, gén. sous. par; dat. sous, avec, pendant; acc. sous, vers le temps de. Ex.: HYPOCRISIE[b], HYPOTHÈQUE[c], HYPOTHÈSE[c], HYPO[d]...

3. ῞Υπτιος[a], α, ον, supinus, couché sur le dos, renversé, mou. Ὑπτιάζω, est couché à la renverse, est couché sur le dos.

4. ῞Υρχη[a], ἡ, terrine où l'on conservait du poisson salé.

5. ῞Υσγη, ἡ, nom gaulois du chêne-vert qui porte le kermès. ῾Υσγινόεις, violet, pourpre; ὕσγινον, teinture violette ou écarlate.

6. ῞Υσχλος, ὁ oreille de soulier. ῾Υσχλος, id.; --χλωτός, garni d'oreilles.

7. ῞Υσμίνη, ἡ, combat, mêlée. *--νηνδε, au combat, dans la mêlée.

8. ῾Υσσός[a], ὁ, javelot, pique. —9. ῞Υσσωπος, ἡ, hyssopus, HYSOPE[a].

10. ῾Υστιαχός, ὁ, vase à boire. — 11. ῞Υφεαρ, ατος, τὸ, gui du pin.

12. Φ[a], PHI, labiale aspirée, vaut cinq cents.

13. Φικάσιον, τὸ, sorte de chaussure blanche.

14. Φαινόλης, ου, ὁ, de pœnula[a], long camail, manteau, casaque.

ANNOTATIONS.

2. *a.* D'où HYPOTÉNUSE, synonyme de *sous-tendante*, le côté du triangle rectangle opposé à l'angle droit; RR. ὑπό, τείνω. La préposition ὑπό entre, sous la forme *hypo*, dans plusieurs mots français, et marque, en général, *soumission, abaissement, diminution.* Il en est de même de *sub* en latin, dans *subjectus*, sujet, etc. C'est en décomposant ainsi les mots formés au moyen des prépositions, que l'on peut se rendre compte du sens premier de ces particules, qui, suivant la remarque du grammairien anglais Harris, semblent toutes avoir été destinées, dans l'origine, à marquer des rapports de situation dans l'espace. « On les a étendues par degrés aux sujets immatériels, et elles ont fini par exprimer aussi bien les rapports intellectuels que les rapports de situation. Ainsi, parce que celui qui est placé en haut a communément l'avantage sur celui qui est au-dessous, nous employons ces mots *sur* et *sous* avec ceux de commandement et d'obéissance; nous disons d'un roi: il *régnait sur* son peuple, et d'un soldat: il *servait sous* tel général. Ce qui prouve que les premiers mots dont les hommes se servirent avaient, ainsi que leurs premières idées, un rapport immédiat à des objets sensibles. » — *b.* V. Κρίνω. — *c.* V. Τίθημι. — *d.* Dans les termes de chimie, *hypo* indique un composé placé *au-dessous* d'un autre comme contenant un certain élément dans une moindre proportion. Par exemple, on appelle acide *hypoazotique* un corps composé d'une partie d'azote et de quatre parties d'oxygène, pour le distinguer de l'acide *azotique*, qui renferme cinq parties d'oxygène.

3. *a.* R. ὑπό, *sub.* « Suppum *antiqui dicebant, quem nunc* supinum *dicimus, ex graeco videlicet, pro adspiratione ponentes litteram* s, *ut cum iidem* ὕλας *dicunt, et nos* silvas. » FEST. Ainsi ὕπτιος sera devenu ὕπιος, ὕπος, d'où supus, suppus, supinus, couché sur le dos.

4. *a.* Cf. le latin *urceus*, vase de terre.

8. *a.* Principalement le javelot romain, *pilum*, à l'usage des soldats pesamment armés ou hastaires, *hastati.* Le bois avait trois coudées de long, et on y adaptait un dard en fer garni de crochets et de même longueur que le bois.

9. *a.* Plante de la famille des *labiées.* L'hysope dont parle l'Écriture, comme de la plus petite des plantes, était probablement une mousse de murailles qui servait, dans les sacrifices, pour faire les aspersions sur le peuple avec le sang des victimes. David fait allusion à cet usage quand il dit: « *Asperges me* hyssopo *et mundabor.* »

12. *a.* Le Φ a remplacé le double signe ΠΗ, qui était employé dans l'écriture avant l'introduction des aspirées dans l'alphabet grec, alors que φίλος s'écrivait ΠΗίλος. Les Latins n'ont point admis ces aspirées et ont toujours fait usage du *ph*, qui a passé en français. Le φ ou *ph* n'a-

15. *᾽Υπατος[a],η,ον, summus[b], SUPRÊME[c]; subst. consul. —τεία, consulat; —τεύω, est consul; —τικός, de consul, consulaire; —τη, dernière corde.

16. ᾽Υπνος,ὁ, somnus[a], sopor, SOMMEIL. —νίζω, endort; —νόω, dort, ASSOUPIT; —νώσσω, sommeille; —νηλός, —νωτικός, endormi, qui endort.

17. ᾽Υς, ὑός[a], ὁ, ἡ, sus, porc, truie, sanglier, laie. ᾽Υηνός, de porc, sale, grossier; ὑηνέω, vit en porc, est sale[b]; ὕαινα, HYÈNE[c]; ὕραξ, sorex, SOURIS.

18. ᾽Υστερος[a], α, ον, postérieur, inférieur. —ραῖος, du lendemain; —ρεύω, —ρέω, —ρίζω, est en arrière, manque; —ρα, matrice; —ρον, ensuite.

19. ᾽Υφαίνω[a], tisse, tresse, trame[b]. ᾽Υφή, *ὕφος, tissu; ὕφανσις, ὑφασία, ὕφασις, tissage; ὑφάντης, tisserand; —τός, tissé.

20. ᾽Υψος[a], εος, τὸ, hauteur, sommet. *᾽Υψι, en haut; ὑψόθι, ὑψοῦ, id.; ὑψήεις, ὑψηλός, élevé; ὑψόω, élève, exalte.

21. ᾽Υω[a], pleut, fait pleuvoir. ᾽Υσις, ὕσμα, ὑετός, pluie; ὑέτιος, pluvieux.

22. Φαγεῖν[a], mange. Φάγιλος, bon à manger, agneau; φάγαινα, φαγέδαινα, faim à tout dévorer.

23. Φαιδρός[a], ά, όν, brillant. —δρότης, doux éclat; —δρύνω, rend brillant.

ANNOTATIONS.

vait pas le même son que f, puisque Cicéron se moque d'un témoin qui prononçait, à la manière de son pays, le nom de *Fundanius* comme s'il eût été écrit *Φundanius*.

14. *a.* C'était un vêtement de voyage, rond et fermé, en forme de sac très-ample, avec une ouverture pour la tête. Toutes les figures des chrétiens portent la *pænula*.

15. *a.* Sync. de ὑπέρτατος, superl. de ὑπέρ, comme de *super* vient *supremus*, p. *superrimus*; de *infra*, en bas, p. *infera*, vient *infimus*, p. *inferrimus*; de *prope*, près; vient *proximus*, p. *propissimus*, *prossimus*; comme πρῶτος, premier, vient de πρό; comme ὕστατος, de ὑπό, etc. — *b.* Pour *supimus*, *supmus*, d'où vient SOMMIET. Le féminin *summa*, s -ent. *res*, signifie *point capital*, SOMME ou *montant*. — *c.* Ou SOUVERAIN, ital. *sovrano*, de *supra*, p. *sovra*; R. *super*, ὑπέρ.

16. *a.* Par l'intermédiaire de *supinus* et *summus*. « *Ut quod Græci* ὑπέρ, *nos* super *dicimus*; *quod illi* ὕπτιος, *nos* supinus; *quod item illi* ὕπνος, *nos primo* sypnus, *deinde per* y *græca latinæque* o *litteræ cognationem* somnus. » AULU-GELLE.

17. *a.* Dat. ὑΐ, acc. ὑν, pl. ὕες, ὑῶν, ὑσί, ὗς. D'où JUSQUIAME (167), « cette plante dont le suc est si ennemi du sang de l'homme, qu'il le corrompt et le fait cailler et figer comme du lait où tombe une substance aigre. » SHAKESPEARE, *Ham-*

let. — *b.* V. Σῦς. — *c.* Mammifère carnassier qui a les poils du cou hérissés comme des soies de porc.

18. *a.* Compar. anomal de ὑπό, sous, après; *pr.* celui qui vient après, *posterior*; superl. ὕστατος, *postremus*, le dernier, c.-à-d. celui qui vient par *derrière*, en vieux français *derrenier*, *derrainier*, *derrain*, *darrain*, du bas latin *deretranarius*. RR. *de*, *retro*, de derrière.

19. *a.* F. ὑφανῶ, a. ὕφηνα, pf. ὕφαγκα, a. p. ὑφάνθην, pf. p. ὕφασμαι, ανσαι, ανται, άσμεθα, etc. — *b.* C.-à-d. *ourdit* un complot, une intrigue. Remarquez ces emprunts faits par toutes les langues aux premiers arts que les anciens apprirent d'abord, l'agriculture, l'art pastoral, celui de se vêtir et celui de se loger. V. Σπάθη.

20. *a.* D'où le compar. ὑψίων, plus élevé, et le superl. ὕψιστος, très-élevé.

21. *a.* Impers. ὕει, il pleut; f. ὕσω, a. ὗσα, a. p. ὕσθην, pf. p. ὕσμαι. D'où ὑάδες, HYADES, c.-à-d. *pluvieuses*, constellation de sept étoiles placées à la tête du Taureau. « *Ab eo quod est* ὕειν *appellantur*; *nam et cum oriuntur et cum occidunt, tempestates, pluvias, largosque imbres cient.* » AULU-GELLE.

22. *a.* Inf. d'un verbe φάγω usité seulement à l'a. 2 ἔφαγον et au futur φάγομαι, qu'il prête à ἐσθίω. V. ᾽Οράω. D'où ŒSOPHAGE (337), ANTHROPOPHAGE (27).

23. *a.* R. φάος, ou φῶς, lumière. D'où *Phædrus*, PHÈDRE, nom pr.

1. Φαιός, ά, όν, brun, olivâtre, noirâtre, bis, sombre, sourd.

2. Φάκελλος, ὁ, paquet, botte, liasse. —λόω, *rassemble en paquet.*

3. Φάλαινα, ἡ, **balæna**, BALEINE, tout animal monstrueux, PHALÈNE[a].

4. *Φαλαρός[a], ά, όν, brillant. —ρον, cimier[b]; —ρα, harnais[c].

5. Φαλαρίζω, est tyran[a]. — 6. Φαλέρινος[a], ὁ, vin de FALERNE[b].

7. Φάραγξ, γγος, ἡ, ravin, vallée[a], précipice, gouffre[b], glouton[c].

8. Φαρέτρα[a], ἡ, **pharetra**, carquois. —9. Φαρικόν, τὸ, sorte de poison.

10. Φαρκίς, ίδος, ἡ, ride. —κιδόω, *rider.* —11. Φάρος, ὁ, ἡ, PHAROS[a], PHARE.

12. Φᾶρος[a], εος, τὸ, étoffe, robe, voile, bandeau. —ριον, *bandelette.*

13. *Φάρσος, εος, τὸ, portion, lambeau, étoffe, voile, bannière, quartier.

14. Φάρυγξ, γγος, ἡ, PHARYNX[a], gosier, gorge, larynx, ravin, gouffre[b].

15. Φάσηλος, ὁ, **phaselus**, haricot[a], sorte de longue chaloupe[b].

16. Φασιανός, ὁ, **phaisanus**, FAISAN[a], délateur[b]. —νικός, *de faisan.*

17. Φασκάς, άδος, ἡ, sarcelle. — 18. Φάσκον, τὸ, sorte de lichen.

19. Φάσσα, ἡ, pigeon ramier, colombe. Φάττα, φάψ, *id.;* φάττιον, *dim.*

20. Φαττάγης, ου, ὁ, quadrupède écailleux. —21. *Φάων[a], ουσα, ον, brillant.

ANNOTATIONS.

3. *a.* Papillon de nuit.

4. *a.* R. φαλός, brillant, de φάος ou φῶς, lumière, d'où vient aussi FALOT. — *b. Pr.* lame de métal *brillant* au sommet du casque. — *c.* Cf. le latin *aurea*, pr. *licou d'or*, d'où *auriga*, cocher, celui qui tient et *agite* les rênes. RR. *aurea, ago.*

5. *a.* Agit en tyran, *pr.* comme *Phalaris*, tyran d'Agrigente.

6. *a.* S. ent. οἶνος. C'est la traduction du latin *Falernum*, s. ent. *vinum*, vin de Falerne, territoire de Campanie. — *b.* Nous disons de même du *cognac*, du *champagne*, etc.

7. *a.* Nous comparons de même, en français, le gosier à une vallée, dans l'usage du verbe *avaler*, formé de *ad vallem*, pr. faire descendre par la vallée du gosier, par le *chemin de la vallée*, comme on dit en certains départements. — *b.* De même, notre mot *gorge*, du lat. *gurges*, a pour sens premier *gouffre:* « *Alti vorago ventris.* » Ov. « *Barathrum stomachi*, » comme dit Pline. — *c.* Le latin *gurges*, gorge, signifie de même *glouton*, litt. *gouffre* qui engloutit tout, comme *Grandgousier* chez Rabelais. Une branche de la famille des *Fabius* a porté le sobriquet de *Gurges*, parce qu'un de ses membres avait *dévoré* tout son patrimoine.

8. *a.* R. φέρω, porter.

11. *a.* Petite île près d'Alexandrie, en Égypte, où fut, dit-on, établi le premier phare. V. Λαρισσαῖος.

12. *a.* Grande pièce de toile servant à couvrir, drap, et particulièrement manteau dans Homère.

14. *a.* Nom grec et scientifique de l'arrière-bouche. — *b.* V. Φάραγξ.

15. *a.* Ou *faséole.* Ici le φ grec et le *ph* latin sont représentés par *f*, comme dans *faisan*, *fantôme*, etc. Certains grammairiens voient là un progrès de l'orthographe, en s'autorisant de l'exemple des Italiens, qui mettent tout simplement *f* au lieu de *ph* dans tous les mots venus du grec, et qui, d'après Rivarol et Beauzée, se montrent en cela plus sages que nous, sans être moins bons étymologistes. Il est bien vrai aussi que les Grecs représentaient par φ le *f* des mots latins, par exemple dans *Fabius*, de Φάϐιος, sans doute parce que le φ avait le son le plus approchant de celui de *f*; mais comme, chez nous, *f* est souvent employé pour représenter d'autres lettres que le φ, il eût été tout à la fois plus simple et plus conforme à l'étymologie de mettre partout *ph* à la place du φ. — *b.* C'est un bâtiment à voiles et à rames, ainsi nommé de la ville de *Phasélis*, en Pamphylie, qui avait servi longtemps de retraite aux pirates, et qui tirait peut-être son nom des *faséoles* cultivées sur son territoire.

16. *a. Pr.* oiseau des bords du *Phase*, Φάσις, fleuve de Colchide qui se jette dans la mer Noire. De même, *dindon* signifie litt. oiseau apporté de l'*Inde*; on l'appela d'abord *coq d'Inde*, et sa femelle *poule d'Inde*, puis *dinde.* V. Τέλλω. Cf. *angora*, nom donné à une espèce de chats, de lapins et de chèvres

22. Φαίνω[a], fait voir, paraît. Φάσμα[b], *apparition* ; φανερός, *clair;—*ρόω, *rend clair;* φαντάζω, *montre ; —*τασία[c], *—*τασμα, *vision*, FANTÔME[d].

23. Φακός, ὁ, lentille, tache de rousseur, urne. —χιον, *purée ; —*χῆ, *plat de lentilles, lentille ; —*χωτός, *lenticulaire.*

24. Φάλαγξ, γγος, ἡ, phalanx, PHALANGE[a], sorte d'araignée, rouleau. —γίτης, *soldat d'une phalange; —*γιον, *tarentule ; —*γωμα, *rouleau.*

25. Φαλακρός,ά,όν,chauve.Φάλανθος,φάλαντος,*un peu chauve;* φαλακρά[a], *rochers nus ; —*κρόω, *rend chauve ; —*κρα, *—*κρότης, *calvitie*[b].

26. Φάρμακον, τὸ, drogue, médicament, poison. —κεῖον, PHARMACIE ; —κεύω, *prépare des drogues; —*κεύς, *—*κευτής, *—*κός, *pharmacien*[a].

27. Φάτνη, ἡ, crèche, ratelier, étable, lambris, alvéole de dent. —νίζω, *lient à l'étable; —*νόω, *lambrisse ; —*νια, *alvéoles.*

28. Φαῦλος, η, ον, vil, méchant. Φλαῦρος, *id. ;* φαυλίζω, *déprécie ; —*λότης, *qualité d'une chose vile; —*λιος, *de mauvaise qualité.*

29. *Φέβομαι[a], craint. Φόβος[b], *crainte; —*βέω, *effraye; —*βερός, *ef-frayant;—*βημα, *—*βητρον, *objet d'effroi,épouvantail;—*βη,*crinière.*

originaires d'*Angora* ou *Ancyre*, en Anatolie; *épagneul*, pr. chien originaire d'Espagne, *hispaniolus* ; *sardine*, poisson des côtes de *Sardaigne* ; *canari*, serin des îles *Canaries* ; *tarentule* , grosse araignée, commune aux environs de *Tarente*, en Italie; *hermine*, martre originaire d'*Arménie*. — *b*. Dans ce sens, φασιανός dérive de φάσις, manifestation. R. φαίνω. V. Σῦκον.

21. *a*. Part. prés. de l'inus. φάω, qui a le même radical que φαίνω, *paraître*.

22. *a*. F. φανῶ, a. ἔφηνα, pf. πέφαγ-χα, f. p. φανήσομαι, f. 2 φανοῦμαι, a. p. ἐφάνθην, a. 2 ἐφάνην, pf. p. πέφασμαι. M. rac. q. φάος ou φῶς, lumière. D'où ÉPIPHANE, ἐπιφανής, *illustre*, surnom d'Antiochus IV, roi de Syrie, et de Ptolémée V, roi d'Égypte. RR. ἐπί, φαίνω. ÉPIPHANIE, ἐπιφάνεια, pr. manifestation. « *Ea enim die Christus* apparuit *Magis adorandus.* » ISID. RR. ἐπί, φαίνω. EMPHASE, ἔμφασις, pr. action de montrer, étalage, affectation dans l'expression, le ton, la voix, le geste; RR. ἐν, φαίνω. PHÉNOMÈNE, φαινόμενον, pr. *ce qui se montre*, tout fait observable, et principalement tout ce qui *apparaît* aux sens. *Fenestra*, FENÊTRE, par où vient le *jour*, comme *lucarne*, de *lux* ; FA-NAL, φανάριον, dim. de φανός, flambeau. *Fastus*, FASTE, pr. *éclat*, d'où *fastigium*, FAÎTE, FAÎTAGE.—*b*. Et φάσις, d'où PHASE, en parlant de la lune. — *c*. Φαντασία signifie encore *image*, *imagination* et FANTAISIE. « L'imagination est la faculté de l'âme où se conservent et se renou-

vellent les *images* des objets que nous avons sentis. » BOSS. Cf. l'angl. *fancy*. D'où FANTASQUE, sujet à des *fantaisies*, capricieux. — *d*. D'où FANTASMAGORIE; V. Ἀγορά. FANTASTIQUE, synon. d'*imaginaire*, de *chimérique*.

24. *a*. Corps d'infanterie macédonienne : « *Macedones* phalangem *vocant* peditum stabile agmen, quando vir viro, arma armis conserta sunt.» Q. CURCE. V. Σάρισσα. En anatomie on appelle *phalanges* les petits os qui concourent à former les doigts.

25. *a*. Cf. le français *Chaumont*, de *calvus mons*, pr. *mont chauve*. — *b*. Φαλάκρα signifie aussi *tête chauve*. Cf. le latin *calva*, *crâne*, d'où *calvaria*, crâne et *Calvaire*, nom donné à une petite montagne voisine de Jérusalem, soit parce qu'elle ressemble à un *crâne* humain par sa rondeur, soit parce qu'on y voyait les *crânes* des criminels exécutés sur cette colline. Le mot hébreu *Golgotha* a le même sens.

26. *a*. De plus magicien, sorcier, empoisonneur. Les pharmaciens s'appelaient autrefois *apothicaires*. V. Τίθημι.

29. *a*. En prose, on emploie φοβέο-μαι, moyen de φοβέω, f. φοβήσομαι, a. ἐφοβήθην, pf. πεφόβημαι. — *b*. L'épouvante a lieu à la vue du danger, la crainte par lâcheté, *timor* ; δέος est la crainte, par précaution ou prudence, d'un mal éloigné, *metus*. D'où ὑδροφοβία, HYDROPHOBIE, c.-à-d. horreur de l'eau et des autres liquides ; c'est un symptôme de la rage. RR. ὕδωρ, φέβομαι.

1. ˙Φέγγω[a], brille, éclaire. Φεγγίτης, *pierre diaphane;* φέγγος, *éclat, lumière des astres, jour;* φεγγώδης, *lumineux, brillant.*

2. *Φέκλη, ἡ, de fæcula, lie de vin brûlée; d'où vient aussi FÉCULE[a].

3. Φέλλα[a],ἡ, pierre,écorce, peau.—**4.** Φελλός,ὁ, liége.—λινος, de liége.

5. *Φέρβω[a], fait paître, nourrit. Φορβή[b], -6όν, *pâture;* -6αῖος, *de pâturages;* -6άς, *mis au vert;* -6ειά,-6εά,-6ιά, *licou du cheval au ratelier.*

6. Φεῦ! **heu!** hélas! oh! ciel!—**7.** Φέος. ω, ὁ, nom de plante.

8. Φέψαλος, ὁ, cendre chaude, débris. *-λόω, *réduit en cendres.*

9. Φηγός[a],ἡ,fagus,FOUTEAU[b] ou chêne à FAÎNES[c],gland. —γών, *chênaie.*

10. Φηλόω, trompe. —λωμα, *tromperie;* —λωσις, *action de tromper,* φηλήτης, *trompeur;* φήληξ. *figue qui trompe en paraissant mûre.*

11. Φήνη,ἡ, orfraie.—**12.** *Φήρεα, τὰ, tumeurs des glandes parotides.

13. Φθοΐς, ἴος [a], ἡ, gâteau rond, flacon rond et aplati.

14. Φιάλη, ἡ, **phiala**, tasse, coupe évasée, flacon, urne, FIOLE[a]. —λιον,—λίς,—λίσκη. *dim.;* —λόω, *creuse, arrondit en forme de tasse.*

15. *Φιαρός,ά,όν, brillant, gras. —ρόω, —ρύνω, *rend brillant, rend gras.*

ANNOTATIONS.

1. *a.* Sans autres temps que l'imparfait; m. rac. q. φαίνω.

2. *a.* Le mot *fécule* signifie donc *dépôt,* et en particulier le dépôt d'amidon que donne la pomme de terre broyée et lavée. *Lie* se dit, en grec; τρύξ.

3. *a.* Le même que πέλλα.

5. *a.* Pf. πέφορβα. D'où εὐφόρβιον, EUPHORBE, *pr.* bien nourrie, grasse; plante qui tire son nom de son suc laiteux et souvent vénéneux. — *b.* D'où *herba,* HERBE, HERBAGE.

9. *a.* Dor. φαγός, de φαγεῖν,pr. gland *comestible.* De même le gland du chêne rouvre se dit, en latin, *esculus,* de *esca,* nourriture. — *b.* Ou FOYARD, v. f. foutel, contract. de l'adj. latin *fagutalis,* de hêtre, d'où vient aussi notre mot *fagot.* — *c.* Du lat. *faginea,* pr. *fruit du hêtre.*

13. *a.* Ou ἴδος.

14. *a.* Par le changement de *a* en *o,* comme dans *dommage,* de *dammagium,* mot de la basse latinité dérivé de *damnum,* perte: *Orange,* de *Arausio,* ville de France; *orteil,* de *articulus,* articulation, en bas latin *ortillus.* On trouve le même changement de son dans *alba,* aube: *saltus,* saut; *salix,* saule; *salvare,* sauver: *malva,* mauve; *Vallis clausa,* Vaucluse, c.-à-d. vallée fermée. V. Χάλξ.

16. *a.* F. φείσομαι, a. ἐφεισάμην, a. 2 ἐφιδόμην, pf. πέφεισμαι. — *b.* D'où PHÉNOX, nom pr. — *c.* Pr. vase d'étroite embouchure qui *économise* le liquide. Cf. le lat. *guttus,* vase d'où le liquide sort *goutte à goutte.*

17. *a. Pr.* faux cheveux. — *b.* De φεναxιστιxός; trompeur, et ὤψ, œil, on a fait le nom de PHÉNAKISTICOPE, pour désigner un instrument d'optique qui *trompe la vue,* et qu'il faut voir pour bien entendre l'étymologie du mot.

18. *a.* De φέρω; *pr.* ce que la femme *apporte* en se mariant.

19. *a.* F. οἴσω, a. ἤνεγκα, a. 2 ἤνεγκον, pf. ἐνήνοχα, f. p. ἐνεχθήσομαι et οἰσθήσομαι, a. p. ἠνέχθην, pf. p. ἐνήνεγμαι Angl. *to bear.* V. Ὁράω. Du futur οἴσω et de φαγεῖν, *manger,* on a fait OESOPHAGE, pour désigner « le conduit par où les viandes sont portées à l'estomac. OEsophage signifie, en grec; *qui porte la nourriture.* » Boss. — *b.* D'où les terminaisons *fer, ber. fère, féraire,* dans CRUCIFÈRE, THURIFÉRAIRE; *Lucifer* (345): *saluber,* sain, SALUBRE, pr. qui porte la santé, *salutem ferens;* candelabrum,* chandelier, anc. *candelabre,* pr. porte chandelle, *candelam ferens.* — *c.* V. Φόρτος. — *d.* Pr. capable de porter une lourde charge, puis au moral, courageux, meilleur. Cf. *vaillant,* de *valens,* fort; χρείσσων, meilleur, de κράτος, force. V. Ἀρετή. Φέρτερος est une forme comparative dont le superlatif est φέρτατος ou φέριστος. — *e.* La *fortune,*

16. Φείδομαι*a*, épargne. *Φειδός, φειδωλός, économe ; φειδώ, φεισμονή, *φειδωλή, —λία, épargne ; —δων*b*, avare, vase à huile*c*.

17. Φέναξ, ακος, ὁ, trompeur. —νάκη, perruque*a*; —νακίζω*b*, trompe.

18. Φερνή*a*, ἡ, dot, produit, ʀᴀᴘᴘᴏʀᴛ. Φερνίζω, doter.

19. Φέρω*a*, fero*b*, ᴘᴏʀᴛᴇ*c*. Φέρετρον, brancard ; *φέρμα, ᴘᴏʀᴛᴇ́ʀ ; *φερτός, ꜱᴜᴘᴘᴏʀᴛᴀʙʟᴇ ; *φέρτερος, fortis, ꜰᴏʀᴛ*d*; φερτάζω, porte souvent ; φέρον*e*.

Id. Φορά*f*, ἡ, ᴘᴏʀᴛ. Φόρος, tribut; φορός, qui porte ; —ρέω, porter ; —ρεύς*g*, porteur ; —ρεῖον, litière ; —ρημα, fardeau ; —ριμος, ꜰᴇʀᴛɪʟᴇ*h*.

20. Φεύγω*a*, fugio, ꜰᴜɪᴛ. Φεύξιμος, φύξιμος, qu'on doit fuir ; φυγή, fuga*b*, ꜰᴜɪᴛᴇ*c*; —γάς, ꜰᴜɢɪᴛɪꜰ ; —γαδεύω, bannit ; —γδην, en fuyant.

21. Φημί*a*, fari*b*, dit, parle. Φήμη*c*, fama*d*, parole, bruit public ; φάσκω, πιφάσκομαι, dit ; φάσις*e*, *φάτις, parole ; φατός, dit.

22. Φθάνω*a*, devance, est le premier à, évite de, manque de.

23. Φθέγγομαι*a*, parle, crie, dit, résonne. Φθέγμα*b*, φθόγγος*c*, —γή, son.

24. Φθείρω*a*, corrompt, détruit. Φθείρ, pou ; φθάρμα, objet de rebut ; φθορά, destruction ; φθορεύς, corrupteur ; —ρικός, —ριος, destructif.

ANNOTATIONS.

le destin, pr. *ce qui se présente*, ce qui est réglé par la volonté suprême. — *f.* D'où φορέω, *porter*, en parlant des habits, des armes, des parures. Fᴏʀᴜᴍ, marché, place publique où l'on *porte* ce qu'on a à vendre. — *g.* D'où ᴀᴍᴘʜᴏʀᴇ. V. Ἀμφί. — *h.* Lat. *ferax*, pr. qui rapporte.

20. *a.* F. φεύξομαι, f. 2 φεύξοῦμαι, a. 2 ἔφυγον, pf. 2 πέφυγα, πέφευγμαι; syll. rad. Φυγ. — *b.* D'où ꜰᴜɢᴜᴇ, combinaison musicale d'après laquelle les parties harmoniques, partant successivement, semblent se *fuir* et se poursuivre les unes les autres.— *c. Fuite* se disait anciennement *fuie.* Le mot ꜰᴜɪᴇ a signifié depuis un petit colombier, *pr.* le lieu qui sert de *refuge* aux pigeons.

21. *a.* Φής, φησί, φαμέν, φατέ, φασί, impf. ἔφασκον, de φάσκω, a. ἔφην οι ἔφησα. V. la *Grammaire*. Syll. rad. Φα, la même que dans φάος ou φῶς, lumière, et φαίνω, montrer. Dire, parler, c'est pr. *montrer* sa pensée. V. Βάλλω, Δείκνυμι. — *b.* D'où *infans*, ᴇɴꜰᴀɴᴛ, c.-à-d. *non fans* : « Puer nescius fari. » Hᴏʀ. V. Νήπιος. *Infandus, nefandus,* dont il ne faut *pas parler. Affabilis,* ᴀꜰꜰᴀʙʟᴇ, p. *adfabilis*, à qui l'on parle aisément. *Ineffabilis,* ɪɴᴇꜰꜰᴀʙʟᴇ, indicible. *Fabula,* ꜰᴀʙʟᴇ, pr. *récit. Fateor*, déclarer, *Confiteor*, ᴄᴏɴꜰᴇꜱꜱᴇʀ. *Fatum,* destin, pr. chose *dite*, arrêt ꜰᴀᴛᴀʟ ; ꜰᴀᴛᴀʟɪᴛᴇ́. *Fas,*

loi divine, *pr.* ce qui a été *prononcé* par la religion ; *nefas*, impiété, crime horrible à dire, *non fandum; nefarius,* impie. *Fastus, nefastus,* ꜰᴀꜱᴛᴇ, ɴᴇ́ꜰᴀꜱᴛᴇ, qui se disaient des jours où il était permis ou défendu de *parler* devant les tribunaux. Comme les jours fastes et néfastes étaient indiqués sur un annuaire, le mot *fastes* est devenu synonyme d'*annales.* Enfin *facundus,* qui parle facilement, qui a de la ꜰᴀᴄᴏɴᴅᴇ, *facundia.* — *c.* Dor. φάμα. D'où ᴘᴏʟʏᴘʜᴇᴍᴇ, πολύφημος, c.-à-d. qui a *beaucoup de renommée*, le plus célèbre des Cyclopes; RR. πολύς, φημί. V. Κύκλος. — *e.* D'où *famosus,* ꜰᴀᴍᴇᴜx, c.-à-d. dont on *parle* beaucoup, opposé à *infamis,* ɪɴꜰᴀᴍᴇ, mal ꜰᴀᴍᴇ́. — *d.* Dans le sens d'*apparition*, φάσις vient de φαίνω.

22. *a.* F. φθάσω et φθήσομαι, a. ἔφθασα ou ἔφθην, part. a. φθάς, pf. ἔφθακα.

23. *a.* F. φθέγξομαι, a. ἐφθεγξάμην, pf. ἔφθεγμαι, ἔφθεγξαι, ἔφθεγκται. — *b.* D'où ᴀᴘᴏᴘʜᴛʜᴇɢᴍᴇ, ἀπόφθεγμα; parole mémorable d'un homme illustre; RR. ἀπό, φθ. — *c.* D'où ᴅɪᴘʜᴛʜᴏɴɢᴜᴇ; δίφθογγος, s.-ent. συλλαβή, syllabe composée de *deux* sons ; RR. δίς, φθέγγομαι. R. Estienne définit la diphthongue « un mot prins du grec, signifiant le *son de deux.* »

24. *a.* F. φθερῶ, a. ἔφθειρα, pf. ἔφθαρκα, f. p. φθαρήσομαι, a. p. ἐφθάρθην, et mieux ἐφθάρην, pf. ἔφθαρμαι, pf. 2 ἔφθορα. Syll. rad. Φθερ.

1. Φιβάλεα, τά, s.-ent. σῦκα, figues de PHIBALIS, *nom de lieu*.

2. Φιλίστιον, τὸ, gratteron, *pl.* — 3. Φιλύκη, ἡ, alaterne, *arbre*.

4. Φιλύρα, ἡ, philyra[a], tilleul, seconde écorce du tilleul. —ρινος, *de* tilleul; —ριον, *tablette de tilleul;* —ρέα, PHILLYRÉA, *arbuste*.

5. Φιμός, ὁ, muselière. —μόω, *museler;* —μωτρον, *muselière*.

6. Φίντις, ιος, ὁ, conducteur de char. — 7. Φιτρός, ὁ, souche, tronc, tison.

8. Φλάζω[a], est en ébullition, bouillonne, bredouille.

9. Φλαμέντας, ου, ὁ, de flamen[a], FLAMINE, *prêtre chez les Romains*.

10. Φλάω[a], froisse, broie, presse, pétrit, avale. Φλαδιάω, *pétrit*.

11. Φλέψ, φλεβός[a], ἡ, veine. Φλέβιον, *dim.;* —βάζω, *jaillit*.

12. Φλέω, *d'où* fleo, est plein, déborde, bavarde. Φλέδων, *bavard;* φλεδών, *bavardage;* φλῆνος, φλήναφος, *id.;* *—φέω, —φάω, bavarde*.

13. Φλέως, ω, ὁ, sorte de roseau qui sert à lier les vignes.

14. Φλιά, ἡ, jambage *ou* montant d'une porte, vestibule.

15. Φλιδάω[a], s'amollit, tombe en pourriture, s'use, se ride. Φλοιδάω, φλυδάω, *id.;* φλυδαρός, *moite, flasque, gâté, usé*.

ANNOTATIONS.

4. *a.* Ou *filaria*, arbuste toujours vert, de la famille des jasminées.

8. *a.* A. 2 ἔφλαδον.

9. *a.* P. *filamen*, de *filum*, FIL. Les Flamines formaient, chez les anciens Romains, un collège de prêtres particuliers. Ils tiraient leur nom de la bandelette de fil dont ils ceignaient leurs têtes pendant l'été, au lieu du casque pesant qui leur servait de coiffure. D'où FLAMINIUS.

10. *a.* F. φλάσω, a. ἔφλασα, pf. p. πέφλασμαι; Ion. et Att. p. θλάω.

11. *a.* D'où φλεβοτομία, PHLÉBOTOMIE ou *saignée*, pr. *incision de la veine.* RR. φλέψ, τέμνω.

15. *a.* F. φλιδήσω.

16. *a.* Rare en prose; f. φθίσω, a. ἔφθισα; le présent a aussi le sens neutre. Moy. φθίομαι, f. φθίσομαι, a. ἐφθίμην, pf. ἔφθιμαι. — *b.* Nom scientifique de la maladie de poitrine ou consomption.

18. *a.* Compar. φιλαίτερος, φίλτερος, rar. φιλώτερος, φιλίων; superl. φιλαίτατος, φίλτατος, rar. φιλώτατος, φίλιστος. D'où PHILOCTÈTE, Φιλοκτήτης, pr. attaché à ses biens; RR. φίλος, κτάομαι. PHILOPÉMEN, Φιλοποίμην, *c.-à-d.* ami des bergers ou de la vie pastorale; général en chef de la ligue achéenne, surnommé le dernier des Grecs; RR. φίλος, ποιμήν. PHILIPPE; V. Ἵππος. PHILIPPINES, archipel de l'Océanie, ainsi nommé en l'honneur du roi d'Espagne, *Philippe II*, fils de Charles-Quint. L'atlas est rempli de villes dont le nom rappelle celui du personnage historique qui les a fondées ou restaurées. Il est toujours intéressant d'en chercher l'origine. Cf. *Aix*, en Provence, de *Aquæ Sextiæ*, ville bâtie par le consul *Sextus*, près d'une fontaine minérale. *Coutances*, p. *Constance*, fortifiée par Constance-Chlore. *Saragosse*, lat. *Cæsaraugusta*, en souvenir d'Auguste, qui y établit une colonie. *Saint-Pétersbourg*, fondée par Pierre le Grand, en l'honneur de son patron. *Orléans*, *Aurelianum*, rebâtie par l'empereur *Aurélien*. *Aoste*, lat. *Augusta*, ville sarde, colonisée par Auguste. *Andrinople*, anc. *Adrianopolis*, embellie par Adrien. *Augsbourg*, fondée par Auguste. *Brousse*, anc. *Prusa*, bâtie par *Prusias*. Cf. les îles *Mariannes*, auparavant *îles des Larrons*, auxquelles *Marie-Anne* d'Autriche, femme de Philippe IV, roi d'Espagne, donna son nom; la *Louisiane*, ainsi nommée en l'honneur de Louis XIV; la *Virginie*, en l'honneur d'Élisabeth d'Angleterre, qui se laissait appeler *la Vierge;* la *Pensylvanie*, qui doit la première partie de son nom à l'anglais *Penn*, à qui cette contrée fut cédée en 1681, et la seconde à ses forêts, *sylvæ*. Il faut remarquer, entre tous, les noms donnés par les navigateurs du seizième siècle, et en particulier par les Espagnols, aux pays qu'ils découvraient. Ces noms réveillent communément un souvenir religieux. C'est ainsi que Fernand Cortez appela *Vera-Cruz*, Vraie-Croix, la plage où il débarqua le *vendredi saint* 1518, et la ville qu'il y fonda. De même, le nom de la *Floride* rappelle qu'elle fut découverte, par Cabot, le dimanche de Pâques - *Fleuries*,

16. *Φθίω[a], fait périr. Φθίνω, φθινάω, *dépérit;* φθινάς, *qui finit;* φθίσις, φθίνασμα, φθόη, *consomption,* PHTHISIE[b]; *φθιτόω, *corrompt.*

17. Φθόνος, ὁ, envie, haine. —νέω, *envier;* —νερός, —νητικός, *envieux;* —νερία, *caractère envieux, inclination à la jalousie.*

18. Φίλος[a],η,ον, ami. —λέω[b], *aime;* —λία, —λότης, *amitié;* —λικός, —λιος, *amical;* —λόω, —λιόω, *rend ami;* φίλτρον, PHILTRE[c]; *φιλοτάριον, *petit ami.*

19. Φλέγω[a], enflamme. Φλέγμα, *inflammation,* FLEGME[b]; φλεγμαίνω, *est ardent;* *φλεγέθω[c], *brûle;* φλόξ, *flamme;* φλογερός, *enflammé.*

20. Φλοιός, ὁ, écorce, peau, enveloppe. Φλοίζω, *écorcer;* φλοϊσμός, *action d'écorcer, de peler;* φλοϊστικός, *qui sert à écorcer.*

21. Φοῖνιξ[a], ικος, ὁ, ἡ, τὸ, rouge; *subst.* palmier[b], datte, PHÉNIX[c] PHÉNICIEN[d]. —νίκεος, *rouge;* —νικίς, *robe rouge;* —νίσσω, *teint en rouge.*

22. Φοιτάω[a], va et vient, y va souvent, fréquente une école. *—τάς, *—ταλέος, —τητής, *errant;* *φοῖτος, *allées et venues.*

23. Φόνος[a],ὁ, meurtre. *Φονή, *id.;* φοινικός, *rouge;* *φοίνιος, —νος, *id.;* *sanguinaire;* φονεύω, *tue;* φονεύς, —νευτής, *meurtrier;* —νάω, *est cruel.*

ANNOTATIONS.

1497. Le nom de l'île *Saint-Domingue* était, dans la pensée de Colomb, un hommage rendu à la mémoire de son père, qui s'appelait *Dominique,* en esp. *Domingo.* De φίλος dérivent encore PHILOLAÜS, *pr.* ami du peuple; RR. φίλος, λαός. PHILOPATOR, *c.-à-d.* aimant son père, surnom ironique de Ptolémée IV, qu'on accusait d'avoir empoisonné son père; RR. φίλος, πατήρ. PHILOLOGIE, φιλολογία, science qui traite des belles-lettres et des langues, principalement sous le rapport de l'érudition, de la critique et de la grammaire; RR. φίλος, λέγω. PHILANTHROPE. V. Ἄνθρωπος. PHILÉMON, Φιλήμων, *aimant,* ami et disciple de saint Paul. V. *Epist. ad Philem.* PAMPHILE, πάμφιλος, ami de tout le monde; nom pr. RR. πᾶς, φίλος. — *b.* D'où PHILON, φίλων, *aimant,* nom d'un célèbre philosophe platonicien d'Alexandrie, qui vivait au temps de Jésus-Christ. — *c.* Breuvage que l'on supposait propre à inspirer de l'*amour.* Le philtre le plus sûr est celui dont Sénèque formule la recette comme il suit : « *Si vis amari, ama.* »

19. *a.* F. φλέξω, a. ἔφλεξα, a. p. ἐφλέχθην, a. 2 ἐφλέγην, pf. p. πέφλεγμαι. Le participe φλέγων est le nom d'un historien grec, PHLÉGON, qui vivait au deuxième siècle, et, chez les poëtes, le nom d'un des chevaux du soleil. V. Αἴθω. — *b.* Ou pituite, humeur aqueuse et *froide,* que l'on considérait comme le résultat d'une *inflammation.* En parlant du tempérament, *flegmatique* est synonyme de lymphatique et de *froid.* — *c.* D'où

PHLÉGÉTHON, φλεγέθων, pr. *brûlant;* fleuve des enfers, qui roulait des torrents de flammes. « Le Phlégéthon *ardent,* dit Milton, dont les vagues de feu bouillonnant s'enflamment avec rage. « *Fumidus atra vadis* Phlegethon *incendia volvens.* » STACE.

21. *a.* M. rac. q. φοίνιος, p. φόνιος, *rouge de sang,* de φονός, meurtre. D'où *puniceus,* rouge PONCEAU; car notre mot *ponceau,* qui est le nom vulgaire de l'espèce de pavot appelé aussi *coquelicot,* vient lui-même de *puniceus.* — *b.* Pr. arbre aux fruits rouges. V. Σπάω. — *c.* Oiseau fabuleux auquel Tacite daigne consacrer le vingt-huitième chapitre du sixième livre de ses Annales. Le *Phénix,* disait-on, vivait pendant cinq ou six cents ans, après lesquels il mourait pour renaître ensuite de sa propre poussière. Conformément à ces croyances populaires, les premiers chrétiens ont fait du phénix un emblème d'immortalité, et l'ont représenté, renaissant de ses cendres, dans les catacombes et sur les monuments religieux. — *d.* Le nom de PHÉNICIE fait allusion aux *palmiers* du pays et rappelle la *pourpre* de Tyr. Cf. *Palmyre,* ville des palmiers. D'où *Pœniccus, Pœnus, Pœnicus, Punicus,* Carthaginois ou PUNIQUE; *pr.* colon phénicien. V. Βύρσα.

22. *a.* Ion. φοιτέω, f. ήσω.

23. *a.* De l'inusité φένω, *tuer,* auquel se rapportent l'a. 2 ἔπεφνον, l'inf. πεφνεῖν, le fut. antérieur passif πεφήσομαι, et le pf. p. πέφαμαι ou πέφασμαι. D'où TISIPHONE. Τισιφονή. V. Τίω.

1. Φλιμέλια,τὰ,*de* flemina, crevasses saignantes aux pieds des chevaux.

2. *Φλοῖσϐος[a], ὁ, bruit des flots, flot qui se brise avec bruit, tumulte.

3. Φλόμος, ὁ, molène *ou* verbascum, *pr.* bouillon-blanc, *pl.*

4. *Φλύω[a], fluo[b], coule en abondance, bout, bavarde[c]. Φλύζω[d], *id.;* φλύαρος, *bavard;* —ρέω, *bavarde;* —ρία, *bavardage, bagatelle.*

5. *Φοῖϐος[a], η, ον, clair, pur, brillant; *subst.* PHÉBUS[b]. Φοίϐη, PHÉBÉ[c]; —ϐάω, *rend brillant;*—ϐάζω, *inspire, prophétise[d];*—ϐητής, *prophète.*

6. Φολίς, ίδος, ἡ, écaille, tache de la peau. —ιδωτός, *écailleux;* φόλλιξ, *écaille dartreuse;* φολλικώδης, *dartreux, écailleux.*

7. *Φολκός, ὁ, louche, chauve, cagneux, qui a les pieds tortus.

8. Φόλλις, εως, ὁ, *de* follis[a], bourse, petite pièce de monnaie.

9. Φοξός[a], ἡ, όν, terminé en pain de sucre, pointu.

10. Φορίνη, ἡ, couenne, peau épaisse. — 11. *Φορκός, ἡ, όν, blanc.

12. Φόρμιγξ[a], γγος, ἡ, lyre, harpe, tout instrument à cordes. —μίζω, *pince la lyre;* —μιγκτής, —μικτής, *joueur de lyre;* —μικτός, *joué.*

13. Φορύσσω[a], pétrit, mêle, souille. —ρυκτός, *mêlé;* —ρυτός, *ordures.*

ANNOTATIONS.

2. *a.* D'où πολύφλοισϐος, épithète homérique de θάλασσα, mer, pour signifier *la mer au loin mugissante,* la mer aux grands mugissements, puis par ext. φλοῖσϐος s'est dit d'une masse ou d'une foule agitée. V. ISAÏE, ch. XVII, v. 12.

4. *a.* F. φλύσω, a. ἔφλυσα; angl. *to flow;* all. *fliessen.* — *b.* D'où *fluctus, flumen, fluvius.* CONFLUENT; CONFLANS, p. *Confluentes,* ville située au *confluent* de la Marne et de la Seine; COBLENTZ, au *confluent* de la Moselle et du Rhin; CONFOLENS, au *confluent* de la Vienne et de la Goire. Beaucoup de noms de villes rappellent le cours d'eau qui les baigne: *Pontoise,* pont sur l'Oise; *Cambridge,* pont sur la Cam; *Sarrebruck,* pont sur la Sarre; *Ostie,* à la *bouche* du Tibre, p. *Ostium;* *Yarmouth,* bouche de la Yare; *Ruremonde,* bouche de la Roër; *Vire, Spire,* sur les rivières de même nom. V. Μέσος. — *c.* Les lèvres sont souvent comparées au bord d'un vase, et la parole à un liquide qui s'en épanche. Dans la Bible, les lèvres distillent le miel, le vin, la douleur, etc. Les poëtes disent: *fundere voces, verba, preces.* V. Χεῖλος. — *d.* D'où φλύκταινα, PHLYCTÈNE, ou pustule formée par l'épiderme, semblable à celle que produit l'eau bouillante.

5. *a.* R. φάος ou φῶς, lumière. — *b.* Surnom d'Apollon considéré comme le dieu de la *lumière,* et en particulier du soleil. — *c.* Nom mythologique de la lune, pr. *lumineuse.* Cf. σελήνη, de σέλας, éclat; Ἑκάτη, Hécate, pr. qui lance ses rayons *au loin.* *Luna,* p. *Lucinia,* de *luceo,* luire. V. Γλαύσσω. Tous les peuples anciens ont adoré les astres, parce qu'ils croyaient à une âme du monde répandue par portions dans les corps célestes. Phébus était chez les Grecs le même que *Baal* chez les Phéniciens et les Chananéens, *Moloch* chez les Ammonites, *Osiris* chez les Égyptiens, et *Mithras* chez les Perses. La religion des mages n'était autre que le culte des astres et du feu, qui subsiste encore en Orient chez les Guèbres ou Parsis. V. Ζεύς. — *d.* Sous l'inspiration de *Phébus.* V. Δάφνη.

8. *a.* D'où le dim. *folliculus,* petit sac, VOLLICULE. On appelle *follicules gastriques* les vésicules situées dans la membrane intérieure de l'estomac et qui sécrètent le suc gastrique nécessaire à la digestion.

9. *a.* R. ὀξύς, dont l'esprit doux est remplacé par l'aspirée φ.

12. *a.* R. φέρω, *porter;* pr. harpe qu'on *portait* suspendue au cou.

13. *a.* F. φορύξω. M. rac. q. φύρω.

14. *a.* De φέρω, *porter,* pr. qui sert à *porter* quelque chose.

14. Φορμός^a, ὁ, panier, nasse, grosse étoffe, fagot.—μίον, —μίς, *dim.*

15. Φόρτος^a, ὁ, FARDEAU^b, charge, chose pénible^c. —τόω, —τίζω, *charger;*—τικός, *de charge, importun, grossier;*—τικεύομαι, *est importun.*

16. Φράζω^a, dit, parle, explique. Φράσις, *locution,* PHRASE^b, *style;* *φραδή, *φραδμοσύνη, *sagesse;* *φραδής, *φράδμων, *sage;* *φραδάω, *énonce.*

17. Φράσσω^a, ferme, fortifie. Φρακτός;, *enclos, fortifié;* *φράγδην, *en armes;* φράγμα^b, φραγμός, φράκτης, *clôture;* φρακτικός, *armé de toutes pièces.*

18. Φρατρία^a, ἡ, curie, CONFRÉRIE, famille, genre. —τριος, *de curie;* —τριάζω, *est de la même confrérie;* φράτωρ, frater^b, CONFRÈRE^c.

19. Φρέαρ, φρέατος^a, τὸ, puits. Φρεάτειος,—τιος, *de puits;* —τία, *aqueduc.*

20. Φρήν^a, ενός, ἡ, esprit, cœur^b, sagesse; *prim.* diaphragme, entrailles. Φρενῖτις, PHRÉNÉSIE^c; φρενήρης, *sensé;* φρενόω, *rend sage, instruit.*

Id. Φρονέω, pense, est fier, est prudent. —νησις, *raison;* —νημα, *sentiment, fierté;* —νιμος, *sensé;* φροντίς, *pensée, soin;* —τίζω, *réfléchit.*

21. Φρίσσω^a, se hérisse, FRISSONNE. Φρίξ, FRISSON, *frémissement;* φρίκη, *fièvre, peur;* —κιάω, *a le frisson;* —κόω, *fait frissonner.*

ANNOTATIONS.

15. *a.* M. rac. q. φέρω, et *portare,* PORTER, d'où *porta,* PORTE. « En Italie, le fondateur d'une ville, dit Plutarque, met un soc d'airain à une charrue, y attèle un bœuf et une vache, et trace lui-même un sillon profond qui marque le contour des murailles. A l'endroit où l'on veut placer une porte, on retire le soc de terre, on *porte* la charrue et on interrompt le sillon. » Cf. *urbs,* ville, et *ur-vare,* tracer un sillon.— *b.* Angl. *burden,* all. *burde.* — *c.* La peine et la souffrance sont encore ici représentées sous l'image d'un *pesant fardeau.* V. Βαρύς, Τάλας.

16. *a.* F. φράσω, a. ἔφρασα, a. 2 ἔφραδον et πέφραδον, pf. πέφραδα, a. p. ἐφράσθην, pf. p. πέφρασμαι ou πέφραδμαι. R. φρήν, *intelligence.* « *Vox principium a mente ducit.* » CIC.— *b.* D'où PARAPHRASE, παράφρασις, développement, explication d'un texte; RR. παρά, *le long de,* φράζω. ANTIPHRASE, ἀντίφρασις, figure de langage par laquelle on substitue à un mot le *mot contraire.* V. Χάρων, Ἀδελφός, Μένος, Φ.Ω.ος. THÉOPHRASTE, Θεόφραστος, disciple d'Aristote, qui lui donna ce nom à cause de la douceur de son *élocution* presque *divine;* RR. θεός, φράζω.

17. *a.* Ou φράγνυμι, Att. φράττω, f. φράξω, a. ἔφραξα, a. p. ἐφράχθην, a. 2 ἐφράγην, pf. p. πέφραγμαι; syll. rad. Φραγ. — *b.* D'où DIAPHRAGME,

διάφραγμα, muscle mince et large, qui sépare la poitrine de l'abdomen; RR. διά, φράσσω.

18. *a.* D'où FRAIRIE, réunion de personnes qui font bonne chère, partie de table. — *b.* Les chirurgiens-barbiers formaient autrefois une *confrérie* spéciale ayant saint Louis pour patron, et pour emblème les deux bassins qu'on voit encore à la porte des perruquiers, comme souvenir du droit de saignée qu'ils exerçaient jadis. Telle est l'origine du nom de *frater* que les barbiers portent parmi les troupes et à la campagne. — *c.* Et par ext. *frère,* angl. *brother,* all. *bruder.*

19. *a.* Ou φρητός, dat. φρέατι ou φρητί, pl. φρέατα, etc. Il y avait en Attique, près du Pirée, un bourg nommé *Phréar* ou *le Puits,* comme il y avait en Italie *Puteoli,* auj. *Pouzzoles,* c.-à-d. *les Puits.*

20. *a.* D'où PHRÉNOLOGIE, prétendue science de l'*esprit* et du *cœur* de l'homme, fondée sur l'observation du crâne; RR. φρήν, λέγω. — *b.* D'où εὔφρων et εὐφρόσυνος, qui a le *cœur* content. Εὐφροσύνη, plaisir; EUPHROSYNE, une des Grâces. RR. εὖ, φρήν. V. Ἀγλαός. — *c.* Transport que les anciens attribuaient à une affection du *diaphragme.*

21. *a.* F. φρίξω, a. ἔφριξα, pf. πέφριχα. Angl. *to freeze,* all. *frieren;* syll. rad. Φριχ.

1. Φοῦ,*ind.* τὸ, valériane, *pl.* —2. Φραγέλλιον, τὸ, *de* FLAGELLUM[a], fouet.

3. Φριμάσσομαι[a], FRÉMIT, hennit, est fougueux, orgueilleux, insolent.

4. Φρουρός[a], ὁ, garde. —ρέω, *garde;* —ριον, *poste, fort;* —ρά, *garnison.*

5. Φρυάσσω[a], FRÉMIT, hennit, rugit, grogne, est fier. Φρυακτής, *qui hennit;* φρύαγμα, —γμός, *hennissement;* —γματίας, *fier, orgueilleux.*

6. Φρύγιλος, ὁ, **frigilla**, le pinson *ou* le rouge-gorge.

7. Φρῦνος, ὁ, ἡ, crapaud. Φρύν, φρύνη, *id.;* φρύνιον, *herbe aux crapauds.*

8. *Φρυνώνδειος, ὁ, menteur *comme* PHRYNONDAS, *célèbre hâbleur.*

9. Φῦκος, εος, τὸ, **fucus**, algue *ou* FUCUS[a], fard, fausse couleur. —κόω, *farde;* *—κιόεις, *rempli d'algues, fardé;* —κίς, *nom de poisson.*

10. Φυλία, ἡ, olivier sauvage, espèce de nerprun, *arbrisseau.*

11. Φώγω[a], grille, rôtit. Φώγνυμι, *id.;* φωκτός, *grillé, rôti;* φώς[b], *tache rousse* ou *rouge sur la peau par suite d'une brûlure.*

12. Φωκαΐτης, ου, ὁ, monnaie PHOCÉENNE de mauvais aloi.

13. Φώκη, ἡ, phoce, PHOQUE[a], vache marine, veau marin.

14. Φωκίς[a], ίδος, ἡ, la PHOCIDE, sorte de poire de ce pays.

ANNOTATIONS.

2. *a. Flagellum* se rapporte, ainsi que *flagrum*, fouet, étrivières, à la même racine que *plecto*, πλήσσω, battre.

3. *a.* F. φριμάξομαι, ou plus rare φριμάσσω, f. άξω ; m. rac. q. βρέμω, avec changement de *b* en φ ou *f*, comme dans *suif*, de *sebum; buffle*, de *bubalus; fasciner*, de βασκαίνω; *siffler*, de *sibilare.*

4.- *a.* Mot composé de πρό, *devant*, et ὁράω, *regarder*, pr. soldat du *guet*, qui toujours *guette; vedette*, qui promène sa *vue*, en italien *vedetta*, de *videre*, voir, ital. *vedere.* Cf. en latin *servare*, garder, *préserver*, et *observare*, observer, *pr.* guetter, épier, faire la garde; en français *garder* et *regarder*, qui dérivent du verbe allemand *warten*, veiller à, avoir l'œil sur. V. Σκέπτομαι.

5. *a.* F. φρυάξω, ou mieux φρυάσσομαι, f. άξομαι. Même syll. rad. que φριμάσσομαι et βρέμω, à la voyelle près. Cette racine imite, par le roulement du ρ, le frémissement, le rugissement, le grognement, et, en un mot, tout ce que le verbe exprime. V. Ρ (*rho*). Le changement de la voyelle radicale ε en ι dans φριμάσσομαι, et en υ dans φρυάσσω, n'est qu'un cas particulier des permutations sans nombre qui ont lieu entre les voyelles dans toutes les langues, et surtout quand les mots passent d'une langue à l'autre. Cf. *brebis*, de *vervex*, et *besicles*, de *bis oculi*, doubles yeux; *jumeau*, de *gemellus*, et *génisse*, de *junix, junicis*, pr. jeune vache, R. *juvenis; lapin*, de

lepus, et *lézard*, de *lacerta; torcher*, de *tergere*, essuyer, et *feu*, de *focus.*

9. *a.* Plante marine dont les anciens tiraient une teinture qu'ils appliquaient comme mordant sous celle de la pourpre, et une espèce de rouge employé comme fard. On a trouvé à Herculanum des pots de rouge en cristal de roche et remplis encore en entier du *fucus* préparé qu'on y conservait.

11. *a.* F. φώξω ou φώσω, a. ἔφωξα ou ἔφωσα, a. p. ἐφώχθην, pf. p. πέφωγμαι ou πέφωσμαι. — *b.* Contr. p. φωῖς.

13. *a.* Mammifère carnassier amphibie, nommé vulgairement *veau marin, lion marin, chien marin, ours. marin, éléphant marin.* Varron fait remarquer que les noms des habitants de la mer sont souvent empruntés des animaux terrestres. Ainsi le morse est appelé vulg. *vache marine* ou *cheval marin;* de *anguis*, serpent, on a fait *anguille; passer* veut dire *passereau* et *turbot;* le mot *marsouin* revient à *cochon de mer* (309); *lupus* signifie *loup des bois* et *loup de mer*, ce fameux poisson tant recherché des Romains. Hor. II, Sat. 2. Il y a aussi le *mulet* de mer, le *coq* de mer, le *scorpion* de mer, l'*hirondelle* de mer, etc.

14. *a.* S.-ent. γῆ, terre, ou χώρα, pays; contrée de la Grèce.

15. *a.* F. φρύξω, a. ἔφρυξα, f. p. φρυχθήσομαι ou φρυγήσομαι, a. p. ἐφρύχθην ou ἐφρύγην, pf. p. πέφρυγμαι. — *b.* D'où viennent aussi FRICASSER, FRICANDEAU.

15. Φρύγω [a], frigo [b], FRIT, fait griller, dessèche. Φρυγμός, *action de frire;* —γανον, *menu bois, bois sec* [c]; —γετρον, *vase à griller, poêlon.*

16. Φυλάσσω [a], garde, observe; —ομαι, évite. —λαξ, *—λακος, —λάκτης, *gardien;* —λακή, —λαξις, *garde;* —λάχειον, —λακτήριον [b], *poste.*

17. Φυλή [a], ἡ, tribu. *—λον, *race, famille, sexe,* —λαδόν, *par tribu;* —λέτης, *membre d'une même tribu;* —λετεύω, *incorpore.*

18. Φύλλον [a], τὸ, folium, FEUILLE. —λικός, —λινος, *de feuilles;* —λάς, *feuillée;* —λιάω, *se couvre de feuilles;* —λόω, *garnit de feuillage.*

19. Φύρω [a], pétrit, mêle. Φύρμα, *mélange confus, ordure;* φυράω, *pétrit;* φυράδην, φύρδην, *pêle-mêle;* φύραμα, *masse pétrie.*

20. Φυσάω [a], souffle, respire. —σα, *souffle, soufflet;* —σιάω, *souffler;* —σαλίς, *bulle;* —σιγξ, *vésicule;* φύσκη [b], *le gros intestin.*

21. Φύω [a], fait pousser, produit; —ομαι, naît. Φῦμα, *rejeton;* φυτόν [b], —τευμα, *plante;* —τεύω, *planter;* —τών, *verger;* —τιος, *nourricier.*

Id. Φύσις [c], εως, ἡ, nature. Φυσικός [d], *naturel,* PHYSIQUE.

22. Φωλεός [a], ὁ, tanière. —λεύω, —λέω, *se tapit;* —λάς, *qui se tapit, creux.*

ANNOTATIONS.

— c. Cf. κᾶλον, bois sec, de καίω, brûler.

16. a. F. ἄξω, etc., régulièrement. — b. D'où PHYLACTÈRE, petite boîte ou rouleau de parchemin où les Juifs *gardaient* écrites quelques paroles de la Loi et qu'ils portaient sur le front et sur le poignet gauche.

17. a. De φύω, donner naissance. Cf. *progenies;* génération, de *pro-gignere.* D'où Πάμφυλία, PAMPHYLIE, contrée de l'Asie Mineure, ainsi nommée parce qu'elle était habitée par *toutes* sortes de *tribus;* RR. πᾶς, φυλή.

18. a. D'où, en botanique, le mot PHYLLE, qui désigne chacune des pièces du calice, et entre dans la composition de plusieurs termes techniques. On dit, par exemple, que le calice de la sauge est MONOPHYLLE, parce qu'il est formé d'une seule pièce; RR. μόνος, φύλλον. Celui de la rose est dit POLYPHYLLE, parce qu'il est composé de plusieurs pièces; RR. πολύς, φύλλον.

19. a. F. φυρῶ, a. ἔφυρα, pf. πέφυρχα, a. p. ἐφύρθην, a. 2 ἐφύρην, pf. p. πέφυρμαι.

20. a. F. φυσήσω.— b. D'où Φύσκων, PHYSCON, c.-à-d. *Ventru,* sobriquet donné à Ptolémée VII, roi d'Égypte; à cause de sa corpulence. Il fut père de Ptolémée *Apion* ou *le Maigre.* V. Πίων. Le nom de *Galba* avait la même signification dans la langue gauloise.

21. a. F. φύσω, a. ἔφυσα, moy. mixte

φύομαι, f. φύσομαι, a. 2 ἔφυν ou ἐφύην, pf. πέφυκα, qui signifie encore *être né avec telle qualité,* et se traduit souvent par *être.* D'où ἀποφύομαι, naître de; ἀπόφυσις, excroissance, APOPHYSE, éminence saillante d'un os; RR. ἀπό, φύω. A φύω se rapporte l'ancien verbe latin *fuo,* je suis, dont il est resté le parfait *fui,* je *fus,* l'imparfait du subjonctif *forem,* p. *fuerem,* le participe *futurus,* FUTUR, etc. et dont le subjonctif *fuam,* *fuas,* *fuat* se rencontre dans Virgile. Le verbe *fio,* devenir, être fait, a la même racine, qu'on retrouve encore dans *feo,* produire, primitif inusité de *fetus,* *secundum,* *fenum,* *fenus,* *femina,* *felix,* et, selon quelques-uns, dans *fimus,* le *fumier* fécondant, que d'autres rapprochent de *fumus,* fumée.— b. Cf. *olus,* légume de *oleo,* pousser. V. Ἀλδαίνω. D'où ZOOPHYTE, ζωόφυτον, c.-à-d. *animal-plante,* être qui tient de l'animal et du végétal, et fait la transition des deux règnes; RR. ζάω, φύω. L'éponge est un zoophyte. — c. D'où PHYSIOLOGIE, φυσιολογία, science qui traite des phénomènes de la *vie* et des fonctions des organes; RR. φύσις, λόγος. Φυσιογνωμονία, PHYSIOGNOMONIE, art de juger du caractère par la PHYSIONOMIE, c.-à-d. par les traits du visage; RR. φύω, γιγνώσκω. « *Vultus indicat mores.* » Cic. — d. La *Physique* se dit ἡ φυσική, s.-ent. τέχνη, pr. *science des choses naturelles.*

22. a. Au pl. φωλεοί ou φωλεά.

1. Ὁωριαμός, ὁ, coffre, coffret, bahut *pour serrer des vêtements.*

2. *Φώς, φωτός[a], ὁ, ἡ, créature humaine, homme, femme.

3. Φώσων, ωνος, ὁ, grosse étoffe de lin, voile de vaisseau, suaire
   Φώσσων, *id.;* φωσώνιον, *linge pour s'essuyer le visage, mouchoir.*

4. Φῶτιγξ, ιγγος, ἡ, sorte de fifre *ou de* flageolet. —ιγιον, *petit flageolet;* —ιγιστής, *joueur de fifre* ou *de flageolet.*

   5. X[a], CHI, *gutturale aspirée, vaut six cents[b].*

   Χιάζω, *croise;* χίασμα, *croix[c];* χιαστί, *en croix.*

6. Ὁάζω[a], fait reculer; —ομαι, recule, s'abstient de, évite.

7. *Χάϊος, α, ον, antique, respectable, bon. — 8. Ὁάϊος, bâton.

9. Χαλαστραῖον[a], τὸ, natron *tiré de* CHALASTRE[b], *en Macédoine.*

10. Χαλβάνη[a], ἡ, GALBANUM, sorte de gomme. *—νίς, de galbanum.*

11. Χαλδαῖος, ὁ, CHALDÉEN, astrologue[a], tireur d'horoscope[b]. —δαΐζω,
    imite les Chaldéens, s'occupe d'astrologie.

12. Χάλιξ, ιχος, ὁ, ἡ, calx[a], petite pierre, CAILLOU[b]. —ιχώδης, *fait de
    cailloux;* —ίχωμα, ouvrage en cailloux, cailloutage.*

ANNOTATIONS.

2. *a.* Gén. pl. φώτων.

5. *a.* Avant l'introduction des aspirées dans l'alphabet grec, le χ s'écrivait KH. Les Latins, qui n'adoptèrent point les aspirées grecques, continuèrent d'écrire *ch* ou pour χ. La prononciation du *ch* était d'ailleurs différente de celle du *c* simple, puisque Catulle se moque de quelqu'un qui aspirait le *c* du mot *commoda :* « Chommoda *dicebat, si quando* commoda vellet dicere.* » Souvent aussi, les Latins se bornaient à garder du χ grec l'aspiration seulement, comme on le voit dans *Hir,* de χείρ, *Hiems,* de χεῖμα.— *b.* Dans les inscriptions, χ valait *mille* comme lettre initiale du mot χίλιοι. — *c.* Le χ était anciennement employé par les grammairiens et les critiques pour marquer les endroits fautifs d'un ouvrage. Mais, avec un point de chaque côté, .χ., il indiquait, au contraire, les passages dignes de remarque. Dans ce cas il était mis pour χρηστός, χρήσιμος, *bon,* et les morceaux ainsi notés pouvaient faire partie d'une *chrestomathie* (351). On se servait encore pour la même fin du double caractère ✗, composé d'un X et d'un P. Ce même signe se trouve aussi employé comme abréviation de χρόνος, *temps,* et plus tard on en fit le monogramme du CHRIST, Χριστός. V. Γράφω.

6. *a.* F. χάσω, a. ἔχασα ou ἔχασσα, a. 2 κέχαδον p. ἐκέχαδον; moy. χάζομαι, f. χάσομαι, a. ἐχασάμην ou κεχαδόμην p. ἐκεχαδόμην.

9. *a.* S.-ent. νίτρον, natron (210); on s'en servait au lieu de savon. — *b.* Ville

située sur le golfe Thermaïque.

10. *a.* Racine hébraïque.

11. *a.* Les Chaldéens, d'abord adonnés uniquement au soin des troupeaux et à l'agriculture, inventèrent l'astronomie, qui dégénéra plus tard en astrologie. Dans le prophète Daniel, *chaldéen* est déjà synonyme de *devin* et *d'astrologue.* — *b.* V. Ὥρα.

12. *a.* D'où, en français, CHAUX ; CALCINER, *pr.* transformer par l'action du feu la pierre CALCAIRE en *chaux* vive; puis, par ext., décomposer par le feu une substance quelconque. Cf. l'angl. *chalk,* craie, l'all. *kalk,* chaux. Dans la formation du mot *chaux,* et des mots analogues *aube, mauve, chauve,* etc., ce n'est pas le *l* des primitifs latins *calx, alba, malva, calvus,* qui s'est changé en *u,* car on écrivait jadis *maulve, chaulx.* C'est l'*a* qui s'est assourdi et a pris le son de *o,* qu'on a représenté par *au,* afin de rappeler l'*a* du primitif. Ensuite on a supprimé le *l,* parce que cette consonne, se trouvant immédiatement suivie d'une autre consonne d'organe différent, par ex. d'un *v* dans *maulve,* devait nécessairement être comprise dans la même syllabe que la voyelle assourdie précédente, et par conséquent ne pouvait plus être articulée avec assez d'intensité par la voix, qui vient expirer dans cette voyelle sourde. Cette remarque explique comment du même mot latin *palma* on a fait *palme* et *paume,* et comment *animal* fait au pluriel *animaux* sans *l.* En effet, la voyelle *a* conservant dans *palme* et *animal* le son ordinaire et plein, le *l* suivant peut plus facilement s'articuler, et

13. Φωνή[a], ἡ, voix, cri, parole. —νέω, élève la voix, appelle; —νήεις, vocal, sonore; —νημα, son de voix, parole; —νητικός, de la voix.

14. Φώρ[a], φωρός, ὁ, fur, voleur, frelon. Φώριος, de voleur, FURTIF; —ριον, objet volé; —ρά, vol; —ράω, fouille, découvre, prend sur le fait.

15. Φῶς, φωτός[a], τό, lumière, œil[b], gloire[c], joie. *Φάος[d], id.; *φαέθω[e], brille; *φαεινός, φανός, brillant; φωτίζω, éclaire, initie, baptise.

16. Χαίνω[a], s'ouvre, est béant. Χανδόν, bouche béante; χάος, gouffre; CHAOS[b]; χάσμη, bâillement; χάσμα, ouverture.

17. Χαίρω[a], se réjouit. Χαιρε[b], salut; —ρετίζω, dit bonjour; —ρηδών, χαρά, χαρμονή, joie; χάρμα[c], sujet de joie; χαρτός, réjouissant.

18. Χαίτη, ἡ, chevelure, crinière, feuillage. *—τωμα, id.

19. Χάλαζα, ἡ, grêle, ladrerie[a]. —ζάω, grêler; —ζόομαι, devient ladre.

20. Χαλάω[a], lâche, cède, laisse tomber. —λαρός, lâche; —λαστός, lâché; —λαρότης, —λασις, —λασμα, —λατμός, relâchement, mollesse.

21. *Χαλέπτω[a], chagrine, maltraite, gêne. —παίνω, s'irrite; —πός, difficile, fâcheux, dur; —πότης, difficulté, rigueur, colère.

ANNOTATIONS.

demeure dans l'écriture comme dans la prononciation. V. DE CHEVALLET, Origine et formation de la langue française. — b. Du latin calculus, dimin. de calx, petite pierre, puis par analogie, jeton pour compter; d'où est venu le verbe CALCULER et le substantif CALCUL, qui a conservé, en médecine, le sens premier de pierre. V. Ψῆφος.

13. a. M. rac. q. φημί, parler. V. Βάλλω, Δείκνυμι. D'où SYMPHONIE; V. Σύν. CACOPHONIE; V. Κακός. EUPHONIE, εὐφωνία, heureux choix des sons; RR. εὖ, φωνή. XÉNOPHON, Ξενοφῶν, pr. qui parle un langage étranger ou extraordinaire, étonnant; RR. ξένος, φωνή.

14. a. Superl. φωρότατος. V. Λάτρις.

15. a. Gén. pl. φώτων. Φῶς est contracté de φάος, rac. de φαίνω et de φημί. D'où PHOSPHORE, litt. porte-lumière, corps simple qui brille dans l'obscurité, et s'enflamme au contact de l'air; RR. φῶς, φέρω. Φωσφόρος signifie subst. étoile de Vénus et Lucifer, chef des démons. PHOTOGRAPHIE, art de fixer par la seule action de la lumière l'image des objets sur papier, verre ou métal; RR. φῶς, γράφω, écrire, graver, peindre. — b. Lumen se prend de même pour œil en poésie. « Lux corporis tui est oculus tuus. » LUC, ch. 11. — c. On retrouve dans toutes les langues les idées de gloire, de beauté, de bonheur et de joie associées à celle de lumière. Cicéron appelle Rome lucem orbis terrarum, l'ornement du monde. « La beauté c'est la lumière. Voyez Dieu; c'est sa splendeur qui est sa beauté. » SAVONA-

ROLE. « Amictus lumine sicut vestimento. » Ps. 103. Jouir de la vie bienheureuse avec Dieu se dit, dans l'Écriture, videre lumen. V. Ἀγλαός. — d. Cf. le latin fax, flambeau. — e. D'où PHAÉTON, Φαέθων, c.-à-d. brillant, fils de Phébus, célèbre dans la Fable par sa témérité qui faillit embraser le monde. Φαέθων est aussi une épithète du soleil.

16. a. Ou mieux χάσκω, f. χανοῦμαι, a. τα ἔχανον; pf. κέχηνα, je suis ouvert. D'où cano, CHANTER, pr. ouvrir la bouche. — b. Angl. chasm; pr. abîme béant où tous les éléments étaient confondus.

17. a. F. χαιρήσω ou χαρήσομαι, a. 1 rare ἐχαίρησα; a. 2 ἐχάρην; pf., dans le sens présent, κεχάρηκα ou κεχάρημαι. — b. Pr. réjouis-toi; porte-toi bien, salut, bonjour, adieu, mot tout chrétien. Cf., en latin, salve, salut, de salvus, bien portant; ave, salut, de aveo, se bien porter, se réjouir; vale, bonjour, de valeo, être en bonne santé. Qqfois χαῖρε exprime l'aversion et signifie va-t-en. — c. D'où ἐπίχαρμα, sujet de joie; ÉPICHARME, poëte et philosophe de Cos. RR. ἐπί, χάρμα.

19. a. Maladie des porcs caractérisée par le développement de petits boutons blancs ou bleuâtres dans l'épaisseur du lard. 20. a. F. χαλάσω, a. ἐχάλασα, pf. κεχάλακα, f. p. χαλασθήσομαι, a. p. ἐχαλάσθην, pf. p. κεχάλασμαι. D'où chalare, abaisser, lâcher, tenir suspendu en l'air. CALER, en termes de marine, baisser, et par ext. céder, parce qu'un bâtiment qui se soumet, cale sa voile.

21. a. F. χαλέψω, a. ἐχάλεψα.

1. Χαμαί[a], à terre, sur la terre. Χαμᾶζε, *vers la terre;* *χαμηλός, *qui est à terre, bas.* — 2. Χάμψαι, οἱ, crocodiles.

3. *Χανδάνω[a], contient, s'étend, est capable de. Χανδός; *vaste.*

4. Χάρτης, ου, ὁ, **charta**[a], papier, feuille de papier. –τίον, –τάριον, *dim.*

5. Χάρυβδις[a], εως, ἡ, CHARYBDE, *gouffre voisin de la Sicile.* –δίζω, *plonge dans un gouffre, engloutit, abîme.*

6. Χάρων[a], ωνος, ὁ, CHARON, *monstre dévorant.* –ωνεῖον, *grotte infernale;* –ωνίτης, *qui revient du royaume de Charon.*

7. Χατέω[a], manque, désire, est dans le besoin. –τεύω, –τίζω, *id.;* χῆτις, –τος, –τοσύνη, *pénurie, abandon;* χήτει, *à défaut de.*

8. Χέζω[a], va à la selle.—9. Χειά, trou des serpents, antre, retraite.

10. Χείρων[a], ωνος, ὁ, CHIRON. –ώνειον, *grande centaurée, pl.*

11. Χελιδών[a], όνος, ὁ, hirondelle. –δονίζω, *babille, quête;* –δόνισμα[b], *chanson de l'hirondelle, quête;* –δόνιος, *d'hirondelle.*

12. Χελλάρης, ου, ὁ, merlus *ou* merluche, *poisson de mer.*

13. Χέρης, ηος, ὁ, méchant, inférieur, subalterne, faible, lâche.

ANNOTATIONS.

1. *a.* D'où χαμαιλέων, CAMÉLÉON, *litt.* lion de terre, lion rampant, petit lion; reptile singulier des pays chauds, ainsi nommé à cause de la grosseur de sa tête. RR. χαμαί, λέων. « Chamæleontem *qui audieris, haud ante gnarus, jam timebis aliquid amplius* leone; *at quum offenderis apud vineam ferme sub pampineo totum, videbis illic audaciam et græciam nominis.* » TERTULL. CAMOMILLE, χαμαίμηλον, plante corymbifère qui *s'élève* peu et à l'odeur de pomme; RR. χαμαί, μῆλον.

3. *a.* F. χείσομαι, a. ἔχαδον, pf., dans le sens présent, κέχανδα. M. rac. q. χαίνω.

4. *a.* D'où CHARTE OU CHARTRE, nom donné à toute espèce d'anciens titres ou papiers. CARTULAIRE, recueil de chartes. CARTON, papier gros et fort. CARTE, cartou fin, angl. *card;* all. *karde.* CARTOUCHE, charge d'une arme à feu, enveloppée de carton ou de papier. CARTILAGE, tissu animal qui a une apparence de carton. De *charta,* lettre, vient CARTEL, défi par écrit pour un combat singulier.

5. *a.* V. Σκύλλω.

6. *a.* De χαίρω, se réjouir. Nom donné par antiphrase au nocher des enfers, dont la mine devait être fort peu *réjouie,* si l'on en juge par le portrait que voici : « *Portitor has horrendus aquas et flumina servat, terribili squalore* Charon. » VIRG. En. VI.

7. *a.* Sans futur.

8. *a.* F. χέσω ou χεσοῦμαι, a. ἔχεσα ou qqf. ἔχεσον, pf. κέχοδα, pf. p. κέχεσμαι.

10. *a.* Nom du précepteur d'Achille. Il était de la race des Centaures et s'était fait, dans la Fable, une grande réputation comme *opérateur,* d'où lui vint son nom. R. χείρ, la même qui entre dans le mot chirurgien. V. Ἰάομαι. Les noms propres tirés de la profession, du métier, sont très-nombreux dans toutes les langues. Cf. *Georges,* de γεωργός, laboureur, lat. *Agricola; Lepelletier; Lesueur,* de *sutor,* cordonnier; *Sabatier,* de savetier; *Fabre* ou *Favre, Lefebure* ou *Lefebvre,* de *faber,* ouvrier en bois, pierre ou métaux, angl. *smith; Stuart,* intendant, angl. *steward; Weber,* tisserand; *Cook,* cuisinier; *Schneider,* tailleur; *Spenser,* dépensier; *Barbier; Pottier; Chapelain; Lemercier; Tavernier,* qui tient taverne; *Médicis,* de *medicus,* médecin; *Porcher, Porcius; Robin,* homme de robe; *Leclerc. Schœffer* ou *Opilio,* nom d'un des inventeurs de l'imprimerie, signifie *berger.* Les noms des anges se rapportent aussi à la fonction que Dieu leur confie : *Raphaël* signifie Médecine de Dieu; *Gabriel,* Force de Dieu; *Uriel,* Feu de Dieu. V. Ἀγγέλλω.

11. *a.* D'où χελιδόνιον, CHÉLIDOINE OU éclaire, genre de plante voisine du pavot, ainsi nommée, selon Pline, parce qu'on croyait anciennement que l'hirondelle guérissait avec le suc de cette plante

14. Χαλινός, δ, bride, frein, mors. –νόω, *bride;* –νωσις, *action de brider;* –νῖτις, *qui tient un frein;* –νωτήρια, *freins, amarres, ancres.*

15. Χαλκός[a], δ, airain, cuivre. –χειος, –χεος[b], *d'airain;* –χεῖον, *forge,* –χεύω, –χόω, *travaille l'airain;* –χεύς, *ouvrier en airain.*

16. Χάλυψ[a], υβος, δ, acier, *tire son nom des* CHALYBES. Χαλυβιχός, *–βήϊος, d'acier, fait en acier; *–βηΐς, fém.*

17. Χαράσσω[a], trace, grave[b]: –ραγμα, –ραχτήρ, *trait, empreinte,* CA-RACTÈRE[c];–ραξ, *pieu;* –ραχόω, –ραχίζω, *palissader;* –ράδρα, *ravin.*

18. Χάρις, ιτος[a], ἡ, grâce, gratitude. –ριεις, –ρίσιος, *gracieux;* –ρίζομαι[b], *plaît;* –ριεντίζομαι, *est gracieux;* –ριτία, *enjouement*[c].

19. Χαῦνος, η, ον, mou, flasque, vain, enflé d'orgueil, sot. –νόω, *rend mou;* –νότης, *défaut de consistance, mollesse;* –ναξ, *homme vain.*

20. Χεῖλος, εος, τὸ, lèvre, babine, bord[a], bec. –λόω, *entoure d'un rebord;* –λωμα, *bord, rebord;* –λών, *lippu, qui a de grosses lèvres,* CHILON[b].

21. Χεῖμα[a], ατος, τὸ, hiems, HIVER. Χειμών, *id.;* –μάδιος, –μέριος, *d'hiver;* –μαδεύω, –μάζω, –μερίζω, *hiverne;* *–μαίνω, *est orageux.*

ANNOTATIONS.

les yeux malades de ses petits. Mais Pline était plus compilateur que naturaliste. V. Ἱέραξ. — *b.* C'était une chanson que les enfants de Rhodes allaient répéter de porte en porte, au retour du printemps, en faisant une quête.

15. *a.* D'où CHALCIS, nom de plusieurs villes anciennes, et premier nom de l'île d'Eubée, qui rappelait les mines de *cuivre* trouvées dans ces contrées. « Les ouvriers de l'Eubée étaient très-habiles à mettre les métaux en œuvre, et se glorifiaient d'avoir découvert l'usage du cuivre. » (*Anach.*) Cf. l'*Argentière*, dans le département de l'Ardèche, dont les environs renferment du plomb argentifère ; les *Cassitérides* ou *îles de l'étain* (138). — *b.* La forme contracte χαλκοῦς s'emploie aussi substantivement, et signifie une petite monnaie de cuivre, un *chalque*, égal au huitième de l'obole, c.-à-d. à environ deux centimes.

16. *a.* Χάλυβες. C'était une nation du royaume de Pont, dont le pays abondait en mines de *fer*, et qui s'était fait un nom chez les Grecs par son habileté à travailler l'*acier*.

17. *a.* Att. χαράττω, f. χαράξω. — *b.* De plus, *écrit, dessine, dépeint, gratte, effleure.* L'écriture la plus ancienne n'était autre chose qu'une gravure. Chaque caractère était une entaille faite dans la pierre ou un sillon tracé dans la cire d'une tablette. Les dictionnaires grecs et latins en fournissent la preuve. *Écrire,*

pour les anciens, c'était *graver,* γράφειν, tracer un sillon, *exarare;* l'instrument dont ils faisaient usage était un *stylet,* στύλος; *stylus;* la matière sur laquelle ils écrivaient le plus ordinairement était une tablette enduite de cire, πιττάχιον (257), *tabula cerata.* — *c.* Ce mot est passé dans l'ordre moral comme synonyme de *cachet,* pour signifier l'ensemble des *traits* qui distinguent un homme ou un peuple d'un autre.

18. *a.* Acc. χάριν et χάριτα. R. χαίρω, se réjouir ; pr. ce qui réjouit. Le plur. αἱ χάριτες signifie les *Grâces,* divinités mythologiques qui présidaient aux *bienfaits* et à la *reconnaissance.* — *b.* D'où EU-CHARISTIE, εὐχαριστία, c.-à-d. *action de grâces,* le sacrement du corps et du sang de Jésus-Christ qui *rend grâces* pour nous à Dieu son père. Le nom du mystère en rappelle l'institution : « *Ἔλαβεν ἄρτον, καὶ εὐχαριστήσας, ἔκλασε, καὶ εἶπε... τοῦτό μου ἐστι τὸ σῶμα. Gratias agens, fregit et dixit.....* » (1 *Cor.* ch. 11). — *c.* Cf. *Gaudriole,* propos gai, badinage, du verbe latin *gaudere,* se réjouir.

20. *a.* V. Φλύω. — *b.* Nom d'un des sept sages de la Grèce, ainsi appelé, lui ou quelqu'un de ses aïeux à cause de ses grosses *lèvres.* Cf. en latin, *Labeo* et *Labienus,* pr. lippu, de *labium,* lèvre.

21. *a.* De χέω, répandre : « *Quoniam multas* infundit *pluvias.* » H. ESTIENNE.

1. Χηλή[a], ἡ, pied fourchu, aiguille à filet, serres, pince, tenailles. —λεύω, *tisse à mailles;*—λευτός, *fait de mailles;*—λόω, *rend fourchu.*

2. Χηλός[a], ὁ, coffre, bahut, cassette pour serrer du linge, etc.

3. Χήμη[a], ἡ, CAME, *coquille,* CHÈME[b], *petite mesure.* —μιον, dim.; —μωσις, CHÉMOSE, *inflammation et gonflement de la cornée.*

4. Χήν[a], χηνός, ὁ, ἡ, oie.—νάριον,—νίον,—νιδεύς, *oison;*—νειος, *d'oie;*—νίζω, *tire de la flûte des sons nasillards;* —νίσχος, *poupe en cou d'oie.*

5. Χηραμός[a], ὁ, trou, terrier. —μίς, *creux, grande espèce de coquillage;* —μών, *rocher caverneux;* χηράμβη, *nom de coquillage.*

6. Χθές[a], heri[b], HIER. Ἐχθές, id.; χθεσινός, *d'hier, de la veille,* hesternus; ἐχθεσινός, χθιζινός, χθιζός, id.; χθιζόν, χθιζά, hier.

7. *Χθών[a], χθονός, ἡ, terre, pays, enfer. Χθόνιος, *terrestre, infernal,* χθαμαλός, *qui est à terre, bas;* —λότης, *abaissement;* —λόω, *abaisse.*

8. Χίδρα, τά, épis de froment que l'on mangeait grillés.

9. Χίλιοι[a], αι, α, mille. —λιάκις, *mille fois;* —λιάς, *millier,* —λιοστός, *millième;* —λιόω, *condamne à mille drachmes d'amende.*

ANNOTATIONS.

1. *a.* De χαίνω, s'ouvrir; *pr.* tout ce qui s'ouvre comme deux bras.

2. *a.* R. χαίνω, s'ouvrir pour recevoir.

3. *a.* R. χαίνω, s'ouvrir. — *b.* Le mot signifie pr. *ouverture, capacité;* d'où par ext. *mesure* pour les liquides, contenant environ un décilitre. Le substantif κοχχή, *conque,* signifie aussi une mesure de cinq *cuillerées,* et la cuillerée n'était qu'une petite *conque,* κοχλιάριον ou κοχλίον, dim. de κόχλος.

4. *a.* De χαίνω, ouvrir le bec, comme fait l'oie, en sifflant sur les passants. D'où χηνόπους, CHÉNOPODIUM, nom latin de *l'ansérine* ou *patte d'oie,* plante de jardin dont les feuilles sont palmées comme des pattes d'oie; RR. χήν, πούς.

5. *a.* Plur. poét. χηραμά.

6. *a.* Ou χθέρ, en dial. lacédémonien. — *b.* Anc. *hesi,* qui est resté dans *hesternus,* p. hesiternus, d'hiver. Cf. l'angl. *yesterday,* hier, m.-à-m. jour d'hier.

7. *a.* D'où αὐτόχθονες, AUTOCHTHONES, c.-à-d. nés dans le *pays même,* indigènes; RR. αὐτός, χθών. Les anciens, et surtout les Athéniens, malgré leur origine égyptienne, tenaient à grand honneur d'être regardés comme *autochthones.* MÉLANCHTHON, c.-à-d. *terre noire,* traduction grecque de *Schwartzerde,* nom d'un des chefs de la réforme, professeur de grec à Wittemberg; RR. μέλας, χθών. C'était une manie chez ces sectaires de gréciser leurs noms. Un autre, nommé *Hauschein,* c.-à-d. *lampe de ménage,* se fit appeler

OEcolampade; RR. οἶχος, λαμπάς. Nicolas *Storch,* un des chefs des anabaptistes, changea son nom, qui signifie *cigogne,* en celui de *Pélargus,* forme latine de πελαργός (248). Les érudits faisaient de même. V. Χείρων.

9. *a.* D'où KILOMÈTRE, mesure itinéraire de *mille mètres;* RR. χίλιοι, μέτρον. KILOGRAMME, poids de *mille grammes;* RR. χίλιοι, γράφω. Les mots *kilogramme* et *kilomètre* sont des barbarismes. «C'est *kiliomètre* qu'il aurait fallu dire, χίλιο signifiant *mille,* tandis que χίλλος signifie *âne* ou *bourrique.*» FR. WEY. « Il faudrait au moins écrire *chilo,* dit Ch. Nodier, pour prouver que l'on comprend ce que l'on écrit.»

10. *a.* Ou χερός, dat. pl. χερσί; duel, gén. et dat. χεροῖν. Cette racine a passé en latin dans le substantif indéclinable *hir,* main. D'où CHIRURGIEN, χειρουργός, pr. qui travaille avec la main, opérateur. La chirurgie, χειρουργία, est la partie de la médecine qui s'occupe spécialement des maladies externes et des opérations *manuelles* propres à les guérir. « *Medicinæ pars, quæ manu curat.* » CELSE. RR. χείρ, ἔργον. CHIRAGRE, goutte qui attaque les mains; RR. χείρ, et ἄγρα, prise. V. Ἄγρα, Ῥέω. ENCHIRIDION, ἐγχειρίδιον, *manuel,* livre qu'on porte à la main; RR. ἐν, χείρ. CHEIROPTÈRES, c.-à-d. *mains ailées,* mains transformées en ailes; nom scientifique des chauves-souris. RR. χείρ, πτερόν. Χέδροπα, lé-

10. Χείρ, χειρός[a], ή, main, force, poignée.—ρίζω, manie, opère;*—ριο:, maniable[b];—ρίς, manche[c], gant;—ρόω, soumet avec la main, subjugue.

Id. Χερνής[a], ῆτος, ὁ, pauvre, qui vit du travail de ses mains.—νῆσσα, fém.

11. Χέλυς, υος, ἡ, chelys, tortue[a], luth, lyre[b], poitrine. Χελώνη[c], id.;
—νειον, écaille de tortue; —νίς, lyre; χελύσσω, tousse; —σομαι, id.

12. Χέρσος[a], η, ον, sec, continental, inculte. —σαῖος, de terre ferme,
—σεύω, est inculte; —σόω, —σύνω, change en terre ferme.

13. Χέω[a], verse, répand, amoncelle, fait fondre. Χεῦμα, χύμα, ce qu'on
verse; χύσις, effusion; χυτός[b], versé; χοή[c], libation, effusion.

Id. Χοῦς, χοός[c], ὁ, amas de terre, CONGE[d]. Χώννυμι, amasse; χῶμα, amas
de terre; χῶσις, action d'amasser; χώνη, —νον, creuset;—νεύω, fond.

14. Χῆρος, α, ον, veuf, privé de.—ρεύω, est veuf, manque;—ρεία, veuvage.

15. Χιλός, ὁ, fourrage, nourriture. —λόω, nourrit, engraisse.

6. Χιτών, ῶνος, ὁ, tunique, habit de dessous. —τώνιον, dim.

17. Χιών[a], όνος, ἡ, neige. Χιονίζω, neiger; χιονόω, couvre de neige.

18. Χλαῖνα[a], ἡ, manteau. —νόω, revêt; χλανίς, manteau léger.

ANNOTATIONS.

gumes, pr. herbes qu'on *cueille* avec la *main*; RR. χείρ, δρέπω. Cf. le latin *legumen*, de *legere*, cueillir. « *Quod leguntur, legumina dicta*. » VARR. V. Λέγω. — *b*. Cf. le latin *mansuetus*, pr. accoutumé à la main, *manu suetus*. — *c*. Pr. enveloppe des mains. Cf. le latin *manica*; R. *manus*, d'où viennent aussi *manchon* et *manchot*. Par analogie, on a appelé *manche* ou *bras* de mer un espace de mer étroit et resserré entre deux terres. — *d*. V. Πένομαι.

11. *a*. Les anciens donnaient, par analogie, le nom de *tortue* à une machine de charpente dans laquelle était suspendue une poutre terminée par un fer crochu, destiné à arracher les pierres des remparts ennemis, et qui imitait, par ses mouvements alternatifs de sortie et de rentrée, ceux de la tête d'une *tortue*. Il y avait aussi, dans l'attaque des places, ce qu'on appelait la *tortue des soldats*, qui était formée par les boucliers rapprochés les uns des autres au-dessus de la tête des assiégeants, et suivant un plan incliné, comme les tuiles d'un toit, ou comme la carapace d'une *tortue*, de manière à ne pouvoir être enfoncés par les projectiles des assiégés. — *b*. En latin *testudo*, instruments de musique ainsi nommés parce que l'écaille de tortue servit aux anciens de caisse sonore pour monter les cordes de la lyre ou du luth: d'où vient l'épithète de *cava* donnée par les poëtes au luth et à la lyre. Selon

quelques-uns, Mercure, après une inondation du Nil, trouva une tortue rongée par le temps, mais dont les nerfs encore tendus rendirent un son sous ses doigts. Sur le modèle de cet instrument nouveau, Mercure construisit la première lyre,— *c*. Les zoologistes appellent CHÉLONIENS l'ordre des reptiles qui comprend les tortues. V. Σαύρα, Βάτραχος, *Ὄφις.

12. *a*. Att. χέρρος. D'où CHERSONÈSE, Χερσόνησος, c.-à-d. presqu'île, île qui tient au continent; RR. χέρσος, νῆσος. Les plus célèbres *Chersonèses* connues des anciens étaient la Chersonèse de *Thrace*, aujourd'hui presqu'île de Gallipoli; la Chersonèse *Taurique*, aujourd'hui Crimée; la Chersonèse *Cimbrique*, auj. Péninsule danoise; la Chersonèse d'*Or*, auj. presqu'île de Malaca.

13. *a*. Eol. χέφω, f. χεῶ, p. χέFσω, imp. ἔχεον, a. ἔχεα ou ἔχευα, pf. κέχυκα, f. p. χυθήσομαι, a. p. ἐχύθην, pf. p. κέχυμαι. — *b*. D'où *gutta*, GOUTTE; V. Ῥέω. — *c*. Att. χοῶς, dat. χοΐ, acc. χοῦν ou χόα, Att. χοᾶ, pl. χόες, χοῶν, χουσί, χόας, Att. χοᾶς. — *d*. Mesure pour les liquides, de 3 litres, 237 millil.— *c*. D'où CHOÉPHORE, χοηφόρος, qui *porte des libations* aux morts; RR. χοή, φέρω.

17. *a*. De χέω, répandre.

18. *a*. Espèce de manteau de laine commun aux Grecs et aux Romains. Ces derniers l'appelaient *læna*. Ils ne la portaient qu'à la campagne. V. DEZOBRY, *Rome au siècle d'Auguste*.

1. Χίμαιρα, ἡ, jeune chèvre, CHIMÈRE[a], monstre et montagne.
—ρίς, jeune chèvre; χίμαρος, jeune bouc, jeune chevreau.

2. Χῖος, α, ον, habitant de CHIO[a]; subst. coup malheureux aux osselets. Χῖον, vase de Chio; χῖαι, pantoufles faites à la mode de Chio.

3. Χλίω[a], est tiède, s'amollit, se fond, est efféminé, est fier, orgueilleux. Χλιαίνω, rend tiède, amollit; χλιαρός, tiède; χλιάω, est tiède.

Id. Χλιδή, ἡ, mollesse, luxe.—δημα, -δος, id., décombres; —δάω, est mou, se complaît;[*]—δανός, mou, tendre, délicat; —δών, bijou, caparaçon.

4. Χλόη, ἡ, herbe verte[a].[*]Χλόος, verdure; [*]χλοάζω, [*]χλοάω, [*]χλοιάω, est vert; χλωρός[b], vert, pâle; —ράζω, est au vert; ⸺ραίνω, rend vert.

5. [*]Χλούνης[a], ου, ὁ, sanglier, dévastateur, bête féroce, brigand, eunuque. —νις, funeste, pernicieuse; —νάζομαι, grogne, se plaint.

6. Χναύω[a], croque, mange avec appétit, dévore avec plaisir. Χναῦμα, morceau friand; χναυστικός, qui les aime; [*]χναυρός, friand.

7. [*]Χνόη[a], ἡ, bruit de l'essieu dans la roue, essieu, moyeu, char.

8. Χνούη, ἡ, sorte de trompe d'origine égyptienne.

ANNOTATIONS.

1. a. Il y avait, en Lycie, une montagne du nom de Chimère, dont le sommet vomissait des flammes et nourrissait des lions; le milieu était couvert de pâturages où vivaient des troupeaux de chèvres; le pied était infesté de serpents. C'est là sans doute ce qui a donné lieu à la création mythologique de la Chimère, « ce monstre né des dieux, non des hommes, qui avait la tête d'un lion, la queue d'un serpent et le corps d'une chèvre, et vomissait un torrent de feu. » HOM., Iliade, VI.

2. a. Ile de la mer Égée, aujourd'hui Scio, sur la côte de l'Ionie, célèbre par son vin dont les Romains surtout faisaient une grande consommation; car le luxe et la sensualisme des tables en étaient venus à ce point que les vins dont l'Italie était si féconde et qui lui procuraient tant d'opulence par des échanges continuels, furent apportés à Rome des terres étrangères, de l'Espagne et des Gaules, de tous les rivages et de toutes les îles de la Méditerranée. L'éloge des vins exotiques revient sans cesse dans les auteurs du siècle d'Auguste.

3. a. Sans futur.

4. a. Pr. la verdure. — b. D'où CHLORE, gaz simple, d'odeur forte et désagréable, qui doit son nom à sa couleur verte. Constance, père de Constantin, qui fut empereur conjointement avec Galérius, reçut le surnom de CHLORE, à cause de sa pâleur. Il y a peu de princes qui n'aient reçu de leurs peuples au moins un surnom, le plus souvent un sobriquet. Par exemple, en France : Charles le Chauve, Pépin le Bref, Charles le Simple; en Allemagne : Henri l'Oiseleur, Frédéric Barberousse, Albert l'Ours; en Angleterre, les Plantagenets, ainsi nommés parce que le duc d'Anjou, chef de cette famille, avait coutume de porter une branche de genêt à sa coiffure; en Normandie : Robert le Diable, Robert Courte-Botte; chez les anciens, Artaxerxe Longuemain, Antigone Doson, Ptolémée Physcon, Julien l'Apostat, Caligula, pr. petite botte; Pogonat ou le Barbu, Constantin Copronyme, etc., etc.

5. a. R. χλόη; pr. qui couche sur l'herbe, qui vit solitaire, sauvage. V. Οἰωνός.

6. a. F. χναύσω, a. p. ἐχναύσθην.

7. a. Pr. bruit ou grincement de l'essieu, sous le frottement du moyeu. R. κνάω, gratter, racler.

9. a. La χλαῖνα était un grand manteau de laine, ample et épais, qu'on portait surtout l'hiver; on le rejetait sur le

9. Χλαμύς[a], ύδος, ἡ, CHLAMYDE, sorte de casaque. –μύδιον, dim.

10. Χλεύη, ἡ, risée, moquerie. Χλευάζω, raille; χλευᾶξ, χλευαστής, railleur; χλευαστικός, de railleur; χλευασία, χλεύασμα, –σμός, raillerie.

11. Χοῖρος, ὁ, cochon, porc. –ρίδιον, dim.; –ρειος, –ρινος, –ριός, de cochon.

12. Χολή[a], ἡ, bile, FIEL, COLÈRE. –λαῖος, –λικός, bilieux; *–λιος, irrité; *–λόω, irrite; –λέρα, CHOLÉRA[b]; –λάς, flanc; –λιξ, boyau.

13. Χορός, ὁ, chorus, CHŒUR[a], danse[b]. –ρεύω, danser; –ρεία, –ρευμα, danse; –ρεῖος, –ρευτικός, –ρικός, des chœurs; –ρεῖον, lieu de danse.

14. Χόρτος, ὁ, hortus[a], chors[b], enclos, COUR, parc, pâturage, foin, herbe. –ταῖος, –τινος, de fourrage; –τάζω, engraisse, rassasie.

15. Χρή[a], est utile, est nécessaire, il faut. Χράομαι, se sert de; χρῆσις[b], usage; χρήσιμος, utile; *χραισμέω, aide, secourt.

Id. Χρῆμα[c], ατος, τό, chose dont on se sert, biens, chose. –ματίζω, négocie; –ματίας, homme riche; –ματικός, pécuniaire, cupide.

Id. Χρηστός[d], ή, όν, utile, de bonne qualité, bon, vertueux. –τότης, utilité, bonté; –τεύομαι, se conduit en homme de bien.

ANNOTATIONS.

dos pour laisser aux bras la liberté d'agir, et, la nuit, il servait de couverture. La χλανίς était un petit manteau, plus léger et plus élégant que la χλαῖνα, à l'usage des hommes et des femmes. La χλαμύς était un manteau porté d'abord en Thessalie et dans le nord de la Grèce, adopté depuis par les cavaliers et les hommes de guerre. V. PILLON, Synonymes grecs.

12. a. Cf. l'angl. gall, l'all. galle. — b. Pr. maladie bilieuse; maladie aiguë des voies digestives, dont les symptômes les plus fréquents sont des vomissements nombreux, des crampes, un refroidissement général.

13. a. Le chœur, dans les tragédies grecques, était ainsi nommé parce que les personnages qui le composaient, exécutaient, soit pendant le cours de la pièce, soit pendant les intermèdes, divers mouvements de strophe et d'antistrophe accompagnés de chants; qui, dans la pensée des anciens, étaient en rapport avec les mouvements du ciel et l'harmonie des sphères. V. Στρέφω. — b. Avec accompagnement de chant ou d'instruments. V. Ὀρχέομαι.

14. a. D'où ORTOLAN, hortolanus, pr. oiseau des jardins; oiseau de passage du genre bruant, qui arrive dans le midi de la France avec les hirondelles. De hortus, vient encore le vieux mot COURTIL, jardin potager, d'où COURTILIÈRE, insecte habitué des potagers. — b. Ou cohors, cors, prim. cour de ferme, cour fermée, ital. corte; puis COHORTE, c.-à-d. troupe enfermée dans un certain espace. D'où cortina, rideau, angl. curtain, qui séparait la cour des pièces intérieures. V. Αὐλή et cf. l'all. vorhang, pr. suspendu devant. Notre mot rideau fait allusion aux plis en forme de rides que fait l'étoffe. De cortina est venu COURTINE; en termes de fortification, mur rectiligne qui réunit les flancs de deux bastions et ferme l'entre-deux comme un rideau.

15. a. Subj. χρῇ, opt. χρείη, inf. χρῆναι, a. ἐχρῆν ou χρῆν, f. χρήσει. — b. D'où CATACHRÈSE, κατάχρησις, emploi ou abus d'un mot à la place d'un autre. Ex. ferré d'argent; une feuille de papier. C'est une sorte de métaphore. RR. κατά, χρῆσις. — c. Richesse usuelle, opposée à κτῆμα, bien, terre, immeuble. V. Κτάομαι. — d. D'où CHRESTOMATHIE, χρηστομάθεια, choix des morceaux littéraires les plus utiles à apprendre; RR. χρή, μανθάνω.

1. Χνόος^a, ὁ, duvet, poil naissant, écume, bruit, grincement^b. Χνο-
άζω, se couvre de duvet; *χνοῖος, ʼχνοόεις, couvert d'un léger duvet.

2. Χοῖνιξ, ικος, ἡ, trou du moyeu^a, CHÉNICE^b, ration de blé^c. —νίκη,
trou du moyeu, écrou, trépan; —νικίς, id.; —νικαῖος, d'une chénice.

3. Χοιράς, άδος, ἡ, rocher à fleur d'eau, tumeur scrofuleuse,
écrouelles^a. —ραδικός, scrofuleux, de la nature des scrofules.

4. Χόνδρος, ὁ, grain, grumeau, petit corps dur, gruau, cartilage^a.
—ξρίον, dim.; —δρός, grumeux, grossier; —δριάω, est grumeux.

5. Χορδή, ἡ, chorda, boyau, CORDE^a à boyau, corde d'instrument. —δεύω,
fait du boudin ou des andouilles; —δευμα, boudin, andouille.

6. Χόριον, τὸ, corium^a, CUIR^b, peau, membrane, enveloppe du fœtus.
Χόρια, friandises, sorte de crèmes, friandises, andouilles, tripes.

7. *Χραύω^a, effleure, écorche, touche à, fond sur, attaque. Χραίνω, effleure, oint, colore, farde, salit, tache; χραντός, rasé, peint, sali.

8. Χρίμπτω^a, effleure, écorche, approche, appuie, s'appuie. —ομαι,
s'approche, s'appuie, sort en traînant, s'échappe.

ANNOTATIONS.

1. a. De χνάω, gratter, racler; pr. tout ce qu'on peut enlever en raclant à la surface d'un corps. — b. Comme χνόη.

2. a. M. rac. q. χνόη. — b. Mesure de capacité pour les grains et les matières sèches, contenant 1 litre, 79 mill.— c. C'était la mesure qu'on donnait par jour à chaque esclave.

3. a. Ces deux mots viennent du latin scrofulæ, scrofules, dérivé de scrofa, truie. V. Ἀλώπηξ.

4. a. D'où HYPOCONDRES, ὑποχόνδρια, nom donné, en anatomie, aux parties latérales et supérieures de l'abdomen, situées sous les cartilages des côtes. On y plaçait autrefois le siége de l'HYPOCONDRIE, maladie nerveuse qui rend bizarre et mélancolique; RR. ὑπό, χόνδρος. CHONDROPTÉRYGIENS, nom donné à une grande division des poissons, dont le squelette est cartilagineux. Ex. la raie, la lamproie. RR. χόνδρος, πτερόν.

5. a. V. f. chorde, angl. chord. D'où CORDELIERS, ou Frères Mineurs, religieux fondés par S. François d'Assise, au treizième siècle, et ainsi nommés parce qu'ils portaient une grosse corde pour ceinture.

6. a. D'où coriarius, CORROYEUR, CORIACE, bas latin coriaceus, pr. dur comme du cuir; excoriare, ÉCORCHER, pr. enlever le cuir. — b. D'où CUIRASSE, comme lorica vient de lorum, cuir. « La cuirasse de cuir était en usage non-seulement chez les Romains, mais encore

chez les Barbares. » TAC., Hist., liv. I, ch. 74. Les Germains et les Francs Mérovingiens allaient au combat sans cuirasse. Selon Varron, les Gaulois auraient été les premiers à porter des cuirasses en fer. Avant eux, ces cuirasses étaient en cuir, en feutre, en toile, en lin, en lames d'airain ou de corne. Celle d'Alexandre était en lin, et celle de Goliath en écailles, lorica squamata, ce qui peut s'entendre aussi d'un assemblage de lames d'airain et de fer superposées en forme d'écailles.

7. a. F. χραύσω, a. ἔχραυσα. L'a. 2 ἔχραον a le sens de tomber sur, attaquer.

8. a. F. χρίμψω, a. ἔχριμψα, a. p. ἐχρίμφθην; m. rac. q. χραύω.

9. a. Ou χιχράω, f. χρήσω, a. ἔχρησα, pf. κέχρηκα; moy. χίχραμαι, se faire prêter, f. χρήσομαι, a. ἐχρησάμην. — b. Att. χρέως; acc. χρέος ou χρέως; pl χρέα, χρεῶν.

10. a. F. χρήσω, a. ἔχρησα, pf. κεχρηκὰ; a. 1 moy. ἐχρησάμην, f. p. χρησθήσομαι, a. p. ἐχρήσθην, pf. p. et moy. κέχρημαι.

11. a. F. ἴσω; m. rac. q. χρέμπτομαι.

12. a. F. χρέμψομαι, a. ἐχρεμψάμην. D'où ΧρΕΜΕΣ, Χρέμης, nom de vieillard dans la comédie ancienne, litt. qui crache sur les tisons.

13. a. F. χρίσω, a. ἔχρισα, pf. κέχρικα, a. p. ἐχρίσθην, pf. p. κέχρισμαι et κέχριμαι. — b. Huile mêlée de baume et consacrée par l'évêque, le jeudi saint, pour

9. Κίχρημι[a], prête; κίχρωμαι, emprunte. Χρεία, *usage, besoin;* *χρεῖος, *pauvre;* χρειαχός, *utile;* χρήζω, *manque, désire, demande.*

Id. Χρέος[b], χρέεος, τὸ, dette, obligation, usage, besoin. *Χρεῖος, *id.;* *χρεώ, *χρειώ, *besoin;* χρεώστης, *débiteur;* χρεωστέω, *doit.*

10. Χράω[a], rend un oracle, répond; χράομαι, consulte l'oracle. Χρησμός, *prédiction;* χρήστης, *prophète;* χρηστήριος, *prophétique.*

11. Χρεμετίζω[a], hennit. *-μίζω, *id.;* —μετισμός, *hennissement.*

12. Χρέμπτομαι[a], tousse, crache. Χρέμμα, *crachat;* χρέμψις, *crachement.*

13. Χρίω[a], oint, enduit, peint. Χρίστης, *qui oint;* χρῖσμα, *χρῆμα, *onction,* chrisma, CHRÊME[b]; χριστός, *oint, le* CHRIST[c]; χριστιανός, CHRÉTIEN[d].

14. Χρόα, ἡ, couleur, teint, peau. Χρώννυμι[a], χρωτίζω, *colore;* χρῶμα[b], *couleur, carnation;* χρώς, *surface, peau du corps, chair.*

15. Χρόνος[a], ὁ, temps. —νίζω, *dure, tarde;* —νισμός, —νιότης, *longue durée;* —νικός, *temporel;* —νικά, CHRONIQUES[b]; —νιος, *tardif, vieux, durable.*

16. Χρυσός[a], ὁ, or. —σίον, *monnaie d'or;* —σεος, *—σειος, *—σήεις, —σιαῖος, *—σίς, *d'or;* —σεῖον, *mine d'or;* —σίζω, *a la couleur de l'or;* —σόω, *dore[b].*

ANNOTATIONS.

servir aux *onctions* dans l'administration de certains sacrements et dans le sacre des rois. Les Grecs nomment le *saint chrême* μύρον, onguent, parfum. CHRÉMEAU, petit bonnet de linge fin dont on coiffe, après l'onction, l'enfant qu'on baptise. — c. C'est le nom donné au Fils de Dieu, qui le mérite, dit Bossuet, comme pontife, comme roi et comme prophète. « *Christ* est un titre qui désigne la puissance et la royauté. Chez les Juifs une *onction* sainte était le symbole de la puissance royale; c'est pour cela que nous appelons Christ celui qu'ils nommaient *Messie,* c.-à-d. *oint* ou *sacré* roi, parce que cet auguste personnage possède, non un royaume temporel, mais un royaume céleste et éternel. » LACT. Le mot *Christus* était souvent représenté par le monogramme ☧, que l'on trouve déjà employé avant l'ère chrétienne sur les médailles des Ptolémées et sur des têtes de dieux pour signifier l'Oint, Χρηστός, ou le Très-bon, Χρηστός. Peut-être était-ce dans ce dernier sens que Suétone et d'autres prenaient le nom du *Christ,* qu'ils appellent *Chrestus.* — d. « *Auctor nominis ejus Christus.* » TAC. *Ann.* « *Cognominati sunt primum Antiochiæ discipuli,* christiani. » (*Act.* ch. 11.) De la même racine dérivent encore CHRISTINE, nom pr. ANTECHRIST. V. Ἀντί. CHRISTOPHE; sync. de *Christophore,* χριστοφόρος, c.-à-d.

Porte-Christ, nom propre qui rappelle une légende populaire; RR. χρίω, φέρω.

14. a. F. χρώσω, a. ἔχρωσα, a. p. ἐχρώσθην, pf. κέχρωσμαι. — b. D'où CHROME, nom d'un métal remarquable par la belle coloration de ses combinaisons. Χρῶμα signifiait aussi *ornement* du style et *nuance* musicale. D'où le nom de CHROMATIQUE donné à un genre de musique qui est fondé sur l'accord dissonant et les attractions qui en résultent, et dont la gamme se compose de douze demi-tons qu'on peut mettre en rapport de mille manières, pour produire autant de *nuances* différentes et donner à la musique un caractère passionné. V. Διά.

15. a. D'où ANACHRONISME. V. Ἀνά. Χρονολογία, CHRONOLOGIE, la science des temps; RR. χρόνος, λέγω. CHRONOMÈTRE, ou *garde-temps,* montre ou horloge qui *mesure* le *temps* avec une grande précision; RR. χρόνος, μέτρον. — b. S. ent. βιβλία, livre où les faits sont racontés suivant l'ordre des temps.

16. a. D'où χρυσαλλίς, CHRYSALIDE, nom donné à la chenille des insectes lépidoptères, métamorphosée et enfermée dans une coque d'où elle sort sous forme de papillon. On lui donnait autrefois le nom équivalent d'*aurélie,* de *aurum,* or, parce que la couleur des chrysalides diurnes est ordinairement brillante et métallique. — b. Du latin *deaurare.* R. αὖρον, d'où encore *auréole, oriflamme.*

1. Χυλός[a], ὁ, suc, sève, humeur, CHYLE[b].—λόω,—λίζω, *exprime le jus.*

2. Χυμός[a],ὁ, humor,suc,goût,sauce,HUMEUR,fait CHYME[b] et CHIMIE[c].

3. Χύτρα[a], ἡ, pot de terre, marmite. —τρίς, —τρος, *id.;* —τρεύς, *potier;* —τρειος, —τρινος, *de poterie;* —τρίζω, *met dans un pot de terre.*

4. Χωρίς[a], séparément, à l'écart, hormis, outre, sans[b]. —ρίζω[c], *sépare;* —ρισμός, —ρισις, *séparation;* —ριστής, *celui qui sépare.*

5. Ψ[a], PSI, *remplace* ΒΣ, ΠΣ, ΦΣ, *et vaut* sept cents

6. Ψάγδαν, ανος, ὁ, sorte de parfum. Ψάγδας, σάγδας, *id.*

7. Ψαθυρός[a], ά, όν, friable, mince, fragile. Ψαδαρός, *id. ;* ψαθυρότης, *fragilité, sécheresse;* —ρόομαι, *se réduit en miettes.*

8. Ψάκαλον, τὸ, petit nouveau-né d'un animal, embryon, fœtus.

9. Ψακάς[a], ἡ, goutte, parcelle, rosée. —κάδιον, *dim.;* ψεκάς, *id.;* —κάζω, *distille, tombe goutte à goutte, dégoutte.*

10. Ψαλίς, ίδος, ἡ, ciseaux, voûte. —λίζω, *coupe avec des ciseaux;* —λιδόω, *voûter;* —λίδωμα, *voûte.*—**11.** Ψάλιον, τὸ, frein, bracelet.

12. Ψάρ, ψαρός, ὁ, étourneau. Ψήρ, *id. ;* ψαρός, *tacheté, grisâtre.*

ANNOTATIONS.

1. *a.* De χέω, répandre. D'où DIACHY-LON, anc. *diaculon,* sorte d'emplâtre fait avec les sucs de différentes plantes ; RR. διά, χυλός. — *b.* V. Χυμός.

2. *a.* M. rac. q. χυλός. D'où PAREN-CHYME, παρέγχυμα, *pr.* chose formée par *épanchement;* RR. παρά, ἐν, χέω. C'est le nom donné au tissu tendre et spongieux qui remplit les intervalles des fibres dans les feuilles, les tiges et les fruits. — *b.* Sorte de bouillie grisâtre que forment les aliments après avoir été triturés dans l'estomac. En parcourant les intestins, ce *chyme* se divise en deux parties, une partie nutritive, appelée *chyle,* qui se mêle au sang, et une partie inutile qui est rejetée au dehors. — *c.* Ἡ χυμική, ou χη-μευτική, s.-ent. τέχνη, *pr.* la science des sucs, ou plutôt la science des mixtions et des combinaisons, selon le sens propre de χέω, verser, *confundere.*

3. *a.* De χέω, verser, comme λέβης, chaudron, dérive de λείβω.

4. *a.* R. χώρα, place, *pr.* loin de, à distance. — *b.* Cf. *absque,* sans, de *abs* ou *ab,* loin de. — *c.* Au passif, *se séparer, s'éloigner.* Cf. notre verbe français *partir,* tiré du latin *partiri,* partager, séparer.

5. *a.* Ce caractère fut d'abord propre aux Ioniens, et ce n'est qu'à partir de l'archontat d'Euclide qu'on le trouve adopté par les Athéniens avec H, Ω et Ξ. De même que les Éoliens et les Doriens résolvent souvent la double ξ en ses deux éléments σχ, et la double ζ en σδ, par une permutation semblable, le ψ est souvent résolu et transposé en σπ, même chez les Attiques. Ainsi on trouve σπάλιον et ψά-λιον, σπέλλιον et ψέλλιον, ἀσπίνθων et ἀψίνθων, ψίν p. σφίν, ψέ p. σφέ, etc. La lettre ψ n'a pas passé dans l'alphabet latin, malgré la tentative de Claude, qui voulut créer un signe particulier correspondant à cette double consonne. Suétone rapporte qu'étant encore simple particulier, ce prince s'occupait de philologie grecque et latine, et se faisait passer en toute occasion pour très-entendu dans la matière. Il avait même composé un livre sur la nécessité de compléter l'alphabet romain. Devenu empereur, il usa de son autorité pour faire adopter trois lettres nouvelles. La première représentait le digamma éolique, et distinguait le υ consonne du υ voyelle ou *u.* On trouve ce caractère nouveau sous forme de F renversé dans les inscriptions du règne de Claude, où on lit *serꟲus* au lieu de *servus,* terminaꟲit p. *terminavit.* Cette innovation était utile, et Quintilien en félicite l'auteur. Le second caractère imaginé par cet empereur était moins nécessaire. Il tenait lieu du ψ et avait la forme Ↄc. On le nommait *antisigma,* comme étant formé de deux *sigmas* opposés deux à deux. V. Σ. La troisième lettre inventée par Claude était, d'après plusieurs savants,

13. Χωλός;*a*, ή, όν, boiteux. —λεύω, —λαίνω, *boite;* —λανσις, *claudication;* —λόω, *rend boiteux;* —λότης, —λεία, —λευμα, —λασμα, *marche boiteuse.*

14. Χώρα,ή, place, lieu, pays, champ. —ρος, *id.;* —ρίον, *lieu;* —ράριον, *petit champ;* —ρίτης, *paysan, campagnard;* —ρίτις, *fém.;* —ριτικός, *rustique.*

15. Χωρέω *a*, marche, se retire, cède, contient, est capable. —ρημα, *place;* —ρησις, *capacité;* —ρητός, *contenu, conçu.*

16. Ψάω*a*, râcle, émiette, fond, se fond. Ψαίω, *émiette;* ψαίρω, *effleure;* ψαθάλλω, *tâte;* ψήχω, *gratte.*

17. Ψάλλω*a*, psallo, effleure, touche un instrument, chante, PSALMO-DIE*b*. Ψάλμα*c*, *air*, PSAUME; ψάλτης*d*, *qui joue;* ψαλάσσω, *effleure.*

18. Ψάμμος;*a*, ὁ, sable. Ψάμαθος, *id.;* ψαμαθών, *amas de sable;* ψάμμινος, —μίτης, *de sable;* —μίζω, *enfonce dans le sable.*

19. Ψαύω *a*, touche, effleure, atteint. Ψαῦσις, *léger attouchement;* ψαῦσμα, *attouchement, objet touché;* *ψαυχρός, vif, agile.*

20. Ψέγω *a*, blâme, censure. Ψέγμα, ψόγος, *blâme;* ψεκτός, *blâmé;* ψέκτης, *celui qui blâme;* *ψέγιος, blâmable;* ψογερός, *critique.*

ANNOTATIONS.

destinée à représenter un son intermédiaire entre *i* et *u*, et était figuré Ⱶ. Mais ces différentes innovations passèrent avec le règne de Claude. « *Claudius litteras adjecit, quæ usui, imperitante eo, post obliteratæ, aspiciuntur etiam nunc in ære publicandis plebi senatusconsultis per fora ac templa fixo.* » TAC. *Ann.* XI, 15.

7. *a.* De ψάω, mettre en miettes.

9. *a.* R. ψάω.

13. *a.* D'où χωλίαμβος, CHOLIAMBE, vers iambique *boiteux;* RR. χωλός, ἴαμβος. V. Σκάζω.

15. *a.* F. ήσω ou ήσομαι. R. χώρα, *place; pr.* faire place en se retirant. D'où ANACHORÈTE, ἀναχωρητής, homme qui s'est *retiré* du monde, qui vit solitaire; RR. ἀνά, χωρέω. « Les *cénobites* vivaient dans un monastère, sous la conduite d'un abbé. (V. Κοινός.) Les *anachorètes*, après s'être formés aux exercices de la vie monastique dans un cloitre, se *retiraient* au désert pour y vivre seuls. » S. BENOIT.

16. *a.* Impf. ἔψων, ης, η, ί, ψήσω. D'où PALIMPSESTE. V. Πάλιν. Le *grattiage* des manuscrits était pratiqué chez les anciens, comme on le voit par ce passage d'une lettre de Cicéron à son ami Trébatius : « Que vous vous serviez d'un papier *gratté,* c'est une épargne fort louable; mais je cherche ce qui a pu mériter ainsi d'être effacé. Car je ne puis croire que vous *grattiez* mes lettres pour écrire les vôtres. »

17. *a.* F. ψαλῶ, a. ι ἔψηλα, pf. ἔψαλκα, a. p. ἐψάλθην ou ἐψάλην, pf. p. ἔψαλμαι. R. ψάω, râcler. D'où PSALLETTE, lieu où l'on exerce les enfants de chœur au chant d'église. PSALTÉRION, ψαλτήριον, instrument à cordes en usage chez les Hébreux et les Grecs pour accompagner les chants; on le pinçait ou on le touchait avec un archet. — *b.* Ψαλμωδέω, *pr.* chanter des psaumes. RR. ψάλλω, ᾄδω. — *c.* Ou ψαλμός, d'où le latin *psalmus*, angl. *psalm, pr. air joué* sur un instrument à cordes, air chanté avec accompagnement d'instruments. C'était ainsi que les Psaumes de David étaient exécutés dans le temple par quatre mille chantres ou musiciens, pris parmi les lévites et divisés en vingt-quatre classes qui se succédaient à tour de semaine. — *d.* D'où PSAUTIER, ψαλτήριον, *recueil de psaumes.* Le *Psautier* de David en contient cent cinquante, presque tous composés par ce poëte sublime dont saint Jérôme a dit : « *David, Simonides noster, Pindarus et Alcæus; Flaccus quoque, Catullus atque Serenus; Christum lyrâ personat, et in decachordo psalterio ab inferis excitat resurgentes.* »

18. *a.* De ψάω, réduire en poussière.

19. *a.* F. ψαύσω, a. ἔψαυσα, a. p. ἐψαύσθην, pf. p. ἔψαυσμαι; m. rac. q. ψάω.

20. *a.* F. ψέξω, a. ἔψεξα, pf. ἔψογα, a. p. ἐψέχθην ou ἐψέγην, pf. p. ἔψεγμαι.

1. Ψαφαρός[a], ά, όν, friable, sec, fragile, poudreux. —ρία, sécheresse, fragilité, poussière; —ρίτης, —ρῖτις, plein de poussière.

2. Ψεδνός[a], ή, όν, clair, rare, qui a peu de cheveux. *Ψηνός, id.;
—νόω, dégarnit de cheveux, rend chauve; —νότης, calvitie.

3. Ψέλλιον, τό, anneau ou cercle de métal, bracelet. Ψέλιον, id.;
ψελλιόω, entoure comme d'un anneau ou d'un collier.

4. *Ψέφος, εος, τό, obscurité, ténèbres, vapeur, fumée obscure. —φαῖος,
sombre, ténébreux; —φηνός, —φηρός, —φος, obscur, sans nom, inconnu.

5. Ψηλαφάω, touche du bout des doigts, caresse, tâtonne. —φημα,
—φησις, —φία, attouchement, tâtonnement; —φητός, palpable.

6. Ψήν, ψηνός, ὁ, gallinsecte ou cynips, cynips du figuier sauvage[a].
Ψηνίζω, fait mûrir les figues, féconde le palmier femelle.

7. Ψῆσσα, ή, barbue[a], imbécile[b], plat bouffon. Ψῆττα, id.

8. Ψιά, ή, joie, amusement. Ψιάζω, s'amuse, joue, folâtre.

9. Ψίαθος, ὁ, ή, éclisse, corbeille de jonc, natte. —θιον, —θίδιον, dim.

10. *Ψιάς[a], άδος, ή, goutte. Ψίαξ, id. — 11. Ψιθία, ή, vigne.

ANNOTATIONS.

1. a. M. rac. q. ψάω, pulvériser.

2. a. M. rac. q. ψάω, râcler, ratisser.

6. a. Cet insecte, transporté sur les
figuiers cultivés qui n'ont que des fleurs
à pistils, perce le fruit, afin d'y déposer
ses œufs et en même temps répand sur
les fleurs qui sont à l'intérieur, le pollen
recueilli sur le figuier sauvage, (caprifi-
cus). Cette opération, nommée caprification, féconde et fait mûrir la figue.

7. a. Poisson plat semblable au turbot, mais sans aiguillons et d'une chair
moins savoureuse. Il appartient à la famille des Pleuronectes, qui renferme encore la sole et la plie dont le nom, dérivé
du latin platessa, signifie précisément
poisson plat. V. Νέω. — b. V. Κέπφος.

10. a. M. rac. q. ψίω, émietter.

12. a. De ψάω, râcler, à cause du frottement de la langue. Psellus est devenu
un nom propre, comme balbus, qui balbutie, dim. Balbinus; comme blæsus, de
βλαισός, dont on a fait Blaise, pr. cagneux ou bègue.

13. a. F. ψεύσω, a. ἔψευσα, pf. ἔψευκα,
f. p. ψευσθήσομαι, a. p. ἐψεύσθην, pf. p.
ἔψευσμαι. D'où PSEUDONYME, Ψευδώνυ-
μος, c.-à-d. qui porte un faux nom. Ce
mot se dit également des ouvrages qui sont
publiés sous un faux nom d'auteur, ou des
auteurs eux-mêmes qui changent leur
nom. RR. ψεύδω, ὄνομα. C'est ainsi que
les Études sur les orateurs parlementaires,
et plusieurs autres écrits de M. de Corme-
nin ont été publiés sous le pseudonyme
de Timon.

14. a. De ψάω, râcler, pr. caillou usé
par le frottement des eaux. — b. V. Χάλιξ. — c. « Mos erat antiquus niveis atris-
que lapillis, his damnare reos, illis absol-
vere culpæ. » Ov. Ces petites pierres blanches et noires servaient encore, chez certains peuples, à compter les jours heureux
ou malheureux. De là ces expressions fa-
milières aux écrivains latins : Candidiore
lapide diem notare, diem signare melioribus lapillis, pour dire : mettre au nombre
des jours heureux.

16. a. De ψάω ou ψίω. — b. D'où ΕΡ-
SILON, ἐψῑλὸν, par opposition à H, qui fut
d'abord un signe d'aspiration. UPSILON,
ὀψιλόν. V. Υ.

17. a. R. ψίω. — b. La céruse est du
carbonate de plomb dont on se sert sous
le nom de blanc d'argent pour se teindre
la peau en blanc. Mais il en est du fard
comme des parfums : mieux vaut n'en
avoir point besoin. Car le poëte Martial
a dit : « Non bene olet qui bene semper
olet; » et saint Jérôme : « Nitens cutis
sordidum ostendit animum. » « J'aimerais
mieux que vous sentissiez l'ail que les parfums, » disait Vespasien à un de ses offi-
ciers. V. Κόσμος.

12. Ψελλός [a], ή, όν, bègue, bredouilleur, équivoque. —λίζω, *balbutie;* —λότης, *bégayement;* —λισμα, —λισμός, id.; *commencement.*

13. Ψεύδω [a], trompe. Ψεῦδος, ψεῦσμα, *mensonge;* ψευδής, *—δαλέος,* —δή-μων, *—δάλιμος, mensonger;* ψυδρός, ψυδνός, id.; ψεύστης, *menteur.*

14. Ψῆφος [a], ή, caillou, jeton, calcul [b], boule, vote, suffrage, décision. —φίζω, *calcule, juge [c];* —φίζομαι, *voter;* —φισμα, *décret.*

15. Ψίθυρος, δ, gazouillement, chuchotement, médisance. —ρός, —ρι-στής, *chuchoteur;* —ρίζω, *gazouille, chuchote;* —ρισμός, *murmure.*

16. Ψιλός [a], ή, όν, sans poil, nu, désarmé, simple, bref, sans aspiration [b]. —λόω, *épile;* —λαξ, *imberbe;* —λικός, *des troupes légères.*

17. Ψίμυθος [a], δ, céruse, fard [b]. Ψίμμυθος, id.; —θιον, id.; ψιμίθιον, id.; —θίζω, —θιόω, *blanchit avec de la céruse, farde.*

18. Ψίω [a], broie, émiette. Ψίξ, *mie [b], miette, parcelle,* fait PSICHAR-PAX [c]; ψιχίον, *petite miette;* ψιχώδης, *semblable à de la mie.*

19. Ψόφος, δ, bruit, son, fracas, nom pompeux, vain bruit, grand fracas. —φέω, *fait du bruit;* —φημα, —φησις, *bruit;* —φητικός, *bruyant.*

ANNOTATIONS.

18. *a.* F. ψίσω. — *b.* De *mica*, parcelle, *miette.* — *c.* Ψιχάρπαξ, c.-à-d. *ravisseur de miettes,* nom d'un rat célèbre dans la *Batrachomyomachie.* RR. ψίω, ἁρπάζω. La Fontaine fait aussi figurer ce personnage dans le *Combat des rats et des belettes,* en compagnie d'*Artarpax* et de *Méridarpax.* V. Ἄρτος, Μείρομαι. En examinant la structure du nom de Ψιχάρπαξ, vous remarquez que le premier des deux mots dont il composé, ψίξ, est employé sous la forme radicale ψιχ. Le nom de Μεριδάρπαξ, collègue du précédent, donne lieu à la même observation : μεριδ est le radical de μερίς, *morceau.* Il en est de même de tous les mots composés dans la formation desquels entre pour premier élément un nom imparisyllabique. Ce n'est presque jamais sous la forme du nominatif, mais ordinairement sous celle du génitif que ces mots se combinent avec d'autres. La raison en est que dans la troisième déclinaison imparisyllabique, le nominatif ne présente que très-rarement le radical du mot sous sa forme pure et simple. En effet, c'est un principe fondamental de la langue grecque que tout mot doit finir soit par une voyelle, soit par une des trois consonnes ν, ρ, ς. Tous les noms dont le radical a une autre désinence que ces trois consonnes subis-

sent une modification au nominatif singulier. Cette modification consiste, pour les mots dont le radical se termine en β, γ, δ, θ, κ, λ, π, φ et χ, à prendre un ς final au nominatif. C'est ainsi que les radicaux ψιχ et μεριδ feraient au nominatif ψιχς et μεριδς, si le χ et le σ du mot ψιχς ne se réunissaient pas en la double ξ, et si, dans le mot μεριδ, le δ ne disparaissait pas devant le σ, par raison d'euphonie. V. DÜBNER, *Gramm. élém.*, 3ᵉ déclin. Il importe aux élèves d'apprendre à remonter immédiatement du génitif au nominatif dans les noms de la troisième déclinaison, non-seulement pour retrouver les racines des mots composés, mais encore pour découvrir dans un dérivé quelconque, grec, latin ou français, le nominatif de la racine, que ce dérivé ne donne pas et ne peut donner, parce que c'est de la forme radicale ou génitive que tous les dérivés sont tirés. Par exemple, pour retrouver la racine grecque des dérivés πα-τριά, famille, PATRIE, il faut remonter par le génitif πατρός, sync. de πατέρος, et se rappeler, en outre, que souvent la voyelle brève du radical est allongée au nominatif. En vertu de cette règle, le radical πατερ fait donc πατήρ au nominatif.

1 Ψίνομαι[a], coule, perd ses feuilles, ses fleurs *ou* ses fruits. Ψινάς, *vigne qui coule, arbrisseau qui perd ses fleurs* ou *ses fruits.*

2. Ψίττα! PST! sifflement des bergers. Σίττα, *id.;* ψιττάζω, *siffle.*

3. Ψιττακός, ὁ, psittacus, perroquet.—κη, *id.*—4. Ψό! pouah! fi! Ψώ! *id.*

5. Ψόαι, αἱ, *les reins, les lombes, les muscles lombaires ou des reins.* Ψοΐτης, *des reins,* fait PSOÏTE ou *inflammation des reins.*

6. Ψόλος, ὁ, suie, fumée, crasse. —λόεις, *enfumé, crasseux, fumant.*

7. Ψύρος, ὁ, espèce de poisson de mer. Ψύρος, *id.*

8. Ψύδραξ[a], ὁ, bouton blanc, petite pustule au nez. —δράκιον, *dim.*

9. Ψύλλων, ωνος, ὁ, nom de poisson. — 10. Ψώα, ἡ, puanteur.

11. Ψώθιον[a], τὸ, miette.—12. Ψωλός, ὁ, circoncis.—13. Ψώχω[a], broie.

14. Ω, OMÉGA *ou* grand o, o long[a], *vaut huit cents*[b].

15. Ὦ! oh! o! Ὠέ! *hélas!* ὠή, OHÉ! Ὤζω[a], *pousse des oh! oh!*

16. Ὦα[a], τὰ, le haut d'une maison, les étages supérieurs.

17. Ὠβά, ἡ, section *d'une tribu.* Ὠβάσδω, *partage en sections, établit des sections;* ὠβάτας, *membre d'une même section.*

ANNOTATIONS.

1. *a.* F. ψινοῦμαι.

8. *a.* R. ψεύδω, mentir. On disait que ce bouton venait principalement au nez des menteurs.

11. *a.* De ψάω, émietter.

13. *a.* ψώξω, D'où PSOQUE, insecte névroptère, vulg. appelé *pou de bois*, ou *horloge de la mort*, parce qu'en rongeant les pièces de bois, il fait entendre un petit bruit cadencé analogue au battement d'une horloge.

14. *a.* Les anciens disaient aussi ου pour ω, comme ils dirent ει pour ε, mais seulement en vers et pour la mesure. Primitivement, *o* bref et *o* long n'étaient distingués l'un de l'autre que par la différence de grandeur *o, O,* et même le nom d'OMÉGA, opposé à OMICRON ou petit *o,* ne fut reçu que plus tard. « Τῷ Ο ἀντὶ τοῦ Ω ἐχρώμεθα, » dit Platon. La prononciation seule servait à les différencier. On attribue à Simonide l'invention du signe Ω formé de l'o, auquel on ajouta inférieurement deux lignes transversales. Mais le nouveau caractère ne fut pas adopté à Athènes avant l'archontat d'Euclide, vers 403 av. J. C. Outre la forme ancienne Ω, on employa depuis l'époque d'Adrien le caractère ω ou double o, formé de deux o juxtaposés. — *b.* Dans l'usage et proverbialement, Ω signifie la *dernière chose* dans un nombre, comme A en marque le commencement. C'est pourquoi le Messie a dit de lui-même dans l'Apocalypse: « *Ego sum A et Ω, principium et finis,* » pour faire entendre qu'il est la cause et la fin de toutes choses. Les chrétiens ne crurent pouvoir mieux désigner le Fils de Dieu que par le symbole A Ω, dont la signification, évidente à tous les initiés, restait mystérieuse pour les païens. Ces deux lettres étaient aussi pour les chrétiens un symbole d'immortalité, qu'on gravait sur la pierre des tombeaux. Constantin les portait sur sa couronne, avec le monogramme du Christ et les lettres I H S V initiales des mots *In hoc signo vinces.* V. Σίγλαι.

15. *a.* V. Ἄζω, Οἴζω.

16. *a.* Gén. ὤων. Le sing. ὦον ne se trouve pas.

18. *a.* Espèce de plantain ainsi nommée, disent les anciens, parce que son odeur tue les *puces*, ou plutôt parce que les graines ont la forme et la couleur de la puce.

19. *a.* De ψύχω, souffler; cf. *anima*, de ἄνεμος, souffle; πνεῦμα, de πνέω, souffler; *spiritus,* esprit, de *spirare,* respirer. D'où μετεμψύχωσις, MÉTEMPSYCOSE, transmigration d'une âme, d'un corps dans un autre. RR. μετά, qui marque le *changement,* ἐν, ψυχή. La mé-

18. Ψύλλα, ἡ, puce, puceron, sorte d'araignée. —λος, id.; —λιον, PSYLLIUM[a], vulg. *plante aux puces;* —λώδης, *plein de puces.*

19. Ψυχή[a], ἡ, souffle, vie, âme, personne[b], papillon[c], PSYCHÉ[d]. —χόω, *anime;* —χικός, *de l'âme, moral, vital, matériel, charnel.*

20. Ψύχω[a], rafraîchit, dessèche, *prim.* souffle. —χάζω, *prend le frais;* —χος, *froid;* ψυγμός, ψῦξις, *refroidissement;* ψυγεῖον, *lieu frais.*

Id. Ψυχρός[b], ά, όν, froid, frais. —χραίνω, *refroidit;* —χρεύομαι, *est froid;* —χρευμα, —χρία, —χρότης, *froideur;* —χρασία, *refroidissement.*

21. Ψωμός[a], ὁ, bouchée, morceau, morceau de pain. —μίον, *petite bouchée;* —μίζω, *coupe les morceaux, appâte, nourrit;* —μισμα, *bouchée.*

22. Ψώρα[a], ἡ, gale, teigne. —ρός, —ραλέος, *galeux;* —ριάω, *a la gale.*

23. Ὠδίς[a], ῖνος, ἡ, douleur de l'enfantement.

24. Ὠθέω[a], pousse, meut, renverse, chasse. Ὦσις, ὠσμός, *impulsion;* ὠθίζω, ὠστίζω, *pousse;* ὠθισμός, ὠστισμός, *presse, foule.*

25. Ὦμος[a], ὁ, **humerus**, épaule. Ὠμιαῖος, HUMÉRAL, *de l'épaule;* ὠμίας, *qui a de larges épaules;* ὠμαδίς, —δόν, *sur l'épaule.*

ANNOTATIONS.

tempsycose fut empruntée aux Égyptiens par Pythagore, qui l'enseigna en Grèce et en Italie. PSYCHOLOGIE, partie de la philosophie qui traite des opérations, des facultés, de la nature et de la destinée de l'*âme*; RR. ψυχή, λόγος. — *b.* Nous disons de même : une ville de 6,000 *âmes,* de 20,000 *âmes.* — *c.* Le papillon était chez les anciens une espèce de symbole hiéroglyphique de l'*âme,* qui représentait les mânes voltigeant autour de leurs anciennes demeures. Le papillon placé sur une tête de mort signifiait, avec autant de vérité que de poésie, l'immortalité de nos âmes et la glorieuse résurrection promise à nos corps. Dante l'a dit : « Nous sommes des *vers* nés pour former le *papillon* angélique. » V. TH. MOORE, *To the butterfly.* — *d.* Nom d'une jeune princesse, fille d'un roi mythologique.

20. *a.* F. ψύξω, a. ἔψυξα, f. p. ψυχθήσομαι et ψυγήσομαι, a. p. ἐψύχθην, a. 2 ἐψύγην, pf. p. ἔψυγμαι. — *b.* D'où PSYCHROMÈTRE, nom d'un instrument de physique. Vous avez tous remarqué, en été, que si on remplit un verre avec de l'eau sortant du puits, la transparence du verre est aussitôt troublée par une couche de rosée qui se dépose à la surface. Cette rosée provient de la vapeur contenue dans l'air environnant et condensée par le contact du corps froid, de même qu'en hiver la vapeur de la respiration forme un nuage au sortir de la bouche. Il est d'ailleurs aisé de comprendre que, plus il y a de vapeur dans l'air, plus vite elle se condense sur ce corps froid. C'est sur ces faits bien simples qu'on a construit un instrument qui indique la quantité de vapeur contenue dans l'air. On a nommé cet instrument PSYCHROMÈTRE, c.-à-d. qui *mesure le refroidissement,* parce que ses indications résultent, comme on vient de l'expliquer, du refroidissement. RR. ψυχρός, μέτρον.

21. *a.* M. rac. q. ψάω, broyer.

22. *a.* De ψάω, gratter; *pr.* mal qui *démange* et fait gratter, *grattelle.* Cf. *scabies,* gale, de *scabere,* gratter.

23. *a.* Rac. ὠδίς, m. rac. q. ὀδύνη.

24. *a.* Impf. ὤθουν et ἐώθουν, f. ὠθήσω ou ὤσω, a. ὦσα ou ἔωσα, pf. ἔωκα ou ὦθηκα, f. p. ὠσθήσομαι, a. p. ὠσθην, pf. p. ὦσμαι ou ἔωσμαι.

25. *a.* Lacéd. ὦμαρ. De la syllabe radicale Οι, porter, f. εἴσω. V. Φέρω. D'où OMOPLATE, ὠμοπλάτη, os large, triangulaire et *aplati,* qui forme la partie postérieure de l'*épaule;* RR. ὦμος, πλατύς.

1. Ὠγύγιος, α, ον, OGYGIEN, antique, vieux comme OGYGÈS[a], grand.

2. Ὠκεανός[a], ὁ, Oceanus, OCÉAN. —νειος, océanique, de l'Océan; —νίς, *—νῖτις, de l'Océan, fille de l'Océan.

3. Ὤκιμον, τὸ, OCIMUM, basilic[a]. —μινος, de basilic; —μώδης, du genre du basilic, qui y ressemble.

4. Ὠκύς[a], εῖα, ύ, d'où ocior[b], vite, prompt, agile, aigu[c]. Ὤκα, ὠκέα, ὠκέως, vite; ὠκαλέος, prompt; ὠκύτης, vitesse.

5. Ὠλένη[a], ἡ, d'où ulna[b], haut du bras, bras, coudée, brassée, fait AUNE. *—νιος, —νίτης, de l'épaule, qui tient au haut du bras.

6. Ὠρεῖον, τὸ, de horreum, grenier, magasin pour les provisions.

7. Ὠρίων, ωνος, ὁ, ORION[a], héros fabuleux, constellation, oiseau.

8. Ὤρυγγες, οἱ, zèbres, chevaux sauvages à pelage rayé.

9. Ὡς[a], comme, quel combien! dès que, afin que, pour, à, vers.

10. Ὠτάκινος, ὁ, nom de plante. — 11. Ὠτακίς, ὁ, nom de plante.

12. Ὤψ[a], ὠπός, ἡ, visage, regard, aspect; d'où CYCLOPE[b] et MYOPE[c].
Ὠπάομαι, voit, regarde; ὠπή, vue, regard; ὤπιον, dim., sourcil.

ANNOTATIONS.

1. a. Nom d'un très-ancien roi de l'Attique et de la Béotie.

2. a. R. ὠκύ. Les anciens prenaient l'Océan pour un fleuve *rapide*.

3. a. C.-à-d. *royal*, βασιλικός (45) plante labiée ainsi nommée à cause de sa bonne odeur.

4. a. Comp. ὠκύτερος, qqf. ὠκίων, sup. ὠκύτατος et ὤκιστος. — b. « Ocior quasi ab oco, quod in usu non est; licet in græco sit ὠκύς. » PRISC. — c. Ce qui est *aigu* pénètre et s'enfonce plus rapidement. V. Θοός, Ὀξύς,

5. a. D'où ὠλέκρανον, OLÉCRANE, nom grec de la pointe du coude, qui devient plus saillante quand on plie le bras; RR. ὠλένη, κάρηνον. — b. « Dicta ulna ἀπὸ τῶν ὠλένων, hoc est à brachiis. Ulna *proprie est spatium in quantum utraque manus extenditur.* » SERV. Mais ulna signifie aussi et d'abord *avant-bras*, bras, et enfin *brasse* ou longueur des deux bras étendus, c.-à-d. l'*aune*. V. Ὀργυιά. L'aune de Paris avait 3 pieds 7 pouces 10 ligues, ou 1 mètre, 188 millim.

7. a. Orion était, selon la Fable, un fameux chasseur d'une taille gigantesque, qui mourut de la piqûre d'un scorpion et fut ensuite changé par Diane en une brillante constellation composée de soixante-dix-huit astres, dont le milieu est occupé par trois belles étoiles, appelées le *Baudrier* ou les *Trois Rois*.

9. a. Cette conjonction dérive, ainsi que ὅτι, ὅτε, du pronom relatif ὅς, ἥ, ὅ. V. Ὅτι, Ὅτε. D'où ἕως, tant que, tandis que, jusque; ὥστε, en sorte que.

12. a. De la même racine que ὄψομαι, syll. rad. Ὀπ. voir. D'où ἐνώπιον, en face, *in conspectu*, vis-à-vis, c.-à-d. *vue à vue*, visage à visage, face à face, entre quatre yeux. RR. ἐν, ὤψ. Πρόσωπον, le *visage*, pr. la partie du visage qui entoure les yeux; RR. πρός, ὤψ; comme μέτωπον signifie pr. la partie *entre* les yeux; RR. μετά, ὤψ. Πρόσωπον signifie aussi, par extension *masque de théâtre*, visage artificiel, lat. *persona*, puis *personnage, personne*. « Persona *vero dicta est a personando, quia in concavitate ipsa major necesse est volutetur sonus.* » BOECK. Pour comprendre l'origine du mot *persona*, formé de *per*, à travers, et *sonare*, retentir, il faut savoir que sur les théâtres des Grecs et des Romains, tous les acteurs étaient masqués, c.-à-d. avaient la tête couverte d'une espèce de casque en bois sculpté ou en métal, qui représentait tout à la fois les traits du visage, la barbe, les cheveux et les oreilles. La bouche était béante et construite de manière à donner à la voix le plus de *sonorité* possible, à cause de l'immense étendue des théâtres anciens. — b. V. Κύκλος. — c. V. Μύω. De plus synoptique, συνοπτικός, qui se voit d'un même regard. RR. σύν, ὄσσομαι.

13. a. Κρύος. Cf. acerbus, cruel, vr.

13. Ὠμός, ή, όν, cru, non mûr, aigre, dur, cruel[a], brut[b], encore vert[c]. —ότης, crudité, verdeur, cruauté; —ῶς, crûment.

14. Ὠνέομαι[a], achète. Ὠνή, ὤνησις, achat; ὦνος, id.; prix; ὤνημα, emplette, ὤνιος, vénal; ὠνητής, acheteur; ὠνησείω, veut acheter.

15. Ὠόν[a], τὸ, ovum, ŒUF, d'où OOLITHE[b], SYNOVIE[c]. Ὠάριον, petit œuf; ὠώδης, fait en forme d'œuf, OVALE ou OVOÏDE.

16. Ὤρα[a], ή, soin, attention, égard, considération, estime. *Ὠρεύω, soigne, a soin de, surveille, protége; *ὠρέω, id.

17. Ὤρα[a], ή, hora[b], saison, fruits, HEURE, temps, beauté. Ὤριος, —ιμος, opportun; —αῖος, id., beau; —αΐζω, orne; —ιχός, mûr, beau.

18. Ὠρύομαι[a], hurle, rugit, gémit. *—υες, animaux hurleurs; *—υδόν, en hurlant; —υγή, —υγμα, —υγμός, hurlement.

19. Ὠφελέω[a], est utile, sert, aide. —λεια, utilité, secours; —λημα, —λησις, avantage; —λιμος, —λήσιμος, utile, secourable.

20. Ὠχρός, ά, όν, pâle, jaune pâle. —α, OCRE[a]; —ίας, blafard; —ός, —ότης, pâleur; —αίνω, —όω, rend pâle; —ιάω, est pâle.

ANNOTATIONS.

non mûr, encore aigre, dur.— b. Comme nous disons cuir cru, p. cuir non préparé. V. Κρύος.— c. En parlant d'un homme âgé et encore vigoureux; comme on dit d'un homme riche et opulent qu'il est cossu, par analogie avec un pois qui a la cosse épaisse; comme on dit un fou pommé. V. Κάρφω.

14. a. Impf. ὠνούμην ou ἐωνούμην, f. ὠνήσομαι, a. ὠνησάμην ou ἐωνησάμην, pf. ἐώνημαι, qqf. dans le sens passif; f. p. ὠνηθήσομαι, a. p. ὠνήθην ou ἐωνήθην.

15. a. Éol. ὤϝόν.— b. C.-à-d. pierre d'œufs; pierre calcaire composée de petits grains de la grosseur des œufs de poisson. RR. ὠόν, λίθος. Cf. granit, pr. pierre grenue.— c. Liqueur visqueuse et semblable à du blanc d'œuf, que la nature a distribuée dans toutes les articulations mobiles des membres, pour en faciliter le jeu en adoucissant les frottements. RR. σύν, avec, ὠόν.

16. a. M. rac. q. ὅρομαι, veiller. D'où οὖρος, gardien. PYLORE, πυλωρός, pr. gardien de la porte, orifice inférieur de l'estomac, qui ne laisse passer les aliments dans le canal intestinal qu'après qu'ils ont subi, à un degré suffisant, la digestion stomacale. RR. πύλη, ὤρα. V. Καρδία.

17. a. D'où HORLOGE, ὡρολόγιον, horologium, machine qui dit l'heure. RR. ὤρα, λέγω. HOROSCOPE, ὡροσκοπία, pr. examen de l'heure, c.-à-d. observation de

l'état du ciel à l'heure où quelqu'un vient au monde, dans le but de découvrir la destinée qui l'attend. V. TAC., Ann., liv. VI. Nos mots français bonheur et malheur expriment une idée analogue. On les écrivait jadis bonne heure, male heure, de bonâ horâ, malâ horâ, et on disait à la malheure, comme nous disons encore à la bonne heure. On trouve même le mot heur mis pour bonheur dans Corneille et la Fontaine. Heureux en vient.— b. D'où ALORS, r. fr. allores, de l'ital. allora, formé de ad illam horam, à cette heure. ENCORE, hanc horam, s.-ent. ad, à cette heure, de nouveau, de plus. DORÉNAVANT, p. d'ores en avant, pr. de cette heure à l'avenir, qui équivaut à d'ist di en avant, p. de istâ die in ab ante, litt. de ce jour en avant, qu'on trouve dans le serment de Louis le Germanique. DÉSORMAIS, p. dès ores mais, de cette heure plus. V. Μέγας. OR, v. fr. ore, ores, c.-à-d. maintenant, à cette heure, qui sert, ainsi que donc, dérivé de tunc, à établir l'ordre de succession et l'enchaînement des trois propositions d'un raisonnement. V. Σύν.

18. a. F. ὠρύσομαι.

19. a. F. ὠφελήσω, f. p. ὠφελήθήσομαι, a. p. ὠφελήθην; m. rac. que ὀφέλλω.

20. a. Substance argileuse, souvent de couleur jaune. Cf. argile, de ἀργός, blanc, et rubis, de rubeus, rouge.

TABLE ALPHABÉTIQUE

des mots français dont l'étymologie se trouve dans l'ouvrage.

Les chiffres renvoient à la page ou aux annotations correspondantes.

FIN DE LA TABLE ALPHABÉTIQUE.

www.ingramcontent.com/pod-product-compliance
Lightning Source LLC
Chambersburg PA
CBHW071047280326
41928CB00050B/1579